D1639923

Edit Rheinwald

Die Chronik der Familie Hans Rheinwald

Eine Familiengeschichte im 20. Jahrhundert und der Versuch, die
Verstrickungen der Deutschen in diesem Jahrhundert zu beleuchten

Die Schriften der Rheinwalds, Band 1

Die Deutsche Bibliothek verzeichnet die Publikationen in der Deutschen Nationalbibliographie; detaillierte bibliographische Daten sind im Internet über <http://dnb.de> abrufbar.

Für das Umschlagbild wurde eine Graphik verwendet, die der Glasmaler und Graphiker R. Yelin d.J. 1969 nach einem Foto von Hans Rheinwald aus dem Jahr 1965 gefertigt hat. Robert Yelin und Hans Rheinwald waren Klassenkameraden.

Umschlag und Satz: Dr. Goetz Rheinwald
Druck und Verarbeitung:
Printed in Germany

ISBN 978-3-9806817-8-0

Vorwort des Herausgebers

Meine Mutter, Edit Rheinwald, hat diese Chronik für ihre Kinder verfasst, damit sie einmal aus erster Hand erfahren können, wie unsere Familie durch die Schwierigkeiten des 20. Jahrhunderts gekommen ist. Aufzeichnungen von Vater, die wohl als Tagebuch gedacht waren, ergänzen den Bericht. Dazu kommen Dokumente, die Mutter von Kollegen meines Vater überlassen wurden und die sie in ihren Text eingebaut hat. Fast ein Viertel des Buches umfassen die fünf Berichte, die ihre Kinder ihr zum siebzigsten Geburtstag über ihre Kindes- und Jugenderinnerungen verfasst haben.

Das alles zusammen ergibt eine spannende Geschichte, die sie zwischen 1965 und 1972 geschrieben hat; die späteren Ergänzungen und ihr Nachwort an ihre Schwester Friedel umfassen weniger als ein Prozent des Textes.

Sie hat ihren Text auf der Schreibmaschine mit Durchschlägen getippt, damit nach Fertigstellung jedes der Kinder ein Exemplar erhalten konnte. Als Mutter 1987 zu mir nach Ginsterhahn ins Nebenhaus zog, zeigte sich, dass sie sich langweilte – ihr fehlte ein sinnvolle Beschäftigung. Meine Frau und ich schenkten Tante Friedel, die ja kunstgewerblich hervorragend arbeitete, einen Knüpfset für einen Bodenteppich. Tante Friedel stürzte sich begeistert auf diese neue Arbeit. Mutter sagte dann eines Tages: "Wenn ich das bekommen hätte, daran hätte ich auch Freude gehabt." In diesem Augenblick ging mir auf, dass ich eine adäquate Aufgabe für meine Mutter finden muss.

Dienstlich schrieb ich zu dieser Zeit bereits auf einem PC und hatte so die enormen Vorteile in der Datenverarbeitung und der Datensicherung kennen gelernt. Ein PC wäre für uns unerschwinglich gewesen, aber wir fanden einen Schneider Joyce aus zweiter Hand. Ich führte also meine Mutter in die Benutzung dieser "elektronischen Schreibmaschine" ein. Sie verliebte sich sofort in die komfortable Schreibhilfe und stürzte sich auf die Übertragung von Vaters Tagebuch, das er während des Studienaufenthalts in den USA geschrieben hat.

Als Mutter klar wurde, das der auf Diskette gespeicherte Text jederzeit weiterverarbeitet werden kann, fasste sie den Entschluss, die Chronik noch einmal abzuschreiben. Sie hat dabei etliche Teile auch verändert, was ich in einem Fall rückgängig gemacht habe. Als sie mit der Arbeit an der Chronik fertig wurde, äußerte sie die Erwartung, dass der gespeicherte Text dazu genutzt würde, die Chronik als Buch zu veröffentlichen.

Mutters Enkel Klaus übernahm es, jemand ausfindig zu machen, der die Schneider-Disketten in Wordperfect transscribierte. Da ich in meinem Leben – dienstlich und privat – viele Bücher herausgegeben habe, fiel mir die Aufgabe zu, mich um die Herausgabe der Chronik zu kümmern. Viele eigene Projekte und Verpflichtungen Kollegen gegenüber haben mich dann jahrelang davon abgehalten, den Wunsch meiner Mutter zu erfüllen.

Meine Arbeit als Herausgeber bestand vordringlich darin, den Text durch Überschriften zu gliedern; dann habe ich Textteile durch andere Schrift, farbliche Unterlegung oder durch Rahmen herausgehoben. Mir stand ein reiches Bildmaterial zur Verfügung, das allerdings in der Qualität recht unterschiedlich ist und nicht alle Zeitspannen gleich abdeckt. Alle Überschriften und alle Bildunterschriften stammen von mir. Die fünf Kindheits- und Jugendberichte lagen nicht digital vor und sind von mir eingefügt worden.

Offensichtliche Fehler wurden korrigiert. Aber die Grammatik ist original und wurde nicht angepasst; das gilt auch für wörtlich übernommene Dokumente, wie Briefe. Nach meiner Auffassung liegt eine Schwäche dieses Buches in den Briefen von Vaters Eltern an Vater auf den Seiten 32-74 aus den Jahren 1916-1923. Mutter hat sie eingefügt in Ermanglung einer Beschreibung der Beziehungen zwischen Vater zu seinen Eltern; aber viel steht eigentlich dazu nicht in den Briefen.

Mutter hat weitere schriftliche Dokumente hinterlassen, von denen etliche es verdienen, ebenfalls gedruckt zu werden; so z.B. das Kindermärchen ‚Das Jahr‘. Vaters Arbeit ‚Landwirtschaft als geistige Aufgabe‘ (hier in der Chronik mehrfach erwähnt) wurde veröffentlicht. Ich erwäge einen Nachdruck. Bernd hat die Feldpostbriefe seines Großvaters Max und seines Vaters Hans abgeschrieben; sie liegen als Dateien vor. Er hat auch die vielen Briefe unserer Eltern in ‚Eine Ehe in Briefen‘ zusammengestellt. Falls ich es zeitlich und finanziell schaffe, möchte ich vieles davon noch in der Reihe ‚Die Schriften der Rheinwalds‘ herausgeben.

Goetz Rheinwald
29. Juni 2017

Inhalt

Vorbemerkung

Januar 1965

Nun sind unsere Kinder alle aus dem Haus, und ich habe Zeit dazu, mein Versprechen einzulösen und aufzuschreiben, was wir so alles erlebt haben. Nach dem lebhaften Kommen und Gehen der Kinder in ihrer Ausbildungszeit ist es fast unheimlich ruhig im ganzen Haus; manchmal läßt Koko, der kleine Sittich, einen seiner schrillen Schreie los, manchmal singt der Kanarienvogel im Nebenzimmer, das sind die einzigen Unterbrechungen der tiefen Stille. Es ist garnicht so leicht, sich daran zu gewöhnen. Nun, zum Trübsal blasen hab ich nie große Veranlagung gehabt, da muß ich mir eben eine andere Unterhaltung schaffen und werde nun im Zweifingersystem die Schreibmaschine klappern lassen. Vater hat mir versprochen, dass er, wenn er emeritiert ist, seine Jugendzeit aufschreiben will, und so fang ich mal mit meiner Kindheit und Jugend an.

DIE VORGESCHICHTEN

Meine Wurzeln

Am 12. Januar 1909 bin ich hier in Stuttgart geboren. Das Entsetzen in der Familie war ziemlich groß, denn ich war schon wieder ‚nur‘ ein Mädchen. Dabei hatten alle gehofft, dass zum Ältesten, Walter, wenigstens als viertes Kind ein Junge kommen würde. Walter 1904 und Hiltraut 1905 in Nürnberg geboren, Elfriede (Friedel) 1907 in Cannstatt, und dann ich in Stuttgart, so war die Reihenfolge. Großmutter Bieneck, eine sehr materiell eingestellte Dame, war sowieso empört über so viel Kinder. Sie hatte zwei Söhne gehabt, von denen der eine ganz jung starb, und sie fand es eigentlich ganz passend, daß das viele Geld, das ausschließlich sie mit in ihre Ehe gebracht hatte, beisammen blieb. Und nun hatte ihr Hans schon das vierte Kind. Es wurde später zitiert, daß sie bei meiner Geburt gesagt haben soll: „Ja, Hans, jetzt hat die Mark nur noch 25 Pfennige!“ Wenn sie gewußt hätte, daß von diesem so hoch gehaltenen Geld schon in der nächsten Generation kaum noch ein Pfennig da war, hätte sie sicher noch mehr gejammert. Aber zunächst war es noch da, das Geld, und wurde fröhlich benutzt, um im großen Stil zu leben. Mein Vater der Diplomingenieur und Dr. phil war, wurde Fabrikant in Stuttgart. Er gründete eine Kühler–

und Radiatorenfabrik. Als seine Mutter starb, und er das viele Geld erbte, wurde eine wunderschöne Villa auf der Gänsheide gekauft. Das Haus Hackländerstraße war sehr modern und ist auch heute noch gut anzusehen. Nur wohnen jetzt drei oder vier Parteien drin. Es hatte unten im Souterrain eine Garage eingebaut, hatte einen Speiseaufzug, kurz es war ein sehr vornehmes Haus. Nun, damals konnte man sich das leisten, Personal war billig. Vater kaufte ein Auto, einen großen sechssitzigen Benz; dazu brauchte er natürlich einen Chauffeur, der auch im Hause diente, eine Köchin kochte und, da Mutter oft mit Vater verreiste, (Vater wollte auf keinen Fall wegen der Kinder auf

Johanna Bieneck, geb. Wegscheider (11.7.1882-16.4.1939), etwa 1910

Mutters Gesellschaft verzichten), hatten wir ein Kinderfräulein. Übrigens haben wir mit ‚Emmele‘, die später einen Lehrer heiratete, bis zu ihrem Tode 1949 Verbindung behalten. Sie liebte ihre Bieneckle sehr, und vor allem Friedel, die immer etwas zart und unser ‚Unglücksräbele‘ war, hatte ihr ganzes Herz.

Nun erzähl ich kurz von meinen Geschwistern: Vater und Mutter heirateten im Oktober 1903, Walter wurde am 29. Oktober 1904 geboren. Wir Mädchen liebten ihn sehr, denn er war gar kein rauher Bruder, sondern der ruhigste und besinnlichste von uns. Er konnte so wunderschön spielen, bastelte die schönsten Puppenhäuser für uns, zeichnete die lustigsten Strich-Männchen mit tollen Abenteuern für uns. Dann hatte er Sammlungen von Schmetterlingen, Käfern, ein Aquarium, ein Terrarium und erzählte die aufregendsten Geschichten. Dann kam am 23. Dezember 1905 Hiltraut dazu. Sie war eine energische kleine Person, die oft sogar ihren Bruder verteidigte. Sie konnte stundenlang die herrlichsten Märchen erzählen, war sehr tierlieb und hatte deshalb auch immer zu allem Viehzeug im Haus ein besonderes Verhältnis. Aber sie war als Kind maßlos eigensinnig, und

Mutter Johanna Bieneck, mit ihren Kindern 1910 in Stuttgart: hinten Walter, vorn von links Hiltraut, Edit und Elfriede

Mutter hatte mit ihr die meisten Erziehungssorgen. Dann kam nach zwei Jahren, am 7. November 07 Elfriede dazu. Ihre Geburt war schwierig und hätte Mutter beinahe das Leben gekostet. Die Nachgeburt war angewachsen, und Mutter verblutete fast daran. Friedel, die Einzige, die einen Kosenamen hatte, war etwas zart, ängstlich und deshalb passierten ihr auch manchmal kleine Unglücke: Sie rannte in die Schaukel oder in den Kinderwagen, mußte dann sogar genäht werden, sie fiel auch schon mal vom Stuhl und hatte dann eine extra große Beule. Sie bekam den Spitznamen ‚Unglücksräbele' und wurde damit noch unsicherer, so daß sie es in der Schule und im Leben viel schwerer hatte. Ja, ja, von Psychologie hatte man damals noch keine Ahnung! Sie war eine rührende Puppenmutter und liebte ihre Puppen innig. Im Gegensatz zu mir. Ich fand sie furchtbar langweilig und freute mich, wenn die Porzellanköpfe kaputt gingen, dann wurden sie vorrübergehend etwas Neues und Interessanteres. Ich habe wohl mit ihnen gespielt, weil Hiltraut und Friedel so schön spielen konnten, aber allein habe ich nie daran gedacht. War ich allein, dann sauste ich hinter Mutter oder Emmele her, ‚half' denen und steckte meine Nase in alles rein. Ich glaube, ich war furchtbar vorwitzig und es war sicher für Mutter eine Erlösung, als ich zur Schule kam, denn ich war zäh und wissensdurstig.

Vor dem Ersten Weltkrieg

Nun zurück zu unserm Vorkriegslebenstil: Meine Eltern genossen das Leben eines reichen und gebildeten Ehepaares der damaligen Zeit. Dazu gehörten regelmäßige Theaterbesuche, Opernabonnement, Konzerte, die aber Mutter wahrscheinlich allein besuchte, denn Vater war hoffnungslos unmusikalisch. Sie reisten, hatten viele Einladungen und Besuche. Ich entsinne mich: sie fuhren nach Paris zur Weltausstellung und Mutter brachte herrliche Kleider und Riesenhüte nach Hause. Der Kreis der Freunde bestand aus mehr oder weniger müßigen jungen Ehepaaren. Sie machten miteinander Autoreisen und Vater gehörte zu den ersten Mitgliedern des damals königlich-württembergischen Automobilclubs, aus dem dann später der ADAC wurde. Sicher war Vater das, was man später einen Snob nannte; er war elegant und reichlich oberflächlich. Mutter hat mir später mal gesagt, ihr sei in dieser Zeit nie ganz geheuer gewesen, die kleine Fabrik, ohne viel Geschick betrieben, hätte nie so viel abgeworfen, wie verbraucht wurde. Vater hatte eben das Geld geerbt, ohne eine Verpflichtung des Erhaltens oder Vermehrens anzuerkennen. Es ist ja ein Witz, daß sich Vater damals ein Wappen entwarf und zeichnen ließ, auf dem der Wahlspruch stand: ‚Wirb und wahre‘, denn eins hat er in seinem ganzen Leben nicht getan – erworben und bewahrt. Das war nur zum Teil seine Schuld. Das, was die Inflation fraß, dafür konnte er nichts, aber sonst sind seine Unternehmungen auch nicht geglückt. Das eine Auto genügte ihm nicht, er entwarf nach eigenen Ideen ein kleines Sportauto, ließ es in Frankreich bauen, ein ausgefallenes Vehikel, ganz niedrig, mit großen Kotflügeln und zwei tiefen, bequemen Sitzen. Es war ein Vorläufer der späteren Sportwagen, wurde spöttisch die Spitzmaus genannt. Vater machte mit ihm eine Nord- und Ostseebäderreise. Unterwegs brach die Vorderachse, sie landeten im Graben – und Vater ließ das Ding, das sicher sehr teuer gewesen war, da liegen und fuhr wieder mit seinem Benz. Er hatte die Lust verloren.

März 1965
Inzwischen hat es im Schreiben eine Pause gegeben. Großmutter Rheinwald, fast 70 Jahre alt, teilte uns mit, daß sie ins Krankenhaus müsse, um an einem Bruch operiert zu werden. Dadurch kam ich nicht mehr zum Schreiben. Denn ich mußte neben der Arbeit, die auch ein leeres Einfamilienhaus macht, nach Cannstatt ins Krankenhaus fahren, um nach ihr zu schauen. Danach kam sie für 14 Tage zu mir, um wieder zu Kräften zu kommen, und da hatte ich keine Lust, Zeit und Ruhe zum Weiterschreiben.

Hans Bieneck (25.12.1876-
29.8.1942) etwa 1927

Mag sein, daß ich in der Zeit einmal von meiner Chronik gesprochen habe, dabei von meinem Vater. Jedenfalls erzählte mir Großmutter, ihr Bruder, damals Referendar in Stuttgart, hätte ihr gesagt, er könne sich noch an den Prozeß erinnern, den Vater mit einer führenden Autofirma hatte. Er hätte damals großen Staub aufgewirbelt. Die Firma hätte wohl etwas beanstandet, Vater hätte es auf einen Prozeß ankommen lassen, hat ihn auch gewonnen, aber, wie es so geht, die Firma hat keine Kühler mehr von ihm bezogen. Damit war die Firma nicht mehr voll beschäftigt, und Vater verkaufte sie vor dem Bankrott. Übrigens existiert sie noch unter anderem Namen als Fabrik in Bernhausen. Ich kann mir vorstellen, daß irgendwann einmal in dem Prozeß die Möglichkeit eines Kompromisses war, daß aber Vater den abgelehnt hat, denn er war stolz, wenn man ihn mit Michael Kohlhaas verglich; er wollte sein Leben lang mit dem Kopf durch die Wand und hat nie nachgeben wollen. Das ist die Tragik seines Lebens. Immer wieder hat er uns das Leben schwer gemacht mit seinem Starrkopf. Auch seine unglückliche Ehe, die zeitweise ganz zerrüttet war, und nur immer wieder durch Mutters Nachgiebigkeit und Güte gekittet wurde, ist darauf zurückzuführen. Mutter war ein so unendlich harmonischer Mensch, mit ihr brauchte kein halbwegs friedlicher Mensch Ehekrach zu haben. Durch die übelsten Zeiten hat sie zu ihm gehalten, hat geschuftet und sich angepaßt; sie hätte ein glücklicheres Leben verdient.

Meine Vorfahren

Hier will ich ganz kurz einen Rückblick auf Vaters und Mutters Herkunft einschieben. Vater stammte aus einer Berliner Kaufmannsfamilie. Sein Vater war Prokurist oder Mitinhaber einer Großhandelsfirma; ich weiß nicht viel von ihm. Er hieß ursprünglich Küster, stammte aus Ostpreußen, wurde als Erwachsener von einem Bieneck adoptiert und heiratete die einzige Tochter eines Bankiers Burchhardt aus Berlin (eine Straße in Steglitz heißt nach ihm). Diese Anna Bieneck muß eine Masse Geld gehabt haben. Ihr Bruder hat das Bankhaus

Burchardt und Brock nach seines Vaters Tod geführt. Anna wurde ausgezahlt. Sie muß ihren Mann und Sohn vollständig beherrscht haben. Ihre Launen und ihr Geiz waren in der Familie eine Quelle des Witzes und der Kritik. Sie war keine liebende Mutter. Vater hat mir einmal erzählt, daß er nie gewußt hätte, wie er mit ihr dran war. Einmal zärtlich betreut, dann in die Ecke geschoben, einmal mit Geld überhäuft, dann ohne einen Pfennig in der Hand. Vater wollte so gern Lehrer werden oder Pfarrer. Beides hat sie nicht erlaubt; es war nicht vornehm genug. Er hat dann Technik studiert, natürlich mit einer Promotion dazu, war in einem feudalen Corps, aber auch da mischte sie sich ein. Sie hat ihn sich nicht ruhig entwickeln lassen, sodaß der unausgeglichene Charakter meines Vaters schon zu verstehen ist. Mit 21 Jahren lernte er meine Mutter kennen, verliebte sich so heftig in sie, daß er sagte: „Die oder keine!", und mit Zähigkeit hat er sein Ziel erreichte.

Mutter war das zweite Kind von Dr. med. Hans Wegscheider und seiner Frau Bertha, geb. Richter. Ihr Vater war Pastor in Mariendorf bei Berlin. Er hatte eine Menge Kinder, Bertha war die Älteste. Großvater Wegscheider war der älteste Sohn eines in Berlin sehr berühmten und seinerzeit modernen Arztes, der es außerordentlich gut verstand, Geld zu verdienen. Großvater war als junger Arzt sein Assistent, steckte sich bei einer Grippe- und TBC-Epidemie an, kurierte es nicht richtig aus und starb mit 31 Jahren. Meine Mutter wurde kurz vor seinem Tod geboren; da er sich so sehnsüchtig einen Sohn gewünscht hatte, verschwieg man dem hoffnungslos Kranken, daß es wieder eine Tochter war. Mutter wurde an seinem Sarg getauft. Großmutter mußte als 26-jährige Witwe mehr oder weniger von der Gnade ihres Schwiegervaters leben. Sie durfte, laut Familienbeschluß, nicht wieder heiraten, obwohl sie einige Bewerber hatte, weil ihre beiden Schwestern noch nicht geheiratet hatten. So autoritär ging das damals zu. Die Beiden haben übrigens nie geheiratet. Großmutter Wegscheider ist mir in Erinnerung als eine zarte, sehr liebenswerte Dame. Sie war künstlerisch sehr begabt, sie malte und musizierte überdurchschnittlich gut. Sie sang in Konzerten und Kirchen auch als Solistin. Sie erzog ihre Töchter zu, ich möchte sagen, reichlich weltfremden Mädchen. Lotte, die Ältere, war gewitzt und herrschsüchtig, sie gab wohl überall den Ton an. Sie hat sich auch den Mann ausgesucht, der gutmütig, fleißig und tüchtig war. Er kam unter den Pantoffel. Meine Mutter war garnicht so fest entschlossen, den Hans Bieneck zu heiraten, aber ihre Mutter hatte so Mitleid mit dem lieblos aufgezogenen Jungen, vielleicht hat ihr auch das viele Geld imponiert, jedenfalls hat sie Mutter sehr

Walter, Hiltraut, Edit und Friedel 1913

zugeredet, ihn zu nehmen und hat ihr auch noch den falschen Rat gegeben, ihn in der Ehe durch liebevolles Nachgeben für seine üble Jugend zu entschädigen. Mutter war sehr hübsch, aber kokett war sie überhaupt nicht. Hätte sie ihre Macht über Vater besser gekannt, hätte sie die ausgenutzt zu seinem und ihrem Besten; ich glaube, beide hätten miteinander glücklich werden können. Aber sie hatte immer nur gehört, (aus Großmutters kurzer Ehe verständlich), daß Männer das Beste und Liebevollste sind auf Erden, daß die Frau ihnen in Liebe dienen müsse, und er sie mit Liebe betreut. Ich höre Großmutter immer noch so innig singen: „Er der herrlichste von allen" von Mendelsohn. Von unserer modernen Einstellung des Verstehens und der Kameradschaft hatte sie keine Ahnung, und so mußte Vaters und Mutters Ehe schief gehen. Im August 1914 war das sorglose und fröhliche Leben aus.

April 1969

Meine lieben Kinder! Inzwischen ist so viel Zeit vergangen, daß ich garnicht weiß, wie ich den Faden wieder finden kann. Aber ich habe Euch versprochen, alles aufzuschreiben und will es auch halten. Warum ich damals aufgehört habe, weiß ich garnicht mehr so genau. Ich nehme an, es kam der Frühling und ich half Vater im Garten, kurz, die Tage waren mit Anderem angefüllt, und abends mochte ich Vater nicht mit Maschinenklappern stören. Er hat zwar immer gesagt, es störe ihn überhaupt nicht, aber ich hatte das Gefühl, er hätte es am liebsten, ich verhielte mich sehr ruhig, denn Vaters Nerven waren allmählich sehr empfindlich. Er hörte am liebsten eine leise Radiomusik und arbeitete dann an seinem Schreibtisch.

Nun bin ich allein [am 23.9.1968 ist Vater gestorben], das erste Halbjahr konnte ich mich nicht dazu entschließen, ich war zu unglücklich und gequält, aber jetzt will ich mich dazu zwingen. Vielleicht finde ich, wenn ich mit Vater noch einmal unser Leben durchwandere, meine Lebensfreude zurück.

10

Der erste Weltkrieg

Der erste Weltkrieg begann und warf so nach und nach alles um. Bei Bienecks begann es damit, daß Vater sich freiwillig zum Heer melden wollte, daß Mutter mit den vier Kindern dann nicht allein in Stuttgart bleiben wollte, sondern zu ihrer Mutter und Schwester nach Berlin zurückwollte. Also verkaufte man das elegante Haus, das Auto wurde auch Soldat, sogar unser Boxer Satan wurde Meldehund. Unser Vater, völlig unausgebildet (er hatte nicht gedient, war außerdem etwas schwerhörig), landete beim Train, d.h. er wurde Nachschubfahrer mit einem Wagen und zwei Pferden. Als man ihm dann noch zumutete, die Pferde zu füttern und zu putzen, wurde vernünftigerweise sein Ohrenleiden so schlecht, daß er entlassen wurde und bei Siemens in Berlin als Konstrukteur angestellt wurde. An dieser Stelle hat Vater wirklich etwas geleistet, hat sich mit viel Aufopferung in den Versuch gestürzt, für den Krieg geeignete Flugzeuge zu konstruieren. Das war besonders deshalb so schwierig, weil ja noch wenig Erfahrungen in der Flugtechnik vorhanden waren. In Berlin merkten wir am meisten von der Hungerblockade. Vater war an ein üppiges Leben gewöhnt, hatte Mutter verboten, ‚hintenherum‘ zu kaufen, weil er das als einen Betrug am Vaterland empfand. Da er nicht auf alles verzichten konnte und wollte, knappste es Mutter an sich und uns Kindern ab, mit dem Erfolg, daß wir noch elender als andere Stadtkinder waren, und der Arzt bei einer Grippeepidemie unsere Mutter warnte, daß sie, wenn sie so weitermache, uns bei der nächsten Grippeepidemie alle verlieren würde. Wir wurden dann im Sommer in den Ferien verschickt. Einmal nach Kolberg, das war ein böser Reinfall, denn die sehr vornehme Frau von Dassow‘ war so geizig, daß wir hungern mußten. Das nächste Jahr durften wir dann in den Schwarzwald zu unserm geliebten Emmele, die in Oberlengenhardt mit einem Lehrer verheiratet war. Dort erholten wir uns zwar etwas, aber mit unsrer Gesundheit sah es bös aus.

Sonst hat man ja im ersten Weltkrieg nicht allzu viel vom Kriegsgeschehen gemerkt. Der Kampf spielte sich weit außerhalb Deutschlands ab. Fliegerangriffe gab es noch nicht. Einzig die Blockade auf See war zu spüren; es gab bald keine Stoffe mehr, keine Schuhe, kein ausreichendes Essen. Mutter, unsre malende, Klavier spielende, verwöhnte ‚höhere Tochter‘, entließ das letzte Dienstmädchen, kochte, putzte und wusch allein, und nähte ihren Kindern aus den vielen herrlichen Portieren und Vorhängen ihrer vollendeten Aussteuer Kleider, Röcke, Jacken und Blusen. Auch die Holzsandalen, die wir wilde

Bande dauernd kaputt kriegten, flickte sie liebevoll und fachmännisch. Diese Holzsandalen waren herrliche Dinger. Ich muß von ihnen noch etwas näher berichten: es gab zwei Arten. Die einen hatten eine durchgehende Sohle, wie Holzpantinen, aber obenherum nur einen breiten Papierstoffriemen. Papierstoff war echtes Papier zu Bindfaden gedreht und dann grob gewebt. Man kann sich vorstellen, wie haltbar das Zeug war, vor allem bei Regenwetter. Die ganzsohligen Sandalen waren unbequem, aber sie klapperten herrlich laut beim Spielen auf der Straße oder dem Schulweg. Wir haben das sehr genossen. Die andern Holzsandalen waren aus einer dreiteiligen Sohle, die mit Kunstleder verbunden war. Das Kunstleder war nicht haltbarer als Papierstoff, Mutter verbrauchte alle Kofferriemen und was sie sonst fand, um diese Biester haltbarer zu machen. Es war ein hoffnungsloses Unternehmen. Es gab auch Stiefel mit Holzsohlen und Papierstoffoberleder, sie waren noch unbequemer und hielten noch schlechter.

Unsere Wohnung in Friedenau in der Kaiserallee 138 war sehr schön, weil die Kaiserallee breit und luftig war. Vor unserm Haus war zwar eine Haltestelle der Straßenbahn, aber wir fanden das ganz lustig, wenn abends vor dem Einschlafen die Bahn dort bremste, der Schaffner laut klingelte und sie dann mit ziemlichem Getöse wieder anfuhr.

Mutter machte im Frühling und Sommer oft mit uns größere Spaziergänge nach Dahlem hinaus, das damals noch ganz unbebaut war und nur aus einem kleinen Dorf und der schönen kleinen Kirche bestand. Dort im Kiefernwald und der Heide konnten wir herrlich spielen, Walter ging auf Schmetterlingsjagd oder fing Frösche und Eidechsen, die er zu Hause liebevoll pflegte. Auch unsere Ausflüge zu den Großtanten in Mariendorf waren immer herrlich. Großmutters beide unverheirateten Schwestern, Tante Hede, pensionierte Oberin des Marienkrankenhauses, und Tante Änni, die ihr recht und schlecht den Haushalt führte, denn sie hatte fürchterlich gichtige Hände und war sehr ungeschickt. Urgroßvater Richter war Pfarrer in Mariendorf gewesen, seine Frau, eine unternehmende und energische Frau hatte als Pfarrfrau die Initiative ergriffen und dem Dorf ein Krankenhaus gebaut, d.h. sie hat dafür gesammelt, und ich glaube, Großvater hat das Gelände gestiftet, denn er hatte dort Landbesitz und das kleine Landhaus, in dem die Tanten wohnten, grenzte an das Krankenhaus und war nicht einmal durch einen Zaun von ihm getrennt. Es gehörte aber den Tanten, war ziemlich verkommen und der Garten war völlig verwildert. Also ein

Paradies für uns. Oft trafen wir uns da mit Tante Lotte, Mutters Schwester und ihren vier Kindern, Dorle, Jochen, Gitti und Klaus. Die Vettern und Basen waren in unserm Alter, wir waren immer so ungefähr ein halbes Jahr älter. Damals waren wir dicke Freunde und machten allen Unfug zusammen. Tante Lotte war damals noch nicht so herrisch und zänkisch wie später. Sie hatte viel Sorgen um ihren Mann, denn Onkel Alfred stand den ganzen Krieg über als Offizier an der Front und war wohl auch einige Male verwundet.

Von dem Garten in Mariendorf muß ich noch ein bißchen erzählen. Tante Änni hatte während des Krieges Ziegen, die frei im Garten herumliefen und natürlich alles zernagten. Deshalb lohnte es sich wirklich nicht, in dem Garten etwas zu tun. Trotzdem fanden wir Kinder Johannisbeeren und Himbeeren in ihm und wohl auch in einer versteckten Ecke Erdbeeren. Immer, wenn sie reif waren, fuhren wir raus zu den Tanten, pflückten sorgfältig alles Obst und Tante Änni zauberte daraus die schönste Speise, die wir kannten. Ihr, meine Kinder, habt sie später ‚Tutti-Frutti-Speise‘ genannt: immer eine Lage Pudding, dann eine Lage gemischtes Obst, dann Pudding, dann Obst. Milch war während des Krieges so knapp, daß wir für unsere ganze Familie einen Viertelliter bekamen und den auch nur auf ärztliches Rezept für Friedel. Da könnt Ihr Euch wohl vorstellen, wie köstlich Tante Ännis Ziegenmilchspeise mit dem Obst war.

Sonntags fuhren wir manchmal an die Havelseen. Vater hatte dort ein Boot und erholte sich beim Angeln. Oft waren wir wohl nicht mit draußen, denn ich habe kaum Erinnerungen daran. Vater lebte überhaupt sehr für sich, er hatte nicht viel Sinn für seine Kinder, und war wohl eifersüchtig auf unser inniges Verhältnis zu Mutter. Ich denke mir, er war auch einfach überanstrengt und hungrig und zermürbt von dem sich allmählich abzeichnenden unglücklichen Kriegsende. In seiner Freizeit beschäftigte er sich schon damals sehr intensiv mit Ahnenforschung. Ich erinnere mich, daß er dabei einmal im Archiv von einer Leiter gestürzt ist. Ob das der Anlaß zu seiner Nervenerkrankung war, oder was sonst der Grund war, weiß ich nicht; jedenfalls wurde Vater krank. Der Arzt riet zu äußerster Schonung.

Umzug nach Misdroy

Der 9. November 1918 brachte die Revolution. Vater weigerte sich bei Siemens den Vorschriften des Arbeiterrates, zu folgen. (Ich glaube, auch die höheren Angestellten sollten beim Kommen und Gehen eine Kontrolle betätigen, und Vater fand das unter seiner Würde). Jedenfalls wurde er entlassen, und Vater und

Mutter entschlossen sich kurz, Berlin zu verlassen und irgendwo an der Ostsee ein Haus zu kaufen, und Vater auszukurieren. Das Haus fand sich in Misdroy, es war hübsch und geräumig und sogar massiv gebaut. Im Januar 1919 zogen wir um, Walter blieb bei den Tanten oder Großmutter, weil es kein Gymnasium in Misdroy gab. Wir Mädchen fanden eine kleine Privatschule für die Kinder der paar Honoratioren in Misdroy, den Arzt, den Apotheker, den Pastor und ein paar besser situierte Kaufleute. Die Schule wurde von einer alten pensionierten Lehrerin, Fräulein Herzberg, geleitet, bestand aus einem Raum, in dem vier Klassen gemeinsam unterrichtet wurden – eine gehobene Zwergschule! Wir lernten sogar eine Fremdsprache: Französisch! Es war ein drolliger Betrieb, die Größeren mußten die Kleinen betreuen, Turnunterricht hatten wir bei einem älteren Mädchen, Handarbeit bei der Freundin und Haushälterin von Fräulein Herzberg. Aber gelernt haben wir was, denn Frl. Herzberg war ehrgeizig und energisch. Überanstrengt haben wir uns aber nicht.

Für uns war Misdroy das Paradies, denn wir bekamen dort etwas zu essen. Zwei Jahre hatten wir in Berlin das abscheuliche Volksküchenessen essen müssen. Mutter hätte uns mit den wenigen Marken, die sie für uns bekam, garnicht ernähren können und war gezwungen, das Essen dort zu holen. Aber das war jämmerlich: Schwarze klebrige Nudeln, madiges Dörrgemüse, harte Erbsen ohne Geschmack, ganz selten mal eine Kartoffel, denn die Kartoffeln waren durch den nassen Sommer 1917 frühzeitig verfault. Sie wurden reichlich durch Kohlrüben ersetzt, die Mutter mit Fantasie aber ohne Fett schmackhaft zu machen versuchte. Und nun kamen wir in das kleine Städtchen an der Ostsee, wo keiner Mangel litt, wo es Fisch frei zu kaufen gab, wo wir pro Kopf in der Woche 100 g Butter bekamen. Mir ist das eine Pfund, das wir für uns alle bekamen in der Erinnerung noch immer ein riesiger Klumpen. Im Milchladen gab man uns freiwillig zwei Liter Milch, denn die Leute hatten mit uns Mitleid. Und wir waren für die Leute eine Sensation. Denn wer zog schon freiwillig nach Misdroy, das im Winter ganz verlassen und still war? Und dabei war es landschaftlich so schön dort. Misdroy liegt auf der Insel Wollin, eine der Mündungsinseln der Oder, die sich bei Stettin in Peene, Swine, Dievenow teilt und die beiden Inseln Usedom und Wollin bildet. Östlich von Misdroy ist eine Steilküste, sie fällt fast senkrecht ins Meer hinab. Sie ist fast 50 Meter hoch. Nach dem Land zu senkt die Düne sich sanft mit einem herrlichen Buchenwald, im Frühjahr mit Unmengen von Leberblümchen, und geht dann in Moor- und Heidelandschaft über, die Misdroy von Süden und Westen umschließt. Beides war schön, der Wald und das Heidegebiet, aber am schönsten war das Meer mit einem herrlichen, breiten Sandstrand. Und es war schön im Sommer und im Winter.

Wir Kinder haben uns da schnell erholt, Mutter wurde sehr tatkräftig. Die geborene Berlinerin, die immer in der Stadt gelebt hatte, lernte Landwirtschaft. Zunächst wollte sie wohl nur zwischen dem Hunger, den wir so grausam erlitten hatten, und ihrer Familie einen Schutzwall errichten und sich für den Fall, daß durch den verlorenen Krieg auch in Misdroy eine verschärfte Nahrungsmittelkontrolle beginnen könnte, autark machen. Jedenfalls wurden Ziegen, ein kleines Schweinchen, Hühner, Enten und Karnickel angeschafft. Mutter lernte Füttern, Mähen, Heuen, Melken, Ausmisten und mit störrischen Ziegen umgehen. Denn Bärbel hatte Hörner, war ein Biest und unsre sanfte Mutter wurde eine keifende Bäuerin. Wir hatten Bärbel nicht lange. Im Herbst schlachteten wir dann unser erstes eigenes Schwein. Das durfte man aber auch in Misdroy nicht, ohne daß einem dafür Fleischmarken abgezogen wurden. Also tat man, was alle taten, man schlachtete heimlich. Keines unsrer vielen Schweine, die wir später noch geschlachtet haben, hat so fürchterlich geschrieen wie dieses. Aber die Nachbarn waren verständnisvoll – keiner hat etwas gehört. Der Schlachter schlachtete nur und zerlegte das Tier, Mutter lernte Wursten, Pökeln, Räuchern und das ganze Schwein verarbeiten.

Obwohl wir ja noch klein waren, Hiltraut 13 Jahre, Friedel 11 und ich 10, haben wir fest helfen müssen. Hiltraut war ja schon verständiger, aber für uns Kleine war es oft eine schwere Geduldsprobe. Wir mußten Holz sägen, im Garten helfen, Obst pflücken, denn erstaunlicherweise gediehen Johannis- und Stachelbeeren auf dem mageren Sand in unserm Garten. Unser Haus stand auf der zweiten Düne, die sich durch Misdroy zog, wesentlich niedriger als die Steilküste, aber doch so hoch, daß wir einen weiten Blick über den Ort bis zum Meer hatten.

Vater erholte sich nicht so, wie alle gehofft hatten. Er ging zwar die erste Zeit sogar mit Fischern aufs Meer, hatte eine Zeit lang ein eigenes ziemlich großes Segelboot und eine Mannschaft mit der er den Fang teilte, in der Hoffnung durch körperliche Anstrengung und die Seeluft gesund zu werden; aber er wurde immer nervöser, und es gab viel Reibereien zwischen ihm und uns, zwischen ihm und Mutter. Bei dem Vermögen, das Vater geerbt hatte, hätten wir gut und sorglos leben können, Vater war nicht mehr anspruchsvoll, Mutter nicht mehr elegant, aber es kam die Inflation.

Die Nachkriegsjahre

Wir haben uns alle bis zum Äußersten eingeschränkt, damit nichts Wertbeständiges verkauft werden mußte, haben von unsrer kleinen Landwirtschaft gelebt, haben im Sommer alle verfügbaren Zimmer an Badegäste vermietet, was alle taten. Walter, der längst nicht mehr in Berlin war, sondern das Gymnasium kurz entschlossen verlassen hatte und in eine landwirtschaftliche Lehre gegangen war, (er hatte das Hungern über und wollte lieber auf ein Studium verzichten und Bauer werden) steuerte uns Getreide zu, so daß wir selbst Mehl zum Brotbacken hatten. So schlängelten wir uns durch die Inflation. Aber Vater mußte am Ende doch entdecken, daß sein schönes Vermögen arg zusammengeschmolzen war, daß die hohe Lebensversicherung ein Fetzen Papier war, daß die Hypotheken, die Vater auf Häusern in Berlin stehen hatte, zurückgezahlt waren, und die Hausbesitzer sogar dazu das Recht gehabt haben. Vater hatte in der schlimmsten Zeit damals einen Beruf gehabt. Er war Mathematiklehrer an der von den Balten in Misdroy gegründeten Schule. Diese Zeit hat Vater sehr gefallen. Er konnte fabelhaft erklären, die Kinder mochten ihn. Das Gehalt war zwar lächerlich klein, aber, wenn Vater die Stellung behalten hätte, wäre für ihn und uns manches leichter gewesen.

Von der Baltenschule will ich kurz erzählen: Nach der kommunistischen Revolution in Russland mußten die im Baltikum beheimateten Deutschen fliehen, denn sie waren dort eine sehr exklusive Oberschicht gewesen und hatten durchaus herrenmäßig geherrscht. Viele sind von den Revolutionären umgebracht worden, die andern flohen mit Schiffen nach Swinemünde und suchten dort Asyl. Swinemünde hat sie nicht aufgenommen, und so zogen sie nach Misdroy, mieteten dort die Sommerwohnungen und lebten dort primitiv und in Armut. Sie gründeten ein Oberschule, die mit baltischen Lehrern besetzt wurde, mieteten das Hospiz und brachten dort die elternlosen Kinder unter, wohl auch solche, deren Eltern wo anders eine neue Existenz suchten. Irgendeine fromme, christliche, amerikanische Sekte unterstützte das Unternehmen mit Geld und Carepaketen. Wir, Friedel und ich, kamen so etwa 1920 in die Baltenschule, die kleine Schule von Frl. Herzberg löste sich auf. Ich bin bis zur mittleren Reife in die Baltenschule gegangen, Friedel ging mit 14 Jahren ab (sie hatte schweren Scharlach gehabt, und war sehr geschwächt), und Hiltraut ist mit dem Ende der Familienschule abgegangen. Heute kommt es einem ganz unverständlich vor, daß unsere Eltern so wenig darauf bedacht waren, ihren Töchtern eine abgeschlossene Schulbildung zu geben. Ich nehme an, es war einfach diese völlige Verwirrung in ihren damaligen Lebensumständen, die sie so wenig weitsichtig sein ließ. Zunächst ging es in der Baltenschule alles etwas durcheinander zu. Es wurden bevorzugt alte, hilflose, sehr verarmte Lehrer eingestellt, weil sie nirgendwo unterkommen konnten, und sonst hätten verhungern müssen. Ich erinnere mich, die Französischlehrerin hatte einen erheblichen Dachschaden, weil sie erschossen werden sollte und dem nur mit knapper Not entkommen war. Die Englischlehrerin war 70 Jahre alt, hörte schlecht und hatte den Star. Sie konnte nur mit einer großen Lupe lesen, und wir rohes Volk haben sie auch noch gefoppt. Ein Lehrer hatte hochgradig TBC und konnte nur zeitweise unterrichten, einer trank und kam oft in höchst bedenklichem Zustand zum Unterricht. Allmählich fanden die Alten und Kranken einen angemessenen Platz, und dann wurde der Unterricht auch besser.

Als ein Mathematiklehrer fehlte, wurde mein Vater aushilfsweise eingestellt, und er hat mit außerordentlichem pädagogischem Geschick unterrichtet. Ich wußte sowieso schon lange, daß Vater wundervoll erklären konnte, wenn ich im Unterricht etwas nicht verstanden hatte, ging ich zu ihm. Vater verdanke ich es, daß ich immer gut in Mathematik war, alles logisch erfaßte und Zeit meines Lebens Mathematik verstand. Vater liebte seinen Unterricht. Wieder verdarb er sich alles mit seinem Widerspruchsgeist, seiner Dickköpfigkeit und seiner Streitlust. Die Balten waren schrecklich höfliche Leute, sehr auf Form bedacht und darin auch etwas kritisch. Es war bei ihnen üblich, daß die Kollegen sich im Lehrerzimmer reihum begrüßten, den verheirateten Kolleginnen wurde die Hand geküßt. Vater mochte das nicht, und statt nun großmütig zu sein und sich der Mehrheit zu beugen, machte er daraus einen ostentativen Kleinkrieg. Ich finde das von einem erwachsenen Menschen einfach albern, und es endete so, wie es enden mußte; als die Gemeinde Misdroy ihren Geldzuschuß zu der Schule davon abhängig machte, daß der stellungslose Sohn eines Gemeinderatsmitglieds, der Junglehrer war, eingestellt werden müsse, entließ man Vater. Hätte man ihn als Kollegen geschätzt und sich durch sein provozierendes Benehmen nicht gestört gefühlt, hätte man bestimmt einen andern Ausweg gefunden. Vater war sehr unglücklich darüber, aber statt einzusehen, daß er selbst daran Schuld hatte, begann er einen langjährigen Krieg mit dem Gemeinderat, dem Bürgermeister und er suchte nach reichlich vorhandenen Korruptionsfällen, deckte sie mit viel Aufwand auf und macht sich damit natürlich in so einer kleinen Gemeinde restlos unbeliebt. Ich glaube, es gibt nirgendwo eine Gemeinde, ob Dorf oder Stadt, in der nicht gemauschelt wird. In Misdroy war das nicht schlimmer als wo anders, aber Vater mußte da mit Hilfe eines pensionierten Oberbürgermeisters, der in Misdroy wohnte und sicher die Tricks alle trefflich kannte, hineinlangen. Dieser Herr Wolff war ein unangenehmer, verschlagener Mann, ich kann mir denken, daß ihm Vaters Krieg sogar Spaß machte.

Heute, am 16.4.69 muß ich gerade über diese unerfreuliche Wendung in seinem Leben schreiben. Sie hat Vater in so viel Stunk und häßliche Kleinkriege geführt. Mutter hat so furchtbar darunter gelitten, unter diesen Bosheiten, die Vater sich ausdachte, unter diesen Widerwärtigkeiten, die er sich und uns damit bereitete. Heute ist Mutters 30.Todestag, wir hätten sie so gern noch behalten, denn wir haben sie alle innig geliebt, aber ihr Leben an der Seite des immer unverträglicher werdenden Mannes war ihr so zuwider. Wir ihre Töchter, die sie liebte, waren von zu Hause fort, sie hatte ihren Frohsinn und ihre Lebensfreude verloren und sträubte sich kaum gegen den Tod, als sie mit einem vereiterten aufgebrochenen Blinddarm ins Krankenhaus mußte. Wir alle haben sie schmerzlich vermißt, auch ihre Schwiegertochter und -söhne haben sie herzlich geliebt.

Vater hat in diesem Krieg gegen die Korruption in der Gemeinde natürlich einiges Geld gebraucht. Da er keinerlei Einnahmen mehr hatte, mußten wir das Zimmervermieten und die Pension in Schwung bringen. Vater baute einiges im Haus um, das Haus wurde dadurch viel geräumiger, und wir konnten bis zu 30 Gäste aufnehmen. Mutter machte das ganz allein mit Hiltraut und mir, Friedel war als Haustochter in Berlin, später in Pommern als Gesellschafterin bei einer alten Dame. Da die Baltenschule im Sommer sehr lange Ferien machte, (sie vermieteten das Internat ‚Dünenschloß‘ auch an Sommergäste), konnten wir die ganze Saison helfen. Viel herausgekommen ist bei dieser Vermieterei nicht, denn Mutter kochte viel zu gut und aufwendig, und die Zeit an der See, in der Gäste kamen, war zu kurz. Vater kommandierte, repräsentierte,

18

verbrauchte das Geld, und Mutter und wir schufteten. Die kleinsten Rechte mußten wir uns erkämpfen, so z.B. abends noch ein bißchen bummeln zu gehen, auf die Promenade oder ins Kurkonzert. Ich muß aber gleich betonen, daß ich diese Zeit nie bereut habe. Ich habe in dieser Zeit gelernt, tüchtig zu arbeiten, die Zeit gut einzuteilen und mit Liebe zu kochen. Das hab ich später alles gut gebrauchen können.

Die Sommermonate mit dem Badebetrieb und dem Kurkonzert waren für uns junge Mädchen reizend. Wir fanden immer Zeit, baden zu gehen, hatten unsern Strandkorb immer am selben Platz mit einer schönen Burg drumrum, und dorthin fanden sich immer irgendwelche Flirts ein. Hiltraut war eine wahre Künstlerin im Anbändeln, sie hatte ganz entschieden das, was man heute Sexappeal nennt. Sie hatte immer einen Kreis von Verehrern um sich, und für uns beide andern fand sich dann auch immer was. Mutter war ja in einer besonders prüden Zeit aufgewachsen und hat uns nach diesen Ansichten erzogen. Hiltraut war da wohl etwas großzügiger, aber Friedel und ich haben uns nie küssen lassen. Friedel hatte mit 17 Jahren eine unglückliche Liebe zu einem Studenten, dessen Großeltern in Misdroy ihren Lebensabend verbrachten, und der deshalb jedes Jahr wieder kam. Damit Friedel ihrer verlorenen Liebe nicht jedes Jahr begegnete und traurig wurde, schickte Mutter sie im Sommer immer fort.

Im Frühjahr 1925 machte ich in Stargard meine Abschlußprüfung für die mittlere Reife, weil die Baltenschule keine anerkannte Schule war. Da ich die erste Schülerin der Baltenschule war, die zur rechten Zeit und auf Anhieb das Examen bestand und sogar ein recht ordentliches Zeugnis hatte, stach uns alle – Lehrer, Vater, Mutter und mich größenwahnsinnige Tochter – der Hafer; wir kamen zu dem Entschluß, ich müsse das Abitur machen. In Berlin konnte ich bei Tante Lotte Richter wohnen, Schulgeld und ein Minimümmchen an Taschengeld steuerte Walter, der eine ganz ordentliche Stellung als Versuchsringleiter in Pommern hatte, dazu. So schickte man mich nach Berlin, ausgerechnet an eine der schwersten Studienanstalten in Lichterfelde. Von Obersekunda nach Unterprima wurde ich noch leidlich versetzt, nach Oberprima blieb ich mit zehn Leidensgenossinnen sitzen. Ich habe ehrlich gekämpft, habe mit immer größerer Mutlosigkeit geschuftet, aber es waren zu viele Lücken. Meine Mathematik rettete mich auch nicht mehr, denn meine deutschen Aufsätze waren durchweg solche Mißgeburten, daß ich mit einem mangelhaft in Deutsch rechnen mußte, und in Englisch und Französisch waren auch zu viele Lücken. Englisch konnte ich dann noch retten, aber es reichte doch nicht. Nun begannen damals schon die ersten Wolken der Weltwirtschaftskrise aufzuziehen, es gab die ersten Arbeitslosen, unter ihnen viele Volksschullehrer. Da unser Plan gewesen war, daß ich nach dem Abitur ein Jahr ein Lehrerseminar besuche und dann Lehrerin werde, und Vater mir nie ein richtiges Studium bezahlt hätte, gab ich den Plan, die Unterprima zu wiederholen auf. Inzwischen hatte man alle Seminare geschlossen, um nicht noch mehr arbeitslose Lehrer auszubilden. Ich war in meinem Selbstvertrauen so erschüttert, vor allem, weil ich auch mit Fleiß nichts gegen die schlechten Aufsätze machen konnte, sie waren einfach eine Folge der Konkurrenz mit den frühreifen, geistig geschulten und gewitzten Berliner Mädels, den ich verlieren mußte. Die Themen waren im Vergleich zu denen in Misdroy wirklich von mir nicht zu bewältigen, und zum Schluß verkrampfte ich mich auch noch vor lauter Angst und faselte nur noch unverständliches Zeug in meinen Aufsätzen.

So kehrte ich dann ziemlich gebrochen und stark angeknackst nach Hause zurück, 18 Jahre alt und wußte nicht recht weiter. Den Plan, technische Assistentin zu lernen am Lettehaus in Berlin, mußte ich aufgeben, weil Vater sich weigerte, mir das Geld dafür zu geben, und so blieb ich zunächst wieder zu Hause und spielte Küchenmädchen in der Pension Bieneck. Vater konnte wohl auch nicht zwei ausbilden lassen, denn Walter hatte sich entschlossen,

1926 in Misdroy mit meinen Geschwistern hinten Walter und vorne von rechts Hiltraut, Friedel und ich

20

die höhere Landbauschule in Stettin zu absolvieren, und so mußte ich warten. Im Sommer verdiente ich etwas Geld bei Vater, wir bekamen 10% Bedienungsgeld, Hiltraut und ich teilten es uns. Das war unser ganzes Einkommen, etwa 300 Mark im Jahr. Davon mußten wir uns kleiden und unsre kleinen Wünsche erfüllen. Mutter nähte uns unsre Sachen, aber sehr elegant waren sie nicht, denn Mutter schneiderte immer etwas genial, so ohne Schnittmuster und so. Aber wir waren nicht besonders anspruchsvoll, und so machte uns das nicht allzu viel aus. Viel unangenehmer war uns, daß Vater in Misdroy immer unbeliebter, und wir dadurch etwas isoliert wurden. Nun, wir hatten ja Mutter, unsre immer vergnügte, trotz Geld- und Ehesorgen immer harmonische Freundin.

Hiltraut hatte durch Walter in Stettin Fritz Fehlhaber kennengelernt, den ‚schönen Fritz‘ wie wir ihn nannten, denn er war ein besonders hübscher junger Mann. Daß Hiltraut sich in sein Äußeres verliebte, war zu verstehen, aber daß sie mit ihrem Temperament und ihren vielen Chancen diesen ruhigen, sehr zurückhaltenden, bescheidenen Fritz wählte, spricht entschieden für sie. Die Eltern waren nicht einverstanden damit, denn Fritz hatte als Lehrerssohn kein Vermögen, und so als Landwirt furchtbar schlechte Aussichten, vor allem weil es damals in der Landwirtschaft ständig kriselte. Aber Hiltraut hat treu zu ihm gehalten und in der übelsten Zeit, als die gesamte Wirtschaft am Boden lag, ihn geheiratet. Aber das war 1931, vorher lernte ich noch Euren Vater kennen.

Zusammentreffen am Strand

Im Sommer 1928, ich war 19 Jahre alt, machten mir verschiedene Männer den Hof. Der Eine war nicht zuverlässig genug (sein Freiherrntitel war keine Gewähr), der Andere war zu alt, und andere waren mir einfach nicht intelligent und gebildet genug. Ein Flirt, eine kleine Anbändelei, zu mehr hatte ich keine Lust. Am 23. August kam Hiltraut abends von einem Bummel, den sie mit einer jungen Dame, die bei uns wohnte, gemacht hatte, heim, und erzählte, sie hätten einen großen Spaß gehabt. Sie wären mit einem der Segelboote, wie sie während der Saison immer abends auf die See fuhren, mitgefahren, und hätten da einen jungen Mann kennengelernt, der aus Württemberg war, furchtbar nett geschwäbelt hätte und sich ihnen angeschlossen hätte. Nach der

Segelfahrt hätte er sie dann noch mit einem großen Auto nach Swinemünde und zurück gefahren, und – er sei einfach furchtbar nett gewesen. Beim Abschied hätte er sich dann als Dr. Rheinwald vorgestellt und Hiltraut um ein Wiedersehen gebeten. Hiltraut habe ihm dann aber gesagt, daß sie verlobt sei. Als der junge Mann darüber ehrlich bestürzt gewesen sei, daß er nun endlich mal ein vergnügtes und natürliches Mädel kennen gelernt hätte, und die sei nun schon vergeben, habe sie ihm lachend gesagt, sie hätte noch eine ebenso vergnügte und natürliche Schwester, und die sei noch frei. Daraufhin habe er geantwortet, er käme am nächsten Tag an den Strandkorb, er müsse die Schwester kennenlernen. Ich war empört, daß Hiltraut mich so angeboten hatte, aber – am nächsten Tag ging ich doch mit an den Strand.

21.8.1969
Nun habe ich den ganzen Vormittag in meinem Haushalt rumgetrödelt, weil ich finde, daß es jetzt schwierig wird, und ich mich nicht an die Maschine traute. Aber vielleicht kann ich Euch Vater so schildern, wie ich ihn damals sah, ohne zuviel von der großen Liebe und dem richtigen Verständnis, das ich ja erst später fand, jetzt schon hineinzuschummeln.

Ende August war der Strand nicht mehr sehr überfüllt, dafür waren viele junge Leute am Strand, die nicht in den Ferien reisen mußten. Sie fanden sich meist zusammen zu gemeinsamen Sportspielen und waren immer eine lustige Gemeinschaft. Hiltraut und ich gingen an den Strand, begrüßten alle Bekannten und Nachbarn, unterhielten uns, und da fand sich ein junger Mann ein, der nicht besonders gepflegt und nicht sehr eindrucksvoll aussah. Er hatte eine schlecht sitzende Badehose an, hatte einen Photoapparat und eine Armbanduhr bei sich. Das war alles. (Jeder Fachmann weiß, daß eine Uhr am Strand dem Versanden geweiht ist und läßt sie zu Hause. Also ein blutiger Laie). Hiltraut begrüßte ihn sehr herzlich mit ‚Herr Doktor' und stellte ihn mir dann vor. Ich dachte, ist das alles? Denn er schien mir zu allem auch noch unrasiert. Er gefiel mir garnicht, ich hatte keine Lust mit ihm zu sprechen und ging zu den andern, um mit ihnen rumzutollen. Ich war ja immer sehr sportlich gewesen, Turnen war mein Lieblingsfach gewesen, hatte auch im Springen und Laufen einige Preise errungen und so zog es mich zu den Spielen: Wettrennen, Bockspringen, Gymnastik. Wir machten Wettkriechen. Von der einen Seite krochen die jungen Mädchen, von

Hans mit 24

und ich mit 19

der andern die jungen Männer, wer zuerst in der Mitte ankam. Ich krabbelte also eifrig los, wie ich so war, mit Ehrgeiz und viel Schwung. Als ich in der Mitte ankam, merkte ich, daß ich als Einzige losgekrochen war und von gegenüber auch bloß einer ankam.

Na ja, der Einzige war Hans Rheinwald. Ich sagte ihm, daß es sehr leichtsinnig sei, die Uhr umzubehalten, denn sie versande unweigerlich, und er antwortete seelenruhig, der fehlten sowieso ein paar Steine. Diese schlagfertige Antwort, die zu unsrer Blödelei zu Hause so fein paßte, machte mir natürlich Spaß und erwärmte mich so weit, daß ich sitzen blieb und mich ganz gemütlich mit ihm unterhielt. Thema war natürlich Stuttgart, Württemberg – mein Geburtsland und meine erste Heimat. Sein Schwäbisch gefiel mir zu gut, und er gab sich auch keine krampfhafte Mühe, es zu verbergen, das gefiel mir auch. Ich fragte ihn natürlich auch, wie er denn überhaupt nach Misdroy gekommen sei, und da erzählte er mir die ganze blödsinnige Reihe von Zufällen, die ihn an unsern Strand gebracht hatte.

Hans war Diplomlandwirt, hatte bei Fräulein Professor Dr. Margarete von Wrangell promoviert und war von ihr als Hilfsassistent angestellt worden. Da er gut Auto fuhr, war er auch ihr dienstlicher und privater Chauffeur. Frau von Wrangell war Baltin, eine kluge, zielbewußte und auch despotische Dame, Anfang 50. Eines Tages entschloß sie sich, einen Jugendfreund und Vetter, den Fürsten Andronikow zu heiraten. Der Fürst war Emigrant, mittellos und ziemlich krank. Er war übrigens ein reizender, humorvoller Mensch, die spätere Ehe war wohl sehr nett und harmonisch. Anfang August 1928 sagte Frau von Wrangell eines Morgens zum Dr. Rheinwald: „Holen Sie das Auto, wir fahren heute nach Saßbachwalden." Dort wohnte der Fürst. Hans schwante, daß das eventuell über Nacht sein könnte, packte seinen Schlafanzug, sein Waschzeug, einen sauberen Kragen und etwas Geld (viel hatte er sowieso nie bei sich) ein und fuhr mit seiner Chefin in den Schwarzwald, um den Fürst zu treffen. Dort stellte sich heraus, daß es nicht so einfach war mit dem Heiraten, denn sie konnte als russische Staatsangehörige nicht deutsche Professorin bleiben. Um eine Sonderegelung zu erreichen, fuhr sie kurz entschlossen mit dem Fürsten und dem Dr. Rheinwald nach Berlin, um den zuständigen Minister zu sprechen. Der Minister war aber im Urlaub und wurde erst in einigen Tagen zurück erwartet. Da das Geld knapp wurde, bestellte man telegrafisch Geld nach Berlin, da es aber in Berlin heiß war, und man ja eine Frau der schnellen Entschlüsse war, beschloß man eine kurze Stippvisite nach Misdroy zu machen, um dort eine Verwandte, Frau von Rennenkampff zu besuchen. Dafür würde das Geld schon reichen, es waren ja höchstens zwei Tage und die lieben Verwandten würden sie schon irgendwo unterbringen. Die Professorin und Hans kamen im Dünenschloß unter, der Fürst kam ins Viktoriahotel. Wenn man an der See ist, dann badet man auch. M. von Wrangell erkältete sich aber dabei und mußte das Bett hüten. Dadurch konnte Hans seinerseits das unbekannte Badeleben studieren. Die Badehose mußte er sich leihen und deshalb war sie zu groß. Da das Geld so knapp wurde, und er keinen Rasierapparat dabei hatte, sparte er am Sonnabend den Frisör und saß deshalb unrasiert neben mir. Ein Problem war noch, daß er aus dem Dünenschloß ausziehen mußte, weil die Schüler wieder kamen, denn die Ferien waren zu Ende. Bei uns war Platz; Hiltraut besprach das mit Mutter, und Hans Rheinwald zog zu uns mit einem großen Dienstauto und einer fast leeren Aktentasche. Meinen Eltern kam die Sache reichlich komisch vor. Sie vermuteten, daß wir auf einen ganz üblen Hochstabler hereingefallen seien. Es war ja auch ein bißchen merkwürdig: Ein russischer Fürst, ein weiblicher Professor und ein Dr. agr. als Chauffeur. Jedenfalls bekam Fritz Fehlhaber, der über Sonntag zu Besuch kam, den Auftrag, diesen jungen Mann etwas auf Herz und Nieren zu prüfen. Fritz' Urteil war, er macht einen ganz seriösen Eindruck und von Landwirtschaft versteht er bestimmt etwas.

22.8.1969

Hier mußte ich mal wieder unterbrechen, denn ich bin allein mit Mohrle, und da fiel mir ein, daß ich die Gaishirtle schälen und einwecken müßte, die im Keller standen, mit Stiel und Butzen, wie es sich gehört, und wie sie die Enkel so gern essen, wenn sie zu Großmutter kommen. Das hat den ganzen Nachmittag gedauert, dann ein kleiner Spaziergang mit Mohrle über die gemähten Wiesen. Es war herrlich, die Sonne schien schon etwas herbstlich sanft, und ein frischer Wind wehte. Nach dem heißen Sommerwetter ein besonderer Genuß. Abends hab ich dann der Reihe nach bei Euch angerufen und mich überzeugt, daß es Euch gut geht.

Abends hatten wir Besuch von entfernten Verwandten, die bei uns musizierten. Hiltraut, Fritz, Hans und ich saßen auf der Veranda. Ich glaube nicht, daß wir gute Zuhörer bei dem Konzert waren. Wir verdrückten uns dann auch unter dem Vorwand, ich wolle Hans den Garten zeigen. Bei seinem ersten Kuß fragte er mich, ob ich Kinder haben wolle. Als ich ihm sagte, je mehr desto schöner, sagte er mir, er hätte immer Pech mit den Mädchen gehabt. Eine hätte keine Kinder haben wollen, eine wollte nur in der Stadt leben, einer war das Landwirtschaftsstudium nicht fein genug, einer war er nicht elegant genug. Ein Mädel, wie ich, hätte er sich immer gewünscht, und er wolle mich unbedingt wiedersehen und näher kennen lernen. Wir machten also aus, daß ich im Herbst meine Patentante in Stuttgart, die mich immer schon eingeladen hatte, besuche. Hans überredete mich, einen 1/2 jährigen Krankenhauslehrgang in Dresden schießen zu lassen und nach Stuttgart zu kommen.

Am Montag kam Friedel aus Berlin heim. Hans war begeistert, drei so lustige und unbeschwerte Mädels um sich zu haben und vertraute mir an, er würde uns zu gern ins Kurhaus einladen, aber er habe kein Geld mehr. Da pumpte ich ihm 20 Mark, und wir gingen zu viert sehr vergnügt aus. Ich merkte auch bald, daß ich auf meine Schwestern nicht eifersüchtig zu sein brauchte. Das hatte ich nämlich gefürchtet, weil ja Friedel viel hübscher war als ich. Am Dienstag kam Hans mittags von seiner Professorin und meldete, daß sie wieder gesund sei und am Nachmittag wieder nach Berlin zurückfahren wolle. Er bat mich, den Rest der 20 Mark behalten zu dürfen, um seine Rechnung bei meinen Eltern zahlen zu können, sonst käme er am Ende nochmals in den Verdacht, ein Hochstapler zu sein. Unser Abschied war ganz kurz, denn Margarete von Wrangel hatte ihrem Assistenten eingeprägt, sie könne zwar warten lassen, aber man lasse sie nicht warten!! Hans versprach, von Berlin aus gleich zu schreiben und erinnerte mich an die Verabredung in Stuttgart. Weg war er! Na, und dann wartete ich auf den versprochenen Brief und meine 20 Mark, zwei Tage, drei Tage, vier Tage, und dann kam ein trübseliger Sonntag, an dem keine Post ausgetragen wurde – ich zweifelte an allem. Aber am Montag kam ein Paket mit einem langen Brief, dem Geld und drei entzückenden Rauchglasväschen, für jede von uns Schwestern eine, als Dank für drei schöne Ferientage. Ich war tief gerührt und beschloß nun endgültig, meine paar Kröten zusammen zu kratzen und zu Tante Berty Daucher nach Stuttgart zu fahren. Mutter hatte natürlich schon längst alles erfahren und unterstützte mich. Mein Vater fragte mich beim Abschied, ob ich denn diesen Dr. Rheinwald treffen würde, und da sagte ich ihm kurz entschlossen, daß er der Grund meiner Reise sei, denn wir wollten uns unbedingt näher kennen lernen.

Besuch in Stuttgart

Und so fuhr ich dann nach Stuttgart. Dort erwartete mich ein sehr unglücklicher Brief von Hans. Er müsse dienstlich nach München fahren, wann er zurückkomme wisse er nicht, ich solle aber unbedingt auf seinen Anruf warten, er melde sich sobald er da sei. Ich war natürlich sehr enttäuscht, vor allem, weil er mir schrieb, bei ihm ginge eben immer alles schief, und ich hätte mich eben mit einem Pechvogel eingelassen, dem nie etwas gelinge. Dieser Pessimismus war mir schon in Misdroy aufgefallen, und irgendwie hatte ich schon damals das Gefühl, ich müsse ihm mit meiner Lebensfreude und meiner Zuversicht weiterhelfen. Also wartete ich, und nach ein paar Tagen – Dauchers wollten gerade die traurige Edit ins Kino führen, um sie zu trösten – klingelte abends kurz vor 8 Uhr (damals konnte man nach 8 Uhr nicht mehr von Hohenheim nach Stuttgart telefonieren) das Telefon und Hans sagte mir ganz aufgeregt, er sei von München so schnell wie möglich zurückgefahren, um mich noch zu erreichen, und ich sollte sofort zur Waldau hinaufkommen, er käme mir dorthin entgegen und erwarte mich da. Und so fuhr ich dann zum ersten Mal die Neue Weinsteige hinauf zu meinem ersten Rendezvous mit Hans und bin die Strecke danach noch oft gefahren, immer mit der großen Freude auf ihn. Denn bald trafen wir uns nicht irgendwo, sondern in seiner kleinen Wohnung in Plieningen.

Bei diesem ersten Treffen war eine ganz verrückte Situation, an die ich mich noch so genau erinnere: wir wanderten bergauf in Richtung Tennisplätze, plötzlich entwischte ich ihm, sprang über einen Graben in den Wald und fragte ihn ganz schnell: „Sag mal, bist du eigentlich evangelisch?" Als er bejahte, war ich sehr erleichtert, denn ich wußte so wenig von ihm, und ich wäre so ungern katholisch geworden. Aber gemischte Ehen waren damals sehr problematisch, und ich hätte es nicht riskieren wollen, daß sich die Kirche in unsre Ehe einmischt.

26

Vier Wochen waren wir damals beieinander und lernten uns richtig kennen. Was mir besonders an Hans gefiel war, daß er sich nie verstellte, daß er sich genau so gab, wie er war, ein bißchen scheu, ein wenig ungehobelt und völlig ehrlich in seinen Anschauungen. Nun erfuhr ich auch so allmählich näheres über seine Familie. Daß sein Vater Arzt war, wußte ich natürlich schon, aber sonst sprach Hans nicht oft von seiner Familie und seinem Zuhause.

Wurzeln von Hans Rheinwald

Ich setze hier in die Chronik ein, was ich in meinem Familienbericht für Klaus über die Rheinwaldfamilie geschrieben habe. Onkel Ernst Rheinwald, der Jurist aus Calw, hat eine Geschichte der Rheinwalds geschrieben. Sie liegt mit Sicherheit bei den Ahnentafeln bei Bernd. Was ich von Rheinwalds weiß? Es waren zwei Linien. Die Stuttgarter Linie, von der im 17. Jahrhundert mehrere Bürgermeister in Stuttgart waren, deren Wappen auch noch in Stuttgart an einem Bürgerhaus sein soll. Das Wappen wurde einem Rheinwald verliehen, für seine Verdienste bei der Befreiung Budapests von den Türken. Er soll mit einer Granate eine Bresche in die Stadtmauer gebrochen haben unter Einsatz seines Lebens, und so soll es auch den wohl schwäbischen Soldaten gelungen sein, in die Stadt einzudringen. Von dem Wappen gibt es zwei Ausführungen, das mit den drei Granaten auf dem Kopf und die andere Art mit nur einer Granate. Mein Vater meinte, das zweite sei das Ursprüngliche. Er hatte mit Ernst Rheinwald, dem Bruder Eures Großvaters, gemeinsam Ahnenforschung getrieben (sehr viel Material geschaffen, was jetzt bei Bernd Rheinwald liegt). Trotzdem habe ich, weil ich das alte Petschaft hatte, für meine Söhne Wappenringe machen lassen mit dem ‚Drei-Granten-Wappen‘. Die Stuttgarter Linie starb aus. Unsere Familie stammt von den Leinewebern Rheinwald aus Urach oder Laichingen ab. Das muß eine angesehene Familie gewesen sein, denn Ernst Rheinwald erwähnt, daß der damalige Fabrikherr ein Abkommen hatte für das Vorkaufsrecht auf allen geernteten Flachs des Landes, und daß der Jud Süß ihm das Vorkaufsrecht sehr heraufgetrieben hat, weil der Herzog Karl Alexander so viel Geld brauchte. Ich halte es für möglich, daß das eine schöne Sage ist. Die Rheinwalds waren aber wohl immer eine sehr angesehene Familie, viele Pfarrer und sonst studierte Leute. Eures Großvaters Vater war Pfarrer in Wangen bei Stuttgart. Er war mit Fanny Engel verheiratet.

Wenn Hans noch lebte, dann hätte hier seine Jugendgeschichte hingehört. Er hatte mir versprochen, wenn er emeritiert ist, wolle er sich die Zeit dafür nehmen. Es ist anders gekommen, nun muß ich versuchen, soviel ich weiß, hier zu berichten.

Die Familie Hähnle ist dadurch mit uns verwandt, daß Lina Hähnle, die Gründerin des Bundes für Vogelschutz, die Schwester von Emma Rieber, geb. Hähnle war; und sie war Eure Urgroßmutter. Ich habe sie noch gekannt. Emma Rieber war eine sehr energische Frau. Von ihr hieß es, daß sie, wenn sie einen einmal gern hat, er nie in Ungnade fallen könne, und daß jemand, der ihr beim ersten Zusammentreffen nicht gefalle, machen könne, was er wolle, sie lehne ihn endgültig ab. Ich hatte einen gewaltigen Bammel, ihr vorgeführt zu werden. Ich hätte gar keine Angst zu haben brauchen, denn mir eilte ein von mir gestrickter Pullover voraus, den Hans einmal trug. Als die Großmutter meinen Hans fragte, ob seine Braut, nämlich ich, ihn gestrickt habe, und Hans das bejahte, hatte ich bereits auf der ganzen Linie gesiegt und wurde mit offenen Armen aufgenommen.

Euer Vater, mein Hans, wie ich ihn jetzt weiterhin nennen werde, zum Unterschied von meinem Vater, den ich bisher mit Vater benannte, wurde am 17. Januar 1903 in Münster am Neckar geboren. Sein Vater war dort praktischer Arzt, Dr. Max Rheinwald, seine Mutter Helene geb. Rieber, Tochter eines Professor in Ulm ist leider für mich eine ganz blasse Erscheinung. Hans muß sie sehr geliebt haben, aber er mochte nicht gern von ihr sprechen, weil sie früh, ganz plötzlich und in einem für Hans wohl sehr unglücklichen Zeitpunkt starb. Die Eltern von Hans verlobten sich sehr früh, und es muß in dieser besonders prüden Zeit sicher sehr schlimm für beide gewesen sein. Jedenfalls, als Max mit dem Studium fertig war, und er noch eine Weiterbildung zum Chirurgen, der ihm wohl mehr gelegen hätte, wünschte, erklärte ihm sein Vater, entweder Weiterbildung oder Heirat und dann selbständiges Geldverdienen. Man sagte mir, daß dieser Vater, ein Pfarrer, ein begüterter Mann gewesen sei, aber trotzdem erfüllte er seinem Sohn den Wunsch nicht, endlich heiraten zu können, indem er ihm zum knappen Assistentengehalt einen Zuschuß gab, (sie waren inzwischen sieben Jahre verlobt). Hans' Vater ließ sich nun als praktischer Arzt in Münster nieder, war aber Zeit seines Lebens mit seinem Los als praktischer Arzt unzufrieden. Rückblickend muß ich sagen, daß diese Einstellung zum Geld wohl eine Rheinwaldsche (schwäbische?) Familieneigenschaft war, denn alle drei Generationen, der Großvater, der Vater und auch Hans hielten das Geld nicht für ein Mittel, das Leben sinnvoll zu gestalten, zu helfen, wenn's nötig und möglich war, sondern sie legten größten Wert auf ein möglichst hohes Bankkonto. Gewiß, es waren noch zwei Söhne, die studierten, aber das Studium war damals nicht so teuer und die Einnahmen als Chirurg hätten die Ausgaben ja eines Tages wieder wettgemacht. Er hatte wohl Erfolg, baute bald ein eigenes Haus mit einem wunderschönen Garten bis zum Neckar hinunter. Werner wurde 1905 geboren, Susanne 1912. 1914 wurde Hans' Vater als Militärarzt eingezogen, und war die ganzen Kriegsjahre als hochverantwortlicher Militärarzt hinter der Front. In dieser Zeit wurde Hans' Mutter, wie alle Frauen dieser Zeit aus einer fügsamen höheren Tochter zu einer selbständigen, Verantwortung tragenden Frau. Hans' Mutter war künstlerisch sehr begabt. Sie malte in ihrer Mädchenzeit und vor allem schnitzte sie sehr kunstvoll. Von ihr stammen die Eßzimmermöbel, die sie in ihrer siebenjährigen Brautzeit geschnitzt hat. Ein bewundernswertes Werk! Sie hat wohl noch bis zu ihrem Tod viel künstlerische Ideen gehabt, denn es geht die Sage, man hätte nach ihrem Tod eine Menge angefangener und noch nicht beendeter Handarbeiten gefunden. So war sie wohl hin- und hergerissen von ihren besinnlichen Neigungen und ihren vielen Pflichten als Frau und Mutter. Um den Mann mußte sie bangen an der Front; für die Kinder zu sorgen war schwierig, denn das Essen war knapp, Kleidung

Max und Helene Rheinwald, geb. Rieber, mit Hans, Werner und Susanne

immer schwerer zu beschaffen. Werner war von Geburt an ein Sorgenkind. Er war mit einer Gaumenspalte geboren. Susanne war ein kleines Kind. So schloß sich die Mutter mit Hans wohl besonders eng zusammen, er konnte ihre Sorgen verstehen und ihr auch in mancher Situation helfen. Als der Vater 1918 im Winter heimkam, verbittert wegen des Endes und sicher auch empört über die Revolution, welche die Soldaten als einen Verrat an ihrem tapferen Ausharren empfanden, war es bestimmt schwer, das alte Leben genau so wieder aufzunehmen. Hans stellte sich oft auf die Seite der Mutter, vor allem, wenn der Vater die sicher etwas verwilderten Kinder schroff anging. Jedenfalls hatte ich immer den Eindruck, daß Hans dem Vater entfremdet war.

Hier will ich einige Jugenderinnerungen von Hans, die er mir erzählt hat, einschieben, denn ich finde sie zu lustig, daß sie vergessen werden. Sein bester Freund, Wolfgang Scholl, war Sohn eines Gärtners. Die Gärtnerei war gegenüber vom Rheinwaldhaus. Er und seine Schwester Julie machten alle Dummheiten mit. Ich glaube nicht, daß Hans der Anführer war bei den Streichen, die ich erfahren habe. Aber er war mitten drin. Im Winter gab es vom Elternhaus, hoch oben von Münster, eine tolle Rodelbahn bis hinunter zum Neckar. Wenn man zuviel Schwung hatte, konnte man da schon einmal in den Neckar plumpsen. Dann mußte man zum Trocknen in den Heizraum von Scholls Glashäusern. Dieser Heizraum war herrlich, die winterliche Höhle der Jugend. Einmal beim Rodeln, es flogen natürlich auch Schneebälle, traf einer die Brille eines Stadtschreibers, und die war natürlich kaputt. Der Mann zeterte und wollte das dem Herrn Doktor petzen. Auf flehende Bitten der Buben erklärte er, er werde sie reparieren lassen, aber die Buben müßten das zahlen. Natürlich versprachen sie das aus Angst vor dem elterlichen Donnerwetter. Aber woher das Geld? Taschengeld gabs damals noch nicht. „Wir müssen was verkaufen ..." „Bleisoldaten ..." Die Formen hatten sie und der Ofen stand im Heizraum und bullerte. Woher aber das Blei?? „Wozu gibt es einen Blitzableiter?" „Im Winter gibts keine Gewitter ..." Die Soldaten wurden gegossen, verkauft, Herr Amtmann bekam sein Geld. Einige Monate später sah Hans' Vater zu seinem großen Erstaunen, dass am Blitzableiter ein langes Stück Bleirohr fehlte. Er hat es nie rausgekriegt, wieso das Stück fehlte; alle haben dicht gehalten. Wahrscheinlich wäre die Brille billiger gewesen als die Reparatur des Blitzableiters. – Wie lernte man in Münster schwimmen? Wenn man das richtige Alter dazu hatte, wurde man zum Üben des Rettungsschwimmens in den Neckar geworfen und dann gerettet. Das ging genauso lange, bis man selbst schwimmen konnte. So einfach war das in Münster.

Nach dieser kleinen Abschweifung wieder zum Schicksal der Familie, die genau wie andere Familien ein verändertes Leben führen mußte. Wie gesagt, der Vater war seinen Kindern entfremdet, auch mit seinen Patienten hatte er anfänglich Kontaktschwierigkeiten.

Schulzeit bis Studienbeginn

Hans ging in Cannstadt zur Schule, erst in die Elementarschule dann ins Humanistische Gymnasium, die jetzige Johann-Kepler-Schule. Nach seinen eigenen Worten hat er die Schule gehasst; er hat genau so viel gearbeitet, dass er immer versetzt wurde, sonst hat sich möglichst um alles gedrückt. Nach seinen Erzählungen hatten die Lehrer aber auch barbarische Methoden, den Schülern etwas beizubringen. Der Lateinlehrer hat buchstäblich das Wissen in die Jungs hineingeprügelt. Aber das muss ich jetzt dazu sagen: gelernt haben sie was; Hans hat als alternder Mann mehr Latein gewusst als seine vier Söhne, die es etwas sanfter gelernt haben, aber dafür sehr häufig sehr wackelig vor der Versetzung standen. – Erst kurz vor dem Maturum (wie es in Württemberg hieß) bekam es Hans mit der Angst oder es packte ihn der Ehrgeiz. Jedenfalls fing er da an zu arbeiten und hat dann auch ein gutes Abitur gemacht. Es ist interessant, die Zeugnisse zu lesen; da kann man das ganz deutlich beobachten.

In den Ferien fuhren die Kinder nach Calw zu Onkel Ernst oder nach Oberlenningen zu Onkel Otto, beides Max Rheinwalds Brüder – Otto Pfarrer und Ernst Rechtsanwalt. Noch lieber fuhr Hans nach Ulm zur Großmutter Rieber oder nach Betzingen zu Tante Eugenie Schickhardt, Mutter Helenes Schwester. In Betzingen war ein schönes Haus, ein herrlicher Garten und die drei – zwar jüngeren – Vettern Karl Erich, Otto und Heinz. Die Rieberschen Verwandten waren auch später herzlicher zu uns als die Rheinwaldschen, auch mich haben sie viel liebevoller aufgenommen. Rheinwalds waren immer etwas fremd, und sie behandelten Hans und mich immer mehr wie zufällige Bekannte. Jedenfalls hatten wir immer mehr Kontakt zur mütterlichen Familie als zur väterlichen. Besonders befreundet war Hans mit Tante Hedwig, die nur 10 Jahre älter als Hans war und sicher liebevoll mit ihm gespielt hat, als er noch klein war. Ich mag auch Tante Hedwig am liebsten. Sie ist eine kluge, sehr liebevolle und opferbereite Frau, großzügig und trotz ihrer 75 Jahre sehr aufgeschlossen für die heutigen Probleme. Obwohl sie sehr kirchlich und von echter Frömmigkeit ist, verurteilt sie uns am wenigsten, weil wir der Kirche entfremdet und ausgetreten sind.

Hans hatte im März 1921 das Abitur gemacht und sich entschlossen, Landwirtschaft zu studieren. Sicher gab es auch dabei einige Kämpfe mit dem Vater, denn das Landwirtschaftsstudium galt damals als ein Notstudium für weniger begabte Söhne, und Hans war begabt und hatte vielerlei Interessen. Aber er liebte die Natur und er hoffte wohl mit ihr am meisten in Beziehung zu kommen, wenn er Landwirtschaft studiere. Das Forststudium, das ihn auch gereizt hätte, stand nur für Forstbeamtensöhne offen, es war absolutes Monopol. Ich erinnere mich, daß Hans einmal zu mir sagte: „Ich muß es in der Landwirtschaft unbedingt zu etwas bringen, um meinem Vater zu beweisen, daß man da etwas werden kann, er war so sehr dagegen, daß ich Landwirtschaft studiere." Hans ging nach dem Abitur zu einem Bauern im Oberland [Geiger in Horgenzell], um sein Praktikum zu machen.

Beim großen Aufräumen in Hans' Schreibtisch fand ich Briefe, die ihm von seinen Angehörigen zu verschiedenen Anlässen geschrieben worden sind, und die er aufgehoben hat. Für mich waren sie sehr aufschlußreich. Gewundert hat mich nur, daß er sie so liebevoll aufgehoben hat, denn in jedem steht eine Mahnung, mehr, deutlicher oder genauer zu schreiben, wo doch der arme 18-jährige, vom Krieg ausgehungerte Junge bestimmt ständig übermüdet und weit über seine Kräfte beansprucht war, und ihn deshalb diese Mahnungen sehr gekränkt haben müssen. Vielleicht waren sie ihm so teuer, weil es die letzten Briefe seiner Mutter waren. Die Eltern schreiben beide von der angegriffenen Gesundheit der Mutter. Sie erwartete ihr 4. Kind, war noch geschwächt durch die Hungerjahre des 1. Weltkrieges, mußte sich schonen und erkrankte in den Weihnachtstagen 1921 an einer Rippfellentzündung, hatte eine Totgeburt und starb daran. Es muß ein fürchterlicher Schlag für die ganze Familie gewesen sein. Die Briefe vom Vater von Anfang 1922 deuten es sehr gefaßt an.

Nun will ich einmal versuchen, alles, was ich gefunden habe so zu ordnen, daß vielleicht doch ein Bild von Hans' Familie entsteht, denn ich weiß von ihr so wenig. Außerdem ist es interessant, wie eine Arztfamilie mit der Inflation fertig werden mußte, und paßt damit zu meinem Wunsch, die Schwierigkeiten des 20. Jahrhunderts für Deutsche zu schildern.

Lieber Hans!   14.1.1916

Zu Deinem Geburtstag sende ich Dir herzliche Glückwünsche. Du bist ja jetzt schon groß und wirst sogar in einem Jahr konfirmiert, da mußt Du einsehen, daß es Deine Pflicht ist, als Ältester der Mama möglichst viel beizustehen

u. namentlich dadurch, daß Du immer lieb und ordentlich gegen sie bist, ihr das Alleinsein möglichst zu erleichtern. Du hast ja nebenbei immer noch viel Zeit, Deine Jugend zu genießen, kannst die netten Ausflüge und Übungen von Jung-Deutschland mitmachen und hast auch sonst noch manches Nette und Angenehme, was wir nicht gehabt haben. Für Deinen Brief und den schönen Kalender danke ich Dir bestens, der ist ein schöner Schmuck für mein Zimmer. Ich bin auch heute wieder in Meenen(?) herumgelaufen, um etwas zu suchen, was Dir Freude macht, leider habe ich nichts gefunden; so mußt Du vorerst mit den Marken vorlieb nehmen, die freilich höchsten zum Tauschen einen Wert haben. Wenn Du aber auch so ein Paar Holzschuhe möchtest, wie ich sie Suse geschickt habe, so würde ich Dir gerne ein Paar kaufen. Du brauchst mir nur zu schreiben. Hier schicke ich Euch mein neuestes Bild, das ganz gut geworden ist; das gehört aber eigentlich der Mama. Heute traf ich in Meenen(?) Herrn Pfarrer Wolf von Mühlhausen und Conz. von Calw, der dort längere Zeit sein wird, sodaß ich öfter mit ihm zusammen sein kann.

Nochmals herzliche Glückwünsche und Grüße, auch an Mama, Werner und Suse.

Dein Vater

Lieber Hans!   Feldpostkarte, 25.5.16

Herzlichen Dank für Deinen Brief, den ich kürzlich bekam und für die versch. Zeichnungen, gib Dir nur Mühe, daß Du's im Zeichnen zu was bringst. Ist Hedi immer noch bei Euch? Da habt Ihrs nett gegenwärtig, u. im Sommer ist ja in der Schule auch nicht so viel wie im Winter, da werdet Ihr freie Zeit haben, besonders weil die Tage so lang sind. Aber Ihr müßt trotzdem abends bei Zeiten ins Bett.

Herzl. Grüße, auch an Mama, Hedi, Werner und Suse   Dein Papa

---

Lieber Hans   Feldpostbrief, 16.1.17

Morgen ist ja schon Dein Geburtstag, das ist mir jetzt doch wieder zu spät eingefallen. Durch die Reise bin ich aus jeder Zeitrechnung herausgekommen. ich möchte Dir also meine herzlichen Glückwünsche für Dein kommendes Jahr, es ist für Dich ein besonders ernstes, ausser dem Krieg auch durch die Konfirmation, mit der Du in gewisser Beziehung in die Reihe der Erwachsenen eintrittst. Sei also vernünftig und gib Dir Mühe in jeder Beziehung, suche auch der Mama eine Stütze zu sein, solange ich weg bin. Es ist ja schade, daß die Mama gerade an Deinem Geburtstag fort ist, aber der Zahnarzt muß auch abgemacht werden. Meine Reise ging von Namur aus ganz gut von statten, ich mußte aber von ..... aus noch 22 km im offenen Wagen fahren, das war ein recht kaltes Vergnügen, Euch hätts vielleicht mehr Spaß gemacht als mir. Onkel Karl hab ich unterwegs auch noch geschwind besucht.

Nochmals herzl. Glückwünsche und viele Grüße Dir und Werner   Dein Papa

Lieber Hans u. Werner!   Ulm, 16. April 1916

Nun bin ich schon einen Tag hier u. es ist arg schön. Wie wars heut bei Euch bei Jungdeutschland. Schreibt mir auch nach Ulm, was Ihr treibt u. obs gut geht. Lina soll auch die Stöcke bes. die Begonien auf der Veranda gießen. Schafft auch Eure Aufgaben ordentlich.

Herzl. Grüße Euch und Tante Lä   Eure Mama

Lieber Hans!   Januar 1917

Herzliche Glückwünsche zu Deinem Geburtstag! Hier kommen zwei Büchle und zwei Postkartenrähmchen von Großmama, zwei Rähmchen von mir. Den Füllfederhalter konnte ich hier nicht bekommen, es gab nur ganz teure, die billigen seien, auch besonders jetzt, unzuverlässig und lassen die Tinte in die Taschen laufen. Da mußt Du Dir schon einen zur Konfirmation wünschen. Die Orangen sind dann auch noch von mir, und Tante Lä wird Dir die gewünschte Primel besorgen. Ich bin heute zweimal beim Zahnarzt gewesen. Morgen fahre ich mit Großmama zu Tante Lina nach Giengen. Suse bleibt bei Tante Hedi, die auch heute mit ihr zum Schlittenfahren gegangen ist. Es liegt nicht viel Schnee, doch gehts noch. Sag Tante Lä von Onkel Felix sei ein Brief da vom 12. Januar, es geht ihm gut. Schick auch zwei Laib und 4 Kipfkarten u. einige Butterkarten, Großmama könnte vielleicht dafür Butter bekommen, man kriegt gegenwärtig hier. Wir wollen auch noch sehen, ob man Hennen bekommt, man müßts dann halt in den Holzstall tun, bis man den Stall gemacht hat.

Schafft auch Eure Aufgaben ordentlich und geht zur Zeit ins Bett, ich komme Donnerstag oder Freitag heim.

Und nun sei mein vernünftiger Alter, sei vergnügt an Deinem Geburtstag. Deine Schultasche bringe ich Dir dann noch mit.

Herzliche Grüße Euch Allen und Dir herzliche Grüße und Küsse und Wünsche zu Deinem Geburtstag   von Deiner Mama

Mein lieber Hans!   Cannstatt, den 15. April 1917

Es ist eine große Freude u. ich danke dem lieben Gott dafür, daß ich
Deinen Konfirmationstag erleben durfte! Das hätte ich an Deinem Tauftag
nicht gedacht, wie Dich an jenem Tag der liebe Großpapa Deinem Heiland
übergeben und Gottes Segen über Dich herabgefleht hat, so willst Du nun
selbst heute Dein Bekenntnis ablegen und Dich aufs Neue Deinem Gott und
Heiland übergeben für Dein ganzes ferneres Leben.... Da möchte ich Dir recht
ans Herz legen: bleib ihm treu, es hat dies noch keinen gereut, der ihn zum
Führer durchs Leben sich erkor. Man sieht das Leben anders an, wenn man
an dessen Ende steht, der Lebensernst ist freilich auch in Deine Kindheit und
Jugend eingedrungen, sonst stünde Dir heute Dein lieber Vater zur Seite, nun
muß er ferne im Toben der Schlacht Deiner gedenken; wie schwer wird ihm
das sein u. wie gern wäre er unter uns. Gott sei mit Dir! Werde Deinen lieben
Eltern ein treuer gehorsamer Sohn, der ihnen täglich Freude macht.

Dies der herzliche Wunsch Deiner Dich liebenden   Großmutter Rheinwald

Lieber Hans!   30.April 1921

Herzlichen Dank für Deinen lieben Brief, den mir Papa hierher nachgeschickt
hat. Ich habe nur noch einige Anstände! Also prügle Dich nicht mit dem 12
jährigen Hütebuben. 2. Schreib auch besser, es ist ein Rätselraten Deine Briefe
zu lesen und die schlechte Schrift beeinträchtigt den Genuß des Briefelesens
bedeutend. Deine Wäsche kannst Du in der Schachtel, die ich Dir schickte,
schicken. Ich wasche Montag in 8 Tagen. Heute fahre ich wieder heim, Tante
Euge ist heute Morgen heimgefahren. Großmama war krank, Dein Glückwunsch
hat sie sehr gefreut, heut hat Tante Hedi Geburtstag. Das glaube ich wohl, daß
Du abends recht müde bist, das schadet Dir aber gar nichts u. wenn Du besser in
der Übung bist, dann tut das nimmer weh. Ich spür das im Frühjahr auch.

Gestern war ich bei Dr. Lörchers, also halbwegs bei Dir. Ich wäre gern vollends
zu Dir gefahren und hätte gesehen, wie Dirs geht u. wie Dus hast. Gelt, Du bist
zuverlässig und nicht so schießig und zerfahren. Frau Dr. Lörcher fragte, ob
Du nicht auch was für den Fritz erfahren könntest für die Vakanz, er möchte
sich da gern auf dem Land betätigen.

Das wäre fein, wenn Du Leibfried in der Nähe unterbringen könntest, dann
hättest Du für den Sonntag einen Freund, und könntest hier und da einen

Ausflug machen. Besuche nur Dieterles einmal u. sag viele Grüße von mir. Das muß schön aussehen, wenn alles voll Enzian ist. Suse hat heut mit großem Entzücken entdeckt, daß es auf der Wiese neben dem Söflinger Garten echte Schlüsselblumen gibt und hat erfolgreich gerupft, wie wäre die glücklich über so etwas Seltenes wie Enzian. Die gewünschten Sachen schick ich Dir mit einiger Wäsche u. den Bildchen, es muß eben den Fuhrlohn wert sein.

Wie kommst Du mit Deinen Kleidern aus, sind sie praktisch? Großmama, Hedi, Suse lassen herzlich grüßen.

Herzl Grüße von   Deiner Mama

Lieber Hans!   Cannstatt, den 8.5.21

Du hast uns sehr überrascht durch die Riesenbutterballe, so was Überwältigendes haben wir seit acht Jahren nicht mehr gesehen und nun kams grad in der Zeit in der Margarine und Schweineschmalz auf einmal verschwunden sind, um in acht Tagen doppelt so teuer wieder aufzutauchen, also vielen Dank, was kostet's, daß Vater es anweisen kann; jederzeit zu weiterem Empfang bereit ist die Pamphilie, die mit Stolz und Freude von der Hände Arbeit ihres Sohnes und Bruders lebt. In der bewußten Gegenleistung sollst Du keine Schritte tun, sondern auf die Spendierhosen vertrauen. Hier schicke ich Dir warme Sachen, hoffentlich paßt Dir die Weste. Ich habe auch eine wollne Weste in Vorbereitung, willst Dus haben? Sprech auch Geigers zu, daß sie uns besuchen, ich möchte mich doch auch für die vielen Freundlichkeiten, die sie uns erweisen, erkenntlich zeigen. Vielleicht fahren sie gern mit Dir, dann könntest Du ihnen Stuttgart helfen zeigen, meine Kraft reicht halt im Haus umeinand, viel weiter nicht. Es geht mir ordentlich, aber große Sprünge kann ich nicht machen. Den Butter laß ich mir schmecken, das ist doch etwas anderes als die ewige Margarine. Ich will sehen, ob Hedi am Sonntag kommt, Mama will hieher kommen. Ich gönn es Hedi, wenn sie mal ein Reisle machen darf, schade, daß sie die schöne Zeit vorbeigehen ließ. Mein Dienstmädchen hat mir ein anderer, der ihr goldene Berge versprach, abgespannt, daß sie mir abschrieb. Es gibt doch gemeine Menschen, u. nun hab ich wieder niemand, zum Glück bleibt Frau Six noch. Aber wie lang? Vater nimmt zum Glück das allzu bajuwarische mit Humor. Suse hat wegen Sauwetters ihr erstes Straßenbahnabonnement bekommen, worüber sie hochbeglückt ist. Werner arbeitet in chemischen Experimenten, was ihm wichtiger ist als Sprachen lernen und mir lieber ist, als Kicken. Jetzt sinds noch vier Wochen, bis Du heimkommst. Ich will versuchen, Dir aus Deinen alten feldgrauen Hosen lange zu machen zum Feldgeschäft. Die kommen dann nächste Woche. Nun leb wohl ! Herzl. Grüße von allen und Deiner   Mutter

Auch an Herrn Geigers viele Grüße.

Lieber Hans!

Herzlichen Dank für Deinen Brief, der mich sehr gefreut hat, besonders weil er so gute Botschaft von Dir gebracht hat. Heute wurde mir nun dies bei Deinen lieben Eltern abermals bestätigt, da Dein Herr Geiger ja persönliche Grüße von Dir daheim überbrachte und von Deinem Tun und Treiben berichtete. Es hat ihm auch scheints gut in Münster gefallen..., und Du kannst nun auch besser mit ihm über Deine Heimat reden. Suse hat große Lust, dich in der Vakanz zu besuchen, der Mund wässert ihr schon nach Eurer guten Milch. Ich hätte dir schon bälder geschrieben, aber es ging in den letzten Wochen ziemlich unruhig bei mir zu, die Talheimer waren alle nach einander bei mir, die beiden Otto auf der Reise nach Tübingen. Otto II ist gleich am ersten Tag im Roigel eingesprungen, und ein paar Tage später auch Dein Freund Rauscher. Sie haben aber nur fünf Füxe bekommen. Auch Albrecht von Calw war acht Tage bei mir, seit 2. Mai geht er jetzt in die Schule, wie auch Liesl in Talheim. Das hat mich gefreut, daß du gerade zur Investitur in Wälde Winterb. kamst, besuche nur den neuen Pfarrer bald, wenn er ist wie sein Vater, der in Stuttg. sehr beliebt ist, so kommt er dir gewiß freundlich entgegen. Ist er verheiratet? Ich war heute in der Abschiedspredigt von Dekan Oehler, der gerade 35 Jahr hier ist. Die Kirche war gesteckt voll. Du hast ja kürzlich den Blutritt in Weingarten gesehen, das ist offenbar ein großes Fest, wir kamen von Laupheim aus nie dazu. Ist in Horgenzell eine eigene Kirche oder müssen die Leute in einen anderen Ort? Du wirst diesen Sommer in der schönen Gegend am Sonntag öfter einen Gang machen und möchte Dir wünschen, daß Dein Freund Leibfr. Dein Nachbar würde, das wäre arg nett für Dich und ihn. Schade, daß Du nicht manchmal der Mama ein bisle im Garten helfen kannst, die Kartoffeln kommen schon heraus, aber die Kälte hat scheints dem Obst ziemlich geschadet. Es ist gut, daß bei Euch im Oberland die Blüte erst anfängt. Seht Ihr von Horgenzell aus den Bussen? Den hatten wir in Laupheim stets vor Augen. Für heute genug, es ist schon spät. Behüt Dich Gott, mein lieber Hans,

In herzlicher Liebe grüßt Dich Deine   Großmutter Rheinwald

Lieber Hans!   Göppingen, den 18.März 1921

Auf Deine gestrige Karte schicke ich Dir hier ein Buch (Weissenborn, Familiengeschichte), das ich zurückbitte und den Hähnleschen Stammbaum. Vom Rieberschen weiß ich nur:

I. Johannes Rieber, Barbier und Handelsmann in Ebingen, und Anna Katharina geborene Kaufmann.

II. Sein Sohn Johannes Rieber, geboren am 17. Oktober 1718 in Ebingen, Regimentsfeldscher in der Armee Friedrichs des Großen und Arzt in Reutlingen, gestorben 1811, (über ihn medizinisches Korrespondenzblatt vom 12. und 19. Sept. 1908), verheiratet 1748 mit Christina Dorothea Krimmel, Tochter des Matthäus Friedrich Krimmel, die 1802 gestorben ist.

III. Sein Sohn N.N.Rieber, Hauptzoller in Bönnigheim.

IV. Sein Sohn Ludwig Benedikt Rieber, geboren in Bönnigheim am 11. Februar 1801, Pfarrer in Hausen a.Z., gestorben 7. September 1870, verheiratet 1830 mit Christiane Riderer, geboren 23.Nov. 1811 in Berghulen, gestorben 19.September 1877 in Ludwigsburg.

V. Seine Söhne: Mein Vater und mein Onkel Ludwig, Stadtpfarrer a.D. in Tübingen.

Hat Dein Vater am Sonntag vor acht Tagen sein Paket gut heimgebracht?

Ihm, Deiner Mutter, Deinen Geschwistern und Dir herzliche Grüße

                              Dein Onkel Felix [Felix Rieber]

Lieber Hans!

Die Wäsche ist ja nun gekommen, aber wie ist das möglich? Nachthemd und ein Handtuch! Auch wenn Frau Geiger Dir gewaschen hat, die Nachthemden scheinst Du dem Dreck nach sehr zu sparen. Also alle 14 Tage unbedingt ein frisches. Gelt, sei kein Schlamper und Schweinigel. Deine Schrift läßt die schlimmsten Befürchtungen in einem wach werden. Wenn der Hut zu eng ist, so kauf Dir einen leichten weiß und schwarzen oder so was und schenk den dem Hütebuben. Das freut mich, daß Du nicht schlapp machen willst, ich darfs auch nicht, und der ‚Mrr' weiß oft nicht, wie alles erledigen. Von Werner hat man keine Hilfe, ich mag auch nicht viel verlangen, er hat so oft viel Kopfweh und sieht so schlecht aus oft. Wir möchten ihn deshalb nach Hasenweiler mitnehmen, wenns nicht zu teuer wird. Ich will jedenfalls sehen, daß er wohin kommt, wo er Milch und gute Verpflegung hat. Ich bin recht in Sorge um ihn. Wie gehts eigentlich dem Fohlen? Wird es wieder? Wächst du nicht auch bei der gesunden, körperlichen Bewegung und der guten Verpflegung? Grad schreibt Tante Lina, daß wir wieder ein Hundle kriegen. Das ist schad, daß Du da nicht dabei bist. Unsere Wyandotte sitzt noch gut, hoffentlich bringt sie viel heraus. Das Junge des Zwergele ist leider ein Gockel und jetzt beinah so groß wie die Mutter, schlüpft aber nachts noch unterste, daß das arme Wesen auf die Zehen stehen muß. Nun erwarte ich bald einen netten ausführlichen Brief.

Herzl. Grüße   von Deiner Mutter

Herzlichen Dank für die zwei Pfund Butter. Du kannst sie doch Geigers bezahlen? Dann hätten wir gern jedesmal.

Lieber Hans!

Wir warten immer auf den versprochenen Brief, Du mußt Dich schon besser anstrengen u. ordentliche Briefe schreiben, es verstimmt einen elend, wenn so liederliche Wische kommen u. hinten auf dem Couvert ein Schrei nach Geld. Wir warteten immer auf die angekündigte Abrechnung. Nun hat Dir Vater 50 M. Taschengeld und 39 bzw. 40 M. für den Butter geschickt. Wenn Du mir von Zeit zu Zeit Butter schicken wolltest, wäre mir sehr recht. Die Margarine ist, seit es so heiß ist, oft recht schlecht. Ich hatte eine schwere Darmstörung und bin recht heruntergekommen, mir täte ein Butterbrot recht gut. Butter ist nur noch zu 23 M zu haben, alles verschoben und durch die Schweiz wieder eingeführt. Wir zahlen natürlich gern, was Geigers auch sonst bekommen. Ich gäbe auch gern Großmama in Cannstatt davon. Wenn Du kannst, so schick Großmama in Ulm auf unsere Rechnung zwei Pfund Butter, aber ein paar liebe Worte dazu schreiben. Sie war auch wieder krank.

Wann darf Suse kommen? Also die Vakanz beginnt am 23. Juli, ist Anfang oder Ende der Vakanz bei Geigers geschickter? Wo wir Werner hintun wissen wir garnicht. Wir hätten ihn gern mitgenommen, aber bei uns scheints sich nicht zu schicken, da Tante Hedwig nicht kommen kann, weil Großmutters Dienstmädchen fort ist. Vater hat auch keine Vertretung. Er hat im Sinn, Suse abzuholen an einem Sonntag und mit Euch beiden an den Bodensee zu gehen. Warst Du am Sonntag fort, daß Du so nötig Geld gebraucht hast? Wir schickten es gleich Freitag, als der Wisch kam, fort. Vater schreibt Dir nicht mehr, bis ein ordentlicher Brief kommt. Ärgere uns doch nicht so!

Unser neues Hundle ist sehr schön, glänzend glatt schwarz, ruhigen Temperaments, beinahe stehende Ohren. Breuer sagte, er sei ausgewachsen 2000 M wert. Unsere 11 Küken gedeihen tadellos. Das ältere Göckele hat einen bösen Fuß. Wir sind bei der Hitze schier draufgegangen vor Gießen, dabei hab ich mich verdorben. Jetzt hats etwas geregnet, aber nicht genug. Die Bohnen und Gurken, Welschkorn u. Kartoffeln stehen schön, besonders im äußeren Stück, wos keine Hennen gibt. Ich hab Deine Sachen extra gewaschen, weil ich dachte, Du brauchst sie wieder, hoffentlich sind die Hosen recht, die andern werd ich nicht mehr gut richten können.

Werner und ich gehen nun miteinander zum Zahnarzt. Er ist ziemlich wehleidig, so gehts bei ihm langsam vorwärts. Also gelt, Bub schreib bald u. ordentlich!

Alle lassen herzlich grüßen. Bitte grüße auch Herrn Geiger vielmals.

Viele Grüße und Küsse   von Deiner Mama

Die Adresse heißt an Herrn Dr. Rheinwald.

Lieber Hans!   Münster, 21.IV.21

Herzlichen Dank für Deinen gehaltvollen Brief, dem hoffentlich bald ein zweiter folgt, aus dem wir dann hoffentlich auch etwas über Deinen Dienst und über Deine Stellung zu Herrn Geiger erfahren. Deine Reise war scheints recht unterhaltend, wenigstens bis Ulm. Da hättest Du ja sicher tödliche Langeweile gehabt, wenn Frl. St. nicht gewesen wäre, der Du alle paar Stationen einen neuen Platz besorgen mußtest. Ich hörte übrigens vor ein paar Tagen von einer weiteren Münsterin, die in Deiner Nähe ist, Frl. Johanne Röhrle, als Lehrerin auf einem Hof in der Nähe von Weingarten, der Name fällt mir nicht mehr ein. Du wirst auch kaum Lust haben, sie zu besuchen. Werner ist sehr empört, daß Du alle Platten und alles fotogr. Papier mitgenommen hast, ich hätte es auch am Platz gefunden, wenn Du etwas davon dagelassen hättest, Du hast ja so viel, daß Du das in absehbarer Zeit nicht verbrauchen kannst. Außerdem möchte ich wissen, wo Du die Familienpapiere hast, die wir von Onkel Ernst mitgenommen haben. Wenn Dus hast, schicks auch hierher, ich wills dann Onkel Ernst zustellen. Otto von Talheim ist gestern mit seinem Vater nach Tübingen gefahren, ich will sehen, ob er Roigel wird und ob er seinen Freund Rauwen auch dazu gewinnt.

Sonst ist nichts Neues zu berichten, über das Viehzeug hat Mama schon geschrieben. Hast Du auch Großmamas (in Ulm) Geburtstag nicht vergessen, wenn ja, dann schreib ihr noch nachträglich. Sie legt Wert darauf und mit Recht.

Nun leb wohl, laß Dirs gut gehen und schreib bald wieder.

Herzlich Grüße, auch von Werner und Suse   Dein Papa

Lieber Hans!   Münster 28.IV.21

Herzl.Dank für Deinen Brief vom letzten Sonntag! Wir würden uns freuen, wenn Du daran festhalten würdest, pünktlich jeden Sonntag zu schreiben. Daß Du die Woche über nicht dazu kommst, ist ja verständlich. Du sollst dann auch eben so pünktlich Antwort bekommen. Ich habe deinen Brief Mama nach Ulm nachgeschickt, sie fuhr am Dienstag mit Suse ab, will am Samstag wieder heimkommen, weil Suse ja am Montag in die Schule muß. So hause ich nun allein mit Werner, ich bin aber wenig daheim, gestern Abend mußte ich nach Stuttg. zu einer Sitzung und morgen Abend ist eine Eingemeindungsversammlung hier, die ich auch nicht versäumen möchte. Wir haben aber schon einen Teil Welschkorn miteinander gesteckt im neuen Stückle, ich hoffe, daß wir heute Nachm. mit dem Rest vollends fertig werden. Von den jungen Häschen lebt jetzt bloß noch eins und zwar das wüsteste, ich wäre dafür, daß mans vollends ins Genick schlägt, vielleicht finden wir auch jemand, ders kauft. Die Katze ist ein ganz gelungenes Tier, sie ist schon im ganzen Haus und Garten heimisch u. spielt sogar mit der alten Häsin, mit der sie im ganzen Garten rum Fangerles tut. Leider ist sie immer noch recht unreinlich.

Am Sonntag hatten wir eine Menge Besuch, zuerst kam Walter Erhard, der auf der Durchreise nach Tübingen sich einige Tage in Stuttg. aufhielt. Dann kam Großmama mit Grete, Eberhard, Lisel und Albrecht, sodaß das Haus recht voll war. Letzte Woche war auch Onkel Otto da, er kam von Tübingen; der junge Otto sei gleich beim Antrittskommers Roigel geworden; vom Rauscher wußte er nichts. Er war offenbar noch garnicht in Tübingen, ich hoffe aber, daß Otto ihn doch noch hineinbringt. Du hast ja scheints eine recht abwechslungsreiche Tätigkeit. Nicht nur eigentliche Landwirtschaft, sondern kannst Dich auch noch in allen möglichen Handwerken ausbilden. Von den Äckern schreibst Du garnichts, bist Du denn noch nicht aufs Feld hinausgekommen? Wenn Dich Herr G. zum Blutritt nach Weingarten mitnimmt, dann geh nur dazu. Das muß ein großartiges Schauspiel sein. Wie ists denn mit Leibfried? Er telefonierte kürzlich, Du habest ihm von einer Stelle in Deiner Nähe geschrieben. Er hat sich aber scheints zuerst an den Lugenhof gewandt. Das wäre für Dich natürlich sehr nett, wenn er in Deine Nähe käme. Daß Du am Abend kreuzlahm bist, glaub ich schon, aber daran gewöhnt man sich. Mir gings beim Miltär gerade so, da tat mir auch in den ersten Wochen jeder einzelne Muskel am ganzen Körper weh, und nach ein paar Wochen hatte ich mich daran gewöhnt und spürte nichts mehr davon. Du mußt die Praktikantenzeit eben als Ersatz für die milit. Dienstzeit ansehen. Wegen deiner wirtschaftl. Anfragen Wäscheschicken etc. wird Dir wohl Mama von Ulm aus schreiben.

Herzl. Grüße, auch von Werner   Dein Vater

Lieber Hans!   Münster, 5.5.21

Wir danken dir herzlich für Deinen Brief vom letzten Montag und wollen den heutigen Festtag zur Beantwortung benutzen. Du bist auch belobt, daß Du Deinen beiden Großmüttern geschrieben hast, das kannst Du von Zeit zu Zeit wiederholen. Wir haben durch den letzten Brief einiges von Deinem Tageslauf gehört und glauben auch, ihm entnehmen zu können, obgleich es nicht ausdrücklich drin steht, daß Du von Deinem Beruf bis jetzt befriedigt bist. Leibfried will übrigens, wie er mir vor einigen Tagen telefonierte, die Stelle in Deiner Nähe nicht annehmen, dagegen hat ihm der Luigenhöfer und auch noch einer in der Gegend von Singen zugesagt, und er ist vor ein paar Tagen hingereist, um die beiden Stellen anzusehen u. die beste auszuwählen. Kommt eigentlich Herr G. zu der Regimentszusammenkunft nächsten Sonntag? Oder nimmt ihn der Blutritt so in Anspruch, daß er nicht gleich am nächsten Tag wieder verreisen kann? Das ist übrigens sehr nett von ihm, daß er Dir Reitunterricht gibt, da kannst Du was lernen; aber Du wirst jetzt auch wissen, was Reitweh ist. Was die Rohrstiefel anbelangt, so haben wir garnichts dagegen, daß Du Dir ein Paar kaufst, nur solltest Du Dich vorher erkundigen, was sie etwa kosten; willst Du eigentlich richtige hohe Reitstiefel oder Infanteriestiefel? Im ersteren Fall wäre es doch ein recht teurer Spaß, aber wenn dus brauchst, kann man nichts machen, nur nimm sie nicht zu klein, nicht daß Dus in einem Jahr nicht mehr brauchen kannst. Ich schick Dir dann das Geld, auch Dein Taschengeld u. was die Krankenkasse kostet; schreib also, was alles zusammen macht.

Letzte Woche war Tante Lä mit Lore einige Stunden hier, auf der Durchreise nach Betzingen, wo sie einige Wochen bleiben will. Vielleicht geht sie auch noch einige Zeit nach Ulm. Sie sieht recht schlecht aus und kann eine Erholung gut brauchen, um so besser sieht Lore aus. Das kleine Zwerghennele hat von seinen drei Eiern ein einziges herausgebracht; jetzt laufen also zwei Glucken herum, eine mit zwei, eine mit einem Jungen, das ist doch großartig. Wenn Du Deine Wäsche schickst, könntest Du uns 1-2 Pfund Butter mitschicken, natürlich gekauft nicht geschenkt. Laß aber den Pack vorher wiegen, daß es nicht mehr als 10 Pfund sind. Werner und Suse beneiden Dich sehr, daß Du so viel Milch trinken kannst, das können die sich garnicht vorstellen. Überhaupt scheint die Verpflegung recht gut zu sein, da kannst Du schon auseinander gehen. Heute wollten wir nach Obertürkheim fahren, um von dort aus einen Spaziergang zu machen, trotz des schlechten Wetters, wir kamen aber zu spät auf den Zug und gingen dann zu Großmama und bald wieder heim. Heut Abend ists so kalt, daß wahrscheinlich morgen früh alles kaputt sein wird, was der letzte Frost verschont hat. Wir haben keinerlei Aussicht mehr, irgend welches Obst zu bekommen, und auch der Weinberg wird so ziemlich erledigt sein.

Die nötigen Ermahnungen, Deinen (??) betreffend, wird Dir die Mama noch erteilen. Also meinerseits gute Nacht

Grüße an Geigers u. herzl. Grüße   von Deinem Vater

Lieber Hans!

Herzlichen Dank für Deinen lieben Brief! Es freut mich, daß Herr Geiger mit Dir zufrieden ist, er ist ein sehr netter Mann u. weiß viel, von dem kannst du viel lernen. Es würde mich sehr freuen, wenn auch Frau Geiger oder die beiden Schwestern von Herrn Geiger uns einmal besuchen würden. Es tut mir jetzt leid, daß ich von Biberach nicht zu Dir gefahren bin, d.h. daß ich statt Biberach zu Dir bin, denn vor der Vakanz ist natürlich keine Rede mehr davon. Ich muß solche Reise durch nachherige doppelte Arbeit schwer büßen, da macht mans nicht zu oft. Die Handwerksleut und ihren Dreck hab ich nun glücklich zum Haus draußen, auch die Wäsche, wozu ich Deinen Pack erwartete, ist bei prachtvollem Wetter schnell vorüber gegangen. Daß Frau Geiger Dir schon Hosen flicken mußte, tut mir leid, ich dachte nicht, daß die Belgier schon so schlecht seien. Wenn Frl. Finkleiner kommt, geh ich zuerst an Deine Sachen.

Der Uhrmacher behauptet, die 25 Mark von der Uhr seinen nicht bezahlt u. Werner sagt, Du habest sie bezahlt, hast Du keine Quittung? Ich meine auch, Dir das Geld gegeben zu haben. Tante Emma geht nun nach Betzingen, da ists eben schöner als bei uns, es ist mir ja insofern recht, als ich über Pfingsten kein Mädchen habe und Tante Emma so etwas unangenehm auffallen würde.

Die kleinen Hennen gedeihen nett, das Zwergele ist eine zärtliche Mutter, das alte Biest ärgert mich durch seine Dummheit. Vor dem Hagelwetter hab ichs noch glücklich hereingebracht. In der Pfarrstraße hats eine ganze Brut erschlagen. Ich hab meiner Lebtag nur noch einmal (in Wangen) ein solches Hagelwetter gesehen. Am andern Tag lagen in den Dachrinnen noch Hagelkörner u. stundenlang war das Tal weiß, wie nach einem Schneetreiben. Es war ja schon viel erfroren, da kann der Schaden nicht mehr groß sein. Indem ich die üblichen Ermahnungen als gehalten annehme, grüße ich Dich herzlich   Deine Mama

Lieber Hans!   Münster,13.V.21

Du bist belobt, daß Du bis jetzt so fleißig Briefe schreibst, wir danken dir bestens für den vorgestern gekommenen. In letzter Zeit hast Du ja einiges Unterhaltendes erlebt, vor allem scheints der Ausflug nach Weingarten zum Blutritt sehr nett und unterhaltend. Auch der Besuch Leibfrieds war für Dich eine Abwechslung. Es scheint mir auch, daß er sehr wählerisch ist, er telefonierte vor einigen Tagen, er habe sich jetzt für den Luigenhof entschlossen, der habe ihm am besten gefallen und sei ihm am meisten empfohlen worden. Da werdet Ihr schon ab und zu zusammenkommen können. Der Besuch H. Geigers hat uns recht gefreut, er ist ein wirklich netter

Mann, mit dem man sich gut unterhalten kann. Von Deinen Leistungen war er befriedigt, er meinte, Du passest sehr gut zum Landwirt. Möge er recht behalten! Bei uns kam ihm alles arg großartig vor, er meinte, wir wohnten ja in einem Schloß, die hohen Zimmer etc. imponierten ihm sehr. Jetzt haben wir glücklich die Handwerksleute aus dem Haus, Schlosser und Schreiner machten das Pflanzengitter vor der Veranda, dann kam der Gipser, um die verschiedenen Defekte am Verputz auszubessern, dann der Tapezier, um das obere Zimmer, d.h. nur die Hälfte zu tapezieren, und heute hat er das Pflanzengitter vollends angestrichen, jetzt sieht die Sache wieder anständig aus. Die neue Tapete, die gestreifte, für die Du gestimmt hast, macht sich sehr gut. Wir sind jetzt wieder hinaufgezogen; an den prächtigen Tagen ists sehr schön auf der Veranda. Am Dienstag hatten wir ein Hagelwetter, wie ichs hier noch nie erlebt habe. Die Hagelkörner lagen noch nach Stunden wie eine leichte Schneedecke, und noch am nächsten Morgen waren einige nicht geschmolzen. Merkwürdigerweise hats nicht so arg geschadet, wie man hätte meinen sollen, mehr der Platzregen, der eine Menge Erde heruntergeschwemmt hat. Wir haben gerade am Tag vorher Bohnen gesteckt, die werden jetzt bald aufgehen. Herr Geiger hat Suse dringend auf die Sommervakanz eingeladen, und sie hätte natürlich große Lust, nach Horgenzell zu gehen und recht Milch zu trinken. Ich denke, es wird sich auch einige Zeit machen lassen. Wie man sie hin- und wieder heimbringt, ist ja noch nicht ganz klar, aber das wird sich finden. Deine Besuche in Ravensburg kannst Du selbstverständlich Sonntag machen, nur nicht zu früh, wenn die Leute ihren Mittagsschlaf machen, so etwa 1/2 4 – 4 Uhr. Sag ihnen viele Grüße. Sei nur froh, daß du diesen Sommer im Oberland bist, wo es voraussichtlich Obst gibt, bei uns wirds so gut wie garnichts geben, das meiste ist erfroren, und die Träuble hat der Hagel niedergeschlagen, auch der Weinberg steht ziemlich schlecht. Die Rohrstiefel würde ich dir gern in Stuttgart kaufen, aber das ist so eine Sache, ich kanns doch nicht an meinen Füßen verpassen, und die Deinen kannst Du nicht herschicken; ich glaube allerdings auch, daß man hier viel billiger dran ist als in Ravensburg. Mama meint, wir sollen Infanteriestiefel nehmen, weil Du als Reitstiefel die von Onkel Felix hast. Was wirst Du über Pfingsten anfangen? Wir werden wohl wie gewöhnlich brav daheim bleiben, wahrscheinlich kommt Tante Emma, außerdem geht Luise am Samstag und Sonntag zu einer Hochzeit, da hat Mama keine Zeit. Hast Du gehört, daß Rauscher auch Roigel geworden ist? Das freut mich, vor allem, weil sie sehr wenig Füxe haben, es sollen nur fünf sein. Hat eigentlich Herr Geiger den Reitunterricht fortgesetzt? Wie wärs, wenn du Deinen nächsten Brief einmal in Sätzen schreiben würdest. Der Genuß beim Lesen, wäre entschieden größer.

Nun leb wohl u. laß Dirs gut gehen! Grüße an Geigers.

Herzl. Grüße XyZ   Dein Vater

Lieber Hans   Münster, Mai 21

Wir danken Dir sehr herzlich für Deinen letzten Brief. (In Ermanglung eines Datums weiß man nicht, von wann er stammt) und ich beeile mich, ihn zu beantworten, damit Du die Antwort womöglich noch am Sonntag bekommst. Mama hat beschlossen, jegliche Korrespondenz an Dich einzustellen, wenn Du nicht 1.) in kürzester Zeit Deine Wäsche schickst oder wenigstens vernünftig begründest, warum Du es nicht tust, u. 2.) endlich einmal einen anständigen Brief schreibst. Letzterer Bedingung möchte ich mich ganz entschieden anschließen und Dich einmal ordentlich zusammenstauchen. Wir haben jetzt Deinen originellen Briefstil gründlich satt, wenn Du meinst, man erfahre mit diesen Kürzungen mehr, so bist Du auf dem Holzweg, im Gegenteil, man muß immer Rätsel raten, und da ist man garnicht sicher, ob mans richtig rausbringt, z.B. wegen der Sommerfrische. Warst Du selber in Hanaweiler(?)? Wie ist das Wirtshaus? die Zimmer? Was hat das mit dem Pfarrer Weitbrecht für eine Bewandtnis? Wir haben vermutet, daß den die Wirtin nicht nehmen will, weil es ihr wegen zwei Personen nicht der Mühe wert ist, und sie würde ihn mit uns zusammen nehmen. Stimmt das? Ehe ich nicht weiß, wie ich dran bin, kann ich doch dem Pfarrer nicht schreiben. Dann, wie ist der Preis? Einen ganz bestimmten Zeitpunkt können wir leider nicht in Aussicht nehmen. Ich weiß nicht, ob ich überhaupt Vertretung bekomme u. bei Mama ist unsicher, ob Hedi kommt, weil Großmama ihr Mädchen abschaffen und eine Lauffrau suchen will. Über Deinen Besuch in Ravensburg haben wir auch nichts erfahren als die Tatsache, wie lang Du dort warst, ob es Dir gefallen hat etc. etc. Auch die Anfrage, ob Du seinerzeit die Rechnung bei dem Uhrmacher bezahlt hast, dürfte noch zu beantworten sein. Du bist doch hoffentlich nicht ganz umsonst 10 Jahre ins Gymnasium gegangen und hast eine Menge Aufsätze gemacht, da sollte man doch erwarten können, daß du im Stande wärst, einen Brief so zu schreiben, daß ihn ein normaler Mensch wenigstens versteht.

46

Jetzt wird bei Euch die Heuet anfangen, da wirds schön warm werden. Bei uns war in den letzten Tagen wieder eine blöde Hitze, im Garten natürlich alles trocken, das Radfahren war für Werner ein Vergnügen. Wir wollen aber trotzdem, wenn das Wetter hält, morgen einen Ausflug machen, vielleicht nach Metterzimmern, vielleicht auch in den Schurwald. Du wirst wohl irgendwo in den Wald liegen und schlafen, das ist auch was schönes. Diese Woche war Mama in Ludwigsburg und hat eine Menge Stoffe gekauft, aus dem Besitz des früheren Bekleidungsamtes, über 800 Mark, darunter einen grauen Leinenstoff zu einem Arbeitsanzug für Dich, man bekam die Sachen recht billig. Frl. Finkelbeiner ist gegenwärtig bei uns, um die ganze Familie zusammen zu flicken, wobei muntere Reden die Arbeit begleiten. Kürzlich erzählte mir Dir. Seeliger, sie haben jetzt auf dem Vissenhäuser(?) Hof eine Regenanlage eingerichtet, das kannst Du Herrn Geiger auch empfehlen, Kosten ungefähr 270 000 M. Sie besteht aus einem über die Felder verteilten Rohrsystem, mit Brausen, aus denen das Wasser mit 2 Atm. Druck nach oben spritzt, so daß es wie feiner Regen herunterkommt. Er meint, sie kommen damit sogar heraus, was ich bezweifle. Sie haben da namentlich Gemüse gepflanzt.

Der Onkel Pfarrer ist gegenwärtig auch wieder fort, im Austausch in Dettingen bei Heidenheim, dort wo unser alter Urahne war. Der dortige Pfarrer sagt aber, es fehlen von ihm alle Nachrichten, mit Ausnahme seines Namens, der auf der Pfarrtafel in der Sakristei stehe.

Vor einigen Tagen habe ich 50 M Taschengeld an Dich geschickt, da Du noch so viel hast, kannst Du Dir gut eine Kreissäge kaufen. Wegen der Stiefel haben wir noch nichts tun können, Herr Graser kommt erst morgen vom Urlaub zurück. Ein Strohhut von Dir ist auch da, Mama schickt ihn mit Deinem neuen Anzug, es ist nur die Frage, ob er Dir nicht zu klein ist. Dann mußt Du eben einen neuen kaufen.

Herzl. Gruß   Dein Vater

Lieber Hans!   etwa Mai 1921

Es ist mir selbst so gegangen, daß es mir unnatürlich vorkam, in Biberach halbwegs zu Dir wieder umzukehren, aber es wäre zu einem Besuch bei Dir doch noch etwas zu früh gewesen u. hätte ausgesehen, wie wenn Du Heimweh hättest u. deshalb die Mutter hergerufen. Also, wie gesagt, ich bin eigentlich

Dir zu lieb nicht gekommen, ich hätts sehr gern getan, denn ich möchte zu gern Alles sehen u. Deine Umgebung kennen lernen, denn Du weißt ja, daß ich so große Freude an der Landwirtschaft habe. In Ulm hab ich es schlecht getroffen, Großmama war krank und der kleine Heinz auch, so war nicht viel los. Das hat mich gelächert, daß Du schriebst, ich habs hier langweilig, das kann ich nicht finden, im Gegenteil etwas ruhiger und langweiliger wäre angenehmer. Hier ists recht still, seit Du fort bist, die beiden andern machen nicht viel Umtrieb. Werner ist recht ordentlich, er photographierte und entwickelte heute, er hat mir auch im Garten geholfen. Gestern habe ich Bohnen gesteckt. Wir essen jeden Tag Lattich und Kresse und Monatsrettichle. Der Kopfsalat ist auch bald schön u. dick. Wenn nur nicht alles Obst erfroren wäre. Ich trau nicht einmal den Quitten mehr, die Blüten haben so dürre Staubfäden. Ein Mai in dem man heizen muß, ist kein Mai.

Übrigens Deiner Beschreibung der Landschaft und Flora nach muß es bei Euch sicher auch Himmelfahrtsblümle (Katzenpfötchen) geben an trockenen Waldrändern (Sandboden) wachsen sie meistens mit Bärlapp zusammen, beides ist immergrün. Die gewünschten Sachen kommen Anfang nächster Woche. Ich lasse Dir noch vom Jungdeutschlandanzug eine Hose richten. Wie soll ich sie machen? Gleichlang hinunter oder so Breeches? Brauchst Du noch Schillerkragen, oder was ziehst Du so tagtäglich an? Ich würde Dir eventuell noch machen lassen. Am Montag ist Wäsche. Hoffentlich hast Du Dein Päckle fortgeschickt, oder im Notfall tus auch noch, wenn Dus am Sonntag packst. Schreib auch mal an Tante Lina in Giengen, die hat so viel Freude daran, daß Du Landwirt wirst.

Herzl. Grüße von Werner, Suse u.   Deiner Mutter

Lieber Hans!   etwa Juni

Wir wollen dichs nicht entgelten lassen, wenn du auch einmal nicht zum Schreiben kommst, aber ich bin halt auch manchmal zu müde. Zuerst: bitte schick Deine Wäsche, es wäre jetzt Zeit. Hier schick ich Dir das rote Säckle als Schwarzwaschsäckle, das Vater im Feld mit hatte. Frl. Finkelbeiner ist jetzt da, sie läßt Dich herzlich grüßen, sie wird Dir in den nächsten Tagen Deinen neuen Anzug verändern, dann, wenn die Schachtel mit Deiner Wäsche kommt, kann ich ihn Dir gleich schicken. Das blaue Väsle schicke ich nicht mit, ich fürchte, es zerbricht, paß beim Auspacken auf die Bildle auf, daß sie nicht zerbrechen.

Über die Heuernte verstehen wir es wohl, wenn Du nicht zum Schreiben kommst, schreib dann wenigstens eine Karte, daß man weiß, wies Dir geht. Suse und Werner hatten ihren Schulausflug u. kamen sehr vergnügt heim, wir wollen in 10 Tagen den Kegelausflug machen. Ich hab natürlich immer viel zu schaffen. Es will nicht genügend regnen, der Salat ist wegen der Hitze aller geschossen, den kleinen hat die Henne, die immer rausfliegt gefressen, die gelbe will ihre Jungen auch in dem Gemüsegarten weiden, da muß ich sie bald einsperren. Heute Abend will ich eine Wyandotte auf 15 eigene Eier setzen. Denk, sie laufen mir schier das Haus weg wegen Eiern von unsern weißen.

Wenns so heiß ist, denk ich immer an Dich, ob Du nicht schlapp wirst, gelt, nimm Dich zusammen, daß Herr Geiger weiter so zufrieden mit Dir ist.

Deine Badehosen sind nicht hier, die hab ich Dir doch eingepackt, guck nur. Gelt, Du schlampst nicht so in Deiner Stube u. räumst auch Dein Sach auf, Du kannst den Leuten nicht zumuten, Deinen Krust aufzuräumen. V.a.d.d.!

Herzliche Grüße von allen,   besonders von Deiner tr. Mutter.

Lieber Hans   Münster, 10.6.21

Das was wir an Geschriebenem von dir bekommen, entfernt sich leider von dem, was man unter gebildeten Menschen einen Brief zu nennen pflegt, immer mehr, der Wisch hat gerade zur schwarzen Wäsche, mit der er kam, gepaßt. Ich will Dir trotzdem nochmals antworten, Mama kann sich immer noch nicht dazu entschließen, da erst die eine ihrer Bedingungen erfüllt ist. Sie ist eben mit Bügeln Deiner Wäsche beschäftigt, die Du nächste Woche bekommen wirst, samt einem alten Strohhut, von dem es allerdings zweifelhaft ist, ob er Dir noch paßt. Diese Woche wirst Du ordentlich geschwitzt haben, bei uns war eine Bombenhitze, heute ists dafür recht kühl und regnerisch, sodaß die Bauern mit Heuen nicht gut weitermachen können. Bei uns ist aber schon viel eingefahren; Anfang der Woche ist es an einem Tag dürr geworden. Wir warten sehr auf nähere Mitteilung über Hasenweiler, der Karte nach wärs ganz passend, Wald in der Nähe, Heiligenberg, Bodensee an einem Tag zu erreichen. Wenn genügend Platz wäre, hätte Frau Umrath auch Lust, mit ihren drei Kindern hinzugehen, Du mußt Dich eben danach erkundigen. Leider ist die Frage meiner Vertretung immer noch nicht geregelt.

Letzten Sonntag waren wir tatsächlich in Metterzimmern [Geburtsort von Max Rheinwald]. Fahrt bis Bietigheim, Ankunft dort 12 Uhr. Dann bei schöner

Wärme in den Lorchgau zu gelegenen Wald u. nach längerem Ausruhen nach M., wo wir uns an dem dicken Mostkrug der dicken Bäuerin, bei der wir schon früher einmal waren, erholten. Sogar Suse trank 1/4 l Most und hatte ein kleines Räuschle. Wir sahen uns dann noch das Pfarrhaus, Garten, Kirche an und waren ohne naß zu sein um 9 Uhr wieder daheim.

Unser neues Stück draußen ist sehr schön im Stand, dank der Mithilfe der Sixen. Kartoffeln und Welschkorn stehen wunderschön, u. auch die Gemüse geraten jetzt, wo es geregnet hat, gut. Im andern Garten fehlts eben, daß zu wenig drin geschafft wird, aber man kommt eben nicht dazu, einmal hat man anderes zu tun, ein andermal, wenn man Zeit hätte, regnets. So ist eben alles verunkrautet, und ich werde mit Winden herausschoren einfach nicht fertig. Obst gibts tatsächlich fast keins, nur die Brombeeren blühen wundervoll, Prestlinge [Erdbeeren] sind jetzt reif, aber es gibt auch so wenig, daß Werner und Suse sie gut alleine zwingen. Frl. Finkbein wird uns am Sonntag wieder verlassen, nachdem sie für Mama und Euch tüchtig gearbeitet hat. Übernächste Woche dürfen wir zu einer Taufe; Mama darf oder muß bei dem kleinen Graser Gevatter stehen, ich bin auch eingeladen, würde aber gern verzichten.

Jetzt schreib endlich mal einen ordentlichen Brief, damit die Mama auch wieder schreibt. Wenn du auch müde bist, am Sonntag könnte es dazu schon einmal langen. Gut Wetter zum Heuen!

Herzliche Grüße von allen   Dein Vater

Lieber Hans!   Münster, 21.6.21

Diesmal hat sich ja das Wunder ereignet, daß du sogar von Werner einen Brief bekommen hast, nachdem er schon vor acht Tagen erklärt hatte, er fühle das unabweisbare Bedürfnis, Dir zu schreiben. Ich bin letzte Woche nicht dazu gekommen, teils wegen Gartenarbeit teils aus anderen Gründen. Das große Ereignis des Tages hat Dir ja wohl Werner schon mitgeteilt, wenigstens als bevorstehend, vermutlich war das der Hauptgrund zur Überwindung seiner Schreibfaulheit, nämlich der Hund. Gestern ist er eingetroffen, von Werner auf dem Bahnhof abgeholt. Er ist mit Ausnahme einiger weißer Härchen an der Brust kohlschwarz und viel schöner, leider auch größer als der Letzte. Mama sagt, er sieht genau so aus wie der, den Payers bekommen haben. Er ist zunächst noch etwas verschüchtert u. ängstlich, beginnt aber schon mit der

50

Katze zu barren(?). Es ist lächerlich, wie die beiden jungen Viecher immer wieder mit einander anzubändeln beginnen u. doch vor einander Angst haben. Die Katze fängt dem Hund seinen Schwanz, der tappt mit seinen großen Pfoten nach ihr oder versucht ihren Fuß ins Maul zu nehmen, dann zieht sich die Katze auf eine Stuhllehne zurück und beginnt zu fauchen. Er ist 1/4 Jahr alt, sehr gut genährt und wird sicher wunderschön. Hoffentlich haben wir mit ihm mehr Glück als mit seinen beiden Vorgängern. Auch sonst hat sich unser Viehzeug vermehrt. Die Wyandotte hat von ihren 15 Eiern 12 herausgebracht. Eins davon war leider tot, wahrscheinlich ists mit dem Kopf unter ein anderes Ei gekommen, zwei Eier waren lauter, in einem ein vollentwickeltes Tierchen, das scheints nicht nach außen durchpicken konnte. Leider sind sie nicht alle ganz rasseecht, eins ist braun, da haben wir wohl ein Ei von einer Braunen genommen aus Versehen, u. mehrere haben schwarze Tupfen. Jetzt wollen wir abwarten, wieviel von ihnen Kikeriki schreien. Von den älteren Jungen sind zwei Göckel, eins ein Hühnchen. Die alte gelbe Brüterin haben wir, weil sie wieder brütig wurde, an Generals verkauft, denen sie Enten ausbrütet.

Vorgestern haben wir unsern Kegelausflug gemacht, das Wetter, das Anfangs sehr zweifelhaft aussah, wurde wunderschön, sodaß es ein herrlicher, garnicht heißer Tag auf der Alb wurde. Wir fuhren nach Urach, dann über Hauerfelsen und Rutschenfelsen auf den Überburger Hof u. Mädchenfelsen, dann über St. Johann u. grünen Felsen hinüber nach Metzingen. Wir mußten um vier Uhr aufstehen und kamen neun Uhr abends heim. Wegen der Sommerfrische hab ich noch mal an die Hasenweiler Wirtin geschrieben, bis jetzt kam noch keine Antwort, wahrscheinlich wird auch nichts draus, zumal Hedi kürzlich schrieb, sie werde wahrscheinlich nicht hierher kommen können, weil sie vom 1.Juli ab kein Mädchen mehr haben. Mama wird aber wenigstens einige Tage fortgehen u. Suse zu Euch hinaufbringen. Sie freut sich kolossal darauf und hat sich vorgenommen, alle Bedingungen, die Du ihr geschrieben hast, nach Möglichkeit zu erfüllen. Ihr werdet jetzt mit dem Heuen so ziemlich fertig sein, dann kommt ja in der Landwirtschaft eine etwas ruhigere Zeit. Frag doch einmal Frau Geiger, ob wir nicht von Zeit zu Zeit mal ein Neunpfundpaket Butter bekommen können, das wäre für uns sehr angenehm u. der Preis ist für unsere Verhältnisse sehr gering; hier bezahlt man 16-17 Mark und bekommt meist keinen dafür; die Preisdifferenz brauchst Du ja Frau Geiger nicht zu sagen. Morgen müssen wir zu der Graserschen Taufe nach Cannstatt, ich verspreche mir nicht viel Vergnügen davon. Wenn Mama Deine Wäsche geflickt hat, bekommst Du wieder ein Paket. Schreib auch endlich, ob Du die Rechnung beim Uhrmacher bezahlt hast und wie es mit Deinen Hutverhältnissen steht. Ich bezahle natürlich die ‚Kreissäge', ebenso bekommst Du das Geld für den Butter mit Deinem nächsten Monatsgeld. Ich hatte allerdings in meinem letzten Brief vergessen, mich für den Butter zu bedanken, was hiermit auch an Geigers nachgeholt werden soll.

Herzliche Grüße von allen Hausinsassen, auch von Katze und Hund

Dein Vater

Lieber Hans! Münster, 25. 6. 21

Ich kann durch Herrn Graser nun doch Stiefel für Dich bekommen. Du mußt deshalb so bald wie möglich einen Abriß Deines Pedals schicken, d.h. den Fuß auf ein Papier stellen u. mit einem senkrecht gehaltenen Bleistift den Umriß aufzeichnen.

Gestern kam Dein Paket, besten Dank für den Butter, der entschieden besser ist als die Margarine. Bezahl ihn Frau Geiger u. bedanke Dich in unserem Namen. Die Wirtin von Hohenweiler schrieb ab, sie müsse ihre alten Kurgäste in 1. Linie berücksichtigen und könne keine neuen nehmen. Was jetzt wird, wissen wir nicht.

Also schick den Abdruck möglichst bald. Sei herzlich gegrüßt von Deinem Vater

Lieber Hans!

Dein Brief macht mir viel zu schaffen. Ich sehe ein, daß du ein Recht hast zu erwarten, daß ich zu Dir komme, und es zieht mich selbst arg, zu reisen, wage es einfach nicht, jetzt zu reisen, ich bin keinen Tag ohne Schmerzen u. fürchte, daß ich mich durch die Reise vollends verderben könnte und Euch dann da droben krank hinliegen u. das möchte ich nicht. Deshalb müssen wir eben vorerst aufs Wiedersehen verzichten, glaub mir, es ist mir so schmerzlich wie Dir, ich hatte mich so arg auf die Reise gefreut, doppelt arg, weil ich so schwer wegkomme. Wenn ich könnte, ich käme sicher, ich möchte selbst gern sehen, wo Du bist und wie Dirs geht, Du weißt ja, wie gern ich gleich am Anfang mitgefahren wäre. Von Frau Geiger ists arg lieb, daß sie mich bei sich übernachten will u. ich nehms, wenn ich dann komme sehr gern an, ich würde arg gern so einen Betrieb genauer ansehen.

52

Gelt, laß es Dein Schwesterchen nicht entgelten, daß sie allein kommt und sei lieb gegen sie, daß sie kein Heimweh bekommt. Ich schicke sie wahrscheinlich mit Zahns und Dursts, die nach Wolfegg fahren mit bis Aulendorf, die halbe Stunde bis Ravensburg kann sie allein fahren, aber Du mußt dann eben bestimmt zur Zeit auf dem Bahnsteig sein, um sie in Empfang zu nehmen, 5 Uhr 43. Am Sonntag will dann Onkel Felix und Tante Hedi an den Bodensee fahren und Dich mitnehmen, deshalb soll sie dann ruhig in Horgenzell bleiben. Sie darf dann, wenn Vater sie abholt, mit Dir und Vater an den Bodensee. So bist Du jedenfalls in nächster Zeit nicht verlassen, und hast vier Wochen später wieder eine Freude, wenn ich dann komme, denn wir hoffen, daß wir im Sept, wo Vater leichter einen Vertreter bekommt u. die Ulmer hoffentlich wieder ein Dienstmädchen haben, dann doch noch in die Sommerfrische kommen, Dr. Lörcher hat uns verschiedene Plätze empfohlen,. Werner ist sehr unbefriedigt, er soll nach Talheim u. wäre gern nach Nürnberg gefahren, aber Tante Lä hat kein Dienstmädchen u. sieht selbst schlecht aus, so mag mans ihr nicht zumuten. Und Werner soll auch Milch trinken. Deine blaue Hose schicke ich mit Suse mit, wenns reicht, mach ich Dir noch ein Hemd, aber ich muß halt kurz tun.

Leider auch mit Gießen u. das ist arg, denn es regnet nicht u. alles wird kaputt u. vertrocknet, das Welschkorn sieht aus wie Dein Gugguruz letztes Jahr, das wird nicht arg ansetzen u. war so wunderschön. Es ist arg schmerzlich,wenn man so alles kaputt gehen sieht. Nur Brombeer gibts massenhaft, aber sie sind klein u. putzelig. Dabei ist schreckliche Hitze, daß man ganz matt ist.

Die Hühner gedeihen, dem Hundle gehts gut, die Katze fängt schon Mäuse. Jetzt sei vernünftig, Alter, ich muß jetzt leider einmal an mich und meine Gesundheit denken und kann leider jetzt mein Versprechen nicht halten.

Herzliche Grüße von Werner und Suse   u. Deiner Mama

Lieber Hans!

Auch meinerseits besten Dank für Deinen Brief. Du hast Dich ja in letzter Zeit etwas gebessert, was Briefe anbelangt. Also für dies Mal wirst Du wohl auf Mamas Besuch verzichten müssen, er kommt aber sicher, denn sie selbst wünscht es aufs dringlichste, nach Dir zu sehen. Also, wenn du keine Gegenorder bekommst, dann kommt Suse am 23. (Samstag) an und Du mußt sicher auf dem Bahnsteig sein, damit Du ihr das Gepäck abnehmen kannst. Sie freut sich arg, hoffentlich haben bis dahin etliche Kühe gekalbt, damit es ordentlich Milch gibt. Ich will Suse dann abholen, und zwar habe ich herausgebracht, daß am Montag ein Feiertag (Mariä Himmelfahrt) ist, da hättest Du zwei Tage frei, dann könnten wir miteinander an den See. Ich dachte mirs so, daß ich am Samstag Abds. nach Ulm und Sonntag früh mit dem 5 Uhr Zug nach Friedrichshafen fahre, Ihr steigt (etwa 8 Uhr) in Ravensburg zu mir ein, dann halten uns wir den Tag über am See auf, gehen abends nach Horgenzell, wo ich wohl schon eine Lagerstatt finden werde (ich mache nur feldmäßige Ansprüche) u. am Montag Nachm. fahre ich mit Suse heim; das wird recht nett werden. Natürlich möchte Werner gar zu gern mit an den See, es wird aber wohl nicht gut gehen bei den blödsinnig teuren Fahrpreisen. Vorgestern war Frau Zahn mit Gertrud und Grete da. Die beiden Mädchen sind noch ganz wie früher u. sprechen noch durchaus schwäbisch. Herr Zahn kommt erst nächste Woche, dann fahren sie miteinander nach Wolegg. Es ist zu schade, daß wir da nicht mitkönnen; von dort aus hätten wir schon mal zu Dir gelangen können. Es ist ein bisschen lang, wenn Suse bis 15 Aug. bleibt, meinst Du nicht drei Wochen seien für Geigers zu viel, aber es würde sich so geschickt treffen mit dem Feiertag. Ich möchte gegenwärtig nicht Bauer sein, bei der blödsinnigen Hitze muß man bald draufgehen, wenn man den ganzen Tag auf dem Feld ist. Bei uns beginnt allmählich alles zu vertrocknen, die paar Äpfel, die es gibt, fallen von den Bäumen, Gemüse gibts fast garnicht, bes. keinen Salat. Dagegen steht der Weinberg sehr schön, allerdings gibts nicht viel Trauben, aber was da ist, ist weit voran.

Herzliche Grüße   Dein Vater

Lieber Hans, liebe Suse!   Münster, 28.7.21

Jetzt seid Ihr schon bald eine Woche beieinander u. habt hoffentlich auch eine rechte Freude an einander. Suse ist ja gut oben angekommen und kann sich nun mit all dem jungen Tierzeug amüsieren. Du, Hans hast ja jetzt eine harte Zeit u. Du kannst einem wirklich leid tun, wenn Du bei der blöden Hitze den ganzen Tag auf dem Feld sein mußt. So heiß wie bei uns wirds ja bei Euch nicht sein, aber einige Grad weniger tuns auch noch. Wir haben nachts um 10 Uhr noch 30 Grad C. im Zimmer u. wenn man ins Bett liegt, meint man, es haben tagsüber ein Dutzend Bettflaschen drin gestanden. Ich habe fast immer Angst aufs Radfahren nach Mühlhausen, an den Weinbergen vorbei brennt die Sonne natürlich wahnsinnig. Am liebsten möchte man den ganzen Tag in der

Badehose herumlaufen, aber leider geht das nicht. Mama und ich sind jetzt ganz allein, Werner ist in Talheim und Luise immer noch im Krankenhaus, ich hoffe, sie kommt in den nächsten Tagen heim.

Unser Lux ist leider wieder krank, er hat ähnliche Krämpfe wie der letzte, nur nicht so stark, dabei hat er wenig Katarrh mehr und sehr guten Appetit. Ich habe ihm nun schon 3 Mal Serum eingespritzt und gestern einen Tierarzt, der Hundespezialist sein soll, consultiert (Telefon); der riet mir ein anderes Mittel, das ich ihm nun auch eingespritzt habe; viel besser gehts ihm noch nicht, aber der Tierarzt meinte, die Sache sei nicht gerade lebensgefährlich. Es wäre zu schade um das schöne Tier, wenn das auch draufgehen würde. Die Mulli ist kürzlich auch wieder durchgegangen, aber am nächsten Nachmittag von selber wieder gekommen. Den Hennen ists auch zu heiß zum Legen, wir können sie auch nur Nachmittags hinauslassen, wenn ihr Auslauf im Schatten liegt. Der Garten ist in unglaublichem Zustand, Gießen ist wegen Wassermangels verboten, das einzige, was noch Ertrag verspricht, wurde uns über Sonntag gestohlen, 30-40 Pfund Bohnen, die wir am Montag holen wollten.

Suse soll uns doch auch einmal schreiben, wies ihr in H. gefällt, was sie so den ganzen Tag treibt, und ob sie kein Heimweh hat, ob sie glaubt, es so lang aushalten zu können, bis ich sie abhole am 15. August. Schreibt jedenfalls beide zu Mamas Geburtstag nächsten Mittwoch, daß sie auch eine Freude an ihren Kindern hat. Großmama ist gegenwärtig in Calw, da wirds auch nicht so heiß sein wie in Cannstatt. Gestern haben wir die ersten Brombeeren geholt, es war da so heiß, daß mans kaum aushalten konnte. Die paar Äpfel und Gaishirtle, die wir bekommen, fallen jetzt von den Bäumen, so daß wir wirklich auf garkeinen Ertrag hoffen dürfen. Was, ich habe ja ganz vergessen, Suse noch einmal zu ihrem Geburtstag zu gratulieren, was hiermit geschehen möge, wir haben an dem Tag immer an Dich gedacht, was Du auch treiben mögest.

Die Wagendecke, die Du vorschlägst, Herrn Geiger zu schenken, dürfte wohl etwas zu teuer sein, ich glaube, daß so ein Ding jetzt 5-6oo Mark kostet, das ist dann doch zu viel; ich will aber einmal in Stuttgart danach fragen, vielleicht fällt Dir was anderes ein. Hat Dir Suse das Geld gegeben? Frag doch mal Herrn Geiger, ob er uns nicht einige Zentner Mehl liefern könnte, das ja nach dem 15. August frei wird. Hier wirds jedenfalls unerschwinglich teuer, so daß sich die Fracht rentieren dürfte. Und die Ernte scheint ja sehr gut zu werden, sodaß Herrn Geiger bestimmt etwas zum Verkaufen übrig bleibt; wir würden etwa 3 Zentner Schwarz- und 2 Zentner Weißmehl und einen 1/2 Ztr. Weizengries nehmen.

Nun lebt wohl und laßts Euch gut gehen. Hoffentlich überstehst Du die heiße Erntezeit gut, damit hättest Du schon bald Dein Gesellenstück gemacht. Herzl. Grüße   Euer Vater

Lieber Hans, liebe Suse!

Schreibt auch, wies Euch geht u. seid recht vergnügt miteinander. Seid nur froh, daß Ihr nicht hier seid, hier ists unerträglich. Abends, wenn man nicht mehr denken muß, daß jemand kommt, lauf ich im Badeanzug herum. Es geht mir besser als vor 8 Tagen, trotzdem ich die Haushaltung allein besorgen muß, bei der Hitze ist der Grudeofen gerade keine Wohltat. Am ärgsten ist der kranke Hund, das wäre der einzige Grund, warum ich nicht Landwirt werden möchte, weil man da so oft kranke Tiere hat. Da oben hats ja geregnet u. Obst und Felder stehen schön, das ist für uns, wo alles verdorrt ein Trost, daß es noch Gegenden gibt, die aushelfen können. Schreibt bald! Seid herzlich gegrüßt   von Eurer Mutter

Lieber Hans, liebe Suse!   Etwa August 21

Hier schicke ich Euch noch einige Sachen, von denen Ich denke, das Ihrs braucht. Die neue Hose wird Dir hoffentlich passen, ich habe Deine blaue zum Maaß genommen. Es wird wohl das letzte Mal sein, daß man die beiliegende graue flicken kann. Für Suse schicke ich Weißzeug u. den Mantel mit, den sie an den Bodensee anziehen soll. Ihr müßt früh weg, da ists kühl und auf dem Schiff auch. Eine Mütze hab ich in Arbeit, die bringt dann der Papa mit. Nun haben wir Regen bekommen, und es lebt alles wieder auf, das Welschkorn schiebt sogar noch Kölbchen nach und die Bohnen blühen wieder, die Brombeer, die teilweise abgedorrt sind, schieben ganz große Früchte an den frischen Ästchen, die Äpfel, die paar, die nicht abgefallen sind, sind in den paar Tagen ganz aufgeschwollen. Auch wir leben wieder auf, mich hat die Hitze, bei der ich die ganze Haushaltung schaffen mußte, arg geschlaucht, es ist eben arg, wenn man so wochenlang über seine Kraft schaffen muß u. nicht einmal einen Sonntag hat. Die Pflege des Hundes und sein Geschrei haben mich arg mitgenommen, man konnte nächteweis nicht schlafen u. am Tage wars der gleiche Jammer. Ich will mich nun lieber auf die Hühner werfen, die sind nicht so heikel u. man nimmt einen Verlust auch leichter, mehr von der pekuniären als von der Gefühlsseite. Wenn sie nur im Garten blieben, aber man kriegt immer Händel mit der Nachbarschaft u. mit Lauster habe ich ohnehin Krach, weil er wieder einmal einfach draußen über unser Stück verfügt hat u. angeordnet, was getan werden muß gegen meinen Willen. Man kommt ja leider nicht mit Allem so nach, wie man möchte, da eben Alles nur sozusagen im Nebenamt getan wird und ich jetzt außerdem nicht die Kraft habe, im Garten zu schaffen u. die Sixin bei der Ernte im Oberland ist, Du fehlst mir oft, Werners Geschäft ist nicht viel nutz u. Vater wird so viel weggerufen. Ich wünsche Euch recht viel Vergnügen zu Eurer Bodenseereise, gelt Hans, zieh Dich auch nett und pünktlich an, daß sich Vater nicht an Dir zu schämen braucht, Suse soll ihr geblumtes Wollmuselinkleidchen anziehn, und wenns kalt ist den weißen Sweater drüber. Nun schreiben wir natürlich auf Sonntag nicht, denn Vater kommt ja.

Herzliche Grüße auch an Herrn Geigers   von Eurer Mama

Lieber Hans, liebe Suse!   Etwa August 1921

Herzlichen Dank für Euer Päckle zu meinem Geburtstag. Es hat mich alles sehr gefreut, den guten Honig heb ich für Krankheitszeiten auf, das Mehl werden wir uns recht schmecken lassen. Sogar die Nelken sind wieder aufgegangen und riechen sehr gut. Bei uns gibts außer Sonnenblumen und Tamarix kein Blümle mehr, auch kein Obst und kein Gemüse, sogar das Welschkorn verdorrt vollständig. Wenn es regnet, legt es nur den Staub. Bestelle Du ruhig Dinkel statt Weizen bei Herrn Geiger und Roggen zu Schwarzbrot. So heikel sind wir nicht, daß wir nur Weizenmehl nehmen könnten, wir sind ja vom Krieg her nicht verwöhnt u. ich bin froh, wenn ich weiß, daß ich nicht so von der Hand in den Mund leben muß. Seit gestern haben wir wieder Wasser, bis dahin oft nur 2 Stunden im Keller, was, da das Mädchen im Krankenhaus war, recht störend war. Unser Hundle liegt im Sterben, wir haben unser Möglichstes getan, er hatte rasende Schmerzen und ist nun ganz gelähmt, fressen tut er noch, es ist zu traurig. Werner ist nun wieder daheim, in Talheim kamen andere Besuche.

Nun ist Frau Six zur Ernte für 14 Tage ins Oberland zum Fritz Lauster. Wißt Ihr die Hitze allein schlaucht einen hier nicht so, als die schlechte Luft, die durch die vielen Fabriken durch die Hitze entsteht, das ist bei Euch doch anders, da kommt doch immer wieder mal ein frischer Luftzug.

Ich freu mich sehr,daß es Suse so gut gefällt, und wenn es nicht zu viel ist, ließen wir sie gern noch 8 Tage länger in Horgenzell, aber daß sie ja nicht lästig wird, wir möchten die Freundlichkeit von Herrn Geigers nicht ausnützen.

An meinem Geburtstag kam ganz unerwartet Tante Emma, dann noch Frau Graser und Großmama, aber ich hab arg auf ein Lebenszeichen von Euch gewartet u. freute mich, als es dann am nächsten Tag kam. Brombeeren gibts, aber sie sind ganz klein u. halb vertrocknet, das Zopfen ist eine arg mühselige Sache und gibt garnichts aus. Bei unsrer letzten Brut haben wir scheints nur 3 Göckel u. 8 Hennen, so haben wir doch in etwas Glück gehabt. Vielleicht kommen Tante Euge und Onkel Karl mit den beiden Buben an den See u. besuchen Euch oder lassen Dichs wissen, wenn Suse so gut eingewöhnt ist, kannst Du sie ja gut daheim lassen. Reicht Suse mit ihren Sachen? Ich wundere mich, daß nicht mehr schwarze Wäsche vorhanden ist, es ist kaum der Wert, zurück zu schicken.

Seid noch recht vergnügt miteinander u. seid herzlich gegrüßt und bedankt

von Eurer treuen Mutter

Lieber Hans, liebe Suse!   Münster, 14 VIII.21

Wir danken Euch bestens für Eure Briefe, die diese Woche ausnahmsweise schon Dienstag früh kamen; wir entnehmen daraus (ein Datum steht ja wie gewöhnlich nicht darauf), daß sie vor Ankunft von Mamas Brief geschrieben sind. Sie schrieb ja, Suse dürfe noch eine Woche bleiben, und wir müssens jetzt schon dabei lassen, ich habe mich nun schon auf den nächsten Sonntag, den 21 Aug. eingerichtet. Ich habe folgenden Plan: Ich fahre Samstag Abend nach Ulm, Sonntag früh weiter und Ihr steigt in Ravensburg 9 Uhr 21 in meinen Zug mit Fahrkarten IV. Klasse nach Friedrichshafen. Dann fahren wir mit dem Schiff nach Lindau u. wieder zurück u. treffen so bald in Ravensburg ein, daß wir mit dem Auto 7 Uhr 10 abends nach H. hinausfahren können. Am Montag möchte ich dann 11 Uhr 18 mit Suse in Rav. wegfahren, damit wir zu anständiger Zeit daheim ankommen. Ich wäre gern mit Euch auf die Meinau gefahren, aber dazu reicht die Zeit leider nicht; ich habe schon den Fahrplan studiert. Nach Bregenz oder Rorschach können wir auch nicht, weil man dazu einen Paß braucht. Unklar ist mir, wie Ihr morgens nach Rav. hereinkommt, das Auto geht ja so bald, daß Ihr 1 1/2 Stunden warten müßtet, da macht Ihr eben noch einen Spaziergang auf die Veitsburg. Bittet Geigers um ein Nachtquartier für mich, ich nehme auch mit einem Heulager vorlieb, sie brauchen also keine Umstände zu machen. Für Geigers haben wir kürzlich doch so eine Decke gekauft, so wie Du sie für sie gewünscht hast, ich bringe sie mit, ebenso Deine Stiefel und eine lange Hose für dich, die Mama morgen bei Breuninger für Dich kaufen wird. Ich freu mich sehr auf die Reise; wenn ich nur für Montag schon einen Stellvertreter hätte! Wir freuen uns sehr, daß es Suse so gut gefällt und daß sie gar kein Heimweh hat, ich erwarte aber auch, daß sie recht dick und fett geworden ist. Gelt, Schlackerle, so gut hast Dus schon lang nicht mehr gehabt, aber ich denke, Du gehst auch wieder gern heim. Werner fühlt sich auch etwas einsam, zumal es ihm in letzter Zeit zu heiß ist zum Kicken. Jetzt ists etwas abgekühlt durch ein Gewitter gestern, das aber leider nur wenig Regen gebracht hat. Ich lerne jetzt mit ihm, um ihm die Langeweile zu vertreiben, jeden Tag ein Stück Französisch. Du, Hans wirst ja noch einige Zeit ohne Urlaub aushalten müssen, ich will aber mit Herrn Geiger sprechen, daß er Dich im Winter über Weihnachten, einige Wochen heim läßt. Wegen Deiner weiteren Ausbildung wollen wir uns dann auch unterhalten. Ich will in nächster Zeit Herrn Besenfelder schreiben, ob er einen Platz für dich hat; von einem Kurs in der landw. Winterschule werden wir besser absehen, ich habe mich kürzlich bei einem jungen Mann, der im Herbst auf die Hochschule will u. 2 Kurse Winterschule mitgemacht hat, erkundigt. Der meinte, für einen der das Gymnasium durchgemacht hat, habe die Winterschule absolut keinen Zweck, das wäre verlorene Zeit. Dasselbe hörte ich auch schon von anderer Seite. Leibfried soll von seiner Tätigkeit nicht besonders begeistert sein, vielleicht hat ers auch auf dem Lugenhof nicht so nett, wie Du. Ich dachte schon daran, Herrn Besenfelder zu fragen, ob er nicht für Euch beide auf einem Hof Platz hätte, das wäre doch nett. Schreib ihm doch bald einmal, wie er sich dazu stellt.

Mama hatte in den letzten Tagen wieder rechte Schmerzen im Darm, so daß sie in den nächsten Wochen keine Reise machen kann. ich denke aber doch, daß sie Dich im nächsten Monat einmal besuchen kann. Sie will jetzt auf eine Sommerfrische verzichten u. will, wenn Hedi kommt, 14 Tage ganz einfach daheim ins Bett liegen. Dann wird sie sich hoffentlich soweit erholen, daß sie zu Dir reisen kann.

Jetzt kommt noch etwas sehr trauriges. Unser armer Lux ist tot. Er war fast 8 Tage vollständig gelähmt, so daß er wie ein Sack an dem Platz liegen bleiben mußte, wo man ihn hinlegte. Er konnte nur noch den Kopf ein bisschen heben und mit dem Schwanz wedeln. Dabei hatte er ununterbrochen Zuckungen am Leib und den Füßen und schrie oft stundenlang. Als er dann schließlich auch nicht mehr recht fressen konnte, machte ich mit einer Dosis Strychnin gestern ein Ende mit ihm. Der nette, liebe Kerl tut uns allen arg leid, auch Suse wird ihn arg vermissen.

Jetzt haben wir auch einen Auto-Omnibus Verkehr von Cannstatt nach Aldingen; ich bin bis jetzt noch nicht damit gefahren, freue mich aber für den nächsten Winter sehr darauf, ein Wagen geht ganz geschickt kurz nach 7 Uhr abends von Mühlhausen herauf. Bis jetzt wird er sehr viel benutzt, sodaß die Leute immer stehen müssen, es ist nur die Frage, obs auch so bleibt. Heut muß man seit langer Zeit zum ersten Mal nicht gießen; es regnet fast den ganzen Nachmittag, darf aber ruhig noch 2-3 Tage weiter machen, um die Erde ordentlich zu durchtränken. Wir bekommen eine ganz miserable Kartoffelernte, Mais gibts so gut wie garkeinen, und über die Rüben und Zuckerrüben klagen die Leute kolossal. Bloß der Weinberg steht schön, aber auch für den ists höchste Zeit, daß wieder einmal Regen kommt.

Letzte Woche waren die beiden Nördlinger Mädchen, Lydia und Gertrud bei uns. Sie waren auf der Durchreise nach Calw einige Tage in Cannstatt bei Kobergers; die kleine Koberger kam natürlich auch mit. An Mamas Geburtstag war Tante Emma da, sie fuhr aber abends nach Ulm weiter. Sie will in Ulm fragen, ob Werner einige Zeit kommen kann, er war ja auch nur eine Woche in Talheim und ging dann durch, weil Prälat Wunderlichs kamen, vor denen hatte er scheints Angst; auch wegen dem Hundle, an dem er arg hing. Wenn Du an meinem Plan etwas auszusetzen hast, dann schreibt gleich. Ich werde mir jedenfalls einen Fahrschein nach Lindau u. zurück bestellen, aber über die Zeiteinteilung wäre ja noch zu reden.

Also auf baldiges Wiedersehen! herzliche Grüße Euch beiden   Euer Vater

Grüße auch an Familie Geiger

Lieber Hans!   Dezember 1921

Herzlichen Dank für Deinen lieben Brief, so arg inhaltreich ist er mir ja nicht vorgekommen, aber man weiß wenigstens wieder was von dir. Heute komme ich dazu, das Paket fortzuschicken, es muß eben alles vorher geflickt sein und in letzter Zeit kam ich nicht dazu. Nun haben wir wieder normale Verhältnisse, morgen kommt auch wieder eine Monatsfrau. Frau Six hat alles von einem Tag zum andern hingeschmissen, weil sie grad bei Höfer Arbeit bekam, trotz aller Versprechungen. So ist eben das Proletarierpack, ihr Wort gilt nur, solangs ihr Vorteil ist, keinen Tag länger, aber unsereins soll bis dorthinaus Rücksicht drauf nehmen. Werner und Suse benützen jede freie Minute zum Schlittschuhlaufen, Werner ist kaum mehr heimzukriegen. Vater geht morgen nach Stuttgart, um sich Geld aufs Postscheckkonto anweisen zu lassen u. Dir dann erstens Taschengeld, 2. Buttergeld, 3. Reisegeld zu schicken. Wenn du irgendwo Schmalz oder Butter kaufen kannst, so tus auch, vielleicht kriegst Du auch bei den Nachbarn was, hier kostet Schmalz 50 Mark, Marg. 37, Öl 45 Mark. Ich habe deshalb das Ölen aufgegeben, es hat auch in letzter Zeit nicht mehr viel geholfen.

Die Kälte ist abscheulich, das ins Bett gehen und Aufstehen in dem kalten Schlafzimmer schon mehr eine Nordpolreise, das Betten machen ebenso, ich machs mit Jacke u. Schal angetan.

Am Sonntag war Tante Emma da, sie hat sich von ihren Ersparnissen einen Nähtisch, eine Truhe und ein Buffet machen lassen. Das ist doch fein, wenn man so verfügen kann. Sie spart scheints sonst recht, um sich dafür solche Sachen zu leisten. Das ist heutzutage am gescheitesten. Ich habe mir eine neue Kiste für Wollsachen eingetan, da mir die Schaben in dem heißen Sommer an manches gegangen sind. Die Rechnung hab ich noch nicht. Wir haben zum Glück viel Briquets gekauft, daß wir ohne Sorgen heizen können u. unser unteres Winterstüble ist immer recht gemütlich. Nun wirst Du ja auch bald Dein Zimmer gegenüber beziehen. Ob sich wohl Frau Geiger entschließt mitzufahren. Suse freut sich schon auf sie u. auch mich würde ihr Besuch sehr freuen. Ich hoffe, daß Du mir dann noch einige Weihnachtsbesorgungen machst, ich bleibe lieber daheim. Frl. Kolb schickt nun die Bilder wahrscheinlich mit der Post, aber schreib trotzdem nach Ulm, Großmama freuts, wenn du nach ihr siehst. Hedi hat sehr vergnügt von ihrem Besuch bei Euch geschrieben. Sie hat auch sehr viel Freude an der Landwirtschaft. Bring nur, was Du dort nicht mehr brauchst mit an Weihnachten, sonst kannst Dus am Schluß nicht unterbringen.

Herzl. Grüße von Vater und den Geschwistern   und Deiner Mutter

Herrn Geigers viele Grüße.xxx

Lieber Hans!

Du bist jetzt wieder allein bei Deiner Arbeit u. hast hoffentlich nicht gar zu sehr Heimweh nach Suse. Wir sind gut miteinander heimgekommen, nachdem wir noch in Ulm bei Großmama einen Kaffee getrunken hatten. Seit heute hat nun die Vakanzbummelei bei Werner und Suse aufgehört, sie sind heute früh zum ersten Mal wieder in die Schule gewandert, bezw. gefahren. Hoffentlich strengt sich Werner im Winter etwas mehr an als bisher, sonst könnte es ihm passieren, daß er wieder durchfällt.

Mama geht es etwas besser, sie ist bisher immer bis abends gelegen, heute ist sie schon mittags aufgestanden, um sich allmählich wieder dran zu gewöhnen, weil leider Hedi am Montag wieder fortgeht. Gestern und Vorgestern hatte Mama leider wieder einen recht schmerzhaften Rückfall, der sie arg herunterbrachte, hoffentlich hört es jetzt definitiv auf. Heute wollte Tante Hannchen, die gegenwärtig in ..... ist zu Großmama und uns kommen, telegraphierte aber heute Vorm., als schon alle Kuchen gebacken waren, sie könne wegen Krankheit nicht kommen, wahrscheinlich kommt sie dann in einigen Tagen; hoffentlich nicht erst auf nächste Woche, denn ich möchte am Dienstag nach Nürnberg und Ravensburg reisen; ich weiß allerdings auch noch nicht sicher, ob ich fort komme, da ich bis jetzt noch keinen Vertreter finden konnte; in Cannstatt sind so viele verreist, und die, die da sind, haben keine Zeit. Mama wird wohl erst nach der Weinlese zu Dir kommen können, wenn es ihr überhaupt gelingt, fort zu kommen; die Weinlese wird übrigens heuer recht früh sein, die Trauben sind kolossal weit, sogar die Trollinger sind schon ganz blau. So kann das, was da ist, schön reif werden, wenns nur etwas mehr wäre, aber es ist eben im Frühjahr zu viel erfroren. Sonst ist im Garten nicht mehr viel los. Das bischen Welschkorn und Kartoffeln wird bald eingeerntet sein.

Sag Geigers, ich lasse für die freundliche Aufnahme nochmals herzlich danken, auch Mama lasse für Frau Geigers Brief danken. Lesestoff habe ich Dir schon hergerichtet, Kosmos etc, wenn Mama wieder ein Paket macht, bekommst Dus. Könntest Du übrigens von dem ev. Pfarrer ab und zu etwas zum Lesen bekommen? Seit Sonntag haben wir wieder 3 Glocken auf dem Kirchturm, es war eine schöne Feier; das Geläut ist etwas besser als das alte, es dürfte noch tiefer sein, aber das ist am Kostenpunkt gescheitert.

62

Herrn Besenfelder habe ich geschrieben, aber nichts von Leibfried. Antwort ist bis jetzt noch nicht gekommen. Hoffentlich ist dort etwas, es soll recht schwer sein, etwas zu finden. In Hohenlohe solls jetzt so schön sein, ich traf kürzlich Komm.rat Gartenstein, dessen Sohn dort ist u. der voll Lobs über diese Stelle war. Zum Glück haben wir ja noch reichlich Zeit bis Frühjahr, aber man kann sich nicht früh genug um sowas umtun.

Was hat man denn im Oberland im Fall Erzberger gesagt? Womöglich war Herr Geiger bei der Beerdigung in Biberach. In den Arbeiterkreisen wird die Sache jetzt natürlich als willkommener Anlaß zur maßlosen Hetze gegen rechts benutzt.

Sag auch Herrn Geiger, ich möchte gern etwa 5 Ztr. Korn (in der Hauptsache Dinkel, etwas Roggen) und einen Ztr. Gerste; vielleicht könnten wir auch einige Ztr. Brechobst haben, wir könnten geeignete Kisten schicken; frag einmal, ob er Obst abgegeben kann. Laß Dirs gut gehen.

Herzl. Grüße von allen   Dein Vater

Lieber Hans!   27.X.21

Ich schreibe jetzt mit einer Brille auf der Nase, ein Zeichen des herannahenden Alters! Ich habe sie mir kürzlich in Tübingen verschreiben lassen und kann nun viel besser lesen. Ich war letzte Woche drei Tage dort bei einem Fortbildungskurs über Tuberkolose, der sehr gut und interessant war. Ich wohnte in Betzingen u. fuhr jeden Morgen hinüber und abends wieder zurück. Am Sonntag wollten wir dann noch einen Ausflug in die Nebelhöhle machen, es regnete aber den ganzen Vormittag so fürchterlich, daß wir daheim blieben, ich fuhr dann mit Onkel Karl, der nach Münster mußte, um 1 Uhr herunter. In Tübingen traf ich auch einen Raversburger Kollegen u. Bundesbruder, einen Dr. Steckel, der sich erst kürzlich niedergelassen hat; er hat mir sehr gut gefallen und hat, als ich von dir erzählte, Dich sehr eingeladen, ihn einmal zu besuchen. Tus nur bald einmal, er ist ein wirklich netter Mann und noch nicht verheiratet.

Äpfel, Kartoffeln und Frucht sind gut angekommen, schick auch möglichst bald die Rechnung, damit ich das Geld anweisen kann, doch an die Württ. Vereinsbank? Übrigens haben wir doch auch Roggen bestellt. Habt Ihr keinen mehr oder können wir noch einmal Säcke schicken und noch 2 Ztn. bekommen? Es wäre doch ganz gut für Schwarzmehl. Wenns nicht gut geht, kommen wir auch mit dem, was wir jetzt haben, aus, Du kannst ja Herrn Geiger fragen. Das Obst ist wundervoll und ausgezeichnet, wir haben der Großmama in Cannstatt davon geschickt als Christkindle, sie war sehr entzückt davon. Auch die Kartoffeln sind sehr gut, viel besser als die unseren, die heuer garnicht aufspringen wollen. Mama gehts etwas besser, aber es kommen von Zeit zu Zeit immer wieder Krämpfe, sodaß sie sich eben nicht recht erholen kann. Die Sixen ist immer noch im Haus, wir suchen aber krampfhaft nach einer Donna, wenn du daroben eine findest, so schick sie uns auch. Das Geld wirst Du bekommen haben, die übrigen 20 Mark sind für die Krankenkasse bestimmt. Das ist nett von Tante Emma, daß sie Dir Geld für eine Zeitung geschickt hat, am besten wirst Du den Merkur halten, Du darfst ihn aber dem Herren nicht zeigen, der hätte jedenfalls Bedenken dagegen.

Bei uns hat auch schon erheblich Kälte eingesetzt, wir hatten auch mehrere Grade, so daß im Garten u. Weinberg alles erfroren ist. Den Weinberg will ich jetzt verpachten, es ist eine gar zu umständliche Sache. Lauster wird ihn wahrscheinlich pachten. Generals ziehen jetzt, in nächster Zeit nach Potsdam, da passen sie besser hin als nach Münster, dann können sich die Methodisten im Schloß breit machen. Damit hören dann auch die Skatabende auf, denen ich nicht sehr nachtrauere. Sonst ist hier nicht viel Neues passiert; ob am Neckarkanal hier bald angefangen wird, weiß man noch nicht sicher, man spricht vom nächsten Frühjahr. Heut Abend habe ich einen Samariterkurs wieder angefangen, es sind aber diesmal wenig Teilnehmer, vielleicht hört er dann im nächsten Winter ganz auf. Ich werde ihm noch weniger nachtrauern als den Skatabenden. Das ist nett, daß du über Weihnachten 4 Wochen Urlaub bekommst. Weißt Du übrigens, daß Leibfried die Landwirtschaft definitiv aufgegeben hat? Er sei seit einigen Wochen daheim und wolle jetzt irgendein Studium anfangen, das passt auch besser für ihn. Du wirst hoffenlich dabei bleiben. Herr Seeliger erzählte mir kürzlich von Neuwirtshaus, es sei gut bewirtschaftet, habe einen sehr schwer zu bearbeitenden Boden, der aber gut trage.

Nun leb wohl, schreib bald wieder. Herzliche Grüße   von Deinem Vater

Herzl. Grüße von Deiner Mutter

Lieber Hans   Wahrscheinlich Ulm,25.11.21

Gelt, du wartest schon lang auf einen Brief von mir. Heute endlich bring ichs dazu, Dir zu schreiben und Dir für den guten Empfang zu danken. Es war

64

für mich ein arg netter Tag. Sage bitte auch Herrn Geigers viele Grüße u. ich lasse ihnen nochmals herzlich danken für alles, besonders für die vielen guten Sachen, die sie mir noch mitgegeben haben. Ich habe erst zu Hause gemerkt, daß es 2 Pfund Butter waren. An der Milch waren wir auch arg froh und die Rosen haben Mama sehr gefreut.

Ich schicke morgen das Geld. Wir dachten immer, wir könntens mit dem Dinkel zugleich bezahlen, auf den wir sehr warten. Mama meint, je länger Du ihn nicht schickst, desto teurer werde er. Ich schicke Dir nun hier die Adresse u. Frachtbrief, dann ists ja einfacher. Wir erwarten dich also hier am 18. Ich hoffe, Du kannst es schon so einrichten, daß du ein paar Stunden Aufenthalt hier hast, wenn nicht, so schreib bitte, wann Du durchfährst, damit ich Dir die Bilder bringen kann.

Hast Du nicht einen Weihnachtswunsch, den wir Dir erfüllen können? Möchtest Du schwarze Stößer oder Fausthandschuhe?

Wir haben jetzt vom Garten fast alles geholt, nur die Bohnenstecken muß ich noch heimführen, sie könnten sonst über den Winter gestohlen werden. Leider ists zu bald kalt geworden, so daß wir nur das schon seither angepflanzte Land schoren konnten und nicht mehr dazu kamen noch mehr Grasboden umzubrechen. Wir möchten nämlich nächstes Jahr mehr Kartoffel pflanzen.

Nun noch herzliche Grüße u. auf Wiedersehen und nochmals Dank

Deine Tante Hedwig

Lieber Hans!   Münster, 25.11.21

Wir danken Dir bestens für Deinen letzten Brief, der an Inhaltreichtum seinen sämtlichen Vorgängern mindesten ebenbürtig war. Aber es ist doch wenigstens ein Lebenszeichen. Jetzt wirds bei Euch auch ruhiger sein mit der Arbeit. Die Felder sind doch wohl, soweit das jetzt überhaupt geschieht, gepflügt und eingesät, so habt Ihr draußen doch wohl nur Mist zu führen. Da wirst du nicht mehr so schrecklich zu schaffen haben, daß Du gar keine Zeit hast einen anständigen Brief zu schreiben. Also, Du kommst doch erst Mitte Dezember; Du darfst übrigens überzeugt sein, daß jeder Schriftgelehrte, der Deine Klaue zu entziffern hätte in diesem Fall einen 2er, nicht einen 8er gelesen hätte. Wir freuen uns auch, wenn Frau Geiger mitkommt, jetzt sind doch zum Glück wieder geordnete Verhältnisse im Haus eingetreten, habemas papam! Seit Montag haben wir die Frieda Schempf, die sich uns mit großem Eifer selbst angeboten hat u. bis jetzt geradezu vorzüglich ist, ach wenn es nur immer so bliebe! Mama erholt sich nun auch ganz ordentlich und kann ohne wesentliche Schmerzen den ganzen Tag auf sein. Ich glaube, wenn sie es ein paar Wochen recht ruhig hat u. wenig Treppen laufen muß, dann wirds ihr schon bald wieder ordentlich gehen. Wenn Du heim fährst, dann richt es auch wo möglich so, daß du in Ulm einen kleinen Aufenthalt nehmen kannst, oder wenn das wegen Frau Geiger nicht geht, dann schreib Tante Hedi möglichst zeitig, wann Du durchfährst, Du mußt ein kleines Paket mitbringen von Frl. Kolb, von denen wir ein Bild kaufen wollen u. die wir uns nicht trauen schicken, zu lassen, dann kann Dirs Hedi an die Bahn bringen.

Mama ist noch immer nicht dazu gekommen, die große Butterballe, die noch ganz ist, zu wiegen, darum konnte ich auch das Geld nicht schicken, es wird aber heute noch geschehen, zusammen mit Deinem Monatsgeld. Bei uns ist jetzt das Fett so wahnsinnig teuer geworden, für Margarine zahlt man 36 u. für Schmalz über 40 Mark, wenn Du für uns Butter oder Schmalz noch zu anständigen Preisen kaufen könntest, wäre es sehr angenehm, bis zu 20 Pfund. Gestern haben wir eine schöne Menge Sirup bekommen, das ist auch ganz angenehm. Wenn nur nicht alles so teuer wäre! Man weiß bald nicht mehr wie auskommen, wir bekommen jetzt allerdings auch wieder eine Erhöhung von der Krankenkasse, aber die entspricht der Teuerung keineswegs. Wegen Neuwirtshaus sprach ich kürzlich mit Scheef, der den Verwalter und den ganzen Betrieb sehr lobte, und meint, man könne da viel lernen. – Wir wohnen jetzt während der Kälte im Kinderzimmer, weil das untere Zimmer noch nicht gerichtet ist, ich hoffe aber, daß wir am Sonntag herunterziehen können. Hoffentlich geht der Winter nicht so weiter, da könnte unser Brennmaterial sehr zusammengehen, und ich möchte doch noch einiges für den nächsten Winter retten. Morgen Abend kommt Tante Emma, um über den Sonntag zu bleiben.

Jetzt weißt Du alles, was Neues bei uns los ist. Sei herzlich gegrüßt von allen

besonders von Deinem Vater

Grüße auch an Geigers

Lieber Hans!   Münster, 19.1.1922

Herzl. Dank für Deinen Brief, der gestern kam. Ich hätte Dir schon auf Sonntag geschrieben, wollte aber das Ergebnis der Besprechung mit Frl. Herzog abwarten, die ich auf heute bestellt hatte. Nun ist aber die ganze Sache anders geworden. Gestern Abend kam nämlich ein Brief von ihr, in dem sie gleich ganz absagte, sie müsse zu einer Base nach Berlin, mit der sie schon lange korrespondiert habe, wegen einer Pflege, und die ihr jetzt erst geschrieben habe, daß sie sie haben möchte. Sie könnte also erst im Juli kommen. Das hätte sie auch gleich sagen können. Jetzt bin ich wieder gerade so weit wie vorher, und habe nun wieder an Frl. Däuble geschrieben, die ja unbedingt auf 1. Mai zugesagt hat. Einstweilen sind noch verschiedene Angebote gekommen, von denen wir alle garnichts wissen, darauf mag man sich doch nicht gerne einlassen. Einstweilen sind wir eben recht froh, daß Hedi noch da ist. Großmutter ist immer noch in Nürnberg, wird in etwa 8 Tagen wieder kommen, Tante Lä war auch krank. Seit gestern ist Eberhard von Talheim bei uns, die sind im Umzug begriffen u. sind von gestern bis Mittwoch Morgen in Cannstatt, solange ihre Möbel auf der Eisenbahn sind. Heute Abend war die ganze Familie bei uns zum Nachtessen, Hedi hatte unendliche Mengen geröstete Spätzle gemacht. Nun sind also Deine Horgenzeller Tage gezählt, und wenn Du auch fest hast schaffen müssen, so wirst Du doch manche angenehme Erinnerung daran mitnehmen. Wir freuen uns, bis Du am Samstag kommst, Du wirst doch mit dem Zug kommen, der etwa um 6 Uhr hier ist. Vergiß auch nicht, Dir von Herrn Geiger ein Zeugnis geben zu lassen u. bring jedenfalls einen polizeilichen Abmeldeschein mit, sonst bekommst Du an Deinem neuen Aufenthaltsort Schwierigkeiten. Sag auch der Familie Geiger viele Grüße von mir, ich lasse ihnen für alles, was sie Dir getan haben, herzlich danken, u. ich werde nicht verfehlen, sie zu besuchen, wenn ich einmal wieder in die Gegend komme. Ebenso möchten sie jederzeit, wenn eins von ihnen nach Stuttgart komme, bei mir logieren, sie werden mir immer willkommen sein. Du wirst auch froh sein, daß das Wetter wieder etwas milder ist, die Kälte war doch gar zu arg. Bei uns im Garten kommem jetzt schon die Schneeglöckchen aus dem Boden. Die müssen unter dem Schnee gewachsen sein. Sonst siehts natürlich im Garten noch arg aus, nichts ist gerichtet, nichts geschort (gegraben), man konnte ja den ganzen Winter über nichts tun, auch ist Lauster seit Neujahr krank. Ich habe in der Praxis immer noch ziemlich viel zu schaffen, doch nicht übermässig und das Auto, mit dem ich, wo ich nicht Radfahren kann jetzt herauffahre, ist recht angenehm.

Laß Dirs in den paar Tagen, die Du noch in H. bist, gut gehen, u sei von uns allen herzlich gegrüßt   besonders von Deinem Vater

67

Lieber Hans! Münster 23.1.22

Besten Dank für Deinen Brief und unser aller herzlichen Glückwunsch, daß Du nun zu der ‚höheren Stufe der Gemeinheit' zum Roßknecht aufgestiegen bist; schade, daß der Krach zwischen Herrn Geiger und Otto nicht schon früher eingesetzt hat, aber einige Wochen wirst du nun doch wenigstens Dich Deiner neuen Würde erfreuen können. Mit den langen Abenden machst Dus am besten so wie die andern Horgenzeller, daß Du nämlich ins Bett liegst. Das ist schade, daß Du Frau Dieterle nicht angetroffen hast. Du solltest jedenfalls, ehe Du die Gegend verläßt, noch einmal zu ihnen hin und Dich verabschieden. Dein vergessenes Unterlaible sei so dünn, daß Du nicht viel davon verlierst, wenn dus aber brauchst, dann schicken wirs; ebenso möchte Großmutter wissen, wie es mit Deinen Kragen steht, ob Du in H. noch hast, andernfalls würde sie Dir einige machen und schicken, sie weiß allerdings auch Deine Halsweite nicht, um wieviel ist sie größer als Werners? Den Tabaksbeutel glaubt Hedi bestimmt, in Deine Schatulle eingepackt zu haben, sieh doch noch einmal nach, ob er nicht dort ist. Bei uns geht das Leben seinen gewohnten langweiligen Gang, Mama fehlt eben immer und überall. Mit einer Haushälterin sind wir noch nicht weiter, das Frl. von Blaubeuren hat abgeschrieben, sie würde sehr gerne kommen, könnte aber frühestens am 1. Mai, und da auch nicht bestimmt. Nun schreibt Tante Cläre an das Frl. Commerell in Friedrichshafen, vielleicht wird daraus etwas. Gestern waren wir allesamt bei Großmutters Geburtstag in Cannstatt; gerade als wir gehen wollten kam noch Annale Ada, um mich zu besuchen, da nahmen wir die eben auch mit. Bei Großmama war wie immer an diesem Tag große Gesellschaft, Onkel Theodor und Tante Agnes, Onkel Ernst u. Tante Claire, Wunderlichs. Die Talheimer waren einige Tage vorher da, sie gingen nach Oberlenningen, um sich ihre neue Heimat anzusehen. Heute hat Werner die 2 gerahmten Bilder geholt, die Rahmen machen sich sehr nett, die Bilder haben außerordentlich dadurch gewonnen.– Heute Nacht um 2 Uhr wurden wir plötzlich durch einen kolossalen Rumpler aus dem Schlaf geweckt, und als wir nachsahen, wars Werner, der schlafwandelnd die halbe Treppe hinuntergehagelt war und nun heulend unten lag. Zum Glück hat er außer ein paar Beulen nichts weiter davongetragen. Hoffentlich macht er in Zukunft keine weiteren solche Dummheiten. Heute ists bei uns auch wieder recht kalt, scharfer Ostwind, so daß das Radfahren kein Vergnügen war. Leider fehlt bei uns der Schnee dazu, Suse ist natürlich neidig, daß wir nicht auch so viel Schnee haben wie in Horgenzell. Sie hat gestern bei Grasers einen Teil von dem schönen zuckrigen Häuschen helfen aufessen dürfen, was sie natürlich sehr befriedigt hat.

Ich muß jetzt ins Bett, Suse heult, auch bin ich bettbedürftig, weil ich die letzte Nacht teils wegen Werners Falliment teils wegen eines Nachtbesuchs um 1/2 5 Uhr nur wenig geschlafen habe. Also leb wohl, schreib bald wieder u. sei herzlich gegrüßt von uns allen   Dein tr. Vater

Lieber Hans!   Münster, 3.2.22

Zwar haben wir diese Woche noch keinen Brief oder auch nur eine Postkarte von Dir bekommen, Deine Rösser scheinen Dich noch mehr in Anspruch zu nehmen als Deine Rindviecher, ich will Dir aber trotzdem auf Sonntag einen Brief schreiben, in der Erwartung allerdings, daß du dann auch mal wieder etwas von Dir hören läßt. Bei uns hat sich bisher nichts oder nur wenig verändert, Hedi tut ihre häuslichen Pflichten in ihrer gewohnten stillen Art, sodaß alles seinen Gang weiter geht, obgleich Frieda seit 3 Tagen an Halsentzündung im Bett liegt. Sie wird aber bald wieder in Ordnung und Hedi damit etwas entlastet sein. Heute vor 8 Tagen fuhr Großmama nach Nürnberg mit den Betzingern; sie mußten, weil der Schnellzug ausgefallen war, mit dem Bummelzug fahren u. waren einige Stunden hier. Sonst ist hier nichts passiert, wir warten immernoch mit Schmerzen, ob unsere Hühner nicht bald anfangen zu legen, sie haben uns aber bisher noch nicht den Gefallen getan. Sonntag in 8 Tagen soll eine Ausstellung hier sein, da will ich den Gockel und das älteste von den Jungen hintun, ich bin begierig, was der Preisrichter zu dem Gockel sagt.

Eine Haushälterin habe ich bis jetzt noch nicht, das Frl. Kommerell hätte zwar Lust u. hat zugesagt, kann aber nicht vor 1. Mai kommen, u. so lange kann ich Hedi nicht in Anspruch nehmen. Jetzt unterhandelt Euge mit einer Reutlinger Dekanstochter, die mir von mehreren Seiten sehr empfohlen wurde, ob und wann die kommen kann, weiß ich freilich noch nicht. Die Auswahl wird allmählich immer kleiner, schließlich muß man eben doch noch 1/4 Jahr warten und eine von den beiden, die am 1. Mai kommen könnten, nehmen.

Bei Euch wird jetzt auch Tauwetter sein, hier regnets seit gestern Abend gehörig, man kann ja die Feuchtigkeit noch brauchen, so viel Niederschlag hats den ganzen Winter noch nicht gegeben. Jetzt sinds nur noch stark 3

Wochen, bis Du heim kommst, die werden vollends schnell vorbei sein. Tante Lina hat uns auf heute zu ihrem Geburtstag zum Mittagessen eingeladen, u. weil wir da nicht konnten, auf Morgen Abend zum Nachtessen, das ist doch nett von ihr, wir müssen eben wegen Suse bald wieder heimwärts, am Sonntag kann sie ja dann ausschlafen. Nächste Woche wird nun endlich mein neues Waschbecken angebracht, dann wird der eiserne Waschtisch für Dich frei. Die Mulli ist gegenwärtig total verrückt, sie ist nächteweis außer dem Haus u. treibt sich sogar bei Tag mit Katern im Garten herum, wenn sie im Haus ist, maunzt sie fortwährend, sodaß es uns bald zu dumm wird.– In der Praxis ists jetzt wieder ganz flau, fast zu ruhig, es scheint aber überall so zu sein.

Herzl. Grüße von uns allen   Dein Vater

Die 2 Mark-Marken hast Du sicher noch nicht gesehen! Schön ist sie nicht.

Lieber Hans!   Münster 12.2.22

Herzl. Dank für Deinen Brief; wir haben in der kalten Woche oft an Dich gedacht, das war wohl keine Kleinigkeit, bei der Hundekälte Holz zu fahren etc. Das Schlittschuhfahren geht ja noch, ist aber bei 20 Grad auch kein großes Vergnügen mehr. Aber Du kannst Dich mit mir trösten, ich bin in derselben Nacht, wos bei uns auch -19 Grad hatte, abends von Mühlhausen mit dem Rad heraufgefahren, ohne Mantel, sodaß mir die Hände und Füße beinahe wegfielen. Am Mittwoch wagte ich mich dann nicht mehr aufs Rad, sondern machte mein Sach per pedes bezw. Auto ab; das war dann schon angenehmer. Seitdem hat wohl auch bei Euch die Kälte nachgelassen, nachmittags ist dann immer ein großer Dreck, der aber gefriert, sobald die Sonne weg ist. Wir lassen sogar über Mittag die Hennen heraus, die gestern und heute die ersten Eier gelegt haben, zum Dank dafür. Unsere Wasserleitung ist zum Glück noch nicht eingefroren, aber die Abläufe, sodaß man alles Abwasser auf die Straße hinaustragen muß. Lange wird ja wohl die Kälte nicht mehr dauern; letztes Jahr haben um diese Zeit schon beinahe die Aprikosen geblüht! Es ist aber so. Heute Nachm. waren Dr ??? da, ich ging dann mit ihnen nach Cannstatt u. zu Großmama, der es in letzter Zeit gar nicht gut ging. Sie hatte in den letzten Wochen einen argen Katarrh, so daß sie recht elend wurde und zeitweise im Bett liegen mußte; dazu hat sich auch wieder ihr altes Leiden, Zuckerkrankheit, eingestellt. Als ich heimkam saß Suse heulend da, weil ein Frl. dagewesen war, die sich als Haushälterin angetragen hat, und die in Suses Augen keine Gnade gefunden hatte. Ich habe sie leider nicht gesehen, was mir aber Tante Hedi von ihr erzählte, hat mir wenig imponiert, sodaß sie also wohl keine Aussicht haben wird. Von der Frl. Herzog hab ich noch keine Antwort, sie ist z.Z. nicht daheim, sondern in Oberbayern, u. da gehts mit dem Schreiben nicht so rasch. Heute vor 8 Tagen war Onkel Felix da, er mußte abends auf den Bahnhof laufen, weil die Straßenbahn stromlos war. Ende dieser Woche gehen die Talheimer weg nach Oberlenningen. Die ganze Familie wird von Samstag bis Mittwoch in Cannstatt sein; ich habe nun Onkel Otto geschrieben, Großmama könne gegenwärtig unter keinen Umständen Besuche brauchen, sie sollen zu mir kommen, so werden wir nun 2-3 Leute hier haben.

Mit Deinem Kauf eines wollenen Leibchens bin ich ganz einverstanden, wenn Dus so preiswert bekommen konntest, hättest du auch 2 nehmen können. Das Geld werde ich Dir nächster Tage schicken. Du solltest doch auch, ehe Du gehst noch einmal zu Dieterles hingehen und Dich von ihnen verabschieden; Du wirst wohl aber heute oder gestern in 14 Tagen heimkommen. Ein paar Tage brauchst Du doch auch zu den Vorbereitungen. Das Waschtischchen aus meinem Sprechzimmer ist jetzt frei, diese Woche wurde das Becken aufmontiert, Harten hat natürl. 1 1/2 Tage dran geschafft, es sieht aber jetzt ganz gut aus. Werner ist heute den ganzen Tag Schlittschuh gefahren, Suse mußte wegen Ohrenweh daheim bleiben.

Herzl. Grüße von uns allen   Dein Vater

Adresse H.R. Gut Sieferling bei Rosenheim,Oberbayern

L. Hans!   Münster, 5.8.23

Wir sind vorgestern heimgekommen, wir sind von unsrer Reise sehr befriedigt, mußten sie aber vorzeitig abbrechen, weil bei den gegenwärtigen blöden Preisen der Draht ausging. Der Bodensee war sehr schön, bei Sonnenschein und bei Sturm, vom Land, vom Schiff u. vom Bad aus. Bei dem dauernd schönen Wetter konnten wir täglich baden u. Ausflüge machen, nach Lindau, Meersburg, Überlingen, Meinau, Bodmann, auch auf dem Gerenberg waren wir und schauten nach Horgenzell hinüber. Vergebens haben wir von Tag zu Tag auf eine Nachricht von Dir gewartet u. waren sehr in Sorge um Dich; ich bin nicht ganz einverstanden, daß Du schon am Montag abgereist bist, da wärs doch auf einige Tage nicht angekommen, und nun wirst Du bei der schweren

Arbeit nicht leicht tun. Von Werner kam eben eine Karte, er muß den ganzen Tag Rüben hacken; ob er reichlich zu essen bekommt schreibt er nicht. Suse hat bis jetzt noch nicht geschrieben, ich nehme aber an, daß es ihr gut geht in Betzingen. Daheim haben wir alles gut angetroffen, Frl. Kommerell ist jetzt am Packen und wird am Montag nach Cannstadt gehen, um dann noch 1-2 Tage zum Bügeln wieder zu kommen. Im Garten ists leider zu trocken, besonders das Obst fällt erschreckend ab. Am Bodensee gibts heuer kein Obst.

Jetzt schreib mir so bald wie möglich, wie es Dir geht!!

Herzl. Grüße, auch von Deiner Mutter   Dein Vater

Lieber Hans!   Münster 11.8.23

Herzl. Dank für Deinen lieben Brief, der ja für Deine Verhältnisse ungewöhnlich ausführlich war, sowie für die Karte, die Du uns noch nach U.Wald. geschrieben hast, und die schon gestern hierher nachgeschickt wurde. Es freut mich sehr, daß du es so nett getroffen hast, anscheinend hast Du über garnichts zu klagen, bes. die Verpflegung scheint ja hervorragend zu sein, und das will heute bei den trostlosen Verhältnissen etwas heißen. Ihr werdet ja auf Eurem Bauernhof garnicht recht wissen, wie wahnsinnig besonders die Lebensmittelpreise in die Höhe gegangen sind; wir haben letzten Montag noch 20 Pfund Reis um 50 000 M (pro Pfund) gekauft, gestern warens 160 000. Fett kostet über eine Mill. das Pfund; der Käsefabrikant hat mir heute auf meine Bestellung mitgeteilt, daß das Pfund 350-375 000 M kostet. Daraufhin überleg ich mirs nochmal. Ich will aber, sobald die neue Ernte gedroschen ist, einige Zentner Weizen kaufen. Ich muß sowieso meine Aktien verkaufen, für die werde ich aber voraussichtlich 4 Ztr. Weizen bekommen. Dabei war bei unserer Rückkehr außer dem Mehl, das Du kürzlich besorgt hast, einfach nichts mehr im Haus, kein Gramm Fett, kein Korn Reis; jetzt rächt sich diese Einkaufs- bezw. Nichteinkaufspolitik von Frl. Kommerell bitter, gegen die ich immer vergeblich gekämpft habe. Ich habe jetzt schon für zahlreiche Millionen eingekauft, und doch hat man fast nichts im Haus. Der Garten steht leider auch nicht besonders gut; seit 10 Tagen kein Tropfen Regen mehr, dabei eine Gluthitze bis 36 Grad, da nützt alles Gießen nichts, obgleich ich jeden Tag morgens und abends stundenlang Wasser schleppe. Der Gemüsegarten sieht ja ordentlich aus, auch die Gurken, die ich noch tüchtig mit Mist umgeben habe und ganz besonders gieße. Aber das Kraut etc., das unten steht, geht einfach nicht weiter, da hat auch das Gießen keinen Wert; Bohnen gibts noch keine einzige, besser sind die Tomaten, die wenigstens bald rot werden, wenn sie auch klein bleiben. Die Äpfel fallen zum größten Teil ganz klein herunter, sodaß man gerade noch Äpfelbrei machen kann; nur die Zwetschgen sind schön und versprechen einige Einmachgläser voll zu geben. Aber Deine Mahnung zum Einmachen wird nicht viel helfen, denn 1.) gibts, wie gesagt keine Frucht, und 2.) habt Ihr von dem vielen Zucker, den Mutter zusammengehamstert hat, fast alles aufgegessen, und jetzt kann man außer dem zugewiesenen keinen mehr bekommen.– Recht menschenfreundlich war es von Dir, einfach Dein Rad abzuschließen u. den Schlüssel mitzunehmen; wenigstens weiß niemand im Haus, wo er sein könnte; wenn mir nun an meinem Rad etwas passiert, dann kann ich das Deinige von Außen angucken. Sei also so freundlich u. schick möglichst bald den Schlüssel, ich fahre natürlich nur im Notfall mit Deinem Rad. – Von Werner wissen wir nichts Neues, seit seiner Karte an Frl. K. hat er nichts mehr geschrieben, von Suse ist überhaupt noch keine Nachricht eingetroffen, obgleich ich ihr geschrieben habe. Frl. K. ist am Dienstag endgültig abgereist, nachdem sie noch zweimal von Cannstatt zum Bügeln herausgekommen war. Ich hab ihr noch ein schönes Zeugnis geschrieben, am Mittagessen gab es noch einen Kuchen und Wein, sie ging aber doch wohl sehr schweren Herzens, ich glaube, es ist ihr selber nicht ganz wohl bei dem Gedanken, wie es mit dem Vetter Storz gehen wird. Ich halte es für arg dumm von ihr, ich meine, sie hätte sich in ihrem Alter nach einer dauerhaften Stellung umsehen müssen; aber man kann den Leuten in solchen Fragen nicht drein reden, am allerwenigsten solchen energischen und selbstbewußten wie Frl. Kommerell. Nächsten Mittwoch geht auch Anna; in die Schweiz kommt sie vorerst nicht, von dort kommen viele wieder zurück, auch ihre Schwester, die einige Wochen dort war, ist wieder ausgewiesen worden; nun scheint sie ihre Kündigung wieder halb und halb zu bereuen und hat sich schon angeboten, noch einmal für einige Zeit zu kommen, wenns mit der Neuen nichts sei; die letztere erwarten wir mit Spannung am nächsten Mittwoch, möge sie eine Perle sein und auch so lange bleiben, wie ihre Namensschwester Maria. Die Mutter hat sich nun schon recht gut eingelebt, wie es nach den vielen guten Lehren und Ermahnungen, die sie bekommen hat, nicht anders sein kann. Letzten Sonntag waren wir den ganzen Tag daheim, heute wollen wir Vorm. in Cannstatt und Nachmittag hier Besuche machen, was bei der schönen

Temperatur kein großes Vergnügen sein wird; aber einmal muß es doch sein, und wir möchten den Tag noch benutzen, wo Anna da ist. Letzten Donnerstag waren Onkel Hugo und Tante Elsbeth da, sie waren sehr befriedigt von ihrer Sommerfrische u. reisten am Freitag nach Berlin weiter. Gertrud und Gretel waren in Obertürkheim, kamen leider nicht mit zu uns. Sonst haben wir bis jetzt noch keine Besuche bekommen. In der Praxis ists recht flau, wie immer um diese Jahreszeit, dazu läßt sich diese Woche der neue Kollege nieder, das sind schöne Aussichten. Ich habe jetzt wenigstens Zeit für den Garten. Ich habe die Frühkartoffeln rausgetan und den oberen Garten gleich geschort und gerichtet, um den Rosen- und den Winterkohl hineinzusetzen; dazu muß man aber noch einen Regen abwarten.

Mutter will auch noch schreiben; ich möchte daher Schluß machen. Laß Dirs gut gehen und überschaff Dich nicht, nimm Dich auch beim Baden in dem See in Acht. Laß bald wieder Gutes von Dir hören und sei herzl. gegrüßt

von Deinem Vater

Wenn Du Geld schickst, will ich Dir etwas davon kaufen, Du darfst nur schreiben was, nur ists wegen 150 000 M. nicht der Mühe wert, um das bekommt man nichts; am besten schickst Du an mein Postscheckkonto, ich lege eine Zahlkarte bei.

Lieber Hans! Münster, 12. Aug. 23

Auch ich möchte Dir herzlich für Deinen lieben Brief u. die Karte danken. Wir waren doch immer etwas in Sorge, wie es Dir wohl gehen möge u. waren deshalb sehr erleichtert über die guten Nachrichten. Namentlich freue ich mich für Dich über die gute Verpflegung und das schöne Bad, so daß Du jetzt doch auch etwas von Deinen Ferien hast und nicht nur schaffen mußt. Am Bodensee war es sehr schön, wir hatten wunderbares Wetter und haben das Gebirge öfters sehr schön gesehen. Gebadet haben wir auch beinahe jeden Tag, einmal auch in Lindau bei ganz besonders schöner Aussicht auf die Berge. Wie es dann immer teurer wurde, zogen wir vor, heim zu reisen. Die Pension, die 3 Wochen vorher noch 40 000 M. betragen hatte, war auf 200 000 M gestiegen, jetzt wird es natürlich wieder viel viel mehr sein. Frl. Kommerell hat das ganze Haus wunderschön geputzt zu unserem Empfang. Am Freitag ist sie endgültig weg, sie wird Dir ja auch schreiben. Anna geht am Mittwoch weg, hoffentlich ist die Neue auch so ordentlich und tüchtig; ich hätte Anna zu gern behalten und seit ihre Schwester aus der Schweiz ausgewiesen worden ist, hat sie doch Bedenken, ob sie so leicht eine Stelle drin bekommt.

Hoffentlich bekommen wir bald wieder gute Nachrichten von Dir, inzwischen herzliche Grüße   Deine tr. Mutter

Lieber Hans   Münster, 22.8.23

Besten Dank für deine 2 Karten, das freut mich, daß Du am Sonntag so einen schönen Ausflug machen konntest, wir waren wieder teils daheim, teils haben wir in Cannstatt, teils hier Besuche gemacht, was bekanntlich kein großes Vergnügen ist. Im übrigen geht es uns soso lala. Der Hauptfehler ist aber, daß man kein Geld hat; ich habe seit 3 Wochen fast keine Bezahlung mehr bekommen, u. täglich gehen die Millionen hinaus. Heute haben wir den Grudeherd verkauft (um 5 Mill.) u. einen netten kleinen Sparherd (um 25 Mill.) an seine Stelle gesetzt; der Verfall des Gr.herdes ging ebenso rapid vorwärts wie das Steigen der Preise, drum wars höchste Zeit, sich einen Ersatz zu kaufen. Vergiß auch nicht, mir den Schlüssel zu Deinem Rad zu schicken, ich warte mit Schmerzen darauf. Werner schreibt über seine Verpflegung wenig befriedigt, sonst gut. Suse ist in Ulm. Onkel Felix hat am 4.IX. Hochzeit, wir sind geladen, Ihr leider nicht.

Herzl Grüße, auch von Mutter   Dein getr. Vater

Vom 18.8. [wohl 1923] ist ein Brief von Frl Kommerell da, der zu lang ist, ihn abzuschreiben. Er zeigt aber, daß die Spannungen zwischen dem Vater und ihr wohl auch der Kinder wegen waren. Anscheinend waren die Kinder sehr kritisch über die Heirat mit Klara Geyer und hingen wohl an Frl. Kommerell, die dem Vater ja offenbar zu alt war. Der etwas höhnische Bericht über sie an Hans spricht nicht gerade für den Vater. Er scheint ziemlich autoritär und verständnislos gewesen zu sein. Es sind noch einige Briefe an Hans da, aber sie sind nach Berlin geschrieben, als Hans dort ein Semester studierte im Sommersemester 1924. Die Briefe sind insofern uninteressant, als sie nur von Freunden und Verwandten handeln, die Hans besuchen müsse und sich dabei so und so benehmen müsse. Ich habe den Eindruck, daß Hans nach dem Vordiplom nach Berlin ging, weil er dem entfremdeten Zuhause entgehen und seine Selbständigkeit betonen wollte. Briefe von Werner und Suse nach Berlin sind auch bedeutungslos. Deshalb schließe ich dieses Kapitel ab.

Hier möchte ich beim jetzt wohl letzten Überarbeiten meines Berichtes einige Ausschnitte aus einem Brief von Gerda Daxer abschreiben. Gerda, Tochter von Ernst Rheinwald aus Calw, war mir sehr nah. Sie und Ihre Schwester sind die einzigen, welche die ‚Chronik‘ gelesen haben, und in ihrer Antwort standen diese Sätze: „Wir Rheinwaldschwestern haben natürlich viel von dem, was Du aus der Erinnerung ausgekramt hast, miterlebt und es war schön, diese Erinnerungen wachzurufen. Onkel Max war Annelieses sehr geliebter und verehrter Patenonkel, die Briefe an Hans, (daß er die alle aufgehoben hat!!) sie sind einfach auch ein Zeitdokument, wenn ich an die Hilferufe um die Butterballen denke. Die Sorge um die zarte Suse und die Tante Helene lassen vielleicht die herbe bzw. negative Schreibweise an seinen Ältesten erklären. Ich war ja im Jahr 31 ein halbes Jahr in Münster wohnend, um jeden Tag ins Fröbelseminar zu pendeln; damals hab ich viel miterlebt an Donnerwettern und Krächen von Onkel Max, die hauptsächlich Werner galten, der je tatsächlich seinem Vater viel Kummer machte. Die Wände haben gewackelt und ich, etwas zart beseitigtes junges Mädchen, hätte mich am liebsten in ein Mausloch verkrochen.“

Zu Weihnachten kam Hans am 21.12. 1921 von Horgenzell nach Hause und mußte miterleben, wie seine Mutter an einer Rippfellentzündung erkrankte. Sie erwartete ein Kind und das starb bei dem hohen Fieber ab. Sie bekam eine Sepsis und starb in den Weihnachtstagen. Es war eine entsetzlich Tragödie, vor allem, weil Großmutter Rieber ihrem Schwiegersohn Vorwürfe machte, daß er nicht sofort einen Kaiserschnitt machen ließ, der damals noch ein großes Risiko war, und die Mutter war ja noch von den Nöten des Krieges geschwächt.

Ob es sich ganz genau so abgespielt hat, weiß ich nicht ganz genau, so hat es mir Hans einmal erzählt. Hans‘ Vater hat nach zwei Jahren Witwerschaft wieder geheiratet: Klara Geyer, 33 Jahre alt, also nur 13 Jahr älter als Hans. Sie war die Schwester von Kegelfreunden, Hugo und Elsbeth Zahn, und stammte aus der Kreuserschen Apotheke. Sie war sehr stolz auf ihre ‚gute‘ und wohlhabende Familie und betonte das etwas zu oft. Ich muß mit meinem

76

Urteil über Hans' Stiefmutter sehr vorsichtig sein, denn wir waren zu große Gegensätze, um ein gutes Verhältnis zueinander zu finden. Außerdem waren ihre mütterlichen Gefühle zu Hans natürlich nicht sehr groß. Hans ging aus dem Haus, als sie heirateten, und sie hat es immer abgelehnt, in etwaigen Konflikten zwischen Hans und dem Vater zu vermitteln. Das ist an sich verständlich, aber Hans verlor sein Vaterhaus und war sehr einsam. Hans und Klara mögen sich bemüht haben um ein gutes Verhältnis, aber es wurde kein vertrautes, dazu war Hans zu scheu und Klara zu kühl und nüchtern. Wirklich mütterlich nahm sich Mutter Klara nur Suses an, soweit sie überhaupt liebevoll sein konnte. Ich behaupte, der einzige Mensch, den Klara überhaupt liebte, war Suse und später deren Kinder. Werner mit seinem unausgeglichenen Charakter, mit seiner merkwürdigen Heirat und seinem etwas halbsoliden Lebenswandel war ihr sicher ein Greuel. Sie hat es aber aus Anstand nie deutlich gesagt.

[Es gibt keine Dokumente über die weiteren Jahre von Hans Rheinwalds landwirtschaftlichem Praktikum und zum Studium, das er an der Landwirtschaftlichen Hochschule in Hohenheim absolvierte und mit der Promotion abschloss.]

Verlobung und Brautzeit

Nun zurück zum Jahr 1928 und unserm Treffen in Stuttgart. Ich habe ja schon gesagt, daß Hans sich mir gegenüber nie verstellt hat, und so lebten wir auch in dieser Zeit, wie er sich seine Ehe vorstellte. Ich kam abends nach Dienstschluß zu ihm, brachte irgend etwas zum Essen mit, und dann half ich ihm bei seiner Arbeit. Ich diktierte ihm die Namen zu seiner Literaturkartei, ordnete seine Korrespondenz, seine Fotografien und seine Briefmarken. Zwischendurch dalberten wir und schmusten, aber dabei ging es von beiden Seiten sehr vorsichtig zu, denn ich weigerte mich, meiner Mutter Vertrauen zu enttäuschen und ihm mehr zu erlauben als Küsse. Da Hans selbst davon sprach, daß er noch nicht wisse, ob er mich heiraten wolle, mußte er das respektieren und konnte mich nicht bestürmen. Heute klingt das ja etwas sehr altmodisch und zimperlich, man ist da viel freier, aber ich weiß nicht einmal so genau, ob das nur gut zu heißen ist, ich denke beides, die Prüderie damals und die Freiheit heute, beides hat sein Gutes und seine Schwierigkeiten. Jedenfalls war es bei uns so; und ich fühlte mich durch Mutters absolutes Vertrauen gebunden und – beschützt. In dieser Zeit sprach Hans einmal davon, daß er mich mit nach Münster zu seinen Eltern nehmen wollte, er sprach wohl auch mit Mutter Klara

7.September 1969

Hier gab es schon wieder eine Unterbrechung: Irmgard rief mich an und sagte mir, daß Bernd eine üble Nierenkolik hätte, und was sie machen sollten, denn es wäre kein Arzt zu erreichen, zu dem sie Vertrauen hätten, und Bernd wolle den in Feuerbach vertretenden Arzt nicht haben. Ich war natürlich sehr besorgt, denn seit Bernds Nierensteinoperation vor 14 Jahren hatte er nie mehr etwas gemerkt, und nun ging das wieder los. Auf meinen Rat haben sie dann doch den Vertreter gerufen, und der gab Bernd eine entkrampfende Spritze. Am nächsten Tag riet dann Dr. Kraiß zum Urologen zu gehen. Bernd ging zu einem, der ihm dann auch sympathisch und angenehm war. Der meinte, der Stein sei schon weit unten, und es wäre keine Gefahr mehr. Natürlich war ich so aufgeregt, daß ich mich nicht plaudernd an die Maschine setzen konnte. Dann kamen die Vorbereitungen zu einer kleinen Reise nach Kelsterbach zu Jörgs. Am Donnerstag, den 28. fuhr ich dann mit Mohrle ab. Am 30. in aller Frühe fuhren Jörg, Klaus, Mohrle und ich über Lüneburg nach Dahme, um das Zelt abzubauen. Bei dem regnerischen Wetter hatten wir uns mit lauter warmen, wetterfesten Sachen versorgt. Es war auch reichlich kühl, also kein besonders günstiges Wetter, um an die See zu fahren. Und dann wurde es, je näher wir dem Ziel kamen, immer schöner und sonniger, und in Dahme war ein herrlicher Seegang. Wir waren nicht zu halten und stürzten uns in die Ostsee. Es war zwar ziemlich kalt, aber für ein kurzes Bad ganz herrlich. Danach bauten wir in aller Behaglichkeit das Zelt ab, fuhren bis Lüneburg, übernachteten bei Hanna und fuhren am Sonntag sehr vergnügt nach Kelsterbach zurück. Es war ein reizvolles, kleines Erlebnis, denn meine Ostsee ist immer noch meine große Liebe. Gestern bin ich mit Mohrle heimgekommen, Friedel ist noch in Ratzeburg; so kommt mir die Stille und das Alleinsein sehr komisch vor, nach dem Trubel mit den drei Rangen, mit Jörg und Hanni. Klaus, dem stolzen ABC-Schützen, Knut, dem kleinen gemütlichen und Jutta, dem flinken, energischen kleinen Wuselein. Es waren reizende Tage.

darüber, und die hatte Bedenken, denn Hans' Vater ging es gesundheitlich nicht besonders gut. Er hatte ein Jahr vorher eine Nierenoperation durchgemacht, man hatte ihm versichert, daß es ein harmloser Tumor gewesen sei, aber nun stellten sich Beschwerden ein, und man solle ihn schonen. Ich hätte den Vater zu gern gesehen, hatte auch die romantische Idee, unter irgendeinem Vorwand in seine Sprechstunde zu gehen, aber dazu hatte ich dann doch nicht den Mut. Außerdem nahm keiner die Unpäßlichkeit ernst, und ich dachte mir, es habe noch Zeit. Ich war damals noch nicht so sicher, daß die Freundschaft weiter bestehen würde, denn Hans sagte mir zwar, daß er mich liebe, und ich liebte ihn schon innig, aber es war mir klar, daß wir nicht oft Gelegenheit haben würden, uns zu sehen, die Entfernung war zu groß, und an Heirat konnte Hans noch nicht denken. Dazu verdiente er zu wenig mit seinem Forschungsstipendium, das die Wrangell für ihn beantragt hatte; und die Deflation war doch schon so zu spüren. Der Staat bewilligte keine neuen Stellen mehr. Hans sagte mir auch, er wolle erst heiraten, wenn er 500 RM verdiente. So reiste ich dann wieder nach Hause, sehr verliebt, aber nicht sicher, wie die Zukunft sein würde. Zum Abschied überreichte mir Hans ein dickes Buch über Bodenkunde. Ich sollte es gründlich studieren, damit ich über sein Fach Bescheid wisse. Ich habe es dann auch zu Hause gelesen und vieles über Bodenkunde gelernt.

Briefe waren nun die einzige Verbindung zwischen Hans und mir. Ich war keine gewandte Briefschreiberin, außerdem verlief unser winterliches Leben in Misdroy so ruhig, und von unsern familiären Spannungen, den ewig schwankenden Launen unsres Vaters, den höchst unerfreulichen Zänkereien mit ihm, habe ich mich natürlich gehütet, etwas zu schreiben. Für einen Außenstehenden kommt ja zu leicht der Verdacht, daß beide Teile daran Schuld sind. So drohte die Korrespondenz einige Male einzuschlafen. Dann hab ich immer schnell eine kleine Meinungsverschiedenheit ersonnen, hab mich mit Hans brieflich rumgezankt und versöhnt, und die Freundschaft war wieder in Schwung.

Im Frühjahr mußte Hans' Vater ins Krankenhaus, die Symptome wurden bedenklich, und Hans schrieb mir voller Sorge davon, und bald wußten wir, daß Hans' unglücklicher Vater an einem Rückenmarkstumor sterben mußte. Es war so besonders erschütternd, weil er selbst ganz genau die Diagnose stellte und den Verlauf der Krankheit selbst verfolgte und wußte, wann das Ende kommen würde. Dabei war er ja noch so jung, erst 54 Jahre alt. Und er hat so gern gelebt. Am 2. Mai starb er. In diesen Tagen merkte ich, wie eng schon die Bindung zwischen Hans und mir war, denn ich habe genau gefühlt, wann das Unglück geschehen war. Gewiß, ich habe gewußt, daß es so kommen würde, aber er starb zum Schluß doch schneller, als alle dachten, und es war in mir eine für mich unerklärliche Trauer und ein unerwartetes Gefühl. Das ist mir mit Hans später noch einmal so gegangen, daß sich unsere Gedanken fanden, aber da waren wir verheiratet und nicht so weit auseinander..

Nach seines Vaters Tod, und nachdem er von seinem Vater Geld geerbt hatte, entschloß Hans sich, noch ein Semester in Leipzig bei Professor Löhnis über Bakteriologie zu arbeiten. Da er im Institut für Pflanzenernährung und Bodenkunde bei Frau Professor Wrangel-Andronikoff die Versuche beaufsichtigen und im Winter darüber die Zusammenstellungen machen mußte, wurde es Mai 1930, daß Hans nach Leipzig ging. Im November 29 war Hans bei uns als Gast, arbeitete an einer wissenschaftlichen Arbeit und ließ sich von Mutter und mir verwöhnen. Obwohl er Pension bezahlte (was mir sehr peinlich war), stöhnte Vater über den vielen Strom, den er verbrauchte, denn Hans war es gewöhnt, bis spät in die Nacht hinein zu arbeiten, und unser lieber Vater drehte uns sonst um 21 Uhr die Lampe aus. Hans und ich machten stundenlange Spaziergänge am herbstlichen Strand, und Hans lernte meine Liebe zum Meer, auch dem winterlichen, verstehen.

Von Leipzig aus, war es ja nicht mehr so weit zu uns, und so sahen wir uns öfter und beschlossen nun endgültig, zu heiraten, sobald es möglich war. Die Aussichten dazu waren zwar denkbar ungünstig, denn die Deflation und Weltwirtschaftskrise war immer deutlicher zu spüren. Der Staat sparte an allen Ecken und Kanten und da gab es auch im Institut der Margarete von Wrangell keine neue Assistentenstelle. Wir waren uns längst darüber im Klaren, daß wir nie heiraten könnten, wenn wir warten wollten, bis Hans 500 RM verdiente. In dieser Zeit der Unsicherheit und auch Sorge passierte uns beiden folgende nette Geschichte: Ich will sie hier erzählen, denn irgendwie ist sie typisch für unsere ganze Lebenseinstellung: Zu Weihnachten 29 oder 30 schenkte mir Hans diesen wunderschönen roten Krug, den Ihr alle kennt, und der bis jetzt alle Stürme unsres Lebens überstanden hat. Er war sicher sehr teuer gewesen, und Hans hat sich sicher in der damaligen Situation überlegt, ob er mir so etwas Teures schenken soll. Ich war entzückt, habe mich riesig darüber gefreut, ihn aber ungeschickterweise in meinem Bedanke-mich-Brief einen wunderschönen Topf genannt. Ich glaube, in Norddeutschland ist ein ‚Topf‘ nicht unbedingt etwas herabsetzendes. Hans schrieb mir prompt, wenn ich fände, daß das ein ‚Topf‘ sei, sollte ich ihn schleunigst zurückschicken, dann behielte er den Krug selber. Die Holzkiste, in der der Krug ankam, war noch da. Ich suchte also aus unsern Puppenhaussachen einen winzigen Nachttopf raus, packte ihn mit unendlich viel Holzwolle ein und schickte die Kiste ab. Einige Tage danach bekam Hans von der Post in Hohenheim die Mitteilung, es sei eine kleine Kiste für ihn gekommen, da sie beschädigt sei, möge er sie vor Zeugen auspacken, falls der Inhalt verloren oder entzwei sei. Hans sah die Kiste, ahnte einen Ulk und erklärte, er übernähme die Verantwortung, daß alles in Ordnung sei. Ahnungsvoller Hans!!! Das hätte einen feinen Klatsch für Hohenheim gegeben, wenn er das kleine niedliche Nachttöpfchen vor dem gestrengen Herrn Postbeamten ausgepackt hätte!! Das Töpfchen hat übrigens Hanna noch zwischen ihrem Nippes.

Im Oktober 1930 fuhr ich zu unsrer Verlobung nach Stuttgart, eingeladen von Mutter Klara, die in Cannstatt mit Suse zusammen wohnte. Im Taxi, mit dem mich Hans abholte, steckten wir ohne viel Zeremonie die Ringe an und kamen dann verlobt bei Mutter Klara an. Das war echt Hans, aber in diesem Fall auch richtig, denn Mutter war so verlegen und unsicher dieser norddeutschen Schwiegertochter gegenüber, daß es wirklich am besten war, so schnell wie möglich zur Tagesordnung überzugehen. Die Verwandten nahmen mich herzlich auf. Lustig war, daß ich zuerst Mutter Klaras Geschwistern vorgeführt wurde, die ja eigentlich garnicht blutsverwandt waren. Aber alle, Zahns, Geyers, (sogar die von Mutter so wenig geliebte Gertrud Geyer, die Frau ihres Bruders Alfred) waren reizend zu mir. Im Grunde genommen blieb mir nur Mutter Klara etwas fremd, und gegen Ende ihres Lebens hat sie mich viel kritisiert, ich hatte den Eindruck, daß sie mich nicht ausstehen konnte. Aber vielleicht war das schon eine Alterserscheinung bei ihr, und ich hab es ernst genommen.

Verlobung im Oktober 1930

Ich blieb bis Anfang Februar bei Schwiegermutter in Cannstatt. Sie war sehr verständnisvoll, und fand nichts dabei, daß ich jeden Nachmittag nach Hohenheim fuhr, um mit Hans den Abend zu verbringen. Wir hatten es sehr gemütlich in Hans' beiden kleinen Stübchen bei Zimmermanns in der Echterdinger Straße, die Hans sich so nett eingerichtet hatte. Sein großer Schreibtisch, den ihm Herr Rückle geschreinert hatte, der runde Eichtisch vor einer Couch mit zwei kleinen Hockern, die uns noch 1952 nach Birkach begleitet hatten, und von denen jetzt noch einer in Ginsterhahn neben mir steht. *(Ich benutze ihn augenblicklich als Platz für die Papiere, die ich abschreibe, 1989 in Ginsterhahn).* Das große Regal, das Ihr später in Eurem Zimmer hattet, war sein Bücherregal. Das Zimmer war winzig klein, aber Hans hatte viel Geschmack und Sinn für Gemütlichkeit und Atmosphäre. Ich habe da viel von ihm gelernt. Als Teppiche hatte Hans zwei Allgäuer Flickenteppiche, die lange unsere einzigen Teppiche blieben und die ich wegen ihrer schönen Pastellfarben sehr gern hatte. Nach dieser kurzen Beschreibung der Wohnung zu meinen Besuchen: Hans holte mich vom Bahnhof ab, dann fuhren wir mit seinem Motorrad einer alten FN, auf die Hans sehr stolz war, nach Hause. Ich machte Tee und Abendbrot und dann wurde es gemütlich. Meine Mutter hätte allerdings nicht mehr unbedingt reinschauen dürfen, denn die Liebe zu Hans war stärker als meine Bindung an Mutters Vertrauen. Nur unsre Zukunftspläne sahen nicht sehr rosig aus. Wir hatten es endgültig satt, uns noch einmal für längere Zeit zu trennen und hatten Sehnsucht nach dem eigenen ‚Zu Hause‘, und ich wollte so gern mein Leben richtig mit ihm teilen. Wir entschieden uns, trotz aller Unsicherheit, zur Heirat im Frühjahr. Margarete vom Wrangell hatte Hans versprochen, daß er die zweite Assistentenstelle bekäme. Nach den neuesten Sparmaßnahmen wurde sie allerdings ein halbes Jahr nur halb bezahlt. Das wären so etwa 200 RM gewesen. M. von Wrangell wollte zur Überbrückung dieses halben Jahres aus Mitteln Dritter die zweite Hälfte des Gehaltes finanzieren, sodaß wir ungefähr 350-400 RM gehabt hätten. Ich versprach die größte Sparsamkeit, wir wollten es wagen. Im März bestellten wir das Aufgebot zum 13.April 1931.

DIE JUNGE EHE

Hochzeit in schwerer Zeit

Hans hatte ganz wenig Zeit zum Heiraten, denn im Frühjahr waren ja die Versuche anzulegen. Hochzeitsreise fiel aus, wegen Zeit- und Geldmangel. Und dann ging der Rummel schon los: Am 1.April kam schon die erste ‚Notverordnung‘ oder irgend eine andere Kürzung, ich weiß das nicht mehr so genau. Aber ich schreibe ja schließlich kein Geschichtsbuch, also kann ich es ruhig ‚Notverordnung‘ nennen: Das Gehalt wurde, ehe wir unser erstes überhaupt bekamen, gekürzt, wir mußten mit etwa 300 RM und einer Miete von 60 RM zurechtkommen. Dabei war die Wohnung, die wir dafür bekamen, ausgesprochen primitiv. Winzige Mansardenzimmerchen, Plumpsklo und eine leere Küche. Wäre das Aufgebot nicht schon bestellt gewesen, ich glaube, Hans hätte gern die Hochzeit verschoben, denn die Zukunftsaussichten wurden immer trüber. Aber wir haben doch geheiratet, wir haben die entsetzlichste und trostloseste Zeit der Wirtschaftskrise miteinander durchgekämpft, und haben es geschafft.

Ihr lieben Kinder, Ihr wißt ja, daß wir nachher allerhand durchzustehen hatten im Zweiten Weltkrieg und in der schlimmen Nachkriegszeit. Aber ich kann

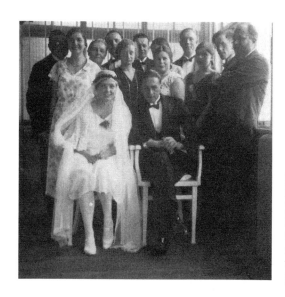

Hochzeit am 13.4.1931 in Misdroy
Links von mir Walter und Elsbeth, links oberhalb von mir meine Mutter, rechts über Hans Hiltraut und daneben Friedel; ganz rechts mein Vater

83

Euch versichern, die schlimmste Zeit unsres Lebens waren die Jahre 31 und 32. In dem Buch: ‚Kleiner Mann, was nun?' von Fallada ist diese Zeit beschrieben, genau so, wie sie war: so trostlos, so hoffnungslos, so ohne eine Aussicht auf eine Änderung zum Besseren. In dem Buch ist kein Wort übertrieben, wir haben es genau so durchlebt. Hans wurde zwar nicht arbeitslos, aber es begann eine so aussichtslose Situation für einen ehrgeizigen jungen Wissenschaftler, daß Hans einmal in seiner Verzweiflung mir vorschlug, den Gashahn aufzudrehen. Er hatte keine Lust mehr. Ich war dafür aber zu feige und zu optimistisch. Ich liebte Hans so sehr und wollte mit ihm weiterleben. Außerdem erwartete ich ein Kind, und das wollte ich schließlich auch noch kennenlernen.

Ich zog daraus eine Konsequenz: ich durfte Hans auf keinen Fall zeigen, daß ich unter der schrecklichen Situation jämmerlich litt und mußte immer vergnügt sein. Das sah dann so aus: Mit der Post kam ein Schreiben, das uns mitteilte, daß unser Gehalt bei voller Auszahlung nach der neuesten Notverordnung vom soundsovielten noch 180 RM betrage (der Zuschuß von Wrangell war inzwischen längst zu Ende, denn das halbe Jahr war um). Außerdem teilte man uns mit, es sei nicht sicher, ob dieses Gehalt weiterhin bezahlt werden könne, und daß deshalb jedem beim Staat Angestellten zum nächsten Ersten gekündigt sei. Diese Verordnung gelte bis zum amtlichen Widerruf. Peng!!! Ich heulte, wie eine ganze Meute Schloßhunde. 180 Mark weniger 60 Mark Miete ist gleich 120 Mark zum Leben. Ich hatte in der Woche 15 Mark Wirtschaftsgeld, damit reichte ich beim besten Willen nicht, aber Hans erlaubte mir – zu Recht – nicht, daß ich von unserm kleinen Vermögen nahm, denn wir wußten ja wirklich nicht, was noch kommt. Von links drohten die Kommunisten, von rechts die Nationalsozialisten, zu denen Hans genau so wenig Vertrauen hatte wie zu den Kommunisten. Aber die Mitte, die regierte, hatte so entsetzlich versagt, es war kein Ausweg zu erkennen. Hans war in seinem Institut. Ich wußte nicht, wie er die Hiobsbotschaft auffassen würde, wenn er mich in Tränen aufgelöst fand. Er war schon unglücklich genug. Die Wrangell half ihm nicht einmal, daß seine Arbeiten veröffentlicht werden konnten. Damit sie sie nicht mit ihrem eigenen Namen veröffentlichte, ließ Hans sie in der Schublade verschwinden. Das war aber damals oft üblich, daß Professoren ihren Ruhm auf Kosten ihrer Assistenten hoben. Auch um eine sonstige Förderung kümmerte sie sich wenig. Ich will nicht ungerecht sein, vielleicht hatte sie in dieser wahnsinnigen Zeit auch keine Möglichkeit, einem Assistenten weiterzuhelfen. Aber Versuchstechniker war ja ganz gewiß nicht das, was sich Hans unter wissenschaftlicher Arbeit vorgestellt hatte. Und deshalb hatte er schon beruflich genug zu schlucken.

Ich überlegte eine Weile, wie ich über das sinnlose Heulen hinwegkommen könnte, und dann fing ich an zu singen: „Weiße Wolken am Himmel, in den Tannen der Fön, und ich freu mich, ja ich freu mich, daß die Erde so schön". Die erste Strophe klang ganz jämmerlich (ich konnte nämlich sowieso nicht singen), die nächste wurde schon besser, und bei der fünften hatte ich es geschafft, es klang ganz normal, wie immer ein bißchen falsch, aber mit Vergnügen gesungen. Soll ich mal schnell den ganzen Text aufschreiben? Ich habe ihn mir gemerkt: „Schwarze Beeren im Walde, rote Rosen am Haag, und ich freu mich, ja ich freu mich an dem sonnigen Tag. Zwar sie sagen, der Herbst kommt, und das Laub fällt vom Baum, und die Freude, ja die Freude, sie vergeht wie ein Traum. Kommt der Herbst, kommt der Winter bleibt mir dennoch ein Glück, denn ein jeder neue Frühling bringt die Rosen zurück. Darum singt und seid fröhlich und vergeßt Euren Schmerz, laßt die Freude, ja die Freude, durchziehen Euer Herz." Und als Hans nach Hause kam, empfing ich ihn lachend, übergab ihm das verhängnisvolle Schreiben, als wäre es ein schlechter Witz. Warum ich das so ausführlich erzählt habe, mit etwas Stolz? Ja, meine Lieben, das ist die Wende in meinem Leben gewesen. Ich habe gemerkt, daß man sich nicht unterzukriegen lassen braucht, wenn man dagegen ankämpft und wenn es mit einem falsch gesungenen Lied ist. Ich bin froh, daß ich das rausgefunden habe, und ich bin stolz, daß ich es oft angewendet habe, zu unser aller Glück.

Hier möchte ich noch eine zweite nette Anekdote aus der damaligen Zeit einfügen: Hans und ich bekamen zur Hochzeit eine bunte Kompottschale, es wurde uns erzählt, sie sei besonders wertvoll. Ob sie wertvoll war haben wir nie feststellen können, aber daß sie ganz besonders scheußlich war, sahen wir sofort. Ich kann sie nicht mehr genau beschreiben, aber sie hatte einen dunklen Grund, der künstlich wie zersprungen aussah und darüber waren Blumen in grellen Farben. Wir haben uns garnicht gefreut und nach eingehender Beratung beschlossen wir, sie die ‚Schale des Zorns' zu nennen: Hans sollte sie, wenn er mal furchtbar wütend war, kaputt schmeißen dürfen. Nun, er kam manchmal enttäuscht und zornig vom Dienst, denn die Zeiten waren so entsetzlich hoffnungslos und Hans hatte niemanden, der ihm helfen konnte.

Eines Abends kam er auch wieder ganz wütend nach Hause, die Schale fiel uns ein, und es wurde beschlossen, sie jetzt zu opfern. Nun, schon das entspannte etwas, aber Hans nahm sie und warf sie zum Fenster hinaus in unser kleines Gartenstück. Sie landete, aber sie klirrte nicht. Wir sahen nach und mußten sehr lachen, denn sie war auf das Stück gefallen, das gerade umgegraben war und schön weich war. Sie war heil geblieben. Also wurde sie für den nächsten Zorn verwahrt. Der kam auch, die Schale flog wieder zum Fenster raus – es pflatschte so komisch – Hans hatte sie in das volle Regenfaß geworfen. Sie war heil. Von da ab flog sie nie wieder, denn wenn wir daran dachten, mußten wir so lachen, daß der Zorn verflog. Ich habe sie im Krieg als Kompottschale benutzt, und dabei ist sie eines porzellannatürlichen Todes gestorben.

Dieser Sommer hatte es auch sonst in sich: An einem Tag war das Wetter sonnig und schön, der zweite war schwül, am Abend kam dann meist ein schweres Gewitter mit Regengüssen und am nächsten Tag begann es sich wieder aufzuklären. Der vierte war dann wieder schön u.s.w. Und so ging es wochenlang. Ich war von der Ostsee ein ganz anderes Klima gewöhnt, immer ging auch bei heißem Wetter ein leichter Wind, Schwüle und Gewitter kannten wir kaum. Diese feuchte Hitze, die eine Rekordernte brachte, aber auch für Eingeborene schwer zu ertragen war, zusammen mit der Schwangerschaft und dem Umgewöhnen an Hans' Lebensstil, spät ins Bett, also ganz anders als bei uns daheim, kostete mich viel Nervenkraft. Dazu die Sorge um die Zukunft, es war ein sehr schweres Jahr.

Faktisch enterbt

Auch von zu Hause hatte ich noch Kummer. Vater hatte uns Töchtern versprochen, daß wir jede eine Mitgift von 10 000 Mark bekommen würden. Hans wußte das selbstverständlich. Er hat mich sicher nicht wegen des Geldes geheiratet, aber er fand es sicher einen guten Zuschuß zu seinem vom Vater geerbten Geld, das so ungefähr 14 000 Mark waren. Meine Wäsche- und Möbelaussteuer war sehr bescheiden, Vater zögerte, mir das Geld auszuzahlen. Vater und Walter hatten besprochen, einen landwirtschaftlichen Betrieb zu kaufen. Denn Walter wollte heiraten und als Versuchsringleiter in Pommern konnte er daran nicht denken. Fritz, der Hiltraut im Mai 1930 geheiratet hatte und danach arbeitslos geworden war, und als verheirateter Gutsbeamter in damaliger Zeit unmöglich eine Stellung finden konnte, sollte dann mit Walter zusammen den Hof bewirtschaften. Gewiß, es war eine günstige Spekulation, einen Pleite gegangenen Betrieb billig zu kaufen. Hiltrauts Mitgift wäre berechtigt in den Hof gesteckt worden. Doch ich hatte das Nachsehen. Hans war bereit, zunächst auf das Bargeld zu verzichten, ja er war sogar bereit, von seinem Geld etwas zuzusteuern, aber er verlangte eine Sicherheit. Meine Eltern waren darüber tief beleidigt. Wie recht Hans hatte mit seiner Forderung, kam erst in der Zukunft raus. Jetzt gab es jedenfalls unerfreuliche Diskussionen um das Geld. Hans hat unter diesen Umständen von seinem Geld nichts geliehen, meine Eltern waren gekränkt, und ich bekam meine Mitgift nicht. Darüber waren Hans und ich gekränkt. Ich war tief beschämt und fühlte mich sehr gedemütigt, Hans gegenüber, als ob meine Eltern nicht ganz redlich wären.

Der Hof wurde gekauft, Mattheshöhe bei Prenzlau. Vater hatte alles flüssig gemacht, was er noch hatte, und dann hat er letzten Endes Walter und Hiltraut reingelegt. Er ließ nämlich den Hof auf seinen Namen eintragen, und Walter und Fritz waren dadurch Vaters Angestellte, was bei seinem unangenehmen Charakter ein schweres Los war. Gewiß, Vaters und Mutters Alter mußte gesichert werden, sie konnten nicht alles Walter und Hiltraut geben, aber es war auch da kein vernünftiger Vertrag zu erreichen. Vater spielte den Herren auf Mattheshöhe, redete den Fachmännern rein, wo es ihm einfiel, und bekam bald mit der ganzen Umgebung Unfrieden.

Ich will hier das Ende der ganzen häßlichen Geschichte vorwegnehmen: Im dritten Reich wurde Mattheshöhe Erbhof, Vater wurde Erbhofbauer, Walter der künftige Erbe, und wir Töchter bekamen das Recht auf Asyl im Notfall. Durch die Entschuldungsaktion verlangte man von uns Töchtern, daß wir auf die Mitgift verzichten. Hans machte sich noch einmal gründlich unbeliebt, indem er mir riet, nicht zu verzichten. Ich tat das auch, und rettete dadurch meinen Schwestern wenigstens 1/3 der Mitgift. Es wurden jeder 3 333 Mark zugesprochen, Mattheshöhe wurde auch ohne meinen Verzicht entschuldet, und wären Friedel und Hiltraut so klug beraten gewesen wie ich, hätten wir jede unsre ganze Mitgift retten können, denn Fritz und Hiltraut sind auch so bald wie möglich von Mattheshöhe fort. Drei Herren auf dem Hof waren zu viel, und Fritz und Hiltraut wollten keinen Krach. Vater konnte so wie so Hiltraut am wenigsten von seinen Kindern leiden. Außerdem gab es nach Überwindung der Wirtschaftskrise wieder reichlich Stellen. Fritz wurde Flugplatzlandwirt und hat sich da sehr schnell eine gute Position geschaffen. Bei seiner Zuverlässigkeit und seinem ruhigen, angenehmen Charakter kein Wunder.

Das erste Kind: Bernd

Anfang Januar 1932 kam Mutter zu uns nach Birkach, um mir bei der Geburt beizustehen. Ich war sehr stark geworden, fühlte mich matt und elend. Ich war so riesig froh, daß Mutter da war, und merkte zu meinem Entsetzen, daß Mutter von der Geldgeschichte anfing, und Hans sehr verstimmt war. Ich wäre so froh gewesen, wenn sie mir zu Liebe diese Gespräche gelassen hätten, aber Mutter hatte wohl von Vater den Auftrag und Diplomatie war nicht Mutters Stärke. Ich war froh, als ich in der Nacht vom 14. zum 15. Januar in das Wöchnerinnenheim verschwinden konnte und mein Kind kriegen durfte. Es war eine langwierige und schmerzhafte Sache, meine reichlich angeschlagenen Nerven mochten auch nicht recht mitmachen, jedenfalls denke ich noch heute mit Grausen an Bernds Geburt. Endlich abends um 5 Uhr hatte ich es geschafft. Bernd mußte erst tüchtig geschüttelt werden, er hatte die Nabelschnur um den Hals gehabt und sich etwas stranguliert, aber er war nicht in Lebensgefahr. Er hat dann auch anständig gebrüllt. Hans hatte sich vorher ausgebeten, daß er das Kind nicht in Gegenwart der Hebamme anschauen müsse, er könne nicht heucheln und das Baby auf Kommando schön finden. Als er kam, wurde also die Schwester gebeten, hinauszugehen, und Bernd wurde von Mutter vorgeführt. Hans war begeistert, verlangte, die Schwester möge kommen und ihm seinen Sohn nackt zeigen. Das nette Wesen zog denn auch den Bernd aus, und Hans fand in hellem Entzücken seinen Sohn wunderschön. Ich war sehr überrascht, denn Hans war sonst so scheu und zurückhaltend, eigentlich auch objektiv, und Bernd war wirklich keine Schönheit, sein Köpfchen war ziemlich verformt und geschunden von der langen Geburt. Ich hatte vorher schon einen Blasensprung, viel Wasser verloren und solche Geburten sind ja für das Kind schwierig. Es hat mich gerührt, diese spontane Liebe zu seinem Ältesten. Es blieb auch so: wenn Hans vom Dienst kam, war sein erster Gang zu seinem Sohn, er spielte mit ihm, turnte mit ihm, er war ein sehr glücklicher Vater. Obwohl es pekuniär durch Bernds Erscheinen

Mit Bernd im Juli 1932

88

noch schwieriger wurde, waren wir nicht mehr mutlos, wir wußten beide, wofür wir fortan lebten. Wir hatten uns an das spartanische Leben gewöhnt, außerdem hatte ich aus Mattheshöhe einen kleinen Vorrat bekommen. Man hatte für uns ein Schwein geschlachtet, und ich hatte viel schöne Gläser mit Wurst und Fleisch, hatte Speck und Schinken. Das half meinem Wirtschaftsgeld weiter. Der Hausbesitzer war auch mit der Miete runtergegangen, wir zahlten noch 54 Mark.

Hier will ich noch kurz von Großmutter Rieber erzählen. Das Folgende ist ein Auszug aus meinem Familienbericht, den ich Klaus Rheinwald geschrieben habe. Deshalb die andere Anrede. Kurz vor ihrem Tode stellten Hans und ich ihr noch ihren Urenkel, den Bernd, vor. Er war ihr erster, und sie war entzückt. Dein Großvater machte als Versuchsassistent bei der Professorin Margarete von Wrangell im ganzen schwäbischen Raum Düngerversuche. Dabei kam er in Betzingen, wo seine Großmutter bei ihren Töchtern wohnte, vorbei. Bernd und ich (Bernd drei Monate alt) wurden dort abgesetzt und blieben den ganzen Tag bei Großmutter und ihren Töchtern Eugenie (Tante Euge) und Hedwig (Tante Hedi). Wir verbrachten da einen herrlichen Tag. Bernd lag in einem uralten Kinderwagen neben Großmutter Rieber auf der Veranda, und ich tollte mit drei Vettern, Karl-Erich, Otto und Heinz, im Garten rum. Ich war wieder ein unbeschwertes junges Ding, alle Sorgen und Ängste, die uns dieses schreckliche Jahr 1932 täglich brachte, waren vergessen. Karl-Erich mußt Du noch kennen von Frankfurt-Zeppellinstadt. Otto war der zweite und Heinz, etwa 10 Jahre alt, war der Jüngste. Wir harkten Laub zusammen und fuhren es auf den Kompost. Heinz wollte immer auf der vollen Karre mitfahren, wenn wir versprachen, sie nicht umzuwerfen. Wir versprachen es immer hoch und heilig, kippten aber regelmäßig um. Onkel Felix, ein würdevoller Amtsgerichtsrat, der gerade aus Göppingen zu Besuch da war und das Laub zusammenharkte, amüsierte sich köstlich über die übermütige Mutter seines ersten Großneffen, und Großmutter Rieber lachte von oben herzlich mit. Ich erzähle das deshalb, weil es abends kühl wurde, Großmutter wollte nicht ins Haus, weil sie so viel Spaß hatte an uns. Dabei hat sie sich erkältet und starb ein paar Tage später an Lungenentzündung. Ich war untröstlich, denn ich fühlte mich schuldig, weil sie wegen unsres Übermutes nicht auf die kühle Abendluft geachtet hatte. – Traurig war auch noch, daß die Familie in Giengen ein Foto von den drei Urahnen machen wollte. Tante Lina hatte ihren ersten Urenkel, Großmutter Rieber mit Bernd auch, und ein in Tübingen lebender Bruder von beiden, von dem ich nichts Näheres weiß, hatte auch gerade seinen ersten Urenkel bekommen. Tante Linas verzogene Enkeltochter Lore Waldhör lehnte es ab: es wäre zu mühsam, außerdem mache man so etwas besser im Sommer. Und dann im Sommer gab es nur noch zwei Urahnen, und das sicher reizende und seltene Bild kam nicht mehr zustande.

Vorläufiger Abschied von Stuttgart

Beruflich wurde Hans' Situation noch unklarer und wackeliger, da M. von Wrangel im März 1932 nach längerem Leiden starb. Sofort begann ein lebhaftes Tauziehen um ihren Nachfolger. Sie hatte als weibliche Wissenschaftlerin noch mehr Gegner als jeder Wissenschaftler sie normalerweise hat. Ihre Gegner fingen eine heftige Aktivität an und setzten es durch, daß Dr. Kurt Maiwald, einer der ihren, im Herbst als Nachfolger eingesetzt wurde. Dessen natürliches Bestreben war, die auf Wrangellsche Methoden eingeschworenen Assistenten baldigst wegzuloben. Hans verdankte es Maiwald, daß er sehr schnell die Gelegenheit bekam, seine liegengebliebenen Arbeiten in Zeitschriften zu veröffentlichen. Maiwald benahm sich gegen Hans sehr loyal, nur insofern etwas komisch, als er, obwohl kaum älter als Hans, seine Arbeiten auf Stil, Interpunktion und Verdeutschung aller Fremdworte zu korrigieren begann. Es ist manchmal ganz schön dummes Zeug dabei herausgekommen, aber Hans mußte das hinnehmen, um überhaupt irgendwie weiter zu kommen.

Am 31. Januar 1933 übernahm Hitler die Regierung in Deutschland, und es begann schlagartig ein wirtschaftlicher Umschwung, der für Hans insofern günstig war, als auch in der Wissenschaft, an den Hochschulen, an allen wissenschaftlichen Institutionen eine lebhafte Aktivität begann. Professor Zörner, Berlin, nutzte seine Beziehungen und verschaffte Hans eine Stelle bei den preußischen Versuchs- und Forschungsanstalten in Landsberg an der Warthe. Dort war im Rahmen der Sparmaßnahmen das verwaiste Institut für Bodenkunde als eine Abteilung an das von Könekamp geleitete Institut für Grünlandwirtschaft angeschlossen worden, und Hans wurde Leiter dieser Abteilung. Hans war so unendlich froh, daß er nun eine Möglichkeit bekam, sich weiter zu entwickeln, daß uns der Abschied von den Freunden und dem gewohnten Leben nicht schwer wurde. Nur von Tijssens wurde uns der Abschied eigentlich schwer. Jo Tijssen war Holländer, eigentlich Pianist, aber im Grunde konnte er alles und nichts richtig. Er war ein äußerst interessanter Mann und für Hans ein Gesprächspartner für alles, was ihn von seinem trüben

Leben ablenkte. Sie sprachen über Metaphysik genau so begeistert, wie über Fotografieren oder Autos. Eigentlich war Gretel Tijssen die Freundin. Ihr Vater und Hans' Vater waren in der gleichen Verbindung gewesen, und Hans kannte sie schon als junges Mädchen. Sie war eine sehr verständnisvolle Ehefrau und hat alle Geniestreiche ihres Mannes mitgemacht.

Als wir am 1.10.32 bei Winters auszogen, (es hatte einen sehr albernen und unangenehmen Krach gegeben) und erst am 1.11. im Schloß eine Wohnung bekommen konnten, zog Hans so lange zu Tijssens mit allen Möbeln und Pack. Ich machte mit Bernd einen Besuch in Mattheshöhe. Bernd war neun Monate alt und kroch mit Rüdeger, Hiltrauts ein Jahr älterem Sohn, rund um den Tisch. Bernd war ein goldiger kleiner Kerl. Wir nannten ihn Bubele, erst in Landsberg/Warthe, als die Kinder ihn Bubälä riefen, schafften wir den Kosenamen ab.

Beim ersten Kind ist man ja immer besonders unsicher und ängstlich, ich habe auch sicher manches verkehrt gemacht. Jedenfalls bekam er einmal Milchschorf und war wirklich nicht schön. Aber es dauerte nur kurze Zeit, sicher war es ein Ernährungsfehler, denn es kam dann nach Umstellung auf Obst und Gemüse nicht wieder. Mit einem halben Jahr konnte er noch nicht sitzen, aber knien, mit sieben Monaten stand er auf und mit elf Monaten lief er frei. Irgendwann lernte er auf einem Umweg das Sitzen, er hopste an seinem Ställchenrand. Drollig war, wenn wir das Grammophon laufen ließen, bei ‚Wochend und Sonnenschein', unsrer Lieblingsplatte, hopste Bernd genau nach dem Rythmus, spielten wir eine andere Platte, dann versuchte er erst seinen Rythmus, wenn der nicht stimmte, setzt er sich hin, aber enttäuscht. Einmal ist er mir vom Wickeltisch gefallen. Da war er fünf Monate alt. Ich wollte ihn nicht auf den kalten Boden in der Küche legen, trotz Kissen und Badetuch kam es mir zu kalt vor an dem Tag. Aber ich brauchte meine Hände, um das Badewasser einzulassen. Ich legte ihn also fest verpackt auf die Kommode, die in der Küche stand. Kaum drehte ich mich um, hörte ich den Klatsch und ein mörderisches Geschrei. Ich war natürlich verzweifelt. Aber das Badetuch hatte den Sturz gemildert, und Dr. Steiner konnte mir versichern, daß es ihm nicht geschadet hat. Hans machte mir heftige Vorwürfe, die machte ich mir auch selber, mir wäre wohl mehr geholfen gewesen, wenn er mich getröstet hätte, aber das lag meinem Rauhbein nicht. Joe Tijssen kam dazu, nahm mich in den Arm und beruhigte mich. Das war besser.

Neubeginn in Landsberg

In Landsberg hatte Hans eine sehr hübsche Wohnung gefunden, weit draußen am Ende der Hohenzollernstraße. Das Haus stand ganz frei – im Sand. Ein für uns merkwürdiger Anblick, denn in Württemberg gibts das ja nicht. Wir hatten den unteren Stock mit dem ganzen Garten, der Besitzer zog erst nach uns in diese Wohnung. Wir haben den Garten angelegt, und Ihr könnt Euch ja denken, mit wieviel Liebe Hans das gemacht hat. Obwohl die Landschaft ganz anders war als die Süddeutsche, hat Hans die Weite und Ebene sehr gemocht und sich froh und glücklich gefühlt.

Und wie glücklich wir waren!!!! Keine Angst mehr vor Arbeitslosigkeit, vor beruflichem Versagen, wir konnten uns kleiden, einrichten, etwas kaufen, was uns freute. Günstig war für Hans, daß er neu und völlig unbekannt nach Landsberg kam, keiner neidete ihm die Stellung, denn sie wurde ja erst wieder geschaffen, denn so im Umbruch im dritten Reich gab es sehr viel Intrigen unter den Kollegen. *(Jetzt 1989 beobachte ich das auch wieder: jeder von der früheren Regierung wird fortintrigiert für einen oft unfähigen Parteigenossen).* Könekamp wurde kritisch unter die Lupe genommen, denn er war katholisch, und die Ostmark war fast rein evangelisch. Seine Gegner wollten ihn denunzieren und Hans sollte da mitmachen. Aber es gelang Hans,

Hans und Bernd 1934

sich da ganz draußen zu halten. Die ganze Stänkerei hörte auch bald auf, und dann wurde sachlich gearbeitet.

Könekamp benahm sich sehr kollegial gegen Hans, redete ihm nicht viel rein und ließ ihm freie Hand. Für uns war das Jahr 1933 das erste glückliche, sorglose Jahr, das wir miteinander erlebten. Es war zu schön, dieses Glück zusammen und dem kleinen Sohn. Ich bekam neue hübsche Kleider, Bernd niedliche kleine Anzüge, Spielsachen und auch mal eine Nascherei! Auch Hans konnte sich endlich einen neuen Anzug kaufen, er trug lange Zeit umgearbeitete Anzüge von seinem Vater. Die Mitbewohnerin, eine Försterswitwe, Frau Richter, schloß mit Bernd eine innige Freundschaft, sodaß wir auch mal abends frei machen konnten und ins Kino oder zu Bekannten gehen konnten.

Wir wurden bald der Mittelpunkt aller Junggesellen und Junggesellinnen der verschiedenen Institute, man traf sich meist zwanglos bei uns, jeder brachte irgend etwas mit – Zigaretten, Alkohol, irgendwas zum Knabbern – und dann wurde sehr vergnügt und harmlos geflirtet und gefeiert. Wir stellten fest, daß die Ostdeutschen vergnügungssüchtig und ziemlich frei waren, aber es machte uns Spaß. Meine hübsche schlanke Figur habe ich bei Bernds Geburt verloren, ich war zu stark gewesen. Keine Gymnastik, kein morgendliches Turnen straffte die ausgeleierte Bauchmuskulatur, das wurde einer meiner Kümmernisse fürs ganze Leben. Da war es natürlich gut, daß ich mir gut sitzende Kleider kaufen konnte.

Das schöne und sorglose Leben hörte leider auf, als im Jahr 34 das Institut für Bodenkunde wieder neu besetzt und selbständig wurde. Professor Ruschmann aus Berlin, Bakteriologe, kam als Chef. Er war eine furchtbare Pleite für Hans, denn Ruschmann verstand es überhaupt nicht, sein Institut nach einer vernünftigen Methode zu führen. Er holte sich zwei Assistenten von Römer, Halle, die sich schon lange kannten, und deshalb auch zusammenhielten. Nun war zwar das Institut wieder selbständig, aber es fehlten doch noch eine Menge Stellen. Ruschmann hatte den beiden neuen Assistenten das Blaue vom Himmel versprochen und versuchte, Hans seine wohl organisierte und glatt laufende Bodenuntersuchungsstation, die zudem noch eine Menge Geld einbrachte, zu verkleinern, indem er willkürlich Labor- und Schreibkräfte aus ihr abzog. Hans war ja viel unterwegs, um die Ergebnisse der Untersuchungen mit den sehr interessierten ostdeutschen Landwirten zu besprechen. Wenn er wieder kam, war immer einmal die eine, einmal die andere Hilfskraft bei den andern Abteilungen gelandet. Wenn Hans sie sich wieder holte, mußte er mit den Kollegen groß diskutieren, denn der Chef hatte ihnen ja nur die lang versprochenen Hilfskräfte gegeben. Sie hätten sie sich ja nicht selbst geholt, und die Beiden hielten natürlich zusammen. Es war eine unerfreuliche Situation. Zum Unglück wurde Hans noch schwer krank.

Die Vorgeschichte war die: Zu dieser politisch hektischen Zeit mußte Hans auch irgendwie Stellung nehmen. Außen stehen konnte man nicht. Und wir wollten es auch nicht, denn bis jetzt sah alles ganz schwungvoll und ideenreich aus. Hitler hatte schnell mit diesem ganzen Durcheinander von Parteien Schluß gemacht, er hatte die unzähligen fruchtlosen und sinnlosen Splitterparteien und Gruppen aufgelöst und verschluckt. Hans war in keiner Partei, deswegen berührte es

Mit Bernd 1934 in Landsberg

ihn nicht. Er suchte sich eine möglichst neutrale Organisation aus, der er beitreten konnte, ohne vor seinem Gewissen als Opportunist dazustehen. Also ging er in den Grenzschutz, eine Organisation, die in Ostdeutschland groß und gut geführt war. Sie hatte auch einen echten Sinn, denn mit unserem 100 000-Mann-Heer waren wir im Osten wirklich nicht allein zu beschützen. Der Witz war nur der, daß der Grenzschutz in kurzer Zeit in die SA eingegliedert wurde, und Hans so plötzlich zu seinem Erstaunen ein SA-Mann war. Hans war das ganz recht so, er hatte nichts dazu getan und hatte nun einen Schutz gegen die SS, die gern bei Leuten rumschnüffelte und von mir einmal an der Haustür abgewimmelt wurde. Ich hab einen ordentlichen Schreck bekommen, aber wir sind nie wieder kontrolliert worden. Der SA-Dienst war harmlos, und Hans kam immer ganz amüsiert heim, denn er lernte dabei den einfachen Ostdeutschen kennen, der sich in seiner Lebensauffassung vom Württemberger ganz wesentlich unterschied.

Weltanschaulicher Unterricht: „Was tat Adolf Hitler in seiner Freizeit?" „Da wird er int Kino jejangen sind". „Warum ist Adolf Hitler nicht int Kino jejangen?" Hans: „Weil es damals keine politisch wertvollen Filme gegeben hat." „Sehr richtig!!"

Hier will ich ein paar kleine Witzchen von Bernd einfügen: Ich blocke das Linoleum, Bernd sitzt auf dem Blocker und läßt sich hin und her ziehen. Ich singe: „1 2 3 4 5 6 7 , wo ist unser Kind geblieben?" Er antwortet: „Sitzt auf einem Blockerlein, reitet in die Welt hinein." Ich erwische ihn, wie er in meiner Puderdose rumkramt. Alles ist voll Puder. Ich rufe entsetzt: „Was machst Du denn da?" Er: „denke ich, nanu, sind ‚Nöpfe drin in Schachtel." Er spielt mit einem kleinen Nachbarskind. Der kommt heulend rein: „Bernd hat mich mit der Schaufel geschlagen!" Was tun? Ich sage also: „Komm, Du bekommst ein Stück Schokolade". Bernd macht ein fassungsloses Gesicht. Da gebe ich ihm ein ganz kleines Bröckchen Schokolade, und sage dazu, daß er nur so wenig bekäme, weil er nicht brav war. Sie gehen wieder spielen. Der Kleine kommt ins Haus und sagt: „Bernd hat mich schon wieder geschlagen." Bernd darauf: „ Nu aber Schokolade".

Am 1. Mai 1934 marschierte Hans im trauten Verein mit Preuschen hinter einer großen Hakenkreuzfahne her, Könekamp trug die Fahne! Ich fand das so lustig, daß ich es fotografiert habe. Übrigens als ich knipste stand die Frau vom Reichsbannerführer (Kommunisten) neben mir, ihr Sohn schwenkte begeistert ein Hakenkreuzfähnchen, denn immerhin der Mann hatte ja wieder Arbeit. Lisa Grun machte mich drauf aufmerksam. Wir nahmen das alles nicht ganz ernst.

Paranephritischer Abszess

Im Zusammenhang mit der SA-Zugehörigkeit wurde Hans darauf aufmerksam gemacht, daß in Küstrin inoffizielle, militärische Kurse stattfänden, und Hans meldete sich zur Teilnahme, weil er im Ernstfall lieber als Offizier mitgezogen wäre, denn als unausgebildeter Soldat. Hans ging im September 34 nach Küstrin, und ich fuhr mit Bernd nach Mattheshöhe und half dort Kartoffeln buddeln. Es war ein herrlicher Altweibersommer, und ich hatte großen Spaß daran, mich mal wieder so richtig auszuarbeiten. Außerdem hatte ich einen lustigen Flirt mit Fritz Fehlhabers Bruder Rudi. Hans und ich waren in der Beziehung sehr großzügig. Wir beichteten uns unsere kleinen Flirts, der andere bekam einen Gutschein und benutzte den bei Gelegenheit und teilte es dann dem andern mit. Es war ein nettes System, denn ich hatte niedliche Flirts als verheiratete Frau, und Hans meinte, es stärke sein Selbstbewußtsein, wenn ihn noch eine andere Frau mag, als seine eigene. Meinen Aufenthalt in Mattheshöhe mußte ich verfrüht abbrechen, denn Hans rief mich an, er sei vorzeitig nach Hause gefahren, da er eine Blutvergiftung am Ellbogen habe, ich solle schleunigst kommen. Hans lag im Bett. Frau Richter betreute ihn rührend, und Dr. Schreuder verordnete Leinsamenumschläge für die stark entzündete Stelle. Die Männer hatten ihren militärischen Schliff in alten Uniformen von 1918 bekommen. In Hans' Uniform waren sogar ein paar Schußlöcher. Beim Robben auf dem Boden hatte Hans sich den Ellbogen aufgeschürft, und der Schmutz der Uniform hatte die an sich harmlose Wunde infiziert.

Die Entzündung ging schnell zurück, Hans schien wieder in Ordnung, machte wieder seinen Dienst, aber er fühlte sich nicht recht wohl. Dr. Schreuder vermutete erst Leber- oder Gallenbeschwerden, dann konzentrierte sich das Übel auf die Nierengegend, und am 25. Dezember war es dann mit hohem Fieber so schlimm, daß Hans ins Krankenhaus mußte. Dort war der Chefarzt im Urlaub, und zwei junge Assistenzärzte, offenbar noch sehr unerfahrene, stellten gegen Dr Schreuders Diagnose einer Nierenerkrankung ihre Diagnose. Die war: Blinddarmentzündung und operierten. Sie haben dann den Blinddarm rausgenommen, obwohl er garnicht krank war, haben mir verkündet, wahrscheinlich sei es Typhus und ließen Hans liegen bis der Chefarzt kam. Merkwürdigerweise ging nach dieser Operation das Fieber runter, aber am Silvesterabend begann es wieder zu steigen. Die ratlosen Ärzte gaben mir die Schuld, ich hatte auf Anraten der Schwester eine Flasche Rotwein gebracht, und sie hatte ihm daraus mit Ei einen schönen Trank gemacht. Am nächsten Tag, Neujahr 1935 empfing man mich mit Vorwürfen. Die Schwester wurde strafversetzt und mir wurde gedroht, wenn ich noch einmal unerlaubte Sachen ins Krankenhaus brächte, dürfte ich meinen Mann nicht mehr besuchen. Ich wehrte mich energisch, denn es war mir garnichts verboten worden und sagte ihnen auch, wenn sie meinen Mann und mich trennten, dann stürbe er ganz bestimmt. Hans war so elend und klammerte sich mit seiner ganzen Not an mich, meine Kraft und meinen Lebensmut. Wir haben wirklich gemeinsam um sein Leben gekämpft und haben es geschafft. Aber es wurde ein furchtbarer Kampf.

Der Chefarzt, Dr. Delkeskamp kam am 12.1. aus dem Urlaub zurück. Er blieb mir bis zu Hans' Entlassung unbekannt, er wollte mit den Angehörigen seiner Patienten nichts zu tun haben. Er hat gleich die richtige Diagnose gefunden. Er war überhaupt ein tüchtiger Arzt, aber ein Mechaniker, kein Menschenfreund. Hans hatte einen riesigen Abszeß am Nierenbecken, die Sepsis hatte sich dort lokalisiert. Dr. Delkeskamp operierte erst dringlichere Fälle und am 17. 1. – Hans' 32. Geburtstag – wurde er operiert. Ihr könnt Euch ja denken, wie ich um ihn gezittert habe. Die Wunde ging auf der rechten Seite vom Nabel bis zum Rückgrat und aus dieser großen Wunde floß der Eiter. Hans wurde jeden Tag frisch verbunden, aber wenn ich am Nachmittag zu ihm kam, spürte man im Zimmer den Geruch der eiternden Wunde. Das Fieber ging runter, der Pulsschlag besserte sich. Hans hatte ein Einzelzimmer, das war für uns beide gut, ich konnte ihn trösten und ihm alles sagen, was ich wollte. Hans sah furchtbar aus. Mutter war gekommen, um mir den Haushalt und den Bernd abzunehmen. Einmal ging sie mit mir mit, um Hans zu besuchen, sie war so erschüttert über sein Aussehen, daß sie sich weinend abwandte. Ich hab sie dann lieber nicht mehr mitgenommen, denn ich wollte nicht, daß Hans mutlos wurde. Durch Mutters Kommen konnte ich jeden Tag von 14-18 Uhr bei Hans sein, konnte meine ganzen Kraft auf ihn konzentrieren, wir sprachen nicht viel, ich hielt nur seine Hand und hoffte, ihm damit meine Kraft zu geben. Wenn ich abends nach Hause kam, war ich so müde und erschöpft, als hätte ich die schwerste Arbeit getan. Mutter umsorgte mich liebevoll. Ich lebte in dieser Zeit wie unter einer großen Glasglocke. Ich merkte meine Umwelt, aber sie berührte mich nicht. Ich kann mich an nichts erinnern. Nach etwa 14 Tagen begann das Fieber wieder zu steigen. Ich merkte es, fragte und bekam zur Antwort, das ginge mich nichts an. Zu Hans sagte man, es würde schon alles gut werden. Hans empfand das als ein Todesurteil. In meiner Not wandte ich mich an Dr. Schreuder. Ich sagte ihm die Fieberzahlen und die Pulszahlen, die ich heimlich in der Küche ablas, denn man hatte Hans' Fieberkurve aus den Zimmer entfernt. Dr. Schreuder sagte mir, das sei nichts ungewöhnliches, da hätte sich in einer Tasche an der Niere ein neuer Abzess gebildet, der erst reifen müßte. Dann würde Hans wahrscheinlich noch einmal operiert werden. Es käme aufs Herz an, wir sollten den Mut nicht verlieren. Mit diesem vernünftigen Bescheid ging ich ins Krankenhaus, und sagte Hans die Wahrheit, die für ihn viel richtiger war, als dieses geheimnisvolle Getue. Schreuder war der beste Arzt, den ich je kennen gelernt habe. Er war alles: Arzt, Beichtvater, Tröster, ein Mann mit unendlich viel Herz. An seiner Schulter konnte ich mich ausweinen und ging dann getröstet von ihm fort. Ich durfte ja Hans meine Verzweiflung nicht zeigen, und Mutter hätte ja keinen Rat gewußt. Die zweite Operation wurde dann Anfang Februar gemacht. Hans war so elend, daß es wirklich kritisch war. Er wog noch 48,5 Kilo und war zum Skelett abgemagert. In diesen schlimmen Tagen wachte ich eines nachts auf, ich glaubte Hans zu hören. Er rief: „Mutterle Edit"! Ich dachte natürlich das Schlimmste. Ich betete in Angst und Not: „Laß ihn mir, ich hab ihn doch so lieb!" Den ganzen Morgen wartete ich auf eine schlimme Nachricht und lief am Nachmittag so schnell wie möglich ins Krankenhaus. Hans empfing mich mit den Worten: „Heute Nacht hab ich so nach Dir gerufen, ich wußte allein nicht mehr weiter. Es war eine schreckliche Nacht. Aber dann hatte ich das Gefühl, Du bist bei mir und tröstest mich." Ich habe ihm gesagt, daß ich ihn gehört habe und versucht habe, ihm zu helfen. Nach dieser Operation lief wieder der Eiter in Strömen, aber sie war die Wende zur Heilung. Die Wunde schloß sich von innen, das Fieber sank, und Hans bekam einen gewaltigen Appetit. Und mit dem Appetit wurde er schnell wieder kräftiger. Dieser Hunger war für uns alle ein richtiger Spaß. Dr. Delkeskamp kam einmal dazu, wie die Schwester das Frühstück für ihn zurecht machte. Er brachte das Tablett selbst zu Hans und fragte: „Sagen Sie mal, essen Sie das wirklich auf?" Hans bejahte lachend. Nach einer Weile kam der Chefarzt wieder und erkundigte sich, ob er es geschafft hätte. Hans bejahte wieder. „Wollen Sie noch etwas?" „Ja". Delkeskamp ging raus und brachte ihm nochmals Brot und Fleischbrühe. Hans aß auch das auf. Wenn ich um zwei Uhr kam, empfing er mich mit den Worten: „Ach wie schön, daß Du da bist, dann gibts bald Kaffee. Hast Du mir was mitgebracht?" Ein Apfelkuchen-sehr-fein reichte höchstens zwei Tage, den aß er zwischen den Mahlzeiten. Einmal hab ich nichts mit gebracht. Da grollte er mit mir so lange, bis ich versprach, daß ich in der Stadt noch etwas kaufen würde und ihm noch schnell vorbeibringen würde. Hans hat in 14 Tagen 35 Pfund zugenommen, es war so, daß der Assistenzarzt, der nur einmal in der Woche an der Visite teilnahm, ihn nicht erkannt hat von einer Woche zur andern. Nach 14 Tagen mußte er aufstehen, wieder laufen lernen, und dann hat der Chefarzt ihn nicht mehr geschont, sondern tüchtig laufen lassen. Wir mußten Spaziergänge machen und richtig trainieren. Am 3. März wurde Hans entlassen, er mußte nur noch zum Verbinden hin. Im Mai machten wir eine Ferienreise nach Württemberg, danach durfte Hans wieder Dienst machen. Die Wunde heilte im August endgültig zu. Am 1. August zogen wir um. Das kam so. Hans war ja mit seiner Tätigkeit bei Ruschmann ganz unzufrieden, und so hatte er sich bei Wöhlbier, der in Rostock Professor war, um eine offene Stelle beworben. Da wir halbjährige Kündigung hatten, mußten wir am 1.10. vorsorglich kündigen. Die Stelle bei Wöhlbier war aber nicht ausbaufähig und gab keine Aussichten weiterzukommen, sodaß Hans verzichtete. Wir versuchten die Kündigung der Wohnung rückgängig zu machen, aber der Hausbesitzer wollte selbst einziehen, ihm war unsere Kündigung gerade recht gekommen. So mußte ich noch während Hans' Krankheit eine neue Wohnung suchen, und ich hatte so wenig Zeit und Lust dazu. Ich nahm das Erstmögliche, was sich bot, eine altmodische Wohnung in der Stadt, viel zu groß und auch teuer, aber Hans hatte Verständnis, daß ich nicht lange gesucht hatte, und wir zogen seufzend und nicht besonders zufrieden am 1.4. um. Um diese Zeit herum kam Hilda Colditz in unser Haus. Sie war die Tochter des Melkermeisters von Mattheshöhe, 17 Jahre alt, etwas zart, denn sie hatte einen angeborenen Herzklappenfehler und konnte deshalb nicht in jeden Haushalt gehen. Bei meinem Besuch in Mattheshöhe hatten wir ausgemacht, daß sie zu mir kommt, und ich hatte den Eltern versprochen, Hilda zu schonen und nicht schwer arbeiten zu lassen. Sie ist sieben Jahre bei mir geblieben, hat mit uns bis zu ihrer Heirat Freud und Leid geteilt. Daß wir sie durch ihre Schreibfaulheit aus den Augen verloren haben, ist betrüblich, aber nicht zu ändern. Wir, d.h. Bernd und ich werden immer gern an sie denken, denn wir waren echte Freundinnen geworden. Sie wird von jetzt an öfter erwähnt werden.

Nach Chile auswandern?

Hans' Arbeit am Institut von Ruschmann wurde nach seiner Rückkehr von der Krankheit nicht erfreulicher, eine Bewerbung um die Stelle des Direktors an der Versuchsanstalt Kassel-Harleshausen war negativ ausgegangen. Hans schaute sich nach einer Möglichkeit um, von Landsberg bezw. von Ruschmann fortzukommen. Einmal bekam er ein günstiges Angebot in der Industrie, aber Hans wollte so gern in die Wissenschaft, oder wenigstens nicht ein Industrieprodukt loben müssen, wenn er garnicht so überzeugt davon war, sondern nur seine Brötchen damit verdiente. Außerdem wollten wir beide nicht nach Berlin.

Und dann kamen gleich zwei Chancen auf einmal: Geheimrat Oldenburg fragte Hans, ob er Lust hätte, nach Chile zu gehen. Dort würde ein Mann gesucht, der im großen Stil die Landwirtschaft beraten könne. Wir waren beide Feuer und Flamme. Hans fuhr zum Auswärtigen Amt und ließ sich dort beraten. Die Bedingungen waren gut und man riet Hans, zuzugreifen, aber bei den Verhandlungen mit der chilenischen Botschaft auf der Hut zu sein. Von deutscher Seite empfahl man, drüben dafür zu sorgen, daß deutsche Maschinen bevorzugt würden. All das: daß Hans da beraten konnte, daß er in wirtschaftlicher Hinsicht für Deutschland Einfluß nehmen konnte, reizte ihn natürlich sehr. Die Gesellschaft, die ihn anstellen wollte, war sehr zuvorkommend, und mit Hans' Bedingungen einverstanden. Man wies ihn an, beim chilenischen Konsulat den Vertrag zu besprechen und bei vollem Einverständnis zu unterzeichnen. Das zog sich natürlich über Monate hin. Inzwischen bot sich als zweite Möglichkeit, daß Hans an Stelle von Herrn von Bredo, der ausschied, in Landsberg die ‚Vereinigung der ostdeutschen Landwirtschaft' als Geschäftsführer übernähme. Auch das war verlockend, denn dort hätte Hans seine bisherige Beratungstätigkeit fortsetzen können. Preuschen hatte inzwischen eine technische Gutsberatung in Landsberg, später in Eberswalde. Da Hans und Gerd Preuschen gute Freunde waren, war eine gute Zusammenarbeit zu erwarten. Beide Angebote galten für den 1. April 1936. Die Chilenen fingen plötzlich an, Schwierigkeiten beim Aushandeln des Vertrages zu machen. Sie stellten merkwürdige Bedingungen. Am Bedenklichsten erschien Hans der Passus, daß er bei Unstimmigkeiten das deutsche Konsulat nicht einschalten dürfe. Hans weigerte sich, erklärte, wenn der Vertrag nicht bis zum 14. 2. nach seinen Wünschen unterzeichnet sei, er auf die Anstellung verzichten müsse. Hans mußte am 15. 2. bei den Forschungsanstalten kündigen, mußte deshalb den Vertrag mit der Förderungsgemeinschaft spätestens am 15. 2. unterschreiben. Es war sowieso schwierig, die Landsberger solange hin zu halten. Als am 14. noch keine Antwort von Chile da war, unterzeichnete er den Vertrag in Landsberg und kündigte mit frohem Herzen bei seinem widerlichen Chef, Professor Ruschmann. Er ist übrigens der einzige Professor, von dem uns bekannt ist, daß er wegen Unfähigkeit frühzeitig in den Ruhestand entlassen worden ist. Am 16. 2. kam ein Blitztelegramm vom chilenischen Konsulat, alle Bedingungen würden angenommen, Hans möge zur Unterzeichnung des Vertrages nach Berlin kommen. Da war es zu spät. Die chilenische Gesellschaft hat dann ihrerseits versucht, Hans umzustimmen, sie behauptete, daß die Schwierigkeiten nicht von ihnen ausgegangen wären, was wir auch glaubten, aber es war nichts mehr zu ändern. Wir waren sehr traurig. Wir hätten es so interessant gefunden, für einige Zeit ins Ausland zu gehen, ja, wir hatten schon angefangen, Spanisch zu lernen.

Das einzige, was uns unsicher machte bei der Freude auf die chilenische Sache, war bei mir der mindestens zweijährige Abschied von meiner Mutter, die ich sehr vermißt hätte, und bei Hans der Gedanke an die politische Entwicklung in Deutschland. Hans war alles andere als ein Militarist, trotzdem beunruhigte ihn der Gedanke, daß der erste Weltkrieg noch nicht abgeschlossen sei, und er sich vor einer erneuten Auseinandersetzung mit unsern ‚Siegern' nicht drücken wollte, indem er in Chile lebte. Ich war über dieses Argument überrascht, aber es hat mir sehr imponiert. Er war eben ein Deutscher, der sein Vaterland liebte und den Versailler Friedensvertrag als eine Schande und Ungerechtigkeit empfand, der er ja auch war! Obwohl er der nationalsozialistischen Bewegung skeptisch gegenüber stand, den wilden

Antisemitismus unsympathisch fand, mußte er doch anerkennen, daß das Leben in Deutschland sich zum Guten gewendet hatte. Was unter der Decke in der Politik steckte, konnte der normale Mensch, der seiner Pflicht nachging, genau so wenig erkennen, wie vor der Revolution 1918 und wie zum Beispiel jetzt 1989, wo ich das noch einmal schreibe. Auch heute weiß man nicht, wohin dies arme Schifflein ‚Bundesrepublik Deutschland' hingetrieben wird von den großen Machthabern.

Wir waren vor 1933 mit einem Juden gut Freund, aber wir waren uns selbstverständlich bewußt, daß er ein Mann einer anderen Rasse war. Genauso, wie man einem Chinesen oder einem Neger gegenüber eine gewisse Reserviertheit bewahrte, so hielt man sich auch von einem Juden fern. Die Juden übrigens auch von uns. In Hans' Familie hatte eine Base einen jüdischen Arzt geheiratet. Ich hab ihn noch vor seiner Emigration kennen gelernt, er war ein netter Mensch. Aber die Familie war trotzdem entsetzt, daß ein Jude in ihren Kreis kam. Nun sind die Rheinwalds alles andere als Nazis oder Antisemiten gewesen, aber heiraten tat man eben doch keinen Juden. Onkel Otto Rheinwald, der Vater der Braut war Pfarrer, er hat zwar seine Tochter mit dem zum Christentum übergetretenen Juden getraut, aber er hat unter dem allem so gelitten, daß er nur widerstrebend an der Feier teilgenommen hat. Das war durchaus nicht typisch rheinwaldisch, in vielen guten und anständigen und auch toleranten Familien ging man den Juden aus dem Weg. Das war nicht Hochmut oder Überheblichkeit, sondern ein natürliches Rassebewußtsein. Erst nach 1945 wurde dieses Rassebewußtsein ein Unrecht, ja ein Verbrechen.

Das zweite, was Hans am Nationalismus nicht passte, war, daß so viele Abenteurer, Proleten und ‚Landsknechtsnaturen' an der Spitze standen. Das waren Leute, die in der Kampfzeit gut am Platze waren, die sich dann aber nicht gut abschütteln ließen, sondern nun in exponierten Stellungen mehr oder weniger offen und schamlos drauflosregierten. Wir kannten diese Leute aus Landsberg zur Genüge. Dann kam dieser sogenannte Röhm-Putsch. Ich weiß die Einzelheiten nicht, aber jedenfalls gab es so etwas Ähnliches wie eine Rebellion in den Reihen der SA, Hitler setzte diese Leute ab, die Hauptträdelsführer wurden erschossen. Es kamen fachlich geeignete Leute an die amtlichen Plätze, alles wurde bürgerlicher und legaler. So jedenfalls sah Hans es und bekam zu dem Regime

Vertrauen. Die Wirtschaft begann zu blühen, das Ausland erkannte die Regierung an, ja, der allmächtige Churchill machte Hitler sogar in der Öffentlichkeit ein großes Kompliment, als den Retter Deutschlands. Aus unsrer Sicht schien sich Deutschland wieder einen guten Platz unter den anderen Völkern zu erringen.

Deshalb war es Hans recht, daß wir nicht nach Chile gingen, sondern am beginnenden Wiederaufbau Deutschlands aktiv teilnehmen konnten. Hans hat es nicht bereut, die Stelle bei der Förderungsgemeinschaft angenommen zu haben. Es waren für ihn zwei Jahre der schönsten beruflichen Entfaltung; ich glaube, er war jeden Tag glücklich über seine Arbeit. Er war völlig selbständig, hatte genügend Mittel zur Verfügung und wurde überall mit Freude und Hochachtung empfangen. Die ostdeutschen Landwirte, Großgrundbesitzer mit Unternehmergeist und großem Arbeits- und Lebensstil waren für alles Neue aufgeschlossen, lebhaft interessierte Leute. Alles andere als ‚Junkertypen‘, ‚arrogante Lebemänner‘ oder ‚preußische Herrenmenschen‘. Natürlich waren auch einige darunter, die übertrieben stolz auf das kleine Wörtchen ‚von‘ vor ihrem Namen waren, aber sie waren in der Minderzahl. Ich schiebe hier Hans‘ eigenen Bericht, den er aus der Erinnerung geschrieben hat, über seine Landsberger Jahre, ein. Professor Könekamp schickte mir diesen Sonderdruck mit seinem Kondulenzschreiben zu Hans‘ Tod. Ich war tief gerührt über diese Form, mir Mitgefühl und Hans Achtung zu zeigen:

„Die Vereinigung zur Ermittlung des Düngerbedarfs der Böden.

– Nährstoffkontrolle –

Da ich über keinerlei schriftliche Unterlagen über die Forschungsanstalten und die Forschungsgesellschaft in Landsberg verfüge – außer dem Landsberger Landw. Nachrichtenblatt von Nr 1 - Nr 4O (Juli 1932-Oktober 1938 – so kann ich für die Zeit vom 1. April 1933 bis 31. März 1938, während der ich in Landsberg tätig war, nur aus dem Gedächtnis, für die Zeit vor- und nachher nur vom Hörensagen berichten.

Am 1. April 1933 trat ich die Stelle eines wissenschaftlichen Assistenten am Institut für Grünlandwirtschaft (Direktor Professor Dr. K ö n e k a m p) der Preußischen landwirtschaftlichen Versuchs- und Forschungsanstalten Landsberg W. an. In dieser Stellung hatte ich die nach der Auflösung des Instituts für Bodenkunde und Pflanzenernährung weiter zu führenden Aufgaben dieses Instituts im Rahmen des Instituts für Grünlandwirtschaft wahr zu nehmen. Es handelte sich dabei um

---

die Weiterführung einiger Dauerversuche, vor allem aber um die Durchführung der Untersuchungsarbeit für die praktische Landwirtschaft der Neumark und Grenzmark (Versuchsstationstätigkeit). Im Vordergrund standen dabei Futtermittel-, Düngemittel - und Bodenuntersuchungen. Als im Jahre 1934 das Institut für Bodenkunde und Pflanzenernährung unter Leitung von Professor Dr. R u s c h m a n n wieder eröffnet wurde, wurden die genannten Aufgaben dem Institut wieder zugeteilt (s. Bericht Professor Dr. S a u e r l a n d t). Da die Bodenuntersuchungen inzwischen aus den noch näher zu beschreibenden Ursachen sehr erheblichen Umfang angenommen hatten, wurde dafür in dem neuen Institut eine besondere Abteilung eingerichtet, deren Leitung ich bis zu meinem Ausscheiden aus dem Institut am 30. April 1936 innehatte.

Schon mein Vorgänger, Dr. S t e i n f a t t, hatte zur Durchführung der Bodenuntersuchungen die von Neubauer entwickelte Keimpflanzenmethode übernommen. Mit ihr wurden die zur Feststellung des Nährstoffgehalts eingesandten Böden untersucht. Die nach ostpreußischem Vorbild eingerichtete Mitscherlichstation wurde nur noch für wenige Untersuchungen benutzt, da die Untersuchungen nach Mitscherlich entwickelten Methoden teurer und langwieriger waren. Die Einrichtung der Mitscherlichstation und die Bodenuntersuchungen nach dieser Methode erfolgten auf Grund einer früheren Vereinbarung des Instituts für Bodenkunde und Pflanzenernährung mit der Forschungsgesellschaft für Landwirtschaft, bezw. mit einer ,Vereinigung zur Ermittlung des Düngerbedarfs der Böden' oder kurz ,Nährstoffkontrolle' bezeichneten Abteilung oder Untergliederung der Forschungsgesellschaft.

Die Einsender der Bodenproben erwarteten vom Institut zusammen mit den Untersuchungsergebnissen Ratschläge für die Düngung der betreffenden Böden, und zwar nicht nur die der ,Nährstoffkontrolle' angeschlossenen Betriebe, sondern auch die Direkteinsender von (nach der Keimpflanzenmethode zu untersuchenden) Bodenproben. Solche Ratschläge auf Grund der Analysenergebnisse bzw. der Auswertung der Gefäßversuche abzugeben, war unbefriedigend, weil in der Regel von einem Betrieb jeweils nur wenige Proben vorlagen, und weil weder über die Anbauorganisation noch über den Umfang der Veredlung (und also den Nährstoffrückfluß im Stalldünger), noch über die finanziellen Verhältnisse des Betriebes etwas bekannt war.

Ich schlug deshalb vor, die ,Nährstoffkontrolle' der Forschungsgesellschaft in der Art und neu zu beleben, daß ihren bisherigen und neu beitretenden Mitgliedern für einen bestimmten Beitrag je ha LN folgende Leistungen zugesagt wurden:

1. Alle drei Jahre eine Untersuchung sämtlicher Schläge auf PO_5

und KO_2 nach der Keimpflanzenmethode, sowie auf Bodenreaktion und Kalkzustand. Dabei war die Entnahme der Bodenproben und die Fertigung von Nährstoffversorgungskarten eingeschlossen. Der Betrieb hatte allerdings die für die Probenahme notwendigen Hilfskräfte zu stellen.

2. Jährlich 1-2 Besuche des Betriebes zur Aufstellung des Düngungsplanes.

Diese Vorschläge wurden von Professor Könekamp, dem Direktor des Institutes, und von der Forschungsgesellschaft gut geheißen, sodaß die Mitglieder der Forschungsgesellschaft im Laufe des Sommers 1933 davon in Kenntnis gesetzt werden konnten. Das Interesse war über Erwarten groß, und im Herbst 1933 schloß sich eine große Zahl von Betrieben (meiner Erinnerung nach zwischen 50 und 100) verschiedener Größe unter diesen Bedingungen der ‚Nährstoffkontrolle' an.

Die Entnahme der Bodenproben in den über die ganze Neumark und Grenzmark verstreuten Betrieben (ein kleinerer Teil der angeschlossenen Betriebe lag in den verschiedenen Kreisen Ostpommerns, später schlossen sich auch Betriebe aus der Altmark, der Uckermark und Vorpommern an); die erhebliche Zunahme der Zahl der zu untersuchenden Proben und die Besprechung der Düngungspläne führte zu einem Arbeitsaufwand, der nicht leicht zu bewältigen war. Sowohl für die Probennahme als auch für die Laborarbeit mußten zahlreiche Hilfskräfte eingestellt werden – damals in der Periode der erst langsam abklingenden Arbeitslosigkeit allerdings kein großes Problem.

Nach kurzer Zeit ergab sich allerdings, daß die Beratungsarbeit sich in vielen Betrieben nicht auf das Besprechen und Aufstellen des Düngerplanes beschränken ließ. Ganz von selbst ergaben sich Fragen der Gründüngung und Humuszufuhr, daraus Fragen wie Anbauverhältnis, Fruchtfolge, Umfang der Viehhaltung, Dungstätten- und Jauchegrubenbau etc., sodaß sehr bald in einer Reihe von Betrieben der ganze Betrieb und seine Organisation zur Debatte standen, einschließlich aller wirtschaftlichen und finanziellen Fragen. Da diese Art der Arbeit Anklang fand, wuchs die Zahl der angeschlossenen Betriebe weiter an, obwohl viele Interessenten auf spätere Jahre vertröstet werden mußten. Diese ganze Arbeit begann jedoch allmählich sowohl dem Umfang, wie der Arbeitsrichtung nach den Rahmen einer Bodenuntersuchungsabteilung in einem doch vor allem der wissenschaftlichen Arbeit gewidmeten Institut zu sprengen, es war auch nicht mehr vertretbar, daß ein wissenschaftlicher Assistent des Instituts sich ganz solcher Beratung widmete.

Eine Lösung dieses Problems ergab sich im Frühjahr 1936, als die Stelle des Geschäftsführers der Forschungsgesellschaft, die bisher Herr von Bredo inne hatte, neu besetzt werden mußte. Diese Stellung wurde nun mit der Leitung der ‚Nährstoffkontrolle' zusammengelegt, und mir wurden am 1. Mai die beiden Stellungen in Personalunion übertragen. Während ich nun neben der Geschäftsführung der Forschungsgesellschaft bei der ‚Nährstoffkontrolle' für die Probennahme und die Kartierung der Ergebnisse zu sorgen und die Beratung der Betriebe wahrzunehmen hatte, wurde die Untersuchung der Proben weiterhin in der Abteilung des Instituts für Bodenkunde und Pflanzenernährung durchgeführt, wo Dr. Rinkleben meine Nachfolge angetreten hatte. Die ‚Nährstoffkontrolle' bezahlte dem Institut eine Untersuchungsgebühr. Diese Trennung der bei der ‚Nährstoffkontrolle' anstehenden Aufgaben ‚Organisation und Beratung' und ‚Probenuntersuchung' hat sich als sehr zweckmäßig erwiesen. Ebenso sinnvoll war die Kombination der Organisation und Beratungstätigkeit für die ‚Nährstoffkontrolle' mit der Geschäftsführung der Forschungsgesellschaft, weil durch die Beratungsarbeit in vielen Mitgliederbetrieben ein noch engerer Kontakt zwischen der Gesellschaft und ihren Mitgliedern hergestellt wurde. So war es möglich, die Arbeit der Gesellschaft in jeder Beziehung auf die Probleme der Mitglieder auszurichten und ihre eigentliche Funktion als Bindeglied von landwirtschaftlicher Praxis und Forschungsanstalten wahr zu nehmen.

Daß diese Aufgaben der Forschungsgesellschaft und ihrer verschiedenen Zweige sinnvoll war, und daß diese Aufgabe auch – im Rahmen des Möglichen – richtig erfüllte, bestätigen noch heute alle Gespräche mit früheren Praktikern und mit ehemaligen Mitarbeitern der Landsberger Institute. Auch meine eigenen beruflichen Erfahrungen vor und nach meiner Landsberger Zeit haben mir gezeigt, daß eine solche Mittlerorganisation zwischen Wissenschaft und Praxis, wenn ihre Eigeninitiative und derjenigen ihrer Mitglieder und Mitarbeiter genügend Raum gegeben wird, beide Seiten zu beflügeln und zu höchster Leistung anzuspornen vermag. Nicht überall sind freilich die Voraussetzungen für die Bildung und die Arbeit einer Organisation so günstig, wie sie es im Osten waren. Das bedeutet jedoch nicht, daß man resignieren und ein für alle Mal auf eine solche Art der Arbeit verzichten müßte, man müßte daraus vielmehr die Notwendigkeit ableiten, die Voraussetzungen dafür zu schaffen durch Ermutigung jeder Art der Eigeninitiative und durch Unterstützung aller Versuche der Landwirtschaft derartige Aufgaben selbst in die Hand zu nehmen.

Für mich selbst bedeutete die Aufgabe, neben meiner Arbeit in der ‚Nährstoff-kontrolle' als Geschäftsführer alle Vorhaben der Forschungsgesellschaft vorzu-bereiten und ins Werk zu setzen, eine außerordentlich befriedigende Arbeit, nicht zuletzt auch wegen der angenehmen und reibungslosen Zusammenarbeit mit den Leitern der Institute und mit der landwirtschaftlichen Praxis. Ich werde deshalb diese Jahre immer als die beruflich befriedigendste Zeit meines Lebens betrachten. Mein Nachfolger als Leiter der ‚Nährstoffkontrolle‘ und Geschäftsführung der Forschungsgesellschaft, Diplomlandwirt Hallwachs, hat beide Aufgaben mit großem Erfolg weiterentwickelt, insbesondere dehnte sich die ‚Nährstoffkontrolle‘ unter seiner Leitung noch weiter aus, was u.a. während des Krieges in der Einrichtung einer weiteren Bodenuntersuchungsstelle in Bromberg seinen Ausdruck fand."

Gleichzeitig schickte mir [Edith Rheinwald] Professor Könekamp den von ihm verfaßten Sonderdruck, aus dem ich die Hans betreffenden Abschnitte einfügen will:

„Da die unmittelbare Beratung der großen Praxis ständig an Umfang zunahm, mußte ein Weg gefunden werden, ihren Bedürfnissen besser nachzukommen. Nach einem gemeinsamen Plan der Institute für Bodenkunde – das die Erfahrung seiner (Rheinwalds) Mitscherlichstation mit einbrachte –, Pflanzenbau, das die Besonderheiten des Qualitätsgetreidebaus im Auge hatte –, Grünlandwirtschaft und Pflanzenkrankheiten, wurde beschlossen, eine ganz im Dienste der praktischen Beratung arbeitende ‚Vereinigung zur Ermittlung des Düngerbedarfs der Böden‘ kurz ‚Nährstoffkontrolle‘ genannt, einzurichten. Die Starthilfe gab wieder unsere immer hilfsbereite Förderungsgemeinschaft, die Finanzierung erfolgte aber sonst ausschließlich durch die angeschlossenen Betriebe selbst. Somit haben wir wieder ein Beispiel für Selbsthilfe. Zum Leiter dieser Förderungseinrichtung wurde Dr. Hans Rheinwald, Assistent im Institut für Bodenkunde, gewonnen. Mit dem ihm eigenen Schwung ging Rheinwald an seine Aufgabe heran. Diese war an sich etwas vollkommen Neues und nicht leicht. Die Erwartungen, die die angeschlossenen Praktiker an diese Einrichtung knüpften, waren keine geringen. Erwarteten sie doch neben handfesten Richtlinien für die Düngung komplette Düngungspläne für den ganzen Betrieb und dies immer unter den jeweiligen Verhältnissen, Fruchtfolgesystemen und Kulturpflanzenarten. Über Aufgaben, Arbeitsweise und Ergebnisse hat Professor Rheinwald im Anschluß an den Bericht über das Institut für Bodenkunde und Pflanzenernährung selbst berichtet. Uns scheint besonders beachtenswert sein Resümee zu sein, das er am Schluß bringt, und in dem er hervorhebt, in welchem Maße die freiheitliche Verfassung der Landsberger Organisation die Arbeitsfreude der Wissenschaft beflügelt und den Erfahrungsschatz der Mitarbeiter bereichert hat. Aus eigener Initiative geborene und in eigener Verantwortung geführte Forschung und Förderungsarbeit vermögen, wie auch dieses Beispiel zeigt, dem Fortschritt besser zu dienen als zu weit gehende staatliche Lenkung."

Bernd bekommt einen Bruder: Goetz

Nun zu persönlicheren Dingen: Bernd war im Januar 1935 drei Jahre alt geworden, und noch immer war kein Geschwisterle erschienen. Wir hatten uns ja einen Stall voll Kinder gewünscht, aber Nr. 2 wollte nicht kommen. Während Hans' schwerer Krankheit hab ich wahrscheinlich manchmal mit Erleichterung gedacht, daß es gut sei, daß ich nicht gerade in anderen Umständen war, aber ich weiß, daß ich auch mit Bangen daran dachte, wenn Hans stirbt, bleibt nur ein Nachkomme von ihm zurück. Wie ich allerdings mehr Kinder hätte ernähren können, daran dachte ich nicht. Ich hätte mir im Falle von Hans' Tod sowieso erst einen Beruf suchen müssen, denn ich hatte ja nichts gelernt. Ich erinnere mich, daß ich überlegt habe, daß ich, wenn der schlimme Fall eintreten sollte, Hebamme gelernt hätte, keine allzu lange Ausbildung, ein Beruf, bei dem ich Bernd gut hätte betreuen können, und der mich interessiert hätte, denn Medizin hatte mir schon immer gefallen, und ich glaube, daß ich auch dafür eine Begabung gehabt hätte. Nun, es blieb mir ja das Schlimmste erspart, ich durfte Hans behalten, er wurde wieder ganz gesund und voller Tatendrang. Also sollte nun das Zweite kommen. Ich hatte mir in Birkach in der eisigen Küche einmal eine Gebährmutterentzündung geholt, die war aber ganz auskuriert. Nun gab ich keine Ruhe mehr, ging von einem Arzt zum Andern, bis dann der Fehler gefunden und beseitigt wurde. Es war nur eine Kleinigkeit. Prompt stellte sich heraus, daß das Zweite unterwegs war. Ich war überglücklich. Im April sollte das Baby kommen. Da wir mit dem Umzug nach Chile rechneten, wurde schon überlegt, daß Hans zum 1.4. allein vorausfahren würde, und ich im Juli mit den beiden Kindern nach kommen sollte. Hilda wollte mit uns auswandern. Ich weiß noch, wie ich mir ausmalte, daß wir mit einem großen Dampfer unterwegs wären, Bernd mit seiner drolligen und zutraulichen Art jedermanns Freund würde, und das Baby im Wagen an einer windgeschützten Stelle stehen würde. Eigentlich schade, daß wir das nicht erlebt haben, ich finde es heute noch verlockend und abenteuerlich. Mutter kam Mitte April, wir hatten beschlossen, das Kindchen zu Hause zu kriegen. Dr. Arndt, der den Schaden behoben hatte und eine Klinik hatte, war uns zu teuer und vor dem Landsberger Krankenhaus machte ich einen großen Bogen. Ich hatte es – von der menschlichen Seite gesehen – in zu schlechter Erinnerung. Am 29. in der Frühe um 4 Uhr merkte ich die ersten

Mit Goetz 1936 in Landsberg

Wehen. Bernd wurde, damit er mit seiner lebhaften Art nicht stört, zu einer Bekannten abgeschoben, unter irgend einem Vorwand. Wie immer bei mir zog sich die Geschichte in die Länge, und Hans hatte am Nachmittag einen Termin, den er nicht absagen konnte. Mit viel Entschuldigungen und einem unruhigen Herzen fuhr er zu seiner Verabredung. Hans hoffte, um 18 Uhr wieder da zu sein, und der Arzt meinte, das dauere noch eine Weile. Aber um 14 Uhr 45 hatte ich es geschafft, Goetz – 7 Pfund schwer und rundum fix und fertig – war da. Und Mutter und ich waren selig. 12 Stunden Wehen sind eine lange Zeit, wir waren aber so fidel, daß wir beschlossen, Hans einen Spaß zu machen. Goetz kam ins Körbchen, das schoben wir etwas in den Hintergrund, ich lag behaglich und entspannt in meinem Bett, Mutter saß bei mir. Hans kam, die Hebamme, Frau Lube, machte ihm die Tür auf und antwortete auf Hans' bange Frage, es sei noch nicht so weit. Hans sah im Kommen Mutters bebende Schultern und dachte, sie weine, dabei lachte sie und wollte es nicht zeigen (sie war nie eine gute Schauspielerin). Hans war also höchst besorgt. Als er mich voll Mitgefühl fragte, wie es mir gehe, sagte ich mit müdem Blick: „Ach, es ist schlimm!" Goetz spielte mit, er fing in dem Augenblick an, zu quarren. Das war doch nett von ihm, so war's entschieden am wirkungsvollsten. Sonst hätten wir wahrscheinlich sagen müssen, er solle mal ins Körbchen gucken. Hans fuhr rum, und wir drei durften endlich lachen. Es war natürlich eine riesige Freude, daß wir nun zwei Söhne hatten. Hilda stand auf dem Balkon und wartete, daß Frau Fraas mit Bernd vom Spaziergang heimkäme. Als er kam rief Hilda ihm zu, er solle mal raufkommen. Was schreit der Frechdachs über die ganze Straße? „Was ist es denn ein Junge oder ein Mädel?" Und wir hatten uns eingebildet, er hätte keine Ahnung, was los ist. Bernd war ebenso stolz wie wir. Er ist nie eifersüchtig gewesen, sondern immer sehr besorgt um das Wohl des Brüderchens.

Hier möchte ich eine niedliche Anekdote über den Bernd einfügen. Wir saßen auf dem Balkon, und Bernd trommelte so nett. Ich ließ mir von Hans den Fotoapparat geben und der erklärte mir die Einstellung genau. Bernd hörte zu. Am nächsten Tag, ich saß wieder auf dem Balkon, versteckte den Apparat hinter einer Näherei, und forderte Bernd auf, er solle wieder so schön trommeln. Er setzte sich in sein Eckchen, trommelte, und als ich heimlich den Apparat zum Knipsen zurecht machte hinter meiner Näherei

Bernd und Goetz 1936

auf meinem Schoß, sagte mein Rübchen: „Mutter, Vater hat gesagt, Du sollst Blende 1,5 nehmen".

Von Landsberg nach Heinersdorf – Jörg

Am 1. Juli 1936 zogen wir um; der Stellungswechsel und die Notwendigkeit einer Garage erfüllten eine Bedingung einer Klausel im Mietvertrag zu 1/4-jähriger Kündigung. Nun zogen wir in eine Wohnung nach Hans' Geschmack. Das soll nicht heißen, daß ich sie nicht wollte, aber ich hätte nie gewagt, sie allein zu mieten. Das war nämlich ein dolles Ding. Ein reicher Geschäftsmann hatte außerhalb Landsbergs (in Heinersdorf) zwei kleine Bauernhöfe zu einem größeren zusammengekauft. Dabei wurde das eine Bauernhaus frei, und er wollte es vermieten. Und wir haben es genommen!!! Es war ganz primitiv, das WC mußte uns Herr Sündermann hinten in einem Stallgebäude erst einbauen lassen. Wenn wir mußten, dann führte der Weg erst ins Freie und dann aufs Örtchen. Wer im Dunkeln mußte, nahm eine Petroleumlampe mit. Unten waren drei Zimmer und eine sehr simple Küche. Von ihr führte eine Stiege zu einem ordentlichen Schlafzimmer unter dem Dach und zwei winzigen Kammern. In einer wohnte Hilda, in der anderen Bernd und Goetz. Aber es war gemütlich in der Wohnung, viel frische Luft, ein wunderschöner verkommener Garten ringsum. Wer Hans kennt, weiß, daß er nicht lange verkommen war. Goetz kam mit seinem Wagen von morgens bis abends hinaus, wenn er mal bei Regenwetter im Haus bleiben mußte, brüllte er jämmerlich. Goetz war höchst einfach groß zu ziehen, er trank immer sein Fläschchen aus, aß alles, was er bekam, war dick und rund und sehr gemütlich. Dafür stand er später auf als Bernd, lief später, und als er anfing zu spielen, montierte er alles auseinander, weil er immer wissen wollte, wie es innen aussieht, sehr zum Leidwesen von Bernd, der sein Spielzeug sehr sorgsam behandelte und jedes Stück zärtlich liebte.

Im Sommer 36 fuhren wir im Urlaub an meine geliebte Ostsee. Hans, Mutter Klara, Bernd und ich fuhren mit dem neuen Trumpf Junior nach Misdroy. Wir wohnten am anderen Ende von Misdroy, denn ich wollte das geliebte, uns nun nicht mehr gehörende Haus in der Stettiner Straße garnicht gern so oft sehen. Bei Frau Haupt wohnten wir ganz dicht an der See und genossen das sehr. Goetz war in der Zeit in einem Säuglingsheim, er hatte es längst nicht so gut wie wir, denn ich bekam ihn zurück mit einer fürchterlichen Verstopfung, er sah ganz aufgeschwemmt aus, und ich hatte Mühe, das schleunigst wieder in Ordnung zu bringen.

In Heinersdorf wurde dann ein Jahr später Jörg geboren. Ich hatte mir ausgerechnet, daß Nr. 3 Anfang Juli kommen würde. Wieder haben wir uns riesig darauf gefreut, aber es sollte diesmal entschieden ein Mädchen werden. Hans hatte in dieser Zeit seine Düngerlehre geschrieben, und die Korrektur mußte gelesen werden, und Hans hatte dazu zu wenig Zeit. Nun ich saß ja auf der ‚Wartburg‘, Mutter war da, machte mit Hilda den Haushalt, und ich las die Korrektur. Am 12. Juli rief ich dann Dr. Schreuder an, und klagte ihm mein Leid, daß das Kind nicht ankäme. Er meinte in seiner drastischen Art, das ginge auf keinen Fall zurück, das käme bestimmt zu seiner Zeit an der richtigen Stelle raus. Übrigens ‚drastische Art‘: Bernd hatte beim Spielen auf

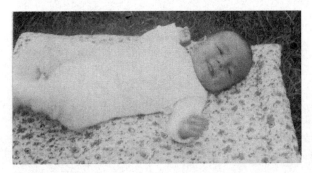

Jörg 1937 vor seiner schweren Krankheit

dem Hof mit einer mistigen Forke einen Kratzer am Fuß bekommen. Wir waren ängstlich und baten Dr. Schreuder, ihm eine Tetanusspritze zu geben. Der meinte zwar, die Wunde sei so winzig, aber er wollte auch nicht Schuld sein, wenn es bös ausginge. Bernd mußte sich aufs Sofa legen, Schreuder machte die Spritze fertig, und dann sagte er: „Junge, jetzt sag mal ganz laut: ‚Verfluchte Scheiße!'" Bernd guckte sehr erstaunt, dann sagte er es aus tiefstem Herzen und merkte garnicht, daß die Spritze in seinem Hinterteil gelandet war. Am 18. war ich so matt und mutlos, daß ich mit verheulten Augen die letzten Seiten vom Literaturverzeichnis des Buches verbesserte. Und in der Nacht zum 19. gings endlich los. Hans schlief in dieser Zeit im Eßzimmer auf der Couch. Mutter ging runter ins Wohnzimmer, um Frau Lube anzurufen. Die kam, stellte ihr Motorrad direkt unter Hans' Fenster ab. Hans hörte nichts. Die Geburt ging schneller, d.h. Frau Lube sagte mir, daß das Fruchtwasser kotig sei, das sei ein Zeichen, daß das Kind in Gefahr sei. Und so nahm ich meine ganze Kraft zusammen und beförderte das Baby im Nu ins Diesseits. Um 5 Uhr 30 quarrte mein dritter Sohn, acht Pfund schwer und offensichtlich übertragen, denn er war ein sehr fertiges Baby. Und ich war so enttäuscht!! Wir hatten uns ganz auf eine Bärbel eingestellt. Mutter ging hinunter, um Hans die freudige Kunde mitzuteilen. Seine Antwort war: „Meinst Du, ich lasse mich wieder anführen? Davon hätte ich doch was merken müssen!" Als er aber sah, daß es Mutter ernst war, kam er die Treppe hoch, wie der Blitz, den Trainingsanzug verkehrt rum an. Nun, Jörg war schon als Neugeborenes ein Diplomat. Er ließ mir nicht lange Zeit zum Grollen, daß er kein Mädchen war, er schmeichelte sich höchst brutal in mein Herz. Zur Zeit seiner Geburt kam Rüdeger, Hiltrauts Ältester zu uns. Er hatte eine kleine Nasenoperation hinter sich, und sollte sich bei uns erholen. Da Mutter bei uns war, und Hiltraut in anderen Umständen, fanden wir das sehr praktisch, so hatte Hiltraut etwas Entlastung, und ich hatte ja genügend Hilfe. Erst hat er noch schnell seine beiden Geschwister, die Zwillinge, und dann hat er unsere angesteckt – und zwar mit Keuchhusten. Als wir die Krankheit erkannten, riefen wir unseren lieben Schreuder, und der war ganz entsetzt, denn Keuchhusten ist die einzige Krankheit, die ein Neugeborenes gleich kriegen kann. Inzwischen kam dann noch raus, daß die Zwillinge auch husteten und sogar Hiltraut stark hustete. Jörg war noch keine 14 Tage alt, da flüchtete ich vor der Krankheit zu Hiltraut, denn die Zwillinge wurden zu uns gebracht, um Hiltraut zu schonen.

Hiltrauts Husten hielten wir für eine Erkältung, weil sie der Kleinen wegen oft aufstehen mußte. Nun war in Heinersdorf ein Keuchhustenlazarett, Hiltraut hatte ihre ganze Wohnung desinfiziert, bevor ich kam, aber es war nichts zu retten. Jörg fing an zu husten und war noch keine drei Wochen alt. Die Straußberger Ärztin, die den Jörg noch geimpft hatte, wollte ihn gleich in ein Krankenhaus tun, aber ich weigerte mich. Da ich wenigstens teilweise stillte, wollte ich ihm das auf keinen Fall entziehen. Ich bildete mir auch ein, ich könnte ihn wahrscheinlich genau so sorgfältig pflegen. Nun wurde wieder umdisponiert. Hans holte mich von Hiltraut ab, Friedel unterbrach ihre Ausbildung als Musiklehrerin und kam mit mir nach Misdroy. Wir hofften, daß die Luftveränderung etwas nützt. Friedel wurde dafür zum Dank mit dem Keuchhusten angesteckt. Von allen Beteiligten hatten zum Schluß nur Mutter, Hilda und ich keinen Keuchhusten. Sogar Hans hatte sich angesteckt. Ich habe Jörg in dieser kritischen Zeit nicht eine Sekunde allein gelassen, war ich auf dem Örtchen, dann stand der Wagen mit ihm vor der angelehnten Tür. Wenn er einen Hustenanfall bekam, riß ich ihn aus dem Wagen, hielt ihn hoch, und wenn der Krampf kam, haute ich ihm mit aller Kraft aufs Hinterteil. Durch den Schock löste sich der Krampf. Jörg hat in den ersten Monaten seines Lebens so viel Dresche von mir bekommen, daß ich ihn später nicht mehr hauen konnte. Ich glaube, er ist immer am sanftesten behandelt worden. Gut, daß er bei der Geburt acht Pfund gewogen hat, so hatte er etwas zuzusetzen. Mit einem halben Jahr wog er endlich zehn Pfund und war über den Berg. Aber Jörg blieb ein zierliches und kleines Kind. Er war nicht anfällig; sicher hatte sein Körper im ersten Halbjahr sehr viel Abwehrstoffe gebildet. Er überwand spätere Krankheiten sehr leicht, aber ich war immer etwas besorgt um ihn. Erst mit 18 Jahren entwickelte er sich zum Mann.

Der Keuchhusten dauerte bis ins neue Frühjahr, bei ganz bestimmtem Wetter lag meine Familie nach einem Hustenanfall flach, sogar Hans. Goetz hat den Keuchhusten am geschicktesten bewältigt. Wenn er hustete und spuckte, stand er kurze Zeit später am Speiseschrank und füllte sich sein leeres Bäuchlein wieder voll. Bernd war ziemlich elend und mußte von Mutter sorgfältig gepflegt werden.

Im Herbst 37, als Jörg nicht mehr in Gefahr war, nahm ich Fahrunterricht und machte meinen Führerschein. Das war nötig, denn von Heinersdorf aus war es umständlich, einzukaufen. Wir sparten beim Volkswagenwerk, das sollte dann mein Wagen werden. Hans hatte den Trumpf Junior. Wir waren sehr stolz, daß wir nun endlich einen richtigen Wagen hatten. Vorher hatten wir einmal ein

Hanomag-Kommisbrot, und zwar 1932, alt gekauft für 300 Mark. Auch da waren wir sehr stolz, aber die Freude dauerte nicht lange. Im Sommer wollten wir mit ihm in Urlaub fahren. Mutter Klara betreute solange den Bernd und wir fuhren erwartungsfroh und sehr glücklich los. Es war unser erster richtiger Urlaub und die nachzuholende Hochzeitsreise. Bis Ebingen sind wir gekommen, da fing der Motor an zu rappeln. Wir mußten uns abschleppen lassen. Kurbelwellenbruch !!! Wir ließen den Wagen gleich dort stehen und fuhren geknickt mit der Bahn an den Bodensee; von dort in den Bregenzer Wald, weil es da so hübsch billig war. Den Hanomag hat Hans dann gleich verkauft für 100 Mark. Wir waren kuriert.

Mir fällt gerade ein, das war garnicht unser erster Urlaub zusammen. 1931 machten wir einen achttägigen Fußmarsch durchs Lautertal mit Rucksack und Wanderkleidung. Es war wunderschön und ich liebe das Lautertal von allen Albtälern am meisten; nur leider jetzt ist es keine unberührte Landschaft mehr und unsere gemütliche Wanderstraße ist garnicht mehr da. Wir mußten uns furchtbar ärgern, daß die Gastwirte immer mißtrauisch waren, wir seien kein Ehepaar. Dabei konnte man schon ein bißchen sehen, daß der Bernd mit von der Partie war. In Wirklichkeit war unser Ärger natürlich Lachen und lustige Wetten, wie wir das nächste Mal empfangen würden.

Ab nach Kassel!

Nach dieser kurzen Abschweifung gehts jetzt wieder weiter mit 1937.

Im Winter 37/38 kam Hans eines Tages zu mir und fragte mich: „Schatz, willst Du nach Kassel?" Ich wußte gleich, was das bedeutet, denn ich war schon gefragt worden, ob ich nach Berlin, Rostock, Kassel und Chile will. Hans hatte eine neue Stellung in Aussicht. Das mit Kassel war so: Während Hans' Krankheit, (Hans war ja so unglücklich bei Ruschmann) war die Stelle des Direktors der Versuchsanstalt Kassel-Harleshausen ausgeschrieben worden. Wir hatten davon gehört und haben gemeinsam im Krankenhaus ein Bewerbungsschreiben losgelassen. Wir wußten, daß Hans wenig Chancen hatte, denn Hans war ja noch nicht so bekannt, außerdem kam er aus der Bodenkunde und nicht so sehr aus der Chemie. Aber Hans brauchte etwas zum Planen, zum Denken und ein bißchen Spannung. Dr Meyer, der bei Wrangell mit Hans zusammen Assistent gewesen war, schrieb einen bösen Brief. Er habe sich auch beworben, und nun wären sie beide in Konkurrenz. Nun, wir schrieben sofort zurück, daß wir dann selbstverständlich keinerlei Chancen für Hans sähen, aber das sei nicht weiter schlimm; Hans hätte nur etwas Auftrieb nötig gehabt. Es wurde aber nicht Meyer und auch nicht Rheinwald, sondern Scheffer aus Göttingen. Nun hatte Scheffer Kassel nur als Sprungbrett benutzt und war Professor geworden. Glathe wurde sein Nachfolger, der auch bald Professor wurde. (Dr. Glathe kannte Hans aus Leipzig, er war dort Assistent bei Lönis gewesen.) Ich glaube, Glathe hatte der Landesbauernschaft in Kassel geraten, Hans zu fragen, ob er Interesse an der Stelle hätte. An sich war Hans in seiner Stellung in Landsberg sehr glücklich, aber sie hatte keine Aufstiegsmöglichkeiten, und Hans wollte ja weiterkommen. Kassel machte Hans große Versprechungen. Eine Erweiterung der Beratungsmöglichkeiten. Das lockte ihn. Er bewarb sich und bekam zum 1. April 1938 die Stelle. Verbunden mit ihr war eine wunderschöne Dienstwohnung, eine an die Versuchsanstalt angebaute Villa mit elf Zimmern und einem großen, wohlgepflegten Obstgarten. Als Hans mir das erzählte, war ich so begeistert, daß ich aus lauter Wonne eine Kaffeekanne in die Luft warf und leider nicht mehr auffing. Es hat schön geklirrt. Aber der Kontrast war auch wirklich zu groß. Viele schöne zentralgeheizte Zimmer, ein großes Badezimmer, zwei Klos im Haus, ohne Petroleumlampe zu erreichen, richtiges klares Leitungswasser, ohne Eisengehalt und Rattenhaare (beides hatte es nämlich in Heinersdorf gegeben, bei dem primitiven Wasserreservoir und der schlechten Quelle). Alle Böden waren mit Linoleum belegt, die Fenster hoch und hell, die Küche groß und mit Gas- und Warmwasserversorgung. Wir durften darin ganz allein wohnen, ohne störende Nachbarn, die gabs nämlich in Heinersdorf auch noch. (Kuhfelds, unsre Mitbewohner im Heinersdorfer Haus, waren so primitiv und fast asozial, daß man ihnen die Tatsache, daß sie nicht klauten als eine unerwartete Tugend zurechnen mußte. Wir haben uns mit ihnen nicht gezankt, aber sie waren auch nicht gerade angenehm).

Also mußte ich mal wieder Packen, ich tat es gern. Der Abschied von Landsberg war nur von Dr. Schreuder schmerzlich, die anderen standen uns nicht so nah. Preuschen war schon seit einiger Zeit mit seiner technischen Gutsberatung nach Eberswalde gezogen. Er selbst wohnte mit seiner Familie in Röstenberg, auf dem Gut seines reichen und großkotzigen Schwiegervaters.

Damit will ich zunächst meinen Bericht abschließen. Ich muß den Oktober benutzen, um zu schneidern für die Kinder und Enkel. Im November werde ich zu Hanna nach Lüneberg fahren, um ihr zweites Kindchen in Empfang zu nehmen, d.h. natürlich, um

Hanna zu pflegen, Ulrike, Hans Karl und den alten Herrn Mann zu bekochen und so lange zu bleiben, bis Hanna wieder allein wirtschaften kann. Dann kommt die Weihnachtszeit. Hoffentlich kann ich dann wieder hier am Schreibmaschinentisch sitzen und weitererzählen, wie es uns in Kassel erging.

Nun ist es Februar geworden, und ich sitze wieder mal an der Maschine zum Weiterschreiben. Hanna hat ihren Andreas am 2.12.69 bekommen. Da er sich verspätet hat, mußte ich bis kurz vor Weihnachten in Lüneburg bleiben. Wir haben nicht nur Andreas' Ankunft gefeiert, sondern auch Hans Karls Ernennung zum Landgerichtsrat. Wir waren alle sehr stolz darüber, denn Hans Karl wurde zum frühest möglichen Termin ernannt, ein Zeichen, daß nicht nur wir ihn schätzen. Dann kam Wulf, der mit Friedel und mir Weihnachten feiern wollte am 22.12. abends. Er war sehr abgekämpft und nervös, denn er sitzt mitten im Staatsexamen und hat wohl nicht die Art, so etwas mit leichter Hand zu bewältigen. Ich habe ihm viel Mut machen müssen. Jetzt Mitte Februar, wo er die Hälfte der Prüfungen hinter sich gebracht hat, sagte er mir zum ersten Mal, daß er sich nun nicht mehr so sehr aufregt vor der Prüfung und es mit einem kräftigen LMA² auf sich zukommen lasse. Am 2. Weihnachtsfeiertag kamen dann Jörgs. Sie sind ja eine äußerst aktive Bande, die Kinder reizend, aber anstrengend; Hanni etwas abgekämpft und müde. Es war zuerst etwas viel für mich, weil ich selbst in Lüneburg eine ganze Menge einsetzen mußte, und an Weihnachten habe ich dann leider gemerkt, daß ich eben doch älter werde und mich manches anstrengt, was ich früher garnicht gemerkt hätte. Nun, nach ein paar Tagen hatten wir uns auf einander eingestellt und dann hatten alle eine nette Zeit über Silvester. Es war ja herrliches Winterwetter, fast zu viel Schnee. Die Kinder konnten auf den Wiesen herrlich rodeln. Klaus und ich haben wieder zusammen gebastelt, er durfte auch bei mir schlafen, Knut baute mit seiner bedächtigen Art mit den Klötzen und Jutta wuselte vergnügt rum. Goetzens kamen am 6.1. schnell für eine Nacht vorbei, bei der Heimfahrt von Hamburg nach Möggingen. Na und Bernds kamen dann auch mal zwischendurch, der leider bei ihnen übliche konventionelle Besuch. Bis heute hatte ich noch viel anderes zu erledigen, so daß ich nicht zu meinem Bericht kam. Man kann ja nicht so zwischendurch fünf Minuten an die Maschine gehen, ich muß schon vorher genügend lange in die Vergangenheit zurückkehren und muß dann wissen, daß ich auch Zeit und Ruhe habe, das Geformte niederzuschreiben.

Am 31. März 1938 war es dann so weit, die Möbel waren in einem richtigen Möbelwagen, (das konnten wir uns diesmal leisten), wir fuhren mit dem Trumpf Junior vergnügt und hoffnungsvoll ab. Ein Abstecher nach Mattheshöhe, und am 1.4.37 fuhren wir durch bis Kassel. Die erste Nacht im Hotel war etwas aufregend, denn Goetz, unser Phlegmatiker, war so verängstigt von der neuen Umgebung, daß er die ganze Nacht wie am Spieß schrie, obwohl ich ihn zu mir ins Bett nahm. Zwei Herren vom Arbeitsdienst, die nebenan wohnten, zogen in der Nacht um, denn sie konnten nicht schlafen. Am nächsten Morgen waren unsre Möbel angekommen, und wir fuhren nach Harleshausen in unsre neue Heimat. Das Haus war wirklich überwältigend für uns. Ich war begeistert. Hans und ich einigten uns sofort darüber, daß in das große Zimmer mit der Tür zur Veranda und Garten Hans' Arbeitszimmer käme, dass anschließend das Eßzimmer und daneben das Kinderzimmer kämen. Aber da fing schon die Debatte an: Herr Otto, von Beruf Bürovorsteher und, wie wir bald merkten, Allmächtiger der Versuchsanstalt, stand in der Eingangstür und dirigierte unsere Möbel in die Räume, wie er es für richtig hielt, und wie es bisher gewesen war. Danach war das große Zimmer das Speisezimmer und die beiden kleineren Herrenzimmer und Salon. Die Kinder kamen selbstverständlich nach oben. Nun, wir hatten gar keine Salonmöbel und wollten auch solchen Unsinn garnicht haben. Es hatte den Anschein, als ob wir eine geheiligte Tradition brechen wollten. Wir brachen! Herr Otto zog sich tief gekränkt zurück, und ich konnte nun endlich meinen Einzug so machen, wie er mir paßte.

Jörgs erster Schritt

Hans verzog sich schleunigst in sein Büro in der Versuchsanstalt, er haßte Umzüge und erschien am Liebsten erst wieder, wenn die Möbel standen, die Lampen hingen und möglichst auch die Vorhänge. Mit denen ging es nicht so schnell. Der Kontrast zwischen Heinersdorf und Harleshausen zeigte sich am deutlichsten an den Vorhängen, denn die früheren Fenster waren kleiner als normal und die neuen waren riesig. Sie waren so groß, daß wir lange Zeit einen Fensterputzer mieteten, denn Hilda und ich konnten sie kaum erreichen. Ich fand die Weiträumigkeit und den vielen Platz herrlich. Man mußte viel laufen, aber das hat mich nie gestört. Die große breite Treppe im Haus sind wir manches Mal auf dem Hosenboden runter gerutscht. Im ersten Stock gab es einen praktischen Arbeitsraum, in dem die Nähmaschine, ein großer Tisch zum Bügeln und Zuschneiden und ein Schrank waren. Alle Flick- und Näharbeiten und das Bügeln konnten dort erledigt werden, ohne daß andere Zimmer dazu unordentlich gemacht werden mußten. Ich habe ihn sehr genossen. Ich glaube, das war unsre schönste Wohnung, selbst das eigene Haus in Birkach war nicht so großzügig. Der Garten war groß und gut gepflegt und mit

Mutter mit Goetz 1938

64 Obstbäumen bestanden, die im ersten Jahr zwar kaum trugen, weil ein später Frost die Blüte zerstörte. Im Jahr drauf brachte er aber eine so reiche Ernte, daß wir sie kaum bergen konnten. Ein großer Rasenplatz, Schaukel und Sandkasten war für die Kinder ein herrlicher Spielplatz. Ich habe die ersten Jahre in Harleshausen sehr genossen. Es war eine sorglose, wohlhabende Zeit mit Theaterabonnement, eleganten Kleidern, guten Gesprächen mit Fräulein Jürgensen, einer zwar wesentlich älteren, aber modernen und klugen Frau.

Hans mußte leider bald merken, daß er es beruflich nicht so gut getroffen hatte. Durch den häufigen Wechsel in den letzten Jahren, hatte sich Herr Otto viel Macht angeeignet, in den einzelnen Abteilungen wurstelte jeder für sich selbst, und Hans mußte zunächst viel laufen lassen, weil ihm manches fremd war. Er verstand nicht viel von Pflanzenschutz und Meyer-Hermann war in grober Klotz und ließ sich nicht zu guter Zusammenarbeit gewinnen. Die milchwirtschaftliche Abteilung war nur lose angeschlossen, die Lebensmittelabteilung arbeitete völlig selbständig. Einige der Herren waren auch verschnupft über den jungen Chef, denn Hans war der Jüngste von allen. Nun war ja Hans alles andere als ein Despot, er versuchte mit Verbindlichkeit und Kameradschaft Kontakt zu bekommen. Aber es wurde ihm nicht leicht gemacht. Der Leiter der Bodenuntersuchungsabteilung ging bald fort, und so konnte Hans wenigstens dort seine Pläne verwirklichen. Er baute die Abteilung gründlich aus und begann mit der vertraglich verabredeten großen Bodenuntersuchungsaktion, und der dazu geplanten Beratung im Stil der Landsberger Zeit. Dabei stieß er aber auf den Widerstand der hessischen Bauern, die meinten, das könne er bei seinen charakterlosen Junkern in Ostdeutschland versuchen, sie aber ließen sich nicht dreinreden. Bei der Landesbauernschaft fand Hans keine Unterstützung. Dort wurde vor allem Politik gemacht, und Hans galt als ein schlechter Nationalsozialist, weil er sich um Politik nicht kümmern wollte. Er war zwar 1938 automatisch in die Partei aufgenommen worden, aber er stand auf dem Standpunkt, er sei als Wissenschaftler auf seinem Platz und nicht als Politiker. Er war sehr enttäuscht von seinem Amt in Hessen, und darum lehnte er es auch damals ab, in den Beamtenstand zu gehen. Er wollte es sich nicht verbauen, Hessen eines Tages wieder zu verlassen. Ich habe ihm nie in seine beruflichen Pläne hineingeredet. Ich habe immer gesagt, Hans solle das machen, was er für das Richtige halte. Obwohl ich liebend gern in dem schönen Haus weitergelebt hätte, wäre ich sofort wieder umgezogen.

Inzwischen hatten sich die politischen Wolken schon ganz bedenklich zusammengezogen. Schon der Anschluß Österreichs, dann die Besetzung der Tschechoslowakei, das Münchner Abkommen hatten uns besorgt gemacht. Wir fürchteten, daß ein weiterer Schritt Hitlers zu einem Krieg führen könnte. Und das Polenproblem war ja noch nicht gelöst. Polen hatte im Versailler Vertrag Oberschlesien mit dem ganzen Kohlengebiet, dazu Westpreußen bekommen. Mit welcher Begründung weiß ich nicht, aber es war natürlich keine Lösung für das wiedererstarkte Deutschland, daß die Polen einen Ostseehafen haben mußten, und wir deshalb nur einen ‚Korridor‘ nach Ostpreußen bekamen. Wir fühlten uns einfach so zu Deutschland gehörig, daß wir auch einen Krieg, zwar mit bangem Herzen, in Kauf genommen hätten. Übrigens die Plünderung und Zerstörung der jüdischen Läden und wohl auch der jüdischen Kirche in Kassel, zu der die SA-Leute aufgerufen wurden, haben Hans und sein Mitarbeiter, den er aus Landsberg mitgebracht hatte (ich weiß seinen Namen nicht mehr; er war auch bei der SA) einfach nicht mitgemacht. Es hat keinem von beiden geschadet. Es hat überhaupt keiner davon Notiz genommen, daß sie nicht dabei waren.

Weihnachten feierten wir mit unsern drei Buben und Großmutter Rheinwald sehr vergnügt, zwischen Weihnachten und Neujahr kam dann Mutter dazu. Sie kam so gern zu uns, das großzügige Haus und unsre Fürsorge taten ihr gut. In Mattheshöhe war alles so beengt, Walter und Elsbeth hatten auch schon zwei Jungs, und das Haus war so eng und primitiv, und alle mußten zusammenrücken. Da genoß Mutter die Zentralheizung, das schöne Bad so recht von Herzen. An Silvester saßen wir gemütlich zusammen, als es 12 Uhr schlug, sprang ich auf, lief ins Eßzimmer, ich wollte die andern nicht merken lassen, daß

Unsere drei Jungs 1939

ich die Tränen nicht zurückhalten konnte. Was brachte wohl 1939? Alles sah so bedrohlich aus, und ich hatte solche Angst um Mutter. Unsere fröhliche, trotz aller Sorgen so lebensmutige Mutter war so bedrückt. Sie klagte oft über Schmerzen im Kreuz, im Genick und auf mein flehentliches Bitten, mit mir zu einem tüchtigen Arzt zu gehen und sich generaluntersuchen zu lassen, wollte sie nicht hören. Wäre ich energischer gewesen, hätte sie bestimmt rechtzeitig operiert werden können, aber wir waren einfach gewöhnt, zu gehorchen und hätten Mutter nie zu etwas gezwungen, was sie nicht wollte. Mutter Rheinwald reiste ab, und meine Mutter blieb noch bis Ende Januar bei uns. Sie feierte unsere Geburtstage und konnte sich auch dann noch nicht trennen. Sie gehörte mehr zu ihren Töchtern als zu ihrem Mann, und bei Walter und Elsbeth war sie zwar nicht ungern, aber es war doch nicht so ganz ihr zu Hause. Ich glaube, sie hat furchtbar darunter gelitten, daß wir Mädels fortgingen, Hiltraut und ich verheiratet, Friedel in Berlin bei ihrer Musik.

Friedel hat lange gebraucht, bis sie es durchsetzte, daß sie eine Berufsausbildung bekam. Sie hat dann Gitarre und Akkordeon gelernt, hat ihr Examen als Lehrerin gemacht und war in Berlin an einer Musikschule. Außerdem spielte sie in einem Orchester. Als Mutter abreiste, durfte ich sie nur zum Bahnhof Harleshausen bringen. Sie haßte Bahnhofsabschiede genau so wie ich, und als der Zug fort war, rannte ich heulend nach Hause, der Abschied war mir noch nie so schwer gefallen. Ende März mußte Mutter ganz schnell zu Hiltraut nach Breslau fahren, denn Hiltraut drohte eine Fehlgeburt. Mutter pflegte Hiltraut und fuhr dann mit Rüdeger, Hiltrauts Ältestem, der schon acht Jahre war und ein etwas schwieriges Kind, nach Mattheshöhe zurück. Rüdeger kam dort in die Schule, denn Hiltraut mußte sich schonen.

Mutters Tod

Am 15. April kam von Vater die Nachricht, daß Mutter im Krankenhaus an einem vereiterten Blinddarm operiert worden sei, daß es ihr sehr schlecht ginge, und wir auf das Schlimmste gefaßt sein müßten. Ich war so verzweifelt, denn ich wußte sofort, daß Mutter nicht mehr gesund würde. Ihr Lebenswille war zu zerbrochen. Ich bin am selben Abend nach Mattheshöhe gefahren, kam am 16. mittags dort an, um zu erfahren, daß es mit Mutter zu Ende ging. Wir haben sie nicht mehr gesehen, denn sie wollte nur Walter bei sich haben. Walter sagte uns, daß sie sanft hat sterben dürfen. Hinterher habe ich aber erfahren, daß das nicht wahr war. Mutter hat nicht gewollt, daß wir erfahren, wie furchtbar sie sich hat quälen müssen. Unsere tapfere Mutter! Auch im Tod wollte sie uns Kummer ersparen. Sie hätte wirklich einen sanfteren Tod verdient, ihr Leben war schwer genug!!

Nach der Einäscherung, nur Vater, Walter und ich waren bei der stillen Feier, reiste ich nach Hause, nahm Rüdeger mit. Mutters Urne haben wir im Mattheshöher Birkenwäldchen begraben dürfen, dort an einem Stein ohne ihren Namen haben wir Frühlingsblumen gepflanzt und an Weihnachten einmal mit den Kindern Lichtlein aufgestellt und „Hohe Nacht der klaren Sterne, die wie weite Brücken stehn, über einer klaren Ferne, drüber unsre Herzen gehn" gesungen, eins der schönsten Lieder aus der nationalsozialistischen Zeit. Sonst lebt sie noch heute in unsern Herzen weiter *(ich bin jetzt 80 Jahre alt, ihr Bild hängt an meinem Bett, und ich sage ihr oft ein liebes Wort und einen Gute Nacht-Gruß),* und die Erinnerung wird erst erlöschen, wenn wir nicht mehr sind, denn Rüdeger und Bernd, die sie noch kannten, haben kaum eine Erinnerung an ihre Güte, ihre Selbstlosigkeit und ihren frohen Sinn.

Ich hatte Anfang 1939 zweimal in den ersten Anfängen eine Fehlgeburt, unsre liebe Frau Dr. Kuhn (ein ähnliches Goldstück wie Schreuder) meinte, ich solle mal noch ein bißchen warten mit dem Nächsten, danach könnte ich noch viele Kinder ohne Gefahr bekommen. Nun, es war ja nicht so eilig, aber ich wünschte mir so sehr ein Mädchen und Jörg war ja schon zwei Jahre alt. Außerdem hatte ich Angst, wenn es Krieg gibt, daß es dann vielleicht leichtsinnig wäre, Kinder zu kriegen.

Der Sommer 1939 war herrlich in dem großen Garten mit jeder Art von Obst, mit seinem großen Rasenplatz. Bernd und Rüdeger waren dicke Freunde, sie gingen miteinander zur Schule in Harleshausen, machten ihre Schularbeiten zusammen. Für Bernd war das besonders nett, denn die vier Jahre Altersunterschied zwischen Goetz und Bernd waren in dem Alter doch sehr zu merken. Goetz und Jörg hatten sehr viel mehr Gemeinsames. Hans hatte in der Versuchsanstalt nicht sehr viel zu tun, er konnte viel im Garten arbeiten, was er immer besonders genoß. Abends tollte er mit den Jungs, das war immer eine große Gaudi.

DER ZWEITE WELTKRIEFG

Kriegsbeginn

Es gab eine sehr reiche Obsternte, Hilda und ich hatten eine Menge einzumachen. Unser Vorratskeller füllte sich mit Gläsern voll Kompott und Marmelade. Da die politische Lage immer ernster wurde, riet mir Hans, so viel wie möglich einzumachen. Und dann brach das Verhängnis über uns herein. Im August marschierten wir in Polen ein und England und Frankreich erklärten uns den Krieg. Ich will vom Krieg nur so viel schreiben, wie er uns in der Familie traf. Wir nahmen ihn nicht leicht, aber wir waren entschlossen, in ihm durchzuhalten und unser Schicksal auf uns zu nehmen. Wir saßen mit in dem Schiff, wohin es auch immer fuhr. Hans und ich glaubten sofort, nachdem der Krieg durch England und Frankreich ausgeweitet wurde, daß es zweifelhaft sei, ob wir ihn je gewinnen könnten. Ich seh uns beide noch in Hans' Zimmer stehen, erschüttert von der Mitteilung im Radio, daß England und Frankreich die Auseinandersetzung so ausweiteten. Mir lief ein kalter Schauer über den Rücken, und ich umarmte Hans. Er streichelte mich und tröstete mich so gut er konnte und meinte dann: „Wie auch der Krieg ausgehen mag für uns, vielleicht gehen wir daran zu Grunde, aber Englands Weltmacht ist dann auch zu Ende. Die Engländer können es nicht allein schaffen. Amerika wird der Gewinner sein". Ich habe damals nicht verstanden, woher er das wußte, aber es ist doch eindeutig so gekommen. Wir sind zu Grunde gegangen und haben England mitgerissen. Hätten wir zusammengehalten, es wäre für ganz Europa besser gewesen. Armes Deutschland! Sechs Jahre haben wir mit höchstem Einsatz gegen die halbe Welt standgehalten, dann sind wir von einer Diktatur befreit worden, und dann hat uns, jeden einzelnen Deutschen, die Welt zum Sündenbock gemacht und schmäht uns seither.

Zunächst merkten wir vom Krieg nicht viel. Es gab zwar Lebensmittelkarten, aber die Rationen waren reichlich, es gab Kleiderkarten, das war schon unangenehmer, denn Hans hatte mir verboten, im Verdacht auf einen bevorstehenden Krieg, für die Kinder reichlich einzukaufen. Hamsterkäufe waren so peinlich und wir standen ja immerhin im Blickpunkt der Leute. Da das Saargebiet von der Zivilbevölkerung geräumt wurde, und sehr viele nach Kassel kamen, wurden diese Evakuierten bevorzugt mit Bezugsscheinen versorgt, und wir mußten um jeden Bezugsschein kämpfen. Das war mühsam, denn Bernd wuchs damals aus allem heraus. Hiltraut hatte im September ihr fünftes Kind bekommen, Dietmar. Inzwischen hatte sie sich auch so weit erholt. Ich brachte ihr Anfang Oktober Rüdeger zurück.

Endlich eine Tochter – Hanna!

Hans hatte inzwischen an seiner Habilitationschrift gearbeitet, hatte sich im Dezember in Hohenheim habilitiert und dann durchgesetzt, daß er nicht UK gestellt wurde, denn die Arbeit an der Versuchsanstalt befriedigte ihn nicht, und er litt, wie viele Männer seines Alters darunter, daß er in diesem Kampf über Leben und Tod nicht an der Stelle stehen sollte, wo ein gesunder Mann stehen sollte, nämlich an der Front. Ich merkte, wie unglücklich er war, und als er mich bat, ihn gehen zu lassen, konnte ich garnicht anders, als ihm mein Einverständnis zu geben, sich freiwillig zu melden. Ich konnte ihn so gut verstehen, daß er sich nicht ‚drücken' wollte. Etwa im September 1940 wurde er eingezogen. Vorher hatten wir noch die große Freude, daß Hanna bei uns erschien. Am 10. Juli in der Nacht um 11 Uhr wurde sie bei Frau Dr. Kuhn im Entbindungsheim geboren. Es war ein großes Entzücken. Ich war einfach überglücklich. Wenn die kleine Person noch zwei Stunden gewartet hätte, dann hätte sie mit meiner Mutter am selben Tag Geburtstag gehabt. In der Erinnerung an Mutter und aus Freude, daß wir nun ein Mädchen hatten, bat ich Hans, sie nicht Bärbel zu nennen, sondern ihr den Namen Hanna zu geben. Es

1940 kam Hanna, unsere Tochter

war so typisch für uns beide, Hans und mich, daß Hans bei seinem Besuch in der Klinik, wo er sogar, oh Wunder, mit einem großen Blumenstrauß erschien, mir sagte, er hätte das Kindchen doch lieber Bärbel genannt, und ich darauf sagte, ich sei natürlich einverstanden. Hans lachte darauf und sagte, das sei sehr nett von mir, die Kleine heiße aber trotzdem ,Hanna'.

Wir sind froh, daß Hanna immer mit ihrem für damalige Verhältnisse sehr altmodischen Namen zufrieden war.

Hans Soldatenzeit war leicht verrückt. Ich kann es nicht anders erzählen. In Langensalza wurde er ausgebildet, wir Ehefrauen durften unsere Männer besuchen und fanden da eine Bande von übermütigen, von allen Fesseln befreiten jungen Männern vor, die vor jedem milchgesichtigen kleinen Leutnant zackig stramm standen und das auch noch lustig fanden. Hans war mit ein paar Bekannten zusammengetroffen, Landwirtschaftslehrern seines Alters. Sie übten fleißig Soldat zu sein. Danach kam Hans als Fahrer auf einen Ersatzflughafen in Thüringen. Er wurde ausgerechnet Fahrer des Flugplatzkommandanten, eines Reserveoffiziers, der im Zivilberuf eine Brauerei hatte. Eines abends wünschten der Herr Oberleutnant in die nächste Stadt zu fahren. Da er selbst fahren wollte, mußte Hans hinten neben einem jungen Leutnant Platz nehmen. Vorne saß der Chef am Steuer, ein anderer Leutnant neben ihm. Der junge Mann neben ihm war der Stabsarzt, wahrscheinlich gerade mit seinem Staatsexamen und seiner Promotion fertig. Hans döste vor sich hin, dachte an Briefe, die von der Versuchsanstalt gekommen waren, er mußte da verschiedene Entscheidungen treffen. Der Herr Oberleutnant drehte neben sich das Fenster runter und fragte höflicherweise nach hinten. „Zieht es nicht, Herr Doktor?" und Hans antwortete eben so höflich, „Nein, nein, ich merke garnichts". Das betretene Schweigen, das nun folgte, ließ Hans erst merken, daß er garnicht gemeint war, und daß er aus seinem Inkognito ‚Flieger Hans Rheinwald' hinausgeschlüpft war. Nach einer Weile fragte dann der kleine Mediziner ganz vorsichtig, wer und was Hans im Zivilleben sei. Und nun sagte Hans, daß er sogar in Hohenheim habilitiert sei. Am Nachmittag des nächsten Tages, kurz vor Weihnachten, wurde Hans an die Kanalküste versetzt, als Kraftfahrer bei einer Stuka-(Sturzkampfflieger) Einheit. Er kam zu der später so berühmtem Staffel des Oberstleutnant Rudel. Hans kam über Kassel, sagte mir, daß er sich wahnsinnig freue, von dem langweiligen E-Flughafen wegzukommen. Offenbar war dort ein akademisch gebildeter Chauffeur unbequem. Aber mit Weihnachtsurlaub sei es jetzt natürlich Essig. Wenn er so neu bei einer neuen Einheit sei, müsse er natürlich zurückstehen. Hans fuhr also in die Bretagne, und in der Nacht vor Heilig Abend wachte ich plötzlich auf, weil ich einen energischen Schritt auf der Straße hörte, der mir bekannt vorkam. Ich horchte, und gleich darauf läutete es Sturm bei uns, und Hans stand lachend und schwer beladen vor mir. Kaum war er bei seiner neuen Einheit angekommen, da kam der Befehl, alle Väter vortreten. Hans trat mit vor. „Ihr kriegt alle Weihnachtsurlaub." Hans wollte es garnicht glauben, aber es wurde ihm verkündet, bei ihnen herrsche gleiches Recht für alle, da sei es ganz gleich, wie lange er schon da sei, Vater sei Vater, ab mit ihm in die Heimat! Und so kam es, daß er gerade noch Weihnachtsgeschenke kaufen konnte. In Frankreich gab's noch viel, und die Bevölkerung verkaufte es bereitwillig für gutes Geld. Es wurde ein herrliches Weihnachtsfest, weil Hans das netteste Geschenk für uns war.

Von Frankreich aus wurde Hans nach Südosten verlegt und machte dann den ganzen Balkanfeldzug mit. Er fuhr einen schweren LKW, das war zwar anstrengend, aber es hatte große Vorteile, denn die Fahrer hatten immer ihr Bett bei sich, sie waren nicht auf mehr oder weniger bequeme Quartiere angewiesen. In den Thermopylen war es so eng, daß Hans beim Ausweichen vor einem entgegenkommenden LKW in den Abgrund stürzte.

124

Am 7.8.89 fand ich beim Kramen in alten Papieren diesen Brief: Er ist etwas angebrannt an den Ecken, sehr schlecht zu entziffern, aber ich bin so entzückt, ihn so absolut zufällig gefunden zu haben, daß ich ihn hier abschreiben werde:

„ Mein liebster, allerliebster Schatz! Heute abend wollte ich Dir sowieso schreiben, nun hab ich Deinen langen Brief vom 17.IV. bekommen mit dem (nicht leserlich, weil angekohlt). Vielen vielen Dank. Er hat mich sehr gefreut, denn von Dir hatte ich nun schon lange keine Nachricht, der letzte von deiner Hand waren die Briefe von Goetz und Jörg. Es freut mich sehr, daß Du inzwischen Briefe von mir bekommen hast und zwar gleich 7 auf einmal. Seit dem letzten Brief, der gleich am Anfang des Einsatzes geschrieben war, haben wir allerdings schon viel erlebt. Gestern sind wir nach 2-tägiger langer Fahrt wieder auf einem neuen Platz angekommen. Der Krieg ist allerdings ziemlich zu Ende, alles hat Ruhe. Am 30.IV. abends, grad bei dieser Verlegung, wäre es mir beinahe schlimm ergangen. Mein Wagen tat nicht mehr, ein anderer schleppte mich ab, furchtbarer Staub vor uns, wir überholen eine bespannte Kolonne, ich muß wegen eines scheuenden Gauls links raus, und rutsche eine Böschung runter, der Wagen überschlägt sich und bleibt auf dem Rücken liegen, ich mit meinem Beifahrer liege unten drunter. Sie haben uns gleich rausgeholt, uns beiden war nicht das Geringste passiert, nur ich hatte mein Knie wieder verstaucht. Ziemlich trübselig verbrachten wir die Nacht neben unserer fahrbaren Heimat, besonders ärgerlich war, daß nur noch 200 m weiter unser Nachtquartier war. Am Morgen sah alles anders aus. Alle Mann faßten an, die Ladung wurde unten vorgezogen, der Baum, an dem der Wagen hängen geblieben war, wurde abgesägt, dann ho ruck, und der Wagen wurde nochmals um 180 Grad gedreht und stand wieder auf den Rädern und lief sofort wieder. Aufgeladen und dann fuhr ich an dem Tag noch 200 km mit ihm. Daran kannst Du sehen, daß ich ohne Schaden daraus hervorgegangen bin, mein Knie ist noch dick, aber ich kann laufen. Ich hatte nur Angst, wie ich unten lag, er könne anfangen zu brennen, weil ich lauter Benzinfässer geladen hatte. Von meinem ganzen Hab und Gut ist nichts verloren gegangen, außer meinem Füllfederhalter, der beim Verladen verloren ging. Alles ein furchtbares Schwein. Wenn wir in der Schule mit der Schlacht bei den Thermopylen gequält wurden, habe ich nie gedacht, daß ich dort noch so etwas erleben würde. Nun spiel aber bitte nicht ‚Reiter über den Bodensee‘, den fand ich immer blöd. – Mit der ersten Post heute kam Mutters Osterpäckchen zusammen mit Deinem Brief, ein ‚Reich‘ von Suse. Wir liegen gemütlich in unserm Zelt auf den Strohsäcken bei elektrischem Licht, hören prima Tanzmusik, haben auch seit vielen Tagen wieder Nachrichten gehört, unser PKW-Fahrer erzählt von der großen Parade, die er heute gesehen hat. Wir haben 10 Minuten bis zum Meerestrand zu laufen, aber es ist felsig und hat viel Seeigel. Ich war wegen meines Knies bis jetzt noch nicht da. Ich hab außer den Verlegungen nicht viel zu fahren, weil ich den Tankwagen für die

Kraftfahrer hab. Höchstens meine Fässer an einem Tanklager wieder auffüllen. Auch die meisten stehen mit ihren Wagen am Platz. Nur wenige haben da was zu fahren. Manchmal allerdings ist der ganze Laden in 5 oder 6 verschiedenen Kommandos in der ganzen Welt verstreut, sodaß man denkt, sie fänden sich nie mehr zusammen. ... Schreib mir gleich, ob die 6 Filme angekommen sind, die ich einem nach Hause fliegenden OFw. mitgegeben habe. Laß sie gleich entwickeln. Alles, alles Gute Dein getreuer Hans."

Glücklicherweise fing ihn ein dicker Baum ab, und er konnte mit seinem Beifahrer rauskriechen. Sie wurden dann wieder hochgezogen, und Hans fehlte garnichts als sein Füllfederhalter. Ich weiß nicht genau, ob sie in Piräus geblieben sind, oder ob sie noch durch den ganzen Peleponnes gekommen sind. Jedenfalls hat die Staffel Kreta bombardiert, und die Fahrer waren auf der Achse, um das nötige Material herbeizuschaffen. Hans war natürlich begeistert, so Griechenland zu sehen und zu durchfahren. Bevor Kreta endgültig in deutscher Hand war, wurde das Bodenpersonal, zu dem ja Hans gehörte, des 8. Armeekorps ganz schnell verladen, und die nächste Nachricht, die ich von Hans bekam, ließ erkennen, daß er in einem Eiltransport nach Ostpreußen verlegt worden war. Er durfte den Standort nicht angeben, das war verboten, aber ich konnte es doch herauslesen. Nur zu bald wußte ich, warum Hans nach Ostpreußen verlegt worden war, denn der Rußlandfeldzug begann wieder mit Stukaangriffen, und Hans war da dabei. Und zwar immer vorne dran. Es war eine bange Zeit für mich. Mit Beginn des Winters kam Hans zurück in die Heimat, d.h. er ging in Kloster Melk in Österreich in Winterquartier.

Damals wurde er für die Militärverwaltung in Rußland angefordert. Ich wollte gerade abreisen, um ihn in Melk zu besuchen, da kam ein Telegramm, daß er nach Hause käme, da er als landwirtschaftlicher Sachverständiger in die Militärverwaltung der Ukraine abgerufen sei. Nach kurzer Ausbildung ging Hans als Kriegsverwaltungsrat im Majorsrang in den Osten. Dort blieb er bis zum Rückzug aus Rußland. Als sein Treck mit dem erarbeiteten, wissenschaftlichen Material im Januar 1945 über die Oder zurück ging, blieb er an der Oder und meldete sich zur Verteidigung im Osten. Der Spuk war für ihn bald zu Ende, denn in den teuflisch kalten Nächten erfror er sich die Füße und mußte ins Lazarett, wo ihm Zehen amputiert werden mußten. Damit war für ihn der Krieg zu Ende. Den Waffenstillstand erlebte er dann in Mölln im Lazarett, in dem er dann noch in englische Gefangenschaft geriet.

Ich habe Hans' Kriegserlebnisse im Zusammenhang schildern wollen. Nun werde ich erzählen, was die Kinder und ich erlebten. Hans ist ja ganz glimpflich davon gekommen. Ich glaube, die größte Sorge in dieser Zeit war die große Angst um uns, denn wir lebten mindestens so gefährlich wie er, wenn nicht sogar in noch größerer Unsicherheit. Schon bei Hannas Geburt bin ich sehr frühzeitig in die Klinik gegangen, weil man nicht mehr sicher war, ob es nicht Fliegeralarm geben könnte. Das war 1940. Nach und nach verging kaum mehr eine Woche ohne nächtliche Störung. Zuerst gingen wir in den Gemeinschaftskeller der Versuchsanstalt. Es war aber so unangenehm mit den verschlafenen Kindern in dem ungepflegten Raum zu sein, daß ich in unserm Haus einen Kellerraum herrichtete. Wir konnten Luftschutzbetten bekommen, einfache, stabile 2-stöckige Bettgestelle. (Wir haben sie bis 1952 benutzt). Dort hatte dann jedes Kind sein Bett mit Kissen und Decke und konnte ganz schnell hingelegt werden. Bernd, Hilda und ich saßen in hoher Spannung, ich in Angst um die Kinder, Bernd voll Abenteuerlust und Freude an der Gefahr, und Hilda ruhig und besonnen und bereit, zu helfen.

Mattheshöhe zum Ersten

Beim Beginn des Rußlandfeldzuges schrieb Walter mir, ob ich nicht nach Mattheshöhe kommen wolle. Er hielte es nicht aus, zu Hause zu sitzen. Er wolle sich freiwillig melden. Vater redete ihm sowieso mehr denn je drein, das bißchen Buchführung könne mir Hanne Meyer, sein Freund, der Buchführer bei einem größeren Landwirt war, schnell beibringen, und den Hof könne Elsbeth sehr wohl allein verwalten. Nachdem ich mich mit Hans darüber unterhalten hatte, er war gerade im Urlaub da, ging ich mit den Kindern nach Mattheshöhe. Mich hielt ja nichts in Kassel und das eine war sicher, die Nächte waren in Mattheshöhe bestimmt ruhiger.

Durch Hans' Urlaub reiste ich etwas später, und als ich ankam, war Walter bereits eingezogen, und zur Ausbildung in Stettin. Ich konnte mich von ihm nicht einweisen lassen, und Vater hatte die Bücher an sich genommen. Rechnen konnte mein Vater, (zwar nicht mit Geld, aber mit Zahlen), aber von Landwirtschaft, und worauf es dabei ankommt hatte er keine Ahnung. Er rechnete also die Bücher mathematisch durch und stieß dabei auf Fehler, belanglose und völlig uninteressante, aber Fehler. Ich wollte das mit Hanne Meyer durchsprechen, aber Vater bekam einen seiner unangenehmsten Koller, er fühlte sich als der betrogene Besitzer von Mattheshöhe und rief mich nur noch, wenn er eine neue Unstimmigkeit entdeckt hatte. Ich habe wirklich versucht, auszugleichen, aber eines Tages war dann meine Geduld zu Ende. Als er mal wieder von Walter nur noch von dem Betrüger sprach, platzte mir der Kragen, und ich sagte ihm sehr gründlich und unverholen meine Meinung. Als ich in meinem Temperament das Wort „Pfui" sagte, behauptete er, ich hätte ihn angespuckt, was natürlich blanker Unsinn war. Er verlangte, daß ich mich dafür auf Knien bei ihm zu entschuldigen hätte. Walter kam aus Stettin rüber, versuchte Vater zu beruhigen, aber es nutzte nichts, denn Vater schwelgte in diesem Krach. Ich kannte das alles von früher, ich war so froh, daß ich nach meiner Heirat solch widerliche Szenen nicht mehr erleben mußte und erklärte deshalb, daß ich mich weder so oder so entschuldigen würde, denn alles, was ich gesagt hätte, sei meine ehrliche Meinung von Vater, und ich würde eben wieder abreisen und Vater allein wirtschaften lassen. Ich habe natürlich damit Walter und Elsbeth im Stich gelassen, aber so wie Vater veranlagt war, hätte er nur Walter, Elsbeth und mir das Leben zur Hölle gemacht. Ich blieb, Elsbeth zu Liebe, noch bis Anfang Dezember, als Hannelore geboren wurde, und dann ging ich zurück nach Kassel. Lieber Fliegeralarm und Angst als Unfrieden im Haus!

Im Sommer 42 wurde Vater am Magen operiert. Er hatte angeblich Magengeschwüre. In Krankenhaus benahm er sich so, daß mir der Chefarzt des Krankenhauses, den ich später mal traf, sagte, der Mann hätte ihm sehr leid getan, er wäre wohl geistig umnachtet gewesen. Ich antwortete ihm, dann sei er das wohl schon lange gewesen, denn uns gegenüber hätte er sich nie anders benommen. Vater hatte noch im Krankenhaus ein umständliches Testament gemacht, in dem er mich enterbte. Dann verlangte er, so krank wie er war, mit der offenen Operationswunde entlassen zu werden. Elsbeth sei ja verpflichtet, ihn zu pflegen. In der Nacht vor seiner Entlassung ist er gestorben. Wir waren alle erschüttert und sehr erleichtert. Erschüttert, weil er so zänkisch, wie er immer war, von uns ging und erleichtert, weil er allen nur das Leben vergällt hat, und wir nun keine Angst mehr vor ihm zu haben brauchten. Vater hat mir nach meiner Abreise noch einen Brief schrieben, in dem hat er mir gesagt, ich solle nur aufpassen, daß es mir mit meinem schlechten Charakter nicht auch im Alter so ginge, wie ihm, daß ich vereinsamen würde, wie er es leider sei. Ich habe den Brief Hans gezeigt und dann ins Feuer geworfen, denn hätte Vater Liebe gesät, wir hätten ihn gern geliebt. Da ich mich mein Leben lang bemüht habe, Liebe zu geben und wirklich geliebt werde, kann ich garnicht vereinsamen. Das Testament haben wir alle nicht anerkannt. Ich hätte es auch angefochten, aber wir waren uns alle einig, daß wir das Geld redlich teilen. Walter bekam sowieso laut Erbhofgesetz den Hof, das bare Geld, das Vater aus dem Verkauf seiner schönen Briefmarkensammlung hatte, teilten wir in fünf Teile. Elsbeth sollte, als Entschädigung, daß sie Vater so lang pflegen mußte, auch einen Teil bekommen. Merkwürdigerweise hat Vater vor Elsbeth am meisten Respekt gehabt, mit ihr hat er nie Stunk angefangen, sie konnte aber auch sehr boshaft und rachsüchtig gegen ihn sein, ich hab das ein paar Mal miterlebt.

Walter bekam Urlaub nach Vaters Tod. Er hatte auch viel zu erledigen und beantragte sofort UK-Stellung, denn jetzt mußte er mit Recht zu Elsbeth zurück. Mitte September ging sein Urlaub zu Ende. Er fuhr sehr ungern ab, er hatte ein böses Gefühl, daß er nicht mehr heimkäme. Er hat noch Hanne Meyer und seinen Schweizer Colditz eindringlich gebeten, Elsbeth beizustehn, falls er falle. Am 29. September ist er beim ersten Gefecht, das er mitgemacht hat, am Ladogasee gefallen. Wir haben nie erfahren, wo er begraben liegt, Elsbeth hat nie ein Stück seines Zivileigentums zurückbekommen. Also ist er beim Rückzug der Deutschen in Feindesland liegen geblieben. Auf den Hof kam zuerst ein übler Verwalter, der sogar versuchte, Elsbeth mit einer unkorrekten Schlachtung zu erpressen. Danach kam ein junger Bauernsohn, der kriegsversehrt mit nur einem Bein, getreulich, wortkarg und fleißig in Mattheshöhe gewirtschaftet hat. Von Herrn Mülling wird noch später die Rede sein.

25.2.70 Inzwischen bin ich wieder ein paar Tage unterbrochen worden. Die neuen Möbel im Schlafzimmer kamen, ich nähte Vorhänge und die Überdecke. Zum Schluß haben Friedel und ich mit viel Genialität das Bild von Härtle ,Die Pferde am Brunnen vom Charlottenplatz' aus seinem klobigen Rahmen genommen und ganz schlicht und einfach mit Tesaband eingefaßt. Wir finden, daß das Bild seitdem viel mehr zur Geltung kommt. Ich bin gespannt, was meine Kinder zu dem Umbau des Schlafzimmers sagen, wir, Friedel und ich finden es sehr schön. Es war ja dringend nötig, daß die Möbel erneuert wurden. Hans und ich haben nach dem Krieg ja in alten Eisenbettstellen geschlafen, weil die Betten von Vater und Mutter durch Feuchtigkeit sehr gelitten hatten. Auch der Spiegelschrank, noch von meinen Eltern und die Nachtische waren wirklich verbraucht. Solange die Söhne studierten, konnten wir uns keine großen Ausgaben leisten. Nun wollten Hans und ich uns neue Möbel fürs Schlafzimmer anschaffen. Nach Hans' Tod konnte ich mich nicht entschließen, sein Bett wegzutun, es kam mir so endgültig vor. Nun war es aber nicht länger aufzuschieben, denn überall löste sich die Furnitur. Ich habe ein französisches Bett gekauft, damit ich es im Notfall auch einmal für ein Ehepaar frei machen kann.

Gestern rief mich Goetz an, daß er die Zusage hätte, ans Koenigsmuseum nach Bonn zu kommen. Es fehle nur noch die Zusage vom Kultusministerium, aber das sei eine reine Formsache. Ich bin gespannt, ob Goetz damit die Stellung seiner Träume gefunden hat.

Kriegsjahre in Harleshausen

Nun zurück zum Jahr 1942: Wir waren zu Weihnachten wieder in Harleshausen, und feierten ein harmonisches Fest mit Hans und unsern vier Kindern. Bernd war beinahe neun Jahre alt. Er spielte wieder mit Hans' Eisenbahn, Platz genug gab es ja im Haus. Wir hatten dazu allerhand gebastelt, denn Geschenke gab es ja nicht allzu viele. Goetz spielte gern mit, aber bei ihm mußten wir immer aufpassen, daß er sich nicht, wie Hans sagte, als ‚Machheniker' statt als Mechaniker benahm. Jörg war schon damals mit seinen knapp 4 1/2 Jahren ein geschickter kleiner Kerl. Er schnippelte und kleisterte allerhand zusammen. Das Leben in Harleshausen war abgesehen von den lästigen und oft aufregenden Fliegeralarmen nicht besonders ereignisreich. Es war eben das Leben mit den Kindern, mit seinen kleinen Sorgen und Aufregungen. Hilda und ich teilten alles getreulich miteinander. Hans war, solange er zu Hause war, unsre oberste Instanz.

Ich erzähle nun Erlebnisse, wie sie mir in Erinnerung sind, ob sie zeitlich so aneinander gereiht waren, weiß ich nicht mehr. Das z.B. muß vor Hannas Geburt gewesen sein: Bernd bekam Bauchweh, wir gingen zum Arzt, und der hatte den Verdacht, es sei eine Blinddarmentzündung. Bernd kam ins Krankenhaus und wurde operiert. Der Chirurg rief mich danach an und sagte, daß der Blinddarm in Ordnung gewesen sei, daß er aber festgestellt habe, daß Bernds Bauchdrüsen nicht in Ordnung seien. Er schließe daraus, daß er eine wohl erst beginnende TBC habe. Wir müßten darauf achten und Bernd gut pflegen. Hans und ich besuchten Bernd, und da war er sehr matt und klagte über Halsschmerzen. Ich sagte es der Schwester, aber sie meinte, das sei die Folge der Operation. Da würde der Kiefer etwas gewaltsam nach vorne geschoben. Am nächsten Tag rief mich der Chefarzt wieder an und sagte mir, er müsse mir leider mitteilen, daß Bernd Scharlach habe. Nun erklärte sich auch der Drüsengriess und die Halsschmerzen. Bernd sei in die Isolierstation gebracht worden. In Harleshausen hatte es einen Fall von Scharlach gegeben, und unser armer Bernd hatte sich angesteckt. Ich war besonders ängstlich, denn Bernd hatte im Winter eine grippöse Mittelohrentzündung gehabt, und Dr. Kuhn hatte besonders vor Scharlach gewarnt, weil das leicht gefährliche Ohrenerkrankungen nach sich zöge. Da hatten wir nun alles beisammen. Bernd überstand den Scharlach ohne Komplikationen. Er hatte einige seiner Zimmergenossen aus der chirurgischen Abteilung in der Isolierstation wiedergetroffen, denn er hatte sie angesteckt. Zum Teil hatten sie es nachher übler als Bernd. Sechs Wochen nach seiner Einlieferung konnten wir Bernd wieder abholen. Ich wurde darauf aufmerksam gemacht, daß Bernd sich noch schäle in den Handflächen, ich solle ihn von den Geschwistern noch fernhalten und mich selbst vorsehen, denn ich war in andern Umständen und das war nicht ungefährlich. Am nächsten Tag rief ich im Krankenhaus an, weil ich wissen wollte, wie groß noch die Gefahr sei. Da sagte mir der Arzt ganz seelenruhig, ich solle froh sein, daß Bernd zu Hause sei, denn in der Scharlachstube sei Diphterie ausgebrochen, da hätte er noch lange in Quarantäne gemußt. Es war ein schwacher Trost, denn nun konnte er ja zu Hause Diphterie bekommen. Das tat er aber nicht, er bekam dafür Masern. Das muß eine streng bewachte Isolierstation in dem Krankenhaus gewesen sein !!

Goetz und Jörg steckten sich prompt an. Jörg überwand die Masern mit Leichtigkeit, er saß in seinem Bettchen, spielte mit sich selber und wurde schnell gesund. Goetz, mein an sich ruhigstes Kind, hielt es im Bett nie aus, immer mußte er wieder hineingejagt werden, der Erfolg war, daß er hohes Fieber bekam, das nicht wegzukriegen war; zum Schluß hatte er eine doppelseitige Lungenentzündung. Frau Dr. Kuhn war sehr ängstlich. Wir mußten Essigumschläge machen, und er bekam Omnadinspritzen, die schnell halfen. Aber die Umschläge waren ein Theater! Hans mußte kommen, mußte seinem Liebling zureden. Zum Schluß ließ Goetz nur noch seinen Vater an sich heran. Unser kleiner Dicker konnte nämlich ganz schön schauspielern, wenn er wollte. Von einer Minute zur andern war er totkrank und höchst fidel. Frau Dr. Kuhn war ganz entsetzt über mich, als ich ihr sagte, sie könne mir glauben, daß Goetz längst nicht mehr so krank wäre, wie er jetzt täte.

Sie sagte mir voller Vorwurf: „Aber Goetz ist wirklich schwer krank". Sie verabschiedete sich schockiert von mir, ich ging zurück ins Zimmer, da stand mein kranker Moppel auf dem Fensterbrett und wollte durchaus zusehen, wie Frau Dr. Kuhn abfuhr. Ich klopfte ans Fenster und zeigte das Frau Dr. Kuhn und rief sie später an und fragte, ob sie mir nun glaube, daß ich mein Bürschchen kenne. Sie lachte und gab mir recht.

Eine andere schöne Geschichte fällt mir ein: Hilda und ich wirtschafteten in der Küche. Im Kinderzimmer war es so verdächtig still. Wir schauten nach, da standen Goetz und Jörg sich gegenüber, jeder mit einer Schere und schnitten sich gegenseitig die Haare ab. Beim Jörg wars wenigstens sauber weg, aber Goetz sah aus, als ob er Motten im Haar gehabt hätte. Ich nahm den einen, Hilda den andern und dann kriegten sie anständig Prügel, denn es war ihnen streng verboten, mit Scheren zu hantieren. Ein anderes Mal: Goetz hielt keine Mittagsruhe mehr, er sollte aber wenigstens eine Weile in seinem Bett bleiben. Hilda und ich waren im Garten. Da höre ich Goetz' Stimme. „Ich habe ausgeschlafen". Ich sah ihn nirgends und entdeckte ihn dann, oben auf dem äußeren Sims des Badezimmers. Da stand er, und hielt sich kaum fest. Uns stand das Herz still vor Schreck. Ich schickte nun Hilda rauf mit der Weisung, ganz ruhig und vorsichtig an Goetz heranzutreten und ihn fest zu halten. Ich stellte mich unter das Fenster und sagte zu Goetz: „ Paß auf, Goetz, Du hältst dich ganz schön fest. Hilda kommt rauf und nimmt Dich vom Fenster wieder runter. Steh ganz still!!" Ich war gefaßt, ihn auf zu fangen, wenn er fiel, ob es gut gehen würde, hab ich mich in meinem Schreck nicht gefragt. Es war mindestens acht Meter hoch. Hilda hat dann genau so gehandelt wie verabredet, und wir haben unser Kerlchen wieder heil hineinbekommen. Ein ander Mal kam er statt Mittagsruhe zu halten, mit einem blutenden Finger zu mir. Als ich die Sache untersuchte, hatte er sich in unser Schlafzimmer geschlichen und ausgerechnet Hans' Rasierklingen gefunden und fein säuberlich ausgepackt. Daß dabei der Finger anfing zu bluten, war kein Wunder. Das Kinderzimmer war im Hochparterre. Das äußere Doppelfenster ging nach außen auf. Wie sie es angestellt haben, weiß ich nicht mehr, jedenfalls lag einmal der Goetz draußen und später auch der Jörg. Goetz schielte ja und trug deshalb eine Brille. Da stand er unten im Garten, Blut überströmt, die kaputte Brille in der Hand. Glücklicherweise sah es schlimmer aus, als es wirklich war, er hatte nur ein blaues Auge und eine winzige Schnittwunde über dem Auge. Gebrüllt hat er erst, als er sich im Spiegel sah. Bei Jörg ging es noch glimpflicher ab. Wir hatten am Kellerfenster unter dem Kinderzimmer einen Splitterschutz aus Sandsäcken angebracht, weil das unser Luftschutzkeller war. Darauf fiel der Jörg. Als Goetz uns das Unglück meldete, war Jörg schon wieder zum Fenster reingeklettert, oder Bernd hatte ihn geholt. Jedenfalls war er unversehrt, nur ein wenig blaß wieder im Zimmer.

Jörg hatte krause Haare und lebhafte braune Augen. Ein junges Mädchen im Institut neckte ihn immer damit und sagte, er hätte die Augen nicht richtig gewaschen, die seien ja ganz schwarz. Da sagt Jörg zu mir: „Mutter, jetzt nimm doch mal endlich Ata und scheuer meine Augen, damit sie nicht mehr so schwarz sind". Ein anderes Mal, es war bitterkalt im Winter, machte ich mit den Kindern einen Rundgang um den Häuserblock, damit sie wenigstens in der frischen Luft gewesen waren. Plötzlich sehe ich, wie der Jörg seine Handschuhe auszieht. Ich frage ihn, warum er das machen wolle. Da sagt er: „Ich will da raus, da drin ist es so kalt. Ich habe ganz kalte Hände". – Sicher gibt es noch mehr Anekdoten aus dieser Zeit, aber jetzt fällt mir nichts mehr ein, vielleicht flicke ich später noch welche dazwischen.

Bernd war in der Volksschule in Harleshausen ein so guter Schüler, daß mir seine Lehrerin riet, ihn schon nach der dritten Klasse die Aufnahmeprüfung in die Oberschule machen zu lassen. Er bestand sie auch glatt, nun mußten wir in den Ferien noch schnell die lateinische Schrift üben, denn zu Bernds Zeit fing man noch mit der deutschen Schrift an, und dann kam unser kleiner Großer nach Kassel ins Gymnasium. Er war immer ein guter Schüler trotz nächtlicher Fliegeralarme und einem weiten Schulweg. Da er der Jüngste in der Klasse war, wurde er am Anfang viel gehänselt und geprügelt. Ich ging dann mal zu seinem Klassenlehrer, als er mit ganz zerschlagenen Beinen nach Hause kam, aber der Lehrer meinte, da könne er nichts machen, meist seien die Prügelknaben selbst dran Schuld. Ich konnte aber keinen Fehler herausfinden, den Bernd machte. Zu dieser Zeit kam Hans nach Hause, weil er in die Militärverwaltung kam, im Range eines Majors mit einer piekfeinen Uniform. Bernd sang: "Hoppe, hoppe Reiter, mein Vater war Gefreiter. Jetzt ist er Major, das kommt mir komisch vor." Wir bewunderten unsern Vater sehr. Er sah so seriös aus. Mit seinem lustigen Fliegerkäppi sah er viel weniger ernsthaft aus. Ich benutzte Hans zu Bernds Wohl. Ich bat ihn, nun seinerseits in die Schule zu gehen. Und siehe da, plötzlich war Bernd garnicht mehr Schuld, der Lehrer versprach höchst beflissen, nach dem Rechten zu sehen, und Bernd wurde von da ab in Ruhe gelassen. Daß Bernd von da ab mit seinen Kameraden ganz normal und gut auskam, war sicher nicht des Lehrers Verdienst. Eine andere Geschichte mit Bernd muß ich hier noch erzählen. Es muß ungefähr zur selben Zeit gewesen sein. Bernd und ich waren in der Stadt und fuhren mit einer überfüllten Straßenbahn nach Kirchditmold, um von dort heimzulaufen. An der Stadthalle blieb die Bahn an der Steigung stehen, und ein Herr, der mit auf der Plattform stand, meinte wohl, sie sei zu voll und könne nicht weiter. Er schlug dem lebhaften und höchst interessierten Bernd vor, ob sie nicht aussteigen wollten und ein bißchen schieben sollten. Bernd antwortete: „Nein, Herr Kriegsverwaltungsrat, ich steige nicht aus, ich habe ganz neue Schuhe an. Die werden am Ende schmutzig." Auf die erstaunte Frage, woher er denn wisse, daß er Kriegsverwaltungsrat sei, antwortete Bernd, sein Vater sei das auch und hätte dieselbe Uniform. Der Herr hatte seinen Spaß daran und bedauerte nur, daß er nach dem Westen müsse und der Vater von seinem neuen kleinen Freund in den Osten gehe.

Wulf – unser Jüngster

Das muß Anfang 1943 gewesen sein, Bernd war Herbst 42 nach Kassel in die Schule gekommen. Im Sommer 42 war Hans im Urlaub zu Hause. Wir haben viel im Garten geschafft, denn die Rationen wurden knapper und wir bauten Gemüse und Kartoffeln im Garten an. Hilda hatte im Frühjahr geheiratet und war, da ihr Mann Soldat war, zu ihren Eltern nach Mattheshöhe gegangen. Ich hatte ein deutsch-polnisches Mädchen bekommen als Hilfe. Stefanie hatte Familienanschluß, sie war fleißig und willig und lernte schnell deutsch. Es ist möglich, daß sie von Haus aus etwas deutsch konnte. Ihre Schwester war auch in Deutschland, und später hat Stefanie den Antrag gestellt, daß ihre Eltern auch nach Deutschland durften. Sie lebten dann irgendwo im Ruhrgebiet. Stefanie war natürlich kein Ersatz für Hilda, sie war eine gute Arbeiterin, aber kein Mensch, dem ich bedingunslos meine Kinder anvertrauen konnte, wie ich es bei Hilda konnte. Auch verschlief sie meist den Fliegeralarm, und ich mußte sie mühsam wecken. Bis sie dann erschien, war ich meist schon mit den Kindern in den Keller gestürzt. Es war eine schlimme Zeit: Bernd, mein treuer Helfer und verständiger Großer, sprang beim ersten Ton der Sirene aus dem Bett, schnappte den Koffer mit den Papieren und dem Geld und sauste in den Keller. Ich mußte dann die Kleinen einzeln wecken. Meist bekam ich sie nicht richtig wach, so daß ich sehr oft in den Keller keuchte, Goetz auf dem Rücken, Jörg und Hanna unter je einem Arm. Daß ich mit dieser Last keinmal im Dunklen die Treppe runter gefallen bin, verdank ich meinem guten Stern. Im Winter 42/43 war dann Wulf noch mit von der Partie, er lag behaglich und ungestört in meinem Bauch. Eine Zeit lang hatten wir Einquartierung von einer Flakmannschaft, die in unsrer Nähe Geschütze bedienten. Die wurden immer sehr früh alarmiert und sagten mir dann Bescheid, sodaß ich rechtzeitig in den Keller gehen konnte. Hans litt furchtbar darunter, daß er in seinem Rowno viel weniger gefährlich lebte, als wir in unserem Kassel. Es wurde immer bedrohlicher. Als Wulf am 13. März 1943 zur Welt kam, heulten die Sirenen. Ich war rechtzeitig zu Kuhns gegangen. Hilda war in letzter Minute gekommen, um für die Kinder zu sorgen. Sie hatte ihre Hilfe zuerst abgelehnt, wohl einfach weil sie Angst hatte vor den Fliegeralarmen. Dann hat ihr aber ihr Gewissen und ihre Liebe zu mir keine Ruhe gelassen. Am 12. kam sie überraschend an, und mir fiel ein Stein vom Herzen. Denn bei ihr wußte ich genau, daß sie die Kinder richtig in den Keller bringt.

Ich hatte viel Mühe, Hans von der Geburt seines Sohnes Wulf zu benachrichtigen. Ein Telegramm wurde nicht genehmigt, und da schickte ich zwei Briefe ab, einen per Post und mit dem Andern schickte ich Bernd an den Bahnhof in Kassel, mit der Weisung, er solle dort jemanden suchen, der nach Rowno fährt oder wenigstens in die Nähe. Ich hoffte damit eine Art Stafette los zu lassen. Bernd fand zwar jemanden, der den Brief mitnahm, aber offenbar ist er dann doch irgendwo hängen geblieben. Das war jedenfalls Hans' Antwort auf meine Nachricht:

„Rowno 19.3.43. Mein liebstes, bestes Mutterle Edit! Heute endlich am Freitag bekam ich Nachricht von Dir, daß wir einen Jungen haben. Wie freu ich mich mit Dir! und wie froh bin ich, daß es glatt gegangen ist, und daß es dir gut geht! Ich war die letzten Tage doch etwas in Unruhe und versuchte gestern zu telefonieren, bekam auch die Erlaubnis, aber die Verbindung kam nicht durch, obwohl ich bis 1/2 12 nachts wartete. Heute Nachmittag kam nun dein Brief. Er ist sehr schnell gegangen. Du schreibst von einem freundlichen Boten, der ihn mitnehmen sollte. Wie war denn das? Eine Stunde später kam dann das Gespräch auch, aber als Bernd endlich am Telefon war, hetzten sie bei der Vermittlung schon wieder, ich solle schnell Schluß machen, und Bernd war so baff, daß er garnicht richtig aufpasste, was ich sagte. Aber die Hauptsache ist ja, daß es Dir gut geht und dem kleinen Wulf, meine Grüße und Glückwünsche erreichen Dich auch so noch und Du weißt ja, wie sehr ich in diesen Tagen an Dich gedacht habe. Heute Abend hab ich zwei große Pakete für Euch gepackt, hoffentlich werde ich sie auch los, denn es ist noch nicht ganz sicher, und ich fürchte auch, daß sie zu schwer sind. Es sind auch einige Sachen drin, die ich hier nicht unbedingt brauche, z.B. eine Garnitur Bettwäsche, da ich hier eine Garnitur gefaßt habe, und ich möchte hier nichts Unnötiges haben, denn wenn ich einmal wandern muß, weiß ich sowieso nicht, wie ich meinen Kram wegbekommen soll. Mein liebster bester Herzensschatz, ich freu mich ja so!! Ich grüße und küsse dich tausendmal Dein Hans. Ich danke Dir viel viel Mal meine liebe tapfere Frau!!"

Bis dahin hatten die feindlichen Flugzeuge in Kassel noch nicht allzu viel Schaden angerichtet, aber wir hatten einmal bei einem Spaziergang Flugblätter gefunden, in denen die Engländer auf deutsch uns drohten, daß sie Kassel ganz zerstören wollten, und es war uns klar, daß wir dagegen nicht viel machen konnten. Die Flak schoß einzelne ab, aber gegen diese Massen von Flugzeugen, die ohne weiteres von Amerika nach England geflogen werden konnten, hatte unsre Luftabwehr kein Mittel. Flugblätter wurden im Allgemeinen von den Luftschutzmännern eingesammelt, deshalb sahen wir selten welche, aber die lagen im Wald, und ich war sehr beunruhigt durch diese Drohung. Im Sommer 43 kamen die Flugzeuge dann auch schon vermehrt am Tage. Ich hatte jeden Tag Angst um Bernd, der nach Kassel in die Schule fuhr. Um wenigstens ein paar Tage Ruhe zu haben, hatte ich mich mit den

Im Sommer 1943: mit dem im März geborenen Wulf ist unsere Kinderschar nun vollständig.

Kindern und einer kleinen Praktikantin, die eigentlich ein sechstes Kind war und keine Hilfe, in Misdroy bei Frau Haupt angemeldet. Bei ihr waren wir auch im Sommer 39 von Kassel aus gewesen.

Mattheshöhe zum Zweiten

Ich fuhr mit den Kindern nachts von Kassel ab. Wulf, vier Monate alt, schlief die ganze Fahrt in einer Hängematte, die ich zwischen den Gepäcknetzen aufgehängt hatte. Die Kinder waren musterhaft brav, die Reise einfach fürchterlich, denn wir gerieten in die Evakuierung von Berliner Familien, die am Tag zuvor ausgerufen worden war. Der Anschlußzug nach Misdroy war weg, als wir auf den Stettiner Bahnhof kamen. Wir sahen gerade noch seine Schlußlichter. Nun bummelten wir erst mal nach Stettin, dort erklärte man mir, ich solle zurück nach Kassel fahren, denn ganz Misdroy sei beschlagnahmt für alte Leute und Mütter mit Kindern aus dem Ruhrgebiet. Da meine Koffer nach Misdroy aufgegeben waren, beschloß ich, mich nach Misdroy durchzuschlagen. Abends mit dem üblichen Bummelzug um 18 Uhr 30, der schon so fuhr, als ich noch von der Berliner Schule nach Hause fuhr, kam ich mit meinen Kindern in Misdroy an. Am Bahnhof stand wie immer schon ,Salon Emil' mit seiner Kutsche, erkannte mich, grüßte freundlich und fuhr mich mit meiner ganzen Fracht vor das Haus von Frau Haupt. Nichts war beschlagnahmt, die Zimmer erwarteten mich, meine Koffer waren schon da. Ich war ja so erleichtert!!! Die 14 Tage am Strand waren herrlich. Eine Nacht gab es Fliegeralarm. Der erste und einzige in Misdroy überhaupt. Wir flüchteten in den Wald. Wir hörten, unheimlich übers Meer, das Dröhnen der Bomben, sahen den Feuerschein von Usedom und mußten ausgerechnet den entsetzlichen Angriff auf Peenemünde miterleben. Von Misdroy aus habe ich dann an Elsbeth geschrieben und sie gefragt, ob ich mit den Kindern zu ihr kommen könne. Ich wußte so furchtbar genau, daß eines Tages auch Kassel zerstört würde, und ich hatte so große Angst um die Kinder. Elsbeth antwortete mir sofort, daß ich kommen solle. Und so brachte ich die Kinder und Christa Ziro von Misdroy aus gleich nach Mattheshöhe. Von da aus fuhr ich allein nach Kassel, brachte die Wertsachen in unserm Luftschutzkeller einigermaßen unter, schloß mein Haus ab und reiste mit Stefanie zurück nach Mattheshöhe. Bernd mußte in Prenzlau zur Schule gehen, zeitweilig gab ich ihn auch in Prenzlau in eine Pension, denn das frühmorgentliche Aufstehen und zum Falkenwalder Bahnhof laufen, war wirklich beschwerlich für den 11 jährigen Jungen. In der Pension waren lauter Kinder von Selbstversorgern. Die Eltern konnten natürlich manches zusätzliche Pfund Butter mitschicken. Ich konnte das nicht. Wir hatten nur unsere Normalverbraucherration. Ich konnte Elsbeth um nichts bitten. Die menschenfreundliche Pensionsmutter ließ das den Bernd sehr fühlen. Da fuhr er dann lieber morgens mit dem Zug. Goetz und Jörg gingen mit Gunther nach Falkenwalde zur Schule. Auch für sie war der Weg im Winter schlimm, denn er war grundlos und zugig, es war mindestens eine halbe Stunde zu laufen. Aber wir konnten wenigstens die Nächte ruhig schlafen. Wie ich gefürchtet hatte, kam es dann auch über Kassel. Ende August 43 wurde Kassel in einer Nacht auf grausigste Weise zerstört. Ein Feuerorkan fiel auf die Stadt, die Menschen erstickten in ihren Kellern, es war keine Hilfe möglich. Harleshausen blieb verhältnismäßig unversehrt, die Versuchsanstalt brannte erst später aus. In unser Haus flüchtete vorübergehend die Familie Greve. Ich stellte ihnen sofort meine Sachen zur Verfügung. Wie sie es mir dankten, werde ich später noch ausführlich zu berichten haben.

Im Sommer 1944 in Mattheshöhe

Das Zusammenleben mit Elsbeth und ihren Kindern war sehr nett. Stefanie und ich halfen, wo es nötig war. Wir gingen mit aufs Feld, hackten Rüben, halfen bei der Ernte, und ich pflegte den Garten mit dem großen Gemüsestück. Da ich Elsbeth als die Verantwortliche auf Mattheshöhe respektierte, alle Arbeiten mit ihr besprach und sie dann nach ihrem Wunsch machte, hatten wir nie Streit oder Reibereien. Christa Ziro war auch mit uns in Mattheshöhe. Sie erkrankte an einer selbst verschuldeten Sepsis, fuhr nach Hause nach Kassel und starb einige Zeit später an dieser Krankheit.

Hans kam zu Weihnachten 44 nach Mattheshöhe. Er war so froh, daß er sich nicht mehr so große Sorgen um uns machen mußte, aber wir wußten natürlich schon lange, daß der Krieg für uns verloren war. Der Russe rückte unaufhaltsam vor. In Frankreich tobte eine erbitterte Abwehrschlacht gegen die Invasionstruppen der Engländer und Amerikaner. Hans und ich bangten nur noch darum, wie wir es einrichten mußten, um zu überleben. Die Kriegsverwaltung Ukraine war längst in Polen in Rawitsch untergebracht. Ich hatte Hans sogar dort einmal besucht, aber es war doch schon alles sehr überschattet von der Sorge um die Zukunft. In Rawitsch erzählte mir Hans von einem Massengrab mit jüdischen Zivilisten, die erschossen worden waren. Er sagte mir, es sei zwar mehr ein Gerücht, aber wenn es wahr wäre, daß Juden umgebracht worden wären, dann müßten wir das alle bitter büßen nach Kriegsende. *(Jetzt, 1989, haben wir offiziell erfahren, daß Katyn ein russisches Massengrab war. Von Stalin angeordnet, sind dort 4 000 polnische Offiziere erschossen. Merkwürdigerweise ist es auch wirklich nie auf unserm Schuldkonto erwähnt worden, aber damals hörte ich zum ersten Mal von solchen Untaten.)* Ich war natürlich furchtbar entsetzt, mochte es auch nicht glauben, aber der Zweifel ließ sich nicht mehr zum Schweigen bringen, daß da Dinge passiert waren, von denen wir keine Ahnung hatten, und die unser aller Namen beschmutzen würden. – Ich war während der Zeit in Harleshausen in der Frauenschaft tätig; ich habe die Jugendgruppe geleitet. Das waren Mädchen und junge Frauen bis etwa 30 Jahre. So etwa alle 6 Wochen war ein Schulungsnachmittag in Kassel, an dem wir über unser Verhalten gegenüber den betreffenden Kreisen, in denen wir arbeiteten, Anweisungen bekamen. Dort sind natürlich weltanschauliche Fragen besprochen worden. Wir konnten ganz offen fragen, bekamen Antworten, die weder gegen die Kirchen noch auf eine Judenverfolgung hinwiesen. In diesem Kreis lernte ich nur Idealisten und tolerante Frauen kennen. Wir hatten keine Fanatiker unter uns. Meine Nachfolgerin in Harleshausen, eine Kindergärtnerin, war dann eine wilde Fanatikerin, Hitler war für sie beinahe ein Gott. Aber da war ich schon evakuiert mit den Kindern und hörte nur von meiner Gruppe

Wulf im Herbst 1944

darüber. Sie fiel dann auch prompt nach dem Krieg und dem Ende der Hitlerzeit um und wußte nur noch Schlimmes über die Vergangenheit.

Hans fuhr nach Weihnachten noch einmal nach Rawitsch, aber nur, um mit seinem ganzen Haufen und seinen erarbeiteten Forschungen vor dem Russen zu flüchten. Er schickte an der Oder seine Leute allein weiter und blieb diesseits der Oder bei Steinau und meldete sich dort, um die Oder mit zu verteidigen.

Ende Januar, es war bitterkalt, ich hatte nichts mehr von Hans gehört und war natürlich auf das Schlimmste gefaßt, rief es aus dem Prenzlauer Krankenhaus an, ich solle dort hinkommen, mein Mann läge dort im Lazarett. Ich erfuhr nur, daß er etwas an den Füßen hätte. Ich war mehr erleichtert, als erschreckt. Ich dachte mir, daß Hans die Füße erfroren hatte, denn ich wußte, daß er erblich mit einer schlechten Durchblutung der Hände und Füße behaftet war. Ich wanderte zu ihm nach Prenzlau und erfuhr dort, was sich zugetragen hatte. Er hatte nachts draußen zur Wache gelegen, hatte sich dabei die Füße erfroren und hatte sich dann mit dick umwickelten Füßen auf den Weg in Richtung Prenzlau gemacht. Er wollte so nah wie möglich zu uns. Eine einsame Lokomotive hatte er erwischt, die in Richtung Norden fuhr, und der Lokomotivführer hatte ihn mitgenommen, so weit es ging. Dann hatte er wieder eine Möglichkeit gefunden, um weiter zu kommen, und zum Schluß kam er wirklich in Prenzlau im Lazarett an. Dort wurden ihm einige Zehen amputiert, und dann wurde er nach Rothenburg bei Bremen geschafft, weil Prenzlau Frontlazarett wurde. Wir sahen uns vorher noch einmal, und Hans nahm mir das Versprechen ab, rechtzeitig vor den Russen zu türmen. Er sagte mir eindringlich, welch entsetzliche Dinge mit Frauen passierten, die den russischen Soldaten in die Hände fielen. Außerdem gab er mir eine Pistole, ich mußte ihm versprechen, daß ich die Kinder und mich erschießen würde, wenn wir in russische Hände fielen. Noch jetzt graust es mich, wenn ich dran denke, daß ich das versprochen habe. Aber Hans ließ mir keine andere Wahl.

Ende Januar kam Hiltraut mit vier Kindern und einem Hund aus Breslau nach Mattheshöhe. Rüdeger war in einem HJ-Lager in Zakopane, sie hatten keine Verbindung mehr mit ihm. Fritz war in Breslau geblieben, um es mit zu verteidigen, auch mit ihm riß die Verbindung ab, denn Hiltraut war mit einem der letzten Züge aus Breslau weggekommen. Sie hatten nichts gerettet als das, was sie in ihren kleinen Rucksäcken verstauen konnten. Die Zwillinge waren 9, Heidrun 7 und Dietmar 5 Jahre alt. Da konnte Hiltraut nur das allernötigste mitnehmen, um die Hände frei zu haben für die Kinder. Friedel war auch bei uns. Das Haus in Mattheshöhe war gestopft voll. Friedel war nach Walters Tod endgültig bei Elsbeth und machte das, was ich damals eigentlich machen sollte: die Buchführung und den schriftlichen Kram. *(Friedel, die mir das gerade diktiert, sagt schlecht und recht, ich sage bestimmt sehr gewissenhaft!!!)*

Allmählich löste sich alle Ordnung auf. Bernd ging schon einige Zeit nicht mehr nach Prenzlau in die Schule, die Falkenwalder Schule war auch geschlossen. Ich unterrichtete die Kinder zu Hause. Hauptsächlich, damit sie beschäftigt waren. Im März bekamen wir noch Einquartierung. Eine Nachrichteneinheit wurde bei uns stationert. Durch sie erfuhren wir wenigstens etwas, was los war. In Richtung Stettin hörten wir am Tage die Stalinorgeln dröhnen, über uns flogen feindliche Flugzeuge, es mögen Aufklärer gewesen sein, sie taten uns jedenfalls nichts. Ich besprach mich mit den Funkern, was wir machen sollten, aber sie meinten, wir sollten zunächst noch in Mattheshöhe bleiben. Auch sie erhofften noch den Einsatz einer neuen Waffe, bevor der Russe die Oder überschreiten würde. Von dieser Waffe war schon öfter die Rede gewesen, daß diese doch sicher gut orientierten und absolut normalen Offiziere und Unteroffiziere noch davon sprachen, beruhigte mich etwas. Ich bat Elsbeth fast jeden Tag, aufzubrechen und abzufahren, aber es war ja zu verstehen, daß Elsbeth nur in höchster Not Mattheshöhe verlassen wollte. Herr Mülling, der junge Wirtschafter, hatte Anfang April drei Ackerwagen ausgesucht, mit Planen überspannt und bereitgestellt. Auch Pferdefutter lag schon in Säcken bereit, um schnell aufgeladen zu werden. Einige der besonders netten Soldaten unserer Einquartierung, mit denen wir auch oft noch abends zusammensaßen, gaben uns den Rat, einen Teil von dem, was wir nicht auf die Flucht mitnehemen konnten, gut in Kisten zu verpacken. Wir haben unsre nicht unbedingt nötige Kleidung, Hans' und Walters Anzüge, auch Wertsachen, in Dachpappe eingeschlagen in Kisten verpackt und in der Sandkuhle, die zu Matthesahöhe gehörte, vergraben. Unsere Soldaten zogen ab, weiter ins Land hinein, wir warteten voller Unruhe und Bangen, wie es nun weitergehen würde, denn Elsbeth war nicht dazu zu bewegen, Mattheshöhe zu verlassen.

Flucht vor den Russen

Am 25. April 1945 nachts um 3 Uhr schickte uns Martin Bohm, der Ortsbauernführer von Falkenwalde, die Nachricht, daß Falkenwalde um fünf

Uhr in der Frühe geräumt würde, und daß uns der Treck an einer bestimmten Stelle erwarten würde. In aller Eile wurde nun alles aufgeladen, gepackt war schon seit Tagen, die Kindern wurden mit ihrem Bettzeug auf die Wagen gepackt. Mit drei Wagen gingen wir auf die Flucht. Im ersten, dem größten und schwersten Wagen waren unten die Säcke mit dem Futter so hoch gestapelt, daß für die Kinder genügend Platz zum Liegen war, weil ja der Wagen oben breiter wurde. Vorne stand eine Kiste mit unsern Habseligkeiten, auf ihr saßen Elsbeth und ich nebeneinander, ich hatte Wulf die ganze Zeit auf dem Schoß. Herr Mülling fuhr die vier Pferde nach Uckermärkischer Sitte vom Sattel des linken hinteren Pferdes aus. Im zweiten Wagen, der von Franz gefahren wurde, waren Hiltraut mit Kindern und Friedel untergebracht. Junkers waren bei ihnen. Der Wagen wurde von drei Ochsen gezogen. Auf dem dritten Wagen, den Colditz und Tiede lenkten, waren Tiedes und Colditz'. Stefanie und Lotte, Elsbeths Hausmädchen, und noch eine Frau zogen nicht mit uns fort, sondern mit den Funkern, die mit uns oder kurz nach uns, Mattheshöhe verließen. Von Stefanie habe ich nie mehr etwas gehört. Sie war auch zum Schluß so widerspenstig und feindselig geworden, daß wir froh waren, als sie sich weigerte, mit uns zu kommen. Der dritte Wagen war auch mit Ochsen bespannt. Bernd und Ruth Neumann, eine 14-jährige Berlinerin, die der Fliegerangriffe auf Berlin wegen zu uns evakuiert worden war und nun mit uns floh, fuhren mit Fahrrädern neben uns her. Bernd war ja vernünftig genug, um in unserer Nähe zu bleiben.

Wir fuhren über Prenzlau in Richtung Woldeck-Neubrandenburg. Der Falkenwalder Treck hatte die Absicht, über Waren, Malchow, Parchim nach Westen zu fahren. Wir schlossen uns ihm zunächst an, aber er fuhr schneller als wir, weil wir auf die Ochsen sehr viel Rücksicht nehmen mußten. Ich will kurz vom Schicksal der Falkenwalder erzählen: Am dritten Tag in Penzlin verloren wir den Treck, d.h. er fuhr uns davon, was ihnen im Grunde garnicht zu verdenken war, denn wir waren wirklich sehr langsam. Sie hielten die geplante Richtung ein, wurden bei Malchow vom Russen überrollt, völlig ausgeplündert und zurückgeschickt. Schlimm ist es den jungen Mädchen ergangen.

Wir kamen am ersten Tag bis Daberkow. In der Nacht standen unsre Wagen auf der Straße, wir fanden keine Scheune, keine geschützte Bleibe, unsere Kinder schliefen auf dem Wagen, wir Erwachsenen im Chausseegraben in Decken gewickelt. Wir haben jämmerlich gefroren und natürlich nicht viel geschlafen. Am Morgen konnten wir Milch bekommen und kochten unsern Kindern Grießbrei. Es blieb der letzte für den ganzen Treck, denn im Fahren, bei der Enge im Wagen, rutschten die Teller von den Knien und es war eine fürchterliche Ferkelei in den Betten und Kissen. Wir haben dann nur noch auf fester Rast warm gegessen, sonst gab es Brot. Es war oft sehr aufregend, Brot zu bekommen. Wir waren ja schließlich nicht die Einzigen, die welches brauchten. Mittags wurde noch ganz ordentlich Rast gemacht, Essen gekocht bei irgend einem Bauern. Die Leute waren gefällig und hilfsbereit. Wir kamen nach Genthin, fanden eine riesige Scheune, in der wir übernachten konnten. Die Scheune war voll mit Flüchtlingen, und mir war es furchtbar unheimlich, hineinzugehen, denn ich stellte mir vor, was wohl geschehe, wenn sie beschossen oder in Brand gesteckt würde. Wir legten uns dicht an die Wand, neben mir lag ein Beil, ich war fest entschlossen, die Bretter der Scheune rauszuschlagen, wenn eine Gefahr entstand. Wir hatten aber eine ruhige Nacht. Peinlich war das morgendliche ‚Verschwinden‘, denn es gab weit und breit keine Möglichkeit, unsichtbar zu sein. Wir lernten es, ungeniert zu sein. Am 27.April kamen wir an Neubrandenburg vorbei, die Menschen erzählten uns, daß sie auch packten und noch vor Nacht abmarschieren würden.

Auf der Straße von Neubrandenburg nach Penzlin beobachteten wir, daß eine größere Gruppe von Männern und Frauen ohne Gepäck neben uns herwanderten. Alle sahen ordentlich angezogen aus, nur trugen sie Holzschuhe und jeder hatte eine Decke statt eines Mantels. Sie sahen gesund aus und wanderten rüstig und einig in unserer Richtung. In Grützow, wo wir übernachteten, kamen wir beim Abendessenkochen mit den Leuten ins Gespräch. Sie liehen sich von uns sehr höflich Kochgeschirre, gaben sie uns sauber und ordentlich zurück, und da wir ihnen auch Esswaren gaben, faßten sie Vertrauen und erzählten uns, wer sie seien. Fast alle waren Ausländer und zwar aus östlichen Ländern. Sie waren aus unerwähnten Gründen in Neubrandenburg in einem Konzentrationslager gewesen, und vor dem Anmarsch der Russen freigelassen worden. Jeder war mit dem Nötigsten ausgestattet worden. Zuerst blieben sie noch eng beieinander, waren von Wärtern begleitet, aber dann lösten sie sich von einander und wanderten in kleinen Gruppen weiter. Sie sagten uns, ihr Hauptbestreben sei, so weit wie möglich vom Russen wegzukommen, denn wenn sie gefaßt würden, würden sie streng wahrscheinlich mit dem Tode bestraft, weil sie mit den Deutschen gemeinsame Sache gemacht hätten. Und das, obwohl sie gegen ihren Willen nach Deutschland gebracht worden seien. Dafür spräche ja auch ihr Aufenthalt im KZ, denn wenn sie willig gewesen wären, wären sie bestimmt nicht eingesperrt worden. Zum ersten Mal stieß ich auf das Wort KZ, das ich von nun ab noch so oft und in so abscheulichem Zusammenhang hören sollte. Am nächsten Tag verloren wir die Fremden aus den Augen, vor allem, weil wir mit den Ochsen nicht die direkten und gepflasterten Straßen fahren konnten. Deshalb verloren wir auch unsern Treck und fuhren allein weiter. Wir hatten inzwischen auch so viel Erfahrung gesammelt, daß wir merkten, daß das Zusammenbleiben sowieso schwierig und völlig nutzlos war. Im Grund mußte sich jeder so durchschlagen, wie es ging und seinen Möglichkeiten angepaßt war. Elsbeth hatte einen großen Topf Kartoffelsuppe gekocht, den Rest hatten wir in einer Milchkanne für den nächsten Tag aufbewahrt. Obwohl die Suppe sauer war, haben wir sie gegessen. Uns hat es nichts geschadet, aber Wulf, der ja erst gerade zwei Jahr alt war, bekam davon einen ganz üblen Durchfall. Da saß er dann auf meinem Schoß, drehte bei jeder Kuh, die er sah, meinen Kopf in die Richtung und rief "Mama, Muh!" und dabei lief ihm das Wasser aus seinem kranken Bäuchlein. Ich habe große Angst gehabt, daß er ernstlich krank würde.

Vom 28. auf den 29. übernachteten wir in Schlön in der Schule. Wir waren alle müde und sehr deprimiert. Es wurde uns klar, daß wir endgültig heimatlos waren, und daß der Weg aus dem Schlamassel völlig unsicher war. In Schlön stand eine Panzereinheit, oder das, was von ihr noch übrig war, die jungen Leutnante, Fuhrmann und Hauk, empfingen uns mit Hallo und Staunen, als da 14 Kinder aus den Wagen quollen. Ihre Namen habe ich deshalb hierher geschrieben, weil sie uns in so reizenden Weise geholfen haben und wahrscheinlich uns auch alle gerettet haben. Plötzlich verwandelten sich nämlich diese behosten Treckmütter in hilf- und haltlos weinende, gehetzte und verzweifelte Frauen. Ob ich geweint habe, weiß ich nicht. Ich habe ja nie viel weinen können, außerdem war ich in einer völlig anderen Situation als die andern: Hiltraut hatte alles verloren, wußte seit langem nichts von Fritz, für sie war diese Flucht der scheinbar letzte Sturz in völliges Elend. Friedel hatte zwar nicht ganz so viel zu verlieren, wie die andern, aber sie hörte in der Ferne Gitarrespiel und das löste in ihr erschütternde Gefühle aus. Außerdem hatte sie Mitleid mit uns. Elsbeth hatte Existenz, Heimat und Mann verloren, und das wurde nun plötzlich allzu deutlich. Bei mir war am Ende dieser Flucht ein Ziel: Hans war im Westen im Lazarett. In Kassel konnte vielleicht noch das Haus stehen und ein Teil unsrer Habe auf uns warten. Außerdem jagte mich die Angst um das Leben meiner Kinder in Richtung Westen, was hinter mir zurückblieb war mir gleichgültig, ich wollte fort von der russischen Gefahr, weil ich meine Kinder nicht umbringen wollte, wie Hans mir befohlen hatte. Deshalb war wohl bei mir der Tiefpunkt der anderen nicht in Schlön. Jedenfalls nahmen die jungen Leute uns sehr lieb und brüderlich in die Arme, trösteten und erklärten, dieser ‚Treckkoller‘ sei bei den meisten nach einigen Tagen, und wir sollten den Kopf hoch behalten und tapfer sein. Diese Wärme tat uns allen unendlich wohl. Die Nacht war ruhig und wir schliefen einigermaßen. Am 29. war Goetz' neunter Geburtstag. Ich stellte auf eine Kiste, die dort wahrscheinlich zur Flucht fertig gepackt stand, einen kleinen Kerzenstummel, zündet ihn an und führte Goetz dorthin. Ich schenkte ihm ein von Gunther auf dem Weg gefundenes Taschenmesser und sagte ihm: „Mein lieber Junge, ich wünsch dir eins, daß wir Deinen nächsten Geburtstag wieder so feiern können, wie wir sonst gefeiert haben, denn dann ist das Ende dieses Abenteuers gut ausgegangen. Komm, puste schnell die Kerze aus, sei vergnügt, wir wollen auf keinen Fall anfangen, zu weinen, sondern weitermachen und durchkommen!"

Hiltraut und Elsbeth wollten einen Tag in Schlön bleiben. Es mußte manches gewaschen und vieles getrocknet werden. Aber ich war natürlich unentschlossen, und Herr Mülling meinte zu mir, das sei ein großer Unsinn, je schneller wir fortkämen, desto größer sei die Chance, vom Russen fort zu kommen. Ich war ratlos. Da kam ein Offizier der Panzertruppe auf Friedel und mich zu und fragte uns, was für Pläne wir hätten. Ich sagte ihm, daß wir hier einen Ruhetag einlegen wollten, der Pferde und vor allem der Ochsen wegen, die kaum mehr ziehen konnten. Da sagte er uns, er würde uns raten, nicht den ganzen Tag zu bleiben, sondern spätestens am Nachmittag weiter zu fahren. Ich merkte, daß er die Situation sehr ernst ansah und stimmte sofort zu. Da sagte er mir: „Wissen Sie, wenn ich Sie wäre, würde ich gleich aufbrechen. Wir wissen nicht, was rechts ist, und wir wissen nicht, was links ist. Wir haben keinerlei Verbindungen mehr mit den anderen Panzereinheiten. Wir bleiben hier und kämpfen solange wir können, weil wir wollen, daß möglichst viele von Ihnen noch zum Amerikaner durchkommen. Fahren Sie in nordwestlicher

Richtung, da haben Sie noch eine Chance. Versuchen Sie, nach Wismar zu kommen". Ich war natürlich furchtbar erschrocken, seine Stimme hatte so ernst geklungen. Friedel und ich alarmierten gleich alle unsre Leute, und eine Stunde später fuhren wir auf der Straße nach Waren fort. Kurz vor Waren sahen wir vom Kirchturm Lichtzeichen, die auf keinen Fall zufällig sein konnten. Gleich darauf brausten russische Flugzeuge über uns hinweg auf Waren zu. Sie beschossen unsern Treck im Überfliegen, aber sie kamen nicht zurück. Wir sprangen von unseren Wagen in Deckung. Ich hatte unterm einen Arm Hanna und unterm andern Wulf, so sprang ich im hohen Bogen über die scheuenden Pferde hinweg und in den Graben der Straße. Ich warf mich über die Kinder und dachte dabei, was wird aus ihnen, wenn mich jetzt eine Kugel trifft. Der Spuk war schnell vorbei, aber wir hatten alle die Blinksignale gesehen und wollten nicht mehr nach Waren hineinfahren. Deshalb bogen wir auf einem schmalen und steilen Waldweg nach rechts ab, um Waren und den Warener See im Norden zu umgehen. Die Uckermärkischen Wagen haben keine Bremsen. Die Ochsen waren müde und geschwächt, sie konnten den schweren Wagen nicht halten und prallten an einen Baum. Dabei brach die Deichsel und ein Ochse verletzte sich so, daß er nicht mehr ziehen konnte. Als wir wieder auf einen festen Weg kamen, mußten wir den Wagen mit der gebrochenen Deichsel an unsern Wagen ankoppeln, und die vier Pferde hatten nun zwei Wagen zu ziehen. Das ganze Gespann wurde dabei mindestens 13 Meter lang und dadurch entsprechend schwer zu lenken. Wir kamen auf einen Nebenweg, der nach Baumgarten und Teterow führte. In Baumgarten, das schon geräumt war, suchten wir die kräftigsten Ochsen aus, zwei ließen wir auf einer Koppel zurück und einen schlachteten Soldaten für uns. Wir nahmen eine Keule und die Leber mit. In Baumgarten machten wir nur eine 3-stündige Pause, dann fuhren wir weiter, denn die ganze Atmosphäre wirkte beängstigend und unsicher. Am nächsten Mittag kamen wir nach Teterow und gerieten dort auf dem Marktplatz in einen wilden Fliegerbeschuß russischer Flugzeuge. Das war am 30.4. Wir beobachteten, daß berittene Wlassowsoldaten im wilden Ritt davon jagten. Vielleicht galt ihnen der Beschuß. Mülling blieb draußen bei den scheuenden Pferden und der schlafenden Hanna, die wir im Wagen vergessen hatten. Als es wieder ruhig war, sammelten wir voller Angst unsere verstreuten Kinder, fanden Hanna friedlich schlafend auf dem Wagen und beeilten uns, aus Teterow rauszukommen. Bernd und Ruth fanden ihre Räder nicht wieder. Wir trösteten uns damit, daß die beiden, die sie gestohlen hatten, hoffentlich auf diese Weise noch aus dem Hexenkessel herausgekommen sind. Im Wald hinter Teterow machten wir bei einer Försterei halt, gegen Abend fuhren wir weiter in Richtung Güstrow. Auf Nebenwegen schlugen wir uns durch. In dieser Nacht trennten sich Colditz, Tiedes und Junkers von uns. Die Ochsen konnten einfach nicht mehr und unsere Leute meinten, wenn sie auf Feldwegen führen, wäre das für die Ochsen nicht so qualvoll, wie die festen Chausseen mit ihrem Steinpflaster. Tatsächlich hatten die Leute keine Lust mehr weiterzufahren. Sie machten nämlich, nachdem sie sich von uns getrennt hatten, kehrt und fuhren zurück. Dabei gerieten sie in die Hände der Russen, wurden bis aufs Letzte ausgeplündert, und die Frauen wurden scheußlich mißbraucht, und nach langer Irrfahrt kamen sie ohne Schuhe und ein eigenes Stück nach Mattheshöhe zurück. Das haben wir später erfahren.

Aber zunächst sagten wir uns, daß alles sowieso so unsicher sei, daß vielleicht sie auf den Feldwegen durchkämen und wir auf den Chausseen steckenblieben. Jedenfalls fuhren wir die Nacht durch, an Güstrow vorbei. Es war eine unheimliche Nacht. Vor uns blinkten die Lichter eines Flugplatzes, keiner wußte, wer ihn besetzt hielt. Um uns herum hörten wir im Gebüsch und Wald Menschenstimmen und Befehle. Soldaten tauchten auf und verschwanden wieder. Kolonnen kamen uns entgegen, andere fuhren in unserer Richtung. Irgendwann in diesem Durcheinander begegneten wir auch unsern Funkern, die bei uns im Quartier gewesen waren. Ein flüchtiges herzliches Begrüßen und weiter gings. Am 1. Mai kamen wir kurz hinter Güstrow nach Strenz. Dort machten wir Halt, kochten Kaffee und versuchten etwas Brot zu kaufen. Ein Bäckerwagen, voll mit Brot beladen, kam uns entgegen. Ich bat ihn, uns Brot für die Kinder zu geben, aber der Bäcker lachte mich höhnisch aus, ich hätte ja keine Marken. Ich bettelte und bot ihm jeden Preis. Aber er blieb hart. Mein Verhandeln mit dem Mann wurde von zwei Soldaten gesehen, sie lachten und winkten mir, ich solle zu ihnen kommen. Der Eine hielt den Bäcker in Schach, der Andere machte den Wagen hinten auf und lud Bernd und mir so viel Brot, wie wir tragen konnten auf die Arme. Ich wollte bezahlen, da sagten die Soldaten, Strafe müsse sein für so viel Unverständnis. Ich solle machen, daß ich fort komme. So habe ich Brot gestohlen!!!!

Über Bützow und Neukloster fuhren wir den ganzen Tag, mit nur ganz kurzer Rast an einem Chausseehaus, um die Pferde zu füttern und um etwas zu kochen. Um uns herum spürten wir die Auflösung und die allgemeine Panik.

147

Wir beschlossen, ohne Rücksicht auf die übermüdeten Pferde, die Nacht durchzufahren. Es ging so langsam, daß die Pferde in den Sielen etwas zur Ruhe kamen. Einmal mußte Mülling das vordere Gespann abspannen, um mit ihnen einen vor uns steckengebliebenen Treck aus dem Weg zu schaffen. Gegen Morgen kamen wir an die große Chaussee Warin-Wismar. Es dauerte eine Ewigkeit bis wir mit unserem langen Treck eine Lücke fanden, um in die Straße einbiegen zu können. Dann ging es im Schneckentempo auf Wismar zu, denn vor Wismar trafen die beiden Straßen von Rostock und Warin zusammen, und die Trecks konnten nur abwechselnd einbiegen. Gegen Mittag des 2. Mai passierten wir Wismar und im nächsten Dorf hinter Wismar mußten wir halten, um die Pferde zu füttern und zu tränken, und auch selbst etwas für uns zu kochen. Auf einem Bauernhof fanden wir freundliche Aufnahme. Dort erfuhren wir, daß amerikanische Soldaten das Land bis Wismar besetzt hatten, wir waren gerettet!!!! Zwei Stunden später reichten sich der Russe und der Amerikaner die Hand bei Wismar, und der Russe ließ keinen mehr passieren.

Kriegsende und Internierung in Carlow

Wir fielen uns in die Arme und dachten voll Mitgefühl an die, die zurückbleiben mußten. Wir blieben auf dem Hof bis gegen Abend, beobachteten mit Entsetzen, wie die vorbeiziehenden Trecks von Tiefffliegern beschossen wurden. Autos, allerdings wohl meist Militärautos, brannten, Pferdewagen stürzten um. Gegen Abend verabschiedeten wir uns von unsern freundlichen Gastgebern und fuhren weiter in Richtung Grevesmühlen. Wir hatten beraten und beschlossen, daß wir bei der drohenden Gefahr, irgendwo in Kampfhandlungen zu geraten, nachts fahren und tagsüber ruhen wollten. Wir wollten über Grevesmühlen nach Lübeck weiterfahren. Dort war Suse Honold und Großmutter Rheinwald. Wir brauchten dringend ein paar Tage Ruhe, ein Dach über dem Kopf, um uns zu waschen, die Sachen in Ordnung zu bringen und Wulf auszukurieren, der immer noch Durchfall hatte. Kurz hinter Grevesmühlen sahen wir im Dunkeln den Feuerschein und hörten auch die Detonation einer Explosion. Einige Zeit später kamen uns Trecks entgegen und erzählten, daß vor uns eine Brücke gesprengt worden sei, und wir nicht weiterkämen. Mühsam machten wir mit unserm großen Gefährt kehrt. Ich erinnere mich noch sehr genau an die Atmosphäre dieser Nacht. Mülling fuhr um eine Windmühle herum, nachdem er sich vergewissert hatte, daß rundherum genügend Platz für den langen

Wagen war. Trotzdem war es ein Risiko, denn man sah kaum die Hand vor den Augen. Nach unendlicher Mühe konnten wir zurückfahren.

Gegen Morgen am 3. Mai kamen wir nach Rhena, ein junger Mann begleitete uns. Er war Feldwebel, hatte bei einer Sonderaktion seine Einheit verloren und schloß sich uns an. Die Aussicht bei dem Chaos irgendwas oder irgendwen zu finden, war gleich Null. Im Morgengrauen in Rhena sahen wir, daß die Bevölkerung mit großer Eile zum Bahnhof rannte. Die meisten hatten Handwagen oder große Taschen. Unsere erfahrenen Landser sagten sofort: „Da müssen wir hin, das sieht ganz so aus, als ob es da was zu erben gibt." Wir wollten zuerst garnicht, wir waren so ängstlich geworden, daß wir nur noch schnell und möglichst unauffällig aus diesem unruhigen Gebiet herauswollten. Aber Mülling fuhr doch zum Bahnhof, und da stellte sich heraus, daß dort ein Vorratslager der Wehrmacht von den Wachen für die Zivilisten geöffnet worden war. Mülling und Heinze schleppten für uns raus, was sie nur erwischen konnten. Ein Sack Haferflocken, Zucker und vor allem 20 Kartons mit Fleischkonserven. Wir andern waren auch mit ins Lager gegangen, Bernd half eifrig beim Suchen der notwendigsten Sachen. An einer Stelle war ein ziemliches Menschengedränge. Natürlich waren wir neugierig und entdeckten, daß eine Frau auf einem Sack Rohkaffee saß und ihn gerade öffnete. Kaffee war natürlich eine besonders begehrte Ware, und so griff ich über die Schulter der Frau und sagte: „Ach bitte, geben Sie mir auch ein wenig." Die Frau kreischte auf und kratzte mir blutige Striemen über die Hand. Und ich hätte so gern ein bißchen Kaffee gehabt. Wir waren so ausgehungert danach. Die Frau saß rittlings auf dem Sack, unter ihrem Hinterteil quoll das Ende heraus. Da kam mir eine Idee! Ich fragte einen Mann, der da stand, ob er wohl ein Taschenmesser habe. Der verstand sofort, was ich wollte, zog sein Messer raus und schlitzte den Sack hinten auf. Wir haben uns dann viel unbescheidener bedient, als wir zuerst wollten, stopften alle Taschen voll und benutzten unsere Taschentücher als Beutel. Die Frau merkte erst, was hinter ihr geschah, als wir genug hatten und sie auf den Boden rutschte. Da gingen wir drei, Bernd, der Fremde und ich lachend davon, und freuten uns über die Beute und den Streich. Bald rief uns Herr Mülling zur Abfahrt. Der Wagen war beladen, und mehr konnte man den Pferden ohnehin nicht zumuten. Wieder einmal hatten wir Glück gehabt, denn als wir in einiger Entfernung waren, hörten wir Schüsse. Die Amerikaner hatten gemerkt, was da geschah, und vertrieben die Plünderer mit Warnschüssen.

149

Unser Weg führte eine ziemlich steile Straße hinauf, aus Rhena hinaus. Wir stiegen ab und halfen den Pferden bei ihrer schweren Arbeit, indem wir tüchtig schoben. Welch große Hilfe dieser Vorrat für uns wurde, merkten wir später. Hinter Rhena, im Dorf Bühlow machten wir Halt und kamen dort zu einer Familie, die uns durch ihre große Hilfsbereitschaft unvergessen geblieben ist. Es war ein wunderbarer gepflegter Hof, man spürte, daß die Besitzer modern und sehr menschlich waren. In der Küche stand ein großer Kessel unter Feuer, in dem eine kräftige Suppe für die vorbeiziehenden Flüchtlinge kochte. Wir hatten noch das Rinderbein mit viel Fleisch daran, das wir von dem geschlachteten Ochsen mitgenommen hatten. Natürlich sah es schon etwas mitgenommen aus, aber die Frau des Hauses nahm es mit Freude, wusch es sorgfältig ab und kochte es mit. Außerdem stellte sie uns ihre Waschküche zur Verfügung, wir konnten uns viel heißes Wasser machen und unsere Kinder gründlich baden und schrubben. Dort in Bülow sahen wir die ersten Amerikaner. Sie kamen mit einem Jeep in den Hof, schenkten unsern Kindern im Vorbeifahren etwas Schokolade. Wir nahmen das als ein Zeichen des guten Willens und waren glücklich drüber. Leider blieb es zunächst bei dieser Geste, denn sie nahmen alle Soldaten mit, auch unsern hilfreichen Freund Heinze. Er kam noch zu uns, holte sich ein Beutelchen Haferflocken und etwas Zucker. Das war alles, was wir ihm von dem erbeuteten Schatz geben konnten, denn er konnte nicht mehr verstecken. Später erfuhren wir, wie sehr diese aufgegriffenen Kriegsgefangenen leiden mußten. Auf freiem Feld in Wind und Wetter lagen sie zu Haufen auf der blanken Erde, von Stacheldraht umgeben, ohne Essen und Trinken. Wir haben versucht, den Soldaten zu helfen, haben andern auch geholfen, aber Freund Heinze haben wir nicht gefunden.

Der Besitzer des Hofes, ich glaube, er hieß sogar Bühlow, sprach in meiner Gegenwart mit seiner Frau, daß er wohl bald abgeholt würde, denn er war Ortsbauernführer gewesen. Er gab seiner Frau noch Anweisungen, über Hof und Arbeit. Nachher sahen wir, wie er fortgeführt wurde. Mein Mitleid mit diesen anständigen Menschen ist groß, denn das Gebiet wurde ja später vom Russen besetzt und ist jetzt DDR. Die armen Menschen haben bestimmt Hof und Selbständigkeit verloren.

Gegen Abend kamen Sanitätsautos auf den Hof. Die Soldaten stellten ihre Wagen in eine Remise und sagten uns, wir könnten uns aus den Wagen Verbandmaterial und Medikamente holen. Einer ging mit uns, wir suchten uns vor allem Hansaplast, Mullbinden, Salben und schmerzstillende Tabletten. Für uns war das ein Reichtum, denn wir hatten davon natürlich nicht viel. Am nächsten Morgen, den 4. Mai zogen wir weiter. Unser Ziel war immer noch Lübeck. Unterwegs überholte uns ein Radfahrer. Er erzählte uns, daß Deutschland bedingungslos kapituliert habe, und wir nun kehrt machen sollten. Wir waren uns natürlich einig, daß wir nicht in russischbesetztes Gebiet zurückfahren wollten. Wie fuhren einen Nebenweg mit Buschwald, die Sonne schien, wir waren fast fröhlich, da hörten wir im Wald in unsrer Nähe einige Schüsse. Wir mußten weiter, die Stimmung sank wieder auf Angst und Sorge. Bald darauf kamen uns etwa 10 Soldaten entgegen. Wir fragten, was dort geschossen worden sei. Da erzählten sie uns, die Amerikaner hätten ihre Offiziere erschossen, sie hätten nichts von der Kapitulation gewußt und wären noch bewaffnet gewesen. Die Mannschaft hätten die Amerikaner laufen lassen nach der Entwaffnung. Wir waren tief erschüttert. Wir haben nur die paar Schüsse gehört, es hat also kein Kampf stattgefunden, das hätten wir hören müssen. Da haben sie also ohne Kampf die sich ergebenden Deutschen niedergeknallt. Die Landser, die sie haben laufen lassen, haben sie später alle wieder eingefangen, in Lager gesperrt und bestraft. Nur die wenigen, denen es gelang, Zivilkleidung zu ergattern, hatten Chance, wegzukommen. Kurz vor Carlow wurden wir von amerikanischen Soldaten angehalten. Ein Bübchen stellte sich vor mir auf und fragte mich, während er mir unaufhörlich vor die Füße spuckte, wohin wir wollten. Ich hatte größte Lust, ihn auszulachen, aber ich dachte, Diplomatie ist besser und erklärte feierlich, wir wollten nach Kassel, da wäre unser Heim. Ich war sehr zufrieden, daß mein gutes Schulenglisch von diesem unverständlich knautschenden Bürschchen verstanden wurde. Wir durften passieren.

In Carlow wurden wir von amerikanischen Soldaten in ein verlassenes Arbeitsdienstlager geführt und dort interniert. Wir waren garnicht böse darüber. Wir waren mit lauter Flüchtlingen zusammen, meist Deutschen, die alle froh waren, ein Dach über dem Kopf zu haben, und dort erst einmal in Ruhe überlegen konnten, was weiter geschehen solle. Zunächst war es fürchterlich eng, aber die Mitbewohner unseres Barackenteiles flohen bald vor unsern 14 Kindern und ihrer Losgelassenheit, wir hatten den ganzen Raum für uns. Es war auch so noch eng genug. Auf einem kleinen Kanonenofen konnten wir kochen. Die Vorräte aus Rhena waren unsere Rettung, denn zunächst gab es keine Möglichkeit, etwas zu Essen zu bekommen. Die örtliche Molkerei war außer Betrieb, so bekamen wir reichlich Milch von den Bauern und konnten unsern Kindern Brei kochen. Es wurde uns bekannt gegeben, daß unter den Flüchtlingen ein Arzt sei, wir könnten ihn jederzeit um Rat fragen. Ich ging mit Gunther sofort zu ihm. Gunther hatte sich noch in Mattheshöhe einen langen Spreißel von einer Leiter in den Oberschenkel gestoßen. Wir konnten ihn nicht rauskriegen und ich hatte mich geweigert, mit ihm nach Prenzlau zum Arzt zu wandern, weil ich meine Kinder nicht allein lassen wollte. Nun eiterte das Bein und es sah nicht gut aus. Mit einem kleinen Schnitt entfernte der Arzt den schon weit herausgeeiterten Span. Er erklärte, daß dies schnell heilen würde, die Wunde sei bereits lokalisiert. Er spendierte sein letztes Stückchen Hansaplast für Gunther. Ich freute mich, daß ich mich für seine Hilfe revanchieren konnte und brachte ihm von unserm erbeuteten Verbandmaterial. Obenauf legte ich ein kleines Päckchen von dem Rohkaffee, das große Freude machte. Als ich bei dem Arzt war, kam ein amerikanischer Sanitätsoffizier und fragte ihn, was er an Medikamenten etc brauche. Der Arzt sagte mir, er sei Humanist und könne kein Englisch. So half ich mit meinen schwachen Englischkenntnissen aus. Auf meinen Vorschlag schrieb der Arzt seine Wünsche in Latein auf. Das verstand der Amerikaner ganz genau, obwohl er es anders aussprach. Wir lachten alle drei darüber. Nun hatte ich meine Funktion im Lager. Ich wurde Dolmetscherin, bis sich Frauen fanden, die mehr konnten als ich und mich ablösten. Aber so lange war ich ganz schön beschäftigt und es machte mir Spaß. Frau Spange übernahm meine Aufgabe. Sie sprach vorzüglich englisch und hat allen, speziell mir, sehr geholfen. Das aber später, ich erzähle es dann genau.

Die Hilfsbreitschaft und Kameradschaft war unter den Deutschen ganz vorbildlich. Schwierig war nur, daß auch Ausländer im Lager waren, die sich nun alle als Sieger fühlten, obwohl sie genau wie wir vor dem Russen geflohen waren. Sie schikanierten uns. Einige Polen, die nachts die Wagen der Flüchtlinge, die auf einen großen Hof aufgefahren standen, ausplünderten, wurden sogar von den amerikanischen Wachen erwischt und bestraft. Auf unserm Wagen schliefen wir zuerst abwechselnd, später übernahm Friedel mit Bienchen, Hiltrauts Langhaardackel, der die ganze Flucht mitgemacht hatte, die Wache ständig. Wir hatten die Möglichkeit in der Lagerküche zu kochen. Da stand ein riesiger Herd, aber es gab so viel Unfrieden mit einer Gruppe von Letten, daß wir uns ganz zurückzogen. Diese Letten, die ja auch wußten, warum sie in den Westen geflüchtet waren, beanspruchten alle Vorrechte und hetzten in der

Küche in unberechtigter Gehässigkeit gegen uns Deutsche. Es war eine große Familie, drei Geschwister mit Ehepartner und Kindern, sie sollen gebildete Leute gewesen sein; sie behaupteten, die Arbeitsdienstleute seien mit Peitschen geschlagen worden. Ich bestritt das energisch und verlangte den Beweis. Da sagten sie, sie hätten die Peitschen gesehen. Am selben Tag kam Herdegen mit einem Siebensträner ins Zimmer; das sind Peitschen zum Ausklopfen der Uniformen. Ich ließ mir von Herdegen die Peitsche geben, ging in die Küche und fragte die Lettin, ob sie diese Peitschen meinte. Sie bejahte es, und ich erklärte ihr, wofür diese Peitschen sind und warnte sie ziemlich grob, nochmals solchen Unsinn zu verbreiten. Wir gingen uns von da ab aus dem Weg, aber sie wurden zurückhaltender. Einer der Männer soll Arzt gewesen sein, er hat sich aber nicht zur Verfügung gestellt. Später haben wir sie beim Weiterziehen in Hamburg getroffen, da grüßten sie ganz manierlich und bescheiden. Wenn ich denke, was uns inzwischen alles in die Schuhe geschoben worden ist als die Verlierer dieses unseligen Krieges, kommt mir das von mir entsetzlich kleinlich vor, es überhaupt zu erwähnen. Aber ich schreibe es doch, denn viele Greuelmärchen entstehen ja aus solchen Irrtümern.

Die Lokusfrage haben wir auch erst klären müssen. Da war eine lange Baracke mit 24 Sitzplätzen, aber ohne Türen. Nur in der Mitte war eine Querwand und an den Stirnseiten die Eingänge. Am zweiten Tag stand dann an der einen Tür ‚Herren‘ und an der andern ‚Damen‘. Es wurde brav eingehalten. Wir amüsierten uns über die vornehme Bezeichnung, nur ein Witzbold konnte uns als ‚Herren‘ und ‚Damen‘ bezeichnen. Eine nette, kleine Begebenheit möchte ich da einschieben: Ich saß auf einem der stillen Plätze, hörte zwei weibliche Stimmen lebhaft sprechen und hörte, wie die Eine sagte: „Wir sind die ganze Flucht über vom Glück verfolgt worden. Ist das nicht herrlich?" Ich war so gerührt darüber, daß ich wartete bis die Frau herausging, habe sie angesprochen und ihr gedankt für diese entzückende, lebensfrohe Bemerkung. Wir sind auch auf der Flucht vom Glück verfolgt worden; klar gemacht hat es mir erst richtig die Frauenstimme auf dem Klo in Carlow.

Zu unseren näheren Freunden gehörte neben dem Arbeitsdienstführer Krause, der lange bei uns blieb, auch ein junger Mann mit Namen Fred. Der war Mechaniker und brachte die Molkerei wieder in Gang. Seine Mutter lebte in Lübeck. Er lieh sich von uns ein Fahrrad, (es gehörte Herrn Mülling, der hatte es auf dem Wagen festgebunden und durch alle Fährnisse behalten), um seine Mutter zu besuchen. Ich gab ihm einen Brief an Suse mit, der ihr mitteilen sollte, daß wir alle leben. Ich zweifelte, ob Fred zurückkommen würde, aber er meinte, in einer Molkerei sei man am sichersten vor dem Hunger, der jetzt drohte, er käme bestimmt zurück. Er kam auch und brachte mir von Mutter Rheinwald und Suse glückliche Nachrichten. Hans war mit einigen Kameraden vor den Engländern getürmt, war jetzt in Mölln im Lazarett in Kriegsgefangenschaft geraten, aber soweit wieder hergestellt. Er hatte noch nach Lübeck auskneifen wollen zu Suse, das aber dann doch nicht mit den kranken Füssen riskiert. Mölln war von Carlow 30 km entfernt, also erreichbar. Nun gab es da eine Krankenschwester, die da eine etwas unklare Aufgabe hatte. Sie hatte einen kleinen Wagen, ein Pferd und einen Passierschein und sauste als Kurier im Lande rum. Durch sie standen Hans und Suse auch in Verbindung. Hans erfuhr also von Suse, daß wir gerettet waren, er schrieb durch die Schwester auch an mich, (irgendwie kam sie auch nach Carlow), und ich an ihn. Als ich Hans' Antwort bekam, saß ich gerade mit Bernd auf dem Wagen. Ich fiel einfach um und heulte, heulte, heulte. Bernd war ganz entsetzt darüber, doch ich sagte: „Bernd, laß mich heulen, die Tränen lösen alle Angst und spülen sie fort." Ich war in meinem ganzen Leben noch nie so glücklich gewesen, wie in diesem Moment. Nun wußte ich, daß Hans nah war, um mir die Last tragen zu helfen, und – nun mußte ich meine Kinder nicht mehr umbringen!!!

ERSTE SCHRITTE IM FRIEDEN

Wiedersehen mit Hans

Hans konnte aus dem Lazarett nicht raus, aber ich konnte ihn besuchen. Dazu brauchte ich aber einen Passierschein. Frau Spange half mir mit ihrem perfekten Englisch und viel Unternehmungslust. Sie war ein guter Kamerad. Wir gingen zusammen zur amerikanischen Kommandantur, Captain Smith empfing uns und hörte sich unsere Wünsche an. Wie alle Amerikaner wurde er, als er von Mann und fünf Kindern hörte, sentimental und entsprechend hilfsbereit. Er hat mit allen Dienststellen telefoniert, um für uns die Erlaubnis zu bekommen und war untröstlich, als ein Passierschein abgelehnt wurde. Er war entschlossen, uns zu helfen, und da er ein bißchen betrunken war, fand er auch einen Ausweg. Wie riskant der Plan auch für ihn war, merkten wir erst

154

später. Zunächst stärkte er sich mit Gilka zu seinem Entschluß. Dabei sagte er uns, indem er uns brüderlich die Gilkaflasche hinhielt, er müsse ab und zu einen Schluck trinken, denn er sei noch immer sehr nervös von dem Krieg und Kampf. Er hätte schreckliche Angst gehabt. Ich mußte darüber ein wenig lachen, obwohl ich ihn das nicht merken lassen wollte. Da meinte er, ob ich mir einbilde, daß die Deutschen keine Angst gehabt hätten? Ich antwortete, doch sicher hätte wohl jeder Mensch Angst gehabt, auch wir auf der Flucht, ich fände bloß drollig, daß er das so ehrlich zu einer Frau eines Feindes sage. Er hat es mir netterweise nicht übel genommen, sondern mir noch eine Flasche Gilka und Schokolade für die Kinder geschenkt. Er verabschiedete uns und sagte, daß wir noch von ihm hören würden. Abends, wir wollten gerade Schlafen gehen, kam ein Mann durchs Lager und rief: „Wo ist die Frau, die nach Mölln zu ihrem Mann will?" Ich meldete mich, und da sagte er mir, ich solle zum Tor kommen. Ich holte schnell noch Frau Spange und sauste ans Tor. Da stand unser lieber Captain Smith mit einem Jeep und einem Fahrer und forderte uns auf, einzusteigen, er führe uns jetzt nach Mölln. Als wir nun doch etwas zögerten und uns fragten, ob wir das riskieren könnten, meinte er, ohne Risoko kein Erfolg. Sie seien keine Menschenfresser. Ich bat den Mann, bei uns Bescheid zu sagen und stieg mit Frau Spange in den Jeep. Und nun begann eine abenteuerliche Fahrt. Wenn wir durch eine Passkontrolle mußten, verschwanden Frau Spange und ich unter einer Plane, waren wir wieder durch, durften wir wieder auftauchen. Ich saß neben dem Fahrer, Frau Spange mußte sich von Smith abküssen lassen. Hoffentlich hat es ihr wenigstens Spaß gemacht, ich hatte ein schlechtes Gewissen. Mein Nachbar mußte auf den Weg aufpassen, als er einmal seine Hand auf mein Knie legte, sagte ich ihm, ob er wohl verstehen könne, daß ich nur an meinen Mann dort vorne in Mölln denke, den ich liebe, und den ich sehr lange vermißt habe. Er verstand es und war von da ab sehr freundlich zu mir. Zwischen Carlow und Mölln irgendwo blieb unser Jeep stehen. Wir hatten eine Panne und konnten nicht weiter. Der Jeep mußte abgeschleppt werden, und wir kamen alle sehr betrübt zurück. Captain Smith versprach uns, am nächsten Abend wieder zu kommen, mit einem heilen Jeep und die Fahrt dann zu machen. Wir verabredeten, daß wir uns am Friedhof um 9 Uhr abends treffen wollten. Frau Spange und ich saßen am nächsten Abend auf der Mauer und warteten. Nach langer Zeit kam ein einzelner Soldat, fragte uns zögernd, ob wir auf Captain Smith warteten, und als wir bejahten, sagte er uns einen Gruß von ihm, die ganze Geschichte sei durch die Panne rausgekommen. Sie hätten mit dieser Fahrt ein Verbot, mit deutschen Frauen zu sprechen, ihnen zu helfen etc nicht beachtet und wären heute strafversetzt worden. Wir haben mit dem Amerikaner noch ein langes Gespräch gehabt und haben ihn gebeten, Captain Smith, wenn er ihn wiedertreffen sollte, zu sagen, wie sehr wir ihm für seine Hilfsbereitschaft danken, und daß wir ihn nie vergessen würden. Frau Spange war genau so niedergeschlagen wie ich, sie hatte nämlich versucht, durch Smith einen Posten als Dolmetscherin zu bekommen. Nun waren auch ihre Pläne vernichtet. Bei dem Gespräch mit dem Amerikaner erfuhren wir, was über Hitlerdeutschland in amerikanischen Zeitungen alles gestanden hat. „Wir hatten all die Jahre um 10 Uhr Zapfenstreich, von da ab durfte keiner mehr auf den Straßen sein. Wir wurden morgens um 5 oder 6 Uhr geweckt, wie wußte der Ami auch nicht, aber wir mußten alle zur Arbeit bereit sein. Als ich lachend widersprach und meinte, Papier sei geduldig, meinte er, er hätte auch den Eindruck, seitdem er hier sei, als ob vieles in den Zeitungen Lüge gewesen sei. Er sagte etwa: „I believe, this was a war of propaganda." Nun suchte ich einen Weg, wie ich ohne Passierschein zu Hans kommen könnte. Wir hatten zwei Fahrräder, die wir uns borgen konnten. Elsbeth und ich fuhren damit los, aber die Wache erwischte uns und schickte uns zurück.

Ich hatte schon erzählt, daß wir den gefangenen Soldaten geholfen haben. Das war so: Die Amerikaner griffen alle auf, die Uniform trugen und steckten sie in ein Auffanglager und führten dann, wenn genügend zusammen waren, den ganzen Haufen in ein Kriegsgefangenenlager. Solch Auffanglager war auch in Carlow, neben dem Rathaus. Es war ein großer eingezäunter Hof mit einer Wache davor. Wir sprachen mit den Männern, allen Verboten zum Trotz und erfuhren, daß es ihnen an allem fehlte. Sie bekamen nichts zu essen und auch nichts zu trinken. Manche hungerten schon drei Tage lang und mehr, bis sie abgeführt wurden. Manchmal, in unbewachten Augenblicken gab ihnen eine Bäuerin am hinteren Zaun einen Eimer mit Wasser. Darauf bauten wir unseren Plan. Das ganze Lager, soweit es Deutsche waren, half dabei. Einige von uns gingen von vorn an den Hof der Soldaten, versuchten recht auffällig mit ihnen zu sprechen und lenkten so die Aufmerksamkeit der Wache auf uns. In der Zeit brachte die Bäuerin von hinten, wobei sie über zwei Zäune steigen mußte, Pakete mit Broten oder eine Kanne Milch. Es gab beinahe einen Wettbewerb, wer mit Spenden dran war. Wir hatten alle nicht viel zu essen, vor allem Brot war knapp, aber jeder trug dazu bei. An Pfingsten hatten wir sogar einen Kuchen rübergeschmuggelt. Wir waren so froh, daß wir da helfen konnten, denn wir hatten wenigstens die Freiheit und ein Bett.

Am 21. Mai in der Nacht vom Pfingstmontag zu Dienstag wurden wir durch starken Motorenlärm und laute Befehle aufgeschreckt. Wir hatten Angst, daß nach Gerüchten die Russen das Land bis zur Elbe besetzen würden, und wir waren ja noch in Mecklenburg. Wir schickten Herrn Mülling aus, er kam mit der Nachricht zurück, daß die Amerikaner abrückten und die Engländer das Kommando übernehmen. Am nächsten Morgen war keine Wache mehr vor dem Lager. Der Engländer kümmerte sich nicht um uns. Ich wollte die Gelegenheit benutzen und zu Hans nach Mölln fahren. Jetzt, wo ich das schreibe, denke ich, daß das eigentlich sehr leichtsinnig war, aber damals dachte ich garnicht an ein Risiko. Friedel erklärte sich bereit, mit mir zu kommen und so fuhren wir am 22.5. einfach los. Es war ein beschwerlicher Weg. Die Räder waren alt und nicht geölt. Friedel fuhr ein Luder von einem Damenrad, ich ein etwas besseres Herrenrad. Der Weg war bergig und wir hatten Angst vor streunenden Banden. Aber wir schafften es. Als wir in Mölln ankamen, empfing uns ein Sanitäter des Lazaretts mit den Worten: "Ich führe Sie zu Ihrem Mann, wir alle wissen, daß Sie die Ersten sind, die sich wiedergefunden haben". Hans saß auf seinem Bett, als ich in sein Zimmer kam, er sah erschreckend elend aus. Er rief: "Daß Du kommst, wußte ich; aber daß Du das so bald schaffst, hab ich nicht einmal Dir zugetraut!" Wir konnten kaum sprechen, wir hielten uns in den Armen und waren nur glücklich. Lange konnten wir nicht bleiben, der Weg war weit und wir wollten vor Dunkelheit im Lager sein. Wir gaben Hans von unserm Proviant, denn er war schrecklich ausgehungert. Sie bekamen kaum etwas zu essen. Hans gab mir eine runde Blechschachtel mit Kolaschokolade: "Gib sie den Kindern, ich habe sie für sie aufbewahrt. Es war mein Omen, wenn ich sie nicht esse, sehe ich Euch wieder. Ich war oft in Versuchung, aber jetzt sollen sie die Kinder doch noch bekommen." *(Jetzt, 1989, als ich die Chronik überarbeite, fällt mir ein, daß die späteren Leser denken werden: Na, die lügt sich da aber was zusammen. Nein es ist alles wirklich so gewesen, Friedel hat alles miterlebt und kann es bezeugen. Was ich überarbeite sind eigentlich meist stilistische Unebenheiten).* Hans beschwor mich, sobald wie möglich aus Mecklenburg weg zu fahren. Auch sie hatten davon gehört, daß der Russe bis zur Elbe vorrücken würde, und so lange wir in Carlow waren, waren wir nicht sicher vor ihm.

Der Abschied von Hans war schauerlich, aber wir mußten wieder fort. Das Wiedersehen hatte uns gestärkt, aber auch mit neuer Sorge erfüllt. Die Rückfahrt war gräßlich. Wir waren müde und hatten große Angst. Friedel war keine ausdauernde Radfahrerin und war am Ende ihrer Kraft. Wir tauschten die Räder, aber, obwohl sich Friedel auf dem Herrenrad unsicher fühlte, ging es besser, denn das lief viel leichter. Unterwegs hatten wir noch ein nettes Erlebnis. Ein Radfahrer holte uns ein und rief voll Übermut: „Ich muß schnell heim, in meiner Frau Bett liegt ein junger Mann." Wir wunderten uns, was er wohl meine, da erzählte er, daß er aus dem Gefangenenlager ausgekniffen sei, Zivilkleider und ein Fahrrad organisiert habe und heute Abend daheim bei seiner Frau sei. Seinen kleinen Sohn, der in seiner Frau Bett läge, kenne er noch garnicht. Da wir sehr langsam vorankamen, fuhr er uns bald davon.

Aber erfrischend und reizend war das Zusammentreffen doch. Wir kamen glücklich nach Carlow zurück und erfuhren dort, daß der Engländer Anträge auf Passierscheine annähme. Ich ging am nächsten Tag sofort hin und bekam auch das Versprechen, daß ich einen Passierschein nach Kassel bekäme. Nun fingen wir an, zu packen, zu waschen und alles herzurichten.

Endlich außerhalb von Mecklenburg!

Am 25. Mai fuhren Frau Spange und ich nach Lübeck zu Suse. Werner war inzwischen nach Hause gekommen. Wir kamen in einen völlig intakten Haushalt, alles war sauber und gepflegt, es gab Teppiche, Sessel, heiles Geschirr, das sogar zusammenpasste. Es war beinahe märchenhaft. Frau Spange und ich kamen uns vor wie zwei Zigeunerinnen in unsern langen Hosen, nein, ich hatte sogar ein paar Reithosen von Hans an, (ich glaube, es waren seine SA-Hosen), die mir reichlich groß waren. Suse schenkte mir noch einen Stapel Bücher, vor allem für die Kinder, die wir sehr genossen haben , aber am Ende unsrer Fahrt waren sie völlig zerlesen.

Am 26. bekamen wir unsern Passierschein. Nicht einmal einen Stempel hatte das Ding. Am 28., wir wollten gerade das Lager verlassen, kam der Bürgermeister und sagte uns, wir könnten nicht fort, die Straßen seien noch für Zivilisten gesperrt und wir müßten 4-5 Tage warten. Voller Enttäuschung bezogen wir unsern alten Platz, der glücklicherweise noch nicht von andern besetzt war. Elsbeth und ich fuhren noch einmal zu Hans, um ihm von unsern Bemühungen zu berichten, und ich versprach ihm, sobald wie möglich abzufahren. Am 31. ging ich nochmals zu dem Kommandanten. Auf meine Frage, ob wir abfahren dürften, sagte er mir, daß wir fort könnten, aber den Passierschein abgeben müßten. Ich versprach, ihn zu bringen, und dann sauste ich ins Lager und sagte: „Nichts wie weg!" und in einer halben Stunde waren wir bereits auf der Straße. Wir mußten an der Kommandantur vorbei, ich versteckte mich, wir kamen unbemerkt vorbei. Krause und Heinz gingen mit uns. In Schmielau wurden wir angehalten, ein Deutscher verbot uns die Weiterfahrt. Wir müßten in das Lager Schmielau. Ich erklärte, daß wir aus dem Lager Carlow entlassen worden wären und einen Passierschein hätten. Ich wünschte den englischen Offizier zu sprechen. Er führte mich zu ihm. Ich sagte mein Sprüchlein: „Familie mit 14 Kindern auf dem Weg nach Kassel" und hielt meinen Schein hin. „OK"! ich sauste raus und winkte Mülling zu nach rechts abzubiegen. Der komische Wachmann guckte sehr verdutzt, als ich ihm eine lange Nase machte, aber wir haben so gezittert, daß unser schöner Paß nichts nützen könnte.

Wir kamen glücklich nach Mölln und kampierten in einer Sandkuhle unterhalb des Lazaretts, in dem Hans war. Die Mitfreude von allen, die mit Hans im Lager waren, war rührend. Elsbeth kochte einen gewaltigen Topf mit Suppe, und die ehemaligen hohen Offiziere, die uns mit Hans zusammen besuchten, langten begeistert zu. Es war einfach zum Piepen, wir hielten einen vornehmen Empfang in unserm Zigeunerlager. Die Herren verbeugten sich weltmännisch, einer versuchte sogar unsere Hände zu küssen, dabei sahen wir wirklich nicht elegant aus in unserer praktischen Männerkleidung. Eine kleine Anekdote: Hildburg und Herdegen stritten sich vor dem Einschlafen in ihrem Wagen. Hiltraut sagt: „Zankt Euch doch nicht, hört lieber, wie herrlich die Nachtigall da am See singt!" Herdegen: „Laß doch die Scheißnachtigall!" Am 1. Juni war Hans wieder mit seinen Kameraden zum Essen bei uns. Er beschwor mich, weiter zu ziehen, er hätte keine Ruhe, ehe wir nicht über dem Elb-Trave-Kanal seien. Der Kanal trennt Mölln von Altmölln, einem schäbigen Dorf. Da meinte einer der Herren, ich solle doch versuchen, Hans mit zu nehmen. Ich solle in Mölln beim Bürgermeister fragen, ob ich die Erlaubnis dazu bekommen könne. Hans drang aber drauf, ich solle erst nach Altmölln rüber. Herr Krause war mit dem Fahrrad an die Brücke gefahren, und hatte sich dort angesehen, ob man passieren könne. „Wenn Sie einen Passierschein haben, ja." Wir marschierten sofort ab und zum Kanal. Da stand unser freundlicher Engländer und sagte, er habe schon auf uns gewartet, denn er würde jetzt abgelöst, und er wisse nicht, ob uns der nächste rüberlassen würde. Er gab uns noch einen schicken Stempel auf unsern Fetzten, da sah das Ding viel seriöser aus.

In Altmölln machten wir halt, fanden einen Hof, auf dem wir bleiben durften. Ich schnappte mir das Fahrrad und fuhr mit bangem und ängstlichem Herzen zum Bürgermeister. Das war ein pensionierter Kapitän, ein reizender alter Herr. Er meinte, ich käme garnicht über den Elb-Trave-Kanal. Deshalb hätte es gar keinen Sinn, etwas zu unternehmen. Ich sagte ihm, ich sei mit dem ganzen Treck schon drüben, ich hätte doch einen Passierschein. Ich zeigte ihm mein ‚Dokument‘, und er verschwand damit in einen anderen Raum. Nach einer Weile kam er wieder, sagte mir: „Man ist sehr erstaunt, daß Sie mit diesem Schein über den Kanal gekommen sind. Man wird versuchen, ob man Ihren Mann entlassen kann. Sie müssen eine Bescheinigung bringen, daß er gesund genug ist, um mit Ihnen zu reisen." Ich also mit dem Rad zurück ins Lazarett und die Bescheinigung geholt. Am Sonnabend den 2. Juni war große Geburtstagsfeier vom englischen König, also alles geschlossen. Am Montag konnte ich erst wieder zum Bürgermeister. Dort war ein großes Gedränge von Bittstellern. Ich machte mich auf eine lange Wartezeit gefaßt, da sah mich die Sekretärin des Bürgermeisters und holte mich sofort ins Amtszimmer. Der freundliche alte Herr empfing mich ganz vorwurfsvoll, wo ich so lange gesteckt habe. Ich sagte ihm, daß ich mich nicht getraut hätte, am Feiertag und am Sonntag zu kommen. „Und ich war extra die zwei Tage im Amt, um Ihnen den Entlassungsschein für Ihren Mann zu geben." Ich glaube, er war genauso glücklich wie ich, wünschte uns noch alles Gute und riet mir, schnell zu machen. Ich sauste also zu Hans, der schon alles gepackt hatte und mit seinem Rucksack bereit stand. Ich muß da schnell noch einschieben, wie ich jedesmal von Alt-Mölln nach Mölln über die Brücke kam: einer der Wachen, dem ich den Passierschein zeigte, sagte mir: „Das ist nicht nötig, Sie bekommen einen Stempel auf die Hand. Das heißt: „Kann passieren"."

Hans und ich wurden gebeten, noch ein paar Minuten zu warten, ein paar Offiziere wollten Hans eine Nachricht an ihre Angehörigen mitgeben. Hans schlüpfte gerade in seine Riemen, da kam der Chefarzt des Lazaretts und verkündete uns, daß Hans nicht vom Stadt-Kommandanten entlassen werden könne; die Genehmigung müsse vom Lazarett-Kommandanten eingeholt werden. Aus!! Wir waren fassungslos, aber da es einige Tage dauern würde, bis die Genehmigung käme, verlangte Hans von uns, daß wir weitertrecken

160

in Richtung Elbe. Er wollte uns so weit wie möglich weg haben – von der wahrscheinlichen Demarkationslinie. Hans und ich haben dann ausgemacht, daß wir über Geesthact fahren sollten und dort beim Bürgermeister einen Brief für ihn hinterlassen sollten, wo er uns finden könne. Im Übrigen sollte ich, wenn möglich, in Richtung Kassel weiterfahren. Er würde uns schon irgendwie finden.

Am 8. Juni zogen wir von Alt-Mölln ab. Wir hatten da im Freien kochen müssen, hatten mit vielen finsteren Gestalten im Stroh geschlafen. Es war nicht geheuer gewesen. Außerdem waren die Menschen dort eigenartig, unfreundlich, verschlossen und beinahe feindselig. Es ging uns das Salz aus; wer nicht weiß, wie abscheulich ungesalzene Erbsensuppe schmeckt, kann sich nicht vorstellen, was das für eine Katastrophe war. Wie baten um etwas Salz und mußten lange betteln bis der Kaufmann sich erbarmte und uns ein halbes Pfund verkaufte. Vorher hatte uns eine Frau, die besonders keifig und eklig war, einen Eßlöffel voll geschenkt. Wir waren ihr so dankbar, daß wir sogar ihr Gekeife nicht mehr krumm nahmen. Hier verließen uns Krause und Heinz, und Mülling mußte wieder allein für die Pferde sorgen. Bernd und Ruth halfen ihm wohl dabei, aber Mülling hatte es nicht leicht, Futter war keins zu kriegen, der Hafer war schon sehr knapp, und niemand erlaubte uns, die Pferde auf eine Weide zu tun. So mußten die vier Pferde jeden Tag an Straßengräben und Rainen gehütet werden.

In Schwarzenbek gab es wieder einen Aufenthalt. Die Straße war gesperrt für die englischen Armeefahrzeuge, wir durften nicht weiter. Da schlichen wir uns auf Nebenwegen nach Gülzow, blieben dort die Nacht und kamen am nächsten Tag nach Geesthacht. Da wir nicht wieder in ein Lager wollten, schlüpften wir in einen Rohbau, der schon ein Dach, aber keine Türen hatte. Die Nachbarn waren reizend. Sie halfen uns, wo sie konnten, aber wir konnten dort nicht bleiben, weil das Wetter kalt und regnerisch wurde. Ich hatte sofort erkundet, was es für Möglichkeiten gab, um über die Elbe zu kommen. Da war aber nur eine englische Pontonbrücke. Ich fragte die Wache, ob ich mit meinem Paß da wohl rüber dürfe. Die Tommies meinten, ich solle mir vom Ortskommandanten einen Stempel draufmachen lassen, dann ließen sie uns durch. Friedel und ich gingen tapfer zur Kommandantur, da stand an der Tür, deutsche Bittsteller hätten sich an den Bürgermeister zu wenden. Nun weiß ich nicht mehr, hatte der mich abgewiesen oder war ich einfach frech, jedenfalls warteten wir, bis ein Soldat hineinging, dem drückte ich meinen Paß in die Hand und bat ihn, ihn mir zu stempeln, ich wollte über die Elbe und nach Kassel. Plötzlich sprang die Tür auf, heraus kam ein wütender Offizier und brüllte uns mit gewaltigem Wortschwall, den wir natürlich nicht verstanden, an. Da er dauernd auf das Schild an der Tür zeigte, wußte ich sowieso, was er meinte. Ich nahm schnell meinen Paß aus seiner Hand, stotterte: „Beg your pardon" und verschwand wie ein begossener Pudel.

Wir fanden am 13.6. Unterkunft im ‚Postschutzlager'. Dort war es wundervoll. Wir hatten warme Zimmer, warmes Wasser und warmes Essen. Es war eine Wohltat. Friedel weiß eine köstliche Geschichte aus der Zeit. Jeder bekam zum Frühstück einen Löffel Kunsthonig. Die Dame, die den austeilte, streifte mit dem Finger den Honig vom Löffel und leckte jedesmal den Finger ab. Friedel ist nicht gerade pingelig, aber der Honig bekam dadurch einen eigenartigen Beigeschmack für sie.

Die Familie ist wieder vollständig

Ich hatte bei einem Schreiber im Bürgermeisteramt einen Brief an Hans hinterlegt, in dem ich ihm geschrieben hatte, wo er uns finden könne. Am Freitag, den 15. Juni wollte Elsbeth einkaufen gehen; als sie die Straße entlang ging, kam ihr plötzlich Hans entgegen. Er war frei!!! Die andern Ärzte im Lazarett in Mölln waren so empört darüber gewesen, daß der Chefarzt aus Feigheit Hans nicht hatte gehen lassen, daß sie nun ihrerseits seine Entlassung mit aller Energie betrieben hatten. Am 14. war es endlich so weit. Ein Sanitätsauto hatte ihn dann nach Schwarzenbek mitgenommen. Dort halfen ihm Flüchtlinge mit Essen aus. Am 15. nahm ihn dann ein anderes Fahrzeug mit nach Geestacht. Er ging sofort zum Bürgermeister. Dort wußte man nichts von einem Brief. Hans war ganz fassungslos. Nun wurde er erst einmal eingeladen zu einem Brot und einer kostbaren Zigarette, dann wollten die Leute genau nachforschen. Der Schreiber, dem ich den Brief gegeben hatte, kam von draußen rein, fragte, was denn los sei und sagte ganz harmlos, ja, den hätte er in seiner Schublade liegen.

Hans fuhr gleich am nächsten Tag nach Bergedorf. Er hatte dort in der Landwirtschaftskammer Bekannte. Es ging ein Gerücht um, daß Landwirte bevorzugt Passierscheine bekämen, um über die Elbe zu kommen. Hans mußte von allen Mitgliedern unseres Trecks sämtliche Personalpapiere vorlegen, dann sollte er vom roten Kreuz eine Reiseerlaubnis bekommen.

Am 18. erfuhren wir, daß wir das Lager für kanadische Soldaten räumen mußten. Wir sollten alle nach Lauenburg in ein Lager. Wir beschlossen sofort, unter keinen Umständen nach Lauenburg zu fahren. Das war schon wieder viel zu nah an der Demarkationslinie. Wir hatten Angst, daß uns der Engländer unter Umständen an den Russen ausliefern würde. Als wir das Lager verließen, fuhren wir nicht links, Richtung Lauenburg, sondern rechts Richtung Bergedorf. Die englische Wache wollte uns aufhalten, aber wir lachten den Mann freundlich an, verstanden nicht, was er sagte, und zum Wenden des schweren Wagens war gar kein Platz. Also ließ er uns fahren. In Allermöhe fanden wir Quartier bei einem Gemüsebauer. Wir halfen ihm beim Jäten und Hacken, dafür gab er uns Gurken, Blumenkohl und Rhabarber. Es war seit langem das erste Gemüse, wir haben alle so viel davon gegessen und waren ganz matt vor vollem Bauch. Es war trotzdem herrlich.

Hier endet Tante Friedels Tagebuch über die Flucht. Von ihm hatte ich alle genauen Daten, und Stichworte erinnerten mich an viele Einzelheiten. Von jetzt ab kann ich nur noch ungefähre Zeitangaben machen. Aber das Wichtigste von der Flucht und dem ganzen Drama ist sowieso zu Ende.

Über die Elbe

Wir bekamen die Erlaubnis, die Elbe bei Harburg zu überfahren. Da wir zur Kontrolle vor 12 Uhr an der Brücke sein mußten, fuhren wir im Morgengrauen in Allermöhe weg. Der Weg war erschütternd, denn er führte uns durch ein riesiges Trümmerfeld. Was einmal Barmbek gewesen war, war eine öde, tote Steinwüste. Wir kamen rechtzeitig hin und überquerten die Elbe ohne große Zeremonie. Wir liefen neben unserm Wagen her. Goetz und ich spuckten inbrünstig in die Elbe, und ich beutelte vor Wonne den armen Jungen so heftig an den Haaren, daß er weinte. Ich hab mich sehr bei ihm entschuldigen müssen und tu es eigentlich heute noch. Aber so wurde unsere Stimmung auf dem Weg nach Kassel. Uns konnte nichts mehr erschüttern, wir wanderten fröhlich neben den Wagen, sangen, alberten und meinten: „Laßt uns diese Zeit der Ungebundenheit genießen, wer weiß, welches dicke Ende jetzt kommt und wer weiß, ob es nicht für lange Zeit unser letzter Urlaub ist!" Ich war so unsagbar glücklich, daß Hans bei uns war, mit Sicherheit warteten viele Sorgen und Probleme auf uns, aber wir waren noch jung genug, um auch noch einmal von vorne anzufangen und mit den Widrigkeiten fertig zu werden. An das, was uns in Kassel erwartete, dachten wir einfach nicht. Wir wußten nicht, ob das Haus noch stand, ob überhaupt noch etwas von unsren Sachen da war.

In Soltau amüsierten wir uns über die Schotten, die mit tödlichem Ernst bei der Wache auf- und abmarschierten und sich in irgendeinem Zeremoniell mit einer zackigen Geste begrüßten. Es sah zu komisch aus. Die albernen Röckchen, der tiefe Ernst der Soldaten, und wir daneben mit Wagen und übermütigen Kindern, die sich schief lachen wollten. Da wir so ziemlich der erste Treck waren, der überhaupt über die Elbe gekommen war, wurden wir oft mit Neugier und Interesse aufgenommen. Viele bangten um eigene Angehörige und fragten dann nach unsern Erlebnissen, manche waren hilfsbereit und sagten dann ganz offen, vielleicht sei dann auch jemand zu ihren Verwandten gut. Wir hatten bald gelernt, daß es möglich war, an jedem Ort, in dem wir über Nacht blieben, beim Bürgermeister nach Lebensmittelkarten zu fragen.

Hier irgendwo in der Lüneburger Heide, kampierten wir eines Abends in der Nähe von Engländern. Sie kamen zunächst zu uns, weil sie Raritäten mit uns tauschen wollten. Von mir wollten sie mein Mutterkreuz. Sie waren sehr beeindruckt, als ich ihnen sagte, das gäbe ich nicht her, das wäre mir heilig. Während die Soldaten mit mir verhandelten, begann ein Offizier mit Hans ein Gespräch. Da Hans kein englisch konnte, rief er mich zum Dolmetschen. Der erwähnte die KZs und machte uns Vorwürfe. Da fragte ich ihn, was denn damit los gewesen sei. Nun erfuhren wir von den unzähligen Judenmorden, die dort begangen worden seien. Wir beteuerten, daß wir hier zum ersten mal davon hörten und sehr entsetzt seien, wenn es wahr wäre, daß aber die KZs keine deutsche Erfindung seien. Die hätten die Engländer im Burenkrieg sehr brutal benutzt, auch in Indien. Ich sagte dem Offizier dann, daß sicher auf beiden Seiten Schlimmes passiert sei, ich erinnerte ihn an die Fliegerangriffe gegen Züge bei Kottbus, die aus Schlesien kamen, mit flüchtenden Frauen und Kindern, die völlig zerstört worden seien, an Dresden, das voll war mit Flüchtlingen aus dem Osten, an die Versenkung der Wilhelm Gustloff bei Swinemünde, auf der nur Frauen und Kinder aus Ostpreußen waren, die alle ertrunken sind. Der Offizier räusperte sich nur und schaute mich unsicher an. Bernd, der dabei stand, warnte mich, ich solle vorsichtig sein. Das wäre ein Fliegeroffizier. Da dachte ich, jetzt werde ich gleich verhaftet und schwieg schleunigst. Am nächsten Morgen lag auf unserm Wagen ein großes Weißbrot. Es sei für die Frau mit den fünf Kindern! Wir bekamen immer so viel, daß wir genügend zu essen hatten. Vor allem Brot bekamen wir immer. Unser Weg führte über Soltau, Walsrode, Nienburg, Neustadt am Rübenberge, Wunstorf nach Hameln. In Hameln mußten wir, da die Weserbrücke gesprengt war, durch eine Furt. Das war sehr aufregend. Von Hameln aus zogen wir an der Weser entlang über Holzminden, Höxter nach Karlshafen. Hinter Karlshafen machten wir in einem Dorf Helmarshausen halt. Ein Bauer stellte uns eine Arbeiterwohnung zur Verfügung. Elsbeth und ihre Kinder bekamen sogar Betten. Wir schliefen auf einer Strohschütte in einem Raum.

Wiesersehen mit Harleshausen

Hans und ich beschlossen, von hier aus erst einmal allein nach Kassel zu fahren und zu sehen, ob unser Haus noch steht, und wie die ganze Situation dort war. Hans war nicht sicher, ob es klug sei, in Kassel neu anzufangen. Platz war im Haus genug, aber Hans rechnete so fest mit einer Hungersnot in den Städten, daß er lieber irgendwie aufs Land mit uns wollte. Am Sonntag, den 8. Juli fuhren wir mit dem Zug nach Kassel. Unser Haus in Harleshausen stand noch, die Versuchsanstalt war ausgebrannt, aber zum Teil wieder in Gang gebracht worden. Bei uns waren alle Fenster kaputt, Hans und ich stiegen durch das Wohnzimmerfenster und wurden von einem entsetzten Dr. Greve empfangen. Auf seinem Gesicht stand so deutlich, daß er gehofft hatte, wir kämen nicht wieder, damit er unser Mobiliar erben konnte. Denn Greves wohnten ganz ungeniert in unsern Sachen.

Dr. Greve war sofort nach Kassel gekommen, als der Feind das Land besetzte und hatte sich zum stellvertretenden Präsidenten der Landwirtschaftskammer ernennen lassen und hatte schamhaft verschwiegen, daß er förderndes Mitglied der SS war. Beliebt hatte er sich beim Amerikaner damit gemacht, daß er eine vollständige Personalliste der Landesbauernschaft Kassel zur Verfügung stellte. In dieser Liste waren sämmtliche Angaben über Parteizugehörigkeit, Mitgliedschaft bei der SS, SA oder der NS-Volkswohlfahrt. Damit denunzierte er seine früheren Kollegen. Das Ekelhafteste daran war, daß Greve sich diese Listen schon vor 1943 verschafft haben muß, denn nach dem Brand von Kassel waren die Personallisten für ihn bestimmt nicht mehr zugänglich. Also muß er schon lange beschlossen haben, sich damit bei den Siegern beliebt zu machen.

Ich ging nun durch das Haus, bemerkte, daß Greves meine Betten unbezogen benutzt hatten, daß vieles fehlte, und mein von mir abgeschlossener Luftschutzkeller aufgeschlossen war. Den Schlüssel dazu hatte ich dem Hausmeister anvertraut, der ihn erst nach langem Zögern Greves ausgehändigt hat. Ich erfuhr dann so nach und nach, daß erst die Amerikaner, dann die befreiten englischen und französischen Kriegsgefangenen und zum Schluß die deutschen aus der Nachbarschaft unsere Wohnung geplündert hatten. Es war kein Geschirr mehr da, kein Kochtopf, keine Uhr. Viele Bücher waren fort oder zerfetzt. Die einzigen Sachen, die noch vollständig waren, waren die Sachen aus dem Luftschutzkeller. Den hatten Greves erst kurz vor unserer Ankunft aufgemacht und ganz allein ausgeplündert. Diese Sachen konnten sie vor uns nicht in Sicherheit bringen, dazu waren wir gerade noch rechtzeitig gekommen, und ich brachte sie sofort wieder in den Keller zurück, schloß ab und nahm den Schlüssel an mich. Hans war verschwunden. Nach meinem Rundgang durchs Haus erschien er wieder bei mir, erzählte grinsend, er wäre schnell in den Garten gegangen und hätte sich mit Obst vollgegessen, denn er merke schon, was jetzt komme. Ich werde gleich was erleben. Irgendwie hatte Hans gespürt, daß Greve was Böses in Schilde führte und siehe da: Dr.Greve überreichte seinem Kollegen einen Brief, in dem nicht mehr drin stand, als die Mitteilung, daß unsere Dienstwohnung beschlagnahmt sei für den stellvertretenden Präsidenten der Landwirtschaftskammer Dr. Greve, und daß Hans wegen Zugehörigkeit zur NSDAP und SA fristlos entlassen sei. Wir durften uns bei dieser Zeremonie, die im Hausflur stattfand, noch nicht einmal auf unsern eigenen Sesseln erholen, die im Zimmer standen. Hans und ich guckten uns an. Ich war so wütend, daß ich sagte: „Ach, Sie sind der Nachfolger in unserer Wohnung? Nun, eins tröstet mich, die erste Garnitur nach solchem Umbruch hält sich meist nicht lang!". Wir hätten nun gehen müssen, konnten nicht so recht den Rang dazu kriegen. Wir verabredeten, daß ich am Montag käme, um meine Sachen zu ordnen und die Möbel bis zum Abtransport in einen Raum zusammenstellen würde. Da klingelte es. Greve machte auf, da fragte eine Männerstimme nach Hans. Greve sagte, der sei zufällig da und kam mit einem Herren herein, den Hans aus der Landsberger Zeit gut kannte. Hans ergriff die Gelegenheit, um sich zu verabschieden und ging mit mir und dem Herrn fort. Er erklärte nun dem Bekannten, der ein Gutsbesitzer aus dem Osten war und nach der Flucht Hans' Adresse ausfindig gemacht hatte, daß er soeben seine fristlose Entlassung erfahren habe. Wir setzten uns in der Nähe auf eine Zaunstange und der Herr sagte: „Ach, Herrje, und ich wollte Sie gerade bitten, mir eine Stellung zu verschaffen!" Ich kriegte so furchtbar das Lachen, daß der Herr dachte, ich sei verrückt geworden. Mit Lachtränen in den Augen, sagte ich: „Ja, gibt es denn eine verrücktere und blödsinnigere Situation als die Unsere? Entschuldigt, aber darüber könnte ich mich ausschütten." Ich steckte meine beiden Männer an, sodaß wir alle drei da saßen und uns alles vom Herzen lachten. Wir trennten uns lachend und später hat der Herr Hans noch geschrieben, er hätte einen Job gefunden, er führe Reisende mit ihrem Gepäck von einem Zug zum andern, über einen Notsteg, da die Eisenbahnbrücke gesprengt sei. Er könnte davon seine Familie zunächst ernähren. Später hat er wieder richtigen Boden unter die Füße bekommen. Hans wüßte wahrscheinlich noch mehr von ihm, vor allem seinen Namen, aber ich kann ihn ja nicht mehr fragen. Jedenfalls war für uns nun die Situation entschieden, nun stand für uns fest, daß wir uns zunächst eine Existenz auf dem Lande suchen, und damit die drohende Hungersnot besser überstehen würden. Hans meinte dann: „ Nun geh mal erst zu Deinen Riems, sag denen ‚Guten Tag'. Ich hole Dich dann dort ab." Meine Riems, das war mein Kaufmann und seine Frau, bei denen ich alles gekauft hatte und mit denen mich eine vergnügliche Freundschaft verband. Sie waren einfache, grundehrliche, anständige Menschen, ich hoffte, daß sie es weiterhin bleiben würden, auch wenn ich wahrscheinlich als gute Kundin ausfiel. Der Vordereingang war zu. Ich wußte aber, wie man hintenherum reinkam. Neben dem Hintereingang war die Waschküche. Ich entdeckte Frau Riem, wie sie dabei war, den Waschkessel anzuzünden. Hinter ihr stehend, sagte ich: „Na, na, wer wird denn am heiligen Sonntag Wäsche waschen?" Frau Riem fuhr herum, fiel mir um den Hals und rief: „Frau Rheinwald, liebe, liebe Frau Rheinwald, wir haben uns solche Sorgen um Sie gemacht!!!" Dabei liefen ihr die Tränen übers Gesicht. „Wissen Sie, daß Ihr Mann seine Stellung verloren hat? Machen Sie sich keine Sorgen, wir finden schon einen Ausweg!" Von ihr erfuhr ich auch, daß Greves schon davon gesprochen haben, daß wir überhaupt nicht wiederkämen etc. Dann mußte ich mit hochkommen, bekam kostbaren Bohnenkaffee, Kuchen und eine Zigarette. Dabei erfuhr ich, daß Frau Riem für entlassene deutsche Kriegsgefangene, die auf dem Heimweg waren, sorgte. Sie fütterte sie tüchtig, wusch ihnen ihre Sachen und gab ihnen wohl auch Geld zum Weiterkommen. Daher auch das

Waschen am Sonntag, sie hatten gerade wieder zwei aufgelesen. Als ich das sehr bewunderte, sagte Herr Riem zu mir: „Aber das ist doch selbstverständlich. Das halte ich für Nationalsozialismus der Tat, wie wir es immer gehalten haben." Als Hans kam, wurde er genau so liebevoll empfangen. Riems gaben Hans seine ersten ordentlichen Schuhe. Er hatte das Lazarett in Kneippsandalen verlassen, und Friedel hatte ihm unterwegs aus Strohzöpfen leichte Sandalen genäht, die er tragen konnte. Riems gaben ihm Lederschuhe. Später bekam ja Hans seine in Mattheshöhe eingegrabenen Anzüge und Schuhe wieder, aber das war erst viel später.

11.Dezember 1970. Inzwischen ist ein ganzer Sommer vergangen, und ich kam nicht zum Schreiben. Denn im Frühling erwachte der Garten aus dem Winterschlaf, und ich hatte viel zu tun, denn ich verstehe ja herzlich wenig vom Garten. Mitte April kam dann Muschi mit Frank und Bärbel zu uns. Goetz hatte seine Stellung in Bonn angenommen, und da die Verhältnisse in Möggingen bei Goetz' Hauswirt immer unerfreulicher wurden, und Goetz sowieso bis Juli viel unterwegs war, haben sie kurz entschlossen die Wohnung aufgegeben, Goetz ist ins Institut gezogen und Muschi und die Kinder sind zunächst zu uns, später noch einige Zeit nach Hamburg zu Wahls gezogen. Wir hatten eine nette Zeit miteinander, Muschi half mir viel im Garten. Dann hütete sie Haus und Mohrle, während Lieselotte Hasse, Friedel und ich zusammen die reizende Fahrt ,Rund um Italien' machten. Im Juli haben Friedel und ich dann das obere Stockwerk im Haus tapeziert und gestrichen, dann kam im August Hanna, brachte uns Andreas und fuhr mit Hans Karl und Ulrike nach Jersey. Goetz kam übers Wochenende, um Bücher zu holen, bekam Grippe und eine häßliche Augeninfektion und blieb dadurch sechs Wochen bei uns. Friedel verreiste zu ihrem ,Seelenfreund', Hanna holte Andreas wieder ab, blieb aber noch einige Tage bei uns. Goetz fuhr leidlich geheilt nach Bonn zurück, und am 13.9. kamen Fritz und Hiltraut zu einem wundervollen Urlaub aus der DDR zu uns. Ich hatte Fritz 25 Jahre nicht gesehen, so war es für mich eine besondere Freude. Wir haben uns so gut verstanden. Friedel und ich haben uns alle Mühe gegeben, die Zeit so froh und sorglos wie möglich zu machen. Als sie am 12. Oktober wieder abreisten, war uns das Herz sehr schwer. Ende Oktober kam dann Wulf und Ingela, Wulf als frischgebackener Tierarzt, dazu fand sich dann noch Ilse Nordmann, als Friedels Gast ein, und Klaus, der Ferien hatte. Jörg wollte so gern, daß Hanni etwas entlastet würde. Das war wieder eine lebendige Zeit. Im November brachte ich dann den Garten zur Ruhe, dann machte ich meine Vorbereitungen für Weihnachten. Heute sind sie abgeschlossen, und ich habe wirklich nichts anderes zu tun, ich kann mich wieder an die Maschine setzen und weitererzählen.

Was Riems an uns getan haben, ist nicht mit Worten zu sagen. Ich müßte auf sie das hohe Lied der Menschlichkeit, echter Liebe und Hilfsbereitschaft singen. Sie haben bewiesen, daß Not zusammenschweißt und Edelmut keine Phrase ist. Im Laufe meiner Erzählung werde ich sicher noch von ihnen sprechen. Von Riems aus ging ich dann zu Fräulein Jürgensen, die mich genau so freudig empfing und mir ein Bett für die Nacht gab. Sie war in der Kasseler Zeit meine einzige Freundin gewesen, wir hatten gemeinsam ein Abonnement im Theater, hatten in den ganzen Jahren alle politischen Probleme miteinander diskutiert und haben uns gegenseitig viel Anregung gegeben. Als zu Beginn des Krieges der einzige in der Nähe der Versuchsanstalt gelegene Gasthof zumachte, lud ich sie ein, ihr Mittagessen bei uns zu essen. Sie nahm es dankbar an, gab mir dafür von ihren Lebensmittelkarten etwas ab und zahlte auch etwas dafür. Im Übrigen machten wir keine große Geschichte daraus. Sie aß, was auf den Tisch kam, hatte ihren Spaß an den Kindern und freute sich an unserem lebendigen Dasein. Die Kinder haben dabei von vornherein gelernt, manierlich zu essen. Das war eigentlich sehr gut. Erst als ich mit den Kindern nach Mattheshöhe ging, hörte der tägliche Austausch auf. Bei ihr war es also viel weniger erstaunlich, daß sie mich freundschaftlich aufnahm. Sie erzählte mir dann von ihren Erlebnissen. Die Engländer kamen als Erste nach Kassel, und sie hatte das Glück, es von Anfang an mit einem sehr anständigen Offizier zu tun zu haben, der ihr half und dafür sorgte, daß sie unbelästigt blieb. Fräulein Jürgensen war wesentlich älter als ich. Ich glaube sie war schon beinahe 60 Jahre alt, wirkte aber viel jünger, war groß, sehr stattlich und sah sehr vornehm aus. Ich kann mir denken, daß sie imponierte.

Am nächsten Tag ging ich wieder in die Versuchsanstalt, um festzustellen, wieviel von unsern Sachen noch da war. Greves hatten schnell aufgeräumt, sie müssen an dem Sonntag ganz schön geschuftet haben, denn ein Großteil unsrer Möbel stand nun in dem Dachzimmer. Das letzte Geschirr, das uns noch geblieben war, stand abgewaschen in der Küche. Wir hatten Greves, scheint es, genau beim Ausräumen unseres Kellers gestört, denn ich fand da noch viele Dinge unberührt. Das Radio, den Staubsauger, Matratzen, Bettzeug und in einer verborgenen Kiste mein Festgeschirr, das wir zur Hochzeit geschenkt bekommen hatten. Als ich danach kramte, war in der Sauciere ein Mäusenest, da mußte ich lachen. Ich fand ganz unten die silbernen, vergoldeten Kuchenmesserchen und -gabeln, die Mutter mir bei unserer Heirat geschenkt hatte. Da hab ich bitterlich geweint, vor Freude, sie wiederzusehen und vor Schmerz, daß von allem, was wir mühsam aufgebaut hatten, nicht viel mehr übrig geblieben war, als Kuchenbestecke. Es wirkte so unglaubhaft, daß ich sie je einmal wieder auf einen festlich geschmückten Tisch legen würde. Aber es war von Mutter geschenkt und das tröstete auch wieder, denn Mutter hatte ja auch mit vielen Schwierigkeiten fertig werden müssen. Wir blieben noch ein paar Tage, ich glaube an einem Donnerstag fuhren wir mit einem Güterzug zurück nach Helmarshausen bezw. Karlshafen.

Im Krankenhaus Karlshafen

Schon auf der Fahrt fühlte ich mich elend und matt. Ich dachte an eine Erkältung in dem Keller. Am Samstag ging es mir so schlecht, daß ich kaum etwas tun konnte. Ich hatte offenbar Fieber. Im Schatten wars mir zu kalt, in der Sonne wars zu heiß. Hans schlug vor, mit den Kindern in den Wald zu gehen, um Himbeeren zu pflücken. Ich ließ ihn allein gehen. Nachts lag ich auf unserer Strohschütte von Schüttelfrost und Hitzewellen geplagt. Jörg lag in meinem Arm, auch er mit hohem Fieber. Goetz ging es nicht gut, aber so elend wie Jörg und ich war er nicht. Am Montag früh fuhr Hans mit dem Fahrrad los, um eine Bleibe für uns zu suchen, denn in Helmarshausen konnten wir nicht bleiben. Ich hatte Hans verschwiegen, daß ich über 41 Fieber hatte. Wir riefen einen Arzt, Elsbeth gab mir endlich eins von den Betten, die sie für sich und ihre Kinder erobert hatte, und der Arzt stellte fest, daß ich Paratyphus hatte. Ich mußte schleunigst in ein Krankenhaus. Ich bekam so einen Schreck, daß ich den Arzt anschrie: „Aber das sag ich Ihnen, ich darf nicht sterben! Ich habe einen Mann und fünf Kinder, die mich gerade jetzt dringend brauchen!!" Der Arzt meinte lachend, das zeige ihm, daß ich wohl das Schlimmste schon hinter mir hätte und bereits über den Berg sei. Und nun geschah etwas Groteskes: die kranke Frau Rheinwald wurde mit ihren sämtlichen fünf Kindern wegen Paratyphus und -verdacht ins Krankenhaus nach Karlshafen verfrachtet. Der Besitzer des Hofes, seinen Namen hab ich vergessen, machte am Dorfeingang und Ausgang ein Schild an: Typhusverdacht!!, und hielt sich damit alle plündernden und requirierenden Sieger vom Halse. In Karlshafen kamen wir in ein Kindersanatorium, das als Notkrankenhaus eingerichtet war. Zunächst ließ man uns da einfach warten, denn keiner wußte recht, was mit uns anzufangen war. Es gab zwar eine Isolierstation, sie bestand aus einem

170

großen Zimmer, in dem aber schon zwei Kranke lagen. Sollte nun der 14 jährige Bernd zu denen ins Zimmer? Außerdem war er doch ganz munter! Was sollte man mit dem 2 1/2 jährigen Wulf anfangen? Störte er die andern Kranken? Auch er wirkte durchaus gesund und munter! Nach einer Stunde wagte ich dann zu sagen, wenn sie nicht wüßten, was sie machen sollen, eines könnte ich ihnen mit Sicherheit sagen, ich brauchte schnellstens ein Bett, denn ich wäre totelend und könnte bald von dem unbequemen Kinderstühlchen, auf dem ich säße, runterfallen. Außerdem könnten sie kaum damit rechnen, daß ich meine Kinder hüte, denn ich wäre wirklich ernstlich krank. Dann endlich entschloß man sich, mir, Goetz, Jörg und Hanna, die ein bißchen Durchfall hatte, ein Bett zu geben. Bernd und Wulf bekamen eine Schlafmöglichkeit auf der geschlossenen Veranda, die vor dem Zimmer war. Bernd war rührend, er spielte da draußen den ganzen Tag mit Wulf. Hanna, die im Bett bleiben mußte, lag die meiste Zeit bei mir im Bett. und wir spielten irgendwelche Spiele miteinander. Unser Hauptanliegen war, so schnell wie möglich alle Fliegen im Zimmer tot zu schlagen, weil sie uns furchtbar plagten. Später freuten wir uns über jede, die von außen reinkam, dann gingen wir begeistert auf Jagd. Unsre Mitpatienten waren eine Frau, etwas älter als ich und ein junges Mädchen, mit der wir manchen Spaß hatten.

Inzwischen radelte unser ahnungsloser Vater mit einem scheußlichen, geborgten Fahrrad durch das Land. Er kannte ja viele Leute aus seiner Tätigkeit, auch Bauern, und so fand er eines Tages einen Hof in Helmshausen, dessen Besitzer verschwunden war, weil er Ortsbauernführer gewesen war, dessen Frau und Verwalter nicht allzu viel verstanden, und die froh waren, viele Arbeitskräfte und einen selbständig denkenden Treckerführer zu bekommen. Eine Taglöhnerwohnung stand leer, und obwohl sie nur drei Zimmer, einen Abstellraum und eine Küche hatte, griff Hans zu. Er versprach, sobald wie irgend möglich zu kommen und fuhr leichten Herzens, daß er die große Familie untergebracht hatte, nach Helmarshausen zurück. Dort empfing ihn dann die Nachricht, daß wir alle weg waren. Voll Entsetzen kam er zu mir, drang auch bis an mein Bett vor, und wir mußten entscheiden, was wir tun. Der Arzt sagte ihm, daß drei der Kinder völlig gesund seien, also beschlossen wir, daß Hans die zuerst wieder aus dem Krankenhaus rausholt. In Hofgeismar im Gesundheitsamt war man großzügig, Hans durfte drei Kinder wieder mitnehmen. Nur suchte der Arzt die falschen Kinder aus.

Bernd, Wulf und Jörg durften fort, Hanna und Goetz blieben bei mir. Dabei war zweifellos Jörg der krankste, und Hanna war wahrscheinlich überhaupt nicht krank. Jörg hat sich dann auch nur sehr langsam erholt, angesteckt hat er keinen mehr, und das war das Wichtigste, denn ob er sich bei der 6-wöchigen Hungerkur, die wir im Krankenhaus durchmachen mußten, schneller erholt hätte, ist sehr zu bezweifeln. Hans und ich besprachen dann mit sehr schwerem Herzen, daß er und die Anderen alle nach Helmshausen trecken würden, und ich dann irgendwann nachkommen würde. Hans brachte mir noch ein Kopfkissen und einen kleinen Beutel mit Zucker. Wir bekamen als Diät jeden Morgen Haferschleim aus Wasser, sehr spelzigen Haferflocken und einer Prise Salz. Da wir sehr bald kein Fieber mehr hatten und nur solange bleiben mußten, bis die regelmäßige Blutuntersuchung dreimal hintereinander keine Krankheitskeime mehr zeigte, waren wir ganz munter, und ich streute uns ohne Gewissensbisse Zucker auf diesen abscheulichen Haferbrei. Goetz war als erster frei, durfte auch schon auf dem Hof spielen, weg konnte er natürlich nicht, denn allein konnte er ja nicht reisen. Die Eisenbahn verkehrte ganz unregelmäßig. Post gab es überhaupt nicht, ich wußte nicht, ob meine Familie heil angekommen war, Hans wußte nicht, ob wir noch lebten. Da kam eines Tages Bernd bei mir an.

Gut, daß es ein Telefon gibt. Mir kam das nämlich so vor, als ob ich das Folgende nicht richtig in der Erinnerung hatte, und deshalb rief ich bei Bernd in Feuerbach an und fragte, wie das damals war. Also:

Bernd war mit der Bahn oder per Anhalter, das wußte er auch nicht mehr so genau, nach Kassel gefahren, und da kam er nicht weiter, weil die Amis, wahrscheinlich um die Zivilbevölkerung zu schikanieren, die Eisenbahn, die an sich schon wieder planmäßig verkehrte, stillegten. Wann der Bahnverkehr wieder frei gegeben würde, wußte kein Mensch. Bernd schlängelte sich irgendwie nach Harleshausen durch und ging natürlich zu unsern lieben Riems. Wer half? Natürlich Riems! Erst übernachtete Bernd bei ihnen, dann besorgten sie ihm ein Fahrrad, und so konnte er weiterfahren. Unterwegs wollten die Amis den Bernd einsperren, weil er keinen Ausweis hatte und irgendwo einem Ami ein Haar gekrümmt worden war. Es ist möglich, daß damit sogar die

Bahnsperre zusammenhing. Jedenfalls saß Bernd bei so einer Kontrolle fest und nach langem Verhandeln und seiner Beteuerung, daß er zu seiner Mutter und seinen Geschwistern wolle, ließ man ihn weiterfahren. Bernd berichtete nun, daß sie sich in Helmshausen ganz gut eingerichtet hätten, daß alle auf dem Hof mitarbeiteten, und daß sie voll Sehnsucht auf uns warteten. Ich ließ Hans ausrichten, daß es uns soweit gut gehe, daß ich aber Ende Juli noch einen leichten Rückfall gehabt hätte, und daß wir eben warten müßten, bis das Gesundheitsamt uns frei gibt. Ich käme so schnell wie möglich.

Das Leben im Krankenhaus war an sich ganz gemütlich. Wir konnten im Zimmer aufstehen, wenn wir kein Fieber hatten. Dann saßen wir am Fenster und flirteten mit den Amis, die im Hof des Kinderheimes und einem Teil der Gebäude einquartiert waren. Vom 2. Stock aus übten das junge Mädchen und ich unser Englisch. Das Essen war einfach abscheulich und wir mußten mitansehen, wie die Soldaten da unten ihre üppigen Rationen davontrugen, und uns knurrte der Magen ganz jämmerlich. Wir beobachteten aber auch, daß die Diakonissen, die ein Teil des Pflegepersonals waren, ganze Torten ins Krankenhaus trugen, von den Amis geschenkt, und wir sahen nie etwas davon. Wir wurden von Rot-Kreuz-Schwestern gepflegt, und die erzählten uns, daß sie mit einem Lazarettransport nach Karlshafen gekommen seien, und die Diakonissen mit einem andern Arzt von irgendwo anders, und daß nun eine ziemlich unangenehme Rivalität innerhalb des Krankenhauses herrsche. Die Diakonissen hätten die Küche unter sich, auch die Labors und sie beherrschten damit alles. So wurden auch die Blutproben von einer besonders ekelhaften Diakonisse abgenommen, und da ich sowieso kein Spritzenheld bin, die Spritzen dazu noch alt und stumpf waren, litt ich jedes Mal Höllenqualen. Wenn ich Angst zeigte, sagte dieses Biest jedesmal: „Nun, wenn Sie nicht wollen, dann können wir es ja lassen, uns ist es doch ganz egal, wie lang Sie noch hier sind." Meine Adern waren so schwer zu finden, ich hatte den Eindruck, daß sie direkt mit Wonne rumpiekte. Vielleicht bin ich ungerecht, denn ich bin wirklich feige, aber ich habe vom Fenster aus beobachtet, wie sie am Fenster eines anderen Zimmers einen kleinen Jungen, der jämmerlich weinte bei der Blutentnahme, mit sichtlicher Freude ohrfeigte.

Nach der strengen Diät von Wasserschleim bekamen wir ‚Normalkost', morgens einen Becher schwarzen Kaffee ohne Zucker und jeder zwei Sirupstullen. Da natürlich keine Butter drunter war, war der Sirup so schön und appetitlich durchgesickert, die Brotscheiben durchgebogen, außen trocken, innen durchgeweicht. Da ich so sehr abgenommen hatte und schnell wieder zu Kräften kommen wollte, habe ich Hanna immer ein Stück von ihren beiden abgebettelt, aber sie war eben auch hungrig. Zum Mittag gab es Wassergemüse und Kartoffeln. Abends eine Suppe aus Resten gekocht, sie schmeckte und sah aus wie Schweinefutter. Die sehr netten Rot-Kreuz-Schwestern sagten uns eines Tages, jetzt würde das Essen besser, wir seien jetzt richtig registriert, und es wären pro Krankem 10 Eier geliefert worden. Eins davon bekamen wir in Petersiliensoße zu sehen, dann war es aus. Da hab ich gemeutert. Ich habe dem Arzt gesagt, wenn er wolle, daß wir wieder gesund werden, müßte er für besseres Essen sorgen, es sei unmöglich mit dem Fraß zu Kräften zu kommen. Da wurde es etwas besser. Ende August, nach sechswöchiger Krankheit wurden wir entlassen. Es war ein reines Wunder, daß Hanna sich nicht noch angesteckt hat. Ich schließe daraus, daß Paratyphus nicht sehr ansteckend ist, denn Hanna hat die ganze Zeit in meinem Bett rumgetobt und wenn, dann hätten ja da Bazillen drin sein müssen. Goetz hatte schon vorher auf den Hof gedurft. Er hatte da mit den von uns bekannten Amis Freundschaft geschlossen. Die Amerikaner sind ja sehr kinderlieb, und so war es selbstverständlich, daß Goetz mit ihnen zusammenkam. Einer schenkte ihm ein kostbares Stück Seife, einer ließ einen großen Emailleemer stehen und schenkte ihn Goetz, als er ihn haben wollte. Er wurde unser Koffer. In ihn packten wir unsre Habseligkeiten, oben auf stopften wir das Kissen.

Bevor ich diese gastliche Stätte endgültig verlasse, will ich noch zwei lustige Begebenheiten erzählen. Zu ungefähr derselben Zeit, als Bernd kam und nicht von den Amerikanern durchgelassen werden sollte, kamen auch in unser Krankenzimmer amerikanische Passkontrollen. Ich sagte, mein Pass sei in meinem Schrank. Der Ami wollte daraufhin meinen Schrank aufmachen. Ich rief: „Stop, thats my bord! You don't open it!" Er sagte:"Well, open it!" Ich sagte ihm, er solle aus dem Zimmer gehen, dann holte ich den Pass. Gehorsam verließ er den Raum. Ich stand auf, holte den Ausweis und rief: "now come in!", er erschien wieder, studierte den Ausweis genau und sagte dann: "Nix gut, hat Kamerad Adolf unterschrieben." ich mußte so furchtbar lachen, daß er reichlich begossen verschwand. Ich wußte nicht, daß inzwischen neue Ausweise mit Fingerabdrücken ausgegeben worden waren, und er wußte nicht, daß wir schon so lange im Krankenhaus lagen, daß wir die neuen Pässe garnicht haben konnten. Ich erzählte ja schon, daß wir von unserm 2. Stock aus mit den Soldaten geflirtet haben. Eines Abends ging die Tür auf, und unsre Flirts marschierten herein. Sie wollten uns besuchen. Wir riefen, wie aus einem Mund: "Vorsicht, Typhus!" Wir wußten, welche Angst die Amerikaner vor Typhus hatten, so waren wir sie blitzartig wieder los.

So zogen wir eines frühen Morgens aus dem Krankenhaus ab. Bis Kassel kamen wir wohl gut, ich habe daran keine Erinnerung mehr. In Kassel war der Anschlußzug weg, also was tun? Nach Harleshausen zu Riems, die uns liebevoll aufnahmen, unsre ausgehungerten Mägen füllten, uns zur Bahn brachten und alles Liebe und Gute wünschten. Bei Frau Riem erfuhr ich dann noch, daß Frau Greve Krokodilstränen vergossen hat, weil die arme, unglückliche Frau Rheinwald so schwer erkrankt war.

Wir kamen auf einen überfüllten Bahnhof, alle Welt war unterwegs. Mit Müh und Not und wohl auch nur, weil ich so schrecklich elend aussah, bekam ich einen Platz. Hanna kam auf meinen Schoß und Goetz setzte sich auf unsern 'Koffer', den Eimer mit dem Kissen obenauf. Auf der Fahrt nahm mir ein Herr eine Weile Hanna ab, er hatte eine Kriegsverletzung am Bein, es fiel ihm sichtlich schwer, aber er merkte, daß ich am Ende meiner Kraft war. In Gensungen-Felsberg erwarteten uns Bernd und Gunther mit einem kleinen Leiterwagen. Goetz lief mit ihnen ganz munter den Berg hinauf, Hanna durfte im Wagen fahren, und ich lief nebenher. Der Weg war sehr steil, ich landete ein paar Mal am Straßenrand, saß da und wäre am liebsten garnicht mehr aufgestanden. Wenn nicht am Ende Hans und die andern Kinder auf mich gewartet hätten, wäre der Weg wohl kaum zu bewältigen gewesen. Wenn man sich vorstellt, daß ich vor dieser Fahrt nicht ein Mal im Freien gewesen war, nicht ein Mal meine Beine trainiert hatte zum Laufen, daß ich wirklich wie ein Skelett aussah – der Mensch verträgt eben doch eine Menge.

Helmshausen

Ich kam in unser neues merkwürdiges 'Zuhause', wurde natürlich freudig empfangen – und dann begann in meinen Erinnerungen wieder einmal so eine schlimme Zeit wie um 1931/32. Ich habe überlegt, wie ich sie beschreiben soll, ich weiß es nicht. Vielleicht war es für Hans und mich so schrecklich, wahrscheinlich ist sie für Euch Kinder sogar ganz lustig gewesen, für mich ist sie ein Alp. Die Wohnung im ersten Stock eines an eine Scheune angeklebten

Arbeiterhauses war für 19 Personen viel zu winzig. In der großen Wohnküche spielte sich das ganze Leben ab. In einem Raum schlief Hiltraut mit ihren vier, im zweiten Raum schliefen sieben Rheinwalds, dahinter in einem feuchten Loch Elsbeth mit ihren vier Kindern. Friedel schlief auf einer Couch in der Küche und Ruth Neumann in der Speisekammer. Herr Mülling hatte uns gleich nach der Ankunft in Helmshausen verlassen. Er soll eine Bäuerin geheiratet haben. Wir schulden ihm so viel Dank, daß ich nur wünschen kann, daß er auch glücklich geworden ist.

Unser Schlafraum hatte ein Fenster, unter ihm stand die Wickelkommode, rechts davon die beiden Arbeiterbetten übereinander, Hans schlief unten, ich oben. Links davon standen die zweistöckigen Luftschutzbetten eng aneinander, dort schliefen die vier Großen, und Wulf mußte sich in der Wiege krumm machen, denn ein Kinderbett ging beim besten Willen nicht ins Zimmer. Hans zog eine Schublade aus der Kommode, legte ein Brett darauf und benutzte das als Schreibtisch. Hans war so verbittert und tief unglücklich, daß er sich verkriechen mußte und nicht mit den andern in der Küche sitzen konnte. Hans hatte so schnell wie möglich unsere Möbel aus Kassel abgeholt, die Frauen hatten mit viel Liebe aus der Küche einen kultivierten Raum gemacht, nur leider war ihnen unser altmodisches Buffet dafür nicht schön genug, und sie stellten das Geschirr in das offene, helle Buchenregal, das in Kassel noch Bücherregal gewesen war. Sie machten Vorhänge davor und stellten unsere schönen roten Keramiken, an denen Hans' und mein Herz hing, als Schmuck darauf. Es sah sehr hübsch aus, aber Hans und mir drehte sich der Magen um, bei dem Gedanken an die vielen lebhaften Kinder und den wackligen Stand des Regals. Hans klemmte sich hinter mich, und ich nahm die Keramiken fort. Damit gab es den ersten Unfrieden und es entstand eine so gespannte Atmosphäre, daß ich damit einfach nicht fertig wurde.

Natürlich war es für alle eine schreckliche Situation, und aller Nerven waren zermürbt. Was wurde aus Elsbeth und ihren Kindern? Was konnte Hiltraut anfangen, es war kaum zu hoffen, daß Fritz jemals wiederkäme? Wo war Rüdeger geblieben? Wie ging es geldlich weiter? Die Naturalien, die wir bekamen, kosteten mehr als wir erarbeiten konnten. Wir durften aber von unserem gesperrten Konto nur monatlich 300 Mark abheben. Hans wartete auf seine Entnazifizierung, jeden Tag konnte er verhaftet werden, man war ja nicht sicher. Hans schrieb an alle seine Bekannten um Rat und Hilfe, entweder sie wußten selbst nicht weiter oder sie antworteten garnicht. Ich war so hundeelend, denn keiner dachte daran, daß ich vielleicht ein klein bißchen Schonung brauchte. Am dritten Tag meiner Heimkehr sollte ich schon raus und Ähren lesen. Es gab nämlich schon Vieh in den Ställen, die zu der Wohnung gehörten. Karnickel, ein paar kümmerliche Hühner, ein Ferkel und eine Gans. Wir hatten sie erbettelt. Ährenlesen ist eine mühsame Arbeit, ich hatte das Gefühl, ich müßte dabei tot umfallen. Die liebe Frau Sinning, unsre Bäuerin, gab uns als Deputatkartoffelland das schlechteste und kümmerlichste Stück ihres Ackers. Ich mußte mit den Kindern weit laufen, die Kartoffeln mühsam rausmachen und dann heimschleppen. Drollig war, daß meine Kinder am meisten angestellt wurden.

Nun, ich erholte mich dann doch und war eines Tages wieder voll arbeitsfähig. Ich ging mit Hiltraut, Elsbeth und Hans zur Feldarbeit und übernahm das Viehfüttern und versorgen. Die Kinder halfen mir dabei, vor allem Bernd und Goetz. Sobald es möglich war, fuhr Bernd jeden Tag nach Kassel in seine alte Schule, die beiden andern gingen in die Dorfschule von Hesserode.

Auch Fehlhabers werden wieder komplett

Eines Tages, ich war aus einem unbekannten Grunde nicht mit aufs Feld gegangen, Friedel und ich waren in der Küche beschäftigt, kam Hiltraut vom Feld überraschend nach Hause, merkwürdig erregt, und sagte: „Ich habe für heute Schluß gemacht!" Plötzlich tauchte Fritz hinter ihr auf!! Er hatte uns gefunden!!! Ich kann garnicht beschreiben, wie erleichtert ich war, denn Hiltraut war unser größtes Problem gewesen. Sie war schon auf der Flucht merkwürdig passiv, hatte nie eine Initiative ergriffen, sondern sich von uns mitschleppen lassen. Gewiß es gab in Helmshausen nicht viel Möglichkeiten, etwas zu planen, aber sie plante auch nichts, auch nichts Unmögliches. Hans und ich machten uns ernstliche Sorgen, wie sie wieder zu einer eigenen Existenz kommen könne, denn es war uns klar, daß dieser Zustand, in dem wir da lebten, nicht lange dauern konnte.

Ich will hier im Zusammenhang erzählen, wie Fritz uns gefunden hat: Er geriet in Breslau in russische Gefangenschaft, kam sogar vor ein Kriegsgericht, weil ihn zwei Deutsche denunziert hatten, er hätte sie daran gehindert, schon früher zum Russen überzulaufen. Fritz verteidigte sich damit, daß er den russischen Offizier fragte, wen er für anständiger hielte, den Überläufer oder den, der sein Vaterland, solange es geht, verteidigt? Das Ende des Verhörs war, daß Fritz nicht erschossen wurde, sondern ihm gesagt wurde, seine Gesinnung hätte großen Eindruck gemacht. Im Kriegsgefangenenlager, in das Fritz nun kam, wurden die Arbeitfähigen ausgesucht und weggeschafft. Fritz hatte aber am Bein eine Drüsenschwellung, die ihn schon lange plagte, die sich aber bei den Gewaltmärschen sehr verschlechtert hatte. Also wurde er zurückgestellt. Nach einigen Tagen war die Schwellung auch wieder etwas zurückgegangen. Bevor Fritz zur nächsten Untersuchung über seine Arbeitsfähigkeit mußte, strapazierte er sein Bein so wirkungsvoll, daß es wieder ganz dick war. Nachdem er das einige Male gemacht hatte, entließen ihn die Russen aus der Gefangenschaft, und er zog los, um seine Familie zu suchen. – In Mattheshöhe fand er die erste Spur, eine Postkarte seiner Eltern, die irgendwo in Mecklenburg gelandet waren. Er wanderte dorthin, da waren zwar seine Eltern nicht mehr, aber eine Postkarte von Hiltraut an die Eltern, daß wir alle zusammen seien und versuchen wollten, nach Kassel zu ziehen. Fritz schlug sich zur Elbe durch, durchschwamm sie in einer dunklen Nacht, die Engländer halfen ihm beim Landen am westlichen Ufer und gaben ihm einen Ausweis, mit dem er kostenlos mit der Bahn fahren konnte. In Kassel wollten ihn die lieben Greves nicht ins Haus lassen, aber ein zufälliger Gast, der Hans auch gut kannte, zwang sie, ihn aufzunehmen. Sie gaben ihm unsere Helmshäuser Adresse. – Hans war beim Pflügen mit dem Trecker, nahe der Straße Gensungen–Helmshausen. Da kam ein Landser angewandert und fragte: „Du, Hans, wo kann ich denn meine Frau finden?" Hiltraut und Elsbeth arbeiteten an einem Hang, etwa 300 Meter entfernt. Sie beobachteten, daß Hans anhielt und vom Trecker sprang, daß dann ein Mann über die Felder in ihrer Richtung ging und warteten neugierig, was das bedeuten könnte. Da erkannte Hiltraut ihren Fritz und rannte, rannte zu ihm.

Der arme Fritz kriegte ein Ochsengespann!!! Nun fehlte nur noch Rüdeger. Eines Tages stand Friedel am Brunnen, da kommt ein junger Mann auf sie zu und sagt: „Kennst Du mich nicht mehr?" Sie grübelte, wer es sein könnte. Es war Rüdeger. Er hatte sich von der Tschechoslowakei aus durchgeschlagen, war beim Ami eine Zeit lang Troßbub gewesen, dann wanderte er nach Kassel, in der Hoffnung, dort etwas zu erfahren. Auch er bekam von Greves unsere Adresse und fand sich ein.

Es klingt ja fast unwahrscheinlich, daß alle wieder zusammenfanden, aber es war so. Rüdeger fuhr dann mit Bernd zusammen nach Kassel in die Schule, aber im Grunde war er dem entwachsen. Er hatte schon zu selbständig handeln müssen, sodaß man ihn nicht ohne weiteres auf die Schulbank zurückschicken konnte. Nun, nach Weihnachten kam sowieso alles in Fluß.

Vorher will ich noch ein paar originelle Erlebnisse aus Helmshausen berichten. Die Bevölkerung dieses kleinen Dorfes war natürlich gegen uns. So feine Leute als ihresgleichen war unangenehm, außerdem wußte natürlich jeder von jedem etwas, und so konnte jeder sicher sein, daß niemand etwas Trübes ans Licht bringen würde. So merkten wir bald, daß unser Nachbar schwarz brannte, daß er auf unserm Boden herumkramte, und da stand ja noch viel Klaubares. Eines Tages fehlte mein Einkochkessel, fast mein letztes gutes Stück. Da machten wir die Wand zum Nachbarn dicht und uns nicht beliebter. Aber wir wurden ihresgleichen. Wir hatten Holz beantragt und auch eine ganze Menge zugeteilt bekommen, aber es reichte nicht, denn wir hatten ja nicht eine Kohle zum Heizen. Elsbeth ließ zwar ab und zu mal ein Brikett von Menzis, den unter uns wohnenden Melkern mitgehen, aber das war natürlich ein Tropfen auf den heißen Stein. Wir mußten also nochmals Holz beantragen und da sagte man uns von Amts wegen, sie hätten keines mehr zu vergeben, aber rundum sei ja viel Bauernwald mit genügend Holz, wir sollten uns da mal was holen. Also gingen Rheinwalds klauen, wurden prompt dabei gesehen und waren damit in die Gemeinschaft aufgenommen, denn nun hatten wir auch einen trüben Fleck. Wenn die gewußt hätten, daß wir sowieso schon geklaut hatten!

Wir mußten Zuckerrüben rausmachen, bekamen für den Morgen 18 Mark und 3 Zentner als Deputat. Von 3 Zentnern kann man nicht viel Syrup kochen, und dies war der Aufstrich der Nachkriegszeit. Frau Sinning verlangte von uns sechs Mark, wenn wir zusätzlich Rüben kaufen wollten. Mach einer einmal Zuckerrüben raus, um mit dem Geld drei Zentner kaufen zu können. Rübenernte mit der Hand ist eine mörderische Arbeit. Also füllten wir nach der Arbeit jeder einen Sack mit Zuckerrüben, soviel er tragen konnte und trugen sie heim. Frau Sinning erlaubte uns, ihre Waschküche zum Syrup kochen zu benutzen, komisch, daß sie nicht gemerkt hat, wieviel Syrup wir aus drei Zentnern Deputatrüben bekommen haben.

Ich will noch kurz von Steffi und Rosamunde erzählen. Steffi war unser Ferkel. Es wuchs sehr munter heran, vor allem weil es jeden Tag die niedrige Stalltür übersprang und draußen bei allen herumschnorrte. Jeder im Dorf kannte Steffi, und es war immer einer da, der mir sagen konnte, wo sie gerade steckte. Dann stellte ich mich hin, rief: „Steffi, komm!" Nach einiger Zeit erschien das kleine freche Vieh und ließ sich gehorsam wieder einsperren. Noch lustiger war es mit Rosamunde. In der Mühle, bei der wir mahlen ließen, schenkte man uns eine Gans. Wir nannten sie Rosamunde. Sie ging immer auf die Dorfwiesen, fraß sich dort satt, badete im Bach, der Ründa, und abends ging ich sie suchen. Sie hielt sich ganz für sich, und ich rief: „Rosamunde, komm!" Dann tauchte ein Gänsekopf aus dem Gras auf, und unsere Dame kam gemütlich angewackelt. Kaum war sie aber auf der festen Straße, dann setzte sie sich hin und wartete bis ich kam und sie nach Hause trug. Das machte sie regelmäßig so. Die Kinder aus dem Dorf warteten schon abends auf mich, riefen: „Jetzt holt Frau Rheinwald ihre Gans!" und liefen lachend mit mir mit. Sie freuten sich königlich, wenn Rosamunde sich nach Hause tragen ließ. So einsam, wie wir dachten, lebte sie übrigens nicht. Im Frühling baute sie ein Nest, legte 15 Eier und brütete Gössel aus. Sie und ihre Kinder sind dann auf den weiten Weg nach Mattheshöhe mitgegangen.

Das Ende von Mattheshöhe

Elsbeth hatte nämlich erfahren, daß sie nach Mattheshöhe zurück könne. Der Hof würde nicht enteignet, und da er Saatzuchtbetrieb sei, auch unterstützt. Friedel fuhr im Frühjahr rüber, schaute sich um, und als sie berichtete, beschlossen Elsbeth, Fritz und Hiltraut nach Mattheshöhe zurückzugehen. Hiltraut war am wenigsten dazu bereit, und später stellte sich auch heraus, daß sie mit ihrer Skepsis recht gehabt hatte. Es war ja zu verstehen, daß Elsbeth sich und den Kindern den Hof erhalten wollte, aber es ging alles schief. Die ganze Familie Koschnick fand sich in Mattheshöhe ein, dazu Hanne Meier, TBC-krank. Fehlhabers wurden von der Familie hinausgedrängt, Hanne Meier endete im Krankenhaus, Elsbeth starb ganz plötzlich an Knochen-TBC. Koschnicks als Vormund, verkauften Mattheshöhe und kauften einen kleineren Betrieb in Grimma, Mecklenburg, den sie auch nicht halten konnten. Walters Kinder gingen ihre eigenen Wege, Gunther wurde Ingenieur aus eigener Kraft, Harm wurde Omnibusfahrer, Wolfgang Lehrmeister in einer Schlosserwerkstatt, Hannelore bildete sich mit unendlicher Mühe und

Fleiß mit Fernstudium. Sie hat einen Studienkamerad geheiratet, von dem alle Gutes berichten, und ist Bürgermeister von Spremberg. Sie hat zwei Töchter. Gunther hat auch zwei Kinder, Harm auch. Mit ihnen allen stehen wir jetzt noch (1989) in loser, freundschaftlicher Beziehung. Einzig mit Wolfgang, dem ich am Anfang versucht habe, etwas zu helfen, besteht keine Verbindung mehr.

Ein neuer Anfang in Imbshausen

Nun wieder zu uns: Ich schrieb schon, daß Hans verbittert und tief unglücklich war. Bei seiner Entnazifizierung wollte man ihn auch noch besonders hoch bestrafen, weil er verhältnismäßig jung Direktor der Versuchsanstalt geworden war. Das hatte er aber bestimmt nicht seinem Parteibuch zu verdanken gehabt, (das bekam er nämlich überhaupt erst 1938), denn er kümmerte sich kaum um Politik. Im Gegenteil, er hatte sich bei den 150 % igen, wie wir die lauten Schreier nannten, auch noch unbeliebt gemacht, als er es durchsetzte, daß Dr. Jessen als Chemiker in die Versuchsanstalt kam, obwohl er nicht in der Partei war und auch ganz offen darüber sprach, daß er ein Gegner des Regimes sei. Hans bat ihn zwar, in der Anstalt zu schweigen, aber Hans erklärte bei der Landesbauernschaft, er brauche einen guten Chemiker und keinen Agitator und bekam Dr. Jessen. Dieser dankte es ihm, indem er bei der Berufungsverhandlung so energisch für Hans eintrat, daß er beim 2. Urteil sogar weniger zahlen mußte, als zuerst. Nun das Geld tat uns nicht weh. Wir vermuteten damals schon, daß das Geld entwertet würde. Da war es ganz gleich, wieviel wir verloren.

Ich habe versucht, Hans Mut zu machen, habe ihm gesagt, wir seien noch jung genug, um nochmals von vorne anzufangen. Wir hatten ziemliche Konflikte, auch weil es ihn quälte, daß ich in vielem ziemlich selbständig geworden war. Er wälzte alles auf mich ab, und ärgerte sich dann, daß ich die Sachen erledigen konnte und oft eben auch selbst entschied. Eines Tages gab es eine energische Aussprache. Ich versicherte ihm, daß ich nicht daran dächte, ihn unter den Pantoffel zu zwingen. Ich hätte mich so wahnsinnig gefreut, als er wieder auftauchte, und ich nun endlich die Last abgeben könnte, und dann hätte er sich abgekapselt und mich im Stich gelassen. Es wäre ganz natürlich, daß ich jetzt gewohnt wäre, viel zu entscheiden, aber mit Grollen und Mißmut könne er das nicht ändern, sondern mit Teilnahme und Freundschaft. Wenn wir zusammenhielten und gemeinsam am Strick zögen, könnten wir bestimmt den Karren wieder flott kriegen, aber er dürfe sich nicht von uns abschließen.

Kurz darauf meldete sich Preuschen und berichtete Hans, daß er sein Breslauer Kaiser-Wilhelm-Institut rechtzeitig nach Westen evakuiert habe und nun in Imbshausen bei Northeim ein Gut gefunden habe, auf dem er neu anfangen könne. Hans solle zu ihm als Mitarbeiter kommen. Soviel wie als Landarbeiter könne er auch verdienen, und es wäre sicher besser, als auf dem Trecker zu sitzen. Hans wollte nicht, er meinte, da fände sich wieder ein neuer Denunziant, er hätte kein Vertrauen mehr. Ich habe gebettelt und gefleht, Hans möge wenigstens einmal hinfahren, sich mit Preuschen aussprechen und könne sich dann immer noch entscheiden. Nach langem Kampf fuhr er nach Imbshausen – und kam als ein anderer Mensch zurück. Vergessen war der Pessimismus, Hans war Feuer und Flamme für Preuschens neue Pläne. So hatte ich es gehofft. Ich kannte ja Preuschen, seinen Schwung, seine Sorglosigkeit, seine Initiative. Er hatte schon eine Wohnmöglichkeit für uns ersonnen und versprach, daß wir Selbstversorger würden. Das war ungeheuer wichtig, denn es bedeutete, daß unere Kinder nicht hungern mußten, daß wir Milch und Butter vom Gut, Brot in ausreichendem Maß und die Erlaubnis zum Schlachten bekommen würden. Die Rationen waren dann ausreichend und gesichert.

Hans fuhr voraus, ich kam ein paar Wochen später mit Bernd und den Möbeln nach. Das war eine spaßige Fahrt. Es war nicht erlaubt, von einer Zone in die andere zu ziehen. Die jetzige Bundesrepublik war in drei Zonen aufgeteilt. Im Süden saßen die Franzosen als Besatzungsmacht, in Hessen die Amerikaner und im Norden die Engländer. Wir mußten also vom Amerikaner zu den Engländern überwechseln. Der Engländer war am großzügigsten, bei ihm gab es wenig Kontrollen, Schikanen und Verfolgungen. Der Amerikaner war am albernsten: kleinlich, bürokratisch und schikanös. Unsere Möbel wurden in einen Waggon verladen, dieser wurde von Bernd und mir begleitet, d.h. wir wohnten und schliefen da ganz gemütlich drin. In Eichenberg war die Zonengrenze zwischen amerikanischer und englischer Zone. Die Amerikaner machten daraus einen Riesenrummel. Alle Leute mußten aussteigen, ihre Koffer aufmachen, es war eine dramatische Angelegenheit. Bernd und ich saßen in unserm Waggon, hörten einmal eine Männerstimme sagen:"Hier sind nur noch Güterwagen." Dann entfernten sich die Männer wieder. Wir lugten raus, da sagte der Zugführer: „Alles in Ordnung, ich habe die Kerle verscheucht." Der Zug fuhr an, wir waren drüben, und kein Ami hat etwas gemerkt. Wir tanzten vor Freude im Waggon herum. Eine Nacht mußten wir noch in Northeim warten, dann kam ein Trecker aus Imbshausen und holte unsere Sachen ab.

Unsere Wohnung war noch nicht fertig, wir mußten noch provisorisch untergebracht werden. Trotzdem fuhr ich bald nach Helmshausen zurück, um die Kinder zu holen. Gunther und Rüdeger brachten unsre Sachen zur Bahn, Fritz und Elsbeth winkten mir noch herzlich nach. Dann dachte ich nur noch an das neue Leben mit einem lebensfrohen und verwandelten Hans, an ein Leben, aus dem wieder ein Aufbau werden konnte.

Wieder mußten wir in Eichenberg durch die Kontrolle, ich hatte keine Angst davor, denn die Amerikaner sind kinderlieb, und ich hatte auch nichts zu verbergen, und reisen war ja nicht verboten. (Was ich jetzt erzähle ist wirklich so passiert. Mir kommt es jetzt selbst übertrieben vor, aber es ist genau so gewesen.) Ein Spaß war wieder dabei: Wir hatten eine ganze Menge Gepäck, unter anderem einen winzigen Rucksack. In ihm war das für Wulf notwendige Töpfchen untergebracht. Es stand ein wenig verborgen unter den anderen Sachen. Die Amis machten es besonders gründlich, in drei Gruppen schritten sie den Zug ab: ein Offizier, zwei Soldaten und ein Deutscher als Dolmetscher. Mein hoher Gepäckberg schien sie anzuziehen. Sie musterten ihn gründlich, verdächtig war ihnen auch, daß ich mich geweigert hatte, die schlafende Hanna aus dem Zug zu nehmen. Ihr Blick fiel auf den kleinen Rucksack. „Was ist darin?". Ich frage: „Soll ich ihn aufmachen?" Möglich ist, daß ich dabei ein bißchen zögerte. „Ja!" Ich grinste und holte das Töpfchen raus und hob es lachend hoch. Alles drumherum lachte. „Ok!" Ich fragte, ob ich wieder einsteigen dürfe. „Nein, warten Sie." Die zweite Gruppe erschien, sah, daß ich da was unterschob und verlangte prompt, das verdächtige Stück zu sehen, wieder dieselben Fragen, dieselben Antworten, ich holte das Töpfchen zum zweiten Mal raus. Allgemeines Lachen. Die dritte Gruppe war wohl nur neugierig, warum da so gelacht wurde. Auch sie wollte den Inhalt des so auffällig verborgenen Rucksacks sehen. Ich hatte Spaß daran bekommen und machte wohl alles etwas zu auffällig. Noch einmal mußte ich das Töpfchen vorholen, noch einmal große Schadenfreude der Umstehenden. Nach einiger Zeit durften wir wieder einsteigen, und dann sagten mir die Umstehenden, unkontrolliert gebliebenen, daß sie doch so einiges Verborgenes gehabt hätten und heilfroh gewesen wären, daß mein kleines Töpfchen so herrlich abgelenkt hätte. Die weitere Reise ging dementsprechend vergnüglich und kameradschaftlich weiter, Brote wurden ausgetauscht, Anekdoten erzählt, alles machte sich über die sturen Amerikaner lustig.

Im Palmenhaus

Eines Tages war es dann soweit, daß wir in unsere neue Wohnung einziehen konnten. Von ihr muß ich etwas ausführlicher berichten, denn sie war wirklich originell. Das Gut gehörte einem Baron Strahlenheim. Er war ein sehr feudaler Herr gewesen, aus irgend einem Grunde verhaftet worden; seine Frau hatte das große Gut an das Kaiser-Wilhelm-Institut für Arbeitsforschung verpachtet, um es so vor der Enteignung und Aufsiedlung zu bewahren. So war Preuschen dazu gekommen. Zum Gut gehörte ein gräßliches Wasserschloß in neugotischem Stil. Das hätte für alle Mitarbeiter als Wohnungen genügt, wurde aber leider beschlagnahmt und für ,displaced persons', also in Deutschland hängen gebliebenen Ausländern, als Wohnung benutzt. So mußte Preuschen alle möglichen Provisorien zu Wohnungen umbauen. Wir sollten im Palmenhaus des Barons untergebracht werden. Es war ein hoher Bau, beheizbar, in ihm standen die Palmen den Winter über, im Sommer zierten sie den Aufgang des Schlosses. Jetzt mußten die Palmen erfrieren. Ich habe vorher ihre Blätter geerntet und damit viele Bekannte glücklich gemacht, denn es war ihr einziges Gewürz. Preuschen ließ zwei Decken einziehen, so entstanden zwei Stockwerke. Im Parterre war die Verwaltung der großen Gärtnerei, im ersten Stock in drei winzigen Zimmern und Küche wohnten wir, und oben in der Mansarde waren drei noch winzigere Zimmer, in denen drei Angestellte wohnten. Ursprünglich waren die Wände durch zwei verspannte Eisenstangen zusammengehalten. Da sie störten wurden sie einfach abgesägt. Dann kam ein Holzgerüst in das Ganze, darauf die einfachen Tannendielen, Lehmwände als Trennung und Türen ohne Schloß und Farbe als Zugänge. Die Treppe war auch ganz roh und der Lokus, der in unserm Stockwerk war, war ein Bretterverschlag mit einem Sitzbrett und einem Eimer darunter, den ich auszuleeren hatte. Man konnte ohne Mühe feststellen, wer gerade draufsaß, denn der Bretterverschlag hatte genügend Lücken. In der Küche stand ein Ziegelherd, die Ringe paßten nicht genau, der Ausguß war aus einem eisernen Kessel herausgeschnitten, und zurecht gemacht. Wie hatten immerhin einen Wasserhahn darüber, aus dem auch Wasser herauskam. Ein Tisch, und der Küchenschrank hatten gerade Platz. Das Wohnzimmer war ausgesprochen gemütlich, das Bücherregal, Hans' Schreibtisch, eine Couch und unser runder Tisch davor mit zwei Sesseln. Ein Teppich war auch noch da. Die beiden nach Süden gehenden Zimmer waren Schlafzimmer, d.h. das erste Zimmer wieder mit den Luftschutzbetten nebeneinander und einem Kinderbett für Wulf, in dem er sich richtig ausstrecken konnte, war zugleich Eß- und Spielzimmer. Unsere Bänke mit dem Eßtisch standen noch darin. Die Wickelkommode mit der Wäsche der Kinder stand im Treppenhaus. Wer wollte, konnte daraus stehlen, aber merkwürdigerweise hat das keiner versucht; es war auch nicht viel zum Stehlen drin. In unserm Schlafzimmer standen zwei Stahlrohrbetten, unsere Kleiderschränke und der Schuhkasten. Damit war die Bude gestopft voll.

Aber wie glücklich wir in dieser komischen Wohnung waren, kann sich keiner vorstellen. Wir waren wieder für uns, keiner redete uns drein, keiner kritisierte. Diese Imbshäuser Jahre von 1946-49 waren eine nette Zeit. Alles Äußerliche war fort; keiner hatte mehr als der Andere, im Gegenteil, eigentlich waren wir die Plutokraten, denn wir hatten Bücher, Lampen und einen Teppich. Aber, was wir abgeben konnten, gaben wir ab. Unsere Bücher waren ständig unterwegs, denn die andern waren meist aus dem Osten geflüchtet und mußten noch tiefer anfangen. Preuschen wohnte in Möbeln seiner kurz zuvor gestorbenen Mutter, Bismarcks bekamen von Verwandten das Nötigste, Glasows, Röhners, Simbrigers und Blechsteins stoppelten so allmählich etwas zusammen. Frau Heidenreich, Ruth Preuschens Schwester, Kriegswitwe mit zwei Töchtern, die die Gemeinschaftsküche betreute, hatte wohl am meisten von uns, vor allem herrliche Kleider, die zertrennt und umgearbeitet wurden. Sie war eine schöne Frau mit viel Charme, umschwärmt von den Junggesellen. Etwas später kamen noch Sicks dazu. Mit Frau Sick verstand ich mich am besten, alle mochten sie sehr. Sie war eine witzige, kluge, großzügige Frau mit Heinrich und Adelheid aus ihrer ersten Ehe. Dr. Sick war mir unsympathisch. Er ähnelte in Art und Benehmen meinem Vater, war großschnäuzig und ziemlich diktatorisch. Hans hatte ihn Preuschen empfohlen, er kannte ihn als einen tüchtigen Berater und Fachmann; er war sehr enttäuscht, als sich herausstellte, daß er sich für wissenschaftliche Arbeit nicht eignete und auch deutlich zeigte, daß er dazu keine Lust hatte. Denn gearbeitet wurde in Imbshausen!

Wissenschaft unter schwierigen Voraussetzungen

Hier füge ich Hans' eigenen Bericht über Imbshausen ein. Er schrieb ihn zum 25. Jubiläum des Institutes für Arbeitswissenschaft, das etwa 1963 gewesen sein muß.

„Der beiliegende Bericht für die Institutschronik – Zeitraum Herbst 1944-1955 – scheint mir in verschiedener Beziehung einer Ergänzung zu bedürfen. Ich kann jedoch nur die Zeit von Frühjahr 1946 bis Herbst 1948 beisteuern – das war nämlich die Zeitspanne, in der ich zum Institut gehörte und in Imbshausen war.

Da wäre zunächst etwas zu sagen zur Atmosphäre und zum Geist, der diesen einmaligen Haufen beseelte. Gewiß, vieles davon war zeitbedingt und damals in manchen Gruppen zu finden, war geboren aus dem Gefühl, daß man nichts mehr zu verlieren habe, und daß einen nichts mehr überraschen oder umschmeißen könne. Aber hier kam dazu der Wille, etwas Produktives zu leisten, trotz aller Primitivität des Daseins und des Fehlens aller Unterlagen und Hilfsmittel, das Streben nach ernsthafter, wissenschaftlicher Leistung und das Verantwortungsgefühl für Landwirtschaft und Volksernährung. Und es kam weiterhin dazu der Wunsch, all den vielen tüchtigen Kräften aus der ostdeutschen Landwirtschaft, die wir kannten und die in nicht endender Reihe bei uns Kontakt und neuen Boden unter den Füßen suchten, zu fruchtbarer Betätigung für die Landwirtschaft zu verhelfen. Daraus ergab sich um einen festen Kern der Institusangehörigen eine langsamer oder schneller flukturierende Schicht von zeitweiligen Mitarbeitern im Institut oder Gutsbetrieb, Kursteilnehmer, regelmäßige Tagungsteilnehmer, Korrespondenten; der Gedankenaustausch und die Auseinandersetzung mit ihnen war ein fruchtbarer Teil des Imbshäuser Lebens. Und sehr viele von diesen Menschen, mögen sie hoch oben oder ziemlich weit unten sein, empfinden das, was ihnen der Kontakt in Imbshausen gegeben hat, heute noch als positiv.

Auf welche Fragen bezog sich nun unsere Tätigkeit?

Da war natürlich ein wichtiger Sektor die Landtechnik, zu der ich nicht viel sagen kann, weil ich dazu nicht sachverständig genug bin. Aber ich meine doch sagen zu können: Hätten Landwirtschaft und Landmaschinenindustrie nur einige der damaligen Vorschläge (Allradantrieb, Anbaunormung,

Hydraulik, Knicksteuerung, Gerätekombination) aufgegriffen, so hätten sie sich manchen Umweg und manche Fehlinvestition erspart. Hier muß Nello [das war sein Spitzname] als unermüdlicher und nicht wegzudenkender, vor nichts zurückscheuender Selfmade-Konstrukteur erwähnt werden.

Stark und lange beschäftigte uns der Wirtschaftsrahmen. Wichtige Vorausarbeiten dazu waren schon in Kleinau und Skassa geleistet worden, vor allem von Kreher. In unzähligen Besprechungen entwickelten wir nun das System und machten es dicht, dann wurden die unendlichen Tabellen gerechnet – mit Hand und Schieber! Wie wir in den Trümmern von Hannover den Druck zustande gebracht haben und die Korrekturen, ist eine Sache für sich. Der Wirtschaftsrahmen war gewiß in allen seinen Einzelheiten ein Kind seiner Zeit und der damaligen Situation von Landwirtschaft und Volksernährung. Sein Grundgedanke, daß man durch objektive Kalkulation und nur auf diesem Wege Kriterien zur Beurteilung und Weiterentwicklung von Betrieben gewinnen könne, wurde noch jahrelang bekämpft, bis plötzlich das lineare Programmieren alle Leute faszinierte, daß sie alle Einwände gegen das Kalkulieren vergaßen. Der Wirtschaftsrahmen hat mindestens eine fruchtbare Diskussion über betriebswirtschaftliche Fragen zustande gebracht in einer Zeit, in der sonst überall allein Produktionstechnik im Mittelpunkt des Denkens stand. Er war außerdem die Grundlage für die betriebliche Ausbildung unzähliger Ostlandwirte und ihr Ausgangspunkt für spätere Ringberatertätigkeit. Durch seine gescheiten Bemerkungen zum Wirtschaftsrahmen kam Blechstein zum Institut, der dann nach meinem Weggang die betriebswirtschaftlichen Arbeiten des Instituts weiterentwickelte.

Eng mit dem Wirtschaftsrahmen verknüpft war die Mitarbeit des Instituts an den Erfassungs- und Planungsaufgaben im Zweizonenernährungsamt in Frankfurt (Lurgi-Haus). Sie wurde vor allem getragen von Preuschen selbst und Dr. G. Schulz, der sich damals den Namen ‚Eiserner Gustav‘ in unzähligen Nachtfahrten nach Frankfurt verdiente. Hier ging es einmal um die anzuwendenden Maßstäbe: Hie Getreidewert – hie Jahresnahrung (in 365 mal rund 3000 = eine Million Kal.). Dann aber ging es um die Anwendung objektiver Kriterien für die Fortsetzung der Ablieferung, wofür der Wirtschaftsrahmen Nützliches hätte leisten können.

Von anderen Arbeitslinien sei hier nur noch die Frage der Zuckerfabrikation erwähnt, deren Erfolg uns zwar auch zu Syrup und Schnaps führte, aber doch einen sehr ernsthaften Hintergrund hatte: Es sollte die Frage geklärt werden, ob nicht eine weit größere Streuung des Rübenbaues und eine bessere Kapazitätsausnutzung der Zuckerfabriken dadurch ermöglicht werden könnte, daß den Rüben der Saft durch Pressung in Saftstationen entzogen wird, sodaß die (teilentzuckerten) Schnitzel an Ort und Stelle bleiben können, während der Saft in Kesselwagen an die Fabrik ging.

Vielfältig waren unsere Bemühungen um dem raschen Aufbau einer leistungsfähigen Beratung. Das lag für uns nicht nur wegen der schon erwähnten Sorge um die brachliegenden Ostlandwirte nahe, sondern es ergab sich von selbst aus allen Überlegungen zur Lage und günstigen Entwicklung der Landwirtschaft. Es war uns schon damals klar, daß nach Überwindung der Kriegsfolgen für sie die Schwierigkeiten erst beginnen würden (ich erinnere mich gut, wie wir niedersächsischen Bauern in einer Versammlung auf ihr Klagen wegen Unfreiheit durch Ablieferungsvorschriften sagten: „Passt auf, daß Ihr nicht eines Tages vogelfrei seid.") Nicht nur haben wir uns um Beraterfortbildung bemüht und das Schaffen von Unterlagen für sie, wir haben auch zur Gründung manchen Ringes durch Initiative und guten Rat beigetragen. In diesem Zusammenhang ist auch das Bemühen zu sehen, für die guten Gedanken der Görbingschen Arbeit einen organisatorischen Rahmen zu schaffen, in dem eine Beratung über Fragen der Bodenpflege durch die Anhänger Görbings weitergeführt werden könnte. Die meisten dieser Herren sind dann später als Spezialisten für Bodenfruchtbarkeit in die Landwirtschafts-Kammern und -Verwaltungen aufgenommen worden.

Seele und treibende Kraft für all diese vielfältige Arbeit war Preuschen, wie er ja auch durch Pachtung von Imbshausen – genau so wie bei der Verlegung nach Kreuznach zum Gutteil auf eigene Kappe – überhaupt erst die Existenz und Arbeit des ganzen Haufens geschaffen hatte. Man muß dazu noch berücksichtigen, daß all diese eigentlich produktive Tätigkeit damals eng geknüpft war mit den Sorgen und Mühen um die nackte Existenz: Wohnungen zaubern, Nahrung beschaffen, die einfachsten Gebrauchsgegenstände und Arbeitshilfsmittel auftreiben, der Gesellschaft die Weiterarbeit abtrotzen und vor allem auch den Gutsbetrieb weiter zu führen, mit all den Schwierigkeiten, die das damals machte: Verhandlungen mit kommunistischen Betriebsräten, Sicherung gegen Diebstähle und auch hier wieder: Beschaffung der unentbehrlichen Betriebsmittel.

All das: Wissenschaftliche und organisatorische Arbeit, Betriebsführung und Existenzsicherung wurden verhackstückt in den täglichen Dienstbesprechungen abends in Preuschens Zimmer. Da kamen alle Beteiligten (und auch manche nicht Beteiligten) zusammen, da platzten alle Probleme aufeinander: die Qualität des Essens in der Gemeinschaftsküche, das Ergebnis der letzten Zwei-Zonenratsverhandlung in Frankfurt, der Erwerb einer Ölpresse, das Saatfertigmachen des Rübenackers, das Programm der nächsten Vorführung, die Notwendigkeit der Leerung der Abortgruben u.s.w.. Der Ton, in dem hier verhandelt wurde, war häufig rotzig, die Reden, die über die heiligsten Güter der Nation geführt wurden, meistens ruchlos. Wer auch diese Zeit mit dem Stehkragen durchwandelte und das mit anhörte, mußte unsern Mangel an sittlichem Ernst beklagen, und manch einer hat den Schrecken darüber bis heute nicht verwunden. Aber das war unser Jargon, der uns half, uns den Schwung für positive Arbeit zu erhalten, trotz der überdimensionalen Schwierigkeiten des täglichen Daseins.

Wie man mit den Schwierigkeiten bei den Familien und für die Familien der Mitarbeiter fertig wurde, dazu noch ein paar Worte meiner Frau:

„Die Familien machten der Institutsleitung sicher ebenso viel Sorgen und Mühen, wie alles Übrige zusammen, denn sie alle wollten untergebracht und mit dem Notwendigsten versorgt sein. Es hatten ja fast alle das meiste verloren. Preuschen setzte sich mit seinem bekannten Elan dafür ein, daß kein Raum ungenutzt blieb. Zwar hieß es für jede Familie zusammen zu rücken und auf kleinstem Raum zu leben. Imbshausen war ein sehr kleines Dorf, die Bauern sehr zurückhaltend und nicht zur Hilfe bereit. Aber in den Tagelöhnerhäusern, im Haus des Försters, in der Gärtnerei wurden die Familien doch untergebracht. Es waren mehr wie bescheidene Behausungen, aber es gab unter den Familien keine, die nicht besten Willens war und sich genial und gemütlich einrichtete. Öfen und Herde wurden aus Ziegeln und alten Rosten und Türen gemauert; Wasserleitungen, Ausgüsse und ‚stille Örtchen' entstanden aus Schrott. Geheizt wurde mit Holz, Kohle gab es keine, man war froh, wenn das Holz wenigstens trocken war. Da die Kinder zum Teil in dem Alter waren, wo sie eigentlich in die höhere Schule mußten, aber zu zart, um den Weg nach Northeim täglich zu machen, schuf Preuschen eine Privatschule. Fräulein Herrmann und Frau Schröder haben den Unterricht (im früheren Gänsestall!!) gegeben. Damit die Familien nicht Normalverbraucher und damit Hungerkünstler zu werden brauchten, setzte Preuschen durch, daß seine Mitarbeiter als Selbstversorger anerkannt wurden und bezogen so die Nahrungsmittel aus dem Hof. Dafür halfen die Familien und ihre Kinder bei der Feldarbeit, wenn es dringend nötig war. Zurückblickend beteuern sich alle, die damals dabei waren, daß diese Zeit, trotz der Primitivität und Unsicherheit des Daseins in der Zukunft eine wundervolle Zeit war. Das unbedingte Zusammengehörigkeitsgefühl, die Kameradschaft, die jedem die Sicherheit gab: „Du bist nicht allein!", die Großzügigkeit eines jeden gegen jeden war beglückend und gab allen das Gefühl, Teil einer großen, fest geschlossenen Gemeinschaft zu sein."

Soweit der Bericht von Hans und mir, jetzt schreibe ich wieder frei weiter.

Wir sind noch einmal davon gekommen!

Hans war neben der Arbeit viel unterwegs, hielt Vorträge, machte Beratertagungen und Kurse. Das war damals ein schweres Unterfangen, denn die Züge waren hoffnungslos überfüllt, meist unpünktlich und das enge Stehen war sehr anstrengend. Hans machte das nichts aus. Er war so hingerissen von seiner Arbeit.

Wir benutzten jede Gelegenheit zum Feiern, nach den schweren Kriegsjahren war es verständlich, man hatte in der Beziehung etwas nachzuholen und war reichlich vergnügungssüchtig. Hatte einer eine Zigarette, so wurde sie gemeinsam feierlich geraucht, hatte einer irgendwo ein paar Kaffeebohnen erwischt, dann lud er Freunde zu einer Tasse Kaffee ein. Wir durften alle schlachten. Jeder lud jeden zum Schlachtefest ein, es ging dann fürchterlich eng zu, aber es wurde geschmaust und manchmal sogar dazu ein irgendwie erkunkeltes Schnäpschen getrunken. Fasching wurde von Freitag Abend bis Dienstag gefeiert. Die Kostüme waren primitiv, der Alkohol knapp und scheußlich, aber Stimmung hatten wir immer.

Auch die Kinder hatten es in Imbshausen herrlich, der Hof, die Felder, der wunderbare Wald war ihr großer Spielplatz. Daß sie keine Strümpfe und Schuhe hatten war ihnen gleich, daß das Essen bescheiden war, merkten sie nicht. Bernd kam nach Northeim in die Schule, andere aus dem Dorf fuhren auch jeden Tag, es war nicht so weit, ich weiß nicht mehr, ob da ein Bus ging oder wie sie hinkamen. Goetz und Jörg hatten das Glück, sie gingen in die Privatschule. Hanna kam in die Volksschule, sie hatte es weniger schön, denn der Lehrer, ein Flüchtling aus dem Osten war überlastet und launisch. Wulf durfte frei springen. In den Kindergarten, von Tante Traudel geführt, konnte ich ihn nicht schicken, denn er hatte keine Schuhe und wurde so viel getreten von den glücklicheren Dorfkindern, daß ich ihn nach einer üblen Nagelbettentzündung nicht mehr dorthin geben wollte. Es ist mir in der ganzen Imbshäuser Zeit nicht gelungen, für Wulf einen Schuhbezugschein zu bekommen. Und im Tauschgeschäft, das wir eifrig betrieben, bekam man keine Kinderschuhe.

Überhaupt der Schwarzmarkt, das war ein eigenes Kapitel der Imbshäuser Jahre. Wir nannten es kunkeln und gekunkelt wurde alles, was man sich nur denken kann. Das Institut, unter der geschickten Hand von Simbriger kunkelte im Großen, wir Familien im Kleinen. Da kam so alle drei Wochen eine Abordnung aus dem Ruhrgebiet. Meist war es ein Mann, der genau Bescheid wußte und der Hauptmanager war. Er brachte ein oder zwei Männer mit, die ihm nachher helfen mußten, die Kartoffeln weg zu transportieren. Von uns wollten sie allerdings mehr die feineren Sachen haben: Mehl, Speck, Fett und Wurstdosen. Sie waren aber immer sehr bescheiden, besonders bei mir, denn es hatte sich eingebürgert, daß sie um 11 Uhr 30, wenn der Bus aus Northeim kam, zuerst zu mir gingen, denn da bekamen sie immer ein warmes Mittagessen. Es hatte sich einmal zufällig so ergeben, und ich hatte ihnen gesagt, sie könnten das jedes mal erwarten, das ließe sich immer einrichten. Für diese Männer, die die ganze Nacht unter schlechten Bedingungen unterwegs gewesen waren, war das natürlich eine ganz große Hilfe. Für mich war es großartig, denn ich konnte mir als Erste raussuchen, was ich brauchte. Ich habe natürlich fein meinen Mund gehalten, denn mir war das warme Essen, das ich gab, den Vorteil, als Erste dran zu sein, wert. Sie brachten Gummiband,

Nesselstoff, Schuhsohlen, Dosendeckel, Gummiringe für Einweckgläser, Nähgarn, Maschinennadeln und Hansaplast – lauter Kostbarkeiten. Der Nessel war ein ganz leichter Stoff, gestohlen in einer Hansaplastfabrik, die für den Engländer arbeiten mußte. Der Fabrikant erlaubte seinen Arbeitern, umschichtig unterm Hemd davon etwas hinaus zu schmuggeln, damit sie sich zusätzlich Nahrungsmittel tauschen konnten. So bekam ich genug, um meinen Männern Hemden zu nähen. Aber man stelle sich mal vor, was das für Läppchen waren. Schadet nichts, sogar Hans hat sie getragen. Ins Institut brachten sie gewichtigere Dinge. Einmal eine ganze Ölpresse. Damit machten sie im Institut Mohnöl, das wir zugeteilt bekamen. Da kam dann eines Tages mein Kunkelfreund aus dem Ruhrgebiet. Während des Essens erzählte er mir dann, sein heutiger Kumpel sei von der Polizei. Ich dachte, das sei ein Wink, vorsichtig zu sein. Plötzlich fragte er mich, wie die Ölpresse funktioniere? Ich sagte, ich wüßte nichts von einer Ölpresse. Na, die Ölpresse, die er das letzte Mal mitgebracht habe. Ich antwortete ausweichend. Er bohrte weiter. Da sagte ich ihm so durch die Blume, der andere sei doch von der Polizei, ich wollte dem Institut keine Unannehmlichkeiten bereiten. Da fingen die beiden schallend an zu lachen. Der Polizist hatte nämlich die Presse für das Institut beschlagnahmt. Er meinte, die hätten längst eine neue gebaut. Das wäre für die kein großer Verlust gewesen. Er wäre heute dabei, weil er seinem Chef gesagt hätte, wenn er jetzt nicht mal mitfahren könnte auf Kunkelfahrt, dann könne er den Verkehr nicht mehr regeln, er müsse selbst mal nach Futter sehen. Ja, ja, das waren Zeiten!!

Provisorien

Damit Preuschen es vor dem Amt vertreten konnte, daß wir Selbstversorgerkarten bekamen, mußten wir zum Schein etwas Feldarbeit machen. Wir sollten Rüben vereinzeln. Jeder bekam ein Stück zugeteilt, und ich machte mich mit den Kindern an die Arbeit. Das ist nicht schwierig, aber langweilig. Als wir da so knieten, kam ein junger Mann übers Feld, fragte uns barsch, was wir da machten? Ich antwortete ziemlich schnippisch, ob er das nicht sehen könne? Wir kappelten so hin und her und dabei kam heraus, daß er Kurt Meinhold heiße, und der neue Inspektor sei. Eines Tages zog er dann ins Palmenhaus in eins der oberen Zimmer, und bald waren wir dicke Freunde. Hans und er hatten Fachgespräche, und mit mir verband ihn mehr ein platonisches ‚Bratkartoffelverhältnis'.

Meinhold war immer hungrig. Die Gemeinschaftsküche, zuerst von Frau Heidenreich mit Umsicht geführt, dann aber von ‚Tante Fee' mehr schlecht als recht, konnte die jungen oft schwer arbeitenden Männer nicht satt kriegen. So wurde es bald eine natürliche Gewohnheit, daß Meinhold abends ein Besüchle bei uns machte und von mir gefüttert wurde.

Na, überhaupt wurde da manches eine drollige Gewohnheit. Wir bekamen vom Hof einen hölzernen Waschzuber, groß genug, daß man darin baden konnte. Bald wurde es Sitte, daß Samstag abends das ganze ‚Palmenhaus' in unsrer Küche sich Wasser heiß machte und in unserm Zuber badete. Es war einfach zu nett, diese Gemeinschaft, diese selbstverständliche Hilfsbereitschaft. Frau von Bismark hatte ein Waschbrett, Ruth Preuschen eine Wäscheleine, ich hatte eine Fruchtpresse, alles ging reihum. Meine alte klapprige Nähmaschine war auch solch Gemeinschaftseigentum. Der Kummer war nur, wenn eine Nadel dabei brach. Sie war so furchtbar schwer zu ersetzen.

Vorher erwähnte ich Tante Fee! Ihr müßte ich ein ganzes Kapitel widmen, denn sie war für uns eine Quelle des Vergnügens. Schade, daß Ihr Kinder das garnicht so mitgekriegt habt, da fehlt in Eurer Jugenderinnerung entschieden ein Menschentyp, den es nicht gerade oft gibt. Eigentlich hieß sie Felizitas Scheffler, war irgendwie halbrussischer Herkunft, bei Preuschen im Osten Dolmetscherin gewesen; auch sie wurde als Strandgut nach Imbshausen geschwemmt. Sie war das gutmütigste, berechnendste, hilfsbereiteste, intriganteste, dümmste, gerissenste und verlogenste Geschöpf, das ich je kennen gelernt habe. Sie war immer nett und gepflegt angezogen, die Unterwäsche war – was manchmal auf der Wäscheleine hing – weniger nett und gepflegt. Sie liebte jeden ehrlich und verriet jeden rücksichtslos, wenn es sich gerade so ergab. Sie stiftete Ehen und Freundschaften, sorgte aber, daß sie nicht zu kurz kam. Wahrscheinlich war sie so alt wie ich, zwischen 30 und 40, aber ihr Alter wechselte mit dem Alter ihres jeweiligen Freundes zwischen 23 und 35. Sie dichtete herrliche, sentimentale lyrische Gedichte, so à la Friederike Kempner, wir animierten sie immer dazu, sie uns vorzulesen. Ich hatte immer Mühe, ihr so geschickt auszuweichen, daß sie mir nicht das ‚Du' anbieten konnte. Es wäre mir zu peinlich gewesen.

Eines Tages kam die fürchterliche Sauwirtschaft, die sie in der Gemeinschaftsküche hatte entstehen lassen, heraus, und sie wurde hinauskomplimentiert. Sie hat ihr fragwürdiges, abenteuerliches Leben dann so weitergeführt, ab und zu habe ich noch von ihr gehört, glücklicherweise aus der Ferne. Ich bin ihr nicht mehr begegnet.

In der Gärtnerei arbeiteten zwei junge Mädchen als Praktikantinnen – Renate Heinzemann und Aline Pagenstecher. Beide gehörten bald zu unserem engeren Kreis, vor allem Renate mochte ich sehr gern. Sie war die Tochter eines Augenarztes und studierte nach ihrer Lehre Gartenbau. Nach dem Studium war sie wieder im Institut, aber in Kreuznach. Meinhold und sie haben dort geheiratet. Sie werden noch öfter in meinem Bericht auftauchen.

Im Palmenhaus wohnte dann noch ‚Meibo‘. Sie hieß eigentlich Ursula Meier-Botlin, stammte aus einem Pfarrhaus und war die Gutssekretärin. Sie war ein kluges und gewandtes Mädchen. Ich mochte sie sehr gern, aber sie war ziemlich verschlossen und etwas kühl. Trotzdem zählte sie zu unserem engeren Kreis, war nie Spaßverderber und konnte so herzlich lachen. Sie hat kein leichtes Los gehabt. Es würde zu weit gehen, von ihr zu erzählen; sie hatte einfach scheußliches Pech an den falschen Mann zu geraten, der ihre Tüchtigkeit und Zuverlässigkeit ausnutzte.

Und die Kinder?

In Imbshausen hattet ihr Kinder in viel Freiheit gelebt, und hattet es da natürlich herrlich. Die Pflichten in der Schule waren nicht zu groß, um Euch übermäßig zu belasten. Ihr konntet viel auf dem Hof tollen und spielen, wir machten in dem einzigartig schönen Wald, der zum Gut gehörte, herrliche Spaziergänge, suchten Himbeeren und Pilze. Im Winter gab es da am Harzrand viel Schnee. Wir haben herrlich gerodelt und sind auch mit geborgten Skiern Ski gelaufen. Am lustigsten waren die abendlichen Rodelpartien. Alles, was dafür noch jung genug war, traf sich am Waldrand, und dann sausten wir die Allee hinunter bis zu den Koppeln. Meist kamen dann noch ein paar besonders Übermütige zu uns, und wir saßen dann noch eine Weile zusammen. Ich erinnere mich noch an einen besonders netten Nachmittag. Unser Vater war zufällig mal zu Hause, und wir wanderten zu siebent am Judenfriedhof vorbei zum Windmühlenberg. Da stand zwar keine Windmühle mehr, sondern ein struppiger Wald. Man hatte von da einen weiten Blick ins Land. Vater und ich ruhten, und Ihr bautet aus Tannenzapfen und Moos kleine Hütten und Gärten. In Echte gab es ein Schwimmbad. Wenn es heiß war, gingen wir dorthin zum Schwimmen. Im Sommer 47 holten wir uns wahrscheinlich dort die Kinderlähmung. Sie war in diesem Sommer eine Seuche, und Bernd und Goetz haben sie wohl beide gehabt. Glücklicherweise blieben keine Lähmungen zurück, aber es war furchtbar und eine schreckliche Zeit für uns. Bernd war so elend und hatte so hohes Fieber, daß ich ihn zu mir ins Bett holte und ihn hielt und stützte. Er konnte den Kopf nicht allein bewegen. Der völlig unfähige und hilflose Arzt sagte mir, es könne eine Hirnhautentzündung sein, oder Typhus, vielleicht auch Kinderlähmung, er wisse es nicht. Nach zwei Tagen ging das Fieber zurück, und Bernd konnte zuerst mit Mühe den Kopf wieder drehen. Bald waren die Schmerzen vorüber. Goetz hatte es nicht ganz so dramatisch, dafür hatte er noch wochenlang Schwierigkeiten, Treppen

Meine Fünf und ich 1947

zu steigen. Hanna bekam Mundfäule. Sie konnte nichts essen und fieberte. Später sagte mir ein Schwager von Frau Sick, der Arzt war, daß seine Kinder dieselben Symptome gehabt hätten und daß er eine Rückenmarkspunktion bei ihnen gemacht hätte, mit dem Ergebnis, daß die Kinder einwandfrei Kinderlähmung gehabt hätten, auch ohne Folgen. In Imbshausen waren auch Kinder krank, eins starb, eins blieb gelähmt.

Bis 1948 hatten wir ja sehr häufig Stromsperren. Plötzlich saßen wir im Dunkeln. Dann wurden die ‚Nellolichter‘ angezündet. Nello war ein Original, er war irgendwie in Imbshausen hängen geblieben, und da er sehr erfinderisch war, konnte Preuschen ihn gut gebrauchen. Er hat aus allem alten Kram noch was Brauchbares gemacht, und so war es ganz natürlich, daß er auch für die Beleuchtung etwas erfand. Er hieß eigentlich Pribbernow, keiner konnte sich den Namen merken. Ausserdem forderte er direkt dazu heraus, einen Spitznamen zu kriegen. Aus Pribbernow wurde Pimpernelle, aus Pimpernelle wurde Nello. Und so hieß er dann auch überall. Aus viereckigen Dosen machte er seine Lichter. Jede Ecke wurde mit einer Zange zusammen gedrückt, durch den Spalt ein Baumwollfaden gezogen. In die Dose kam Petroleum. Die vier Fäden an den vier Ecken angezündet, und das war das ‚Nellolicht‘. Es hat etwas Helle gegeben und viel Qualm. Aber besser als ganz dunkel, Kerzen gab es längst nicht mehr. Wenn wir bei der Funzel saßen, mußte ich Märchen erzählen. Das war mühsam, denn die Kinder wollten immer neue hören und Vater auch. Da tauchte die Prinzessin ‚Mohnkuchennichtessia' auf, weil ich Mohnkuchen gebacken hatte, der meine Familie nicht sehr erfreut hat, denn der Mohn dazu war so gräßlich sandig. Sie erlebte viele Abenteuer, die ich alle nicht mehr weiß.

Kinderfasching bei Preuschens. Es war ein sehr kalter und feuchter Faschingstag. In Imbshausen war der Faschingsumzug Tradition. Also zogen wir um. Es war eine riesig fidele Geschichte. Damit die Kinder nicht froren, bekamen sie dicke alte Sachen an. Die Buben waren lauter Lumpenkerle, das machte keine Mühe, davon hatten wir genug. Hanna bekam eine Hasenfelljacke an (Hans' Militärjacke, umgedreht) dazu eine weiße Angoramütze, der ich zwei Hasenohren angenäht hatte. Das sah süß aus und Hanna hat nicht gefroren. Da hatte ich noch ein Hasenschwänzchen, das nähte ich an Wulfs braunes Wintermäntelchen. Das sah so lustig aus, wie es da wippte, daß er es auch weiterhin getragen hat. Jeder hatte seinen Spaß dran. Bei Preuschens waren Goetz und Jörg als Max und Moritz. Da sie ihrer Rolle getreu alle Mädchen foppten. erregten sie viel Ärgernis, denn die Mädchen waren alle als Prinzessinnen oder Feen schrecklich zimperlich. Vielleicht wollten sie sich auch nur rächen, denn sie hatten einen großen Zorn. Ich hatte für alle Pfannkuchen oder Schürzkuchen gebacken, einen großen Berg. Ich schickte alles rechtzeitig in Preuschens Wohnung, unsere Kinder kamen durch den Umzug und das Umziehen etwas später, da waren meine Kuchen alle aufgefuttert, und sie hatten das Nachsehen. Das war damals eine Katastrophe. Ich denke aber, ich habe ihnen dann nochmals welche gebacken.

Ich habe ja schon erwähnt, daß ich diese Erinnerungen noch einmal mit dem Computer abschreibe. Das ist jetzt 1988/1989, da merke ich, daß ich noch einmal solch Glück hatte, einen so schönen Kreis zu finden. Das ist mein Bridgekreis, den wir in Hohenheim gegründet hatten. Wir 10-12 Bridgefreundinnen sind genau so verbunden, wie damals in Imbshausen die Familien der Mitarbeiter von Preuschen. Wir teilen Freud und Leid!

Zu Besuch in Hohenheim

Hans hatte schon bald Verbindung mit Hohenheim aufgenommen. Wir waren auch einmal miteinander nach Stuttgart gefahren, Hans zu einem Vortrag, ich, um nach Mutter zu sehen und wohl auch, um einmal rauszukommen. Es war eine abenteuerliche Fahrt. Ich werde von ihr erzählen, denn sie ist ein Zeitdokument: Wir fuhren mit einem verhältnismäßig leeren und bequemen Zug von Northeim ab. Hans, Preuschen, Gisela Heinzemann (Renates Schwester und junge Medizinerin, die in Stuttgart ihr Praktikum machen wollte) und ich. Nachts kamen wir nach Bruchsal. Dort mußten wir umsteigen. Der Anschlußzug, auf den wir in der kalten Januarnacht vier Stunden warten mußten, hatte aber Zulassungskartenzwang, d.h. wir konnten ihn ohne eine Extrakarte nicht benutzen. Wir bekamen aber in Bruchsal keine zu diesem Zug, die gab es einfach nicht. Der nächste zulassungsfreie Zug ging erst um 6 Uhr, und Hans wäre zu spät zu seinem Vortrag gekommen. Preuschen hatte auch einen Termin einzuhalten. Wir fragten bei der Bahn nach einem Ausweg, und die rieten uns fast offiziell, wir sollten dahinten herumschleichen, dann die und die Treppe hochgehen, dort warten bis der Zug einfährt und uns schnell hineindrängeln. Wir taten das, kamen in einen gestopft vollen Zug. Wir standen wirklich nur mit einem Bein auf dem Boden. Kaum fuhr der Zug ab, da erschien der Kontrolleur, drängte sich noch zwischen den enggedrängten Menschen durch und kontrollierte die Zulassungskarten. Wer keine hatte, mußte hohe Buße zahlen. Die tat uns nicht weh, denn Geld war ja nichts wert. Aber daß der Mann rücksichtslos auf unsern Füßen rumtrampelte, ärgerte uns sehr. Erst baten wir höflich, er möge etwas Geduld haben, wir würden uns bemühen, ihm Platz zu machen, da brüllte er uns an, als wären wir Verbrecher. Zum Schluß waren wir so erbost, daß auch er eine ganze Menge blaue Flecken bekommen haben muß. Ich habe ihm jedenfalls anständig eins ans Schienenbein getreten. Hans und ich fuhren getrennt zurück. Ich kam zuerst bis Frankfurt, dann reichte es bis Giessen, dort gings nicht weiter. Ich mußte bis zum Morgen in Giessen auf dem Bahnhof warten. Im Wartesaal war ein wüstes Menschengewimmel: Amerikaner, die sich da sichtlich ein Mädchen oder einen Jungen für die Nacht suchten, Schwarzhändler, Betrunkene, entlassene Soldaten, biedere Reisende, Hehler und Stehler. Alles drängte sich da zusammen. Ich tat mich mit einem Herren zusammen, der offensichtlich genau so zufällig wie ich in diesen Hexenkessel hineingeraten war, wir bewachten abwechselnd unser Gepäck, der andere konnte dann ein wenig die Augen zumachen. Ich hatte das Gefühl in einen Sumpf von Laster und Schmutz zu versinken. Der kalte zugige fensterlose Wagen, der mich morgens weiter beförderte, kam mir wie das Paradies vor.

Währungsreform

Im Jahr 1948 fing die Situation allmählich für alle an, unerträglich zu werden. In den Städten froren und hungerten die Menschen, das ganze Leben war nur noch ein Provisorium, es gab nichts, es wurde nichts hergestellt und das bißchen, was noch erzeugt wurde, wanderte auf den schwarzen Markt oder wurde gehortet, denn es war deutlich zu spüren, daß in irgendeiner Form das Geld entwertet würde. Preuschen kaufte mit dem Geld seiner Mitarbeiter und mit von uns beigesteuerten Naturalien Maschinen. Hans legte für die Kinder unzählige Sparbücher an, in der Hoffnung, daß Kleinstguthaben unberührt bleiben würden. Die Gerüchte über die Entwertungsmaßnahmen waren sehr verschieden, jeder versuchte mit irgendwelchen Manipulationen wenigstens etwas von seinem Geld zu retten. Im Juni 48 wollten Hans und ich noch mit unserm alten Geld in Urlaub fahren. Wir haben tausenderlei Bekannte und Freunde dafür eingespannt, um einen Platz zu bekommen, denn natürlich wollte keiner uns nehmen. Aber dann sollten wir doch an der Ostsee irgendwo eine Bleibe finden. Unsre Kleider lagen fertig zum Einpacken auf dem Bett, die Koffer standen bereit, gefüllt zu werden, da kam in den Nachrichten, daß eine wichtige Mitteilung durchgegeben würde. Sonnabend abends erfuhren wir dann, daß ab Montag früh das gesamte Geld ungültig sei, daß sämtliche Konten entwertet seien, und daß jeder Mensch nur noch Anspruch auf ein Kopfgeld von 40 Mark habe. Die Konten würden zu einem späteren Termin 1:10 umgetauscht, d.h. zehn Mark sind nur noch eine deutsche Mark wert. Am Sonntag wollten wir in Urlaub. Ich hängte die Kleider wieder in den Schrank, Hans und ich schauten uns sehr wehmütig an, denn wir hatten uns sehr auf den Urlaub gefreut und ihn auch beide nötig. Aber es war uns klar, daß wir abwarten mußten, wie alles weiterging.

Zunächst merkten wir, daß wir plötzlich wieder etwas für unser Geld kaufen konnten. Wir fuhren nach Northeim und ich konnte die für Wulf so notwendigen Schuhe kaufen. Auch Anzugstoffe für die Jungs. Das war natürlich Ware in schlechter Qualität, aber es war besser als garnichts. Jetzt plötzlich bot mir auch ein Schneider seine Dienste an, er wollte dafür Geld und nicht wie bisher

Naturalien. Ich gab ihm den Stoff mit der Weisung, er solle daraus für Goetz und Jörg einen Anzug machen. Er meinte, der Stoff reiche höchstens für einen Anzug. Da sagte ich zu ihm, dann machte ich es allein und verzichtete auf seine Arbeit, ich bekäme zwei Anzüge aus dem Stoff. Das würde aber nichts fachmännisches antwortete er mir. Ich erklärte ihm, das sei mir egal, ich brauchte zwei Anzüge, dann eben unfachmännisch. Er nahm lieber den Stoff, machte zwei unfachmännische Anzüge daraus und kassierte das Geld.

Es dauerte nicht lange, da stiegen die Preise, aber da war das Kopfgeld auch schon

Die Familie 1948 in Imbshausen

verbraucht und das Notwendigste für die Kinder gekauft. Nun mußten wir erst mal abwarten, wie es mit der Max-Planck-Gesellschaft, wie die Kaiser-Wilhelm-Gesellschaft umbenannt war, weiterging, ob sie das Geld für unsere bescheidenen Gehälter überhaupt aufbringen konnte. Aber es war deutlich zu spüren, daß die Wirtschaft in Gang kam.

Neubeginn in Hohenheim

Zu dieser Zeit war Hans angeboten worden, nach Hohenheim zu kommen. Die amerikanische Besatzungsmacht hatte vor, in Württemberg eine zentrale Beratungsstelle für die Landwirtschaft zu finanzieren. Der betreffende Leiter sollte in enger Zusammenarbeit mit der Landwirtschaftlichen Hochschule und unter dem Protektorat des amerikanischen ‚Extension service' die Beratung der Bauern intensivieren. Hans wurde deshalb zu einem Probevortrag eingeladen und zu einer Aussprache mit den zuständigen Amerikanern. Soviel ich mich erinnern kann, gewann Hans das Zutrauen der Amerikaner damit, daß er ihnen erklärte, daß es in Württemberg nicht so zu machen wäre, wie es in den USA betrieben würde. Jedenfalls bekam er die Stellung des Leiters des ‚Landwirtschaftlichen Zentraldienst für Aufklärung und Fortschritt' und ging am 1.12.1948 nach Hohenheim. Während die Verhandlungen noch nicht abgeschlossen waren, besuchte uns Herr Dr. Jessen, der kommissarischer Direktor der Versuchsanstalt in Kassel war. (Meine Prophezeiung, daß die erste Garnitur nach einem Umbruch nicht lange hielt, hatte sich bewahrheitet. Greve war nur kurze Zeit Präsident der Landwirtschaftskammer und Direktor der Versuchsanstalt. Er ist von allen anständigen Menschen schnell erkannt und dann geschnitten worden). Dr. Jessen fragte mich, da Hans nicht da war, ob er noch Interesse an Kassel hätte. Man drängte ihn, Direktor der Versuchsanstalt zu werden, aber er wolle das auf keinen Fall annehmen, ehe er nicht wisse, ob Hans nicht doch zurück nach Harleshausen kommen wolle. Ich dankte ihm für seine anständige Haltung, sagte ihm aber, daß Hans diese Sache in Hohenheim in Aussicht hätte und wohl auf keinen Fall nach Harleshausen zurück wolle. Hans hatte sich in Kassel nie wohlgefühlt, die Haltung der Kollegen in der Landesbauernschaft, die ja zum großen Teil in die Landwirtschaftskammer übergewechselt waren, hatte ihm nie gefallen, und mit Greve noch einmal zusammen zu treffen, wäre ihm unmöglich gewesen.

Zu Weihnachten 1948 kam Hans nach Imbshausen. Es war in fröhliches Wiedersehen, denn Hans war sehr hoffnungsvoll in seiner neuen Tätigkeit. Er brachte den Kindern eine große Tüte mit Obst und Leckereien mit, die Mr. Keim, Hans' Vorgesetzter, ihm für sie mitgegeben hatte. Ich bekam – oh großes Entzücken! – ein Pfund Bohnenkaffee. Die Kinder stürzten sich auf das fremde Obst, Hanna biß in eine Apfelsine und war furchtbar enttäuscht, daß sie so bitter schmeckte. Ich habe sie dann erst einmal abgeschält, da schmeckte sie ihr. Auch der Geschmack von Bananen kam den Kindern zuerst merkwürdig vor, sie kannten sie ja nicht.

Hans war etwas bedrückt, denn die Aussichten, eine Wohnung zu bekommen, waren fast hoffnungslos, und wir wollten natürlich so bald wie möglich wieder beisammen sein. Getrennt waren wir ja lange genug gewesen. Nach endlosem Hin und Her bekamen wir zum 1.9.1949 eine Wohnmöglichkeit in Plieningen. Hans hatte als Junggeselle bei einer Familie in Plieningen gewohnt in der Echterdinger Straße. Herr Zimmermann war Waldarbeiter und Kleinbauer. Er hatte sich ein bescheidenes Haus gebaut, wohnte dort mit seiner Frau, zwei

Kindern und seiner Schwägerin. Der Sohn Emil, mit dem ich oft Schularbeiten gemacht hatte als junge Frau, war gefallen, die Frau gestorben, und die Tochter verheiratet. Zimmermanns mochten Hans sehr gern, sie fanden es nur schade, daß er diese norddeutsche Frau geheiratet hatte. Aber nun war Herr Zimmermann bereit, uns das Haus zu vermieten. Er und seine Schwägerin, Fräulein Auch, wollten zur Tochter ziehen.

Die Miete war nicht hoch, aber es war ein Haken dabei: In der Mansarde wohnte eine junge Frau mit zwei Kindern. Der Mann war Diplomlandwirt, er taugte wohl nicht viel. Frau Lindenmeier war aus einer sehr

1949 in Imbshausen – was ein guter Fotograf alles leisten kann!

reichen Fabrikantenfamilie, ihre Mutter saß in der Ostzone im Gefängnis, die Fabrik war enteignet. Die junge Frau hatte auch Landwirtschaft studiert, war an dem Kommilitonen hängen geblieben, der sie ‚großmütig' heiratete, als sie ein Kind von ihm erwartete und war damit furchtbar reingefallen. Die Verhältnisse waren mehr als unklar. Sie hauste da oben in den beiden winzigen Mansarden, die einst Hans als Student bewohnte, mit ihren Kindern, hatte ganz unregelmäßig Geld und verstand auch nicht damit umzugehen. Herr Zimmermann machte es uns zur Bedingung, daß wir dafür sorgten, daß Frau Lindenmeier so schnell wie möglich auszog, d.h. er erwartete vom mir, daß ich sie schikaniere und rausgraule. So macht man nämlich so etwas in Württemberg. Da wir froh waren, überhaupt etwas zu finden, versprachen wir unser Möglichstes zu tun, um der jungen Frau zu helfen, eine Wohnung zu finden. Das war auch in unserm Interesse, denn wir hatten wieder nur 3 Zimmer für 7 Personen. Die drei Großen mußten auf dem Dachboden schlafen. Das ging aber natürlich nur im Sommer.

Plieningen, Echterdinger Straße

Am 1.9.1949 trudelten wir mal wieder mit unsern Möbeln durch die Gegend. Diesmal mit einem Möbelauto, in dem wir vorne, wie die Heringe eingepackt, saßen, eine Nacht und einen Tag. Der Abschied von Imbshausen war wirklich rührend. Als alles eingepackt war, kamen alle Mitarbeiterfrauen mit ihren Kindern, um Lebewohl zu sagen. Sie schenkten uns zum Abschied ein Album von allen Kindern, selbst gebastelt und selbst gebunden. Es gab Abschiedstränen. Erst da merkte ich, wie eng und wie herzlich das Verhältnis gewesen war. Dieser Imbshäuser Kreis war wohl überhaupt der Netteste in unserm Leben. Es war schön, einander zu helfen und für einander da zu sein.

Wir kamen mit unserm Umzug viel später an, als Hans gerechnet hatte und er war furchtbar in Sorge um uns gewesen. Nun mußte alles ganz schnell ausgeräumt werden, denn das Möbelauto hatte schon eine neue Ladung zu machen und war in großer Eile. (Wir waren im Maintal in undurchsichtigen Nebel geraten und hatten dadurch sehr viel Zeit verloren). Wir stellten schnell alles in die Räume, dann machten wir den Kindern die Betten zurecht und warfen sie hinein, denn sie waren totmüde. Ich sehe noch Jörg vor mir: Er stand am Zaun zu Karl Zimmermanns Hof. Seine Frau Emma schwätzte in schönstem Plieninger Schwäbisch auf ihn ein, und Jörg zuckte nur immer die Achseln und sagte: „Ich verstehe Sie nicht!" Aber sie haben es bald gelernt. Am nächsten Tag schickten wir Hans in seinen Dienst und versprachen ihm, wenn er heim käme, wäre alles schon aufgeräumt. Bernd und ich haben dann auch geschuftet. Er machte die Lampen an, ich die Vorhänge, abends empfingen wir unsern lieben Vater in einem leidlich gemütlichen Heim und einem kleinen Festessen.

Hans' Gehalt beim Ami war nicht klein, aber wir hatten ja so wahnsinnig viel nachzuholen, daß wir nicht wußten, wo anfangen und wo aufhören. Die drei Zimmer waren schnell gerichtet, dann stürzte ich mich auf die Nähmaschine und nähte auf der alten klapprigen Maschine von Hans' Großmutter alles, was man überhaupt selbst nähen kann. Glücklicherweise war meine Familie nicht kritisch. Jedes Stück wurde getragen. Hans trug sogar von mir genähte Hemden, die bestimmt nicht elegant ausfielen.

Trotz aller Mühe gelang es uns nicht, für Frau Lindenmeier eine Wohnung zu finden. Mir tat das junge Ding sowieso furchtbar leid. Wie oft, wenn ihr unsympathischer Mann oder die noch unangenehmere Schwägerin, die wie ein Amiliebchen aussah und es wohl auch war und höchst anspruchsvoll daher kam, oben waren, traf ich Frau Lindenmeier weinend auf der Treppe. Sie redete sich dann zwar mit einem Asthmaanfall raus, aber es war ganz offensichtlich eine Familienauseinandersetzung. Sie schüttete mir manchmal ihr Herz aus, hoffte darauf, daß ihre Mutter frei käme und ihr dann helfen könne, denn der Stiefvater war schon im Westen, um eine neue Existenz aufzubauen. Jedenfalls blieb sie noch im Haus. Zimmermanns nahmen mir das bombenübel, da gab es dann auch Reibereien. Es war eine ungute Sache. An Hans trauten sie sich nicht, wenn er da war, fiel nie ein böses Wort.

In diesem Winter gab es dann noch zu allem Überfluß eine üble Grippewelle. Wir lagen alle krank. Die Jungs konnten das aber nicht auf dem kalten Boden kurieren. So mußten sie unten im gemeinschaftlichen Wohnzimmer, in dem sowieso schon Wulf und Hanna schliefen, auf Matratzen liegen. Ich war so elend, daß wir den Arzt rufen mußten. Der verordnete mir acht Tage Bettruhe. Als er weg war, kam Goetz und sagte, er könne nicht mehr, er hätte hohes Fieber und knicke in den Knien zusammen. Also mußte ich raus aus dem Bett, ihn hineinlassen und sehen, wie ich zurecht kam. Hans war der letzte, den die Grippe erwischte. Er lag in seinem winzig kleinen Arbeitszimmer auf dem Sofa und arbeitete mit wehem Kopf, denn er hatte viel Arbeit und die Termine mußten eingehalten werden. So besuchte uns Mr. Keim, brachte wieder Kaffee (oh Wonne!), und mit diesem Kaffee, den ich ganz allein trank, kam ich wieder auf die Beine.

Im Frühjahr zog dann endlich Frau Lindenmeier aus. Sie zog nach Karlsruhe zu ihrem Mann, der irgend eine Stellung bei der Polizei gefunden hatte. Später hörte ich, sie hätte sich scheiden lassen. Das war sicher das Beste, was sie tun konnte, denn der Mann war wirklich gräßlich, und sie viel zu schade für ihn.

Nun konnten wir die Kinder ordentlich unterbringen. Wir tapezierten (übrigens auf die von Hans im Jahr 1920 ausgesuchten Tapeten seiner Junggesellenwohnung) und strichen alles schön und dann bekamen die Kinder eigene Zimmer. Bernd ging in Stuttgart zur Schule. Er hatte es nicht leicht, denn die Lücken bei dem häufigen Schulwechsel, dem unregelmäßigen Unterricht und dem anstrengenden Fahrschülerleben machten sich bemerkbar. Trotzdem schaffte er das Abitur zur richtigen Zeit und auch ganz zufriedenstellend. Hans meinte damals, es sei das Beste, seine Söhne erst ein Handwerk lernen zu lassen, als nur ein Studium zu absolvieren. Die

Erfahrung hatte ja gelehrt, daß Akademiker in kommunistischen Ländern geradezu boykottiert würden. So wollte er seinen Söhnen den Ausweg eines gelernten Handwerkers verschaffen. Und damals schwebte noch das Damoklesschwert des noch Kommunistisch-Werdens über uns. Deshalb verschaffte er dem Bernd eine Lehre als Maschinenschlosser bei Daimler, die drei Jahre dauerte.

Geregelter Schulunterricht!

Goetz und Jörg kamen nach Hohenheim ins Progymnasium (entspricht Realschule), Goetz sprang ein halbes Jahr vor, Jörg, hauptsächlich, weil er so klein und zierlich war, mußte ein halbes Jahr zurück. Auch Hanna und Wulf verloren ein halbes Jahr, wegen der anderen Einschulungszeit zwischen Hannover und Württemberg. Alle Kinder hatten auch wegen der Sprache einige Schwierigkeiten. Bei Wulf war das besonders blöde, denn der Lehrer, Herr Kächele – ich denke mit Grausen an ihn – beklagte sich über Wulfs schlechte Orthographie, und dabei verstand Wulf die auf schwäbisch diktierten Worte nicht. Der Lehrer war tief gekränkt, als ich Wulf damit zu entschuldigen versuchte. Er meinte, er spräche das ‚beschte Schriftdeitsch‘, und Wulf hätte so einen eigenartigen Dialekt. Hätten mir nicht zwei Flüchtlingsfrauen bestätigt, daß es für ein Kind doch nicht leicht sei ‚Kichedisch‘ wie ‚Küchentisch‘ zu schreiben, wäre ich im Unrecht geblieben. Ich machte von da ab um Herrn Kächele einen Bogen, und Wulf lernte bald so viel Schwäbisch, daß er verstand, was die andern meinten, und übersetzte es sich in normales Deutsch.

Das Haus in der Echterdinger Straße war nicht gemütlich und ohne jeden Komfort. Die Haustür mußte immer offen sein, denn es gab keine Klingel. So kam oft unheimliches Volk ins Haus. Es war eben noch mancherlei heimatloses Gesindel unterwegs. Ich entsinne mich, daß ich einmal solch Pack so laut anbrüllte, daß es voll Schreck flüchtete. Ich habe aber auch Angst gehabt. Der Kinder wegen konnte ich das Haus nicht abschliessen, sie hätten immer rufen müssen. Das ging auch nicht. Wenn man ins Haus hineinkam, war man im Kellergeschoß, mußte erst eine steile und zugige Stiege hinauf. Dort stieß man zuerst aufs immer übelriechende Plumpsklosett, dann lief man an der kalten und ungemütlichen Küche vorbei, um an die Wohnräume zu kommen. Das eine Zimmer war recht geräumig, aber es hatte einen schlechten Tannenboden, man riß sich sogar durch die Schuhe Splitter in die Füße. Das daran anschliessende Schlafzimmer war eng, kalt und nur zum Schlafen zu gebrauchen. Wirklich gemütlich war nur Hans' Arbeitszimmer. Es war klein, gut heizbar und mit Teppich, Couch und Hans' Möbeln behaglich.

Hans, der so gern in seiner Freizeit im Garten herumwurstelte, mochte den Garten nicht, denn er war phantasielos angelegt und von allen Seiten einsehbar. Die Nachbarn waren auch neugierig und aufdringlich. Jedenfalls rückte Hans eines Tages mit dem Plan heraus, wir sollten uns nach einem Bauplatz umsehen und ein eigenes Haus bauen. Im Grunde war es ein völlig irrsinniger Wunsch, denn unser Vermögen war auf 4 000 DM zusammengeschrumpft, die gesamte Lebensversicherung entwertet. Preuschen hatte uns für die mit unserm Geld gekaufte Maschine etwas gezahlt, aber das war ein Tropfen auf einen heißen Stein. Wir haben lange über das Problem beraten, aber wir wußten genau, daß wir mit fünf Kindern nie eine einigermaßen standesgemäße Wohnung finden würden. Die Hoffnung auf eine Wohnung im Schloß Hohenheim war aussichtslos, denn dort nahm man keine neuen Familien mehr hinein, sondern versuchte, alle Wohnungen frei zu bekommen, um sie für Hochschulzwecke zu verwenden. Dr. Gmelin mit sechs Kindern war in ähnlicher Situation. Gmelins wohnten in einer feuchten düsteren alten Mühle, für die wir uns übrigens auch interessiert hatten, ehe Zimmermann uns das Angebot machte. Die beiden Herren bestärkten sich gegenseitig in dem Entschluß, ein eigenes Haus zu bauen, suchten gemeinsam nach einem geeigneten Platz und eines Tages standen wir vor der Entscheidung: In Birkach wurden vom sozialen Wohnungsbau billige Bauplätze für kinderreiche Familien und Flüchtlinge geschaffen. Hans bemühte sich um einen Platz, bekam sofort eine Zusage und dann hatten wir eines Tages einen Bauplatz mit 6,5 ar in der jetzigen Birkheckenstraße. Die Auflage war, auf dem verhältnismäßig schmalen Platz ein Doppelhaus mit dem Nachbar zu bauen. Der Nachbar sollte zunächst Dr. Gmelin sein. Aber bevor wir überhaupt ans Bauen denken konnten, wurde Dr. Gmelin nach Karlsruhe versetzt und gab seinen Platz an Dr. Ludwig ab. Ich möchte wissen, wie der zu dem Platz gekommen ist. Er war durchaus kein Flüchtling, sondern wohlhabender Schwabe, hatte ein kleines Kind von kaum einem Jahr. Nun, zunächst konnten wir garnicht ans Bauen denken, denn es gab keine ersten Hypotheken, das Geld war knapp, und einen höheren Kredit konnten wir nicht bekommen. Wir hatten gerade den Bauplatz bezahlen können. Wir haben dann unsere Lebensversicherung beliehen, damit einen laufenden Bausparvertrag gekauft, einen Beamtenkredit beantragt. Das alles dauerte natürlich seine Zeit.

Das Institut für Landwirtschaftliche Beratung

Inzwischen war dann noch etwas Wichtiges passiert. Die amerikanische Besatzungsmacht hatte sich bereit erklärt, den Zentraldienst zwei Jahre zu finanzieren. Hans hatte inzwischen vieles aufgebaut, hatte sich gute Mitarbeiter gesucht, Dr. Döring, rausgeflogener Ministerialdirigent im Dritten Reich, Dr. Gmelin, der in Schlesien an einem Tierzuchtamt gewesen war, in Kriegsgefangenschaft war und seine Familie in Baden bei Verwandten wiedergefunden hatte und dort als Landarbeiter Unterschlupf gefunden hatte. Dr. Koch, ein Schwabe, der in Berlin beim Landwirtschaftsministerium rausgeflogen war und nun mit seiner Familie in Birkach im elterlichen Haus seiner Frau ein Asyl gefunden hatte. Außer diesen in Hohenheim ständig arbeitenden Herren, hatte er noch ein paar Außenstellen mit guten Beratern. Als Sekretärin bekam Hans eine frühere Arbeitsdienstführerin, Ruth Hoffmann. Sie war eine sehr energische, Respekt einflößende Frau, jeder hatte ein bissel Angst vor ihr. Ihr verdankte Hans, daß Erna Hruschka an seinen Zentraldienst kam. Fräulein Hruschka war eine hohe Arbeitsdienstführerein gewesen, die sich ihr Amt durch ihre außerordentliche Klugheit, ihr großes Geschick im Umgang mit Menschen erworben hatte. Sie kam zuerst ganz bescheiden als, ich möchte sagen, Mädchen für alles, zu Hans. Sie mußte die Sonderdrucke, deren es viele gab, vorbereiten, drucken und bearbeiten. Sie organisierte die Ausstellungen, die Kurse für Landfrauen. Bald merkte Hans, was er sich mit ihr eingefangen hatte. Sie war in kurzer Zeit seine tüchtigste Mitarbeiterin.

Gegen Ende der zwei Jahre wurde der landwirtschaftliche Zentraldienst vom Kultusministerium als Institut für Landwirtschaftliche Beratung an die Hochschule angeschlossen. Hans wurde kommissarischer Leiter des Instituts. Nun ging ein langwieriges Tauziehen (ab Oktober 1950) um die Besetzung des neuen Lehrstuhls durch Hans oder einen anderen los. Es war eine aufregende Zeit, denn es wurde damals im Hohenheimer Senat und Rektorat heftig intrigiert. Jonas Schmidt war Rektor, ein schwieriger Mann, der nicht alles hielt, was er versprach, und Münzinger, der durchaus nicht wollte, daß ein Konkurrenzinstitut für das Institut für landwirtschaftliche Betriebslehre entstünde. Hans mußte sich verpflichten, keinerlei betriebswirtschaftliche Forschung zu treiben und keine diesbezüglichen Vorlesungen zu halten. Im Frühjahr 1951 wurde Hans dann doch Ordinarius des Instituts und am 20. Februar 1951 außerordentlicher Professor. Am 1. März 1962 wurde er dann ordentlicher Professor. Damit hatte er sein Ziel erreicht. Er hatte seinem toten Vater bewiesen, daß man auch in der Landwirtschaft etwas werden kann.

Es kann sein, dass ich die Angelegenheiten des Instituts nicht ganz korrekt geschildert habe. Hans hat mich zu meinem großen Bedauern nicht an den Angelegenheiten des Instituts teilnehmen lassen. Er hasste es, wenn sich die Ehefrauen in die dienstlichen Angelegenheiten einmischten, wie es in Hohenheim verschiedentlich der Fall war, und so schaltete er mich, sicher etwas zu sehr aus. Ich habe das sehr schmerzlich empfunden, denn bevor wir heirateten hatte Hans das ja etwas anders gewollt. Ich hatte erwartet, dass er mich auch am Beruf teilnehmen ließ. In Landsberg war es noch so gewesen, in Kassel eigentlich auch – da erzählte er mir noch seine Erfolge und Kümmernisse. In Imbshausen waren wir alle irgendwie dabei, aber in Hohenheim am Hochschulinstitut schloß er mich übertreiben aus. In den letzten Jahren erfuhr ich eigentlich nur noch durch Erna Hruschka von dienstlichen Dingen; sie hat sie mir hinter Hans' Rücken erzählt, und ich habe meist so getan, als ob ich nicht viel wüsste. Das war von ihm nicht böse gemeint, oft war er auch einfach müde, um mir noch davon zu sprechen, oder er wollte die wenigen freien Stunden zu Hause nicht mit Institutsproblemen belasten. Ich habe ihn auch nicht gedrängt dazu; vielleicht hätte ich vor allem im letzten halben Jahr ruhig mal den Mut haben sollen, davon anzufangen und ihm so die Möglichkeit zu geben, sich sein Herz auszuschütten. Aber dazu war ich nicht unbefangen und frei genug. Mein Selbstgefühl war da verletzt.

Hans war nicht der Mensch, auf den Lorbeeren, eine Professur erlangt zu haben, auszuruhen und nun in Ruhe und Beschaulichkeit seine Vorlesungen zu halten und seine Doktoranden zu betreuen. Er hat sein Amt sehr ernst genommen, hat unermüdlich mit einem fast selbstzerstörerischen Fleiß gearbeitet. Ihr, meine Kinder, wißt es ja noch, und den späteren Generationen will ich es sagen: Es hat wohl selten einen so gewissenhaften und selbstkritischen Arbeiter gegeben. Meine Kinder haben entschieden den Charakterzug von ihm. Deshalb hat er auch so früh sterben müssen. Übrigens, eine Zeitungsnotiz seiner Berufung habe ich hier nicht abgeschrieben, weil sein Name falsch geschrieben war. Eine Marotte von mir, daß ich das abscheulich finde.

In der Zeit, als Dr. Gmelin nach Karlsruhe ging und das Institut verließ, kam Kurt Meinhold eines Tages zu uns nach Plieningen. Er brauchte Hans' Rat. Nachdem er Imbshausen verlassen hatte und auf der Höheren Landbauschule in Michelstadt ein sehr gutes Examen gemacht hatte, entschloß er sich Landwirtschaft zu studieren. Er machte in Gießen ein hervorragendes Examen und ging dann zu Preuschen nach Kreuznach als Assistent. Er hatte inzwischen Renate Heinzemann geheiratet, die auch ihr Obstbaustudium beendet hatte und bei Preuschen angestellt war. Aber bei Preuschen gab es für Meinhold keine Aufstiegsmöglichkeiten. Eine Stellung in Weihenstephan zerschlug sich und Meinhold wußte nicht recht weiter. Er klagte mir sein Leid, und ich bat Hans, sich doch mal mit Meinhold zu unterhalten, ihm zu raten oder ihm vielleicht Gmelins Stellung zu geben. Hans zögerte, aber nur deshalb, weil es noch nicht sicher war, ob Gmelin geht, und er wollte keine falschen Hoffnungen wecken. Ich erinnere mich noch so genau, wie Hans und Kurt lange miteinander fachsimpelten, wie Kurt etwas erschöpft und halb unsicher, halb erleichtert zu uns ins Zimmer kam und mir sagte, daß Hans ihm von der Möglichkeit, ihm Gmelins Stelle zu geben, gesprochen habe, alles aber noch etwas unsicher sei. Ich habe ihm dann meine Freude darüber gezeigt und gesagt, wenn nun mein Mann auch sein Professor würde, ich hoffte doch sehr, daß sich an unserm sehr freundschaftlichen Verhältnis nichts ändern würde. So kamen die jungen Meinholds zu uns. Hans hat ihn wie einen Sohn geliebt, aber mit seinen eigenen Söhnen war er ja auch streng, und so hat Meinhold manches Mal unter seiner Strenge und Genauigkeit gelitten. Hans hat ihm an Wissen und Ausbildung gegeben, was er zu geben vermochte, und ich glaube, es war nicht wenig. Hans hat sich in seiner Assistentenzeit darüber entsetzt, daß M. von Wrangel sich seine Zukunft so wenig angelegen sein ließ, daß sie ihn ausgenutzt, aber nicht gefördert hatte. Deshalb hat er sich auch bei seinem Lieblingsschüler Kurt Meinhold bemüht, ihn auch gegen seine eigenen Interessen zu fördern und ihm weiter zu helfen. Ich weiß, daß Kurt das damals nicht richtig verstanden hat, daß er nicht die Stellung als fest angestellter Assistent bekommen hat, sondern gehen mußte. Damals hatte er schon seine ausgezeichnete Doktorarbeit gemacht und seine Intelligenzprüfung mit bestem Erfolg bestanden. Diese mußte er machen, weil er nicht das Abitur hatte. Später hat er sich bei Hans habilitiert, und Hans hat noch dafür gesorgt, daß die Habilitation nicht nur für Beratungswesen, sondern auch für Betriebswirtschaftswissenschaft galt. Hans ging damals antichambrieren zu Baur, dem Nachfolger Münzingers. Das ist ihm nicht leicht gefallen. Damit trennten sich unsre Wege. Meinhold ging zu Weinschenk nach Völkenrode als Assistent und wurde dann dessen Nachfolger.

Das eigene Haus

Da wir nun wußten, daß wir vermutlich in Hohenheim bleiben würden, betrieben wir den Bau unsres Hauses mit größerer Energie. Anfang 1952 hatten wir alle Vorbereitungen abgeschlossen, des Architekten, Herrn Edlers, Plan war so geworden, wie wir es gerne haben wollten, der Bau wurde genehmigt, und im März wurde die Baugrube ausgehoben. Da bekam Hans aus Amerika das Angebot, zu einer Studienreise nach USA zu kommen. Anfang Mai flog er hinüber. Vier Monate sollte der Aufenthalt dauern, und nachdem Hans fort war, war auch bald das Richtfest. Da ich nun wohl oder Übel den Bau allein überwachen mußte, nahm ich mir vor, mit dem Bau fertig zu sein, bevor Hans aus USA zurückkam. Ich wußte ja, wie er das Umziehen haßte, so fand ich es ganz verlockend, vorher umgezogen zu sein. Herr Edler hielt es zwar für ausgeschlossen, dies zu schaffen, aber ich begann Tempo zu machen. Allmählich weckte ich Herrn Edlers Ehrgeiz. Ich hatte ziemliche Sorgen in der Zeit, denn die verschiedenen Kredite kamen nicht so pünktlich, wie die Rechnungen, und wenn ich mit der Zahlung säumte, konnte ich natürlich auch nicht drängen

Hans in USA 1952

mit den Terminen. Die Kinder und ich fuhren oft mit dem Fahrrad nach Birkach. Bernd hatte Wulf und ich Hanna hinten drauf. Ich erinnere mich, daß wir die Welfenstraße immer im brausenden Tempo runtersausten. Einmal verlor Jörg dabei einen Eimer. Der rollte mir direkt vors Rad. Ich konnte in letzter Sekunde einen Bogen schlagen und kam an dem Eimer vorbei, Hanna konnte sich mit knapper Not festhalten. Wir hielten alle an, und holten erst einmal tief Luft.

Wir putzten im Haus, damit der nächste Handwerker Platz zum Arbeiten hatte, wir schaufelten die Erde an die Kellermauern, wir richteten den Garten sogar so weit her, daß ich Stauden sähen konnte: Rittersporn, Lupinen, Margeriten und Wucherblumen. Vom Rittersporn stehen heute noch Stauden im Garten. Die andern Stauden gingen nach und nach ein, und wurden durch rarere Sorten ersetzt, denn Hans hat ja aus dem Garten ein kleines Paradies gemacht.

Hans' Briefe aus USA waren sehr interessant, er bedauerte es nur immer wieder, daß ich nicht dabei sei. Es gäbe so oft Gelegenheit, sich zuzublinzeln und innerlich zu lachen, und er hätte niemanden, mit dem er über die amerikanischen Verrücktheiten lästern könnte. Das Essen wäre scheußlich. Und wie Hans so war, wenn es nicht schmeckte, aß er auch nichts. Das war natürlich nicht gerade gesund, Hans hatte ja nie viel zuzusetzen. Aber er konnte ja nicht ahnen, daß sich das rächen würde. Nun, zunächst waren wir alle voll Initiative und Hoffnung. Hans sparte für einen eingebauten Küchenschrank mit Kühlschrank (!!!), und wir sparten, damit das Geld recht weit reichte. Mit allen weiblichen Listen: Bitten, Kokettieren, ja einmal sogar mit Tränen erreichte ich, daß das Haus bis Anfang September einigermaßen fertig war. Wir hatten aber auch Glück: das Wetter im Sommer 52 war herrlich. Wir bekamen nur einen Regenguß ins halbfertige Haus, sonst war es so heiß, daß alles gut trocknete und der Maler bald ins Haus konnte. Ich hatte einmal so ganz nebenbei bei Hans angefragt, wie er sich den Anstrich des Treppenhauses dachte, damit er keinen Verdacht schöpfte, daß wir schon so weit wären. Als Tapeten suchte ich billige Tapeten aus, denn es war ja möglich, daß die eine oder andere sich noch im Neubau ablösen würde. Am 14. September sollte Hans zurück kommen.

Am 12. wollten wir umziehen. Da kam ein Brief, daß er schon am 12. käme. Nun waren wir in heller Aufregung. Während der Schreiner noch die Leisten an den Dielen anbrachte, zogen wir schon ein. Der Maler war auch noch nicht fertig und schimpfte entsprechend. Aber am 10. abends waren wir im Haus. Jeder, der konnte, half. Erna Hruschka, schon damals so hilfsbereit, wie später noch so oft, und Renate Meinhold, die kurz vor Joachims Geburt stand, halfen. Frl. Scherer sandte eine Torte zum Einzug. Als wir sie vergnügt verspeisten, kam heraus, daß Renate Geburtstag hatte und uns das verschwiegen hatte. Da gab es noch einen Grund zum Feiern. Am 11. machten wir noch die Vorhänge auf, Bernd montierte die Lampen und den in aller Eile fertig gewebten Wandvorhang hinter der Sitzbank, der um eine Breite zu kurz geraten war. Jörg und ich webten den nötigen Streifen gemeinsam im Affentempo. Es war alles zu Hans' Empfang bereit, und wir waren selig.

Am 12. fuhr Meinhold und ich mit dem Dienstwagen an den Bahnhof. Beim Rückweg sagte ich, ob wir nicht zuerst schnell am Haus vorbeifahren wollten, ich wäre so gespannt, was Hans wohl dazu sagt. Hans war natürlich einverstanden. An der Haustür war schon die Klingel. Ich sagte ganz erstaunt, Hans solle doch mal versuchen. Hans klingelte, und Bernd machte ihm auf. „Nanu, Bernd, bist Du denn nicht in Deiner Lehre?" „Nein, ich hatte gerade hier zu tun". Hans kam ins Haus und sagte: "Das sieht ja schon so bewohnt aus." Und dann jubelten wir alle, die Überraschung war gelungen und Hans voller Freude. Er war sehr zufrieden mit unserm Werk, aber so erschöpft von der Reise, bei der es verschiedene unangenehme Zwischenfälle gegeben hatte, daß er sich bald zu einem Schlaf hinlegen mußte. Der Flug über den Atlantik war schlecht gewesen, in England war das Anschlußflugzeug weg, Hans mußte in einem zugigen Warteraum sitzen, in Frankfurt hatte etwas nicht geklappt, jedenfalls war Hans leider sehr elend. Das steht alles in seinem Tagebuch, das ich entziffert und aufgeschrieben habe.

Mittags stand er wieder auf, bekam aber so heftige Schmerzen in der Herzgegend, daß er wieder ins Bett mußte. Gegen Abend stand er auf, nur durch mein rasches Dazwischenspringen stürzte er nicht die Treppe hinunter, denn er hatte nicht beachtet, daß das Geländer noch nicht da war und wollte die Treppe falsch hinuntergehen. Noch in der Nacht mußte ich Dr. Steiner rufen. Der hielt den Zustand für einen Nervenzusammenbruch, ich glaube aber, daß es sein erster, zwar leichter Herzinfarkt war. Das Essen in USA, die sehr strapaziösen Kurse, Reisen und Lehrgänge, mit denen die Amerikaner ihre Gäste überfordern, dazu die schlechte Heimfahrt hatten Hans so angestrengt. Später habe ich erfahren, daß es auch andern Studienreisenden so ergangen ist. Statt glücklicher Wiedersehensfreude kam eine schreckliche Sorge um Hans. Dr. Steiner gab ihm starke Beruhigungs- und Schlafmittel. Drei Tage und drei Nächte schlief er fast ununterbrochen, dann kam er langsam wieder ins Gleichgewicht, und nach acht Tagen konnte er zum ersten Mal mit vollem Bewußtsein durch unser Haus wandern und sich dann erst richtig freuen. Er meinte, ich hätte wohl vorausgeahnt, daß er so elend nach Hause käme und hätte ihm deshalb die letzte Unruhe vor dem Umzug ersparen wollen. Er erholte sich dann ziemlich schnell und konnte nun mit Freude und Vergnügen in seinem neuen, eigenen Garten wirken. Die ganzen 16 Jahre, die wir zusammen in unserm geliebten Häuschen gelebt haben, haben wir uns täglich daran gefreut, waren wir im Urlaub und war er noch so schön, am Ende stand immer die Freude auf unser gemütliches ‚Zu Hause'. Wenn Hans von einer seiner vielen Dienstreisen heimkam, seine Worte waren immer: „Haben wir es nicht zu schön in unserm netten Häuschen, was bin ich froh darüber." Gewiß, wir alle, vor allem die Kinder mußten in der ersten Zeit auf vieles verzichten, ich habe mit einem Minimum an Wirtschaftsgeld auskommen müssen, habe oft viele, viele Geldsorgen gehabt, aber wir haben es zum Schluß doch alles geschafft, das Haus war schuldenfrei und gehörte uns. Ich trug die Last des Sparens am Täglichen, und Hans arbeitete unermüdlich, schrieb Aufsätze, hielt Vorträge, beschränkte seine persönlichen Wünsche, und als die großen Ausgaben mit dem Studium der Jungs anfingen, da hatten wir schon einigermaßen Luft.

20. Februar 1971. Heute ist Friedel in die DDR gefahren, um Hildburgs kleinen Sohn Rüdiger zu begrüßen, und um möglichst viele von der Familie wiederzusehen. Hoffentlich kommt sie unbelästigt rüber, das weiß man ja nie.

Unsere Vogelkinder

Ich will nun rückblickend von unserm Familienleben erzählen. Ich geh da mit einigem Zögern daran, denn ich werde nun keine so dramatischen Ereignisse schildern können, sondern mehr den Alltag mit seinen Freuden und Nöten.

Wie ich schon schrieb, hatten die Kinder in Imbshausen ein sehr unbeschwertes und ereignisreiches Leben mit netten Kameraden und netter Unterhaltung. Als wir nach Plieningen zogen, wurde vieles anders. Die öde Straße, die Nachbarn unzugänglich, der Schulbetrieb unpersönlich und streng. Bald verstand ich, warum Hans in seiner Jugend die Schule gehaßt hat. Ich bin, auch in Berlin, wo sehr viel verlangt wurde, gern zur Schule gegangen, denn ich hatte nie das Gefühl, geschunden worden zu sein, oder das Opfer eines ungerechten oder rachsüchtigen Lehrers gewesen zu sein. Es ist für mich bis heute noch ein Rätsel, warum in Württemberg die Schulatmosphäre so ganz anders war. Kam ich zum Klassenlehrer, so hörte ich nie ein Lob oder freundliches Verständnis. Dabei waren unsere Kinder bestimmt ganz normale Kinder, weder faul noch widerspenstig, weder dumm noch streberhaft begabt. Sie hatten für vieles Interesse, sie wären bestimmt gut ansprechbar gewesen. Trotzdem haben sie sich alle mühsam durch die Schule gequält.

Um zu verhindern, daß die Kinder Einzelgänger würden, schlug Hans ihnen vor, sie sollten sich doch einmal umschauen, ob der ‚Bund für Vogelschutz‘ in Hohenheim eine Ortsgruppe hätte und sich dort eventuell anzuschließen. Der Bund war von Hans' Großtante, der Schwester von Großmutter Rieber, gegründet worden und ist noch immer sehr aktiv von der Familie Hähnle betrieben worden; auch jetzt noch ist er beinahe ein Familienverein. Unsere Kinder, vor allem Goetz, nahmen die Verbindung auf, sie gingen regelmäßig zu den Pfingsttagungen nach Buchau und wurden auch dort mit offenen Armen aufgenommen und bald auch eingesetzt. Goetz belebte die hiesige Ortsgruppe, hing in den Obstwiesen Nistkästen auf, kontrollierte sie, und hat später lange Zeit mit Freunden für die Vogelwarte Vögel beringt. Durch einen schnurrigen Zufall wurde die ganze Familie ‚vogelaktiv‘. Und nun muß ich die Geschichte von Pieps und Paps erzählen.

In Plieningen in der Echterdinger Straße wohnten gegenüber von uns ein altes, äußerst primitives Bauernehepaar. Gehrungs waren einfach in jeder Beziehung blöd, sie hatten nie weiter als über ihren Hofraum hinausgeblickt. Spatzen waren in ihren Augen schädliche Tiere, denn sie fraßen den Hennen das Futter weg, und so wurde jedes Nest, das man fand, ausgeräumt, denn alle Vögel waren nach ihrer Meinung Spatzen. Eines Tages brachten die Kinder zwei nackte, winzige Vögel ins Haus. Gehrungs hatten das Nest kaputt gemacht und die noch lebenden Jungen auf die Straße geworfen. Wir waren alle entsetzt! Ich machte den kleinen Tierchen ein Nest aus Watte und setzte sie dort hinein. Was es für Vögel waren, wußten wir nicht. Wir nahmen nur an, daß es keine Spatzen waren, denn sie hatten feine spitze Schnäbelchen. Zunächst bekamen sie ein Tröpfchen Wasser, und dann versuchten wir sie zu füttern. Die winzig kleinen Tiere zeigten uns sehr deutlich, was sie fressen und was nicht. Haferflocken, geweichtes Weißbrot, das war alles nicht das Richtige. Regenwürmer, klein geschnitten, spuckten sie mit deutlichem Abscheu aus. Fliegen nahmen sie eifrig an. Da wir aber vier Laubfrösche und drei Eidechsen hatten, konnten wir gar nicht so viel Fliegen herbeischaffen. Da kam Goetz auf die Idee, ihnen rohes Gehacktes zu holen. Sie nahmen es gut an. Nun wurden erst einmal die Reptilien in die Freiheit gesetzt, und ich war den ganzen Tag damit beschäftigt, Fliegen zu fangen und zwischendurch kleine Bröckchen Hackfleisch zu verfüttern. Bei dieser Gemeinschaftspflege wuchsen die beiden, die wir Pieps und Paps getauft hatten, auch sehr fröhlich heran, bekamen ein graues wolliges Gefieder. Bald klappten sie beim Zuschnappen nach den Fliegen mit dem Schnabel so leicht nach. Aus dem alten Friderich von 1849 erfuhren wir, daß das die Fliegenschnäpper so machen, und so merkten wir, daß Pieps und Paps Graue Fliegenschnäpper waren. Bald hopsten sie ganz lebhaft in ihrem Nest herum. Leider verstanden wir es noch nicht, die Kotbeutelchen, die sie uns entgegenstreckten, geschickt abzufangen. Und so wurden sie allmählich ziemlich schmutzig. Da haben wir sie eines Tages in lauwarmem Wasser gebadet. Sie fanden das offenbar herrlich. Damit sie sich nicht erkälten, setzten wir sie mit ihrem neuen Nestchen in die Ofenröhre. Es bekam ihnen glänzend. Als sie anfingen, aus ihrem Nest heraus zu hüpfen, stellten wir ihnen eine Tonschale mit Wasser hin, und da badeten sie regelmäßig allein und putzten ihr Gefieder selbst. Als sie 14 Tage alt waren, fingen sie an, in der Stube herumzufliegen. Morgens, wenn Hans und ich frühstückten, (die Kinder waren schon in der Schule) flogen sie zu uns an den Kaffeetisch, hüpften auf den Tassenrand, ließen sich von Hans mit Ei füttern. Dann sauste ich schnell zum Metzger und kaufte jeden Morgen für 5 Pfennige Gehacktes, das sie mit Vergnügen fraßen. Ihr Bedarf an Futter wurde natürlich immer größer. Am liebsten fraßen sie Fliegen. Hans und ich nahmen jeder einen Vogel auf den Finger, und grasten mit ihnen die Fenster nach Fliegen ab. Eines Tages kam Hans auf eine glorreiche Idee: Wir wanderten mit den Vögeln auf dem Finger in unser Klo, machten die Tür zu, und öffneten dann die Klappe des Plumpsklosetts. Ein Schwarm von Fliegen kam aus der Grube hoch. Die weideten wir am Fenster ab. Und wir hatten einen Mordsspaß daran. Nun flogen sie schon von Zimmer zu Zimmer, und es wurde immer schwieriger, sie vor Gefahren zu behüten. Da beschlossen wir, sie in die Freiheit zu entlassen. Ich machte das Fenster auf, und unsre kleinen Schützlinge flogen bald ins Freie. Abends gelang es mir, sie wieder herein zu locken. Am nächsten Morgen flogen sie wieder aus. Mir war das Herz schwer, denn ich wußte ja nicht, ob sie im Freien überleben würden. Da geschah das Überraschende, daß beide nach einiger Zeit laut piepsend am Fenster erschienen und sich füttern ließen. Von da an kamen sie regelmäßig alle zwei Stunden, um sich füttern zu lassen. Nachts blieben sie aber draußen. Jeden Tag badeten sie noch in ihrem Tonschälchen, putzten und trockneten sich im Haus und verschwanden dann wieder. Die ganze Nachbarschaft amüsierte sich über die beiden Piepse, sie bettelten später auch bei anderen

Menschen. Wenn wir im Garten waren, kamen sie zu uns, flogen auf unsere Schultern, am liebsten aber immer auf den ausgestreckten Finger. Nach einem schweren Gewitter kamen sie nur noch einzeln. Ob es nur noch einer war, das konnte ich nicht erkennen, denn sie waren für unsere Augen völlig gleich. Etwa 14 Tage kamen sie so noch immer zu uns und ließen sich von uns füttern. Da fuhren Hans und ich in Urlaub, Jörg fütterte Pieps in der Zeit, er badete auch noch, und dann flog er davon, flügge und endgültig in die Freiheit. Diese ganze Zeit mit Pieps und Paps hat uns so entzückt, dass wir so unsre Liebe zu Vögeln gefunden haben. Auch als wir in Birkach lebten, wurden wir als die Vogelschützer bekannt, und wenn jemand einen kranken oder verlassenen Vogel fand, brachte er ihn zu uns.

26.2.1972

Obwohl ich Zeit und Ruhe zum Weiterschreiben hatte, habe ich ein paar Tage ausgesetzt, denn ich war mir garnicht schlüssig, wie ich nun weiterschreiben soll. Ich glaube, es ist wohl am besten, ich schreibe jetzt im Zusammenhang unsre verschiedenen netten Vogelerlebnisse, obwohl sie natürlich zeitlich voneinander getrennt sind. Aber erstens weiß ich nicht mehr so genau, in welchem Jahr sie waren, und dann glaube ich, dass es sich geschlossen besser liest.

In der Birkacher Ortsgruppe des DBV war auch ein etwa 10-jähriger Junge, der glaubte, es gehöre dazu, selbst einen Vogel aufzuziehen. Also holte er sich eine junge Amsel aus einem Nest und fütterte sie. Das ging so lange gut, wie sie still im Nest blieb. Als sie anfing, hinaus zu hüpfen, da streikte die Frau Mama, denn nun wurden ihre kostbaren Möbel bekleckert. In seiner Not brachte er das Tierchen zu uns. Es gewöhnte sich bald an uns, und wir nannten es Zwitta, denn so klang sein Ruf. Zwitta fraß alles, was man ihr anbot, natürlich auch Regenwürmer. Bald hüpfte sie mit uns im Garten herum, war sie hungrig, dann grub ich ein paar Spatenstiche in einem leeren Beet, Zwitta suchte sich die Regenwürmer selbst heraus. Zum Nachtisch bekam sie – oh welche Inkonsequenz!! – eine Erdbeere. Und dabei konnte ich Amseln nicht leiden, weil sie unsere Erdbeeren und Kirschen plünderten. Aber Zwitta war natürlich eine Ausnahme. Obwohl sie im Freien war, blieb sie doch sehr lange in unserm Bereich. Sie kam regelmäßig zum Fressen, kam auch in die Wohnung; wenn es ihr draußen zu heiß war, dann setzte sie sich in eine Ecke der Couch und schlief da ganz sorglos, ohne sich stören zu lassen. Ganz allmählich wurde sie scheuer, ließ sich nicht mehr anfassen und kam dann nicht mehr auf unsern Ruf, auch wenn sie auf einem nahen Baum saß.

Eines Nachts klingelte es bei uns. Es war 10 Uhr. Draußen stand eine Frau, die mit dem Fahrrad aus Degerloch kam. In der Tasche hatte sie ein Nest mit fünf Grünfinken. Sie erzählte uns, daß sie und ihre Familie das Nest beobachtet hätten. Seit dem Morgen kämen die Eltern nicht mehr, und die Jungen schrieen unentwegt. Da sie sich keinen Rat gewußt hätte, brächte sie sie zu uns. Nun sind Finkenvögel sehr schwer aufzuziehen, weil sie aus dem Kropf gefüttert werden. Wir wußten auch nicht recht, was tun. Da kam Hans auf die Idee und besorgte uns ‚Kükenalleinfutter‘. Ich weichte es sofort ein, fütterte die Kleinen damit und

wartete gespannt, was nun wohl passiert. Ich rechnete damit, daß sie eingehen. Aber sie vertrugen das Futter gut und wuchsen normal heran. Als sie anfingen zu fliegen, mußte ich sie sehr bald ins Freie tun, denn wir hatten damals zwei Unzertrennliche, die die jungen Grünfinken bissen, wenn sie auf ihrem Käfig landeten. Einem hatten sie dabei einen Zeh abgebissen. Draußen in der Veranda stand ein großer blattloser Ast, den wir auf einem Brett standfest gemacht hatten. Auf dem saßen sie alle fünf, schrieen laut bis ich kam und einem nach dem anderen den Schnabel vollstopfte. Wenn ich morgens den Laden von unserem Schlafzimmer aufmachte, saßen sie alle fünf auf dem Dach vor dem Fenster und bettelten. Einmal waren es sogar sechs, die kamen, aber der Sechste flog erschrocken davon, als ich mit dem Futternäpfchen kam.

In einem besonders nassen und kalten Sommer hatten Meisen unter dem Dach der Veranda ein Nest gebaut. Goetz stellte fest, daß vier Junge geschlüpft waren. Eines Tages kam nur noch eine Meise zum Füttern, und als wir nachschauten, sah Goetz, daß zwei der Jungen in der sehr kalten Nacht verklammt waren.

Wir holten das Nest ins Haus und fütterten die beiden Übriggebliebenen. Da sahen wir, daß ein Meislein an der Verandatür mit Futter hin und her flog. Wir machten die Tür auf, da kam die Meise rein und fütterte ihre Kinder, die mit ihrem Nest auf dem Tisch standen. Nun ließen wir die Tür auf, legten der Meise zerkleinerte Haselnußkerne neben das Nest, und sie kam, fütterte ihr Futter und danach dann noch die bereitgelegten Haselnußkerne. Als die Jungen das Nest verließen, lockte die Meise ihre Kinder. Es war aber ein so nasser und kalter Tag, daß wir um die Kleinen bangten. Da legten wir ein Gitter auf das Nest, so konnte die Meise zum Füttern an ihre Kinder, aber die Kleinen konnten nicht ausfliegen. Nachdem das Wetter besser wurde, nahmen wir das Gitter weg und fort waren die drei. Aber noch lange kamen drei Meisen, offensichtlich ein Altes und zwei Junge in die Veranda und holten sich dort Futter. Wir nahmen an, daß es unsere Schützlinge waren.

Einmal fand Goetz ein Sommergoldhähnchen, das nicht fliegen konnte. Es hatte wohl einen Unfall gehabt. Wir haben es gefüttert, es war sehr munter und unglaublich verfressen. Es hüpfte im Zimmer herum, war zutraulich und wirkte ganz gesund. Plötzlich fiel es um und war tot. Zur gleichen Zeit brachten uns Schulkinder aus dem Schönberg ein in einer kalten Nacht verklammtes kleines Meislein. In der Stube erholte es sich schnell, flog mit dem Goldhahn um die Wette. Da sahen wir, daß eine Meise an unserm Fenster hin und her flog und lockte. Wir machten die Türe auf, da flog das Junge hinaus und mit der Meise davon. Ob die Meise vom Schönberg gekommen war und ihr Junges gefunden hatte? Oder ob eine fremde Meise das Junge adoptiert hat? Vom Schönberg zu uns sind es immerhin 1 km Luftlinie. Wir haben den Vorfall nicht klären können.

Unser schönstes und eindruckvollstes Erlebnis mit Vögeln aber hatten wir mit ‚Konrad‘. Nach einer sehr stürmischen Nacht brachten uns zwei Studenten, die Goetz kannten, eine junge Waldohreule. Sie erzählten, das Nest sei wohl bei dem Sturm zerstört worden und auf den Waldboden gefallen. Dabei waren zwei Junge umgekommen, eins lebte noch und das vierte war oben im Baum geblieben. Bei ihm waren die Eltern. Da sie das Junge nicht auf den hohen Baum setzen konnten, brachten sie es zu Goetz. Es war ein männerfaustgroßes, hellgraues Wollknäuel mit einem großen Hakenschnabel und großen gelben Augen. Ein Freund, der es bei uns sah, meinte, es sähe wie eine Karikatur von Adenauer aus und damit hatte er seinen Namen. Konrad bekam also ein Nest auf dem Ofen, der im Mai nicht mehr geheizt wurde, aber etwas geschützt in einer dunkleren Ecke stand. Zunächst fütterten wir Fleisch, aber wir wußten, daß eine Eule auch Fell und Federn zu seiner Verdauung braucht. So wurde eine ständige Mäusefangorganisation erfunden. Die Jungs bauten am nahen Waldrand Mausefallen auf, jeden Morgen vor der Schule und jeden Abend in der Dämmerung wurden die Fallen kontrolliert, tote Mäuse kamen zu Hause in einer Plastikdose in den Kühlschrank. Da ja die Jungs vormittags in der Schule waren, mußte ich Konrad füttern. Eine ganze Maus konnte er noch nicht zerreißen, so mußte ich wohl oder übel die Mäuse mit einer Nagelschere zerteilen. Erst fraß er nur einen Schenkel, bald beide und je mehr er heranwuchs, desto größer war sein Appetit. Wir haben ausgerechnet, daß wir in der Zeit von Ende Mai bis Anfang August, solange Konrad bei uns war, etwa 300 Mäuse gefangen haben, abgesehen von anderen Tieren, die er bekam. Bald blieb Konrad nicht in seinem Nest. So bald er etwas flattern konnte, fand er es im Familienkreis wesentlich gemütlicher. Er flatterte zu uns auf die Bank, setzte sich auf eine Schulter, ließ sich kraulen, verdrehte vor Wonne die Augen und gab zarte Töne von sich. Seine unappetitlichen, weißen Käckse mußten wir ständig wegputzen, er war aber mit seiner Zutraulichkeit so sehr unser aller Liebling, daß jeder gerne sauber machte. Es kam auch vor, daß er sein säuberliches Gewölle aus Mausehaaren und unverdauten Knochen auf den Tisch legte. Auch das genierte uns nicht. Von Mitte Juni an lebte Konrad in der offenen Veranda auf einem dort hängenden leeren Vogelkäfig. Er war nie eingesperrt. War er hungrig, kam er runter, schrie wie eine quietschende Schaukel ein auf- und abschwellendes IIIIIII, und dann kam einer von uns herbeigeeilt und gab ihm seine Maus aus dem Kühlschrank. Da saß dann unser Konrad und zerlegte sie fein säuberlich. Erst wurde der Kopf abgerissen, dann holte er die Innereien, Herz und Leber heraus und fraß sie; offenbar ein besonderer Leckerbissen. Dann bohrte er so lange bis er die Därme herausziehen konnte. Die ließ er regelmäßig fallen, und dann verschlang er den ganzen Leib. Zum Schluß verschwand die Schwanzspitze in seinem großen Schnabel. Dann putzte er seinen Schnabel, trank wohl auch noch ein Schlückchen Wasser. Wir machten uns den Spaß und ließen vor seinem Schnabel aus einer kleinen Gießkanne einen feinen Strahl Wasser und er nippte davon ganz zierlich. Es sah zu lustig aus. (Das ist übrigens in dem Konradfilm besonders nett zu sehen.) Dann flog er wieder auf seinen geschützten Platz auf dem Käfig. Nachts holten wir

Konrad ins Haus. Wir wagten noch nicht, ihn draußen zu lassen, weil er ja nachts munter wurde und wir Angst hatten, er könnte sich verfliegen. Goetz hatte einen Bekannten, der beim Fernsehen Kameramann war. Mit dem hatte er sich in Verbindung gesetzt, und der kam dann so alle Woche einmal und filmte Konrads Entwicklung. Dieser Film war dann auch geschnitten worden, aber nie gesendet, weil man der Ansicht war, er wäre nicht geschlossen genug. Bei einem Großreinemachen im Archiv fiel er dem Bekannten in die Hände und er rettete ihn vor der Vernichtung und schenkte ihn Goetz. Ich habe 08-Filme kopieren lassen und jeder meiner Kinder hat einen Film von Konrad von mir zu Weihnachten bekommen. Ich habe auch noch einen, er ist zwar Schwarz-Weiß aber wir spielen ihn manchmal und haben unsre Freude dran.

Eines Tages war es dann soweit, wir nahmen Konrad vorsichtig mit in den Garten. Da trat wieder daselbe ein, wie bei unsern andern Schützlingen: Konrad blieb in der Nähe und kam regelmäßig zur Tagesruhe in den Garten. Er saß dann in der Lärche. Die Amseln mußten sich furchtbar aufregen über den Feind im Garten, aber in dem Jahr konnten wir unsere Erdbeeren alle selbst essen. Inzwischen war Konrad ein wunderschöner, fast ausgewachsener Vogel geworden. Übrigens eine Konradine. Sein Appetit war etwas beängstigend. Er brauchte täglich 5-6 Mäuse. Zwischendurch konnten wir ihm einmal Eichelhäherleiber geben. Goetz hatte die Vögel präpariert, und die Kadaver nahm er an. Amselkadaver nahm er nicht. Nun begleitete uns Konrad in den Garten, einmal saß er auf einem Wäschepfosten und beobachtete von da, wie Hanna und ich Federball spielten. Es war reizend, wie sein Kopf dem hin und her fliegenden Ball folgte. Eines Abends schrie er seinen üblichen quietschenden Schaukelschrei. Ich ging hinaus und brachte ihm seine Maus. Kurz danach ging ein lautes, aufgeregtes Geschrei los. So hatten wir ihn noch nie schreien gehört. Hans saß an seinem Schreibtisch, lachte und sagte: „Hörst Du nicht? Er schreit doch: „ i han mei Maus verlore!"" Wulf und ich gingen in den Garten fanden mit der Taschenlampe tatsächlich unterm Baum die verlorengegangene Maus. Ich rief Konrad und gab sie ihm noch einmal, und er flog damit davon. Es war zu nett, wenn er heimkam, er machte jetzt schon größere Ausflüge. Immer kam er im eleganten Gleitflug angeschwebt und setzte sich auf Hans' Schulter. Hans trug im Garten immer dieselbe Jacke, damit war er Konrad besonders vertraut. Dann ließ Konrad sich sanft kraulen, knabberte seinerseits ganz zart an Hans' Ohr. Nur einmal griff er einen fremden Menschen an. Es war das Kind von Bekannten. Es war ihm wohl etwas zu lebhaft.

Wie oft bin ich in diesem Juli 1961 nachts aufgestanden, habe Konrad eine Maus in den Garten gebracht, immer flog er dann, wenn ich rief auf einen  der Korbstühle und nahm sich dort seine Maus aus der Plastikdose. Einmal brachte er einen jungen Waldkauz mit, der traute sich aber nicht in unsere Nähe, sondern flog schnell davon. Von dieser Nacht an kam Konrad nicht mehr. Ich hatte etwas Sorge, daß die Waldkäuze ihn angegriffen oder vertrieben hatten. Das war am 4. August 1961. Konrad fehlte uns sehr. Am 24.8., also fast drei Wochen später, telefonierte Goetz mit einem Freund in der Dämmerung. Die Vorhänge waren noch nicht zugezogen, das Telefon stand auf dem Fensterbrett. Da höre ich, wie Goetz sagt: „Ich höre auf, ich glaube, ich habe gerade Konrad draußen gesehen".

Goetz und ich stürzten in den Garten und ich rief mein :"Konrad, komm!" Da saß er auf dem Nachbarhaus. Ich rief die ganze Familie zusammen, Hans kam auch und Konrad kam mit seinem schönen Gleitflug auf seine Schulter. Dann flog er zu einem Pfosten, ich ging vorsichtig zu ihm, da knabberte er ganz zart an meinem Finger, flog dann auf und flog in unserm Garten eine Schau, so etwas Wunderbares kann man kaum glauben. Er stieg hoch, ließ sich fallen, fing sich kurz vor dem Boden, stieg wieder hoch, drehte eine Ehrenrunde und flog davon. Es ist möglich, daß er später noch gekommen ist, wir haben ihn nie mehr gesehen. Er hatte von uns Abschied genommen. Da wir ihn beringt hatten und sein Ring in keiner Vogelwarte gemeldet worden ist, kann es wohl sein, daß er in ein normales Waldohreulendasein hineingefunden hat. Das war Konrad, unser schönstes Vogelerlebnis. Ich denke zu gern daran.

9.11.72 Heute, als mir Friedel das alles in die Maschine diktiert hat, was bisher Entwurf war, damit ihr, meine Kinder, diesen Bericht noch rechtzeitig zu Weihnachten bekommen könnt, mußte ich denken, daß meine Nachfahren, Eure Kindern oder Enkel, wenn sie dies in die Hände bekommen sollten, denken könnten: „ unsre alte Ahne muß aber eine ganz schön blühende Phantasie gehabt haben. Das klingt doch ziemlich nach Schwindel." Ich versichere Euch, die Ihr später kommt, daß wir alle das genau so erlebt haben. Ich bin nicht ein einziges Mal von der Wahrheit abgewichen. So unglaubliche Dinge gibts wirklich !!

Die Entwicklung der Kinder

Nun will ich für jedes Kind einzeln seine Entwicklung erzählen. An sich wäre es jetzt richtig, sie selbst berichteten von ihren ganz persönlichen Erlebnissen, von ihren Urlaubsreisen und ihren Abenteuern, denn ich habe sie ja nur am Rande miterlebt und könnte sie nur sehr nüchtern berichten. Man muß auch bedenken, daß ich durch den grossen Haushalt und die vielen Pflichten ziemlich belastet war, daß ich mich in ihre Probleme nicht so sehr vertiefen konnte. Ich kann mich jetzt nicht mehr so genau an alles erinnern.

Da Hans und ich immer allein in Urlaub fuhren, waren die Kinder dann mit ihren eigenen Angelegenheiten beschäftigt. Das mit dem ‚Allein in Urlaub fahren' war ein Prinzip von Hans, das wir eigentlich alle einsahen. Hans hatte in seiner Jugend immer mit seinen Eltern verreisen müssen. Die Jungs mußten sich ganz nach den Wünschen der Älteren richten. Hans meinte, sie hätten ganz andere Wünsche gehabt, mehr Abenteuer, weniger Ruhe. Es wäre einfach roh, von den Jungen den Rhythmus der älteren Generation zu erwarten. Und so reisten wir allein, und die Kinder waren mit Fahrrad oder Zelt oder mit Gleichaltrigen mit dem Motorrad oder einem andern Fahrzeug unterwegs. Sie strolchten in der Weltgeschichte herum und hatten ihren Spaß dabei.

So fuhr Bernd 1949 nach Stuttgart von Imbshausen aus, um seinen Vater zu besuchen. Das war natürlich eine Klotztour, und die Räder, die die Kinder hatten, waren bestimmt nicht die Besten, und Bernd hatte überhaupt nur ein paar Tage Zeit dazu. Goetz klapperte einmal von Stuttgart aus die Nord- und Ostsee ab. Wulf fuhr mit Hans Bernhard Treichel, Freund und ‚Kuckucksei‘ nach Holland, Jörg einmal an den Gardasee und nach Italien. Das machte er allerdings mit dem Motorroller. Aber ich kann davon nicht allzu viel erzählen. Hanna war mit am Gardasee. Dann waren alle einmal in einem Schullandheim an der Nordsee und Hanna mit dem Sportverein auf Sylt.

Als wir noch in Plieningen wohnten, war ich einmal so abgearbeitet und elend, daß Hans und ich unbedingt einmal ausspannen mußten. Geld hatten wir nicht viel, so entschlossen wir uns nach Rosenheim in der Nähe von Ellwangen zu fahren. Hans wußte da einen sehr billigen Gasthof mit sehr schönen Zimmern. Ich bat Großmutter Rheinwald zu uns zu kommen, damit ein Erwachsener im Hause sei. Die Kinder waren ja an sich selbständig, konnten kochen und alle anderen Arbeiten selbst tun. Großmutter hätte also nicht allzu viel zu tun gehabt. Aber sie lehnte es ab mit der Begründung, die Verantwortung sei ihr zu groß. Ich fragte sie, ob die Kinder einmal ungezogen oder frech zu ihr gewesen seien, oder ob sie sonst irgend einen Grund hätte, den man abstellen könnte. Nein, sie sähe ein, daß ich furchtbar elend sei, sie hätte auch großes Mitleid mit mir, aber die Kinder betreue sie nicht. Sie wären immer manierlich gewesen, aber sie übernähme keine Verantwortung. Großmutter war damals 60 Jahre, Wulf war acht Jahre, also schon etwas verständig. Ich war tief gekränkt, habe ihr das nie vergessen, ja, ich habe sie seitdem nicht mehr gemocht, denn offenbar war es einfach nichts als Faulheit. Die Kinder drangen in uns, trotzdem zu fahren, da bekam Wulf kurz vor unsrer Abfahrt Keuchhusten. Bernd beschwor uns, in Ruhe abzureisen; er versprach für Wulf zu sorgen. Sie kämen bestimmt zurecht. Ich war sehr gerührt. Die Kinder haben die Zeit zusammen gewirtschaftet, Bernd hat nachts auf Wulf ausgepaßt, hat sogar einmal das ganze Bett frisch bezogen, als Wulf gespuckt hat. Jeden zweiten Tag kam ein vergnügter Brief, einmal schickten sie sogar einen selbst gebackenen Sonntagskuchen. Nach 12 Tagen kamen wir gut erholt heim, da hatten sie in großer Gemeinschaftsarbeit auch alles blitzeblank geputzt. Bitte, war das nicht eine tolle und vorbildliche Leistung?

Das war überhaupt das Hübsche bei uns, daß wir uns als eine fest zusammen gehörende Gemeinschaft fühlten, daß sich jeder auf jeden verlassen konnte. Hans war der Chef, ich das Bindeglied zwischen dem oft nicht verständnisvollen Vater und den oft recht unvernünftigen Kindern. Ich habe mir da manchmal die Finger eingeklemmt, vor allem weil Hans eifersüchtig war auf jede Stunde, die ich mit den Kindern verbrachte, und die Kinder manches Mal dachten, ich verwöhnte Vater zu sehr. Ich weiß, daß ich auf Hans sehr viel Rücksicht genommen habe, daß ich von den Kindern oft viel Disziplin verlangt habe. Aber Hans verdanken wir alle, daß wir eine schöne Bleibe hatten, daß für jedes Kind das zur Ausbildung nötige Geld zur Verfügung stand. Dabei war Hans besessen von seiner wissenschaftlichen Aufgabe und hat sich selbst – über seine Kräfte – viel abverlangt. Er hat immer bis tief in die Nacht hinein gearbeitet, vor 12 Uhr ist er nie ins Bett gegangen, häufig war es sogar 1 oder 2 Uhr. Da war es nur selbstverständlich, daß wir alle große Rücksicht nehmen mußten. Bis 9 Uhr abends saß ich mit den Kindern zusammen, spielte mit ihnen Karten oder ein anderes Spiel. Aber um neun Uhr verlangte Hans, daß ich zu ihm kam und für ihn da war. Meist handarbeitete ich oder las. Manchmal erzählte er mir dann von seiner Arbeit und seinen Problemen. Seine Aufsätze mußte ich lesen, vor allem die für die Bauern, denn er meinte, wenn ich sie verstehe, müßten sie die Bauern auch verstehen. Ich hab das aber nicht als Beleidigung aufgefaßt, sondern war stolz, wenn ich ein Wörtchen mitreden durfte. Ich habe mich nie als Hausfrau unterbewertet gefühlt, diese alberne Emanzipation kam erst später. Ich hatte immer das Gefühl sechs Menschen sind mir anvertraut.

Zank und Streit gab es bei uns. Was es nicht gab, war diese widerwärtige Art von gehässiger Stichelei, die in manchen Familien üblich ist. In den meisten Fällen wurden Meinungsverschiedenheiten sachlich besprochen und geregelt, kleine Fehler mit einer Pflaume bereinigt. Mit Humor kann man viel mehr erreichen. Die Kinder wußten, wie ich Unfrieden haßte. Ich hatte in meiner Jugend so entsetzlich darunter gelitten, daß ich mir geschworen habe, meine ganze Kraft dafür einzusetzen, daß wir ohne Unfrieden zusammen leben. Meinungsverschiedenheiten gab es zwischen uns eigentlich nur wegen des Geldes und wegen der Erziehung der Kinder. Mit dem Geld war Hans sehr genau (er war schließlich ein echter Schwabe) und ich hatte entschieden eine leichtsinnige Ader in punkto Geld. Ich habe es sehr mühsam gelernt, mit dem Geld sparsam umzugehen. Ich hätte nie das Haus allein erspart, das Geld wäre bei mir zerronnen. Aber gerade weil es mir an sich nicht lag, so genau zu sein, war es für mich besonders schwer, und Hans hat mit mir oft mit Recht gezankt. Nur, als ich es glücklich gelernt hatte, wurde Hans wirklich knauserig und hat mich noch mit dem Sparen geschunden, als es nicht mehr so nötig war. Ich habe nie einen Pfennig Taschengeld für mich gehabt, und das finde ich heute noch sehr unrecht. Ich war das schlechtest bezahlte Dienstmädchen, das man sich denken kann, deshalb habe ich manches Mal geschummelt und mir sogar einen Schein aus seiner Brieftasche geklaut, ohne jedes schlechte Gewissen!!!!

Und ich habe viel Vorwürfe schlucken müssen, wenn mit den Kindern irgend eine Panne geschah. Hans hat sich in seiner Jugend über die Härte seines Vaters entsetzt, nun war er selber manchmal sehr ungerecht und hart. Jede Mutter verteidigt ihre Kinder, das ist ein Naturinstinkt. Ich möchte bloß wissen, warum Väter das nicht auch tun. Sie sind doch schließlich die natürlichen Beschützer der Familie. Wenn bei uns etwas schief ging, waren immer die anderen im Recht und wir, die Kinder und ich im Kollektiv im Unrecht. Da gab es dann heftige Diskussionen. Und hier zeigte sich dann Hans' liebenswerteste Eigenschaft: Wenn wir uns ausgesprochen hatten, und er einsah, daß er im Unrecht war, gab er das zu und brachte die Angelegenheit in Ordnung, in einer rührend liebenswerten und ungeschickten Weise. Denn seine Gefühle konnte er sehr schwer zeigen, man mußte sie erahnen und dann sehr verständnisvoll sein. Wir haben es gelernt, unseres Vaters Werte zu finden und sie sehr zu lieben. Wir haben nie einen Streit über Nacht ausgehalten. Vor dem Schlafengehen haben wir uns immer noch schnell versöhnt.

Bernd

Bernd bestand das Abitur zwar ohne Panne, aber mit einer bescheidenen Note. Nun, das war wenig verwunderlich, denn er hatte durch den unregelmäßigen Unterricht, im Krieg, durch Fahrschülerzeiten und häufiges Umschulen bestimmt Lücken. (Er hat zwölf Schulen besucht). Ich weiß noch, wie wir beim Abitur gezittert haben. Die Kinder und ich holten ihn vom Bus ab, da sprang er raus und warf uns im hohen Bogen die Mappe entgegen. Sie flog in den Rinnstein und wir uns in die Arme. Hans war der Ansicht, daß es gut wäre, vor dem Studium eine volle Lehre zu machen. Er meinte, wenn wir noch kommunistisch würden, und die Gefahr war ja immer noch, und die Intelligenz dann genau so verfolgt würde wie in der Ostzone, wäre es besser in eine vollendete Lehre ausweichen zu können. Deshalb verschaffte er dem Bernd eine Lehre beim Daimler. Bernd hat dort bestimmt viel gelernt, aber für das Studium erwies es sich als verhängnisvoll: Zunächst war man auch an den Hochschulen, und Bernd wollte ja Technik studieren, nachsichtig mit der Kriegsgeneration, aber als Bernd nach der Lehre studierte, steigerten sich die Ansprüche der Professoren erheblich und Bernd, durch die lange Lehrzeit dem Paukerdrill entwöhnt, fiel in verschiedenen Fächern durch, dann durch den Mißerfolg unsicher geworden, gelangen auch die Wiederholungen nicht. Trotz aller Mühe und unserer Hilfe, wo es irgend ging, gab er das Studium nach schwerem seelischem Kampf auf. Er fand bei dem entfernt verwandten Chef der Firma Haushahn dann eine zunächst bescheidene Stellung und hat sich dort raufgeschafft. Das Merkwürdige war, daß seine technische Begabung garnicht seine Stärke war, sondern das Organisatorische. Im Grunde hat er studieren wollen, um solch eine betriebsorganisatorische Stellung zu bekommen, wie er sie nun hat. Durch ein fertiges Studium wäre ihm höchstens der Start erleichtert worden. Sicher haben Hans und ich bei Bernd auch Fehler gemacht. Die Ältesten sind ja auch für sorgfältige und besorgte Eltern immer etwas die Versuchskaninchen. Mit ihnen müssen auch sie erst ihre Erfahrungen machen, das ist das Schicksal des ältesten Kindes. Sicher sind auch die Nachkriegsverhältnisse mit dran Schuld an der ganzen Geschichte. Bernd mußte in den Semesterferien arbeiten, um seinen schmalen Wechsel zu erhöhen. Bernd ist der Einzige, der in eine studentische Verbindung ging. Wir haben ihm zugestimmt, weil er durch den Umzug und die kurze Stuttgarter Schulzeit keine Freunde hatte. Wir fanden das ganz vernünftig, daß er so Freunde fand. Ich hatte aber den Eindruck, daß sie ihn nicht unterstützten während des Studiums, sondern eher ablenkten. Ich war nur froh, daß Irmgard, die er damals schon kannte, zu ihm hielt und ihm wenigstens da noch Leid erspart worden ist. Seine einzige Tochter Kristin wurde am 22. Juni 1962 geboren. Anfangs hatten sie viel Sorgen mit ihr, denn sie hatte eine Hüftgelenkluxuration, mußte mehrere Male operiert werden, aber Dr. Marquart hat es sehr gut behandelt. Kristin hat einen sehr hübschen Gang. Sie hat inzwischen ihr Studium beendet, arbeitet an ihrer Doktorarbeit, alte und neue Sprachen und hat einen sehr sympathisch wirkenden Freund. Bernd ist jetzt bei Haushahn Abteilungsleiter, und wie ich von verwandter Seite hörte, unentbehrlicher Mitarbeiter der Firma. Inzwischen verdient er auch, was ihm zusteht, (Siegfried Wörnle hat ihn anfangs ziemlich ausgenutzt). Er hat seit kurzem eine Eigentumswohnung, die nur vom Anteil am Hausverkauf und selbst verdientem Geld gekauft worden ist. Irmgard hat nie einen Beruf gehabt, nachdem sie geheiratet hat. Mit nur einem Kind wäre mir das zu langweilig gewesen.

Goetz

Goetz hatte es in der Schule viel leichter als Bernd. Die Imbshäuser Schule hatte ihm eine gute Vorbildung gegeben, für ihn war es nicht allzu schwierig, in Hohenheim mitzukommen. Er hatte eine andere Schwierigkeit. Als er 2 Jahre alt war, merkten wir, daß er auf dem einen Auge schielt. Zunächst versuchte es der Arzt mit einer Brille, die Goetz lange getragen hat. Als wir nach Kassel zogen, fuhr ich mit ihm zu einem berühmten Augenarzt in Göttingen. Der stellte fest, daß Goetz ganz außerordentlich gute Sehkraft hätte, und riet uns deshalb, die Brille wegzulassen. Er meinte, mit einer Operation wäre das zu heilen. Er wollte aber mit der Operation warten bis nach der Entwicklung, weil das Auge sich bis zu der Zeit eventuell selbst richten würde und dann wäre die Operation falsch gewesen. So ließen wir Goetz ohne Brille mit einem schielenden Auge laufen. In Imbshausen wurde er auch deswegen nicht geneckt. Als wir nach Hohenheim kamen änderte sich das. Die Mitschüler foppten ihn. So erzählte er mir einmal, die Klassenkameraden hätten gesagt. "Was brauchen wir einen Goethe, wenn wir einen so schönen Schieler in der Klasse haben?" Einmal sagte ich ihm, er solle doch mal in den Ofen schielen, ob der Kuchen schon gar sei. Ich hab mir dabei garnichts gedacht, das ist so eine lustige Redensart. Da antwortete er mir, er schiele immer und könne das nicht auf Befehl. Da merkte ich, daß der arme Kerl unter seinem Sehfehler litt, und daß Alarmstufe 1 war. Ich ging sofort mit ihm zu einem Augenarzt in Stuttgart, der mir sagte, in Württemberg operierten sie die Kinder, bevor sie in den Kindergarten kommen, denn dort würden sie bereits unbarmherzig gefoppt. Später sagte mir ein Fachmann, das sei ein typischer Charakterzug der Schwaben, daß sie in Bezug auf Gebrechen bei ihren Mitmenschen so roh seien, und daß man hier unter einer Mißgestalt viel mehr leiden müsse, als in Norddeutschland. Jedenfalls wurde Goetz schleunigst operiert, und da die Augen nun gerade standen und in der Pubertät sich nichts änderte, war er nun erlöst. Goetz war kräftig und wußte sich zu wehren. Er fand bald nette Freunde, hatte beim Sport und in der Schule immer gute Kameraden. Handball und ein wenig Fußball zu Hause auf der Wiese. Da spielten alle fünf zusammen, ein Wunder, daß ich nicht auch noch mitgemacht habe. Ich habe aber beim Völkerball als beliebtes Ziel mitgespielt und Bannemann im Walde. Das ist eine Art Kombination von Versteck und Fangen. Gerodelt haben wir alle zusammen. Unsere besondere Leidenschaft war aber Tischtennis. Zuerst spielten wir im Eßzimmer am Eßtisch. dann bekamen wir eine größere Tischtennisplatte, mit der wir unten im Souterrain spielen konnten. Im Winter fand sich die ganze Jugend der Nachbarschaft bei uns ein, sehr zum Leidwesen unsrer nicht besonders verträglichen Nachbarn Ludwig; und es wurden gewaltige Wettkämpfe ausgefochten.

Goetz kam nach Abschluß der 6. Klasse in Hohenheim nach Stuttgart ins Schickhardt-Gymnasium. Im Sommer fuhr er mit dem Rad, im Winter mit Bus und Zahnradbahn. Damals war die Straßenseite gegenüber von unserem Haus noch nicht bebaut. Wie oft sauste Goetz dann in allerletzter Minute quer über die Wiesen zur Mittleren Filderlinie zum K-Bus. Oft sah man den schon aus der Ferne von Plieningen kommen, dann war Goetz noch an unserer Straße, und dann sprang er mit Riesensprüngen den ganzen Hang hinunter. Meist war der Busfahrer aber auch so nett und wartete noch ein wenig. Goetz schaffte ohne Nöte das Abitur und kam dann zu einem Tierpräparator in die Lehre. Herr Schmucker war Präparator in Hohenheim gewesen und wohnte später ganz in unsrer Nähe. Goetz lernte bei ihm zwei Jahre von 1955-57. Da starb Herr Schmucker. Goetz hat es bei ihm nicht leicht gehabt, denn sein Vorgänger war ein ganz außerordentlich begabter junger Mann gewesen, und so verlangte Herr Schmucker von Goetz viel zu viel. Er war wohl auch schon zu alt und krank, um die richtige Geduld zu haben. Goetz lernte das Technische gut, aber die letzte Ausführung durfte er nie machen. So war es ein Glück für ihn, daß er das letzte Jahr im Rosensteinmuseum in Stuttgart war, wo er viel lernte und seine Prüfung gut bestand. Danach studierte er Botanik und Zoologie im Hauptfach, Chemie und Physik im Nebenfach. Physik war in Stuttgart ein berüchtigtes Fach, Goetz gab noch ein Semester dazu, um ganz sicher zu sein. Seine Kommilitonen ließen sich von ihm bei der Physik helfen, und dann hatte Goetz das Pech, von einem theoretischen Physiker so streng geprüft zu werden, daß er als einziger von allen Kandidaten durchfiel. Goetz kam ganz verstört nach Hause und nach ein paar Tagen bekam er es dann schwarz auf weiß. Er war außer sich, sodaß ich Angst bekam, daß er sich das Leben nehmen würde. Es waren furchtbare Tage, aber dann hatte Goetz sich wieder gefangen, schrieb nach Hamburg, wo er sich zu einer Promotionsarbeit angemeldet hatte, er könne erst zu einem späteren Zeitpunkt kommen. Nach einem halben Jahr bestand er bei einem anderen Professor die Prüfung glatt und ging dann nach Hamburg.

Da es Goetz, Hanna und mir zusammen passierte, schiebe ich hier unsern Autounfall ein. Im September 59 erkrankte Hans an einem Herzinfarkt. Er mußte sich eine Zahnprothese machen lassen und konnte garnicht damit zurecht kommen. Dazu kam die nervliche Belastung des Sommersemesters. Es war denkbar ungünstig, daß beides an seinen schwachen Nerven zerrte. Ich sah das Unheil voraus, seine Nervosität steigerte sich, bis es zur Katastrophe kam. Mit der sorglichen Behandlung von Dr. Kraiß (ich durfte Hans zu Hause pflegen) wurde er bald wieder gesund, aber von da ab mußte Hans regelmäßig zur Kur fort. Dr. Kraiß empfahl ihm Dietzenbach, es sei zwar furchtbar langweilig, aber die Kur sei gut. Im April 1961 brachten wir Hans mit unserem alten VW zum zweiten Mal nach Dietzenbach. Goetz fuhr, Hanna und ich durften mitfahren. Auf der Heimfahrt hatten wir einen Autounfall, bei der Auffahrt auf die Brücke von Faurndau, wir fuhren garnicht schnell (das konnte der alte Schlitten garnicht mehr). Da kam der Wagen ins Schleudern und Goetz bekam ihn nicht in seine Gewalt, und wir fuhren auf einen Begrenzungsstein auf. Das Auto war nur noch ein Schrothaufen, Hanna fiel von hinten auf mich drauf, ich drückte mit der Stirn die Windschutzscheibe hinaus, Goetz flog auf das Lenkrad. Ich hörte Hanne schreien: „Mutter, ach Mutter!" Da kletterten wir alle drei auch schon aus den Trümmern heraus und ich sagte: "Was schreist Du denn, Hanna, wir leben alle und das ist doch das Wichtigste!" Aber so harmlos war es doch nicht. Ich blutete aus einer Schnittwunde am Kinn, mein rechter kleiner Finger war sichtlich gebrochen. Außerdem bekam ich ein blaues Auge. Goetz taten die Rippen weh und Hanna hatte eine große Beule auf der Stirn. Goetz blieb beim Auto bis die Polizei kam, Hanna und wanderten vereint zu einem Arzt, der mich bedenklich anguckte und mir riet, ins Göppinger Krankenhaus zu fahren und mich dort verarzten zu lassen. Inzwischen war die Polizei da, die mich vernahm und mich fragte, ob ich Strafantrag stellen wolle. Ich sagte dem Polizisten, das wäre Unsinn, ich glaubte garnicht, daß Goetz Schuld sei, wir seien nicht schnell gefahren, und ich glaubte, daß an dem Wagen irgend etwas kaputt gegangen sei. Nun das konnte man wirklich nicht mehr feststellen. An dem war sowieso nichts mehr heil. Goetz bekam dann auch nur eine ganz geringe Strafe. Ich rief gleich von Faurndau aus im Sanatorium in Dietzenbach an und sagte Hans, was passiert sei, daß er sich aber keine Sorgen zu machen brauche. Ich führe jetzt nach Göppingen ins Krankenhaus, um den Finger gipsen zu lassen.

Und dann behielten sie mich vier Wochen da, denn sie stellten im Röntgenbild fest, daß ich einen Schädelbruch hatte. So war doch die Scheibe stabiler gewesen als mein Kopf. Es war ein harmloser Schädelbruch, ich hatte keine Kopfschmerzen, keine Beschwerden. Viel unangenehmer war der geprellte Knöchel und zwei gebrochene Rippen, die später noch entdeckt wurden. Der Finger ist durch die Schlamperei im Krankenhaus sehr häßlich geheilt. Der Herr ‚Professor' wollte den Finger dann noch einmal brechen, aber dazu hatte ich keine Lust, und Hans meinte tröstlich; „Ach der tut's auch vollends so. "Er tut's auch tatsächlich so. Er ist nicht schön, aber er stört mich nicht. Goetz und Hanna fuhren mit der Bahn heim, dort war helle Aufregung, die sich dann noch steigerte, als Wulf abends von der Eisbahn heimkam. Er hatte einen dicken Verband, denn es war ihm einer über die Hand gefahren, als er einem gestürzten Mädchen helfen wollte. Er mußte genäht werden und war nun auch Invalide. Hanna war am übelsten dran. Sie hatte einen Schock von dem Unfall, unter dem sie lange gelitten hat. Als sie selbst den Führerschein machte, belastete er sie immer noch. Der einzig Heile war der Bernd, denn Jörg hatte ein Gipsbein, von dem ich in seiner Lebensgeschichte berichten werde.

Damals als ich aus dem Krankenhaus heim kam, brachten die Studenten den Konrad. Ich wollte zuerst, weil ich noch etwas wackelig auf den Beinen war, daß Goetz den Konrad wo anders hin zur Pflege gab, aber bis zum Abend diese Sonntags hatten wir schon so viel Spaß an der Eule, daß sie bleiben durfte. Wäre auch schade gewesen, wenn wir das nicht erlebt hätten!

Goetz ging im November 1964 nach Hamburg, um seine Doktorarbeit zu machen. Er wollte endlich von Mutters Schürzenzipfel fort. Außerdem hatte ihm Professor Pflugfelder eine kaum lösbare Aufgabe als Promotionsarbeit angeboten. Da Goetz sich schon in Stuttgart intensiv mit Insektenkunde beschäftigt hatte, griff er eine Anregung von Professor Niethammer auf, in Hamburg bei Dr. Timmermann über Mallophagen (Läuse bei Vögeln) eine systematische Arbeit zu schreiben. Das Thema seiner Promotionsarbeit lautete: ‚Die Mallophagengattung *Ricinus* De Geer, Revision der außeramerikanischen Arten'. Er begann die Arbeit im November 1964 und beendete sie im Januar 1967; die Prüfung in Hamburg machte er einen Monat später. Goetz lernte dort Ingrid Wahl kennen und heiratete sie im September 1965. Am 1.10. 1966 gingen Muschi (Ingrids Kosenamen), Goetz und Frank, der am 19. März 1966 geboren wurde, nach Möggingen zum Max-

Planck-Institut für Verhaltensforschung, Vogelwarte Radolfzell. Am 25. März 1968 wurde dann Bärbel geboren. In Radolfzell leitete Goetz neben seiner Tätigkeit als wissenschaftlicher Assistent auch die Ortsgruppe des Bundes für Vogelschutz. Am 1.7. 1970 ging Goetz nach Bonn zum Museum Koenig. Da dort eine Menge Querelen um den Museumsdirektor waren, wurde die Arbeit dort für ihn recht unerfreulich. Er hat sich an anderen Instituten beworben. Besonders beschwerlich wurde die Arbeit als Wissenschaftler, als 1978 ein neuer Direktor kam, der bis dahin ein Gymnasium bei Köln geleitet hatte. Die eigentlichen Probleme wissenschaftlichen Arbeitens waren ihm fremd, und er benutzte seine Anwesenheit im Museum im wesentlichen dazu, die Mitarbeiter zu schikanieren. Als Folge dieser Erschwernisse löste sich Goetz dort etwas und bemühte sich neben anderem um den Dachverband deutscher Avifaunisten. Er veröffentlichte zwei Brutvogelatlanten und betreute die Atlaskartierung für das europäische Atlaskomitee. Von 1982 bis 1988 war Goetz dann Vorsitzender der Deutschen Sektion des Internationalen Rates für Vogelschutz. 1981 übernahm er die Leitung der ornithologischen Arbeitsgemeinschaft Bonn und veröffentlichte 1984 und 1986 zwei Bände der Avifauna Bonn. Als Anerkennung wurde ihm der Rheinlandtaler im September 1988 verliehen. Außerdem kamen von ihm zwei Vogelbücher im Lingen-Verlag heraus: Unsere schöne Vogelwelt 1983 und Atlas der Vogelwelt 1977. Zuerst wohnten Goetz' in Mondorf am Rhein, danach kaufte sich die Familie in St. Katharinen-Ginsterhahn in der Nähe von Linz/Rhein ein Grundstück. Dort bauten sie sich ein sehr schönes Haus. Der Garten rundherum entstand im wesentlichen 1988, Friedel und ich wohnen seit 1987 in dem kleine 'Ausgedinge', einem Fachwerkhäuschen direkt neben ihrem Haus. Daß ich das so sachlich berichtet habe, ist Goetz' Schuld. Er hat es mir so diktiert.

Jörg

Wie ich schon berichtet habe, wurde Jörg, als wir nach Hohenheim kamen, eine halbe Klasse zurückversetzt. Das war einfach eine Entscheidung, weil er so klein und zierlich war. Vom Können her hätte er bestimmt auch in die höhere Klasse kommen können. Aber Jörg war ein Faultier. Er lerne gerade nur so viel, wie er unbedingt mußte, außer in den Fächern, die ihm Spaß machten: Mathematik, Physik und Biologie. Der Lateinunterricht war in Hohenheim ganz furchtbar schlecht. Zuerst hatten sie einen verkrachten Pfarrer, der einen Dachschaden hatte. Dann den Rektor der Schule, einen reizenden aber völlig überlasteten Mann, der stark gehbehindert war, immer sehr spät in den Unterricht kam, und bei dem die ganze Klasse überhaupt nichts lernte. Der Klassenlehrer war auch so ein komischer Kauz, Vegetarier, aber kein stiller, sondern einer, der das dauernd als eine besondere Tugend pries. Dann hatte er laienhaft musische Ideen. Nun war Jörg mit 15 Jahren noch so kindlich und unentwickelt, daß er bei der Straßenbahn ohne Sorge schummeln und als Halber fahren konnte. Ich fand das zwar nicht richtig, aber ich glaube, wenn er sein Abonnement nicht benutzen konnte, fuhr er wirklich als halbes. Wie es gekommen ist weiß ich nicht mehr. Jedenfalls geriet Bernd in eine Gruppe junger Künstler, die miteinander eine Oper von Benjamin Britten aufführen wollten und zwar ‚Der kleine Schornsteinfeger'. Bernd war als Beleuchter und technischer Berater dabei. Während der Proben zog der Hauptdarsteller (Sopran) fort und die Künstler waren in großer Verlegenheit. Da sprach Bernd von seinem Bruder, der noch eine Sopranstimme hätte, obwohl er schon 15 Jahre alt wäre. Jörg sang Probe und wurde sofort zum Mitspielen aufgefordert. Die Oper hat uns viel Spaß gemacht und hinterher forderte die Leiterin des Kinderchors der Staatsoper Linde Götz, die bei den Künstlern dabei war, Jörg auf, im Kinderchor der Staatsoper mitzusingen. Wir fanden das sehr nett und amüsant für ihn und erlaubten es. Frau Linde Götz war daran interessiert, ein paar ältere und gewitztere Sänger unter den Kindern zu haben, die sie auf der Bühne geschickt unterstützten. Jörg sang in Carmen, Freischütz, Hänsel und Gretel, Wildschütz und Carmina Burana, Zauberflöte und Othello. Bei der Einweihung der neuen Liederhalle sang Jörg in Carmina Burana mit. Der Chor in Othello war sehr schwer, und da riet ich dem Jörg, er solle doch Herrn Dr. Mehl, der unter anderem Gesangslehrer war, bitten, ihm bei der Einstudierung zu helfen, denn er hatte so oft angeboten, ihnen behilflich zu sein, wenn sie was auf dem Herzen hätten. Jörg ging hin und griff in ein Wespennest. Mehl war empört, daß ein Schüler so vermessen sein könnte, in der Oper mitzusingen. Am Anfang der nächsten Stunde sagte er der ahnungslosen Klasse, einer ihrer Mitschüler sei in der höchsten Gefahr den Größenwahn zu kriegen, und er bäte die Klasse, dem Betreffenden zu helfen, wieder zu Bescheidenheit zurückzufinden. Die Mitschüler fragten sehr erstaunt, was denn los sei. Mehl sagte nun, daß er von Jörgs Opernsingerei spräche. Erst gab es ein Erstaunen, denn Jörg hatte nie davon gesprochen und dann gab es ein großes Gelächter, daß Mehl so dramatisch auffaßte. Für die Eitelkeit des Lehrer wurde das natürlich ein Reinfall, und nicht nur Jörg, sondern auch Hanna mußten das bitter büßen. Als Jörg einmal um ein paar Stunden frei bat, weil er zu einer Generalprobe mußte, wurde es ihm ausgeschlagen, auch vom Rektor. Hans entschied dann, daß Jörg ohne Erlaubnis gehen würde und schrieb eigenhändig die Entschuldigung: Jörg habe wegen Nasenblutens einen Tag in der Schule fehlen müssen. Jörg blieb wohl 1½ Jahre bei dem Chor. Dann kam der Stimmbruch und der Spaß war aus. – Bald darauf kam Jörg nach Stuttgart an das Wilhelmsgymnasium, da die Hohenheimer Schule nur bis zum Einjährigen ging. Da kam also eine ganze Schar miteinander nach Stuttgart und nun zeigte sich die Lateinkatastrophe. Ausgerechnet unterrichtete in Jörgs Klasse ein Lehrer, der mit Recht das Können der 7. Klasse verlangte und sehr strenge Maßstäbe anlegte. Wir Mütter gingen zwar zu ihm, erklärten den Sachverhalt, baten um Geduld. Aber es nutzte nichts. Bei der Versetzung in die 8. Klasse blieb ein Großteil der Hohenheimer Schüler wegen schlechter Lateinnoten sitzen. Jörg war mit dabei. Nun, das hätten wir verschmerzt, aber nach zwei Jahren kam eine neue Abiturordnung heraus, nach der man mit guten Noten in anderen Fächern ein schwaches Fach nicht mehr ausgleichen konnte, und obwohl Jörg in den naturwissenschaftlichen Fächern drei Zweien und eine Drei hatte, fiel er auch noch durchs Abitur.

Hans und ich machten 1958 gerade unsere Traumreise, für die wir lange gespart hatten, und auf die wir uns sehr gefreut hatten. Wir fuhren mit einem kleinen italienischen Frachtdampfer rund um Italien. Von Venedig gings um den Stiefel rum nach Malta, von da nach Sizilien und dann zurück nach Genua. Ich werde später genauer davon erzählen. In Bari bekamen wir ein Telegramm: „Durchgefallen, aber gesund, Jörg." Das war bitter. Jörg machte glücklich sein Abitur mit 21 Jahren. Im Frühjahr 1959 war die neue Abiturordnung wieder abgeschafft worden. Nun ließen wir Jörg aber keine Lehre machen, sonst wäre er als Großvater noch nicht fertig gewesen. Auch er studierte Maschinenbau. Jörg war ein sehr geschickter Tüftler. Hans meinte immer, bei ihm zeige sich die ‚Produktive Faulheit' besonders eindrucksvoll. Er ersann für jede schwere Arbeit eine Erleichterung. Wenn wir ein Transportproblem vor allem im Garten hatten, Jörg löste es meistens. So war er auch bald zu faul, mit dem Fahrrad zu fahren, sondern motorisierte sich, so bald es ging. Er erstand die ältesten Fahrzeuge, montierte tagelang an ihnen herum, fand billige Quellen für Ersatzteile und machte seinen ‚Schlitten' wieder tipptopp fahrbereit. In dem bewußten Unfalljahr 1961, als Goetz, Hanna und ich mit dem VW verunglückten, hatte Jörg einen Motorroller. Einmal fuhr er von einem Besuch bei Hanni in Cannstatt nach Hause. Auf der König-Karls-Brücke fuhr ein VW vor ihm, der plötzlich, ohne ein Zeichen zu geben, nach links fuhr und wenden wollte. Jörg konnte nicht mehr ausweichen und fuhr dem Auto in die Seite, stürzte und verletzte sich das linke Knie. Der Fahrer schimpfte nach dem Motto: wer zuerst schimpft hat Recht; aber Passanten nahmen Jörg sofort in Schutz, und die zufällig sehr nahe Polizei konnte sehr schnell klären, daß Jörg unschuldig war. Man brachte ihn ins Krankenhaus und rief dann bei uns an. Nach einigen Tagen wurde er mit einem Gipsbein entlassen und mußte noch lange mit dem Gipsbein gehen. So besuchte er mich auch im Krankenhaus in Göppingen.

Jörg hat sein Studium ohne Pannen hinter sich gebracht, wenn man das nicht als Panne betrachtet, daß er sich sehr früh in Hanni verliebte, und bei der langen Wartezeit Klaus die Geduld verlor und sich so zeitig anmeldete, daß Jörg und Hanni schnell heirateten. Nun, ich finde Klaus ist ein so netter Rüpel, daß er auch da seinen Eltern gern einen Streich gespielt hat.

Im Herbst 1964 war Jörg mit allem fertig und ging nach Gelsenkirchen an eine Drahtseilerei. Von dort wechselte er nach Saarbrücken an ein anderes Drahtwerk. Dort brachte er das kleine Drahtwerk sehr bald aus den roten Zahlen, erfand ein paar gute Kniffe. Plötzlich wurde ihm ein Chef vor die Nase gesetzt, der offensichtlich Jörgs Erfolg stoppen sollte. Ich vermute, daß ein größeres Werk das kleine billig schlucken wollte, und denen Jörgs Erfolge garnicht paßten. Jedenfalls schikanierte der neue Chef so lange, bis Jörg im Zorn kündigte. Da wurde Jörg fristlos entlassen und sein Gehalt bis zum Vertragsende ausgezahlt. Jörg hatte dadurch vier Monate bezahlten Urlaub. Das war im Winter 68/69. Da kam er einige Zeit zu mir nach Birkach. In der Zeit fand er in einer Annonce, daß die Lufthansa Ingenieure sucht. Das reizte ihn so sehr, daß er sich bewarb. Als er sich in Frankfurt vorstellte, wurde er dort sehr erstaunt gefragt, warum er als Dipl. Ing. eine Ingenieursstelle suche. Jörg sagte, er habe das garnicht beachtet, er wolle nur so gern zur Lufthansa. Offenbar gefiel er dem Personalchef so gut, daß er ihm das Angebot machte, er möge bei ihnen als Ingenieur anfangen, die Ausbildung dort mitmachen und dann im nächsten Jahr eine freiwerdende Ingenieursstelle übernehmen. Gehalt sollte er sofort als Dipl. Ing. bekommen. Jörg griff zu und bekam so eine besondere Ausbildung, die kein anderer hatte. Zuerst war er in Frankfurt, wohnte in Kelsterbach. Ab 1970 war er dann in Hamburg.

Hanni und Jörg haben drei Kinder, Klaus, am 21. November 1963 in Stuttgart, Knut am 29. April 1966 in Kelsterbach und Jutta 9. April 1968 in Saarbrücken geboren. Bei der Lufthansa war der Jörg in seinem Element und hat dort wirklich Karriere gemacht. Erst hatte er die Inneneinrichtung der Kabinen technisch zu betreuen und zu verbessern, bald landete er bei den Sauerstoffproblemen und dann in der Hydraulik. Er flog regelmäßig nach USA zu Tagungen, Fachbesprechungen und sogar zu von ihm gehaltenen Schulungskursen, die ihm viel Spaß machten, denn er konnte gut englisch. Mindestens zwei bis dreimal flog er nach Toulouse, arbeitete an der Entwicklung des Airbus mit, das war insofern interessant, als er zwischen den sturen Engländern, die kein Französisch lernen wollten und den ebenso sturen Franzosen, die kein Englisch sprechen wollten, dolmetschte. Und ihm machte das auch noch Spaß. Bei einer solchen Zusammenkunft in Toulouse ist er dann aus Gründen, die wir nicht wissen, zusammengebrochen und wohl an einem Herzinfarkt gestorben. Es war schwierig, Jörg von Toulouse nach Hamburg zu überführen, der Totenschein war französisch, mußte in Berlin übersetzt werden, weil er ja im Ausland geboren ist (Landsberg an der Warthe) und so hat Hanni nicht mehr gewollt, daß eine Obduktion Klarheit über seinen Tod bringt. Bei der Trauerfeier in Hamburg sagte der Abgeordnete der Lufthansa, sie seien ehrlich entsetzt, denn Jörg hätte so viel Vorschläge und gute Ideen mit ins Grab genommen, daß sie vieles umdisponieren müßten. Das ist sicher nicht übertrieben, denn Jörgs Beruf war seine Leidenschaft, und er hat immer gesagt, daß er damals die Annonce in der Stuttgarter Zeitung gefunden hätte, wäre der größte Glücksfall seines Lebens. Hanni und ich habe sehr lange gebraucht, um mit diesem schrecklichen Unglück fertig zu werden.

Zweimal hat Jörg mich mitgenommen nach USA auf seinen Dienstreisen. Ich durfte ja, als Mutter eines Lufthanseaten sehr billig mitfliegen, flog dann auch noch 1. Klasse, was sehr elegant und sehr angenehm war und habe mit Jörg eine ganze Menge von USA gesehen. Die erste Reise ging über den Nordpol nach Los Angeles. Das war natürlich spannend. Gegen Abend kamen wir an, mieteten uns am nächsten Tag ein Auto – das ist in USA sehr billig – und fuhren entlang der Pazifikküste nach San Diego. Von dort flogen wir nach Florida und genossen ein köstliches Wochenende am Golf von Mexico.

Clearwater ist eigentlich nur ein riesiges Luxushotel, mit einem winzigen Park drumrum, das da allein in der Gegend steht. Aber das Wasser war herrlich, die Amerikaner sehr kontaktfreudig. Es hat mir Spaß gemacht. Die zweite Reise ging sogar nach Anchorich/Alaska. Ich wollte so gern Alaska kennen lernen. Das Klima erinnert an Norwegen. Wir haben eine interessante Fahrt mit einem Mietwagen gemacht, aber den Gletscher, den wir sehen wollten, haben wir nicht gefunden. Dann flogen über Kanada nach Seattle, sahen unter uns Rüdeger Fehlhabers Vancouver. Dann traf ich in Seattle eine Verwandte von einer Freundin und habe mit ihr das reizende Seattle kennen gelernt. Dann gings weiter nach San Franzisko. Jörg sagte, das sei eine der schönsten Städte und hatte mit einer Freundin, die nach USA ausgewandert war und die wir besuchten, ausgemacht, daß sie mir San Francisco zeigt, wenn sie mich nach Los Angeles bringt. Denn Jörg ließ mich bei ihnen und machte seine Dienstreise nach Los Angeles. Die Tage in Salinas waren schlimm, denn diese Neuamerikaner, wenn sie ihren Namen anglisieren aber das veraltete Wörtchen ,von' davor stehen lassen, sind eine Klasse für sich, aber keine angenehme. Ich war jedenfalls froh, als ich Jörg in San Franzisco wieder traf, wieder mit ihm zusammen zu sein. Schade war, daß nicht wie verabredet so gefahren wurde, so daß ich die Stadt sehen konnte; ich habe es verschmerzt.

Jörg hatte neben seinem Beruf noch zwei Leidenschaften: das Segeln und das Modelle bauen. Er hatte selbst einen kleinen Katamaran, ein Familienboot ohne viele Möglichkeiten. Da er aber sehr interessiert war an der Segelei, machte alle Seglerscheine, fuhr dann als Skipper mit einem großen Segelboot auf dem Mittelmeer. Einmal war auch Hanni dabei. Und dann fuhr er mit einem von der Lufthansa gecharterten großen Segelboot bei einem Jubiläum mit Windjammerparade als Vertreter der Lufthansa an Long Island entlang. Da war Hanni auch dabei. Einige Male segelte er auch mit Hanni in der Karibik. Jedes Mal hab ich dann die Kinder versorgt, zum Teil im Zelt an der Ostsee. Gewissermaßen als Dank hat Jörg mich dann mit nach Amerika genommen.

Da das alles ein bißchen aufwendig war, kehrte Jörg zu seiner alten Liebhaberei zurück: dem Modellbau. Erst machte er Flugzeuge, dann ferngelenkte Flugzeuge, dann Fallschirmspringer, die ferngelenkt zu vorbestimmten Zielen gelenkt wurden. Hanni und ich machten die Fallschirme, Jörg erfand immer neue Raffinessen. Ich bin sehr oft mit auf dem Übungsplatz gewesen, habe auch selbst Springer gelenkt. Ich wurde einmal bei einem Wettbewerb von 40 Teilnehmern die 16.

Hanni hat jetzt 1988 wenigstens etwas ihr Gleichgewicht wiedergefunden. Ich bin so froh, daß sie nun freier und harmonischer ist. Auch die Kinder hat es natürlich in einem unglücklichen Moment getroffen. Knut im Abitur. Er hat lange gebraucht, bis er wieder im Gleichgewicht war, und Jutta hatte wohl durch Jörgs Tod in ihrer Entwicklung viel mit sich zu tun, um reif zu werden. Klaus war wohl schon etwas besser abgenabelt von Familie und zuhause, er geht seinen Weg selbständig. Ich habe mir große Mühe gegeben, alles richtig darzustellen. Ich bin garnicht sicher, ob ich es richtig gemacht habe.

6.3.71 Draußen ist es wieder Winter geworden. Das Wetter im Februar war so milde, daß die Märzbecher und die Schneeglöckchen schon ihre Köpfchen rausstreckten, ja, Wulf erzählte, daß in Kassel schon die Krokusse und die Forsytien blühen. Seit Anfang März ist es wieser so kalt, wir haben soviel Schnee, daß die Kinder wieder rodeln können, und Mohrle und ich genießen die warme Stube. Draußen weht ein eisiger Wind und es ist meist unter -10 Grad. Ich habe gerade so viel zu tun, daß es mir nicht langweilig wird, denn den ganzen Tag an der Maschine zu sitzen, wäre mir zu viel. In den nächsten Tagen erwarte ich Suse, die eine schwere Nierenoperation glücklich hinter sich gebracht hat. Ich werde sie hoffentlich schön gesund pflegen.

Hanna

Hanna hatte als einzige Tochter keinen leichten Stand in unserm Männerhaushalt. Ich hoffe sehr, daß sie gemerkt hat, wie sehr ich mich bemüht habe, daß sie nicht zu kurz kommt. Hans ging kurz nach Hannas Geburt zu den Soldaten. Wenn er im Urlaub heimkam, war er ihr ein fremder Mann und sie war eifersüchtig, wenn ich mich so sehr über sein Kommen freute und mich mit dem komischen Fremden viel beschäftigte. Diese gewisse Fremdheit ist eigentlich immer etwas geblieben. Sie haben eine Zeit lang abends ganz goldig miteinander geschäkert, trotzdem konnte Hans sich oft nicht in die etwas andere Art eines Mädchens hineindenken. Auch ihre Brüder waren oft zu kritisch mit ihr. Dabei war sie ein entzückendes Kind, mit blondem Haar und braunen Augen besonders reizend.

Als wir in Mattheshöhe waren, passierte ihr ein schlimmes Unglück: Die Kinder spielten mit alten hölzernen Autorädern auf dem zugefrorenen See

236

im Garten. Die Buben schleuderten die Räder an Stricken im Kreis herum. Hanna saß auf einem, zwei stießen zusammen und Hannas rechte Hand geriet dazwischen. Ihr rechter Ringfinger wurde bis zum Nagelbett abgeklemmt. Es war einfach fürchterlich. Ich mußte mit ihr im Pferdewagen die weite Fahrt nach Prenzlau machen. Dort wurde das oberste Glied amputiert. Ich habe nächtelang nicht geschlafen um mein armes kleines Mädchen, das nun mit einer verstümmelten Hand durchs Leben gehen mußte. Aber Hanna hat es gelernt, den Finger immer etwas gekrümmt zu halten, sodaß es kaum auffällt. An sich hatten wir Glück im Unglück, so wie der Zusammenstoß war, hätten auch sämtliche Finger abgeklemmt sein können. Das wäre dann nicht nur ein Schönheitsfehler, sondern eine Behinderung fürs ganze Leben gewesen.

Mit Puppen hat Hanna nie gespielt. Sie tollte lieber mit den Brüdern beim winterlichen Tischtennis im Keller oder im Sommer beim Fußballspiel. Sie war ein guter Verteidiger und hieß nach einem damals in Stuttgart bekannten Fußballspieler ‚Retter'. Ich höre heute noch, wie die Brüder in brenzlichen Situationen ‚Retter' riefen. Hanna hatte in der Schule keine großen Schwierigkeiten. Sie war fleißig und gewissenhaft, manchmal etwas nervös, aber sie schlug sich tapfer durch. Als Dr. Mehl, der eine gleichaltrige Tochter hatte, ihr Klassenlehrer wurde, versuchte er ihr einmal ein Bein zu stellen. Ich glaube, er wollte sich für die Blamage mit Jörg rächen. Ich merkte rechtzeitig, daß man versuchte, sie abzuschießen und ging zu dem Lehrer, sagte ihm unverblümt, daß seine gleichaltrige Tochter nicht besser wäre als Hanna, und daß ich es auf keinen Fall dulden würde, daß man in der Schule mit zweierlei Maß mißt. Ich kann mich nicht mehr so genau erinnern, was da alles los war, jedenfalls wagte Mehl es nicht, Hanna sitzen zu lassen. Irgendwie lenkte er ein und ab, indem er sich über die Arroganz meiner Söhne beklagte. Ich erwiderte, arrogant seien die Jungs bestimmt nicht, vielleicht ein bißchen in Freiheit dressiert und nicht besonders geschliffen, aber wir hielten diese Art der Erziehung für richtig. Wir nahmen mit der Mittleren Reife Hanna aus der Schule, sie hätte dann umgeschult werden müssen, und wir wollten ihr den Fahrschulweg ersparen. Wir merkten ja schließlich, wie anstrengend der für die Brüder war. Sie sollte einen praktischen Beruf lernen, den sie dann, wenn sie heiratet auch noch ausnutzen kann und fanden eine gute Aussteuer klüger, als einen Beruf, den sie nachher nicht brauchen kann. Es war bei Freunden so gewesen, daß die Töchter etwas Großartiges lernten und nachher besser ‚Schaufenster dekorieren' oder Landwirtschaft gelernt hätten. Wie die spätere Erfahrung zeigte, hatten wir garnicht so Unrecht. Im April 57 verließ Hanna die Schule, ging dann erst ein halbes Jahr in ein hauswirtschaftliches Praktikum in einem kleineren Wirtschaftsbetrieb in Birkach. Es war die Genossenschaftsschule mit einer kleinen Kantine. Den Winter über lernte sie nähen in einer Fachschule und im Frühjahr 58 kam sie in die Frauenfachschule in Feuerbach. Nach einem Jahr machte sie dort ein sehr gutes Zwischenexamen. Danach kam ein praktisches Jahr, ein halbes Jahr Hotel, ein halbes Jahr Haushalt. Den Sommer über war Hanna in Wildbad in dem Christlichen Hospiz. Diese Stelle hatte Frau Blendermann, die Direktorin der Frauenfachschule, vermittelt. Wir waren etwas erstaunt, denn es war natürlich bekannt, daß wir aus der Kirche ausgetreten waren. Aber Frau Becker, die Leiterin des Hospitzes, war so eine nette und verständnisvolle Frau, die beiden Wirtschaftsleiterinnen, vor allem die, welche Hanna anleitete, waren so freundlich und kameradschaftlich mit den jungen übermütigen Mädels, daß es für Hanna eine sehr nette Zeit war. Sie hatte ein paar Freundinnen, die genau so lustig und harmlos waren.

Hanna war wie Jörg ein Spätentwickler. Sie sah unwahrscheinlich jung aus, hatte auch kaum Interesse für Jungs und Flirts. Ich war oft etwas erstaunt darüber, denn bieneckisch war das nicht, wir waren sehr unternehmungslustig, hatten einen Haufen Verehrer und nur unsere instinktive Zurückhaltung hatte uns vor brenzlichen Situationen bewahrt. Als ich einmal Hanna besuchte, fragte ich Frau Becker, wie sie mit Hanna zufrieden sei. Sie lobte Hanna sehr, ihre Gewissenhaftigkeit, Anstelligkeit und ihren Fleiß. In dem Gespräch fiel eine Andeutung, daß sich Frau Becker nicht erklären könne, warum Frau Blendermann Hanna nicht mochte. Die kritisiere sie als unmädchenhaft, burschikos und unfähig, später ins Pädagogikum zu kommen. Ich gab nicht viel darauf, aber später fiel mir das Gespräch wieder ein. Das Winterhalbjahr sollte Hanna eigentlich bei Meinholds praktizieren, denn da war inzwischen zum Joachim noch Andreas und Jutta dazugekommen, und Renate konnte eine Hilfe gut gebrauchen. Die sagte uns aber ziemlich kurzfristig ab, denn sie wollte ihre Aufwartung nicht entlassen, weil Hanna ja nur ein halbes Jahr bei ihr sein würde. So mußten wir uns nach einer anderen Praktikantinnenstelle umsehen und Frau Blendermann riet uns, Hanna zu einer Familie in Sillenbuch zu geben. Hanna und ich machten bei Sträbs einen Besuch, fanden das eigentlich ganz nett.

Der Haushalt mit vier Kindern war ziemlich groß und umständlich, aber Frau Sträb machte den Eindruck, als sei sie großzügig und nicht allzu pingelig. Sie zeigte uns nämlich die Zimmer ihrer Kinder am Sonntag Nachmittag, in denen noch nicht einmal die Betten gemacht waren. Das kam bei uns auch vor, und so dachte ich, die Familie lebe so genial wie wir. Nun, das war ein großer Irrtum. Der Haushalt war ziemlich verwarlost, aber Frau Sträb erwartete von Hanna, daß sie das ganz allein in kürzester Zeit ändern würde. Schon am dritten Tag strich sie über die Möbel, die Treppe und Türen, ob sie Staub fand. Den stinkenden Kühlschrank, den Hanna als erstes putzte, kontrollierte sie auf Sauberkeit und so ging das endlos weiter. Ich glaube, die Frau war nicht ganz normal, denn sie erzählte mir Lügengeschichten, die unmöglich wahr sein konnten. Hanna hat mich nie absichtlich angelogen und nun sollte sie plötzlich lauter Lügen sagen? Verrückt war ja auch, daß sie behauptete, Hanna hätte verlangt, daß man mit ihr Hochdeutsch spräche, wobei doch in unserer Familie Schwäbisch und Hochdeutsch fröhlich durcheinander geschwätzt wurde. Später hab ich mal erfahren, daß Frau Blendermann, Mädchen, die sie unter einem Vorwand los sein wollte, zu Sträbs geschickt hat, weil es da keine aushielt. Hanna bekam eine Sehnenscheidenentzündung, und mußte aussetzen. Da schickte Hans mich zu Frau Blendermann, ich solle sie bitten, Hanna einen weniger anstrengenden Haushalt zu vermitteln. Aber diese sagte mir, wenn Hanna dort nicht aushielte, könne sie nicht in die 2. Klasse der Frauenfachschule gehen. Außerdem wäre für Hanna keinerlei Aussicht, im Pädagogikum aufgenommen zu werden. Einen Grund gab sie mir nicht an. Später erfuhr ich dann, daß sie Hanna nicht haben wollte, weil sie nicht in der Kirche war. Ich habe dann Hans gebeten, er solle mit der Direktorin sprechen, und er kam von ihr zurück mit der Mitteilung, daß er Hanna dort abgemeldet hätte. Hans wußte nämlich, daß Frau Blendermann mit sämtlichen Frauen im Ministerium sehr intim war, und daß sie dadurch die Macht hatte, Hanna überall zu schaden. Hans meinte, das beste wäre, Hanna aus dem Einflußbereich dieser Frau zu entfernen. Übrigens hat Frau Blendermann etwas ähnliches mit einer Nichte von Hans gemacht. Die war zwar Pfarrerstochter, also in punkto Kirche unanfechtbar, aber die konnte sie nicht leiden, weil sie schwäbisch sprach. Gertrud Zahn, eine Nichte von Großmutter Rheinwald war Lehrerein an der Schule, die hat mir später diese Dinge erzählt und auch ihre Stellung dort aufgegeben, weil mit den Launen und Sym- und Antipathien der Frau nicht auszukommen war. Sie meinte sogar, daß nur Mädchen, die sie anbeteten und krochen, bei ihr Gnade fanden.

Jedenfalls mußten wir uns um eine andere Ausbildung für Hanna umsehen. Wir meldeten sie im Katharinenhospital an der Diätschule an. Hanna hatte dazu große Lust. Es ist ein interessanter und ausbaufähiger Beruf. Hanna verlor zwar dabei ein Jahr, denn sie konnte nicht gleich aufgenommen werden. Außerdem verlangten sie an der Diätschule als Vorbildung ein Jahr Hotelpraxis. Darum ging Hanna 1960 nach Freudenstadt in den Rappen als Praktikantin. Es war dort in der Küche nicht alles so elegant, wie in den Gasträumen, alles war veraltet, die Unterbringung mehr als primitiv, der Ton in der Küche für unsre saubere Tochter reichlich unanständig, aber es hat ihr nichts geschadet. Hanna lernte, sich zu wehren, lernte Menschen kennen und durchschauen, das war ja auch nützlich. 1961 kam sie dann an die Diätschule. Dort ist sie bestens zurechtgekommen, hat sich mit ihren Lehrerinnen gut verstanden, hatte auch ganz nette Kameradinnen. Nach zwei Jahren machte sie ihre Prüfung mit einer Eins.

Nun ging sie zunächst in das Sanatorium Schillerhöhe bei Schloß Solitude. Dort sammelte sie praktische Erfahrungen, und dann ging sie als Alleinassistentin 1964 nach Lüneburg zu Dr. Kukuliess. Als ich sie dort besuchte, erzählte sie mir, sie hätten eine totkranke Patientin, die furchtbar nett wäre und ihr so unsagbar leid täte, weil sie sich mit einem hoffnungslosen Krebs rumquälte. Sie bewunderte Frau Mann, weil sie bei allem Leid so freundlich und geduldig war. Nebenbei kam dann raus, daß sie einen sehr netten Sohn habe, der sie oft besuche und der Hanna sehr gefiel. Frau Mann hat dann wohl noch ein bißchen nachgeholfen, denn sie sorgte sich natürlich um ihren Mann und Sohn, wenn sie nicht mehr da war. Jedenfalls lernten Hanna und Hans Karl sich kennen und Frau Mann hatte wohl noch vor ihrem Tode die Freude und Beruhigung, daß Hans Karl ein Mädchen gefunden hatte, das ihre Pflichten übernehmen würde. Hans Karls Mutter durfte dann eher sterben, als der Arzt und die Schwestern dachten. Im Spätsommer rief Hanna bei mir an, sagte mir, daß Frau Mann gestorben sei. Sie war außer sich, ich tröstete sie, so gut ich konnte mit dem Ausruf: „Aber Hanna, jeden Tag, den die unglückliche Frau eher erlöst wurde, ist doch ein Glück für sie. Warum weinst Du? Gönne ihr doch den Frieden." Hanna und Hans Karl haben dann im Mai 1965 geheiratet. Hans Karl war damals noch Referendar am Amtsgericht in Lüneburg. Am 10. Juli 1966 kam dann Ulrike dazu. Da ist noch etwas Lustiges zu erzählen: Hanna und Hans Karl hatten es so ausgerechnet, daß sein Referendarexamen im Mai sein würde und das Kindchen danach im Juni oder Juli geboren würde.

Nun verschob sich das Examen auf den Juli und es kam genau die Situation, daß Hans Karl Hanna zur Entbindung ins Krankenhaus bringen mußte und anschließend nach Celle fahren mußte zu seiner Prüfung. Als er nach seinem Familienstand gefragt wurde, sagte er: „Verheiratet", als er nach Kindern gefragt wurde, mußte er antworten: „Das weiß ich nicht." Er erklärte das mit der Angabe, er habe seine Frau vor der Fahrt zur Prüfung in die Klinik gebracht, er wisse aber nicht, ob er inzwischen Vater geworden sei. Nach der Mittagspause konnte er dann seinen Familienstand richtig stellen und verkünden, daß er eine Tochter habe. Von Andreas Geburt habe ich schon berichtet. Er erschien am 2. Dezember 1969. Manns kauften sich in der Nähe ihrer Mietwohnung ein nettes kleines Häuschen und zogen miteinander, Großvater, Vater, Mutter und zwei Kinder in das Haus. Inzwischen ist Herr Mann nach kurzer Krankheit gestorben, Ulrike hat Abitur und Ausbildung schon hinter sich. Sie ist medizinischtechnische Assistentin geworden und hat eine eigene kleine Wohnung in der Nähe von Bremen. Andreas hat gerade das Abitur bestanden. Was er werden will, weiß er wohl im Augenblick selbst noch nicht. Das ist zur Zeit auch ein echtes Problem. So viel Abiturienten drängen an die Universitäten, fast alle akademischen Berufe sind überfüllt und es gibt eine Menge arbeitslose Akademiker. Es ist eigentlich garnicht zu übersehen, wie die Entwicklung da weitergeht. Bald feiern Hanna und Hans Karl Silberhochzeit. Ich finde, sie haben beide ein erfolgreiches Leben. Vor allem Hanna hat ihre Fähigkeiten gut ausgenutzt, arbeitet im Wichernhaus in Lüneburg und betreut dort mit viel Einfühlungsvermögen und Einsatz so etwas unterentwickelte und wohl auch gescheiterte Menschen.

Wulf

Nun muß ich noch von unserm ‚Jüngschten‘ erzählen. Beinahe wäre er ein Zwilling geworden, alles war dafür vorhanden, nur das zweite Kindchen fehlte. Herrgott! Hätte ich mich darüber gefreut! Wäre es nicht zu nett gewesen, wenn da noch eine kleine Bärbel dabei gewesen wäre? Ich gebe zu, daß es auch manchmal etwas schwierig geworden wäre, zum Beispiel mit zwei Babies in den Keller zu sausen, mit zwei Zweijährigen vor dem Russen zu flüchten, ein sechstes Kind in Imbshausen oder Plieningen unterzubringen. Aber ich denke, daß das alles garnicht so viel ausgemacht hätte. Zwillinge zum Schluß, das wäre einfach wonnig gewesen ! Und ich hätte jetzt noch eins mehr, an das ich mit Liebe denken kann, was auch noch anriefe und mir seine Sorgen und Freuden erzählte. Eigentlich waren fünf Kinder viel zu wenig, wo ich doch so eine begeisterte Mutter bin.

Wulf tanzte aus der Reihe. Er ging in den KV in Plieningen und nicht in den TV, der ein bißchen was Feineres war. In ihm wurde geturnt und Handball gespielt, während im KV gerungen und Fußball gespielt wurde. Die Linien verwischten sich etwas, als Goetz anfing zu Ringen. Ich selbst fand das zwar etwas unappetitlich, aber Goetz hat es Spaß gemacht und dann wurde auch nicht mehr an Wulfs KV rumgenörgelt. Wulf lernte bald das schönste Schwäbisch, nämlich das Plieninger. Das ist noch eine ganze Menge gröber als das sonstige. Als wir nach Birkach zogen, sagte Herr Weissinger zu Wulf: „Du, Bua, jetzt bischt zu Birkich, jetzt heußts nimme „noa", jetzt muuscht „noi" sage". In Wirklichkeit hätte er ‚Nein' sagen müssen.

Als Wulf acht Jahre alt war, wurde er vom Filderboten interviewt:

> Was Kinder sich vom Weihnachtsmann erhoffen.
>
> Acht Jahre alt ist Wulf Rheinwald aus Plieningen. Sein Vater ist Professor in Hohenheim. „Mir hent net viel Geld", meint er und vergißt dabei fast das Naseschneuzen. Ein Füller und ein Raupenschlepper sind seine größten Wünsche. Zum anderen – ein Schuco-Fernlenkauto, ein Paar Turnschuhe, Schlittschuhe und Ski – reicht es kaum, denn auch die vier Geschwister wollen vom Christkind etwas bekommen.

Am Samstag den 15.12. erschien dies Interview. Es erregte bei Hohenheimer Kollegen Ärgernis. Wir haben nur darüber gelacht.

Am Tage unsres Richtfestes schickte ich Bernd und Wulf zum Arzt. Wulf tat der Arm so weh. Er kam wieder mit einem dicken Gipsverband, denn der Arm war gebrochen. – Wulf hatte immer schnell Kontakt. In der Birkacher Schule hatte er auch bald Freunde. Mit 10 Jahren machte er die Prüfung zur Oberschule. Nach einem halben Jahr verlangten die Hohenheimer Lehrer seine Rückversetzung nach Birkach. Grund: Er sei noch nicht reif für die Oberschule. Als ich der Sache nachging, kam heraus, der Erdkundelehrer fand eine Zeichnung so schlecht, Wulf wäre so unordentlich und unreif, daß er erst ein Jahr später in die Oberschule könne. Ich habe vergeblich versucht herauszubekommen, was da eigentlich los war, keiner konnte mir einen andern Grund sagen, der Erdkundelehrer, der sein Klassenlehrer war, bestand darauf. Nachher stellte sich sogar noch zu allem Überfluß heraus, daß die beanstandete Zeichnung garnicht vom Wulf war. Aber da war er schon wieder in Birkach. Bitte, das ist keine Lügerei, so ging es wirklich in Hohenheim zu!!! Wulf kam dann das Jahr drauf nochmals nach Hohenheim an die Schule und völlig normal mit. Der Birkacher Lehrer hatte mir schon gesagt, daß es ihm völlig unverständlich gewesen sei, warum Wulf zurück mußte. Er wäre immer bei ihm ein fleißiger und aufmerksamer Schüler gewesen. Wir hätten Wulf am liebsten gleich an die Wilhelmsoberschule nach Stuttgart gegeben, aber wir wollten ihm die anstrengende Fahrerei ersparen. Bevor er mit Latein anfangen mußte, schickten wir ihn dann aber doch nach Stuttgart. Latein war auch seine Schwäche. Ich behaupte, daß ihnen allen das Fundament der Sprachen fehlte, die Grammatik, die in den Volksschulen viel zu wenig unterrichtet wurde. Aber sowohl Hanna als auch Wulf hatten nur eine nebelhafte Ahnung von Grammatik. Ich habe versucht, es etwas auszugleichen, habe meine kostbare Zeit geopfert und ihnen erklärt, was ein Subjekt und ein Objekt ist, aber ich hatte so entsetzlich viel Arbeit, daß es immer nur Stückwerk blieb.

Bei Wulf rächte es sich nun in Latein. Als wir merkten, daß das brenzlich wurde, mußte Hans aushelfen. Ich konnte zu wenig Latein, und Hans konnte es noch vorzüglich. Hans hat dann jeden Abend mit Wulf gepaukt. Es war für beide eine Tortur. Hans, weil er brüllte über so viel Unverstand, Wulf, weil er so viel Angst vor seinem Vater bekam, daß er regelmäßig heulte. Ich habe dann mal wieder meine Finger eingeklemmt, habe beiden zugeredet, bin von beiden beschimpft worden; dann haben wir alle drei Frieden geschlossen. Hans hat sich etwas gemäßigt, Wulf hat sich weniger einschüchtern lassen, und dann war der Tiefstand eines Tages überwunden, und von da ab machte es beiden beinahe Spaß. Ich glaube aber, daß Wulf am Ende doch froh war, als er das Abitur in der Tasche hatte, und er nicht mehr zum Latein antreten mußte. Ach, wie oft habe ich gezittert, wenn nebenan das Donnerwetter losging, und dann war es plötzlich ruhig und ging ganz normal weiter! Leider hatten wir das Abitur noch nicht in der Tasche. Wie alle unsere Kinder war Wulf in den naturwissenschaftlichen Fächern gut. In Mathematik stand er immer auf zwei oder drei. Aber die Sprachen waren schwach. Durch seine guten Noten in Biologie, Physik, Mathematik und Chemie konnte er das immer ausgleichen. Aber eines Tages fuhren in der Einfahrt zwei Lehrer mit dem Auto aufeinander. Es gab nur an den Autos ein wenig Blechschaden, sonst passierte nichts weiter. Eine Horde Jungs beobachtete das und grinste natürlich. Herr Semmler, ein

Mathematiklehrer, als sehr launisch bekannt, stürzte sich auf die Bande. Alle außer Wulf verschwanden schleunigst. Herr Semmler stellte den Wulf und verlangte von ihm die Namen der andern, die da gelacht hatten. Wulf weigerte sich und sagte noch, es sei ja nichts passiert, wenn es böse ausgegangen wäre, hätten sie alle bestimmt geholfen. Der Lehrer mußte sich damit zufrieden geben. Im Jahr drauf wurde Herr Semmler Wulfs Mathematiklehrer und beim nächsten Zeugnis bekam Wulf die Rechnung präsentiert. Mathematik eine Fünf. Nun hatte Wulf durch eine Nachkriegsrachitis ein krankes Knie, beim Sport wickelte er es regelmäßig. Dr. Marquardt operierte einmal den Meniskus, aber es war nicht so schlimm, daß er nicht eifrig bei Kickers Handball spielen konnte. In diesem Jahr, als Herr Semmler sein Mathematiklehrer war, verletzte er sich auf dem Schulweg das Knie so übel, daß Dr. Marquardt nochmals operieren mußte. Mit einem Schlag war es aus mit jeglichem Sport. Wulf wußte nicht, ob er nicht ein Krüppel würde. Er war also tiefunglücklich. Dazu die Nöte in Mathematik. Um keine Schulzeit zu versäumen, ließen wir die Operation in den Weihnachtsferien machen. Sie glückte und bis auf eine gewisse Empfindlichkeit war das Knie wieder in Ordnung. Da kam der blaue Brief. Ich ging sofort zu dem Klassenlehrer, den Wulf sehr mochte, und der auch immer sehr verständnisvoll gewesen war. Ich bat ihn, Wulf zu helfen, es wäre doch offensichtlich, daß er bisher ein guter Schüler in Mathematik gewesen war, daß er in dem Augenblick, als Herr Semmler sein Lehrer geworden war, schlecht geworden war. Der Klassenlehrer stellte das auch an Hand der Zeugnisse fest. Ich bat ihn doch zu verstehen, was es für einen begeisterten Sportler seelisch und körperlich bedeutet, wenn er mit einem Schlag aufhören muß. Ich machte ihn darauf aufmerksam, daß Wulf auf seine Ferien freiwillig verzichtet hatte, um operiert zu werden. Und dann kam die Antwort, es wäre bekannt, daß Herr Semmler ein schwieriger Mann sei. Er könne sich deswegen nicht mit ihm streiten. Außerdem solle ich mir doch nicht einbilden, daß jeder so intelligent sei, das Abitur zu machen, bloß weil sein Vater Professor ist. Da hab ich nichts mehr antworten können und bin weinend fortgegangen. Diese Antwort mit dem Professor hatte ich schon einmal zu hören bekommen. Bei irgendeiner Rektorenkonferenz war festgestellt worden, daß die Abiturienten, die zum Studium kamen, ein nachlassendes Bildungsniveau zeigten. Ich kann es nicht beurteilen, ob die Rektoren recht hatten, aber die Lehrer haben das bombenübel genommen. Sie haben es mir mindestens zweimal unter die Nase gerieben, einmal habe ich geantwortet: „Mein Mann ist nie Rektor gewesen, also kann er an dieser Feststellung nicht beteiligt gewesen sein." Beim zweiten Mal habe ich geschwiegen. (Ich habe mir überlegt, ob ich die ganze Sache überhaupt bei der jetzigen Überarbeitung erwähnen sollte. Ich habe es geschrieben, weil es bestätigt, wie schlecht der Kontakt in württembergischen Schulen zwischen Lehrern und Schülern und den Eltern war. Ich hatte es ja vorher einmal erwähnt.) Also blieb Wulf sitzen. Das Einzige, was ich aushandeln konnte, war, daß Wulf nicht in die Klasse kam, in der Herr Semmler Mathematik unterrichtete. Hans war natürlich entsetzt. Mit seiner Gesundheit stand es schon so schlecht, er hatte Angst, daß er Wulfs Ausbildung nicht zu Ende finanzieren könne. Deshalb fragte er sich, ob er Wulf nicht aus der Schule nehmen und etwas anderes lernen lassen sollte. Klugerweise ging er mit Wulf zur Berufsberatung. Dort war ein sehr verständnisvoller Psychologe, der sah sich erst einmal die Zeugnisse an und merkte sofort den Abfall in Mathematik. „Ach, da haben Sie wohl einen andern Lehrer bekommen?" Nach dem Test sagte er zu Hans: „Den lassen Sie ruhig das Abitur machen, wenn alle Fälle so leicht zu durchschauen wären, wären wir gut dran." Zu Wulf sagte er: „Junger Mann, setzen Sie sich auf den Hosenboden und zeigen ihren Lehrern, was Sie können." Wulf machte das Abitur als Zweitbester in der ganzen Schule. Er war gerade 20 Jahre alt geworden.

Da er mit seinem kaputten Knie nicht zum Militär mußte, fing er gleich mit seinem Studium an. Er wollte nach Gießen und Tierarzt werden. Das erste Semester machte er in Hohenheim. Man hatte das von Gießen genehmigt, aber nachher stellte sich heraus, daß das in den Gießner Studienplan nicht hineinpaßte. Nun, verloren war das Semester nicht, in Hohenheim konnte man was lernen, und er gewann das Interesse von Professor Bolz, der ihm immer in ganz reizender Art geholfen hat, ihm zu einem vorzüglichen Praktikum in seinem Institut verhalf und ihn väterlich beriet. Am 1. November ging Wulf nach Gießen zum Studium.

Wulf studierte ohne große Pannen. Er machte sein Diplom, promovierte dann mit einer guten Note, war dann zwischendurch in Heidelberg an einem wissenschaftlichen Institut und begann danach in Treysa mit einer eigenen Kleintierpraxis. Ingela ist Lehrerin. Sie ist sehr verständnisvoll mit Wulf, der ab und zu mal seelische Probleme hatte. Die beiden haben keine Kinder, sind aber ein so reizendes Ehepaar, daß ich mich immer besonders freue, wenn ich sie sehe. Ihr Verzug heißt Daisy und ist ein Cockerspaniel.

Jürgen Romann

Ich möchte hier die Affäre ‚Jürgen Romann' einschieben. Die Vorgeschichte dazu ist folgende: Als Adenauer die Wiederbewaffnung der Bundesrepublik einführte, waren Hans und ich entsetzt. Wir fanden die Neutralität von Österreich so vernünftig, und nachahmenswert, nachdem wir merkten, mit was wir Deutschen nach dem Kriegsende alles beschuldigt worden waren. Natürlich konnten wir politischen Laien nicht beurteilen, ob ein neutraler Frieden für uns überhaupt möglich war, ob der Russe vielleicht versuchen würde, Westdeutschland zu annektieren, ob das der Amerikaner nicht vielleicht verhindert hätte, indem er unser ganzes Industriegebiet dann einfach zerstört hätte. Also Atomkrieg!! Die Amerikaner hatten ja offenbar keine Hemmungen, Zivilisten zu opfern. Siehe Hiroschima und Nagasaki! All das haben Hans und ich natürlich nicht beurteilen können und im Grunde kann man das immer noch nicht. Jedenfalls waren wir beide entsetzt, als da ohne Bedenken, wieder junge Deutschen zum Wehrdienst eingezogen wurden. Außerdem hatte ich noch in der Erinnerung, wie amerikanische Offiziere ohne Kriegsurteil deutsche Offiziere in Mecklenburg ermordet haben !!! Ich war wirklich froh, daß Bernd und Goetz damals zu alt waren und Jörg und Wulf nicht tauglich. Ich glaube aus dieser Opposition schlug Hans mir damals vor, diesem jungen Deserteur Jürgen Romann nach seinem Prozeß zu helfen. Er war von Norddeutschland, seiner Heimat, nach Württemberg versetzt worden, war dort sicherlich sehr lieblos geneckt worden, hatte sich einer der vielen grassierenden Sekten angeschlossen und dort ein Mädchen gefunden, mit der er sich, wie er mir erzählt hat, vor dem Altar verlobt hatte. Er ist dann wohl ein Wochenende mit ihr zusammen gewesen und hat den Dienst geschwänzt. Das war natürlich Fahnenflucht und kam vor Gericht. Unser Haus wurde 1964 ganz leer, Goetz und Wulf waren schon im Aufbruch. Da nahmen wir den jungen Mann auf. Er war nur ein paar Tage mit Goetz und Wulf noch zusammen in unserm Haus. Schon in den paar Tagen fing er mit den beiden Streit an. Wie die ganze Sache ausging steht in dem Bericht von Frau Beha, die ich damals kennen lernte, sehr bewunderte, sehr bedauerte wegen ihrer Mißerfolge, und an die ich ein echtes liebevolles Gedenken habe.

246

„Bericht über Jürgen Romann, geb. 12. 1. 1943

Urteil vom 26.3.1964. AG Böblingen, Az.Da 347/63

Bis zum 30. 9. 1964 – der Entlassung aus der Bundeswehr – wurde die Bewährungshilfe vom militärischen Vorgesetzten Jürgen Romanns geführt. Ich stand seit der Verhandlung mit ihm im Briefwechsel und sah ihn zweimal in Stuttgart. Es fiel auf, daß er sich brieflich meist sehr unpräzise ausdrückte und auch bei den Besuchen mit Mitteilungen über sein persönliches Leben zurückhielt.

Es war vereinbart, daß Jürgen Romann nach seiner Entlassung zu Familie Rheinwald, Stuttgart-Birkach zieht. Herr Prof. Dr. Rheinwald und seine Frau hatten sich nach der Verhandlung im März zur Aufnahme Jürgen Romanns bereit erklärt, nachdem sie von seinem Schicksal erfahren hatten. Kurz vor seiner Entlassung von der Bundeswehr wurde der junge Mann dort vorgestellt und der Versuch gewagt.

Die Familie – besonders Frau Rheinwald – gab sich mit Jürgen alle Mühe. Nachdem die Eltern Rheinwald selbst fünf Kinder, darunter vier Söhne großgezogen hatten, waren sie ohne Illusionen und nahmen Jürgen wie einen Sohn auf. Seine persönlichen Eigenheiten wurden respektiert; Jürgen wurde mit Wärme und Bereitschaft umgeben, weil jeder in der Familie wußte, daß er noch nie ein normales Familienleben kennengelernt hatte.

Es zeigte sich aber bald, daß Jürgen sich weder einfügen noch anpassen konnte. Überaus stimmungslabil kreiste er nur um sich und folgte nur seinen eigenen Einfällen. Notwendigkeiten und Forderungen, die sich aus jedem Zusammenleben ergeben, erkannte er nicht und wenn sie ihm klar gemacht wurden, wich er aus. Er fühlte sich beaufsichtigt und gezwungen und hatte immer neue Gründe, um sein Ausweichen zu kaschieren. Sei es, daß er die Idee hatte, nach Kanada auszuwandern, oder nach Hamburg zur See zu gehen, oder nach Berlin, weil er angeblich auf jeden Fall vermeiden wollte, wieder zur Bundeswehr zu müssen. Mit diesen Plänen hielt er die ganze Familie Rheinwald einschließlich mir in Atem. In stundenlangen Gesprächen wurde dann immer wieder versucht, Jürgen klar zu machen, daß er nach so kurzer Zeit weder seine Situation noch seine Umgebung beurteilen könne.

Jürgen arbeitete ab 6.10.1964 bei der Firma Haushahn als Bauschlosser; er verdiente ordentlich, fand die Tätigkeit aber zu langweilig. Voll Unrast kam er von einem Einfall zum andern. Innerhalb der Familie machte er sich mit seinen Wutanfällen unbeliebt; er wußte immer alles besser und mußte immer das letzte Wort haben. Wenn er in die Enge getrieben wurde, verwies er auf die ‚Freiheit‘, die er unbedingt brauche und entbehre. Gefragt, was er sich von dieser Freiheit verspreche, hatte er nur diffuse, unvergorene Antworten wie ‚das Leben‘ u.ä. Alle seine Antworten hatten die charakterliche Reife eines pubertierenden Jungen von etwa 17 Jahren. Dabei konnte er aber, wenn er wollte sehr höflich und bereitwillig sein; von der Arbeitsstelle wurde er gut beurteilt.

Jürgen hatte sich im Mai 1964 mit einer Schwesternschülerin des Krankenhauses Böblingen verlobt. Obwohl der Besuch Jürgens mit seiner Braut bei mir vereinbart worden war, kam es nie so weit. Ich hatte den Eindruck, als ob Jürgen den Besuch absichtlich verhinderte. In die Enge getrieben, meinte er schließlich, das Mädchen sei eifersüchtig auf mich(!). Ich setzte mich daraufhin mit Fräulein Ingrid Staffeldt telefonisch in Verbindung. Dabei zeigte sich, daß Fräulein Staffeldt bereits soweit war, die Verlobung zu lösen. Aus allem, was sie erzählte, gewinnt man den Eindruck, daß sie Jürgen als Blender empfand, der nicht zu geben bereit war, was er versprach. Er sei zudem sehr eifersüchtig und jähzornig gewesen, auch könne er nicht mit Geld umgehen.

Nachdem Fräulein Staffeldt erst 20 Jahre alt ist und noch mitten in ihrer Ausbildung steht, bestärkte ich sie in ihrem Entschluß, sich von Jürgen Rohmann zu trennen. Sie wollte den bereits geschriebenen Brief noch am gleichen Abend wegschicken.

Gegen Ende des Monats Oktober gab es mit Jürgen beinahe jeden Tag irgend eine Auseinandersetzung, die sich aus einer Lappalie entwickelt und von ihm eher genossen als gefürchtet wurde. Daß er meist nur halbe Wahrheiten erzählte, schien ihm garnicht bewußt zu werden.

Nach einem neuen Krach und einem Hausbesuch am 29.10.1964, hielt ich es für notwendig, daß Jürgen sofort bei der Familie Rheinwald auszieht. Er hatte am gleichen Tag auch den ‚Entlobungsbrief‘ bekommen, war aber weder davon noch von seinem schlechten Benehmen beeindruckt, sondern er stellte im Gegenteil Forderungen, ohne deren Erfüllung er nicht bei Familie Rheinwald bleiben werde! Nach seiner Entschuldigung waren Frau und Herr Prof. Rheinwald jedoch bereit, ihn weiter zu behalten. – Eine Woche ging es nun gut, bis Jürgen morgens einen Zettel auf dem Tisch hinterließ, daß er spät nach Hause kommen werde. Bei einer Anfrage im Betrieb stellte sich heraus, daß Jürgen sich nach Würzburg abgemeldet hatte, wo er dringend irgend etwas erledigen müsse. (Aus seiner Militärzeit hatte Jürgen dort einen Motorroller stehen). Die Idee, nach dem Roller zu sehen, kam ihm ebenso abrupt, wie die meisten seiner ,Ideen‘. Er dachte auch nicht daran, daß man ihm sein Benehmen übel nehmen könnte, wie er auch nicht damit rechnete, daß die Sache bekannt werden könnte.

Jürgen konnte nun endgültig nicht mehr bei der Familie Rheinwald bleiben. Er wurde von mir am 30.11. ins Johannes Falkhaus eingewiesen. Wir vereinbarten außerdem, daß Jürgen nach Kiel zurückkehrt, weil er nun, gelöst von der Braut und der Pflegefamilie, keinen Menschen außer mir in Stuttgart kannte. Jürgen entschloß sich dann, so schnell wie möglich zu fahren und schrieb an seinen Vater, daß er zu ihm zurückkehre. Mit einem Eilbrief erklärte Herr Rohmann jedoch, (d.h. der Brief wurde von seiner Freundin geschrieben), daß er Jürgen nicht aufnehmen wolle. Jürgen hatte aber im Betrieb bereits gekündigt und auch der Heimplatz wurde benötigt. In der letzten Woche schwänzte er zwei Tage die Arbeit und kam abends ins Heim zurück, wann es ihm paßte.

Telefonisch erkundigte ich mich bei der Bewährungshilfe Kiel nach den Möglichkeiten für Jürgen. Dabei stellte sich heraus, daß der Bewährungshelfer Wriedt, Kiel Deliusstr. 27 ein früherer Erzieher Jürgens aus dem Kinderheim Hofhammer ist. Er hat sich bereit erklärt, die Bewährungshilfe bei Jürgen zu übernehmen, für seine Unterbringung zu sorgen und ihn am Samstag 21. 11. am Zug abzuholen. – Bei Jürgen Rohmann bestätigt sich von neuem die Erfahrung, daß jahrelanger Heimaufenthalt normalen sozialen Kontakt und Anpassungsfähigkeit überaus erschwert oder gar unmöglich macht. Jürgens möglicherweise noch pubertätsbedingte Stimmungslabilität und seine geringe seelische Belastbarkeit lassen es zusätzlich fraglich erscheinen, ob er die Bewährungszeit durchstehen wird." (beha).

Brunhilde Reinhild

Als ich das hier abschrieb, fiel mir ein, daß ich einen ähnlich mißglückten Fall mit einem Mädchen, einem Fürsorgezögling, hatte. Das muß im Jahr 1942 gewesen sein. Fräulein Jürgensen, von der ich gesprochen habe und die ich sehr schätzte, hatte eine Freundin, die Sozialfürsorgerin war. Die sorgte sich um ein 16-jähriges Mädchen, deren Mutter meines Wissens an TBC gestorben war. Der Vater hatte eine Lebensmittelgroßhandlung und war ein ganz solider Mann. Ein Sohn war meines Wissens im Krieg gefallen und die Tochter, Brunhilde Reinhild, trieb sich rum und hatte wahllos Liebhaber. Jedenfalls bat wohl der Vater, ob seine Tochter nicht irgendwo eine Obhut finden könne, wo sie daran gehindert werden kann, vor die Hunde zu gehen. Ich wurde gefragt, ob ich das Mädchen nicht aufnehmen könne, um zu versuchen, sie in diesem kritischen Alter zu beeinflussen. Ich hatte meine liebe solide Hilda, die nichts dabei fand, sich des Mädchens freundschaftlich anzunehmen. Wir waren beide ganz schön ahnungslos. Wir führten sie ins Kino, wir gingen zu Jugendveranstaltungen mit ihr, aber das war, wie ich jetzt weiß, natürlich allzu sanfte Kost. Wie dumm ich war: ich fuhr in der Zeit, als Brunhilde bei uns war, mit Fräulein Jürgensen zu einen Kurzurlaub in den Schwarzwald, mahnte alle, recht nett zu sein etc. Als ich zurückkam, erfuhr ich, daß Brunhilde in der Nacht einmal ausgekniffen war. Sie benutzte dazu ein Abendkleid von mir, meine Strümpfe und Ballschuhe, nahm sich den Hausschlüssel und verschwand unbemerkt von Hilda. In der Nacht gab es Fliegeralarm, Hilda bemerkte, daß Brunhilde nicht da war und machte die Kette vor die Haustür. Um wieder hineinzukönnen mußte Brunhilde den Hausmeister der Versuchsanstalt wecken. Der ließ sie dann durch die Versuchsanstalt und Hans' Büro in unsern Hausteil. Aber durch ihn erfuhr ich dann natürlich auch die ausgeliehene Kleidung etc. Die Fürsorgerin hat dann mit dem Vater gesprochen, daß das jeden Tag wieder in irgendeiner Form passieren könne und hat das Mädchen in ein Erziehungsheim eingewiesen. Da geschah dann noch das originelle Malheur, daß das Mädchen mit dem Brunhilde das Zimmer teilte, auf ihrem Nachtisch dasselbe Bild eines Leutnants stehen hatte, von dem Brunhilde dachte, er sei ihr Bräutigam. Es gab dann eine zünftige Prügelei und der Offizier wurde strafversetzt. Nach dem Krieg hab ich dann einmal erfahren, daß Brunhilde geheiratet hat, daß sie, glaube ich, sogar Kinder hatte und, als Opfer des Faschismus, in der ersten Nachkriegsgeneration, wo ein KZ-ler Bürgermeister war, sogar in die höchsten Sphären der Stadtverwaltung von Kassel aufgestiegen sei und da eine große Rolle gespielt habe.

Kindheits- und Jugenderinnerungen der fünf Kinder

Zu meinem 70. Geburtstag, also 1979, schenkten mir die Kinder einen Ordner mit fünf Berichten. Auf eine Idee von Hanna hin hatten sich alle daran gesetzt, ihre Kindheitserinnerungen niederzuschreiben. Ich füge sie hier an.

[Unter den Bildern, die mir zur Gestaltung dieses Buches zur Verfügung stehen, gibt es ausgezeichnete Fotografien von uns fünf Kindern aus dem Jahr 1948, aufgenommen von Gotschow in Imbshausen. Ich verwende sie hier, jeweils am Anfang des Beitrages des betreffendes Kindes. Goetz]

Bernd: Meine persönlichen Erinnerungen an unser Familienleben

Als Hanna mir im Oktober ihren Plan erzählte, jeder von uns solle zu Mutters 70. Geburtstag seine persönlichen Erinnerungen an das gemeinsame Familienleben aufschreiben, war ich davon hell begeistert. Als ich dann meine Erinnerungen hervorkramte, stellte ich fest, daß zwar viele große und kleine Ereignisse hervordrängten, daß es aber fast unmöglich war, sie in die richtige zeitliche Reihenfolge zu bringen. ‚Große' Ereignisse stehen einem immer näher als ‚kleine', und nur der Schauplatz oder die verstandesmäßige Zurückrechnung bringen etwas Ordnung in die Erinnerungen. Bestimmte örtliche Veränderungen geben meinen Erinnerungen ein Gerüst, in das ich sie einordnen kann, deshalb will ich bestimmte Zeitabschnitte, die unseren damaligen Wohnorten entsprechen, zusammenfassen; dabei kann es sein, daß innerhalb dieser Zeit die Erinnerungen auch einmal durcheinander purzeln.

1934-1938 Landsberg/Warthe und Mattheshöhe

Zu den ersten Erinnerungen in meinem Leben gehören zwei Ereignisse in der Hohenzollernstraße. Merkwürdigerweise geschahen beide nicht in der Wohnung, sondern im Treppenhaus. Da muß ich einmal die Treppe hinuntergefallen sein, denn ich erinnere mich noch an einen dunklen Treppenabsatz, auf dem ich lag und mir den Kopf angeschlagen hatte. Das zweite Ereignis in der Hohenzollernstraße passierte mir an der Wohnungstür von Frau Richter, an deren Gesicht ich mich noch dunkel erinnern kann. Dort sehe ich vor meinem Gedächtnis immer noch die weiß lackierte Wohnungstür und vor dieser einen großen Kaktus, an dem ich mir einmal einen Stachel mitten in die Hand gerammt habe. Ungefähr in diese Zeit muß auch meine erste Erinnerung an Mattheshöhe fallen. Hier sehe ich mich zusammen mit Rüdeger an der Scheune vorbei in Richtung auf die Felder laufen. Das muß der Tag gewesen sein, an dem er versucht hat, mir die Nase abzuschneiden, obwohl ich mich an diesen Vorgang selbst nicht erinnern kann. Noch zwei andere Geschichten tauchen nebelhaft aus den vielen Mattheshöher Eindrücken auf: ‚Sonnenschein auf dem Hof, ich stehe auf dem Misthaufen und singe‘ und ‚Onkel Walter fängt mit der Hand an der sonnenbestrahlten Schweinstalltür viele Fliegen auf einmal.‘

Wieder zurück nach Landsberg; gerade während des Schreibens taucht ein anderes Bild auf: ich besuche zusammen mit Mutter Vater im Krankenhaus; ich glaube, es ging ihm damals schon wieder besser. Dann folgt der Umzug in die Moltkestraße, der für mich fest verknüpft ist mit einer anderen, sehr unangenehmen Erinnerung (hierbei bin ich mir aber gar nicht sicher, ob beides zusammenhängt): ich sitze weinend in meinem Kinderbett mit den gedrehten Stäben – und habe scheußliche Ohrenschmerzen. Einmal kommt Mutter und tröstet mich, obwohl sie viel zu tun hat; ein anderes Mal ein Mädchen, das in meiner Erinnerung Hilda zu sein scheint. Irgendwann später bin ich bei Nachbarn in ihrem Schrebergarten und spiel mit Peter Fraaß (??). Als ich später von dort zurückkomme, die in der Abendsonne liegende Moltkestraße entlang, schaut Großmutter Bieneck aus dem Fenster und ruft: „Bernd, komm schnell rauf!" und ich höre mich noch heute antworten: „Ist es ein Junge oder ein Mädchen?" Mein Bruder Goetz war geboren.

Kurz darauf folgte mein erster Sommerurlaub in Misdroy, aber die Bilder von diesem Urlaub sind so stark vermischt mit denen des Jahres 1939, daß ich sie erst in diesem Zusammenhang schildern will. Ich glaube nur, daß das Spielanzügchen mit den Olympiaringen zu diesem Urlaub genäht wurde.

Das ist alles, was mir aus der Zeit in der Moltkestraße im Gedächtnis geblieben ist. Zahlreicher und deutlicher werden für mich die Bilder aus Heinersdorf; ja es werden so viele, daß ich einige nur in Stichworten angeben will: Der

Weihnachtsmann kommt mit Sack, Bart und allem, was sonst noch dazu gehört und entpuppt sich nachher als Onkel Gerd Preuschen. Oder: ich maschiere mit einer Fahne durch den Garten des Sündermannschen Hauses (ha, ich weiß sogar den Namen!) und singe „... marschiern im K r e i s in unsern Reihen mit!" Oder: ich marschiere mit der derselben Fahne nach Heinersdorf und hole Heini(?) Kuhfeld von der Schule ab. Andere Eindrücke sind: ich habe Keuchhusten oder die alte Glocke an der Ecke des Hauses mit dem Knöterich.

Aber es gibt auch große Ereignisse, die einer längeren Schilderung bedürfen, so der Stich mit der Mistgabel in den Fuß. Am Abend kam dann Dr. Schreuder; ich lag in Mutters Bett und er sagte zu mir: „So nun sagst du: ‚dreimal verfluchte Scheiße'" und als ich das voller Begeisterung sagte, gab er mir die fällige Tetanusspritze. Dann Jörgs Geburt mit aller damit verbundenen Aufregung, von der ich aber in der Nacht gar nicht so viel mitbekommen habe. Zwei ganz alltägliche Begebenheiten sind mir aber ganz fest im Gedächtnis geblieben, zwei Besuche mit Mutter in Landsberg. Das eine Mal wanderten wir bei ziemlicher Sonnenhitze von Landsberg zurück, ich war sehr müde und da stimmte Mutter das Lied vom fahrenden Gesellen und später noch den ‚Bayerischen Marsch' und plötzlich verging der Weg wie im Flug. Aus heutiger Sicht betrachtet, kommt er mir fast so vor, als hätte ich mich damals zum letzten Mal als Mutters ‚Einziger', der ich ja längst nicht mehr war, gefühlt; jedenfalls habe ich mich später nie wieder so eng mit Mutter verbunden gefühlt. Der zweite Besuch war, glaube ich, später; wir haben an der Warthebrücke Lastkähne betrachtet, die mir damals wie Ozeanriesen vorkamen, und Mutter hat mir von ‚Onkel Amtmann' erzählt. Warum diese Begebenheit so fest in meiner Erinnerung steht, weiß ich aber nicht. Den Abschluß dieser Zeit bildete der Umzug von Landsberg nach Kassel. Von der langen Autofahrt weiß ich nur noch zwei Sachen: die Fahrt mit dem Auto über die Berliner Ost-West-Achse, wo ich zum ersten Male Verkehrsampeln !!! sah und eine Rast auf einem Autobahnparkplatz mit einer Tracht Prügel wegen schlechten Benehmens. Den Abschluß dieser Reise bildete eine Übernachtung in einem Hotel in Kassel, was für mich ein wichtiges Ereignis war.

1938-1943 Kassel mit Unterbrechungen

Gleich an unserem Einzug in das riesige Haus in Kassel kann ich mich noch gut erinnern: so ziemlich als erstes erschien aus dem Möbelwagen mein eiserner Handwagen, mit dem im Schlepptau habe ich dann den großen Garten und die

Straße vor dem Haus erforscht. Überhaupt bietet der Garten eine Quelle für viele schöne Erinnerungen: Maikäferfangen im Ahorn, Herumklettern auf dem Pavillon mit seinen zwei Lebensbäumen davor, Kirschernte auf ‚Schneiders Später Schwarzer Knorpelkirsche'. In irgendeinem Jahr habe ich mir einmal eine Erdhöhle auf der Wiese hinter dem Garten gegraben; ich weiß aber nicht mehr, mit wem ich darin gespielt habe. Ich kam ja dann sehr bald in die Schule und hatte zwei Klassenkameraden, die in meiner Nähe wohnten, Horst Köbrich und Heinz Limmroth. Sie waren oft bei uns, dann kam auch Rüdiger einmal zu Besuch und ging auch, glaube ich, eine Weile in Harleshausen mit mir zur Schule. Ich erinnere mich noch gut an den spektakulären Sturz von der Schaukel, bei dem sich Rüdiger den Bleistift in den Rücken stieß. An meine Grundschulzeit habe ich nicht so viele Erinnerungen, nur an Frau Kaiserling kann ich mich noch erinnern. Ach halt! Da fällt mir noch eine Geschichte aus der Grundschule ein. Wir hatten da einen sehr netten, jungen, zackigen Lehrer – er wohnte sogar ziemlich in unserer Nähe, der sehr kameradschaftlich mit uns umging. Der hat mir mal bei irgendeiner Gelegenheit an die Nase gefaßt und war dann sehr erstaunt, als er plötzlich die Nase voller Schnupfnase hatte. Noch etwas anderes taucht da plötzlich aus der Vergessenheit auf. Ungefähr auf der Hälfte unseres Schulweges, am Fuße der kleinen Steigung, die von Harleshausen herunter zu uns führte, kreuzte eine kleine, nicht ausgebaute Straße unseren Weg, und hier wohnte ein kleines Mädchen, das sehr frech war und uns immer Schimpfworte nachrief und uns ärgerte. Eines Tages hat sie mich so gereizt, daß ich ihr mit der Faust auf die Stirne schlug. Als sie weinend nach ihrem Vater rief, sind wir gelaufen, was wir konnten und haben uns auch wochenlang nicht mehr an dieser Stelle vorbeigetraut, sondern sind lieber einen Umweg gelaufen. Ein wesentliches Ereignis dieser Jahre war meine ‚Blinddarmentzündung', wegen der ich ins Krankenhaus mußte. Acht Tage sollte alles dauern, aber es wurden sechs Wochen daraus, denn es war gar nicht der Blinddarm, sondern Scharlach, und den mußte ich in der Isolierstation auskurieren. Aber das war schon während des Krieges, denn ich weiß genau, daß ich vor dieser Erkrankung in der wegen Kohlenmangels ungeheizten und geschlossenen Versuchsstation mit meiner Do 17, die mir Onkel Walter gebaut hatte, gespielt habe. Leider habe ich das Flugzeug mit ins Krankenhaus genommen, und es hat sich beim Desinfizieren in seine Bestandteile aufgelöst.

Überhaupt, dieses Haus! Ich weiß noch gut, wie wir an kalten Tagen mit den Rollschuhen von der Küche über den Flur ins Wohnzimmer, von da durch den

Wintergarten und Vaters Büro in den Flur der Versuchsstation gefahren sind, von da ins große Labor, um einen Labortisch herum und wieder zurück bis in die Küche. Haben wir einen Auslauf gehabt! Und Hühner im Garten und Kaninchen unter der Veranda. Dieses Haus ist wie ein versunkenes Paradies aus meiner Kindheit. Vor drei Jahren war ich wieder in Kassel und habe das Haus wieder besucht – welch eine Enttäuschung; die alten schönen Bäume alle abgehauen, der Garten dürr und verkommen, die alten Erinnerungen alle verschüttet. Ich habe den Eindruck so schnell wie möglich wieder ausgelöscht und behalte lieber das alte Bild im Herzen.

Im Jahr 1939, vor Kriegsausbruch, waren wir alle in Misdroy. An diesen Urlaub kann ich mich noch gut erinnern, eine Segelbootfahrt: „Hinaus, hinaus aufs weite Meer, für fünfzig Pfennig hin und her!" – an einen Zeitungsverkäufer: „Heute neu! die Berliner Nachtausgabe!", der immer Zeitungen austrug, die ein Flugzeug kurz vorher abgeworfen hatte; an gezuckerte Walnüsse am Stil und an eine Wanderung auf den Kaffeeberg. Wenn ich mich noch recht erinnere, sind wir einmal mit dem ‚Salon-Emil' und seiner Kutsche nach Liebeseele gefahren. Dann kann ich mich noch recht gut an Frau Haupt und die Pension Viktoria entsinnen, an unser Zimmer im Jugendstil eingerichtet, unter dem immer ‚dicke Schlitten' in den Hof des Hotels ‚Bella Vista' hineinfuhren.

Auf dieser Reise waren wir, glaube ich, auch in Mattheshöhe und ich bin mit Großvater auf dem See Kahn gefahren. Aber hier geht es mir wieder, wie schon oft: es sind zwar Eindrücke da, aber ich kann sie nicht genau zeitlich einordnen; so kann es zum Beispiel sein, daß die Tracht Prügel erst bei der Heimfahrt von diesem Urlaub passiert ist. Irgendwann in diesem Sommer sind wir dann auch mal mit Vater auf der Autobahn nach Hannoversch-Münden gefahren, um den hohen Viadukt über die Werra anzuschauen. Wenn ich heute darüber fahre, denke ich immer daran, selbst wenn es gerade durch eine Radarkontrolle geht.

1940 wurde dann Hanna geboren; aber an diese Geburt kann ich mich nicht so recht entsinnen, da sie nicht im Haus stattfand und so die Schwester plötzlich da war. Ich weiß aber noch, daß ich vorher einmal an Mutters Bauch horchen durfte, wie sie sich bewegt. Bald darauf kam dann die sehr überraschende, vorgezogene Einschulung in die Oberschule, und dann fing der Ernst der Schulzeit erst richtig an. Von diesem Tag an bis zum Ende meiner Schülerzeit war ich ‚Fahrschüler'. Die Fahrt von Harleshausen bis zum Hauptbahnhof war zwar nicht weit, aber der Schulweg quer durch halb Kassel, um das Henschelwerk herum bis zur Schule war kein Vergnügen. Noch während des ersten Schuljahres mußte Mutter nach Mattheshöhe; ich fuhr deshalb zu Fehlhabers nach Breslau. Die erste selbständige große Reise und gleich quer durch Deutschland. Zum Glück gab es damals noch keine richtigen Fliegerangriffe. In Breslau erlebte ich dann den tragischen Tod unseres Helden Werner Mölders und den feierlichen Trauerzug durch Breslau mit. So nett die Zeit in Breslau auch war – ich habe mich nämlich gut mit Rüdiger vertragen – ich war froh, als es wieder nach Hause ging. Aber inzwischen hatte der Krieg an Heftigkeit zugenommen, es gab Tag- und Nachtangriffe auf Kassel, wir mußten nachts oft in den Keller. Zuerst gingen wir in den Keller der Versuchsstation, saßen da mit anderen, fremden Menschen herum und lauschten auf den Bombenlärm. Ich erinnere mich noch, daß wir einmal draußen auf der Treppe vom Keller gestanden haben und nach den Scheinwerfern geschaut haben, dann aber wieder hineingingen. Am nächsten Morgen fand man dann an der Stelle, an der wir gestanden hatten, einen großen Granatsplitter. Da haben wir noch nachträglich einen Mordsschreck bekommen. In diesem Luftschutzkeller zirrpte immer ein Heimchen, und noch heute, wenn ich irgendwo in einem Keller eines höre, stehen mir die Nächte wieder vor Augen. Später haben wir uns dann im eigenen Keller einen eigenen Schutzraum eingerichtet, der sogar Betten hatte (diese Betten haben uns später nach der Flucht davor bewahrt, daß wir zu zweit in einem Bett schlafen mußten). So konnten wir bei längeren Angriffen sogar liegen. An Schlafen war allerdings für die Erwachsenen und auch für mich bei den ständig stärker werdenden Angriffen nicht zu denken. Ich denke nur daran, wie Mutter vom Luftdruck einer Luftmine in den Keller gefegt wurde, oder wie sie bei einem anderen Feuerkontrollgang es erlebte, wie unsere Flakbatterie im Tiefbeschuß genau über unser Haus hinweg auf ein tieffliegendes Flugzeug schoß. Da war sie fast genauso schnell im Keller. Wir hatten am nächsten Tag allerdings die Genugtuung, daß sie dieses Flugzeug erwischt haben. Im März 1943 wurde dann Wulf geboren, natürlich auch während eines Luftangriffes. Meine erste Aufgabe war, überall bei den Behörden herumzufahren und zu versuchen, ein Telegramm an Vater aufzugeben, der damals in Rowno saß. Es war aber nicht möglich, ein Telegramm aufzugeben; für solch normale und vor allem freudige Ereignisse waren keine Leitungen frei. Also hat Mutter zwei Briefe an Vater geschrieben, von denen ich den einen am Hauptbahnhof einem Landser in einem Fronturlauberzug mitgegeben habe in der Hoffnung, er käme eventuell schneller an als die normale Feldpost. Welche Nachricht Vater dann als erste erreicht hat, weiß ich aber nicht mehr.

Als dann im Sommer 1943 die Angriffe immer heftiger wurden und Mutter die Zusage erhielt, wir könnten in Misdroy Quartier bekommen, sind wir zusammen mit Christa Zirow, unserem Haushaltslehrling, aber ohne Stefanie, unserer eindeutschungsfähigen Polin, nach dort gefahren. Der Tag der Abreise war für mich mit einer großen Aufregung verbunden – ich glaube für Mutter auch, da ich nach einer Zahnbehandlung (vielleicht waren es auch Birnen) plötzlich schreckliches Nesselfieber bekam und beinahe die Reise unmöglich gemacht hätte. Dann folgte die Fahrt von Kassel nach Berlin im verdunkelten Abteil mit den vielen Soldaten im völlig überfüllten Zug; Wulf schlief in seiner Hängematte zwischen den Gepäcknetzen. Dann kam diese vertrackte Umsteigerei in Berlin, als durch einen abfahrenden S-Bahnzug die Familie in zwei Teile geteilt wurde und dann das Pech am Stettiner Bahnhof, als uns der Seebäder-Schnellzug, von dessen Existenz in Kassel niemand gewußt hatte, direkt vor der Nase wegfuhr. Dadurch kamen wir in den ‚Genuß' einer Bummelzugfahrt bis Misdroy, was bei der Hitze damals kein reines Vergnügen war. In Misdroy war es dann sehr schön, man konnte fast den Krieg vergessen, bis uns dann die Bombenangriffe, vor denen wir geflüchtet waren, in Gestalt des Angriffs auf Peenemünde wieder einholten.

1943-1946 Mattheshöhe, Flucht und Helmshausen

Wir sind dann von Misdroy gleich nach Mattheshöhe gefahren. Die Zeit von August 43 bis April 45 hätte an sich sehr schön sein können, da wir doch herrliche Freiheiten genossen und ich als Ältester immer der Anführer war. Als aber auch Fehlhabers zu uns zogen, wurde es doch so drangvoll eng in dem sowieso kleinen Haus, daß die Gemütlichkeit aufhörte. Außerdem war der Schulweg nach Prenzlau eine echte Zumutung, mit der Kleinbahn war man eine kleine Ewigkeit unterwegs, vor allem während der Rübenernte, außerdem war der Weg von Falkenwalde nach Mattheshöhe, vor allem bei schechtem Wetter, sehr anstrengend. Ich entsinne mich, daß ich mich einmal, als so ein richtig eisiger Schneesturm über die Höhe pfiff, fast in den Schnee gelegt hätte, weil ich so erschöpft war. So gab mich Mutter dann zu ‚Trudchen' Gralow nach Prenzlau in Pension. Das wäre eine ganz gute Lösung gewesen, wenn Trudchen nicht so ein gräßlicher Drachen gewesen wäre.

Einmal, als ich starken Husten hatte, hat sie mich mit Ohrfeigen gezwungen, ihn zu unterdrücken, damit ich ihren alten Vater nicht störe; ich muß schon sagen, eine ganz neue Art der Hustentherapie. Wenn sie einen Lateinwörter oder Formen abhörte, ging es auch nie ohne Ohrfeigen ab, die einige so heftig waren, daß mir das Blut aus der Nase schoß. Das alles soll aber nicht heißen, daß es nicht auch schöne Tage in Prenzlau gegeben hätte; so, als wir im Uckersee Krebse fingen, mit denen Trudchen dann ein profundes Krebsessen veranstaltete.

Ich war aber nicht böse, als mich Mutter im Sommer 44 wieder nach Mattheshöhe holte, und ich den täglichen Schulweg mit dem Fahrrad machen mußte. Ganz ungefährlich war das aber nicht, denn zu dieser Zeit flogen die Russen schon manchmal Lufteinsätze gegen die Uckermark. Mir sträuben sich heute noch die Haare, wenn ich dran denke, wie ich einmal eine von diesen Blindgänger-Splitterbomben hochgenommen habe und nach eingehender Untersuchung wieder fortgeworfen(!) habe. Aber die Bomben waren wirklich Blindgänger, denn als ich die Geschichte in Mattheshöhe erzählte, haben die Soldaten der bei uns einquartierten Funkkompanie alle Bomben, die da rumlagen, eingesammelt und zwischen ein paar großen Findlingsblöcken mit einer Handgranate sprengen wollen. Die Handgranate explodierte zwar, aber nachher lagen genauso viele Bomben herum wie vorher. Überhaupt waren die Funker für einen Jungen wie mich natürlich eine höchst interessante Gesellschaft, ich glaube aber für die Damen in Mattheshöhe auch. Mit dem einbrechenden Winter zeichnete sich immer deutlicher ab, daß der Krieg verloren war; ich mußte wegen der unsicheren Lage nicht mehr nach Prenzlau zur Schule, und die Wagen wurden für den Treck vorbereitet. In meiner jugendlichen Begeisterung konnte ich mir zwar nicht vorstellen, daß das das Ende Deutschlands sein könnte, aber den Ernst der Lage habe ich – glaube ich wenigstens – doch nie ganz verkannt. Im Januar oder Februar tauchte dann plötzlich Vater als Verwundeter mit erfrorenen Füßen in Prenzlau im Lazarett auf, wir konnten ihn besuchen und er gab uns wertvolle Ratschläge für die Flucht. dann wurde er weiter nach Westen transportiert, zu seinem und unserem Glück. Bald darauf mußten uns auch unsere Funker verlassen, und wir fühlten uns doch schon sehr allein auf unserem Berg. Wenige Tage vor der Flucht häuften sich die russischen Tieffliegerangriffe, überall am Horizont brannten Dörfer, es war schaurig. Als dann das Signal zur Flucht kam, war wenigsten die Zeit des Wartens vorbei und man konnte wieder handeln. Mutter hat die Flucht ja ganz genau beschrieben, so daß ich mich nur auf einige eigene Erinnerungen, die ganz besonders haften geblieben sind, beschränken kann. Auch hier bin ich mir über die genaue Reihenfolge der Ereignisse nicht ganz im Klaren. Ich könnte ja nachschauen, aber ich glaube, es wirkt unmittelbarer, wenn ich es so aufschreibe, wie es mir gerade einfällt. Wichtigstes Ereignis war natürlich am Anfang der Flucht der Tieffliegerangriff am Warener See, der uns vom übrigen Treck trennte und uns nach Norden abdrängte. Ich weiß ganz sicher, daß ich keine Minute echte Angst verspürt habe, als die Russen da rumgeballert haben – die jugendliche Abenteuerlust hat alles überdeckt.

Gleich anschließend an diese Episode kam Goetz' Geburtstag, den wir so trist auf einer Kiste gefeiert haben und den wir dann schleunigst abbrechen mußten. Das nächste war dann, als wir einen Ochsen schlachten mußten; ich habe da nicht zugeschaut, der Ochse hat mir zu leid getan. Ich habe überhaupt nie zuschauen können, wenn man ein Tier geschlachtet hat. Sehr viel aufregender war dann wieder der Tieffliegerangriff in Teterow, aber auch da war ich nicht irgendwie erschreckt, sondern nur hinterher verärgert über den Diebstahl des Fahrrades. Mutter hat mich getröstet, indem sie mir klarmachte, daß vielleicht irgendein armer Landser dadurch den Russen entkommen ist.

Der nächste unvergeßliche Eindruck stammt von dieser schrecklichen Nacht auf dem Sandweg, als es überhaupt nicht mehr weiterging und wir dauernd Vorspann leisten mußten, um überhaupt wieder weiter zu kommen. Da war mir zum ersten Mal unsere Situation bewußt und mir war wirklich unbehaglich zu Mute. Irgendwo danach war es dann, daß die Flüchtlinge unter Mutters Anleitung einem Brotwagen, der nichts an uns abgeben wollte, sein Ware mit Gewalt abnahmen. Wie erleichtert waren wir alle, als es hinter Wismar hieß, wir seinen in Sicherheit und wie groß das Entsetzen, als wir dann doch eilig weitermußten, weil die Demarkationslinie weiter nach Westen verlegt worden war. Mit Fahrrädern ohne Reifen rollten die Flüchtlinge vorbei und plötzlich war aus dem Treck eine wilde Flucht geworden. Erst als wir am nächsten Morgen nach Rhena kamen, war doch wohl das Schlimmste überstanden, und wie wir uns dann im Heeresverpflegungslager mit Lebensmitteln und mit Kaffee versorgten, das war wieder echtes Abenteuer. Am Nachmittag dieses Tages haben wir dann die ersten Amerikaner gesehen. Wir versuchten, weiterhin Richtung Elbe zu ziehen und hörten auf dieser Fahrt vom Ende des Dritten Reiches und langsam wurde auch mir das volle Ausmaß der Wandlung, die sich für uns vollzog, bewußt. Bald holten die Amerikaner alle Trecks von den Straßen, um für ihre Truppenbewegungen Platz zu haben, und so wurden auch wir in dem ARD-Lager Carlow interniert. Da aber der Druck des unbedingt Entkommenmüssens langsam von uns wich, wurde die Zeit in Carlow ganz ulkig. Ich mußte jeden Tag mit Herrn Mülling und den Pferden heraus an die Wegränder, um die Pferde zu füttern. Mutter wurde so etwas wie die Lager-Dolmetscherin; und obwohl alles sehr primitiv und provisorisch war und obwohl die Zukunft düster aussah – wir waren noch einmal davongekommen! Als wir dann auch noch Verbindung zu Vater aufnehmen konnten, waren wir fast wieder ganz glücklich.

Ich muß immer wieder Mutters Riecher bewundern: sie wollte einfach weiter nach Westen, vor allem als die Gerüchte über die endgültige Zonen-verteilung sich immer mehr verdichteten. Eines Tages sind wir dann einfach weitergezogen, haben uns den Kompetenzwirrwarr bei den Besatzern zu Nutze gemacht und sind nach Mölln gefahren. Dort haben wir Vater losgeeist, d.h. wir haben seine Entlassung in die Wege geleitet, so daß er uns in Geesthacht einholte. An Geesthacht habe ich eine nette Erinnerung: dort gab es zum ersten Mal seit langer Zeit wieder warmes Wasser und ein großes Waschbecken, und so wurden alle Kinder einer gründlichen Reinigung unterzogen. – Als Vater dann zu uns stieß, sind wir weiter gezogen, und in Hamburg konnten wir endlich über die magische Grenze Elbe. Haben wir uns amüsiert, als nach den strengen Vorkontrollen und sonstigen bürokratischen Schwierigkeiten, die man uns vorher bereitet hatte, kein Hahn danach krähte, was sich alles auf unseren Wagen befand. Unsere Fahrt von Hamburg bis Karlshafen an der Weser müßten wir heute als Abenteuerurlaub wahscheinlich teuer bezahlen, was anderes war es im Grunde auch damals nicht. Ich denke nur an das Bild mit den zwei englischen Wachsoldaten in Höxter, die uns durch ihr gravitätisches Benehmen hell begeisterten. In Helmarshausen bei Karlshafen fanden wir dann ein Quartier, wo wir ein paar Tage bleiben konnten, und so fuhren Vater und Mutter einmal als Vorhut nach Kassel voraus, und als dort Vater seine Entlassung mitgeteilt wurde, suchte er für sich und uns eine Landarbeiterstelle, um als Selbstversorger über die bevorstehenden Hungerjahre hinwegkommen zu können. Während er noch unterwegs war, erkrankte Mutter und ein Teil von uns Kindern an Paratyphus und alle, auch die nichtkranken Kinder, wurden zusammen mit der schwerkranken Mutter in eine Krankenstation nach Karlshafen verlegt. Als der Treck weiterzog nach Helmshausen, blieben

Mutter, Hanna und Goetz im Krankenhaus. Wir hatten uns in Helmshausen gerade eingerichtet, da kam eine Nachricht von Mutter aus Karlshafen, in der sie über schlechte Kopfkissen klagte. Da wir unbedingt Verbindung mit ihr aufnehmen wollten, wurde ich losgeschickt. Ich sollte zuerst einmal nach Kassel zu Riems fahren; das ging auch mit dem Güterzug. In Kassel habe ich bei Hilda Meisterfeld übernachtet und die sind abends mit mir in die Stadthalle in die ‚Fledermaus‘ gegangen. Das war sehr nett, aber als ich am nächsten Tag weiter wollte, ging kein Zug mehr in Richtung Norden. Da haben Riems mir ein Fahrrad besorgt und ich fuhr mit zwei Kopfkissen und meinem Geburtsschein als Ausweis mit dem Fahrrad nach Karlshafen. Unterwegs geriet ich in eine Straßensperre und durfte erst nach längerem Betteln weiterfahren. In Karlshafen brachte ich das Krankenhauspersonal in nicht geringe Verlegenheit, denn sie mußten mich irgendwo im Krankenhaus unterbringen. Endlich durfte ich als 13-jähriger Junge in der Frauenstation auf dem Balkon übernachten. Mutter ging es schon wieder wesentlich besser und bald nachdem ich wieder in Helmshausen war, kam sie dann auch mit den Geschwistern. Der Herbst wurde sehr hart, denn wir mußten im Akkord Zuckerrüben ernten. Langsam vergrößerte sich die Familie, alle Versprengten fanden zu uns. Erst kam Rüdiger nach Helmshausen, später auch Onkel Fritz. Im Winter wurde in Kassel die Oberschule wieder aufgemacht und Rüdiger und ich fuhren jeden Tag nach Kassel, zuerst mit dem Zug, später mit dem Bus über die Autobahn. Bei den Bahnfahrten denke ich manchmal mit Schaudern an die Überquerung der Fulda bei Guntershausen, denn dort war die Notbrücke so schmal, daß man von den Güterzugtrittbrettern, auf denen wir manchmal sitzen mußten, direkt in schwindelnde Tiefen hinabblickte. Im Frühjahr 1946 nahm Vater Verbindung mit Onkel Gerd in Imbshausen auf (ich glaube, die Verbindung kam schon im Winter zustande). Eines Tages verluden wir unsere Möbel in einen Waggon und dann fuhren Mutter und ich als Zugbegleiter zusammen mit den Möbeln nach Northeim. Die Fahrt ging ganz glatt vor sich, niemand kontrollierte uns an der Zonengrenze und gegen Abend kamen wir in Northeim an. Unser Waggon wurde auf ein Abstellgleis geschoben und wir schliefen in ihm in unseren Betten. Als wir am nächsten Morgen beim Waschen waren, wurden wir plötzlich von einem Rangierstoß durcheinander gewirbelt. Aber der Lokführer war ein netter Mann, er entschuldigte sich und zum Trost durfte ich ein Stück auf der Lokomotive mitfahren. Bald kam auch der Schlepper von Imbshausen, um unsere Möbel zu holen; so vollzog sich unser Umzug nach Imbshausen.

1946-1949 Imbshausen

Wir waren als Vorhut nach Imbshausen gekommen, unsere Möbel waren da, aber die Wohnung im Palmenhaus, wo wir sie hinstellen wollten, war noch nicht fertig. So mußten Mutter und ich noch eine Weile im Gasthaus wohnen, bis der Umbau fertig war; aber dann endlich waren wir wieder eine vollständige Familie, die für sich leben durfte und nicht mit der Verwandtschaft alles teilen mußte. Obwohl die Jahre 46 und 47 für Deutschland eine bittere Zeit waren, haben wir ein recht glückliches Leben geführt. Da es mir in der Schule ganz gut ging und ich auch sportlicher und kräftiger wurde, fühlte ich mich ausgesprochen wohl und denke sehr gerne an die Jahre in Imbshausen. Ich machte dann Tanzstunde, hatte die ersten kleinen Verliebtheiten, konnte im Sommer bei der Ernte helfen, im Winter bei dem herrlichen Schnee im Vorharz skilaufen und die tollen Schlittenfahrten auf der Allee mitmachen – es war sehr schön! Bei einer Wettfahrt, bei der ich Mutter als besondere Belastung hinten auf dem Schlitten hatte, ist uns in einer Kuhle am Ende der Strecke der Schlitten zu Bruch gegangen.

Und dann verstand man in Imbshausen Feste zu feiern, vor allem Fasching und Erntedankfest. Jeder in Imbshausen hat damals sein Leben genossen, so gut es ging; materielle Fragen spielten eine ganz untergeordnete Rolle, die Hauptsache war, man hatte etwas zu essen, für die Dunkelheit eine Petroleumfunzel (Nello-Licht) für Stromsperren und – zumindest die Erwachsenen – etwas zu rauchen. Vater streckte dann seine Fühler wieder nach Süddeutschland aus, und er war öfter einmal auf Reisen. Dafür brauche man eine Reiseberechtigung. Für so eine Reise mußte ich ihm einmal einen Schein in Kreiensen holen; ich lieh mir also von einem Landwirt, der auch bei uns arbeitete, sein Fahrrad und nahm Jörg auf dem Kindersitz mit. Unterwegs steckte Jörg bei voller Fahrt einen Fuß in die Speichen des Vorderrades – und ein kapitaler Salto war die Folge. Ich war schon ziemlich zerschunden, aber Jörg war ganz übel zugerichtet und das Fahrrad hatte eine Acht. Trotzdem sind wir weitergefahren, haben Vaters Papiere geholt und dann wieder zurück. Als aber Jörg noch auf der Fahrt Wundfieber bekam und anfing, mit den Zähnen zu klappern, war ich doch heilfroh, als ich wieder nach Hause kam.

Ein andermal fuhr ich mit dem Melkermeister mit seinem selbst zusammengebauten Motorrad hinaus auf die Weide. Unterwegs platzte ein Reifen, und er schickte mich mit einer frisch geschärften Hacke weiter zu seinen Leuten, die mit dem Pferdewagen voraus gefahren waren. Beim Laufen schnitt ich mir mit der Hacke in den Oberschenkel, aber richtig tief. Trotzdem blutete es nicht. Da bin ich so schnell ich konnte gerannt, damit es zu bluten beginnt, habe meine Hacke abgeliefert und bin wieder heim. Da hat es geblutet! Als ich nach Hause kam, war niemand daheim. Ich habe mich – so gut es ging – selber verbunden. Als Mtter dann kam, war es zu spät zum Nähen; so habe ich eine schöne Narbe am Bein behalten. Dann muß ich oft – vor allem jetzt, wo ich wieder zum Zahnarzt muß – an diesen Menschenschinder von Zahnarzt denken, der mir damals mein Hitlerjugend-Zahnlücke schließen sollte und mir dabei meinen Eckzahn zerstört hat. Macht dieser Mensch eine Wurzelspitzenresektion ohne Betäubung!

Im Sommer sind wir nach Echte ins Bad gewandert, wo ich endlich schwimmen lernte. Leider holte ich mir auch dort meine Kinderlähmung, die aber Gott sei dank ohne Folgen blieb. Als dann 1948 die Währungsreform kam, habe ich in den Sommerferien einem Flüchtling beim Aufbau seines Fahrrad- und Haushaltswarengeschäftes geholfen und bekam dafür von ihm das erste Fahrrad, das ihm geliefert wurde. Mein erstes eigenes Fahrrad – selbst verdient! Ich glaube, auf das war ich stolzer als heute auf meinen Mercedes. Mit dem Rad bin ich nach Northeim zur Schule gefahren, und als Vater im Herbst 1948 nach Stuttgart ging, bin ich in den Herbstferien zu ihm gefahren. Aber auf der Rückfahrt hat mich irgendwie der Teufel geritten und ich bin eine ziemliche Strecke mit dem Zug gefahren und habe unsere kostbaren DM vergeudet.

Bald darauf kam Rüdiger aus Mattheshöhe zu uns; er hatte sich mit frechen Bemerkungen und oppositionellem Verhalten unbeliebt gemacht und mußte deshalb abhauen. Er bekam eine Lehrstelle am Institut und wohnte bei mir im Zimmer. Als ich im Frühjahr von der Tanzschule gebeten wurde, wegen Herrenmangels noch einmal mitzumachen, habe ich Rüdiger auch dazugeholt, und wir haben gemeinsam den Mädchen den Kopf verdreht. Mitten während des Tanzkurses kam unser Umzug nach Stuttgart. Ich habe Rüdiger meine Dame anvertraut und dann hieß es mal wieder, die Möbel einzupacken.

Obwohl doch die Zeiten schon wieder normaler waren, war dieser Umzug im Grunde genommen viel abenteuerlicher als der nach Imbshausen. Ein uralter Möbelanhänger, der durch unsere Möbel total überladen war, davor ein vergammelter alter LKW, der auch vollständig ausgelastet war, und in der Kabine des Möbelanhängers Mutter und wir fünf – so gingen wir auf eine abenteuerliche Nachtfahrt. Unterwegs streifte ein Reifen so stark am Rahmen, daß wir dauernd Angst hatten, es gäbe einen Unfall. Von Heidelberg aus fuhren die eigensinnigen LKW-Fahrer gegen den Rat von Vater nicht weiter auf der Autobahn, sondern über Wimpfen, Lauffen usw. nach Stuttgart, wo wir statt am Morgen erst mittags ankamen. Mein erster Eindruck von Stuttgart war ein Halt am Charlottenplatz, wo die Fahrer nach dem Weg fragten. An der Weinsteige kam dann der Motor ins Kochen und wir holten uns aus einem Haus Wasser. Immer, wenn ich dort vorbei fahre, muß ich an unsere Fuhre denken. Endlich kamen wir in Plieningen an, wo uns ein fast verzweifelter Vater erwartete.

1949-1952 Plieningen

Also zogen wir in das Zimmermannsche Haus in der Echterdinger Straße ein. Obwohl es gegenüber dem Palmenhaus einige unleugbare Vorteile hatte – Gasherd, Türklinken, dichte Fußböden und ein eingebautes, wenn auch Plumpsklosett – so war es doch immer noch primitiv genug; vor allem war es eng. Zumindest, so lange obendrin noch Lindenmeyers wohnten, mußten wir Kinder auf der Bühne [Dachboden] schlafen. Als Lindenmeyers dann auszogen, wurde es wesentlich besser. Wir fanden in der Nachbarschaft trotz sprachlicher Schwierigkeiten bald ganz nett Anschluss; Vater war glücklich beim Aufbau seines Institutes, die wirtschaftlichen Verhältnisse besserten sich ganz allgemein für alle – es ging aufwärts. Weil in Württemberg im Frühjahr Versetzung war, verlor ich bei der Umschulung ein halbes Jahr; aber das war nicht unbedingt ein Fehler, denn in Northeim hatten wir keinerlei naturwissenschaftlichen Unterricht gehabt und ich mußte mich schwer anstrengen, um den Anschluß zu bekommen. Außerdem hatten wir einen widerwärtigen Lateinpauker, der mir übel wollte, und der hat mich in kürzester Zeit von meine guten Lateinnoten heruntergebracht. Zum Glück waren die anderen Lehrer sehr nett, vor allem Dr. Weiß, unser Klassenlehrer. Trotzdem war ich nach dem Abschluß der Unterprima so deprimiert, daß ich am liebsten die ganze Schule aufgegeben hätte. Vater hat dann wohl das ernsteste Gespräch mit mir geführt, das er je hatte. Er machte mir klar, daß ich mir mein ganzes zukünftiges Leben festlegen würde, wenn ich jetzt aufgäbe. Ich habe dieses Gespräch nie vergessen und danke es Vater noch heute. Ich habe noch mal die Zähne zusammengebissen und das Abitur auch tatsächlich auf Anhieb geschafft. Ich weiß noch, wie ich mit dem Bus nach Hause gekommen bin und meine Tasche voller Freude über das ganze Trottoir zu Mutter geworfen habe.

Da es mein Wunsch war, Maschinenbau zu studieren und Vater der Meinung war, vor jedem theoretischen Wissen müsse erst eine solide Handwerksausbildung stehen, hat er mir bei Daimler-Benz eine Lehrstelle besorgt, und nun fuhr ich jeden Tag nach Untertürkheim. Während der Jahre, die wir in der Echterdinger Straße wohnten, hat Vater immer nach einer Möglichkeit gesucht, für uns ein größeres, möglichst eigenes Heim zu schaffen. Als dann die Stadt in Birkach recht billige Grundstücke zur sofortigen Bebauung anbot, hat er sich kurz entschlossen in den Bau eines Einfamilienhauses gestürzt. Als der Bautermin schon feststand, ergab sich für ihn die Möglichkeit einer Studienreise nach USA. So blieb es Mutter überlassen, den Bau allein voranzutreiben. Unter der tätigen Mithilfe von uns allen und mit aller Überredungskunst für die Handwerker, die damals nicht besser waren als heute, gelang es ihr, daß wir am Tage von Vaters Heimkehr im eigenen Heim wohnten. Ich muß allerdings gestehen, daß mir von der Zeit ab, wo ich mich um meine Berufsausbildung kümmern mußte, nur noch ganz wenige starke Eindrücke des Familienlebens geblieben sind, so auch vom Bau des Hauses.

1952-1960 Birkach

Jetzt hatten wir endlich ein modernes Haus, in dem alle Erfahrungen aus Mutters langer Haushaltszeit verwirklicht worden waren; unsere Einbauküche ist das Vorbild vieler heute handelsüblicher Küchen geworden; Vater hatte seinen Garten, den er planen und von Grund auf neu gestalten konnte; wir hatten ausreichend Platz für jeden: wir waren glücklich, obwohl wir alle ziemlich sparen mußten. Im Jahr 1954 habe ich mein Studium begonnen, das sich am Anfang auch recht gut anließ und mir auch viel Spaß machte. Nach dem ersten Semester mußte ich mir einen Nierenstein, der sich schon zwei Jahre vorher bemerkbar gemacht hatte, aber jetzt erst richtig unangenehm wurde, herausoperieren lassen. Die Operation verlief zwar ganz normal, meine Niere war noch nicht geschädigt und konnte drin bleiben; aber als Komplikation ergab sich eine Bauchfellvereiterung und deswegen mußte ich sechs Wochen im Krankenhaus bleiben. Ich habe mich aber schnell wieder erholt. Im Sommer 1955 bin ich bei den Borussen eingetreten und hatte bald einen netten Freundeskreis, der oft bei uns zu Hause zusammen kam, um Prüfungsvorbereitungen zu treffen.

Leider hatte diese Freundschaft auch ihre Schattenseiten, denn da ich nicht besonders willensstark war, kam ich bald in einen ziemlichen Gammelbetrieb hinein und kam langsam aber sicher mit meinem Studium in Verzug. In dieser Zeit war auch die Liebesgeschichte mit Uta, und sowohl die Borussen wie auch meine Brüder waren des öfteren in Heiligenholz. Als aber durch Utas Verschulden die Geschichte in die Brüche ging, war auch er letzte Rest Leistungswille beim Teufel, und alles ging schief. 1958 lerne ich Irmgard kennen, plötzlich kam der Elan wieder zurück, leider zu spät, um mein Studium in Stuttgart noch zu retten. Aus späteren Erfahrungen kann man sagen, daß das Studium des Maschinenbaus nicht das Richtige war, ich hätte besser ein geisteswissenschaftliches Fach studieren sollen. Ich glaube, ich wäre zum Beispiel ein ganz guter Lehrer geworden, denn ich habe bei gelegentlichen Schularbeiten mit Kristin gemerkt, daß ich ganz geduldig sein kann, was sonst bestimmt nicht meine Stärke ist und daß ich auch Sachen, die meiner Tochter vorher unverständlich waren, leicht und ohne Mühe begreiflich machen kann. Aber hinterher ist man halt immer klüger. So habe ich noch zwei Anläufe unternommen, um doch noch mein Studium fertig zu bekommen, zuerst in Graz, dann aber in Aachen. In Aachen war ich zwei Semester, aber bei der ersten Prüfung, die auf mich zukam, bekam ich – bildlich gesprochen – das heulende Elend und habe endgültig aufgegeben. Irgendwie hatte ich auch das Gefühl, daß ich jetzt lange genug jemand anderem auf der Tasche gelegen hätte und wollte jetzt endlich auf eigenen Füßen stehen.

Durch Onkel Siegfried, der mir schon 1956 eine Praktikantenstelle bei Haushahn verschafft hatte, bekam ich eine wenn auch zunächst bescheidene Stelle in der Betriebsleitung. Die praktische Arbeit und der Umgang mit Menschen hat mir von Anfang an viel Freude bereitet, und heute habe ich eine unerschütterliche Position bei meiner Firma. Wenn ich daran denke, wieviele Diplomingenieure bei der kürzlich erfolgten Entlassungsaktion bei uns haben gehen müssen, bin ich gar nicht mehr so traurig über meine damalige Energielosigkeit.

Im April 1961 habe ich mich mit Irmgard verlobt und als im Winter ein Baby unterwegs war, haben wir gleich geheiratet. Im Mai 1962 konnten wir eine Wohnung in Feuerbach beziehen und von da an hatte ich eine eigene Familie.

Wenn ich dieses ‚Werk‘ durchlese, stelle ich fest, daß viele, viele Erinnerungen, die genauso wichtig sind wie die hier aufgeschriebenen, fehlen. Aber was hier steht, ist das, was für mich wirklich wichtig war und ist – deshalb soll es so bleiben.

Bernd

Goetz: Erinnerungen an die Kindheit

Meine erste Erinnerung stammt aus dem Sommer 1938. Wir waren einen halben Tag in Mattheshöhe gewesen, und von diesem Besuch ist mir der Eindruck von der gewaltigen Holztreppe geblieben, die aus der Küche nach oben führt.

Freilich wüßte ich das heute nicht mehr, nachdem wir danach noch zweimal in Mattheshöhe waren. Es muß etwa in meinem vierten Lebensjahr gewesen sein, daß nach meiner frühesten Erinnerung gefragt wurde. Da kam dieses Bild von der Treppe zum Vorschein. Hätte man dies damals nicht gefragt, so wäre mir das auch nicht in Erinnerung geblieben.

Meine frühesten wirklichen Kenntnisse meiner Jugend liegen in Harleshausen; so etwa ein Morgen im Hochsommer, wo es ‚reife' Pflaumen im nassen Tau gab; mit denen habe ich mir den Bauch vollgeschlagen und kräftig Bauchschmerzen bekommen. Das Wandeln auf der Fensterbank ist mir genauso schwach im Gedächtnis wie das gegenseitige Haareschneiden mit Jörg. Auch an Großmutter Bieneck habe ich verschwommene Erinnerungen.

Ein Erlebnis steht mir deutlich im Sinn, und das war, daß ich aus dem Fenster gefallen war auf einen Steinhaufen (Luftschutzkeller) und mir mit einer zerbrochenen Brille das Lid aufgeschnitten hatte. Wenn ich aufhören würde mit dem Schreien, dann dürfte ich zur Belohnung Auto fahren. Wie sehr war ich enttäuscht, daß ich mit dem Auto nur zu Frau Dr. Kuhn gebracht wurde. Ich wollte doch selber fahren! Der Garten in Harleshausen hatte es in sich: die Weichselkirche über dem Eingang konnte ich zwar nicht besteigen, aber einmal bin ich nicht herunter gekommen. Besonderen Spaß hatte ich am Feuer machen. Woher ich die Streichhölzer hatte, weiß ich nicht mehr, aber rund um die Laube gab es Laub, Gras und Stöckchen, und ich war unentwegt am Kokeln. Mir ist gut erinnerlich, daß ich mich direkt im Anschluß ans Mittagessen hinausschlich und an der Wand der Laube eines kleines Schwelfeuer in Gang setzte. Besonders stolz war ich darauf, so glaubwürdig beteuern zu können, ich sei es nicht gewesen, daß Mutter es tatsächlich (?) glaubte. Ja – und dann kam das Feuer unter Gardine: wir durften in Mutters Bett kriechen, ich fand in ihrem Nachttisch Streichhölzer und Papier und habe ein kleines Feuerchen gemacht – unter der bis zum Boden reichenden Gardine, damit es nicht so auffällt. Die schwerste Tracht Prügel meines Lebens hat mir leider dieses köstliche Hobby für die weitere Zukunft vergällt.

[Dies steht nicht in meinem Bericht und wird, weil es wichtig ist, jetzt nachgetragen: Vater hat ganz toll mit uns getobt. Abends, wenn Bernd, Jörg und ich schon im Schlafanzug waren, kam er in den ersten Stock, wo die Schlafzimmer waren, setzte sich auf einen Stuhl, und wir fielen über ihn her. Er fing sich dann einen und kitzelte ihn durch; die anderen versuchten, diesen zu befreien. Zum Loskommen musste man „Zanges, Banges laß ihn gahn, wohl hast Du Dein Amt getan" sagen. Einmal rutschte ihm Jörg durch die Hände und schlug mit dem Kopf auf den Boden. Als er im Verlauf des Abends aufwachte und anfing zu heulen, habe ich nach ihm gesehen und fand das Bett voll gespuckt. Ich lief hinaus auf den Flur und rief runter zu Mutter: „Mutter komm rauf, das ganze Bett von Jörg ist voll Schnupfnase". Es war aber nur eine kleine Gehirnerschütterung. Die Toberei hörte auf, als Bernd zu kräftig wurde und Vater sich seinen drei Buben nicht mehr gewachsen fühlte.]

Im großen Harleshäuser Garten hatte ich ein kleines Gärtchen, an das ich heute noch voll Wehmut zurückdenke, weil wir '43 weggingen. In der Erinnerung ist er schöner als alle späteren waren. Zu den angenehmen Ereignissen der Harleshäuser Zeit zählen außerdem: Maikäfer-Fangen am Gewächshaus des Instituts, das Spielen mit Günther André auf den Kokshalden, Besuch von Hanne Meyer, der Stricknadeln gerade bog, und natürlich Hilda. Zu den unangenehmen gehören der Besuch von Marliese – sie war ein Brechmittel –, das 1. Schuljahr und Hildas Hochzeit. Hildas Hochzeit war an sich ein totschickes Erlebnis. Aber – man hatte mir versprochen, ich dürfte so viel Kuchen essen wie ich wollte, und schon nach dem ersten Stück Buttercremetorte hieß es, ich hätte genug, mir würde nur schlecht davon. Ich habe außerdem nicht verstehen können, warum wir nicht die Hauptpersonen waren.

Zur Schule bin ich sehr ungern gegangen. Der Weg war weit und die anderen Kinder doof. Einmal bin ich mit einer Schwindelei hereingefallen (ich habe als

Kind überhaupt viel geschwindelt und ziemlich gut sogar!). Ich hatte auf dem Weg zur Schule gebummelt und war zu spät in die Schule gekommen. Weil mir das unangenehm war, bin ich – sehr langsam natürlich – wieder nach Hause getrödelt. Ihr glaubt nicht, was ich trödeln konnte! Kurz bevor ich zu Hause bin, treffe ich einen Klassenkameraden und bin voller Triumph, weil er zu spät kommt. Denkste! Er war vom Lehrer nachhause geschickt worden, um ihm die vergessene Brille zu holen. Nun war ich ertappt. Ich weiß nicht mehr, wie ich mich herausgelogen habe. Mit dem Klassenkameraden stand ich nicht gut. Er war ein furchtbares Großmaul, und im Ernstfall bezog ich die Prügel. Einmal bewarfen wir uns auf dem Heimweg mit Steinen, und meine Brille litt darunter. Die Brille war überhaupt ein ständiges Ärgernis für mich. Das Beste am Schielen war, daß ich einmal im Jahr nach Göttingen zu Professor Ergelett mußte. An diese Reisen mit dem Weg zu Fuß durch Göttingen denke ich gerne zurück.

Als Onkel Walter eingezogen wurde, waren wir für einige Zeit (1942?) in Mattheshöhe. Von diesem Aufenthalt stammt eine schemenhafte an Großvater Bieneck, dem ich (besonders mit Bart) so ähnlich sehen soll. Wir saßen alle zusammen im Eßzimmer am großen Tisch. Großvater bekam (als besondere Delikatesse) die Köpfe der Enten, die wir aßen. Bei dem Versuch, den Kopf zu spalten, rutschte er ab und der Entenkopf sauste durchs Zimmer. Wir haben so furchtbar gejohlt, daß Großvater die Serviette auf den Tisch schmiß und wütend das Zimmer verließ. Er hat sich von da das Essen stets in seinem Zimmer servieren lassen und nicht mehr mit uns zusammen gegessen.

Aus den Jahren in Harleshausen seien einige Einzelerinnerungen nachgereicht: einmal hat Bernd einem Jungen mit einem Stein ein Loch in den Kopf geworfen; das war gegenüber von Riems in dem verwilderten Garten, wo ein wilder Apfelbaum stand. An Ausflüge zum Herkules. An Panzer, die durch Harleshausen donnerten und an den Tag der Wehrmacht, wo ich eine Flak bedienen durfte, während Bernd sich nicht traute. Wie stark meine Einbildungskraft war, mag dieses Beispiel erläutern: ich war zwei oder drei als ich auf dem oberen Klo ein Häufchen in den Topf machen sollte. Ich bin sicher, daß nicht nur hinten braune Würschtl herauskamen, sondern auch vorne aus dem Schnippl kleine Böhnchen, etwa wie beim Hasen. Ich sehe das noch heute so vor mir, daß ich beschwören könnte, es stimmt – nur, daß ich es heute besser weiß. Ich entsinne mich meiner großen Lust, den (Spiel-)Sachen auf den Grund zu gehen. Bernd bekam die großartigsten Spielsachen (Panzer,

Führerauto). Ließ er sie kurz unbewacht, dann hatte ich sie, machte unten die Metallkläppchen auf, um nach Entfernen des Bodenblechs hineinschauen zu können. Meist waren die Sachen unwiederbringlich dahin.

Als Vater noch zuhause war, lief uns eine Katze zu, die war dazu erzogen, ihr Geschäft ins Klo zu machen. Leider ist auch sie wie ihre Nachfolger elend umgekommen; diese wurde von einem Hund totgebissen. Die angenehme Erinnerung an die Luftangriffe war das Sammeln der Bombensplitter danach. Bernd hatte eine Sammlung, um die ich ihn sehr beneidet habe.

Krame ich in meiner Harleshäuser Erinnerung, so sind da Mutter, Vater, Bernd, Hilda, Frau Dr. Kuhn und Frl. Jürgensen – ganz unterschwellig auch Jörg, aber daß Hanna und zum Schluß auch Wulf schon existierten, das will mir nicht in den Kopf. Übrigens die Kastanie hinterm Haus war unfruchtbar: blühte wie doll, hatte aber nie Früchte. Und die frischgepflanzten Spindelbäume hinten im Garten haben die Wühlmäuse alle abgefressen. Und neben dem Haus haben wir mal eine große Tanne gefällt und, und und – aber das ist alles Kleinkram. Im Sommer 1943 fuhren wir nach Misdroy, wohnten bei Haupts und badeten in einer herrlichen Ostsee. Die einzigen Luftangriffe auf Peenemünde verbrachten wir im Wald in einem Hohlweg – es war der schwerste Luftangriff meiner Erinnerung und die Explosionen waren sehr laut. Einmal sind wir mit der Kutsche spazieren gefahren, und auf dem Kaffeeberg waren wir auch. Danach gings nach Mattheshöhe. Das war eine großartige Zeit; ich habe daran aber viel zu viele Erinnerungen, so daß ich nur einzelne herauspicken kann.

Die abseitige Lage, die Geschlossenheit des Hofes und die nahezu unendliche Weite rundum (wenn man mal vom Leutehaus und der Sandkuhle absieht) hatten ihren Reiz. Dazu kamen die vielen Kinder (fünf von uns, vier Bienecks und später noch vier Fehlhabers), zudem Tante Friedel, Ruth und einige ‚Leute‘, so Stephanie, Boris und Lydia, die Melker Koschniks und einige mehr.

Eine besondere Sache war der weite Schulweg nach Falkenwalde: vier Kilometer in erbärmlichem Zustand. In meiner Erinnerung sind die Furchen nach dem Rübenfahren über ein Meter tief gewesen. Gunter kam mal mit Pferd und Wagen, und als ich aufsteigen wollte, fuhr er an und mir mit dem eisenbeschlagenen Rad übers Bein. Es ist nichts zurückgeblieben.

Von einer anderen Sache blieben Narben. Das war die Hautflechte, die bei uns eingeschleppt worden war. Alle 13 Kinder hatten sie, nur Jörg, Hannelore und ich hatten sie im Haar, wo sie sich besonders böse entwickelte. Hannelore stieß sich die Eiterblasen an der Tischkante auf und behielt keine Narben. Jörg hatte nur eine kleine Stelle am Hinterkopf, wo er heute eine kleine Narbe trägt. Ja, und mir ging's dreckig. Von dieser Krankheit ist mir im Winter 44/45 eine Reise nach Prenzlau in Erinnerung, wo der alte Hausarzt Quecksilbersalbe verschrieb. Und es wurde immer schlimmer. Als dieser Arzt eingezogen wurde, fuhren wir nach Gramzow, wo ein Berliner Arzt untergekommen war. Der stach vier von den fünf Blasen auf und pinselte sie mit Jod aus. Ich muß fürchterlich geschrieen haben. Die vordere Blase hat er nicht mehr geschafft, aber er hatte immerhin erreicht, daß das Fieber von dauerhaft 41-42 auf 38 sank. An das Aufstechen der letzten Blase kann ich mich noch deutlich erinnern: ich lag im Wohnzimmer auf der Couch, als die Tür zur Küche aufging und fünf finstere Gestalten hereingeschlichen kamen. Vier der Gangster stürzten sich auf je eines meiner Gliedmaßen, der Fünfte (Mutter) schickte alle Kinder aus dem Zimmer, nahm einen Holzstab mit Watte und Jod und stach mir – und ich wehrte mich fürchterlich – die vordere Eiterblase auf. Ich weiß, daß ich noch mehrere Wochen im Wohnzimmer auf der Couch lag und oft heftige Kopfschmerzen hatte. Wir nehmen an, daß russische Arbeiter diese Krankheit einschleppten.

Unsere russischen Arbeiter, Lydia und Boris, gefielen mir, weil sie so ruhig und selbstverständlich waren. Ich bekam mit, daß Lydia nachmittags vom Feld kam, geschwind ein Baby zur Welt brachte und gleich darauf wieder hinausging, um weiterzuarbeiten. Ich glaube, Tante Elsbet hat sie aber gleich wieder nach Hause geschickt.

Im Winter hatte Tante Friedel ein nettes Erlebnis. In Mattheshöhe war ja die Toilette ein Plumpsklo übern Hof beim Hühnerstall. Eines morgens lag Schnee und Tante Friedel glaubte nicht recht zu sehen, da spazierte eine Henne kopfüber an der Wand entlang. Siehe da: Tante Friedel hatte die Lochkamera erfunden: durch das Schlüsselloch wurde das Bild einer vorbeispazierenden Henne auf die Wand projiziert. Wir mussten nachher alle raus aufs Klo (Platz war ja genug) dann wurde die Tür zugemacht, und Tante Friedel tanzte draußen im Schnee rum, und wir guckten uns innen an, wie sie auf dem Kopf stehend die tollsten Tänze aufführte.

Es fiel dann mehr Schnee, wir machten Schneemänner und schichteten große Massen Schnee in so einem kleinen Vorratshaus zwischen Garten und

Hühnerauslauf auf. Als der Schnee schmolz, blieben ein paar Stücke Eierbrikett zurück (die wir eingewalzt hatten, denn der Kohlenkeller war dicht dabei). In meiner Erinnerung ist fest haften geblieben: wenn man Schnee schmilzt, bleibt Kohle zurück, man muss nur sehr viel nehmen, damit es ordentliche Stücke werden. Ich erwarte noch heute, daß Kohlestücke (nicht etwa die Augen!) in den schmelzenden Resten eines Schneemannes zurückbleiben.

Zu den großartigsten Spielplätzen in Mattheshöhe gehörte die Sandkuhle, wo wir von oben in die abgerutschten Sandmassen sprangen. Einmal fanden wir dort ein Stockentennest; das haben wir sofort ausgenommen und die Eier in die Küche gebracht, wo man sich nicht eigentlich freute. Oh Goetz, gibt es den Vogelschützer eigentlich von Natur aus?! Heute ist dir deine damalige Handlungsweise schleierhaft, damals aber war Besitzergreifung das einzig Sinnvolle. Naturschutz ist nichts Selbstverständliches – es bedarf der Reife und Erziehung, bis man dies als echte Notwendigkeit begreift.

Nahe der Sandkuhle war die Windmühle und der Die-See. Dort durften wir nicht hin, weil es sehr sumpfig war. Im Herbst 1943 fand eine große Treibjagd statt, wo auch die von Falkenwalde und Gramzow dabei waren. Da durfte ich als Treiber den ganzen Tag dabei sein. Da haben wir vom Die-See über den Drei-See bis zum Seen-See einen Kessel nach dem anderen gemacht, dann gings weiter Richtung Alexanderhof, und der letzte große Kessel war beim Birkenwäldchen bei Großmutters Grab. Da hätte ich beinahe die Schrotladung abbekommen und nicht der Hase, weil der dämliche Schütze nicht in den Kessel schoss, sondern dem hakenschlagenden Hasen folgte und abdrückte, als der Hase gerade bei mir den Kessel verließ. Der Mann ist furchtbar beschimpft und wohl auch ausgeschlossen worden. Einige Hasen bekamen wir; als Mutter (oder Tante Elsbeth) sie abzogen, kullerten die Schrotkörner heraus.

Eine andere Ernte hatten wir im Herbst 44. Auf der Pferdekoppel hatte es schon einige Champignons gegeben. Aber eines Tages entdeckten wir – ich war dabei – etwas ganz Tolles. Da war etliche Jahre lang ein Stück eines Ackers für Kartoffel- und Rübenmieten benutzt worden. In diesem Jahr hatte man den Streifen wieder bearbeitet und Raps eingesät. Und nun kamen entlang der Rapsreihen die Champignons heraus – massenweise. Wir haben sie – und das ist wahr – in Waschkörben geerntet und verarbeitet. Die eingeweckten Pilze sind dann wohl den Russen in die Hände gefallen.

Eine andere reiche Ernte hing mit dem See im ‚Park' zusammen. Dieser flache Weiher hinterm Gutshaus war mit Karpfen und Schleien besetzt. Im Sommer diente er als Badesee. 1944 war so wenig Wasser drin, daß ich kreuz und quer hindurchlaufen konnte, und immer zog ich eine Fischreuse an einer Schnur hinter mir her. Welch ungeheures Erstaunen, als sich einmal eine Schleie darin verfangen hatte. Tante Elsbeth versprach, sie mir zu braten, was vergessen wurde, und am nächsten Tag war der Fisch verdorben. Da ich untröstlich war und man auf Abhilfe sann, kam man auf die Idee, einmal nachzusehen, wieviel Fische im See wären. Ein Netz zum Abfischen war nicht da, die Ablassvorrichtung für den See war defekt. So nähten sie an einen Jutesack links und rechts einen Stock, dort faßten sie zu zweit an und stocherten jede Bucht ab. Es dürften so an die zwei Zentner Karpfen und Schleie gewesen sein, die aus dem See geholt wurden, weil er schon mehrere Jahre nicht befangen worden war.

Die schönste Erinnerung an Mattheshöhe ist aber doch das Spielen in der Scheune. Wahrscheinlich war es Herbst 43 bis Frühjahr 44 als die Scheune schön voll war. Wir hatten die Fächer mit gedroschenem und gebundenem Weizenstroh gründlich unterminiert; da gab es lange Gänge, Rutschbahnen, senkrechte Schächte, Sprungtürme; und wenn man in dieser Anlage Verstecken spielte, dann – man kann garnicht beschreiben, wie schön das war.

Eine ‚Vor'liebe zum Präparieren bekam ich in Mattheshöhe. Beim Einfahren von Getreide gab es reichlich Feldmäuse, die wir lebend einfingen. Die kamen dann in die niedrigen Silos hinterm Schweinstall, die damals leer standen. Die Abflußlöcher waren gut verstopft. Für die Mäuse gab es ein paar wenige Unterschlüpfe und Futter. Und nun mussten sie sich vermehren, was sie auch taten. Bald waren es so viele, daß sie unter dem bißchen Versteck nicht Platz fanden. Da wurde ich zum Schlachten und Abbalgen der Mäuse abkommandiert. Die Felle wurden aufgespannt. Später wollten wir sie für viel Geld verkaufen. Aber es gab später nur Eines – die Flucht.

Angedeutet hatte sich der Ernst der Lage schon länger. Wehrmacht auf dem Hof – eine Funkereinheit. Nette Leute, die unseren diversen Müttern die hübschen Köpfe verdrehten. Dann gab es im Frühjahr 45 Bombenangriffe, Tieffliegerangriffe und Luftkämpfe. Bei einem solchen wurden wir Zeuge, wie der Deutsche den Russen abschoß. Beunruhigend waren die großen (Bomber-)Geschwader, die über uns wegzogen. Einmal meinten wir tausende von Flugzeugen zu sehen – es war aber nur Lametta, das zum Stören des Funkverkehrs abgeworfen wurde.

Dann am 24. April morgens um 4 Uhr, wars so weit. Es sind nicht viel Erinnerungen, die mir von der Flucht geblieben sind: das Warten auf die Ochsenkarren bei Neubrandenburg, das Schlachten eines Ochsen vor der Umkehr der Ochsengespanne, mein Geburtstag mit einer Kerze auf einer Kiste, der Luftangriff vor Teterow, Tiefflieger in Wismar, das brennende Auto auf der Chaussee hinter Wismar, die Nachtfahrt auf Lübeck zu, das Plündern des Wehrmachtlagers, die ersten Amerikaner im Hof der v. Bülows, Carlow. In Carlow hatte ich eine Nagelbettvereiterung am linken großen Zeh. Mein Spruch: „Immer, wenn ich tief einatme, tut mir der große Zeh weh". Selbst auf die Gefahr hin, daß hier etwas doppelt notiert wird, will ich den Ausspruch eines Berliner Jungen verewigen, der sich uns beim Spielen immer aufdrängte: „Ihr braucht mir jarnich rauszujraulen. Ihr braucht bloß zu saren: Hubatt, wir können dir nich jebrauchen, denn jeh ick ja von janz alleene!"

Dann kam Mölln, Geesthacht, die Fahrt durch ein völlig ausgebombtes Hamburg-Barmbeck, und auf der Brücke über die Elbe hast Du, Mutter, mich vor Freude ganz doll an den Haaren gerissen (meine Kopfhaut war von den kürzlich überstandenen Entzündungen zudem sehr empfindlich). Irgendwo weiter südlich waren wir dann tatsächlich der erste Treck, der durchkam. Die Leute strömten über vor Hilfsbereitschaft und schenkten uns so viel Brot, daß wir darauf liegen mußten. Es war wohl so Nähe Soltau.

Dann bei Karlshafen Station auf dem Hof. Ihr fuhrt nach Kassel, kamt ganz hochgestimmt wieder, und nachts hatte Mutter hohes Fieber. Es dauerte wohl einige Zeit, bis uns ein Arzt auf- und untersuchte und nach Karlshafen ins Krankenhaus brachte. Ich habe mich in der Frauenstation eigentlich ganz wohl gefühlt. Wie überhaupt Paratyphus in meiner Erinnerung eine gute Krankheit ist: viel Schlafen, und sonst fehlt einem eigentlich nichts. Spaß machte es, bei den Amis rumzuschnorren; Seife, Eimer, Zigaretten – ja auch Präservative, die sie uns aufgeblasen als Luftballons schenkten. Sirupstullen sind in meiner Erinnerung sogar etwas sehr Leckeres.

Helmshausen hat insgesamt eigentlich recht wenig zurückgelassen: Sirupkochen, die Gans Roswita und das Schwein Stephanie, ein Stück ‚Apfelkuchen sehr fein' aus Hesserode, das Herumstochern in Mülldeponien der Amis (davon stammt der Schuhputzkasten in Birkach), mit dem Leiterwagen runter nach Ründa, um beim

Bäcker (ungesalzenes) Brot zu holen. Einmal wurde ich bestraft: ich hatte mich vor der Arbeit gedrückt und war stattdessen mit Püppi (Hildburg Fehlhaber) am Bollenberg herungestromert. Ich kam ohne Abendbrot ins Bett. Mutter machte immer Schularbeiten mit uns; Harm stellte sich besonders dämlich an. Als er sicherer wurde, sagte er: „Tante Edit, nun kann ich meine Aufgaben so gut, nun bringst Du mich nicht mehr zum Weinen." „Wetten, Harm, daß ich das schaffe!" „Das schaffst Du nicht." „Harm, was hast Du da wieder für einen Unfug bei Deinen Aufgaben gemacht!" „Huhuhu", schon heulte Harm.

Der Umzug nach Imbshausen blieb ohne Erinnerung. Imbshausen war eine Erlösung und bot so viel Abwechslung. Aber zunächst wurde es einmal mit der Schule ernst. Das kam so: das 1. Schuljahr war in Harleshausen, das 2. in Falkenwalde über die Bühne gegangen. In Hesserode habe ich nach vielen Unterbrechungen im Herbst/Winter 45 nochmals die 2. Klasse besucht. In Imbshausen dann ab Frühjahr 46 gleich die 4. Klasse und nebenher in Privatunterricht bei Frau Schroeder Englisch zusammen mit Ingrid, Gerda und Inge Preuschen sowie Karin Heydenreich und Ilse Milisch. In der Volksschule Imbshausen machte ich auch das 5. Volksschuljahr (und das 2. Jahr Englisch bei Frau Schroeder). Im Frühjahr 48 sollte ich in Northeim auf der Realschule (Gymnasium) die Aufnahmeprüfung für die 2. Oberschulklasse machen. Ich fiel nicht nur da durch, sondern auch durch die Aufnahmeprüfung zur 1. Klasse und mußte auf die Volksschule zurück. Da es den Mädchen nicht anders ergangen war, entschloß sich das Institut zur Gründung einer privaten Oberschule mit Frl. Herrmann als Lehrerin für alle Fächer außer Englisch, das Frau Schröder weiterführte. Als weitere Schülerin stieß später noch Adelheid Sick dazu, die beim Volkstanz meine ständige Partnerin wurde. Frl. Herrmann war Volksschullehrerin aus Schlesien, und ihre Vorstellungen von Oberschule waren etwas eigen. Sie achtete besonders auf Sauberkeit, von Grammatik habe ich dort keinen blassen Schimmer bekommen. Aber mit einer gewissen Betonung des Musischen kam die Schule meinen Neigungen entgegen. Schlimmer war, daß ich der einzige Junge dieser Klasse war. Da Ilse besser war als ich, war mein Ehrgeiz sehr angestachelt. Als ich dann 49 die Klasse verließ, hatte ich ihr den ersten Rang ziemlich abgelaufen. Zu der Zeit war Herr Schroeder an die Stelle von Frl Herrmann getreten, was uns sehr gut bekam.

Obwohl die Schule nun einige Zeit in Anspruch nahm, blieb noch ganz schön Zeit für andere Dinge. In Echte gab es ein Schwimmbad, und das sah uns im

Sommer recht viel. Dort habe ich Schwimmen gelernt. Schon in Mattheshöhe konnte ich auf dem Rücken paddelnd den Teich überqueren, aber das Brutschwimmen habe ich ganz regelrecht an der Angel gelernt. In Echte bin ich einmal – bevor ich schwimmen konnte – von Größeren beim Kampf um einen Ball versehentlich ins Tiefe geschubst worden. Im Hundekraul habe ich mich ans Ufer zurückgebracht. Die Winter hatten es in sich. Dort im Vorharz gab es in allen drei Jahren genügend Schnee. Ich hatte das ‚Glück' von Großmutter Klara Rheinwald ein Paar abgelegte Skier zu erben: zu lang und abgefahrene Kanten. Aber wer hatte damals überhaupt Skier? Ich war emsig unterwegs, nahm Abfahrt nach Abfahrt und knallte unentwegt auf die Schnauze oder aufs Gegenteil. Ich stürzte dauernd und oft so schwer, daß ich langsam aber sicher allen Mut verlor. Später in Birkach bekam ich gute Skier – aber die Angst war geblieben und ich stand wie ein Mehlsack auf Schmierseife. Als ich mir dort einmal die Spitze abbrach, habe ich die Skier nie wieder reparieren lassen. Großmutters Skier waren ein Danaergeschenk. Schöner war das Schlittenfahren in Imbshausen. Die Kirschenallee war von oben bis unten vereist. Auch wenn es fast nur geradeaus ging, so war das Loch im unteren Teil („die Rheinwald'sche ist so vom Schlitten gefallen, daß ihr der Schlüpfer geplatzt ist") und die kleine Schlingerkurve am Schafstall schon rasant genug.

Besonders hatten es uns die Wälder angetan. Was haben wir damals in den Windbrüchen Himbeeren gesammelt! Dabei einmal beinahe in ein Hornissennest geraten. Noch schöner war das Pilzesammeln. Was gab es für Massen an Reizgern, Steinpilzen, Maggi-Pilzen! Wir haben alles nach Hause geschleppt, bestimmt und verarbeitet: getrocknet, frisch oder als Pilzextrakt.

Damals machte ich die überraschende Erfahrung, daß auch eine gute Eigenschaft sich zum eigenen Nachteil auswirken kann. Ich konnte hervorragend Geschichten erfinden; sie überschlugen sich an Aktion, phantastischen Gestalten und überraschenden Ereignissen. Meine Geschwister schätzten das sehr, wenn ich solche Geschichten erzählte. Wenn wir nun zusammen im Wald waren, fing ich an zu phantasieren. Dabei spielten wildgewordene Wildschwein-Mütter eine große Rolle. Wie überrascht war ich aber, daß von nun an keines meiner Geschwister mehr mit mir in den Wald gehen wollte. Alleine mochte ich zwar auch nicht, aber insgesamt bestand kein Risiko; ich hatte mir meine Chancen selbst verdorben.

Ich bin dann aber doch oft alleine losgezogen, besonders zum Windmühlenberg und zum Überg. Auf dem Überg gab es Leberblümchen. Mehrfach habe ich

Hanna mitgenommen. Wir haben uns auf den gemeinsamen Wegen sogar ein eigenes Lied ausgedacht. Zu einer etwas plumpen Melodie, die ich auch noch kann, gehörte dieser Text: „Wir sind die Frühlingsbo-oten, uns hat der Frühling geschickt, uns hat der Frühling geschickt. In jeder Hand ein Blumenstrauß, der soll durchduften süß das Haus. Wir sind die Frühlingsbo-oten, uns hat der Frühling geschickt, uns hat der Frühling geschickt." Dazu konnte man sehr flott im Hüpfschritt marschieren.

Auch die Gärtnerei und der Park hatten viele schöne Möglichkeiten. Ich z.B. fand fast immer was zum Essen, so daß ich meinen runden Bauch nie ganz verlor, so dreckig es uns auch gehen mochte. Als etwas ganz Großes ist mir in Erinnerung, daß wir mal alle im Dunkeln eines Herbstabends mit einander Versteck spielten; da war Gerd Preuschen und auch andere Erwachsene dabei, und das hat einen pfundigen Spaß gemacht.

Ein Erlebnis war für mich von großer Bedeutung, so daß ich es etwas ausführlicher schildern muß. Es war nach der Währungsreform, also wohl Spätsommer 1948; ich war also 12. Wir hatten uns viel in der Wolle, und bei so einem häßlichen Zank sagte Mutter mal zu mir: „Junge, Du mußt in Dich gehen. Wenn Du Deine Zanksucht nicht energisch bekämpfst, dann wirst Du genau so ein zänkischer, einsamer Mensch wie Dein Großvater!" (Hans Bieneck). Das ist mir unheimlich in die Knochen gefahren. Kurz darauf wurde auf dem Dachboden entrümpelt, und die alte Arzttasche von Großvater Max Rheinwald flog mit den Instrumenten auf den Müll. Ich habe mir daraus die besten Sachen herausgelesen (Injektionsspritzen, Zungenzange und wohl noch anderes) und bin damit nach Echte (4 km) zu unserem Arzt gelaufen. Dort habe ich geklingelt und gefragt, ob er das gebrauchen kann. Er hat mir 5 DM dafür gegeben; das war damals wirklich ein Reichtum in der Hand eines Zwölfjährigen, wie heute vielleicht 50 DM. Als ich nach Imbshausen zurückkam, habe ich das Haus einer asozialen Familie aufgesucht. Da stand so ein Fünfjähriger vor der Tür; dem habe ich die fünf Mark in die Hand gedrückt. Meine Begründung: ich will ein großes Opfer bringen, damit mich Gott nicht zänkisch werden läßt. Ich glaube, Gott hat das verstanden, und ich meine, ich sei nicht zänkisch geworden. Offensichtlich waren die fünf Mark gut angelegt.

Sommer 49 zogen wir nach Plieningen. Nach einer kleinen Prüfung im Progymnasium Hohenheim, wurde beschlossen, daß ich probeweise zunächst ein halbes Jahr vorversetzt werden solle, denn in Süddeutschland gab es

Herbstversetzung. Das ging gut. Nur in Englisch (wo ich ein halbes Jahr voraus war) gab's große Schwierigkeiten, ebenso in der neuen Fremdsprache Französisch. Anders als in allen anderen Schulen, die ich besuchte, schaffte ich es in Hohenheim nicht, vom Ende der Klasse wieder an die Spitze zu kommen. Später im Schickhardt-Gymnasium klappte es wieder. Es hat in Hohenheim auch lange gedauert, bis ich halbwegs in die Klassengemeinschaft aufgenommen wurde.

Gleich im ersten Jahr in Stuttgart fand etwas besonders Nettes statt. Vater machte mit Jörg und mir einen Ausflug auf die Alb. Mit dem Autobahnbus (wir hatten ja bis ca. 1955 kein Auto) fuhren wir bis Nürtingen, von dort mit der Bahn bis Neuffen, dann zu Fuß auf den Hohen Neuffen, der damals noch nicht restauriert war. Von dort wollten wir zu Fuß um die Baßgeige herumlaufen. Es zeigte sich aber, daß das zu weit war. Darum sind wir ins Oberlenninger Tal hinab gestiegen. Auf dem Bahnhof von Owen haben wir etwas Sprudel getrunken, worauf es Jörg furchtbar schlecht wurde. Vater war rührend besorgt um Jörg und dabei schrecklich hilflos. Nach einer Weile gings Jörg besser. Wir sind dann noch zur Teck hinaufgeklettert, auf der anderen Seite hinunter und bis Kirchheim. Von dort wieder mit dem Autobahnbus nach Plieningen zurück. Spät abends kamen wir an. Es hat uns allen Spaß gemacht, und Vater war recht stolz, mit seinen Buben einen Ausflug auf die Alb gemacht zu haben, so wie früher mit ihm (speziell mit Tante Euge) Wanderungen auf die Alb gemacht wurden. Aber sein Eifer war damit erloschen – ließ ihm die Arbeit zu wenig Zeit oder war ihm der Zwischenfall mit Jörg so in die Glieder gefahren? Tatsache ist, daß er niemals wieder – wenn man von dem gemeinsamen Urlaub 1965 mit mir und Wulf in Norwegen absieht – mit mir irgendetwas unternommen hat.

In der Anfangszeit waren wir auch einmal – wohl mit einem Dienstwagen – bei Schickhardts in Betzingen. Das ist das einzige Mal, daß ich Tante Euge bewußt gesehen habe. Ganz kurz darauf starb sie. Wir sind dann später mit den Rädern öfter mal nach Betzingen gefahren, denn Onkel Karl-Erich und Tante Hedi waren dort. Als dann später nur noch Onkel Otto und seine junge Frau Suse dort waren, verloren alle sehr schnell die Lust, dorthin zu fahren.

Vater fragte einige Jahre (so etwa drei) seitdem wir in Stuttgart lebten, ob wir nicht doch froh wären, von Imbshausen fortgezogen zu sein. Er konnte nicht begreifen, daß wir einmütig sagten, daß es uns in Imbshausen viel besser gefallen habe. Heute bin ich wohl anderer Meinung, aber das traf damals gut zu. In Imbshausen hatten die an Technik Interessierten eine Fülle von Autos, Traktoren, Maschinen ständig am sich. Und auch für meinen Drang zum Rumstreunen war Imbshausen besser geeignet. In Plieningen gab's ein Haus mit Garten, in dem ich recht viel rumwurschtelte. Aber mit den Plieningern kamen wir nicht klar. Unsere Nachbarn waren so wenig auf freundschaftlichen Verkehr eingestellt, daß es für mehr als einen Gruß nicht reichte. Außerdem verstanden wir sie nicht und sie uns auch nicht. Wir mußten hier erst eine Fremdsprache lernen. Als wir 1952 nach Birkach umzogen, war das alles viel einfacher – auch mit der Sprache. Bleibt noch zu erwähnen, daß wir Kinder nach und nach alle in den Turnverein eintraten und Handball spielten. Den meisten Erfolg hatte Wulf darin.

Noch 1949 bahnte sich eine Entwicklung an, die für meine weitere ‚Laufbahn' wichtig wurde. Dazu für Leute, die mit unserer Genealogie nicht vertraut sind, ein kurzer Ausschnitt aus unserer Verwandtschaft: Vaters Großmutter ist eine geborene Hähnle, ihre Schwester Lina war die Gründerin des Bundes für Vogelschutz. Diese hatte mehrere Kinder, der älteste Sohn war Otto Hähnle (Lina Hähnle hatte einen entfernten Vetter namens Hähnle geheiratet); der zweite hieß Hermann. Otto hatte zwei Kinder: Hans-Otto und Eleonore. Eleonore ist also eine Cousine 2. Grads von Vater. Sie ist gleich alt wie Vater und studierte wie er Landwirtschaft in Hohenheim. Sie hat einen Waldhoer geheiratet. Ihre zwei Kinder heißen Rolf und Orla. Diese Orla ist also ein Cousine 3. Grads von mir. Sie machte 1949 eine Gärtnerlehre in Stuttgart und besuchte uns. Dabei erzählte sie auch von dem jährlichen Treffen des Bundes für Vogelsschutz zu Pfingsten in Bad Buchau am Federsee. Das wäre doch was für uns Jungs. Daher fuhren wir Pfingsten 1950 mit den Rädern nach Buchau. (Ich hatte wohl schon 1949 mit Bärbel Pabst – über die später noch mehr zu sagen ist – und Bernd eine Radtour nach Blaubeuren, Ulm, Giengen gemacht. Vor der Alb machte ich einmal schlapp, aber sonst gefiel mir das sehr gut.) Begleiter bei der Fahrt nach Buchau waren Heiner und Wolfgang Rademacher und Peter Stählin. Nach meiner Erinnerung war Jörg nicht dabei. Wir sollten in einem Massenquartier übernachten, zogen es aber vor, in eine einzelnstehende Scheune zu ziehen. Onkel Hermann, Leiter des BfV, hat uns herzlich als seine Neffen aufgenommen, während seine Frau Gertrud uns zeit ihres Lebens bekämpfte. Da sie sich aber ohnehin zu allen Menschen wüst aufführte, hat das kaum jemand bemerkt. Buchau mit Moor, Schwingrasen, See und Banngebiet Staudacher war ein riesiges Erlebnis. Aber die Vogelwelt hat mich nicht fasziniert. Das Drum und Dran ja, die Vögel waren mir ziemlich wurscht. Die Tour mit diesen Kameraden war sehr schön. Allerdings stürzte Heiner auf der Rückfahrt auf der Uracher Steige.

1950 bekam ich endlich die notwendige Operation an den Augen. Ich wurde ständig von allen Kindern innerhalb und außerhalb der Schule wegen meines Schielens gehänselt. In einer Privatklinik im Stuttgarter Nordwesten wurde ich operiert. Die OP war unangenehm, denn sie fand bei Bewußtsein statt, weil ich auf Kommando die Augen bewegen mußte. Das linke Auge wurde aus der Höhle genommen und die Außensehne verkürzt. Um den Schmerz zu unterdrücken, suchte ich nach einem Halt für meine Hände: links eine Stange vom Bett und rechts das Handgelenk einer Assistenzärztin; ich habe so schlimm gedrückt, daß sie mir später ihr blau unterlaufenes Handgelenk zeigte. Das linke Auge schielte nach der OP etwas nach außen, weshalb ich noch einige Zeit ein Brillengestell trug, das zur Hälfte zugeklebt war. Die Folge meiner korrigierten Augenstellung war, daß ich zunächst zwei Bilder sah. Das Gehirn hat dann das schlechtere Bild vom linken Auge ausgeschaltet, was aber zur Folge hat, daß ich seitdem nahezu nur mit rechts schaue. Ich habe später verschiedene Augenkrankheiten gehabt (Herpes zoster, Herpes simplex, Ödem), aber immer war das linke Auge betroffen, und mein sehendes Auge wurde verschont.

1951 lagen die Pfingstferien so, daß wir nicht nach Buchau fahren konnten. Dann aber 1952 fuhren Jörg und ich nach Buchau, suchten uns eine eigene Scheune (Hofbräuhaus), direkt gegenüber vom Glockenturm. Die Sekretärin vom BfV hat dann einer Gruppe von Freiburger Studenten den Tipp gegeben, zu uns in die Scheune zu ziehen. Unter diesen war Wolfgang Schnetter, damals noch Schüler. Diese Leute waren äußerst versierte Vogelkundler und nahmen uns beide auf ihre Exkursionen mit. Und da hat es mich gepackt: der Vogelfimmel hatte mich fest in den Klauen. Daraus hat sich dann mein Beruf entwickelt. Wir beobachteten u.a. eine Weidenmeise beim Höhlenbau und Wiesenweihen am Horst, dann die Birkhahn-Balz und natürlich trillernde Brachvögel. (16 Jahre später sah ich W. Schnetter in Möggingen wieder und erzählte ihm, daß er mich zur Ornithologie gebracht hätte; er konnte sich aber nicht an die beiden Jungs in der Scheune erinnern).

In den folgenden Jahren habe ich zu Pfingsten nie in Buchau gefehlt. Die großen Vorbilder Rudolf Georgi (der beinahe mein Schwiegervater geworden wäre), Gerhard Haas und Klaus Phillip wurden allmählich Kollegen. Später fuhr ich mit meiner BfV-Jugendgruppe da hin, habe selber geführt und viele Kontakte geknüpft. Buchau gehört zu den schönsten Jugenderinnerungen, die ich habe. Ich bedaure, daß ich so lange keine Gelegenheit mehr hatte, zu den dort immer noch stattfindenden Pfingsttreffen zu fahren.

Außer dieser alljährlichen Fahrt nach Buchau habe ich später auch andere Radtouren unternommen. Eine mit Bärbel und Bernd über Zwiefalten, Siegmaringen zum Bodensee; dort zelteten wir bei Nußdorf und besichtigten Birnau, später zelteten wir bei Wasserburg und guckten uns u.a. Lindau an und bestellten bei Tettnang bei einem Bekannten von Vater eine Kiste Williams-Christ-Birnen. Eine andere Tour machte ich mit Bärbel allein; ich weiß noch, daß wir uns bei Heidenheim länger aufhielten und in der entsetzlich kalten Brenz gebadet haben.

Noch etwas zu Bärbel. Die von der Familie wissen natürlich, wer das ist. Für Außenstehende nur so viel: sie war Sekretärin bei Vater, hieß Esther Pabst und hat etliche Jahre mit unserer Familie sehr gut harmoniert. Uns gefiel der Name Esther nicht, und weil unsere Eltern eine Tochter Bärbel nennen wollten, haben wir dieser ‚Adoptiv-Tochter‘ den Namen der Schutzheiligen der Artillerie gegeben; er paßte nicht schlecht, denn sie war groß, stämmig, blond und trug Brille. Sie hatte viel musische Interessen: musizieren, basteln, schöngeistige Literatur und dabei ein Pfundskamerad. Ich habe ihr viel zu verdanken, denn meine Neigung zur Musik hat sie entscheidend gefördert. Vater hatte dafür wenig Verständnis; als ich einmal erklärte, ich hätte gerne Klavierstunden gehabt, da war er mächtig überrascht; für ihn wären Klavierstunden immer ein Alptraum seiner Jugend gewesen. Mit Bärbel habe ich fotografiert, schöne Pflanzen gesammelt. Mein schöngeistigen Neigungen habe ich im Wesentlichen ihr zu verdanken, und ich empfinde dies als etwas durchaus Positives.

Nachdem sie sich auf etwas mysteriöse Weise schon lange von uns zurückgezogen hatte, habe ich sie 1965 einmal in Tübingen besucht. Ich wollte sie fragen, ob sie mir meine Doktorarbeit abschreibt. Sie hatte sich inzwischen ganz auf Kunstgewerbliches spezialisiert und lebte wohl auch davor. Sie war im Grunde genommen ganz die Alte. Wir haben uns aber nicht wiedergesehen.

Doch zurück zur Chronologie. 1952 zogen wir ins eigene Haus in Birkach. Damals hatte ich meiner Ferienarbeit in der Landwirtschaft ade gesagt. Eigentlich schade, denn ich habe dort gerne gearbeitet: Heumachen, Garbenbinden beim Anmähen, Hockenstellen, Laden. Da aber der Verdienst zu schlecht war (Stundenlohn 0,89 DM, unter der Hand war mir 1 DM zugesagt, ist dann aber nicht bezahlt worden); so ging ich auf den Bau. Zunächst habe ich bei Kauffmann, Birkach gearbeitet (Verlegen von Telefonkabeln für die Amis auf dem Flugplatz Nellingen). Aber auch der wollte Teile des Lohns einbehalten, weil er mit der Leistung nicht zufrieden war. Ich habe gedroht, ihn anzuzeigen. Da hat er gezahlt, weil er nämlich keine Kranken- und Sozialversicherung abgeführt hatte. Später machte ich es so, daß ich zu Beginn der Ferien mir in der Nähe von zuhause eine Baustelle suchte und dort fragte, ob ich als Hilfsarbeiter arbeiten könne. So war ich bei verschiedenen Firmen. Später nur noch bei Wölm, Baufirma im Steckfeld. Die wollten mich übereden, mein Studium aufzugeben, um bei ihnen Capo zu werden. Meine Fotoausrüstung, mehrere Reisen, Kleidung und vieles andere habe ich mir so zusammenverdient.

In Birkach war aber zunächst viel ums Haus herum zu machen: planieren, graben, Mauern setzen. Ich bin Vater viel an die Hand gegangen, und er hatte mich gern als Handlanger um sich. Ich habe nicht allzu gerne mitgearbeitet. Das ganze war zu sehr Fronarbeit. Es ist ja blöde, wollte man es heute in ein verklärtes Licht rücken und so tun, als seien es meine schönsten Erinnerungen, wenn Vater mich herumschickte. Als ich älter wurde, ärgerte ich mich zunehmend darüber, daß ich immer noch der Gartensklave war, der nie etwas recht macht. Das ist sicher übertrieben, aber ein Beispiel mag das erläutern. Er mußte fort und bat mich, doch auf jeden Fall die Hecke zu Späts rüber zu schneiden. Und zwar sollte ich kräftig kürzen, damit man besser zwischen Zaun und Hecke hindurch könne. Ich habe kräftig zurückgeschnitten, und zwar senkrecht, denn ich mußte viel totes Altholz mit einer normalen Handschere durchschneiden, während Vater der Hecke eine Schräge gegeben hatte. Als Vater nachhause kam, hat er mir eine mächtige Szene gemacht. Die Hecke sei hin, die würde nie wieder austreiben, die Schräge sei fürs Überleben wichtig usw. Ich war stocksauer – wenn das wirklich so ist, dann hätte er mir das vorher sagen müssen. Im übrigen hatte er Unrecht: die Hecke hat prächtig ausgetrieben, und wir haben sie bis heute auf diesem senkrechten

Schnitt gehalten. Ich habe damals (1963) Vater erklärt, daß ich nicht mehr für ihn arbeite. Ihm tat sein Ausbruch sehr leid, aber er tat sich sehr schwer, sich zu entschuldigen. Nur sehr langsam kam die Zusammenarbeit wieder in Gang. Im heißen Sommer 1964 habe ich ihm dann den ganzen Hintergarten so angelegt, wie er noch heute ist – mit dem Unterschied, daß ich die Mauern alle senkrecht setzte, diese aber im Laufe der Jahre einfielen. Inzwischen habe ich die Mauern schräg wieder aufgebaut, und so scheinen sie zu halten. Immerhin war mir schließlich die Gartenarbeit so vergällt, daß ich beim Ausziehen 1964 erleichtert sagte, so – alles werde ich tun, aber einen Garten lege ich mir nicht zu; ich mag nicht wieder der Sklave eines miesen Stückchens Land werden. Wie man sich doch so täuschen kann!!

An sich verstanden sich Vater und ich prima. Wir hatten nicht nur viele gemeinsame Interessen, wir konnten auch prima miteinander flaxen. Erst nach seinem Tod habe ich so recht erfahren, wie ähnlich wir uns in einigen wesentlichen Charakterzügen waren. So ist mein Hang zur Analyse, die Freude am Sprachstil, das Talent zum Formulieren und der Hang zum verantwortungsbewußten Mitarbeiten im Team zweifellos ein Erbe meines Vaters. Andererseits war er wesentlich intellektueller als ich. Ein Erlebnis kurz vor seinem Tod gehört unbedingt hierher. Vater war durch und durch Landwirt, während ich doch sehr dem Naturschutz verbunden bin. Da ist eine Konfliktsituation vorgegeben. Wir kamen im Sommer 1968 auf das Buch ‚Stummer Frühling' von Rachel Carson zu sprechen, und er schimpfte ganz wüst über dieses hysterische, dumme Weibsbild. Ich gab ihm Contra, denn schließlich hatte ich das Buch gelesen, er nicht. Von der Summierung von DDT im Fettgewebe hatte er auch noch nichts gehört. Schließlich sagte ich, er hätte uns immer ermahnt, nur zu urteilen, wenn wir uns mit einer Sache wirklich beschäftigt hätten; er solle also schweigen. Unsere Debatte wurde sehr laut. Vater hat aber – und darin unterschied eben von vielen Menschen – akzeptiert und hat Mutter später gesagt, sie solle doch endlich mit dem Sprühen von DDT aufhören, und auch er hat alle DDT-Vorräte weggetan. Auf Mutters Frage, warum wir uns so gestritten haben, antwortete er, wir hätten uns nicht gestritten, nur diskutiert.

Im Übrigen kann ich aus meiner jetzigen Situation heraus doch feststellen, daß er ganz hübsch im Elfenbeinturm gelebt hat. Denn was wurde alles von ihm ferngehalten, was sein Söhne heute alles selbstverständlich tun! Man stelle sich vor, Vater hätte einem seiner Kinder das Fahrrad reparieren sollen oder etwa Geschirr abtrocknen oder Schularbeiten mit den Kindern machen müssen (im Fach Latein hat er dies allerdings sehr gründlich mit Jörg und Wulf getan) oder mal eben die Familie bekochen, wenn die Mutter krank ist. Ganz sicher ist das nicht nur ein Generationsunterschied. Auch Mutters Tüchtigkeit ist keine volle Erklärung für seinen Sonderstatus, den er bei uns hatte. Ich meine, er sei viel mehr Vater gewesen, während sich Mutter immer eher wie ein etwas älterer Kamerad fühlte.

Bei der Umstellung von Herbst- auf Osterversetzung gewann ich dann im sechsten Oberschuljahr wiederum ein halbes Jahr, sodaß ich mit 16 Jahren ganz pünktlich in die Obersekunda im Schickhardt-Gymnasium kam. In der Klasse herrschte insgesamt ein so guter Geist (es gab auch abweichende Charaktere), daß wir uns heute – 62 Jahre nach dem Abitur – noch jährlich treffen, obwohl ich aus Zeitgründen nicht immer teilnehmen kann. Mein Schulweg nach Stuttgart war von Plieningen aus zunächst mit der Filderbahn nach Möhringen, dort umsteigen in die Linie 5, in Degenloch nochmals umsteigen in die Zahnradbahn, und eventuell nochmals umsteigen in die Linie 1. Das konnte man bei Zeitknappheit variieren, indem man von Degerloch aus die Alte Weinsteige hinunterrannte und die Adlerstaffel nahm (ca 75 Minuten). Von Birkach aus nahm ich anfangs den Bus nach Degerloch. Später bin ich dann fast ausschließlich mit dem Rad gefahren und konnte es in bestens 22 Minuten schaffen. Tatsächlich war ich praktisch immer so spät dran, daß ich jeden Morgen versuchen mußte, den Rekord zu brechen: im Affenzahn raste ich dann (auch bei Glatteis) das Piratensträßle gen Degerloch, die Falterau hinauf durch Degerloch und hinten in halsbrecherischem Tempo am Waldfriedhof hinunter. Ich kam dennoch oft zu spät. Mittags mußte ich dann schieben, die Alte Weinsteige hinauf bis zum Wasserturm und anschließend schöne Fahrt übers Königsträßle zum Schönberg. Mir hat die Plagerei stets Spaß gemacht.

Im Schickhardt hatte ich einen richtigen Freund: Jens Bieler, einziges Kind einer kranken, sehr religiösen Kriegerwitwe. 1953 hatten wir mit der Schule einen 14-tägigen Schulland-Aufenthalt in St. Peter-Ording. Die dortige Vogelwelt war ganz fremd und daher von ungeheurem Reiz. Und es zeigte sich, daß ich einen Gleichgesinnten in der Klasse hatte. So oft wir uns irgendwie von der Gruppe lösen konnten, zogen wir los und beobachteten: Kampfläufer bei der Balz, Alpenstrandläufer, Asternfischer und vieles, vieles mehr; mit mangelhafter Bestimmungsliteratur (Frieling: Was fliegt denn da?) und schlechten Ferngläsern. Über den Schulland-Aufenthalt gibt es eine vervielfätigte Darstellung: Ge-Ge-Ge (gesehen, gestammelt, gedruckt). Vater hatte erlaubt, daß es im Institut getippt und vervielfältigt werden durfte. Bezahlen mußten wir aber, darin war er korrekt, und das fanden wir auch ok.

Mit Jens bin ich dann viel auf kleineren Exkursionen gewesen, wo wir uns Stück für Stück die heimische Vogelwelt erarbeiteten. Typisch war etwa, daß einer von uns morgens begeistert in der Schule auf den anderen zustürzte: „Mensch, ich hab ne neue Art: Gartenbaumläufer", und dann zogen wir gemeinsam los und der eine führte dem andern die Neuerwerbung vor.

In den Sommerferien 1954 haben wir eine gemeinsame Radtour gemacht (von der gibt es ein (unvollständiges) Tagebuch von mir). Ich hatte zunächst auf dem Bau gearbeitet, um mir das notwendige Fahrgeld zu verdienen. Jens war bereits voraus gefahren zu einem CVJM-Treffen bei Hannover. Ich fuhr dann mit dem Rad über Bad Mergentheim, Würzburg, Fulda (welch furchtbare Strecke!), Neustadt, Göttingen, Northeim, Imbshausen (wo ich bei Prezells übernachtete), Hildesheim (eine Orchideengärtnerei besucht, Kriegskamerad von Vater) nach Hannover, wo ich bei Nordmanns übernachtete und Jens traf. Bei Herfold hatte Jens (adelige) Verwandte, wo wir einige Tage in einem Wasserschloß verbrachten. Jens war mit dem Herzen nicht ok, sodaß wir die Etappen dann recht klein halten mußten. Das Schiffshebewerk bei Minden machte großen Eindruck auf mich. Bei Verden in Thedinghausen hatte Jens Verwandte im Schulhaus, von dort zur Weser gefahren und dort herrlich gebadet. 1-2 Tage später weiter nach Bremen (JH), Bremerhaven, dann bei Gröngröfts (Bekannte von Vater) übernachtet (Birkhühner!). Weiter nach Salenburg bei Cuxhaven. Dort Zelt aufgeschlagen und mehrere Tage Watt erlebt mit Fußwanderung nach Neuwerk, bevor das Wasser ganz abgelaufen war, bei einbrechender Dunkelheit einen unheimlich Rückweg gemacht (bis zum Bauch im Wasser in den Prielen).

Und dann kam – deswegen erzähle ich diese Fahrt überhaupt so ausführlich – Regen, Regen und nochmal Regen. Vor dem Zelt rosteten die Räder vor sich hin, im Zelt knirschte der Sand und wir mit den Zähnen. Unsere Stimmung sank immer tiefer, und wir gingen uns gegenseitig derartig auf die Nerven, daß wir uns mehrere Male anbrüllten. Als das Wetter einmal aufbesserte, wollte ich weg – nur weg. Jens wollte eigentlich noch bleiben, aber dann ist er doch mitgefahren. Aber unsere Freundschaft hatte einen Knacks bekommen. Über Brunsbüttelkoog und Itzehoe kamen wir nach Plön. In Neumünster hatte Jens nicht bleiben wollen, obwohl die JH geheizt war. In einem fürchterlichen Regenguß fuhren wir nach Plön. Total durchnäßt kamen wir in eine ungeheizte, berstendvolle JH. Jetzt war ich sauer, weil wir nicht auf meinen Rat hin in Neumünster geblieben waren. Am nächsten Tag wollte Jens mit all den nassen Klamotten auf der nassen Prinzeninsel zelten; auf meinen Protest hin sind wir dann nach Eutin in die leere, geheizte, nette JH. Dort habe ich Jens verlassen und bin ab nach Lübeck. Mit gewaschenen, trockenen Sachen bin ich fünf Tage später zurückgekommen.

Von dem Aufenthalt in Lübeck sei eine kleine Begebenheit dazwischen geschoben. Jörg Honold hatte einen Freund zu Gast, mit dem zusammen ich viel Unfug trieb. Wir holten Tante Suse im Laden ab. Der Knabe und ich liefen voraus, Jörg und Tante Suse hinterher. Plötzlich sagte er: „gib mir nen Stoß!" Ich gab ihm den Stoß, und nicht zu knapp. Er stolperte gegen ein entgegenkommendes Mädchen, und das kippte wortlos in die nächste Blumenrabatte. Tante Suse sofort hinher, um das Mädchen aus den Blumen zu klauben. Sie hat furchtbar gelacht hinterher, obwohl es ihr sehr peinlich war, denn das Mädchen kannte sie, und sie mußte sich für die Unart ihres Neffen entschuldigen. Es sei aber auch zu schön gewesen, wie sie wortlos in den Blumen verschwand.

Jens und ich gingen uns etwas aus dem Weg. Auf dem Rückweg nach Hamburg sind wir nochmals in Lübeck gewesen. In Hamburg waren wir in noch ganz zerstörten Stadtvierteln, besonders um den Michel sah es noch wüst aus. Die Reeperbahn hat nicht viel Eindruck auf uns gemacht. Auf dem Autohof fanden wir glücklich einen bayerischen Lastwagen, der uns bis Stuttgart mitnehmen wollte, gegen 80 DM pro Person und Rad. Nachts hatte er Achsenschaden, und er lud uns bei Recklinghausen ab. Er gab uns das Geld wieder und wollte die Räder im Autohof Stuttgart abliefern. Wir standen zehn Stunden lang in Recklinghausen und kamen nicht weiter. Endlich eine Fahrt bis zum Autohof Köln. Dort wieder endloses Warten. Endlich entschlossen wir uns, einen LKW zurück nach Düsseldorf zur Autobahn-Raststätte zu nehmen. Von dem kamen wir endlich gegen Abend mit einem Rosenheimer weg, der uns bis Bacharach mitnehmen wollte. Der überholte kurz vor Limburg einen Stallgefährten; darauf hielten beide im Rasthof Limburg. Mit Hilfe unseres Fahrers konnten wir den anderen unter Gabe des zurückerhaltenen Geldes überreden, uns bis Stuttgart mitzunehmen. Auf der offenen Pritsche hatte er Traktoren geladen. Die Fahrt war eklig kalt. Hinter Karlsruhe fing es an, hell zu werden. Ich habe mich dann hinters Führerhaus aufgestellt und habe im brausenden Fahrtwind einen der prächtigsten Sonnenaufgänge meines Lebens erlebt. Am Morgen waren wir an der Raststätte Stuttgart und sind dann zu Fuß zur Filderbahn getippelt. Dort haben wir uns verabschiedet, Jens fuhr nach Stuttgart, ich nach Plieningen. Vater empfing mich mit den Worten, ich käme einen Tag zu früh; mein OP-Termin (Kopfnarben verkleinern) sei doch erst morgen.

Zwei Erfahrungen habe ich aus dieser Fahrt mitgenommen: nie wieder Autostopp, denn diese ewige Bettelei ohne Erfolg geht mir zu sehr an die Nieren. Das Zweite: eine so anstrengende Fahrt in Zukunft nur noch alleine zu unternehmen. Auch die beste Freundschaft geht dabei in die Brüche. Meine Radtour zum Neusiedler See 1957 habe ich daher auch ganz alleine gemacht, und sie war viel besser. Ich habe aber später zwei Autoreisen nach Marokko jeweils mit einem Anderen zusammen gemacht. Sie waren sehr strapaziös und gingen sehr an die Nerven, und beide Reisen blieben ohne Mißstimmung. Meine Befürchtung, daß man sich in jedem Fall verkrachen wird, traf nicht zu.

[Hier reiche ich etwas zum Sport in meiner Jugend nach, weil ich beim Abschreiben von Wulfs Bericht darauf gestoßen wurde. In Plieningen gab es zwei Sportvereine: den Turnverein (TV), der eine nationalsozialistische und den Kraftsportverein (KV), der eine kommunistische Vergangenheit hatte. Der TV spielte Handball und turnte, der KV spielte Fußball und rang. Man sagte sicher zu recht, daß im KV deutlich mehr Proletarier waren. Ich spielte Handball und machte Leichtathletik, wollte mit etwa 16 Jahren aber gerne ringen, weil das meinem Körperbau besser entsprach. Das hat Vater nicht zugelassen. Begründung: er sei Professor in Hohenheim und da würde auch sehr darauf geachtet, mit wem seine Kinder umgehen. Im KV gäbe es zu viele Proletarier. Wenn ich auf meinem Wunsch bestünde, dann müsse ich eben ausziehen. Als ich mit 21 volljährig wurde, habe ich mit dem Ringen begonnen und bin 25 Jahre dabei geblieben. Als Vater insistierte und auf sein Verbot hinwies, habe ich gesagt, daß ich volljährig sei. Er hat akzeptiert und sich im Gegenteil von da an sehr für meinen Sport interessiert.]

In der Schilderung meiner Jugenderinnerungen bin ich mit etlichen Abschweifungen so etwa im Alter von 18 Jahren beim Abitur und der ersten Freundin angekommen. Ich meine, daß dies der richtige Punkt ist, die Story zu schließen. Ein kleines Resumé sei mir erlaubt. Hineingeboren in eine der kritischsten politischen Situation, welche die Welt je erlebte, habe ich es doch eigentlich ganz gut getroffen. Von den Erbanlagen her geht es mir gut. Gelitten habe ich unter der Pilzkrankheit am Kopf und darunter, daß ich immer dick war. Das Wort ‚Dicker‘ klang nur aus Mutters Mund nett. Aus heutiger Sicht hat mich das Schielen wenig gestört. Die Fliegerangriffe und die Flucht vor dem Russen waren nur hochinteressant. Unangenehmer waren die vielen Umschulungen, weil sie einem mehr Fleiß abverlangten als sonst zum unauffälligen Durchschlüpfen durch die Schule nötig gewesen wäre. Aber geschadet hat auch das eigentlich nichts.

Zu danken für die zumindest in der Erinnerung herrliche Jugend habe ich natürlich in erster Linie Dir, Mutter. Du warst der ruhende Pol. Ich erinnere mich zu gerne daran, wie schön es war, in Dein Bett kriechen zu dürfen. Ich hatte einmal in Mattheshöhe furchtbare Ohrenschmerzen. Als ich dann zu Dir ins Bett durfte und Du mir die Hand aufs Ohr legtest, war der Schmerz sofort weg. Oder erinnerst Du Dich daran, als Du mir in Harleshausen während eines Fliegerangriffs eine Grammophonnadel aus dem Fuß geholt hast? Du warst immer da und in jeder Situation unser bester Kamerad; so etwa beim Völkerball in Birkach, wenn wir Dir den Ball immer mitten auf den , ' knallen durften. Aber auch, wenn Du das Zentrum warst, um das alles kreiste, so darf man nicht übersehen, daß wir einen prima Vater hatten. Wie oft staunte ich darüber, wie unermeßlich viel er weiß. Ich erinnere mich, daß ich bei irgendeiner Gelegenheit erfuhr, daß Vater etwas nicht wußte. Das hatte ich mir als Kind nicht vorstellen können: Vater wußte alles. Und wie vielseitig das war! Einmal las er uns an einem Sylvesterabend aus Tucholski vor, unter anderem die Sache mit dem älteren, aber leicht besoffenen Herrn. Ich habe später öfter versucht, das vorzulesen; ich scheitere aber immer am Berliner Dialekt; Vater konnte das prächtig. Oder wenn er uns aufzog bei irgendwelchen schlechten Formulierungen. Wenn wir etwa sagten, daß sich heute das Fangen (von Vögeln zum Beringen) sehr gelohnt hätte, dann fragte er sofort, was wir verdient hätten.

Aber meine Kindheitserinnerungen wären nicht vollständig, würde ich nicht auf das Verhältnis zu Bernd, Jörg, Hanna und Wulf eingehen. Also alles in allem paßten wir prächtig zusammen. Wir haben uns sicher viel gestritten. Aber erstens sind wir alle Individualisten und haben zweitens alle gehörig Temperament. Da muß es Auseinandersetzungen geben; es wäre verdächtig, wenn es anders wäre. – Am meisten hatte ich mit Bernd zu tun. Da er so viel älter war, war ist stets unterlegen: körperlich wie geistig. Ich mochte ihn nie besonders leiden. Ich wartete auf den Augenblick, wenn ich genauso stark bin wie er; dann wollte ich ihn mal kräftig verhauen. Ja, als es dann soweit war, waren wir leider aus dem Alter heraus, wo sich Brüder noch kameradschaftlich prügeln. Gerade in dem Alter haben wir uns dann sehr gut verstanden. – Jörg war ja beinahe gleich alt mit mir. So kam es, daß ich mit ihm besonders viel gemeinsam unternommen habe. Nicht nur die Fahrten zum Federsee und auch zum Bodensee, sondern auch in der Schule, beim Beringen und beim Sport machten wir alles gemeinsam. Von allen Geschwistern steht mir Jörg am nächsten. Dein Verdacht, Mutter, daß ich eifersüchtig auf ihn sei, trifft sicher nicht zu. Und wenn wir behaupten, er sei Dein Verzug, dann macht das ja eigentlich nichts, selbst wenn es zutrifft. Warum solltest Du nicht alle deine fünf Küken sehr lieben, aber eines davon ein bißchen mehr? Eigentlich bist Du dadurch viel menschlicher. Es wäre wohl unnatürlich, wenn es nicht auch hier kleine Unterschiede gäbe. – Nach Jörg steht mir sicher Hanna am nächsten. Daran ändert auch nichts, daß ich sie als ziemlich große Deern nochmals vertrimmt habe. Da ich oft durchaus hausfrauliche Ambitionen hatte, war es mir keineswegs zuwider, auch mit Mädchen zu spielen. Auch konnte man mit Hanna viel unternehmen. – Wulf blieb mir eigentlich recht fremd. Er war der Jüngste und fühlte sich stets zurückgesetzt. In meiner Erinnerung war er immer am Protestieren. Das Verhältnis wurde erst besser als ich erwachsen war, und er als Heranwachsender die gleichen Neigungen entwickelte wie ich.

Fazit: es war ganz prima!   Goetz

Jörgs Erinnerungen

(Auf Tonband gesprochen und von Mutter abgeschrieben. Alles in Klammern sind ihre Randbemerkungen)

Liebe Mutter! ‚Weißt Du noch?‘ mit diesem Titel hast Du einmal ein Poesiealbum für Hanna kreiert. Und ich glaube, das war auch der Ursprung der Idee, daß wir Dir zu Deinem 70. Geburtstag alle unsere Erinnerungen aufschreiben, die uns so bei einem kurzen Rückblick auf unser Leben, das wir zusammen mit Dir gelebt haben, einfallen. Mit dieser Einführung habe ich bereits einen Teil von dem

gemacht, was nun folgen soll: ich habe an etwas zurückerinnert, was in dem gemeinsamen Aufwachsen von uns geschehen ist. Wir haben ja die Schauplätze unseres Aufwachsens sehr häufig gewechselt. Da war Heinersdorf, Kassel, Mattheshöhe, Misdroy, die Flucht mit all den Orten, Helmshausen, Imbshausen, Plieningen, Birkach, und dann gingen unsere Wege auseinander. Ich will im Nachfolgenden versuchen, jeweils die spontanen Erinnerungen dieser Orte kurz unter dem Motto ,Weißt Du noch?' aufzuzeichnen. Meine ersten Erinnerungen beginnen in Kassel. Allerdings muß ich sagen, ich weiß recht wenig aus der Jugend in Kassel. Ich kann mich noch an das Treppenhaus mit der großen Treppe erinnern, an eine verhältnismäßig große Küche mit Glastür durch einen Wintergarten raus in den Garten. In dem Garten hatten wir immer Kaninchen in einem Auslauf, den man verschieben konnte. Hinten in dem Garten war ein Sandkasten mit einer Schaukel und ein Kirschbaum und seitlich neben dem Garten die Versuchsanstalt. An dem Sandkasten ging ein Weg durch ein Tor zur Versuchsanstalt rüber. Vorne am Haus, in der Nähe der Straße in einer Ecke stand ein mehr oder weniger kleiner Pavillon, wo wir mal einen Igel hatten, jedenfalls in meiner Erinnerung. Das Eingangsportal mit seiner großen Treppe in das Institut ist mir noch in Erinnerung, rechts und links neben der Eingangstreppe stand eine Hecke – ja ich weiß den Namen nicht – Lorbeergewächs mit blauen Früchten im Herbst. Alle anderen Erinnerungen an Kassel stammen aber, soviel ich weiß, aus Erzählungen und Fotografien.

Meine erste Erinnerung, die unter den Titel ,weißt Du noch?' fallen kann, stammt aus Misdroy. Wir haben in einem Haus gewohnt, das ein Zimmer hatte mit verhältnismäßig großen Fenstern, gegenüber war Kiefernwald. An einem Regentag haben wir in diesem Zimmer aus dicker Kiefernrinde Boote geschnitzt. Erinnere mich noch ganz genau daran. Ansonsten ist auch von Misdroy nicht allzu viel in meiner Erinnerung zurückgeblieben.

Die ersten ausgiebigen Erinnerungen habe ich von Mattheshöhe. Weißt Du noch – wir haben dort immer mit Pferden und Wagen gespielt; unser Pferde waren Stöcke, oben an den Stöcken war das Geschirr angebunden, zwei Schüre, die zu einer Pracke und Weiche führten. In jeder Hand führten wir so einen Stock als Pferd, fuhren vierspännig und dergleichen mehr; dann hatten wir in den Silos sowohl hinterm Kuhstall wie hinterm Schweinestall eine Mäusezucht. Erinnerst Du Dich noch, daß wir in der Feldscheune einen alten Hanomag hatten, dem wir dann später die Räder abmontiert hatten, mit denen wir auf dem Eis geschlittert sind, wo sich Hanna ihren Finger abklemmte? Ich erinnere mich auch noch an ein schönes Weihnachten, wo wir an einem Weihnachtsabend an ein Grab in einen Birkenwald gegangen sind (es war das Grab meiner Mutter, Hanna Bieneck, Mu), ein Licht angezündet haben. Der Birkenwald war in einer Senke, rundherum waren Felder mit schwarzem Moorboden, über die wir gelaufen sind. Es lag fast kein Schnee, aber es wehte ein sehr kalter Wind, und wir kamen ganz durchgefroren wieder zurück an diesem Weihnachtsabend. Mattheshöhe ist noch ganz klar in meiner Erinnerung. Man kam von Falkenwalde, ein Weg, der auf dem letzten Stück so eine Art Hohlweg war, bog dann am Leutehaus links ab in die Kirschenallee und ging auf den Hof zu. Der Hof war mehr oder weniger ein Viereck, die Kirschenallee endete am Gutshaus, rechts davon war der Garten. Das Gutshaus stand gleich rechts. Es ging über zum Hühnerauslauf mit dem Ententeich, dann folgte anschließend der Pferde- und Ochsenstall, dann kam eine Durchfahrt zu den Feldern, die große Scheune, die stand gegenüber vom Gutshaus. Links an die Scheune schloß der Geräteschuppen an, dann, gegenüber von Pferde- und Ochsenstall war der eigentliche Kuhstall; er bildete die linke Seite vom Quadrat. Zwischen Kuhstall und Gutshaus kam wieder die Einfahrt von der Kirschenallee herein. In der Mitte von dem Hof war, soweit ich mich erinnere, eine Pumpe mit einer großen Tränke und ein Baum. In meiner Erinnerung sind wir einen Sommer, einen Herbst, einen Winter bis zum Frühjahr in Mattheshöhe gewesen. Der Sommer war nach meiner Meinung sehr warm, wir haben in dem See, der an den Garten anschloß, gebadet. Der See wurde von einer Quelle gespeist, die in einem halbrunden Bogen um eine Insel in den See einfloß. Aber das kann auch nur in meiner Erinnerung so sein (stimmt aber! Mu). Weißt Du noch, wie Tante Friedel uns an einem Sommerfest oder einem Geburtstag im Garten, als wir alle splitternackt rumliefen, mit irgendwelcher weißen Farbe angemalt hat, Zebras und alles mögliche. Wir sind dann nachher in den See gesprungen und haben uns da gewaschen. Der Teich im Garten war vom Ententeich getrennt durch einen Damm, irgendwie aus Steinen aufgebaut, mit einem Zaun drauf, und in diesem Damm hausten die Ratten, erinnere ich mich jedenfalls noch. Ganz in der Nähe vom Ententeich war auch das Klo. Dieses Klo hatte irgendwie ein Schlüsselloch, jedenfalls konnte man durch den Kameraeffekt in dem Klo bei entsprechender Beleuchtung das auf dem Kopf sehen, was sich auf dem Hof abspielte. Ein Huhn vorbeilaufen, aber es lief auf dem Kopf stehend. Am Gesindehaus vorbei in Richtung Sandgrube ging es am Windrad vorbei. Es pumpte Wasser irgendwohin, ich weiß nicht mehr. In der Sandgrube haben wir auch einige Male gespielt; es war uns, glaube ich, verboten, weil es gefährlich war, daß der Sand einruscht. Ich glaube, das waren so die intensivsten Erinnerungen an Mattheshöhe.

Von der Flucht weiß ich nur verhältnismäßig wenig. Weißt Du noch, wie wir in Karlshafen zusammen im Krankenhaus lagen? Ich kann mich nur erinnern, es war schon wieder Sommer und das Zimmer lag zu einem Park oder ähnlichem hinaus. Nachdem wir da recht elend waren, durften wir nachher auf eine Veranda oder so ähnlich in den Park hinaus, aber genau erinnere ich mich nicht mehr.

Viele Erinnerungen habe ich noch an Helmshausen. Hier wohnten wir, abseits vom Gutshaus, im ersten Stock in einem miesen verfallenen Gesindehaus. Es ging eine enge schmale, ausgetretene Treppe hinauf, wir hausten in drei Zimmern, am Anfang mit mehreren Familien, dann wurde es etwas räumlicher. Weißt Du noch, an was Vater arbeitete? Er hatte ein Brett, das er auf die herausgezogene zweitoberste Schublade der Wickelkommode legte. Dort saß er und schrieb Briefe, an wen weiß ich nicht, wahrscheinlich an frühere Bekannte, um wieder Beziehungen anzuknüpfen. Unter uns waren Ställe, da wohnte unser Schwein und unsere Gans. Vor dem Haus waren Misthaufen, ganz grobes rundes Kopfsteinpflaster, hinter dem Haus war Holz, wo wir Holz hacken mußten und aufstapeln. Weißt Du noch, wie sich Bernd da mit der Axt in den Fuß gehauen hat? Ich weiß, das war ein Drama. Er mußte ins Krankenhaus und operiert werden oder genäht werden. Drei Erinnerungen habe ich noch an Helmshausen, die erwähnenswert sind. Die erste ist, Rüben ausmachen und köpfen und auf Haufen werfen, die zweite Erinnerung ist: Vater mußte Schlepper fahren, ich war einmal bei ihm. Es muß im Sommer gewesen sein, plötzlich kam jemand über einen Hügel gerannt und winkte uns zu; ich meine es war Rüdeger, der zurückkam. Und die dritte Erinnerung an Helmshausen ist, daß Goetz und ich eine Eidechse gefangen hatten, und diese Eidechse aus Schreck ihren Schwanz abgeworfen hat. Goetz und ich waren so erschrocken, daß wir heulend diesen Eidechsenschwanz beerdigt haben an dem Weg , der, glaube ich, nach Ründa führte. Dort haben wir ein Kreuz auf das Grab von dem Eidechsenschwanz gesetzt und waren tief entsetzt, was uns passiert ist. Ich glaube, Du erinnerst Dich noch.

Mit dem Zug nach Imbshausen endet, glaube ich, die düsterste Zeit, die wir miteinander verlebt haben. Ich glaube, für jeden von uns war Imbshausen was ganz besonders Neues. Weißt Du noch, wo wir am Anfang wohnten? In der Gastwirtschaft oben im ersten Stock (Schlemme), in ein paar kleinen Zimmern, solange bis das Palmenhaus fertig ausgebaut war für uns. Dann zogen wir um in unsere eigenen vier Wände. Im Palmenhaus im ersten Stock! Auf Fußböden, die aus Dielen und Ritzen bestanden. Weißt Du noch, was wir für ein Klo hatten? Einen Zinkeimer unter einem Holzdeckel mit einem reingesägten Loch, war sogar eine Tür in dem Klo, aber kein Riegel davor. Die Türen bestanden aus einfachen Brettern mit Ritzen, Türklinken gab es nicht. Im Winter war es schrecklich kalt, aber es war herrlich, das Palmenhaus! Es stand mitten in der Gärtnerei, unter Eurem Schlafzimmer war das Dach vom Gewächshaus, in dem Gewächshaus wuchsen herrlich Maréchal-Niel-Rosen, und auf diesem Dach hattest Du Blumenkästen mit herrlichen Geranien und Petunien. Sie genossen es, sich auf dem Glasdach hinzulegen. Unter unserem Wohnzimmer war der Verkaufsraum von der Gärtnerei. Weißt Du noch, wie ich beobachtet habe, daß der Pfarrer dort Äpfel geklaut hat. Ich muß heute noch darüber lachen.

Primitiv und genial ging es in Imbshausen zu. Wenn ich an die ‚Nellolichter‘ denke, an die Laubbutzen im Park, an die Faschingsfeste, die wir gefeiert haben, ich verkleidet als Koch; an die Mauer, die an der Rückseite unseres Hauses war, wo es rüber ging in den Obstgarten und unseren eigenen Garten auch neben dem Wetterhäuschen. In diesem Garten hatten wir einen Spielplatz, wo wir Straßen gebaut haben, mit den von Bernd gebastelten Häusern herrlich gespielt haben. In Imbshausen haben wir uns, wenn wir nicht gerade in der Schule waren, auf den Feldern rumgetrieben, sind mitgefahren. Die Schule war etwas ganz Besonderes. Frl. Herrmann, unsere Lehrerin unterrichtete uns nachher im feudal ausgebauten Hühner(Gänse-)stall mit Klappsitzen, was ganz neu und modern war. Im Sommer gingen wir zum Baden nach Echte, ein Fußweg nach meiner Meinung von einer halben Stunde, wo ich mehrere Anläufe gemacht habe, um meinen Freischwimmer zu bekommen. Ich glaube, ich habe ihn nie richtig gemacht. Weißt Du noch, wie wir einmal einen Spaziergang, Sonntag, zum Windmühlen- und Mondscheinberg gemacht haben? Ich hatte neue Turnschuhe bekommen, und Bernd hatte irgendwelche Autos gebastelt, auf denen wir Tannenzapfen gefahren haben, dies ist jedenfalls ganz tief in meiner Erinnerung verwurzelt.

Unvergeßlich sind auch die Winter mit Schlittenfahren. Ich weiß nicht, ob es ein oder zwei Winter waren, jedenfalls muß es eine verhältnismäßig lange

Schlittenfahrsaison gewesen sein. Die Bahn war nur noch Eis, es ging unten um eine Hütte rum, in der Heureiter standen. Vor der Hütte mußte man eine Kurve fahren, die durch eine Kuhle, ein Loch führte, und wehe, man verpaßte es, dann brummte man entweder auf die Hütte oder aber man mußte links einen Hang hochfahren, denn die Bahn ging durch eine Art Hohlweg durch. Und eben in dieser Kurve zerbrach einmal ein Schlitten, Mutter saß hinten als Gewicht und hat sich bei dieser Gelegenheit die ganze Hose zerrissen (ist garnicht wahr, haben die anderen nur behauptet! Mu). Es war eine Riesengaudi. Die Schlittenbahn war die Rechte der Kirschenallee, wenn man bergauf lief. Aufgestiegen wurde zwischen den beiden Kirschenalleen, die linke wurde nie benutzt, komischerweise, die Rechte war immer die Schlittenbahn. Man fuhr oben aus dem Wald los, mit Anlauf über einen Weg, und dann ging es die eigentliche Abahrt hinunter, und wer ganz weit kam, der kam unten bis an den Dorfanfang. In meiner Erinnerung sind wir viele, viele Jahre in Imbshausen gewesen. Aber so viele können es garnicht gewesen sein.

In meiner Erinnerung sind wir viele Sommer lang Himbeeren suchen gegangen, im Vorharzgebiet Pilze sammeln. Weißt Du noch, wie wir Maggipilze in einer Schonung gefunden haben? Du hast ein phantastisches Maggigewürz daraus gekocht. Ich glaube, es gab nichts, was wir nicht in Imbshausen gesammelt haben. Wir waren Himbeeren sammeln, wir waren Pilze sammeln, waren Ähren sammeln, wir waren Bucheckern sammeln, wir haben Mohn gesammelt, Äpfel, Birnen, Pflaumen, alles was es rund um Imbshausen gab, wurde von uns in der Nacherente gesammelt und heimgetragen. Ja, selbst Mäuse haben wir Kinder gesammelt und in der Hosentasche nachhause geschleppt, für unsere Katzen. Viele Erinnerungen gibt es an Imbshausen, da war das Schloß, in dem irgendwelche Polen lebten; da war der Schloßteich, auf dem wir im Winter unsere ersten Schlittschuhlaufversuche machten; da war der riesige Park mit dem Pavillon, eine herrliche Blutbuche zum Klettern; da gab es Eßkastanien im Park; da gab es vor dem Verwaltungshaus riesige Kastanien; da gab es die hannoveranischen Weideschweine, die so herrlich Mäuse wühlen konnten, gab es noch Pferde, die verschiedensten Arten von Schleppern, Landbulldog – selbstgebaut von Pribernow (der auch die Nellolichter erfunden hatte) und vieles, vieles mehr. Nicht zu vergessen die Scheune, wo wir die tollsten Klettergänge hatten. Imbshausen hatte für mich eigentlich nur Gutes in der Erinnerung.

Von Imbshausen zogen wir weg, weißt Du noch wie? In einem Möbelwagen, in dessen Anhänger war vorne ein Extraabteil mit Fenstern, wo wir drinsaßen.

Es war eine lange, lange Fahrt. Der Rest dieser Reise endete auf der Neuen Weinsteige Haus 46 in Stuttgart, glaube ich, ich weiß es nicht mehr genau. Der Motor kochte, wir mußten Kühlwasser holen. Ich weiß noch ganz genau, der Weg zu dem Haus geht über eine kleine Brücke, da das Haus so am Hang steht, daß man von der Straße in den ersten Stock des Hauses über eine kleine Brücke reingehen muß. Völlig erschöpft kamen wir in Plieningen an, in dem Haus von Louis Zimmermann, und hier begann bereits nach kürzester Zeit Krach mit zwei Rowdies von Plieningen, denn Goetz und ich mußten gleich am ersten Tag einen Waschkessel zu Louis Zimmermanns Tochter bringen. Und dieser Waschkessel war von unten schwarz. Und einer von uns, Goetz oder ich, haben diesem Jungen gleich mit einem schwarzen Finger auf die Backe gemalt. Und damit war das Kriegsbeil ausgegraben. Wir waren ja auch ‚Reigeschmeckte‘, und das hat ewig gedauert, bis wir das überwunden haben. In Plieningen, Echterdinger Straße 13 wohnten wir mit einer Dame zusammen in dem Haus. Sie war Witwe oder geschieden und wollte ewig nicht ausziehen. Weißt Du noch, wie glücklich wir waren, als wir endlich das Haus für uns hatten? Viele Erinnerungen gibt es an Plieningen. Was tief in der Erinnerung geblieben ist, will ich kurz aufzählen: einmal war ich von Hühner- oder Kaninchenstall gesprungen und hatte mir den Fuß verstaucht. Da war was von meinem Knöchel abgesplittert. Nachdem es nicht besser wurde, sind wir zwei im Omnibus nach Tübingen gefahren zu einem Professor. Dieser hat es untersucht und empfohlen, daß es operiert wird. Ich bin dann in die Paulinenklinik gekommen und habe dort drei Wochen gelegen, nachdem man dieses Überbein aus dem Fußgelenk entfernt hat. Die Narbe sieht man übrigen heute noch. Erinnern wirst Du Dich auch sicher noch an den Ruderrenner, den ich hatte. Die Echterdinger Straße wurde eines Tages neu asphaltiert und da sie leicht bergab ging, war sie eine wunderbare Straße, um mit dem Ruderrenner da runterzufahren. Später wurde es dann zu gefährlich, weil der Verkehr mehr und mehr zunahm.

Wie in Imbshausen so war ich auch in Plieningen Hans Dampf in allen Gassen. Ich erinnere mich noch, wie ich mit Breinings (ich glaube es waren Breinings) zum Heueinfahren mitgegangen bin. Ich kam zurück mit einem fürchterlichen Affen von Apfelmoscht. (Hier irrt Jörg! das ist Wulf passiert. Mu). Oder, Du erinnerst Dich sicher noch, daß ich immer bei Rückles in der Werkstatt war und mitgeholfen habe, Fahrräder, Motorräder und Autos zu reparieren. Ich hatte jedenfalls immer etwas vor, half irgendwo mit und kam immer dreckig und ausgetobt nach Hause.

Tja, Mutter, in der Zwischenzeit sind einige Tage vergangen, wir waren inzwischen mit den Kindern bei Dir in Birkach, haben die Kinder bei Dir gelassen und sind dann weitergefahren zu unseren Freunden in der Eifel, wo wir ganz fürchterlich eingeschneit sind. Der Schnee hier in Norddeutschland ist so schön, daß die Kinder es nicht ausgehalten haben und hierher zurückgekehrt sind. Sie sind heute heil angekommen und alle bereits im Bett. Nun versuche ich, meine Geschichte weiter zu erzählen. Ich hab mir bei dieser Gelegenheot das ganze Band nochmals angehört, und zu meiner Plieninger Zeit ist mir noch einiges eingefallen. Diese Operation am Bein brachte mir ja einen Gips ein, den ich mitten im Winter tragen mußte, und auch da war herrlicher Schnee. Ich weiß noch, es wurde in Hohenheim auf der Kirschenallee – und wieder ist es eine Kirschenallee – gerodelt. Alle Kinder von weit und breit kamen dorthin zum Schlittenfahren. Natürlich mußte ich auch mit. Ich hatte also einen Strumpf über meinem Gips an und fuhr mit ihm im Schnee. Nach kürzester Zeit war natürlich der Gips aufgeweicht, die Gehrolle brach heraus, und der Erfolg war, daß ich nach Stuttgart mußte, um mir in der Kleinen Königstraße einen neuen Gips abzuholen. Dieser zweite Gips hielt aber auch nicht lange. Irgendwann in der Schule mußte ich meine Stärke wieder beweisen, bin von einer Schulbank gesprungen, sodaß der Gips zerbrach. So kriegte ich den dritten Gips. Er hielt dann endlich so lange, wie er halten sollte. Er war dafür auch so schwer und dick, daß er, als ich ihn endlich losbekam, mein Bein so befreite, daß es richtig leicht und kurz war. Aber mit Gipsen habe ich es wohl immer gehabt. Ich entsinne mich, daß ich in der Plieninger Zeit einmal am Arm einen Gips hatte, war mir der Maibaum draufgerutscht (hier irrt Jörg! Ist Wulf passiert! Mu) und daß ich später einen Gips am Daumen hatte, und daß ich noch später einen langen Gips am Knie hatte, weil ich einen Autounfall hatte – ah ich weiß nicht, wieviele Gipse ich insgesamt getragen habe. Bloß am Kopf hatte ich nie einen Gips, obwohl ich da auch einige Löcher abbekam, und eines davon in Plieningen. Weißt Du noch, in dieser Zeit war das Spachtelspiel ganz modern. In Plieningen vor dem Haus hatten wir eine richtige Spachtelgrube. Da wurde der Spiker reingehauen, und nun fällt mir ein, es hieß garnicht Spachteln, sondern Spikerlesspiel (,Spikerles do'). Da wurde der Spiker reingehauen, der Zweite mußte versuchen, beim Reinschlagen seines eigenen Spikers, den seines

Vorgängers rauszuhauen; schaffte er das, durfte er ihn wegschlagen, mußte aber vorher ansagen, wie oft er spickte. Gelang es dem anderen, seinen Spiker in der Zwischenzeit zu holen und in die Grube zu hauen, hatte er gewonnen. Bei dieser Prozedur hat mir einer meiner Mitkameraden (es war Hanna!) mal seinen Spiker in den Kopf gehauen. Es ist nicht durchgegangen, aber er hat immerhin ein ganz schönes Lch damals hinterlassen, was kräftig blutete. Aber auch dieses Loch ist zugewachsen – ohne Gips. (Hihi, auch das ist Wulf passiert und nicht dem Jörg! Mu [Ich kann das bestätigen, denn ich mußte beim Verbinden assistieren. Goetz]).

Die Plieninger Zeiten waren noch ganz urwüchsig. Wir hatten Hühner, ich glaube auch mal Enten, auf jeden Fall hatten wir Kaninchen, Laubfrösche, Blindschleichen. Es gab hinten einen Holzschuppen, wir hatten einen Garten, wo wir nichts anpflanzen durften, weil Elfriede Zimmermann diesen Garten noch als Eigentum betrachtete. Aber rund um Plieningen gab es ja den berühmten Filderkohl, und so haben wir natürlich Sauerkraut eingemacht. Ein phantastisches Sauerkraut! Es wurde mit den Füßen eingestampft und schmeckte das ganze Jahr über wunderbar. Die Krautfabriken auf den Fildern sind noch in bester Erinnerung für mich. Im Herbst kamen von überall die Krautwagen, schön bepackt mit dem Spitzkraut und fuhren in die Krautfabriken nach Bernhausen oder Eßlingen, wo das Kraut geschnitten und eingesalzen wurde.

In Plieningen gab es auch eine gespaltene Jugend. Da war die eine Seite, die zum Sportverein gehörte, zum TV Plieningen, und die andere Seite, die zum KV, zum Kraftsportverein gehörten. Die Einen waren die Handballer und Turner, und die Anderen waren die Fußballer und Ringer. Goetz pendelte zwischen beiden hin und her, er war sowohl Handballer als auch Ringer, er hat sich so allmählich arrangiert; ich war immer auf der Handballerseite. Handball und Turnen hat meine ganze Plieninger und später auch noch Teile meiner Birkacher Zeit durchzogen. Wir haben Turnfeste mitgemacht, wir haben Handballspiele gemacht, wir haben Raufereien mit den Kraftsportlern gehabt und dann später Faschingsfeste in der Turnhalle, unüberboten! Jedesmal eine Keilerei mit der anderen Partei und unheimlich ausgelassene Stimmung. Plieningen hatte schon sein eigenes Milieu. Steile Wege überall, auf jeder Höhe irgendwo ein Brunnen, der Weg zur Schule, der runter bis ins Tal ging, an der Hanselmann-Mühle vorbei und an der anderen Seite wieder hoch, damals noch am Müllplatz entlang. Den gibt es heute lange nicht mehr, da steht heute, glaube ich, das Progymnasium Hohenheim drauf. Damals gings durchs Wäldchen an diesem Müllplatz vorbei, vorbei am Exotischen Garten, am Teich mit den Nutrias, auf der anderen Seite wieder steil hoch, an den Bienenhäusern vorbei zum Schloß Hohenheim. Dieses Schloß war damals noch wenig renoviert, in den unteren Kellern war noch alles zugeschüttet; man kann es sich heute garnicht mehr vorstellen, wie's damals dort aussah. Was war der Hörsaal 4 unter dem Glockenturm – ein Klassenraum, am Tiermedizinischen Institut gab es zwei Schulräume für uns; in dem Flügel, in dem unten die meisten Klassenräume der Schule waren, praktizierte im ersten Stock Frau Dr. Jung. Man kann es sich heute nicht mehr vorstellen, wo die Schule überall im Schloß verteilt war und wo die Hochschule überall war. Es ist unvorstellbar. Es existierten damals noch Feldscheunen, soviel ich weiß, drei an der Zahl, eine alte, eine neue und daneben ein Maschinenraum, der manchmal auch mit Stroh vollstopft war. Es gab eine richtige Landwirtschaft in Hohenheim, nicht nur theoretische Landwirtschaft. Und es gab das Hohenheimer Bädle. Wer denkt da heute noch dran, an diese runde Pfütze, im Durchmesser gerade zehn Meter, mit den primitiven sanitären Einrichtungen; aber wieviel Spaß haben wir in diesem Bädle verbracht! Aber es war ja nur für die ‚high society' freigegeben, man mußte einen mehr oder weniger Ausweis haben. Es gab einen Aufseher, dessen Name kenne ich nicht mehr, er hat einen kurzen grauen Bürstenhaarschnitt gehabt. (Herr Mahr hat später den Friedhof betreut, besonders liebevoll Vaters Grab. Er sprach immer besonders liebevoll von ihm. Mu). Streng war seine Aufsicht und streng waren die Regeln, aber trotzdem war es wunderschön. Am Anfang gab es rund um das Hohenheimer Bädle einen Bretterzaun, einen richtigen Bretterzaun mit Astlöchern; später wurde es dann erweitert, und es wurde ein richtiger Zaun. Ich glaube, wenn ich dies hier auf Tonband spreche, wirst Du Dich auch erinnern und Du wirst schmunzeln und den Kopf schütteln: richtig, das gab es einmal in Hohenheim. Der Zugang zu diesem Bädle war durch den Botanischen Garten, und der Weg dorthin war damals schon herrlich; es ging an gepflegten Rabatten mit Bäumen und Büschen, die Schilder trugen, vorbei; aber man mußte direkt durch das Schloß am Haupteingang gehen, oder durch eins der Drehkreuze; aber das alles gibt es heute nicht mehr. Und aus dieser Zeit stammt auch meine erste Liebe, Margret Gross, der Vamp von Hohenheim. Margret Gross beherrschte damals sämtliche Männer in Hohenheim, die unter 18 waren. Sie war das Idol,

298

die Marylen Monroe aller. Alle Mütter waren entsetzt über dieses Mädchen, und alle Jungs unter 18 verdrehten die Augen, wenn sie Margret Gross sahen. Meine Brüder, falls sie einmal dieses Tonband hören, werden furchtbar lachen, und sich auch wieder dran erinnern, an diese Zeit in Hohenheim.

Zu dieser Zeit gehört auch die Epoche ‚Heiligenholz', wenn mich nicht alles täuscht. Ich entsinne mich, Vater und Mutter machten eine Urlaubsfahrt mit einem Dienst-VW, wenn mich nicht alles täuscht, Richtung Bodensee, kamen an einer wackligen Feldscheune vorbei, die einen Hängerücken hatte. Vater, der gerne und sehr schön fotografierte, wollte eine Aufnahme machen, und als er dieses Foto abdrückte, spricht ihn jemand an und fragt ihn, ob er Interesse an diesem Gebäude hätte. Und wer war es? Ein alter Bekannter von ihm aus Röstenberg aus der Landsberger Zeit, Herr von Eberstein, den er seit Jahren aus den Augen verloren hatte. Daraus entspann sich eine enge Freundschaft, und nacheinander sind alle Rheinwalds mehr oder weniger häufig nach Heiligenholz geradelt und haben dort ihre Ferien verbracht. Ich mindestens zehnmal. Die Fahrt dorthin war – wohlbekannt – 120 km, zu schaffen in 6-7 Stunden mit dem Fahrrad, normales Gepäck mitgenommen, Lederhosen (Bluejeans gab es damals bei uns noch nicht) und ab ging es, die Hohnauer Steige hoch, Gammertingen, Trochtelfingen, Pfullendorf, Katzensteig nach Heiligenholz hoch. Wir haben dort ganz schön hart mitgeholfen und haben auch so manchen Kummer nachhause getragen, aber insgesamt war es doch immer wieder recht schön dort. Ich jedenfalls war einmal in den Ferien mit der Frauke, in den nächsten Ferien mit der Rose befreundet, mit der Verena konnte ich nie eine Freundschaft anknüpfen, die war immer gerade anderweitig vergeben. Dafür ist sie dann später eine meiner Verbindungen zu Ebersteins geblieben. Ich besuche sie heute noch in den USA, weil das so nah ist für mich. Aber auch andere Radtouren haben wir in der Zeit unternommen. Ich weiß nicht, wo wir überall hingefahren sind; mit Bernd bin ich auf Radtour gegangen mit einem ganz primitiven US-Zelt nach Mergentheim, eine seiner Freundinnen besuchen. Mit Goetz habe ich regelmäßige Radtouren unternommen, zu Pfingsten nach Buchau, wo wir mehr oder weniger jedes Pfingstfest verbracht haben. Ich bin in die Schweiz gefahren, ich bin den Bodensee entlang gefahren. Radtouren waren damals große Mode und wunder-wunderschön. Wir haben sehr viel Schönes in Deutschland auf den Rädern erlebt. Wenn ich mir das so genau überlege, kann das garnicht in der kuren Plieninger Zeit gewesen sein.

Aber es ist nicht viel davon in die Birkacher Zeit übergegangen, denn die Birkacher Zeit begann für mich – ich muss jetzt zögern – 1949 und das wären ja nur drei Jahre Plieningen gewesen. Also mit der Zeitrechnung habe ich das nicht so genau, es kann sich da so ein bißchen hin und her verschieben, aber in drei Jahren Plieningen ist doch so allerhand in meiner Jugend geschehen. Ich glaube, in meiner Zeitrechnung bin ich falsch, denn wenn ich überlege: 1949 war ich 12 Jahre alt – da bin ich noch nicht nach Heiligenholz geradelt. Also müssen die Heiligenholzer Tage von Birkach aus passiert sein. Es ist wesentlich wahrscheinlicher. Da habe ich also was falsch gesagt, aber das macht ja nichts, ihr könnt euch ja darüber amüsieren.

Soweit ich mich entsinne, war ich ein Spätentwickler. Ich habe zum mindesten mit 15 Jahren noch Sopran im Staatstheater gesungen, und mit 15 Jahren – von 1937 aus gerechnet – muß das 1952 gewesen sein; da haben wir schon in Birkach gewohnt. Also müssen die Radtouren und die Heiligenholzer Zeit von Birkach aus gewesen sein. Dann muß ich also ganz flugs den Übergang von Plieningen nach Birkach aus meiner Erinnerung berichten. Eines Tages jedenfalls haben sich meine Eltern entschieden, in Birkach ein Grundstück zu kaufen. Dieses Grundstück war zu der Zeit ein Kartoffelacker, 3,50 DM der qm, dafür kriegt man heute grad einen Quadratzentimeter, und es war noch ein Pflicht darauf, daß man mindestens in einem Jahr mit dem Bauen beginnt. Bedingungen heute unvorstellbar. Der Preis und die Baupflicht – was würden die Spekulanten heute tun? Jedenfalls für dieses Haus wurde gebuddelt, ein tiefes Loch; es kam eine schlechte Wetterzeit, das Loch rutschte zu, es wurde wieder ausgebuddelt, die Eltern hatten ihre ersten Fehlschläge in ihrer Geldplanung. Dann wurde das Fundament hochgezogen, die Kellerdecke gemacht und dann begann die erste Arbeit für uns: Es wurde nämlich ein Doppelhaus, und die Mittelwand in dem Doppelhaus sollte schön schalldicht sein, damit die lieben Nachbarn – damals hießen sie noch Gmelin – nicht gestört werden. Deswegen sollten die Steine, die für die Mittelwand verwendet werden, zur Schalldämpfung mit Lehm ausgestopft sein. Also marschierten wir zur Baustelle und stopften die Hohlblocksteine für die Mittelwand mit Lehm voll. Lehm gab's in Hülle und Fülle, es war nur die Sache, es reinzustopfen und festzustampfen. Unser Vater hatte sich in der Zwischenzeit abgesetzt, er bereiste das liebe Amerika, ich kann es ihm nicht verdenken – Amerika ist ganz schön. Aber er hat es nicht zum Spaß getan, es war für ihn eine sehr, sehr anstrengende Zeit, und ich glaube, er wäre lieber dabei geblieben und hätte sein Häuschen mit hochgezogen. Aber er wußte ja, er hatte eine rüstige Frau zu Hause, die das arrangierte. Also er trieb, wie man das heute nennen würde, Entwicklungspolitik und hat den Amerikanern gezeigt, was man aus der damaligen ‚Landwirtschaftlichen Beratung' alles machen kann und ließ seine Frau das Haus hochziehen. Sie hatte ja soviel Erfahrung in solchen Dingen (denkste, Mu), und sie hat es meisterlich hingebracht. Ich weiß nur noch, Auto hatten wir nicht, wir waren also mit Fahrrädern oder zu Fuß unterwegs zwischen Plieningen Echterdinger Straße 13 und Birkach Birkheckenstraße 49, und aus dem ursprünglichen Kartoffelacker wurde mehr und mehr ein Haus. Nebenan gab es einen garstigen Nachbarn, Späth. Mitten in der Bauphase änderten sich auch die Besitzverhältnisse des zweiten Teils des Doppelhauses. Es wurde irgendwann mittendrin übernommen von einer Familie Ludwig, Kunstdüngerfachmann von Beruf, uns völlig unbekannt, denn Gmelins sollten versetzt werden, irgendwohin nach Ludwigshafen oder dergleichen (Karlsruhe, Mu). Jedenfalls gaben sie ihr Bauvorhaben auf. Tja, und wenn mich nicht alles täuscht, war es um den 10. September 49 (nein 52, Mu), aber ich kann ganz falsch liegen, daß Vater aus USA zurückkam, und wir ihn statt in Plieningen zu empfangen in Birkach mit einem Schild über der Haustür ‚Wellcome' oder so ähnlich empfingen, jedenfalls waren bereits die Fenster drin, das Haus war mehr oder weniger bezugsfertig. Es war eine Riesenüberraschung – und wir waren in unserem EIGENEN Haus. Wenn wir auch Knieß links und rechts hatten – Späts paßte nicht, daß unser Apfelbaum wuchs, und Ludwigs paßte nicht, daß wir lustig waren – das war uns ganz wurscht. Gegenüber gab es herrliche Wiesen, hinter uns eine wunscherschöne Gärtnerei, nach hintenrum einen herrlichen Skihang im Winter. Unser Birkacher Haus haben wir verteidigt mit den Zähnen, und nun haben sich, glaube ich, die Nachbarn an die Rheinwald-Sippe gewöhnt. Und wenn sie jetzt ihre Enkel hinschicken, dann akzeptieren es die Nachbarn auch. (Ich würde sagen, wenn Ihr mir meine Enkel schickt. Mu).

Tja, und wie sah die Birkheckenstraße damals aus? Das Haus von Späths war das letzte auf der linken Seite; nachdem unser Haus fertig wurde, war es zusammen mit Ludwigs das letzte Haus. Auf der gegenüberliegenden Seite gab es etwas oberhalb einen Bauernhof, wo dann später eine Kleiderfabrik reinkam. Auf unserer Seite gab es weiter unten ein kleines Haus, den Namen von den Leuten weiß ich nicht mehr, und dann ging ein Feldweg zu einem Schafstall ab. Unterhalb von diesem Weg gab es noch ein kleines Häuschen.

Dann ging's bis runter zum Ramsbach und am gegenüber liegenden Hang ein bißchen Schönberg. Man kann's sich heute kaum mehr vorstellen. Rund um unser Häuschen waren Wiesen mit Obstbäumen und sonst nichts. Es ist an sich sehr bedauerlich, daß nun alles zugebaut ist mit Blöcken, Klötzen, Beton, aber das ist nun mal das Schicksal der Menschheit. Sie vermehrt sich, sie dehnt sich aus, und sie ergreift Besitz von der ganzen Natur rundum. So, wie wir unser Haus hingebaut haben, so haben es die nächsten mit der gleichen Begeisterung getan und sind froh über ihre vier Wände, in denen sie wohnen, und haben es sich meistens auch sauer verdient.

Für mich ist bestimmend für die Birkacher Zeit die Verbundenheit mit dem Vogelschutz, sowohl alles, was zusammenhing mit Buchau und dem Bund für Vogelschutz als auch mit der Vogelwarte Radolfzell und dem Beringen. Was haben wir nicht von Birkach aus alles gemacht! In den Obstwiesen Vogelkästen ausgehängt, sonntags früh um drei Uhr raus, Vögel beringen. Wir hatten im Garten Fallen stehen, um Bergfinken im Winter zu fangen. Wir haben Schlagnetze gebaut, um Rotkehlchen zu beringen, wir haben Kirchtürme abgeklappert, um Schleiereulen zu beringen. Wir haben Falkenhorste und hohe Kiefern erklettert, um Falken und Bussarde zu beringen. Wir sind an den Bodensee gereist und haben dort im Herbst Schwalben beringt, wir sind nach Buchau gereist. Die Zeit des Vogelschutzes und der Beringerei haben eine lange, lange Zeit der Birkacher Periode bestimmt. Selbst Hanni, die in der Birkacher Zeit in mein Leben getreten ist, entsinnt sich noch oft an unsere Vogelberingerei in all den Bereichen, wo wir unterwegs waren. Und erst jetzt auf unserem letzten Ferienaufenthalt in der Eifel, von dem wir gerade vor zwei Tagen zurückgekehrt sind, haben wir wieder davon profitiert. Die Leute wohnen mitten im Wald und haben riesige Futterhäuschen im Garten stehen, und dort kommen Vögel wie Kohlmeisen, Blaumeisen, Sumpfmeisen und Tannenmeisen. Dort kommen Rotkehlchen, Heckenbraunellen, Buchfinken, Bergfinken, Grünfinken, Kernbeißer, Dompfaffen, Amseln, Sperlinge, Grünspecht, kleiner Buntspecht und Kleiber. Alles Vögel, die wir aus dieser Zeit kennen, in der Hand gehabt haben, beringt haben und lieben gelernt haben. Es ist kaum zu glauben, was man in solchen Perioden von der Natur lernt. Es ist mir heute noch aus dem Flugbild selbstverständlich, wie eine Kohlmeise und ein Buchfink sich im Flug unterscheiden, der weiße Bürzel eines wegfliegenden Dompfaffs ist einem sofort Symbol für den Dompfaff, wie das Verhalten einer Heckenbraunelle, die ganz anders aussieht als ein Rotkehlchen oder ein Zaunkönig.

Auch unser herrliches Erlebnis mit ‚Konrad' aus dieser Zeit ist uns allen wohl noch in der Erinnerung durch die schöne Filmkopie, die wir haben. Wenn man heute einem Menschen sagen würde, er sollte im Wald Mausfallen aufstellen, um Mäuse zu fangen, um sie dann nachher zu zerschnippeln und einer kleinen Waldohreule zu verfüttern, ich glaube, der würde einen vielleicht dumm angucken und vielleicht für verrückt erklären. Aber wir haben das mit Begeisterung getan und haben bestimmt fürs Leben eine Erinnerung behalten.

Obwohl ganz generell die Sammelleidenschaft auch etwas nachgelassen hatte, haben wir doch in der Birkacher Zeit auch etwas gesammelt, nämlich Schlehen. Gegenüber, am Riedenberger Hang, gab es immer Unmengen Schlehen, und hier haben wir das Schlehensammeln eingeführt. Bis heute noch versuchen wir, Schlehen zu sammeln und machen den wundervollen Saft davon. Er ist immer wieder ein Hochgenuß. Hier oben in Norddeutschland ist es etwas schwierig, Schlehen zu finden, aber ab und zu gelingt es uns doch wieder. Vor zwei Jahren erst war es bei Seegeberg möglich, eine größere Menge Schlehen zu sammeln. Wir haben vielen schönen Schlehensaft davon gehabt.

Über zehn Jahre haben wir in Birkach zusammen gelebt. In dieser Zeit sind wesentliche Teile unserer Oberschulzeit über die Bühne gegangen, zumindest von Goetz, mir, Hanna und Wulf. Wir reisten alle nach Stuttgart, der eine ins Schickardtgymnasium, der andere ins Wilhelmsgymnasium, Hanna ging auf die Diätfachschule, Wulf – die Schule weiß ich im Augenblick garnicht mehr, ich glaube, auch ins Wilhelmsgymnasium, und jeder hatte so seine Probleme in der Schule. Da ich an sich hier nur Angenehmes erzählen will, komme ich nicht weiter auf die Schulzeiten zurück. Nach Abschluß unserer Schulen sind wir alle ins Studium eingetreten. Bernd, Goetz, Jörg und Wulf haben alle ihr Studium mehr oder weniger in Stuttgart gemacht. Bernd ging in der Zeit nach Aachen, aber wir haben auch privat in Birkach allerhand erlebt. Ich denke an die dollen Faschingsfeste, weißt Du noch! Immer wenn Vater in dieser Zeit wegfuhr, nannte er uns den Termin, wann wir unsere Faschingsfete legen können, und da haben wir angefangen, umzuräumen. Zu der Zeit war die Veranda noch offen, zu Späths hin war nur ein Spalier mit dem Pfeifenstrauch, und dann haben wir in der Gärtnerei oben Strohmatten geholt, haben die offene Veranda zu einem zuen Raum gemacht, der Heizofen kam rein, Matratzen kamen rein und dann wurden Faschingsfeten gefeiert in drei Räumen, und der Keller war meistens das kalte Büffet und auch Séparé. Wir konnten schon ganz schön lustig sein. Erinnerst Du Dich noch an unsere Konfettikanone. Der alte Staubsauger, wo man den Schlauch umdrehen konnte auf die Pusteseite, vollgefüllt mit Konfetti und eingeschaltet, dann gab es eine Mordskonfettiwolke. Das Konfetti haben wir noch Jahre danach beim Möbelumräumen gefunden. Übrigens, dieser Staubsauger existiert immer noch, er wird von mir täglich benutzt. Er steht in der Garage und gehört zu meinem Werkzeug.

In Birkach bekamen wir auch unser erstes Auto, ein schwarzer uralter VW, noch handgeschweißt, er entstammte der Autoproduktion für Reparationskosten. Wir haben ihn ‚Donnervogel‘ genannt, weil er so herrlich tuckerte. Er hatte noch hinten ein Brezelfenster. Wir haben ihn dann schön mit Stoff ausgeschlagen und doch so allerhand mit diesem VW erlebt. Er ist dann irgendwo bei Göppingen an einem Straßenpfosten zerschellt. Ich entsinne mich noch, Mutter hatte einige Schrammen abbekommen, unter anderem stammt aus diesem Unfall der Ausspruch ‚der Finger tuts vollends‘, den Vater geprägt hat, als er den krummen Finger sah.

Tja, und in der Birkacher Zeit trat auch Hanni in mein Leben. Ich hatte sie auf einem Schulball ihrer Schule kennen gelernt, und am nächsten Sonntag kam sie zu uns zum ersten Mal. Weißt Du noch, wie lustig das war, als sie mit klopfendem Herzen mit am Kaffeetisch saß. Ihr kriegtet Kaffee, wir Kakao, und als Hanni die erste Tasse Kakao trank, gab es ein fürchterliches Malheur, die Tasse zerbrach ihr in der Hand, und der Kakao erschütterte sich auf das weiße Tischtuch. Hanni wäre am liebsten unter den Tisch versunken, so hat sie sich geniert. Du erinnerst Dich sicher noch daran. Aber dieses Malheur konnte Hanni nicht davon abhalten, wieder zu kommen. Alle mochten sie gerne, sie war ein gern gesehener Gast in unserem Haus und kam mehr oder weniger jeden Samstag oder jeden zweiten Sonntag zu uns hinauf. Sie ging mit zum Vogelberingen, sie machte bei unseren Parties mit, sie wurde sechstes Kind mehr oder weniger in unserer Familie.

Tja, und so allmählich wurden die Kinder langsam Erwachsene. Einer nach dem andern ging aus dem Haus, Bernd ging zu Haushahn und heiratete nach Feuerbach. Goetz ging nach Hamburg, lernte Muschi kennen. Hanna ging in den Schwarzwald und nahm ihre erste Stellung an, und so allmählich wurde mein Studium fertig. Was heißt hier allmählich: ich war an sich sehr schnell fertig, nach acht Semestern hatte ich meinen Abschluß, arbeitet noch weiter an meiner Diplomarbeit bei Professoer Müller und – wenn Du jetzt im Hintergrund

Geräusche hörst: es ist heute das erste Mal, daß ich bei Tage diktiere; aber im zwei Stunden muß ich abreisen nach Seeheim und muß noch ganz schnell das Tonband fertig machen. Ich bin abends nicht mehr dazu gekommen. So, also stör Dich nicht an den Geräuschen, es sind häusliche Geräusche. So, jetzt geht's weiter im Text. Also allmählich wurde ich fertig, hatte mein Diplom in der Tasche, hatte inzwischen auch einen Sohn Klaus, und die Zeit meines Auszugs stand bevor. Also ging auch ich aus dem Haus; wir zogen nach Gelsenkrichen, in den dreckigen Ruhrpott, und gründeten unseren ersten Hausstand.

Krrr – hast Du das Telefonklingeln gerade eben gehört? Das warst Du selbst! Wenn Du Sonntag Nachmittag anrufst, um Dich zu erkundigen, ob die Kinder schön Schlitten fahren. Da hab ich Dir gesagt, daß ich in Eile bin, daß ich noch was fertig diktieren muß. Also, so hörst Du Deine eigenes Telefonklingeln wieder. So ists auf Tonband gebannt, ich hatte nämlich gerade gesprochen. Und da Du ja am Telefon nicht mithören solltest, was ich nun weiterdiktiere – es soll ja eine Überraschung sein – so habe ich zu Jutta gesagt, sie solle jetzt abbrechen, ich müsse noch fertig machen. So lustig ist das. Also wir zogen nach Gelsenkirchen, gründeten unseren eigene Hausstand, Du kamst uns besuchen. Ich entsinne mich noch an den Spaß mit unseren Untermietern, wie Du da warst und noch Bekannte von uns vom Tischtennisverein, und wir spielten und die Hausbesitzer unter uns machten Rabatz. Ja, das war sehr unerfreulich. So lange hats uns auch nicht in Gelsenkirchen gehalten. Wir gingen dann nach Saarbrücken, nach Niedersalbach. Das Haus lag recht schön dort, die Wohnung war auch sehr schön, Du entsinnst Dich sicher noch, denn Du hast uns da ja auch mal besucht. Weißt Du noch, wie wir Ausflüge zu den Funktürmen gemacht haben? Die gewaltigen Sendetürme des Saarländischen Rundfunks? Du wirst Dich sicher noch daran erinnern.

Tja, und dann ging ich zum 1. April 1969 zur Deutschen Lufthansa. Den Schritt bereue ich wohl nie. Ich bin da in ein Arbeitsgebiet reingekommen, was mir riesigen Spaß macht. Was mir leid tut, ist, daß Vater das nicht mehr mitbekommen hat, denn er hätte sicher einen Mordsspaß daran gehabt, und es hätte ihn alles brennend interessiert, da er sich doch für solche technischen Sachen sehr interessierte und ihn die Luftfahrt immer begeistert hat. Wir zogen also nach Frankfurt, blieben dort zweieinhalb Jahre, bis ich dann nach Hamburg versetzt wurde und wir hier nicht mehr in Untermiete gingen, sondern unser eigenes Häuschen bekamen. Und hier hast Du uns ja oft besucht, netterweise die Kinder gehütet, wenn wir mal auf Reisen gehen wollten, was uns immer wieder sehr, sehr freut. Denn wie sollten wir sonst mal von den Kindern wegkommen? Du entsinnst Dich sicher noch, oder ich muß sagen ‚Weißt Du noch‘ wie wir an der Ostsee unser Zelt immer stehen hatten, wo Du auch mir unten warst, am Anfang doch noch etwas geniert, später dann auch so gebadet hast, wo wir mit dem Katt gesegelt sind. Es war schon schön da droben, zuerst am Strand, später auf der Wiese, auch dort bist Du mit den Kindern allein gewesen, hast doch auch sicher Deine See wieder lieben gelernt; ich weiß jedenfalls, Du kamst trotz Anstrengung immer ganz begeistert zurück an die Ostsee.

Tja Mutter und dann glaube ich, eines der letzten großen Erlebnisse, die wir miteinander hatten, war unsere Amerikareise. Sicher hast Du Dir nie träumen lassen, daß Du noch mal nach Amerika reist, so luxuriös und so schön. Und es hat, glaube ich, riesigen Spaß gemacht. Wir flogen Erster Klasse bis nach Los Angeles, in Los Angeles nahmen wir uns ein Auto, fuhren entlang der Pazifikküste – überlege, Pazifikküste nach San Diego. Unterwegs haben wir Surfer gefilmt, Hanggleiter. Es war wunderschön. Von San Diego zurück nach Los Angeles, von dort nach Miami, nein nicht nach Miami, nach Florida und von Florida nach Clearwater, gelegen am Mexikanischen Golf. Da haben wir wunderschön gebadet im warmem Wasser und zwei Tage in einem Hotel gelebt, zusammen mit Diekows. Ich glaube, das wirst Du nie vergessen, wie wir dort Pelikane gefilmt haben. Von dort aus flogen wir nach Nassau auf den Bahamas, und von den Bahamas Du Erster Klasse auf einem nicht so erfreulichen Flug wieder nach Hause. Aber diese Erinnerung wird Dir ewig bleiben. Und wenn es Dir gesundheitlich weiter so gut geht, dann glaube ich werden wir auch nochmal so eine Reise machen. Und ich könnte Dir dann die Erinnerung an diese Reise als Fortsetzung wieder auf eine Kassette diktieren. Was hältst Du davon? Wollen wir so verbleiben?

Ich wünsche Dir nun zu Deinem 70. Geburtstag alles Gute, bleib schön gesund, bleib so vergnügt, bleib so aufgeschlossen für alles, freu Dich noch Deines Lebens, denn Du hast es auch verdient, das Freuen, und bleibe uns recht lange erhalten.

Jörg

Hanna: Erinnerungen an meine Kindheit und Jugend

Die ersten Erinnerungen in meiner Kindheit tauchen immer nur wie Momentaufnahmen auf. Die erste ist die, daß ich mir meinen Finger abgeklemmt habe. Nur dadurch kann ich mich überhaupt an Matteshöhe erinnern, denn ich sehe das große Haus genau vor mir. Am unangenehmsten an der ganzen Geschichte habe ich die Kutschfahrt nach der Narkose im Gedächtnis. Ich glaube, so wie damals habe ich nie in meinem ganzen Leben wieder gespuckt.

Komplexe habe ich nie gehabt, weil ich nur einen halben Finger hatte. Nur einmal kam ich deshalb in eine peinlich Situation, als Frau Dr. Weber sich köstlich amüsierte, daß ich nur neun Fingerabdrücke im Biologieunterricht abgab. Ihr war es genauso unangenehm wie mir, als ich ihr erklärte, ich hätte nur neun Finger.

Ich war auch sehr erstaunt, als ich von Gunther erfuhr, daß er Schuldgefühle hatte, weil er meinte, er hätte den Unfall verschuldet. Dabei weiß ich ganz genau, daß er mir gesagt hatte, ich solle innen an den Speichen anfassen, aber ich traute mich nicht.

Die andere Begebenheit in Matteshöhe, die ich noch weiß, ist mein vierter Geburtstag. Das besondere daran war, daß Gunther, der einen Tag vorher seinen Geburtstag hatte, mit mir zusammen feierte. Ich weiß noch genau, daß er sich Gulasch zum Mittag wünschte, und ich mir Sterchensuppe. Wir wollten als Geburtstagsfeier einen Fasching machen. Da es aber sehr heiß war, zogen wir uns aus, und Tante Friedel bemalte uns mit Schuh-Weiß. Abends spülten wir die ganze Herrlichkeit im See ab.

Von der Flucht weiß ich auch nur zwei Episoden. Das eine ist, daß wir tagelang auf Brot geschlafen haben, das Mutter irgendwo gehamstert hatte. War ich wirklich so verfressen, daß diese Szene so viel Eindruck auf mich gemacht hat?

Besonders erschreckt hat mich der Tiefffliegerangriff bei Waren. Die Flieger, die über dem Wald auf uns zukanen, die Pferde, die steigen, wir springen aus dem Wagen in den Straßengraben. Dann rattern die Bordgeschütze, und der Spuk war vorbei. Die Tiefflieger flogen zwei Angriffe auf uns und ließen uns dann Gottseidank in Frieden.

Obwohl ich relativ wenig eigene Erinnerungen vom Krieg und von der Flucht habe, muß das alles doch großen Eindruck auf mich gemacht haben, denn ich habe bis in die Birkacher Zeit noch oft geträumt, daß alles brennt.

Von Mölln an sind alle Erinnerungen nicht mehr grau in grau, sondern von allen Dingen in Mölln und in Geesthacht strahlt immer herrlichster Sonnenschein. Ich weiß nicht, vielleicht war das Wetter ja auch herrlich, denn Einzelheiten aus dieser Zeit weiß ich nicht mehr. Nur die allgemeine Harmonie ist mir noch im Gedächtnis. Meinen fünften Geburtstag haben wir nach meiner Meinung auf einem Bauernhof in der Nähe von Kassel gefeiert. Vater hatte wohl schon seine Stelle verloren. Dort haben wir in der Scheune geschlafen, was ich ganz herrlich fand.

Im Sommer 1945 hatten wir Paratyphus. Ich habe ja nicht so sehr gelitten und habe deshalb diese Zeit in recht angenehmer Erinnerung. Nur eines hat mich unheimlich geärgert, daß Goetz früher aufstehen durfte als ich. Er war doch richtig krank gewesen, während ich nur scheinkrank war.

Anschließend kamen wir nach Helmshausen, wo mich offensichtlich der Bach am meisten beeindruckte. Denn ich sehe ihn genau vor mir. Es war ein klarer Dorfbach mit lauter zerbeulten Dosen, kaputten Eimern und Speiseresten drin. Für mich war die Enge, die dort geherrscht hat, nichts besonderes, denn vorher war es mindestens ebenso eng gewesen.

Besonders kann ich mich an eine Kutschfahrt erinnern, bei der das verrückte Pferd – den Namen weiß ich nicht mehr – mit uns durchging. Ich hatte unheimliche Angst, daß die Kutsche umfällt, aber Mutter schaffte es, das Pferd zu zügeln. Und selbstverständlich erinnere ich mich an Rosamunde, die sich regelmäßig nach Hause tragen ließ.

In Imbshausen hatten wir schon beinahe eine richtige Wohnung: drei Zimmer und die Jungs konnten auf dem Boden schlafen. So viel Platz hatte ich bis dahin noch nie erlebt. Der Wind pfiff zwar durch den Fußboden, aber wir fanden es herrlich, durch die Ritzen in den Verkaufsraum der Gärtnerei zu kucken. Besonders elegant war die Toilette: ein Eimer im Holzverschlag, der regelmäßig geleert werden mußte. Wer tat es? Mutter.

Durch die Flucht hatte wir natürlich nur noch wenige Sachen. Von unseren Eßtellern waren nur sieben übrig geblieben. Da bat mich Mutter, den Tisch zu decken, und gab mir die Teller mit den Worten: „Paß auf, es sind meine letzten!" Natürlich stolperte ich prompt mit den Tellern hin. Ich saß wie ein Häufchen Unglück zwischen den Scherben, und Mutter steckte ihren Kopf in die Gardine. Da ich dachte, sie heult, wollte ich sie trösten. Da drehte sie sich um und lachte schallend. So erleichtert und dankbar wie damals war ich wohl selten.

Besonders schön war in Imbshausen die Stromsperre. Vielleicht sollte man heute auch so etwas einführen. Dann pflegte Mutter nämlich Märchen zu erzählen. Unvergessen ist das Märchen ‚Prinzessin Mohnkuchennichtessja'. Da Kuchen, besonders Mohnkuchen, bei uns sehr begehrt war, war diese Prinzessin, die keinen Mohnkuchen mochte, ein echtes Fabelwesen. Und Mutter hatte eine herrliche Geschichte um sie gesponnen. Einzelheiten weiß ich zwar nicht mehr, aber ich könnte mir vorstellen, daß Goetz und Jörg eventuell darüber noch Genaueres wissen.

In Imbshausen fingen für mich dann die Pflichten an. Zuerst ging ich in den Kindergarten, was ich aber auch nicht besonders gerne tat. Nur eins gefiel mir sehr gut, daß wir ein Theaterstück aufführten und zwar das Goldtöchterchen von Christian Andersen. Ich spielte das Goldtöchterchen, und ich glaube, die Aufführung war wirklich sehr niedlich. Vor allem die beiden Schmetterlinge, die mit Motorgebrumm über die Wiese flatterten, machten großen Eindruck.

Im Garten, den Vater gleich angelegt hatte, wohl vorwiegend um Taback anzubauen, hatten Bernd und Jörg eine herrliche Autostraße gebaut mit Tunneln und Brücken. Sehr beliebt war bei uns, wenn Bernd Jörg, Wulf und mich mit dem Handwagen spazieren fuhr. Jörg lenkte, Wulf und ich saßen am Rand und Bernd schob. In meiner Erinnerung fuhren wir mindestens 70 Stundenkilometer. Von den herrlichen Rodeltouren in Imbshausen weiß ich vor allem, daß ich immer kalte Füße hatte.

Meine Einschulung hat wohl wenig Eindruck auf mich gemacht, denn ich kann mich nicht mehr an sie erinnern. Als viertes Kind sieht man die Schule sicher als notwendiges Übel an, und so etwa habe ich die Schule immer empfunden. Viel schöner war, mit Goetz Frühlingsblumen zu pflücken und selbst komponierte und gedichtete Lieder zu singen. Unser bestes Lied kann ich heute noch:

Wir sind die Frühlingsboten,
uns hat der Frühling geschickt,
ein Blühen hier und dort,
in jeder Hand ein Blumenstrauß,
der soll durchduften süß das Haus.

In Verbindung mit Imbshausen sehe ich vor allem die herrlichen Wälder vor mir. Zu der Zeit sind wir viel spazieren gegangen und haben Pilze gesammelt. Dabei fällt mir besonders ein Spaziergang ein, bei dem wir bei einer Rast Mooshütten gebaut haben, damit die drei Bären im Walde eine Unterkunft hatten. Bei einem dieser Spaziergänge habe ich mich als typische Katastrophen-Emma hervorgetan. Ich hatte nämlich immer das Gefühl, Wulf beschützen zu müssen und warnte ihn laufend davor, Tollkirschen zu essen.

Weihnachten 1948 kam ich dann zurm ersten Mal mit dem Luxus in Berührung. Vater brachte nämlich aus Stuttgart von den Amerikanern Apfelsinen mit, in die ich wie in einen Apfel reinbiß und mich wunderte, daß diese herrlichen Früchte bitter schmeckten, bis sie mir Mutter lachend schälte und ich doch feststellen konnte, daß Apfelsinen etwas Leckeres sind.

Im Herbst 1949 sind wir dann nach Stuttgart gezogen. Mir ist der Abschied von Imbshausen sehr schwer gefallen. Und ich muß auch heute noch sagen, daß die Imbshäuser Zeit besonders schön war.

In Plieningen zogen wir nach meinen damaligen Begriffen in eines Luxusvilla ein. Der Umzug war abenteuerlich, denn der Möbelwagen war viel zu schwer beladen, die Fahrer hatten sich mit der Zeit verkalkuliert und fuhren deshalb wie die Henker. Wir saßen zu fünft in der Kabine des Anhängers und dachten dauernd, er fällt um. Auf der Weinsteige in Stuttgart kochte der Kühler, und wir mußten uns in einem Haus Kühlwasser geben lassen. Als wir mit 12 Stunden Verspätung in Plieningen ankamen, war Vater schon ganz aus dem Häuschen. Während die Großen, Goetz und Bernd beim Auspacken halfen, beschnupperten wir Kleinen Jörg, Wulf und ich die Schwaben. Zuerst hatten wir Verständigungsschwierigkeiten, aber das gab sich schnell.

In der Schule wurde ich eine halbe Klasse vorversetzt, da in Württemberg im Gegensatz zu Niedersachsen das Schuljahr im Frühjahr begann. Ich hatte große Schwierigkeiten, da der Lehrplan und die Sprache sehr unterschiedlich waren. Deshalb machte ich fünf Volksschuljahre, ehe ich nach Hohenheim zur Oberschule ging. Aber das waren nicht die einzigen Schwierigkeiten. Wir hatten zum Spielen plötzlich viel weniger Platz und außerdem eckten wir bei den Schwaben dauernd an.

Das Haus war ja ‚schick‘, wir hatten sogar eine richtige Toilette – ein sogenanntes Plumpsklo. Aber ich fand es sehr eindrucksvoll, daß man nicht mehr einen Eimer ausleeren mußte. Hinter dem Haus war ein Hühnerstall, in dem wir sieben Hühner halten konnten. Vater übernahm Herrn Zimmermanns Garten und brachte ihn voll zum Blühen. So etwas hatte man in der Echterdinger Straße noch nie gesehen. In einem Garten baute man doch Kohl an und keine Blumen.

In der ersten Zeit wohnte oben im Hause eine junge Familie mit zwei Kindern, sodaß Wulf und ich wieder die Etagenbetten im Eßzimmer bezogen. Bernd, Goetz und Jörg hatten oben ein gemeinsames Zimmer. Schade war auch, daß Mutter nicht mehr so viel Zeit hatte wie früher, da sie keine tägliche Hilfe mehr hatte. Aber manchmal sind wir von Plieningen aus in den Landhauswald oder ins Scillatal gewandert. Dort im Wald lagen noch viele Blindgänger, und ich hatte große Angst, daß einer meiner Brüder damit spielen würde. Ein Klassenkamerad von mir hatte sich dabei schwer verletzt, und sein Bruder war sogar ums Leben gekommen.

Später sind Goetz und ich oft zur Körsch gewandert. Wir hatten uns dort Häuser gebaut, und damit die Geschwister uns nicht belauschen konnten, hatten wir eine Geheimsprache entwickelt.

Als wir etwa ein Jahr in Plieningen wohnten, war Mutter nach all den anstrengenden Jahren urlaubsreif. Da keiner bereit war, fünf Kinder zu versorgen, wurde beschlossen, daß wir uns selbst versorgten. Mutter war ja nicht begeistert, uns alleine zu lassen, aber wir redeten ihr gut zu und versprachen, uns gut zu benehmen. Kurz bevor Mutter und Vater abreisen wollten, bekam Wulf noch Keuchhusten. Schweren Herzens fuhr Mutter nach Rosenheim, und wir schmissen den Haushalt allein. Es ging alles gut und zu Mutters Empfang buken wir sogar einen Kuchen.

Jörg bekam in Plieningen seine ersten Ski, auf denen ich auch mal fahren durfte. Auf den Wiesen hinter Gehrungs Haus waren Hügel, die für unsere Künste herrlich geeignet waren. Ich glaube aber, Wulf und ich bekamen erst in Birkach eigene Ski. Bernd hatte schon in Imbshausen welche bekommen und Goetz war kein begeisterter Skifahrer.

Oft sind wir auch zum Flughafen gegangen. Damals war er noch nicht eingezäunt, sodaß wir jederzeit auf das Flugplatzgelände konnten, um das Steigen und Landen der Flugzeuge zu beobachten. An einen Tag erinnere ich mich, da war wohl eine Übung für Fallschirmspringer. Jedenfalls waren Noratlas da, die hunderte von Fallschirmspringern, Jeeps und Gepäck absetzten. Natürlich sind wir sofort zum Flugplatz gerannt. Von unserem Lieblingsplatz, einer Trümmerhalde, konnten wir alles herrlich sehen.

An eine Geschichte kann ich mich noch besonders gut erinnern, weil sie so typisch für meine Situation als einziges Mädchen war. Wulf beschloß einmal mit ein paar Freunden zum Pfauenhof nach Bernhausen zu laufen. Ich ging mit, weniger um Pfauenfedern zu finden, sondern um Wulf zu beschützen. Wir kamen auch am Pfauenhof an, wo wir natürlich keine Federn fanden. Auf dem Rückweg waren die Jungs zu faul zu laufen, deshalb beschlossen sie, per Anhalter zu fahren. Ich riet natürlich ab, da ich wieder Angst hatte, es könnte etwas passieren. Ich gab dann doch nach, und wir winkten. Ich war aber doch sehr froh, daß die Autofahrer alle fröhlich zurückwinkten und nicht anhielten

In der Plieninger Zeit bekamen wir auch unsere ersten Fahrräder. Bernd hatte schon eins in Imbshausen bekommen, damit er zur Schule nach Northeim fahren konnte. Goetz und Jörg bekamen eins, damit sie nach Hohenheim kamen. Ich durfte später auf Mutters Rad fahren, was ich dann auch erbte. Jörgs Rad war eine uralte Klapperkiste. Er hat schon damals viel daran gebastelt und es immer gut im Schuß gehabt. Dabei habe ich viel von ihm gelernt, was ich noch heute gut gebrauchen kann. (Denn die Fahrräder in der Familie Mann halte ich in Schuß). Mit den Fahrrädern haben wir tolle Wettfahrten auf der Echterdinger Straße veranstaltet. Da nicht jeder ein Fahrrad hatte, machten wir die Wettfahrten nach Zeit. Jeder durfte auf Jörgs Fahrrad einmal fahren.

Von Plieningen aus kam ich 1951 in die Oberschule nach Hohenheim. Leider mußte ich zu Fuß gehen, da das Fahrradfahren für mich zu gefährlich war. Ich hatte einen ziemlich weiten Schulweg, und damit ich nicht so viel tragen mußte, sollten Goetz oder Jörg die Mappe auf dem Rad mitnehmen. Einmal hat Jörg sie vergessen, und ich hatte keine Schulsachen. Ich habe Tantalusqualen gelitten, weil ich mich in jeder Stunde für die fehlende Mappe entschuldigen mußte. Von da an habe ich meine Sachen lieber getragen. Manchmal half mir dabei auch Kurt Brummer, den ich regelmäßig vor der Schule abholte. Von Plieningen aus sind wir eigentlich jeden Tag zusammen zur Schule gegangen.

Nachdem Lindenmeiers oben aus der Wohnung ausgezogen waren, bekamen Jörg, Wulf und ich ein gemeinsames Schlafzimmer. Bei einer abendlichen Toberei, die wir häufig veranstalteten, hat mir Wulf einen Vorderzahn ausgeschlagen.

In Plieningen hatten wir auch unser erstes Vogelerlebnis. Wulf und ich fanden zwei aus dem Nest gefallene spatzenähnliche Vögel und brachten sie Mutter. Da sie keine Körner annahmen, versuchten wir es mit Regenwürmern, aber auch die mochten sie offensichtlich nicht. So versuchten wir alles Mögliche, bis wir herausfanden, daß sie besonders gerne Fliegen fraßen. Da wir nicht so viele Fliegen beschaffen konnten, ernährten wir sie mit Hackfleisch. Sie wuchsen schnell heran und wurden flügge. Wenn wir sie besonders verwöhnen wollten, öffneten wir in unserem Plumpsklo die Klappe, aus der dann viele Fliegen ans Toilettenfenster flogen, die sie voller Begeisterung fraßen. Dadurch bekamen wir heraus, daß unsere ‚Spatzen‘ Graue Fliegenschnäpper sein mußten. Wir hatten Sorge, was mir ihnen geschehen würde, wenn sie ausfliegen, denn wir wollten sie nicht behalten. Aber es ging alles viel einfacher, als wir dachten. Sie flogen weg und meldeten sich, sobald sie hungrig waren. Je älter sie wurden, um so seltener kamen sie wieder, bis sie ganz wegblieben.

1952 begann dann der Hausbau in Birkach. Es war für uns eine ganz tolle Sache und für mich war es besonders schön, denn ich sollte ein eigenes Zimmer bekommen. Es war zwar sehr klein, aber ich war doch sehr glücklich, daß ich es hatte. Am Tag des Richtfestes brach sich Wulf den Arm und nach dem Richtfest fuhr Vater für vier Monate nach Amerika. Sowie Vater abgefahren war, betrieb Mutter ihren Plan, das Haus bis zu seiner Wiederkehr fertig zu haben, mit aller Energie. Wir halfen, wo wir konnten, mit. Für die Mauer zum Nachbarn stopften wir die Hohlblocksteine mit Lehm aus, damit das Haus nicht zu hellhörig wurde. Ludwigs hatten trotzdem noch unter unserem Krach zu leiden. Mutter schaffte ihr Ziel, und am 10. September zogen wir um. Ihr zweites Ziel, das Haus nicht teurer als den Voranschlag zu machen, hatte sie auch erreicht. Als Vater am 12. September aus Amerika kam, konnte er es kaum fassen, daß wir schon umgezogen waren. Leider wurde er krank und keiner wußte so recht, was er hatte. Ich weiß noch genau, als ich aus der Schule kam, wollten mich Jungs aufhalten. Da sagte Myrzel: „Laßt sie in Ruhe, ihr Vater kommt heute aus Amerika."

In Birkach hatten wir wieder etwas mehr Freiheit als in Plieningen, da hinter unserem Haus Wiesen und Wald waren. Meistens spielten wir in einer großen Clique. Dazu gehörten außer Jörg, Wulf und mir Patsch, Eckard Wolf, Myrzel

Wolf, Rolf und Bruno Späth. Später spielten wir auch noch viel mit den drei Kindern von Kirchners. Wir haben herrliche Indianerspiele auf Weißingers Bückele gespielt. Patsch lernten wir beim Skifahren kennen. Er kam aus dem Harz und konnte für unsere Verhältnisse toll Ski fahren. Sein Schlagwort war ‚Ihr Pappchinesen‘. Daraus wurde sein Spitzname ‚Patsch‘. Er gehörte bald zu unserer Familie. Seine Mutter arbeitete und war oft zum Mittagessen nicht zuhause. Dann kam er eben zu uns. Ein ähnliches Kuckucksei war Bernhard Treichel. Er ging in Wulfs Klasse und hatte keine Eltern mehr. Er schlief bei seiner Schwester. Sonst war er fast nur bei uns. Er kam aber erst zu uns ins Haus, als Wulf schon zur Oberschule ging.

In der Schule hatte ich nur in den beiden ersten Oberschulklassen eine Freundin. Das war Brigitte Röhm. Leider ging sie später in die Lateinklasse, so daß es mit unserer Freundschaft vorbei war. Später habe ich in meiner Schulzeit keine richtige Freundin gehabt, worüber ich eigentlich immer etwas traurig war. Als ich älter war, hat einmal jemand erklärt, daß ich zu burschikos sei, was in diesem Männerhaushalt kein Wunder sei. Mir lagen auch die Indianerspiele, Skifahren und Fußball mehr als das Spielen mit Puppen.

Fußball war eine Zeit lang unsere schönste Feierabendbeschäftigung. Meistens spielten wir zu viert, denn Goetz hatte oft keine Lust. Bernd war der rasende Reporter, Wulf war im Tor und ich Verteidiger (in der Reportage: ‚Retter mit dem langen Bein‘) und der Rest stürmte. Es ging dabei hoch her und wurde hart gekämpft. Schluß war, wenn Mutter per Eulenruf zum Essen rief.

Im Sommer verbrachten wir viele herrliche Stunden im Bädle. Dort lernte ich mit etwa zehn Jahren Schwimmen. Von Jörg ließ ich mir bald einen Kopfsprung beibringen und von da an war Schwimmen, Springen und Tauchen meine große Wonne. Wenn wir nicht im Wasser waren, spielten wir viel Ringtennis oder Ball. Im Bädle gehörten immer Konrad und Regine Rösch dazu. Mit ihnen plünderten wir auch im August die Obstbäume, die auf der Obstwiese am Schwimmbad standen.

Im Winter war das Skifahren Trumpf. Sobald Zeit und Schnee war, ging es raus auf Weißingers Bückele. Dort bauten wir dann Sprungschanzen und Slalomstrecken. Wenn es uns dort zu langweilig wurde, fuhren wir zum Eichenhain. Dort waren die Hänge steiler und gefährlicher. Einmal bin ich so unglücklich gestürzt, daß ich den ganzen Hang auf dem Hosenboden runtergerutscht bin. Mindestens zehn Maulwurfshaufen lagen auf meinem

Weg. Noch acht Tage später konnte ich nicht richtig sitzen vor Schmerzen. Es gab aber auch Winter mit wenig Schnee. Ich erinnere mich noch an ein Jahr, in dem wir noch nach dem Abendbrot zum Skifahren losgezogen sind, da Tauwetter vorhergesagt wurde. So hatten wir den einzigen Skischnee des Winter ausgenutzt.

In den späteren Jahren sind wir abends noch oft zum Rodeln gegangen, da wir tagsüber weniger Zeit hatten. Mutter hat voller Begeisterung mitgemacht. Dabei sind wir einmal so unglücklich umgekippt, daß Mutter mit einer Rippfellentzündung im Bett liegen mußte.

Als wir nach Birkach zogen, war ich zwölf Jahre alt. Mit 14 durfte ich zum ersten Male einen Hausfasching mitmachen und verliebte mich unsterblich in Ottel. Er ließ mich ganz schön sitzen, so daß aus meiner ersten Liebe schnell ein erster Liebeskummer wurde. Heute bin ich ihm für den Liebeskummer sehr dankbar. Im Sommer drauf habe ich bei Bernd in der Verbindung Tanzstunde gemacht. Ich war aber nicht sehr begeistert davon. Da ich so jung aussah, scharten sich die Herren Studenten um die interessanteren Mädchen. Viel schöner und lustiger als die Verbindungsfeste von Bernd fand ich unsere Hausbälle. Zweimal im Jahr etwa wurden, wenn Vater verreist war, Wohn- und Eßzimmer ausgeräumt, dekoriert und dann feierten wir mit unseren Freunden. Selten waren die Feste langweilig, meistens zogen alle vergnügt nach Hause. Am Fasching wurde auch der Keller dekoriert und in das Fest mit einbezogen. Mutter und ich machten belegte Brote, ihren Heringssalat und meist eine leichte, aber schmackhafte Bowle. An einem Fasching bestand die Dekoration aus lauter selbst gebackenen Pilzen. Und die Gäste staunten nicht schlecht, als wir anfingen, unsere Dekoration zu essen. Meine Brüder tanzten gern, auch mit mir. Mit Bernd tanzte ich am liebsten Rumba. Mit Goetz Walzer und Boogie. Besonders beim Hohenheimer Sommerfest und dem Professorium war es sehr praktisch, vier tanzfreudige Brüder zu haben.

Bei einem Sommerfest war es besonders lustig. Es war ein brütend heißer Tag und wir beschlossen, unsere Badesachen mitzunehmen. Wenn wir vollständig verschwitzt waren, verdrückten wir uns ins Bädle und kühlten uns herrlich ab.

In der Birkacher Zeit bekam Goetz über die Hähnles Kontakt zum Bund für Vogelschutz. Er wurde einmal zur Pfingsttagung am Federsee eingeladen und dort wurde sein Interesse für die Ornithologie geweckt. Er baute eine Jugendgruppe auf, zu der Jörg, Wulf, Patsch, Dieter Montag, Gerhard Kaufmann und ich gehörten. Am Anfang waren noch andere Kinder dabei, die verloren aber bald die Lust. Zuerst brachte Goetz uns die wichtigsten Vogelstimmen bei. Aber im Laufe der Jahre unternahmen wir richtige Vogelschutzmaßnahmen. Wir hängten etwa 100 Vogelkästen auf, die genau kontrolliert und registriert wurden. Goetz besorgte sich eine Beringungserlaubnis, und wir beringten Vögel. Dazu standen wir jeden Sonntag um vier Uhr auf und zogen dann mit Schlag- und Japannetzen los. In den Schlagnetzen wurden Köder in Form von Mehlwürmern angebracht. Da es morgens oft kalt war, bewegten sie sich kaum, und wir fingen sehr wenig in den Schlagnetzen. Deshalb benutzten wir später vorwiegend Japannetzte, vor die Gerhard Kaufmann seinen flügellahmen Waldkauz Gucki setzte. Aber wir haben auch so nicht immer Vögel gefangen. Trotzdem waren die ruhigen Sonntagsmorgenstunden wunderschön. Einmal war Goetz sehr böse auf mich, weil ich eine Nachtigall nicht festgehalten hatte. Sie flatterte im Netz, und ich mochte nicht so fest zupacken, damit ich sie nicht verletze. Husch – war sie weg. [Das war die einzige Nachtigall, die ich jemals in meinem Leben gefangen habe. Goetz]

Zwei- oder dreimal war ich auch bei der Pfingsttagung am Federsee mit. Mutter erlaubte zwar nicht, daß ich mit den anderen mit dem Rad mitfuhr. Also fuhr ich brummend mit dem Bus nach Buchau, während die Jungs (Goetz, Jörg, Wulf, Gerhard und Patsch) mit dem Rad fuhren. Wir übernachteten in einer Scheune mit Donnerbalken und Waschgelegenheit auf dem Hof. Es war herrlich primitiv. Mit dem Wetter hatten wir in jedem Jahr Glück. Die Tage fingen morgens um 3.30 Uhr an und endeten mit dem letzten Gekicher um 22 Uhr. Zwischendurch waren Vogelwanderungen über mehrere Kilometer auf dem Programm. Am Nachmittag ruderten wir meist auf dem Federsee, um Vögel zu beobachten. Oder wir fuhren zur Vogelschutzstation. Dabei haben wir sogar einmal einen Rallenreiher beobachtet. Auf der Heimfahrt im Bus am Pfingstmontagabend bin ich regelmäßig eingeschlafen, so erledigt war ich.

Bald sprach es sich in der Gegend herum, daß Rheinwalds beim Vogelschutz tätig sind. Deshalb wurden uns oft Jungvögel zum Aufziehen gebracht. Aber dabei hat Mutter die meiste Arbeit geleistet. Wir haben eine Amsel, fünf Grünfinken, zwei Meisen und eine Waldohreule aufgezogen. Die Amsel ,Psita' war schon beinahe flügge, da war die Versorgung nicht besonders schwierig. Dagegen war die Aufzucht der fünf Grünfinken sehr kompliziert. Da sie Körnerfresser sind, werden die Körner von den alten Grünfinken vorverdaut. Das konnte Mutter natürlich nicht nachmachen. Deshalb versuchte sie, Körner zu mahlen und einzuweichen, vorzukeimen oder Ähnliches. Bis sie herauskriegte, daß die Grünfinken eingeweichte Haferflocken gerne fressen, und damit hat sie alle Fünf aufgepäppelt. Sie sind dann ausgeflogen und kamen noch regelmäßig, um sich ihre Haferflocken zu holen, bis sie sich selbst versorgen konnten. Die beiden Meisen waren die letzten Jungen von einem Meisenpaar, das in unserem Dach genistet hatte. Wir merkten, daß irgendetwas nicht stimmte, weil die Jungen so laut schrieen, und stellten dann fest, daß ein Jungens nach dem anderen einging. Daraufhin haben wir die letzten Zwei in die Wärme geholt. Da sie schon beinahe flügge waren, und der Meisenvater lockte, hüpften sie immer wieder aus ihrem provisorischen Nest. Mutter legte das Ofengitter über das Nest. So konnte der Papa seine Jungen füttern, aber die Jungen konnten nicht wegflattern. Daraufhin kam der Vogelpapa regelmäßig zum Füttern ins Eßzimmer. Wir legten ihm noch Futter neben das Nest, was er auch seinen Jungen in die aufgesperrten Schnäbel steckte. Als die Meislein voll entwickelt waren und die Sonne wieder schien, ließen wir sie mit dem Altvogel fliegen.

Am interessantesten war unser Erlebnis mit Konrad, der Waldohreule. Eine Woche nachdem Mutter nach dem schweren Autounfall, von dem ich noch später berichten werde, aus dem Krankenhaus kam, brachten uns zwei Jungs eine kleine Waldohreule. Sie war höchstens eine Woche alt und Mutter weigerte sich, sie aufzuziehen. Sie verlangte von Goetz, daß er jemand auftreibt, der die Eule versorgt. Als Goetz nach zwei Tagen noch niemanden gefunden hatte, war sie so verliebt in Konrad, daß sie sich bereit erklärte, eine Aufzucht zu versuchen. Das größte Problem war, wo kriegen wir das Futter her. Denn Fleisch durften wir ihm nicht geben, da eine Eule je Haare und Knochen zu einer gesunden Verdauung braucht. Wir stellten Mausefallen im Wald auf. Mutter zerlegte in der ersten Zeit die Mäuse, später fraß er sie ganz. Konrad, wie wir ihn nannten, da er in seiner frühen Jugend wir Konrad Adenauer aussah, gedieh prächtig. Sein erstes Gewölle wurde wie eine Kostbarkeit bewundert. Bald war er auch viel im Garten, zum großen Entsetzen aller Singvögel. Wenn wir gar keine Mäuse mehr auftreiben konnten, holte Jörg Spatzen aus einem Vogelkasten, aber die fraß er gar nicht gern. Er kam noch lange zum Füttern, und Mutter mußte häufig nachts raus, um Konrad zu versorgen. Dann war er eines Tages verschwunden. Wir waren gar nicht sicher, ob er nicht doch umgekommen war. Da sah Goetz eines Tages beim Telefonieren eine Eule durch den Garten fliegen. Wir rannten alle raus und riefen nach Konrad und freuten uns riesig, daß er es wirklich war. Zum Abschied setzte er sich noch bei Vater auf die Schulter und zeigte sich dann nicht wieder.

Aber es gab auch ernstere Seiten meiner Jugend. In der Schule kämpfte ich mich mit viel Mühe von Klasse zu Klasse. Durch diese Schwierigkeiten war mir die Schule sehr verleidet. Da Vater mir neben den Brüdern nicht auch noch ein Studium finanzieren konnte, ging ich sehr erleichtert nach der Mittleren Reife von der Schule ab. Ich wollte Gewerbelehrerin werden. Dazu mußte ich ein halbes Jahr Praktikum in einer Großküche machen. Ich fing in der Genossenschaftsschule in Hohenheim an. Dort mußte ich fleißig arbeiten und war nach einem halben Jahr auch ziemlich am Ende meiner Kräfte. Denn ich war ja keine körperliche Arbeit gewohnt. Dann kam die schönste Zeit meiner ganzen Ausbildung. Das war das halbe Jahr in der Frauenarbeitsschule. Dort lernte ich Wäsche Nähen und hatte jeden Tag fünf Stunden Unterricht bei einer sehr tüchtigen Lehrerin. Das machte nicht nur viel Spaß, sondern ich habe auch sehr viel gelernt.

Nach der Frauenarbeitsschule besuchte ich ein Jahr die Frauenfachschule in Feuerbach. Dazu mußte ich jeden Tag eineinhalb Stunden Bus- und Straßenbahnfahrt in Kauf nehmen. Das machte mir im Grunde genommen aber nicht so sehr viel aus, weil ich die ganze Zeit über gelesen habe. Ich hatte auch in der Schule gute Zeugnisse und hoffte, daß ich die Aufnahmeprüfung auf das Pädagogische Institut schaffen würde. Mein Zwischenpraktikum absolvierte ich im Hospiz Deutscher Hof in Wildbad, nachdem die Eltern abgelehnt hatten, daß ich an die Evangelische Akademie in Bad Boll ging. Das halbe Jahr in Wildbad war sehr schön. Wir mußten zwar fleißig arbeiten, aber es wurde doch auf die jungen Mädchen Rücksicht genommen. Ich hatte zum ersten Mal Freundinnen. Besonders Inge von Lochow mochte ich sehr gern. Aber ich war auch viel mit Renate und Margot zusammen. Wir fuhren gemeinsam zu meinem Geburtstag nach Stuttgart. Die Fahrt war recht abenteuerlich. Bernd holte uns mit einem alten Ford oder Opel ab, der schon eine ziemliche Klapperchaise war. Heute wäre es als Oldtimer viel Geld wert. Nach Wildbad ging eine lange Steigung in Richtung Hirsau, die wir nur zur Hälfte schafften, da das Kühlwasser kochte und bald total verdampft war. Mit viel Mühe schafften wir es bis zu einer Tankstelle, die uns Kühlwasser gab. Ich weiß nicht, ob sich Bernd daran erinnert, aber ich kann mir vorstellen, daß es nicht besonders angenehm war, uns vier gackernden Gänse in einem Auto zu kutschieren, das nicht funktionierte. Die Feier zu Hause war einfach herrlich, wie immer. Aber als wir nach Wildbad zurückkamen, gab es großen Ärger. Frau Becker hatte uns verboten, den letzten Zug nach Wildbad zu nehmen, da wir dann erst spät abends im Hospiz ankamen. Da der andere Zug aber so sehr früh fuhr, rebellierten wir. Es gab eine riesige Auseinandersetzung, bei der beschlossen wurde, daß Inges Geburtstag zur Strafe nicht gefeiert werden durfte. Wir fanden das damals schon ziemlich lächerlich.

Besonders schön in Wildbad waren die beiden Theateraufführungen. Einmal haben wir ein chinesisches Stück gespielt, in dem ich das häßliche Entlein spielte. Als zweites spielten wir Max und Moritz. Dabei habe ich Frau Böck gespielt. Ich war nicht sehr begeistert, aber alle meinten, die Rolle wäre mir auf den Leib geschrieben. Damals wollte ich das nicht einsehen, aber ich glaube, die hatten gar nicht so Unrecht.

Die Ausbildung war in Wildbad recht gut. Wir mußten überall mitarbeiten: Waschküche, Küche, Zimmer putzen und servieren. Nebenbei hatten wir noch einen recht guten theoretischen Unterricht. Im Herbst hörte ich in Wildbad auf, um bei Frau Sträb in den Haushalt zu gehen. Dort klappte nichts mehr. Ich bekam Heimweh, was ich vorher nicht hatte. Ich kam mit Frau Sträb nicht aus und dann kam der große Reinfall. Wegen einer Handgelenksentzündung mußte ich mit der Arbeit aufhören, und daraufhin sagte die Leiterin der Frauenfachschule, Frau Blendermann, ich müßte noch ein Jahr Praktikum zusätzlich machen. Außerdem sagte sie, daß sie verhindern würde, daß ich aufs Pädagogikum käme. Da ich nicht Hauswirtschaftsleiterin werden wollte, beschloß ich, auf die Diätschule zu gehen. Diese Zeit war sehr bitter für mich, denn ich war doch sehr ehrgeizig. Vater meldete mich im Katharinenhospital an, und Fräulein Schill, die Schulleiterin, empfahl, daß ich für ein Jahr in das Hotel Rappen nach Freudenstadt gehen sollte. Da ich drei Monate Ferien hatte, belegte ich in der Volkshochschule einen Kursus für Stenographie und Schreibmaschine. Ich mußte den Kurs aber abbrechen, da ich nicht erst am 1. April, sondern schon am 1. März in Freudenstadt anfangen konnte. Der Rappen ist ein sehr renommiertes Hotel. Deswegen waren wir entsetzt, als wir die Zimmer für das Personal sahen. Auf einem notdürftig isolierten Dachboden waren Zimmer abgeteilt. Die Fenster waren Luken, etwa 50x50 cm groß. Die meisten Zimmer hatten keine Waschgelegenheiten. Baden und

Duschen überhaupt nicht möglich. Selbst Wäsche konnte man nur mit der Hand waschen. Ich bekam ein Drei-Bett-Zimmer zugeteilt, konnte später aber in ein Zwei-Bett-Zimmer umziehen. In der ersten Zeit war ich ziemlich unglücklich, denn auch der Ton in der Küche war ein ziemlich rauher. Aber ich hatte mir fest vorgenommen, dieses Jahr eisern durchzuhalten, und bald lebte ich mich auch dort ein.

Ich traf einen Freund von Goetz und freundete mich mit ihm an. Da ich mich auch mit der Familie gut verstand, verbrachte ich den meisten Teil meiner kargen Freizeit bei Dorkas. Die Zugverbindung nach Stuttgart war sehr schlecht, und eine Rückfahrkarte kostete neun DM. Das war ein Fünftel meines Lohnes. Deshalb fuhr ich sehr selten nach Hause. Wenn ich sehr lange nicht in Stuttgart gewesen war, spendierte mir Mutter die Fahrt, damit ich kam.

Weihnachten hatte ich natürlich Dienst, da über die Feiertage viele Gäste im Rappen waren. Aber Heiligabend durfte ich nachhause fahren. In Stuttgart merkte ich dann, daß der übliche Frühzug am 25.12. ausfiel und ich schon Heiligabend um 16 Uhr in Stuttgart wegfahren mußte. Als ich in Freudenstadt ankam (der Bahnhof liegt 4 km vom Rappen entfernt), sah ich, daß wegen des Feiertags weder Bus noch Taxis fahren. Ich schleppte meinen wegen der Geschenke schweren Koffer mühsam Richtung Rappen. Auf halbem Weg traf ich den frechsten Koch bitterlich weinend. Als ich fragte, was denn los sei, schluchzte er nur: „Ich bin nicht zu Hause, und es ist Heiligabend." Ich drückte ihm erst meinen Koffer in die Hand und dann tröstete ich ihn. Die Weihnachtsfeier im Rappen war eine recht feuchte Angelegenheit, bei allen, was ich nicht verstehen konnte.

Zu Sylvester habe ich ein Zigarettenmädchen gespielt und mir 20 DM Taschengeld verdient. Dafür war ich aber die ganze Nacht auf den Beinen, und auch am Neujahrstag mußte ich pünktlich um 9 Uhr zum Dienst erscheinen. Damals wurde noch nicht von Ausbeutung gesprochen.

Am 1. März 1961 war ich in Freudenstadt mit meinem Praktikum fertig und freute mich auf vier Wochen Urlaub. Pustekuchen. In der ersten Woche dieses Urlaubs brachten Goetz, Mutter und ich Vater ins Sanatorium nach Bad Dietzenbach. Auf der Rückfahrt verunglückten wir, und Mutter mußte mit einem Schädelbruch ins Krankenhaus Göppingen. Bei der Untersuchung stellte sich heraus, daß sie sich auch noch eine Rippe und einen Finger gebrochen hatte und einen verstauchten Fuß hatte. Ich hatte einen ziemlichen Schock, der mich bis heute vor Raserei schützt. Außerdem hatte ich eine Prellung am Knie. Goetz ist am besten weggekommen. Er hatte sich nur den Brutkorb geprellt. In diesem Zustand übernahm ich den Haushalt. Jörg hatte sich schon vorher bei einem Motorradunfall das Bein gebrochen und sollte mit seinem Bein liegen und für eine Prüfung arbeiten. Bernd hatte eine Virusinfektion, so daß nur Wulf noch ganz gesund war. Aber auch nicht lange. Ihm fuhr jemand beim Schlittschuhlaufen über die Hand, die so schwer verletzt war, daß sie genäht werden mußte.

Ich schmiß mühsam den Haushalt, aber das Schlimmste war, daß Jörg Läuse im Dubs hatte. Er war, statt zu liegen, dauernd mit dem Motorroller auf Achse. Damit er fahren konnte, hatte er sich eine Halterung für den Gips gebaut. Ich konnte ihn von dem Blödsinn nicht abhalten.

Noch bevor Mutter und Vater wieder zuhause waren, fing ich am 1.4. in der Diätschule an. Ich ging gerne in die Diätschule, aber besonders schön war die Zeit im Hans-Sachs-Krankenhaus. Dort waren wir nur sechs Diätschülerinnen, und wir hatten viel Spaß, da Fräulein Koch sehr lustig und großzügig war. Da wir zu Hause in der Zeit Konrad hatten, schenkte mir Fräulein Koch eine Holzeule, die mich noch heute an sie erinnert. In der Diätschule machte mir der medizinisch-theoretische Unterricht am meisten Spaß. Denn ich wollte ja immer gern Medizin studieren. Ich glaube aber, ich wäre gar keine gute Ärztin geworden, weil mich der Umgang mit vielen kranken und schwerkranken Menschen seelisch kaputt gemacht hätte. Das merkte ich, als ich auf der Station tätig war während meiner Diätschulausbildung.

In der Diätschule hatte ich auch eine Gruppe Freundinnen. Die mochten aber mehr meine Brüder als mich. Denn als sie bei denen keinen Erfolg hatten, ließen sie mich links liegen. Mein Diätexamen bestand ich mit Eins und war sehr stolz darauf. Denn endlich hatte ich auch einmal in der Schule Erfolg gehabt. Großmutter meinte zwar, ihr imponiere viel mehr, daß ich den Führerschein Klasse 3 gemacht hatte, aber mir war das Diätassistentinnen-Examen lieber.

Im Mai 1963 fing ich im Sanatorium Schillerhöhe als Leitende Diätassistentin an. Dort hatte ich für 100 Patienten zu sorgen. Da die Schillerhöhe ein Lungensanatorium war, war der Kontakt mit den Patienten sehr schlecht. Die Ärzte haben nie Diätprobleme mit mir besprochen, so daß ich eine bessere Köchin war. Trotzdem war ich ganz gerne dort. Ich verdiente gut, die Zusammenarbeit mit der Hauptküche und der Verwaltung war gut, und man mußte nicht sparen. Ich schaffte mir von meinem ersten Gehalt ein Radio an und kaufte mir später einen Messerschmidt-Kabinenroller, so daß ich häufiger nach Birkach fahren konnte. Da ich schon um 15 Uhr Dienstschluß hatte, fuhr ich öfter am Nachmittag nach Hause.

Schon im Katharinenhospital lernte ich Brunhilde Goldmann kennen. Sie arbeitete als Schwester auf der Schillerhöhe, und wir wurden Freundinnen. Wir unternahmen viel gemeinsam in der Freizeit, wir gingen zusammen tanzen, hörten Musik und betreuten uns gegenseitig, wenn wir krank waren. Sie ist die einzige Jugendfreundin, mit der ich noch heute Kontakt habe.

Nach einem Jahr kündigte ich, da ich für meine Fortbildung zur Ernährungsberaterin in verschiedenen Betrieben tätig sein mußte. Außerdem hatte ich Sorge, ich würde mir eine Lungen-TBC holen. Ich suchte mir eine Stelle in Norddeutschland und landete in Lüneburg in einer Privatklinik. In der Landhausklinik von Dr. Kuckulies ereilte mich dann mein Schicksal. Ich lernte Hans-Karl kennen und lieben. Aber mein Dienst bei Dr. Kuckulies endete mit Krach und am 25.12.1964, einen Tag nach meiner Verlobung mit Hans-Karl, kündigte ich zum 1.4.1965. Die Tätigkeit dort war nicht einfach, da Dr. Kuckulies so viel wie möglich sparen wollte, und ich so gut wie möglich kochen wollte. Vom 1.4. bis 8.5.65 war ich noch zuhause, aber mit einem halben Herzen war ich schon bei Hans-Karl, den ich am 8. Mai 1965 heiratete.

Je länger ich mich mit meinen Kindheits- und Jugenderinnerungen beschäftige, um so mehr kleine lustige oder ernste Episoden fallen mir ein, z.B. der Autounfall bei Strümpfelbach, der Neujahrskrach in Plieningen, weihnachtliches Mistelnholen, die Wanderung im Schweinbachtal, der Unfall am Jägerzaun, Motorrad-Reparieren mit Jörg, Prügeleien zwischen den Jungs, während Mutter weg war. Es ist mir nicht möglich, alles in genauer Reihenfolge zu erzählen, aber ich denke, das, was ich aufgeschrieben habe, spiegelt wider, daß ich meine Kindheit und Jugend vorwiegend sorglos und unbeschwert empfunden habe. Mutter war der ruhende Mittelpunkt, und Vater die unangetastete Respektsperson. Ich kann nur wünschen, daß meine Kinder über ihre Jugend ebenso denken werden.

Hanna

Wulf: Erinnerungen aus meinem Leben

Von meiner Geburt im März 1943 ist mir leider nichts in Erinnerung. Ich war zu der Zeit wohl noch zu klein. Die große Hilfe dabei war Frau Dr. Kuhn.

An Ereignisse während des Krieges kann ich mich nicht erinnern. Aus dieser Zeit kann ich nur mit Überlieferungen beitragen: Mutter kümmerte sich auf der Flucht mehr um ihre Nichten und Neffen als um ihre eigenen Kinder. Da sie auf ‚Mutter‘ nicht reagierte, rief ich sie ‚Tante Edith‘, wenn ich etwas wollte.

Einmal im Zug, ich weiß nicht wo es war, sah ich Kühe neben der Bahnstrecke. Ich drehte ihren Kopf zur Seite und rief: „Mutter, muh". Als auf einem Bahnhof einmal Kontrollen waren, sollte mein kleiner Rucksack geöffnet werden. Mutter zog zum Gaudi der Leute meinen Nachttopf heraus.

Meine eigenen Erinnerungen muß ich mit Imbshausen anfangen. Zuerst sehe ich das Palmenhaus in der Gärtnerei vor mir, mit unserem Garten hinter der Mauer. Besonders denke ich aber auch an das Häuschen mit dem Herz und daran, wenn der Schlitten abgezogen wurde. Ich erinnere mich an unsere Straße im Garten, auf der wir mit unseren selbstgebauten Holzautos fuhren. An die morgendlichen Ausflüge zum Birnbaum über das Glasdach darf man kaum denken. Dabei habe ich mir auch einmal eine Bohnenstange in den Fuß gestochen. Hanna geriet wegen einer Tafel Schokolade fast unter einen amerikanischen LKW, wir waren sehr erschrocken. Eines habe ich fast vergessen zu erwähnen: die Tannenzapfenschlacht am Windmühlenberg!

Dann kam der Umzug nach Stuttgart. Ich denke noch daran, wie wir mit dem Möbelwagen auf der Weinsteige mit kochendem Kühler stehen blieben. Das Haus in Plieningen würde unseren heutigen Ansprüchen nicht mehr entsprechen. Wir waren damals froh, daß Vater, Mutter und Bernd in Stuttgart geboren waren, und wir somit Anrecht auf eine Wohnung dort hatten.

Kleine Aussprüche aus dieser Zeit, die mir in Erinnerung blieben: Jörg verstand die Schwaben nicht und sagte fortwährend: „Ich kann sie nicht verstehen." In Erinnerung ist mir auch noch der Ruf: „Goascht et vom Zau weg, der fallt omm" und die Geschichte von den zertretenen Champignons.

Neben dem Schuppen am Hühnerhof standen viele Brennesseln zu Breunings hinüber. Wir machten uns einen Spaß und haben sie angepinkelt. Der Erfolg war sichtbar, sie gingen ein. Unsere diversen Haustiere dieser Zeit waren Laubfrosch, Blindschleiche, Molche usw. Nicht zu vergessen natürlich Pips und Paps.

Zwei Ereignisse aus der Plieninger Zeit möchte ich noch erwähnen. Auf einem Elternabend im ersten Schuljahr erklärte Herr Kächele Mutter, ich können kein Deutsch. Er selbst sprach vom ‚Kichedisch' und betonte, daß er reinstes Hochdeitsch schwätze. An die zweite Geschichte kann sich Hanna bestimmt noch erinnern. Wir spielten zusammen ‚Spickerle'. Ich schlug ihren Stab weg und mußte bis 30 zählen. Als sie kurz vor dem Ziel war, warf sie den Holzstab und traf mich in den Kopf. Mutter mußte lange suchen, bis sie die Wunde entdeckte, die stark blutete. Ihr selbst wurde fast schlecht, aber sie hielt sich tapfer. [Das war ein bißchen anders: mir wurde schlecht, weil das Blut aus der Wunde pulste. Mutter sagte: „Nimm Dir ein Beispiel an mir, mir wird auch nicht schlecht", und mit diesem Ausspruch hatte sie die Grenze überschritten. Dann haben wir es gemeinsam doch geschafft, das Blut zu stillen und den Kopf zu verbinden. Goetz]

Kleinere Unfälle gab's noch mehr: der eine war auf der Echterdinger Straße. Ich lief in ein Fahrrad und hatte eine Fleischwunde am Arm, die geklammert werden mußte. Dann sprang ich beim Spielen von einer Baubude und landete in einem rostigen Nagel. Anschließend machte ich meine erste Bekanntschaft mit Tetanus-Impfstoff.

Meine sportliche Laufbahn muß im Ganzen beschrieben werden. Dabei muß ich einen kleinen Seitenhieb auf Goetz anbringen. Ich war zuerst als Ringer Mitglied im KV Plieningen. Das war aber unter der Würde meiner Brüder, die im TV Plieningen Handball spielten. So mußte ich aus dem KV austreten und auch im TV spielen. Später ging ich zu den Stuttgarter Kickers und nach der zweiten Operation wieder zurück zum TV Plieningen. Eines Tages wurde Goetz Mitglied im KV und begann mit dem Ringen. Jetzt war dieser Verein nicht mehr unter seinem Stand. Einerseits habe ich mich geärgert, aber auf der anderen Seite haben Mutter und ich meinen Bruder ausgelacht.

324

Jetzt kann ich wieder chronologisch schreiben. Der Bau des Hauses 1952 in Birkach brachte neue Erlebnisse. Zuerst kam der Einsturz der Baugrube, dann das Ausstopfen der Hohlblocksteine mit Lehm. Am Tage des Richtfestes mußte ich mit Goetz ins Krankenhaus, um meine Arm röntgen zu lassen. Der Plieninger Maibaum war mir darauf gefallen. Der Erfolg war, daß ich mit einem Gips zum Richtfest kam. Wenn mir aber der Gips zu lästig wurde, nahm ich den Verband und den Gips ab und konnte meine Hand frei bewegen. Das war sicher nicht im Sinne des Arztes.

Ohne Vater, der in USA war, zogen wir mit Gummiwagen und Pferden um. Großes Erstaunen gab es für Vater als er merkte, daß wir bei seiner Ruckkehr im neuen Haus waren. Bis auf Vaters Krankheit verlief das Leben in der nächsten Zeit relativ ruhig.

Für mich kam der Übergang von der Volksschule zum Gymnasium. Ich bestand zwar die Aufnahmeprüfung, mußte aber nach sechs Monaten wegen schlechter Erdkundeleistungen in die Volksschule zurück. Es war zwar damals eine Blamage für mich, geschadet hat es aber nichts. Die erneute Aufnahmeprüfung schaffte ich dann ohne mündliche Prüfung. Dann lief alles mit Wechsel zum Wilhelms-Gymnasium bis zur Unterprima gut. Nun kam eine harte, aber auch lehrreiche Zeit in der Schule. Jörg hatte im Abitur Pech. Vater griff nun ein und paukte zuerst mit Jörg und dann auch verstärkt mit mir Latein. Es war für mich nicht immer leicht; ich habe mich oft bei Mutter ausgeweint. An dieser Stelle muß ich etwas gestehen: Oft sah ich in seinem Taschenbuch nach, wann er abends nicht zu Hause war, dann hatte ich nämlich Ruhe. Mutter staunte manchmal über meine Gelassenheit, wenn Vater sich im Institut geärgert hatte und ich es ausbaden mußte. Daß diese Torturen für mich Erfolg brachten, sah man später beim Abitur.

Nun möchte ich kurz über meine Freundschaften berichten. Meine erste große Liebe war Eva Kranz. Was vorher war, kann man vergessen, weil es nicht so wichtig war. Eva und ich verstanden uns gut, nur war Eva schon ein ganz kesses Mädchen. Eines Tages kam es zum großen Knall, und ich fuhr enttäuscht mit dem Rad heim. Inzwischen hatte Herr Kranz bei Mutter angerufen und besorgt gefragt, ob ich schon zu Hause wäre. Er machte sich Sorgen, ich könnte mir etwas antun. Ich blieb trotz dieses Zwischenfalls, mit Eva, Ike und der restlichen Familie befreundet. Ich denke noch daran, wie sie zu Vaters 60. Geburtstag gckommen sind. Eva heiratete und hat inzwischen drei Kinder. Wir stehen aber immer noch im Kontakt miteinander.

Bei der Freundschaft zu Ingrid Henning war eigentlich nur die Trennung von Bedeutung. Sie hatte mich für die Sommerferien zu einer Fahrt nach Südfrankreich eingeladen. Vierzehn Tage vor der Abfahrt gab sie mir den Laufpass. Ich war stinksauer und sehr enttäuscht. Meine Familie half mir darüber weg, indem ich mit Goetz nach Isny zum Zelten und Vogelberingen fahren konnte. Leider mußten wir bald abbrechen, weil das Wetter schlecht war; aber schön war es doch. Ich denke an das Fischessen auf meinem gebauten Ofen und an die Spiegeleier im Gras. Sehr eindrucksvoll war auch, wie wir einen Eisvogel zwei Tage im Käfig halten mußten bis wir den passenden Ring hatten.

In der Unterprima hat es mich erwischt, ich bin hängen geblieben. Ihr habt mir Mut gemacht. Vater ging mit mir zum Arbeitsamt. Der Test war gut, es gab nur eine Schwäche in den Sprachen. Also wiederholte ich die Unterprima.

Dafür brachte ich das Abitur gut hinter mich. Am Mittag aß ich den anderen noch die Schnitzel weg, aber am Abend kamen dann doch die Nerven in Aufruhr. Nach zwei Glas Bier spuckte ich so, daß ich heimgefahren werden mußte.

Mein Studium begann in Hohenheim, wo ich die meiste Zeit in der Tierklinik verbrachte. Dort passierte folgendes: Mit Kommilitonen kam ich aus einer Vorlesung von Prof. Pflugfelder. Es war gerade 9.30, und Vater kam mir auf der Treppe mit Tasche entgegen. Ich sagte „Hallo, auch schon wach?" Meine Kommilitonen sahen mich erschreckt an und fragten: „Weißt Du denn nicht, wer das ist?" Ich fing an zu lachen: „Ja, das ist mein Vater."

Im zweiten Semester zog ich in die Fremde nach Gießen. Der Anfang war sehr schwer, da ich Heimweh hatte. Nach einiger Zeit hat sich das dann gegeben.

Fasching 1965 wurde ich überredet, zu einem Ball zu fahren; dabei lernte ich Ingela bei dem Lied ‚Auf der schwäbschen Eisenbahn' kennen. Zur großen Überraschung von uns beiden, waren wir in der Nachbarschaft in Kassel geboren. Unsere Wege trennten sich für einige Zeit wieder, aber im Frühjahr 1967 sprang ich aus dem Bus Ingela fast auf die Füße. Nach einem gemeinsamen Mittagessen beschlossen wir, nun immer zusamen zu bleiben.

Nach erfolgreicher Prüfung in Gießen heirateten wir im Juli 1970, und ich schrieb meine Doktorarbeit am Veterinäruntersuchungsamt in Kassel.

Meine erste Stelle führte mich als Wissenschaftlicher Assistent an die Universität Heidelberg. Wir verbrachten eine schöne Zeit in Neckarsteinach, dem Südzipfel Hessens.

Es zog uns jedoch wieder nach Norden. Im Juli 1978 zogen wir nach Schwalmstadt, um dort eine Tierarztpraxis zu übernehmen. Zu unserem Glück fanden wir ein nettes Reihenhaus, in dem wir uns wohl fühlen.

Falls mein Erinnerungsbericht kürzer ausgefallen ist als bei meinen Geschwistern, bitte ich zu bedenken, daß ich der Jüngste bin.

Dein Wulf

Ingela: ,Irrungen und Wirrungen' meiner Eingliederung in die Familie Rheinwald

Da Wulf dezent über die Anfänge unserer Bekanntschaft hinweggegangen ist, möchte ich doch noch ausführlicher darüber berichten.

Im Sommersemester 1964 begann ich mit meinem Studium in Gießen. Die neue Umgebung imponierte mir sehr, und ich begann mich bald dort im Kreise meiner Kommilitonen wohl zu fühlen. Bis zum Fasching 1965 kannte ich schon einige Leute recht gut. Ein Cousin von mir überredete meine Freundinnen und mich am Fasching in Heuchelheim teilzunehmen. Der Saal war übervoll, und uns blieb nur die Möglichkeit, unsere Taschen bei einer Bekannten zu deponieren. Nach wenigen Tänzen tauchte Wulf auf. Bereits nach dem ersten Tanz stellten wir unsere gemeinsame Kasseler Herkunft fest und verschwanden erst einmal in der Sektbar, um die Sachlage genau zu klären. Der Abend endete mit einer neuen Verabredung zum nächsten Ball. Dieser Abend ist mir weniger in Erinnerung, dafür aber umso mehr die Heimfahrt im engen Kabinenroller!

Wulf zog es dann vor, einige Tage später seinen Wagen an einer Hauswand abzusetzen, und so sah ich ihn vor Ostern nicht mehr. Meine Freundin hatte bei der ersten Faschingsfeier sehr negative Erfahrungen mit einem Mediziner gemacht und gab diesem kurzer Hand den Laufpaß. Als ich mir überlegte, daß Wulf mich 2-3mal in der Woche mittags beim Essen treffen wollte, kamen auch mir Bedenken. Meine Freiheit war mir in diesem Moment wichtiger als alles andere.

Als wir nach Ostern von einem Verwandtenbesuch zurückkehrten, standen wunderschöne Frühlingsblumen von Wulf in unserer Garage. Auch diese schönen Blumen konnten damals meinen Entschluß nicht ändern. Ich schrieb ihm also kurzerhand, daß ich ihn nicht lieben könnte. Ein Besuch von ihm in Gießen stimmte mich auch nicht um.

Bald darauf ergab sich eine Freundschaft zu einem Kommilitonen, und ich dachte kaum noch an Wulf. Allerdings trafen wir uns von Zeit zu Zeit beim Essen. Dabei konnte ich feststellen, daß auch er sich getröstet hatte. Beim nächsten Fasching feierten wir wieder zuammen, nur jeder mit einem anderen Partner.

Im Frühjahr 1967 kam dann der berühmte ‚Bussprung‘. Wulf hatte wenig Zeit, und wir verabredeten uns zum Essen am nächsten Tag. Inzwischen fand ich dies nicht mehr zuviel verlangt. Nach dem Essen unternahmen wir eine lange Wanderung. Als wir feststellten, daß wir beide ungebunden waren, beschlossen wir, jetzt für immer zusammen zu bleiben.

Kurz darauf war Himmelfahrt, und meine Mutter besuchte mich auf der Durchfahrt. Wulf hatte Nachtwache, und wir holten ihn zum Essen ab. Als meine Mutter sah, mit welcher Selbstverständlichkeit Wulf aus meiner Handtasche die Autoschlüssel zog, grinste sie.

Für die Sommerferien nach meiner Prüfung hatte Wulf mit seinem Freund eine Fahrt geplant. Ich fuhr mit meiner Mutter und deren Freundin nach Südtirol. Zu meinem Geburtstag erhielt ich von einer Freundin einen Brief, daß eine andere Freundin mit Verlobtem, Wulf überredet hätten, mit ihnen nach Südtirol zu mir zu fahren. Inzwischen hatte mir ein älterer Lehrer dringend empfohlen, mich um die reizenden Bauernbuben dort zu kümmern. Während dessen Abwesenheit kam Wulf mit den anderen Beiden an. Mein erster Ausruf war: „Jetzt bringen sie den Kerl doch mit!" und ich rannte los. Meine Mutter kam schleunigst hinterher, weil sie fürchtete, ich würde Krach machen. Allerdings sah sie dann eine innige Begrüßung. Ebenfalls innigst schlenderten wir am Abend durchs Dorf und trafen den vorher erwähnten Lehrer. Da er keine Ahnung hatte, sprachen seine Blicke Bände. Am nächsten Morgen gab ich ihm sein Pflanzenbestimmungsbuch zurück und erklärte, daß mein Freund selbst eines mitgebracht hätte. Er schien sichtlich erleichtert, daß mein Begleiter doch kein Bergbauer gewesen war. Nach meiner Rückkehr nach Kassel erfuhr ich dann zu meiner Freude, daß jener Herr stadtbekannt neben der Ehefrau noch eine Freundin hatte!

Weihnachten fuhr ich klopfenden Herzens zum ersten Mal nach Stuttgart und stellte fest, daß mir die Familie gefiel. Ostern 1968 besuchten wir Goetz am Bodensee und übernachteten im Nachbarhaus. Als Mutter das nächste Mal dort übernachtete, erfuhr sie dann, daß Wulf mit Frau ebenfalls dort übernachtet hätte. Sie erzählte uns hinterher lachend, daß sie kaum vor Lachen hätte antworten können. Auf der Rückfahrt stellte ich dann in Stuttgart fest, daß nicht alle Schwaben nette Leute sind. Der gute Dorfpolizist Schäfer bemängelte meine abgefahrenen Winterreifen und brachte mir die ersten und zum Glück bisher einzigen Punkte in Flensburg ein.

Während unserer Verlobungszeit sahen wir uns meistens in Kassel, weil Wulf von Gießen und ich von Remsfeld dort am ehesten uns treffen konnten.

Die endgültige ‚Eingliederung‘ in die Familie Rheinwald erfolgte am 20. Juli 1970 mit unserer Hochzeit in Kassel. Trotz meiner Bedenken zu Beginn unserer Freundschaft bin ich heute noch glücklich, mich für Wulf entschieden zu haben.

Ingela

Mohrle

Am 15. November 1964 war unser Haus plötzlich leer, und ich klapperte in ihm wie eine Erbse in einem Schuhkarton. Zunächst kamen die Weihnachtsvorbereitungen, aber danach stand mir ein sehr stilles Leben bevor, und es grauste mir davor. Ich war ja solch lebhaftes Hin und Her gewöhnt. Natürlich wollte ich jetzt Hans nach Herzenslust verwöhnen, aber er war ja tagsüber im Dienst. An Weihnachten beschloß der vorhandene Familienrat: „Mutter braucht was fürs Herze, Mutter muß jetzt einen Hund kriegen." Dr. Krais wollte sowieso, daß wir viel spazieren gehen, der Hund würde uns sicher dazu animieren. Ich besorgte mir Bücher über Hunde, entschied mich für einen Langhaardackel, einen Pudel oder einen Bedmington. Hans protestierte energisch. Pudel und Bedmington waren ihm zu affig, mit so etwas ginge er nicht spazieren. Dackel gehorchten nicht, außerdem wäre immer die Gefahr, daß ein Dackel unter dem Zaun durchschlüpfen könnte und die Straße war zu gefährlich. Hans wollte einen Schnauzer, ich wiederum mochte die pfeffer- und salzfarbigen nicht. Ich fand, sie sahen schmuddelig aus. Es gab einen lustigen Krieg über die Rasse unsres künftigen Hundes, der Bedmington war mir sowieso nicht ernst gewesen. Und dann sahen wir eines Tages einen kleinen schwarzen Zwergschnauzer auf der Straße, und damit war die Wahl entschieden. Hans hatte seinen Schnauzer und ich hatte keinen grauen.

Außerdem fanden wir die Größe gerade richtig für uns. Wir fanden dann auch jemanden, der Zwergschnauzer züchtete und gerade welche verkaufte, suchten uns in dem Wurf das Weibchen aus, und Mitte März 65 kam Mohrle zu uns. Sie wurde unser ganz großer Liebling. Ich habe Hans oft geneckt, er liebe Mohrle mehr als seine Kinder, dann antwortete er mir, mit Mohrle brauche er nicht streng zu sein, sie mußte nichts lernen und im Leben vorankommen. Mohrle gehorchte von Anfang gut, war reinlich und immer liebenswürdig, zum Spielen und Kosen bereit. Zu Hause war sie ein anhänglicher, frecher kleiner Schoßhund, beim Spaziergang ein aufmerksames, gewandtes Raubtier, die ihr eigenes Leben lebte mit Mäusejagd und Buddeln. Sie blieb zwar immer in Sichtweite, aber sie trottete nie sklavisch neben uns her. Auf der Straße blieb sie auf dem Bürgersteig, achtete auch gut auf Autos, kreuzten wir eine Straße, blieb sie wartend stehen, nur auf Katzen mußten wir aufpassen und sie zur Vorsicht mahnen. Kurz, sie war sehr wohlerzogen. Gerade eben kommt sie und legt sich an den Ofen. (Gerade eben, als wir das Geschriebene vervielfältigen, hörte sie auch ihren Namen, kam an und wedelte mit ihrem Stummelchen. Und jetzt, 1989, als ich alles noch einmal überarbeite, ist sie nur noch eine sehr, sehr liebe Erinnerung für uns.)

Hans' Tagebuch

Nun habe ich von den Kindern und Mohrle erzählt. Jetzt erzähle ich Hans' spezielle Erlebnisse, die zum Teil sehr neben Haus und Familie herliefen, in die der Eine oder Andere einbezogen wurde, und an denen ich aktiv oder passiv teilhatte.

Hans hat 1954 und 1955 etwas Tagebuch geschrieben, d.h. er hat an jedem Jahresanfang in seinem Terminkalender auch einige persönliche Dinge vermerkt. Ich habe das zufällig gefunden. Da steht 1954: ‚Aus Mutters Gewäschebuch': „Ich muß mal nachsehen, was das für Spatzen da draußen sind." Antwort: „Vermutlich Haus- und

Hans und ich 1955

330

Feldspatzen." Edit: „Aha, da sind die einen die Männchen und die andern die Weibchen." Außerdem steht am 10. Januar: „Den Oberbürgermeister gewählt. Ich habe Willi Bürkle gewählt – wenn schon, denn schon!" Edit: „Ich Paul Bonatz". Wahlergebnis: 80% der abgegebenen Stimmen für Arnulf Klett; wäre nett, wenn der im März in Karlsruhe verknackt würde." (Dies bezieht sich auf die Korruptionen, die Bürkle und Klett miteinander gemacht haben. Bonatz war der Erbauer des Stuttgart Hauptbahnhofs und ein redlicher Mann). Am 11. Januar stand: „Außer mir haben noch mehr Leute die Ironie aufgebracht, Bürkle zu wählen. Nachts um 12 mit einem Glas Wein an Edits Bett, um ihr zum 45. zu gratulieren." Am 12. dann: „Zu Hause Frau Keller [eine Freundin von Mutters Eltern aus der Zeit vor dem Ersten Weltkrieg], Friedel, Frau Meinhold zum Geburtstagskaffee. Viel Geschwätz." 17. Januar: Aus dem Gewäschebuch meiner Mitt-Vierzigerin: „Meine Uhr ist beim Friseur!" [Tagebuchende 1954].

1. Januar 1955: „Will sehen, ob ich dieses Jahr die Eintragungen länger durchhalte. So ein nettes Buch ist ein großer Anreiz dazu, aber die Trägheit überwindet bekanntlich alles." Dieses Tagebuch endete am 6. Januar. Schade, daß dieser fleißige Mann so „träge" war. Es hätte bestimmt noch manche Köstlichkeit in einem weiter geführten Tagebuch gestanden. Aber, wenn einer dienstlich bis nachts um ein oder zwei Uhr arbeitet, ist „Trägheit" vielleicht Müdigkeit.

Hans bei der OECD

Hans hatte durch seine Tätigkeit bei der OEEC oder OECD Freunde in ganz Europa. Durch seine Amerikareise und die Zusammenarbeit mit den Amerikanern hier in den Jahren 1949/1950 war er in USA und den übrigen westlichen Ländern recht gut bekannt geworden. Die OECD in Paris lud ihn 1956/57 zu einer Sonderaufgabe ein, die ihn sehr interessierte. Es war ein Beratungsprogramm für ganz Europa. Dazu reiste eine Gruppe von Fachleuten in alle Länder des freien Europa. Hans war einen Teil der Reise mit einem Franzosen und einem Engländer (Stanisfors), die größere Fahrt aber mit einem ‚unamerican American', Howard Beers, zusammen, dessen Familie wir später gut kennen lernten, und die mir jetzt noch schreibt. Hans bekam dadurch viele Kontakte in Holland, England, Norwegen, Schweden, Belgien, Griechenland und Italien. Vor allem in Norwegen und Holland wurde er bekannt. Die Niederländer kamen zu Lehrgängen, Hans hielt dort regelmäßig

Vorträge, auch aus Frankreich kamen Fachleute hierher. In Norwegen hielt er einen Vortrag vor dem König über seine Beratungsmethoden. Herr Berggreen, aus dem norwegischen Unterrichtsministerium kam vier Monate nach Deutschland, um Hans' Vorlesungen zu besuchen. Er war ein reizender alter Herr und wurde ein lieber treuer Freund.

Jetzt will ich erst noch ein wenig von der Pariser Zeit berichten. Hans war meines Wissens vier Monate in Paris. Das war im Jahr 1956. Da er am 13. April, unserm Silberhochzeitstag in Griechenland sein mußte, nahm er mich als Entschädigung mit nach Paris. Tagsüber mußte ich die Zeit allein verbringen. Ich bin allein nicht besonders unternehmungslustig, so ging ich in den acht Tagen sehr oft in den Louvre, und das war ein richtiges Erlebnis. Um den Louvre ganz zu studieren, braucht man aber mehr als fünf Tage, denn Samstag / Sonntag hatte Hans natürlich Zeit für mich. Abends trafen wir uns auch, und dann wanderten wir zusammen durch Paris. Ich hatte immer gedacht, die Schwärmerei von Paris sei ziemlich übertrieben, aber so, wie ich es erlebt habe, im Vorfrühling bei einem seidigen Wetter, war es trotz Schmutz und Lärm bezaubernd. Einen Tag konnte Hans sich frei nehmen, da wanderten wir kreuz und quer durch die Stadt, waren zum Schluß totmüde, aber erfüllt mit vielen eindrucksvollen Bildern. Am wenigsten gefallen hat mir Sacre Coeur; ich fand die Kirche sah aus, wie aus Zuckerguß gemacht. Um so netter fand ich das Lokal ‚Chez mère Catherine', am Fuße der Kirche. Dorthin lud Hans die ganze Abteilung, mit der er zu tun hatte, zum Abendessen ein. Das war Mr. Rohan, ‚The Head of Europe', wie seine Sekretärin Miss Sharp – eine Engländerin – lächelnd sagte. Rohan war Ire, aber von der geschäftigen, lauten und derben Sorte. Sein Assistent, Andy Kehoe, auch ein Ire, aber von der andern Art: Er war ein ‚bel ami', sanft, sentimental, sehr sympatisch, und er sang auch noch sehr schön. Dann war Mrs. und Mr Beers dabei. Mit Mrs. Beers war ich manchmal zusammen in den Tagen. Wir gingen Schaufenster ansehen. An dem Abend wurde natürlich englisch gesprochen, echtes Englisch von Miss Sharp, irisches Englisch von Kehoe, irisches, kehliges, kaum verständliches Englisch von Rohan, amerikanisches Englisch von Beers und schlechtes deutsches Englisch von Rheinwalds. Das war furchtbar komisch. Das Essen war vorzüglich, der Wein ausgezeichnet, eine kleine Kapelle spielte für jeden Tisch ein Nationallied, denn es war ein absolut internationales Publikum. Für unsern Tisch spielten sie das irische ‚Danny Boy', Andy sang dazu schön und gefühlvoll, dann das Kentuckylied für Beers, für uns einen Walzer. Das mußte man natürlich bezahlen, aber Rohan war spendabel. Dann feierten sie uns als Silberhochzeitspaar, schenkten uns unverzollten Wiskey und noch einen anderen Schnaps, den ich dann nach Deutschland schmuggeln mußte. Zum Schluß verschwand Rohan nochmals zu der Kapelle und dann spielten sie – die Lilli Marleen. Das ganze Lokal sang begeistert mit, jeder in seiner Sprache und als ich lachend sagte, das hätte Norbert Schulze, ein Vetter von mir komponiert, fiel mir Rohan um den Hals, küßte mich und ich verstand so etwas ähnliches wie, nun liebte er mich noch mehr. Vielleicht hab ich es auch falsch verstanden, denn er redete so laut und schnell, daß man sowieso kaum etwas verstand. Einmal als alle furchtbar lachten, fragte ich Mrs Beers, was Rohan denn gesagt habe? Sie antwortete, sie wüßte es auch nicht. Ich: „Aber Sie haben doch gelacht." „Yes, he laughed too!" Na, da hatte ich dann hinterher auch was zum Lachen.

Aus dieser Zeit bei der OEEC gibt es noch ein paar nette Anekdoten zu erzählen: Hans und Howard waren bei einer langwierigen Verhandlung gewesen. Als sie auf dem Heimweg waren, sagte Beers: „Now, I need a tea." „No," antwortete Hans: „I need a tree." Hans war stolz darauf, denn es war sein erster Witz in einer fremden Sprache. Hans und Beers hatten mit einem Holländer, Herrn Penders, zu verhandeln, der lange in Indonesien gewesen war und nach Holland zurück mußte, als Indonesien selbständig wurde. Er schwärmte viel von seiner dortigen Zeit und versprach den Herren, wenn sie zu ihm kämen nach Holland, wollte er ihnen typisches ‚Indonesian food' vorsetzen. Bald darauf kamen die beiden nach Holland, wurden von Penders eingeladen und erwarteten nun natürlich ‚Indonesian food'. Sie kamen, wurden freundlich begrüßt, bekamen einen Drink. Und das war alles. Da sie kein Abendbrot gegessen hatten, in Erwartung des ‚Indonesian food', hingen ihnen zum Schluß die Mägen tief herunter. Sie suchten sich noch ein offenes Lokal. Von da ab hieß es ‚Indonesian food', wenn sie eine Mahlzeit versäumen mußten. Denn das war eine vertrackte Geschichte in den fremden Ländern, daß man bei einer Einladung nie wußte, ist das nun zu einer Mahlzeit oder danach. So passierte es ihnen, daß sie einmal beinahe verhungerten, und das andere Mal, daß sie wohlgesättigt zu einem feudalen Mahl kamen und sich dann überfressen mußten, um die Gastgeber nicht zu kränken.

Noch eine nette Geschichte: Hans und Beers waren in Norwegen, dort waren sie Gäste bei einer offiziellen Veranstaltung. Jedenfalls war die königliche

In Norwegen 1955

Familie da. Es ist möglich, daß Hans da seinen Vortrag hielt. Hans und Beers wurden am Schluß der Feier von ihrem Betreuer ins Foyer hinuntergeführt, dann verschwand der Herr einen Augenblick. In der Mitte des großen Raumes stand ein Standbild. Beers ging hin und besah es sich völlig unbefangen und sehr genau. Während er da ganz versunken stand, kam ein Herr die Treppe herab und machte diskrete Zeichen, beiseite zu treten. Hans ahnte, was nun kam, konnte aber Beers kein Zeichen mehr geben. Die königliche Familie schritt feierlich die Treppe hinab, Howard schaute das Standbild an, trat einen Schritt zurück und beinahe dem König auf den Fuß. Der König weicht aus und die Herrschaften verschwanden. Hans nähert sich Howard und sagt ihm: „Nun hat so ein alter Demokrat wie Sie, einmal die Gelegenheit einen leiblichen König zu sehen, da dreht er ihm den Rücken zu und tritt ihn beinahe auch noch auf den Fuß!" „Ach," sagt Howard, „ich habe scheints Pech mit gekrönten Häuptern." Und dann erzählt er Hans die herrliche Geschichte, die ihm in Griechenland passiert war. Er und seine Frau waren einmal zu einer Audienz beim griechischen König geladen. Da Beers ein Pfadfinder war, hatte man dem König gesagt, Pfadfinder begrüßen sich mit der linken Hand. Howard dachte natürlich im Augenblick nicht an so etwas, streckte die Rechte aus. So fuhr die königliche und die pfadfinderische Hand aneinander vorbei. Beide erschraken, wechselten schnell die Hand und nun fuhren die andern Hände aneinander vorbei. Beide hatten Humor und lachten herzlich.

Zur Silberhochzeit schenkte Hans mir das goldene Kettchen und Armband. Wir fanden es in einem Juweliergeschäft, aber antik. Es war eine lange Kette, von der nach unsern Wünschen die Längen abgeschnitten wurden. In einem andern Juwelierladen fanden wir noch den kleinen Jadeanhänger. Er gefiel uns so gut, daß Hans ihn mir auch noch schenkte. Er ist aber nichts Kostbares, er ist eins von den wenigen Dingen, bei denen wir sagten: „Da haben wir mal einen billigen Geschmack gehabt." Sonst ging es uns meist so, daß uns nur die sündhaft teuren Sachen gefielen, bei Möbeln zum Beispiel und bei Vorhängen.

Italien-Rundreise

Durch seine Pariser Zeit war Hans Doppelverdiener gewesen, und so konnten wir uns endlich die schon so lange geplante und nie gewagte Reise ,Rund um Italien' leisten. Wir hatten sie einmal im Prospekt gesehen und da sie nicht so rasend teuer war und genau etwas für uns zu sein schien, buchten wir sie für den nächsten März 58. Mit dem Zug gings endlos nach Venedig, abends kamen wir dort an. Wir schafften schleunigst unsre Koffer ins Hotel, wanderten dann los durch das nächtliche Venedig bei Vollmondschein. Wenn man die ganze Romantik und Heimlichkeit von Venedig genießen will, muß man eine solche Nacht erwischen, wie wir sie hatten. Es war einfach zauberhaft Am nächsten Tag bei hellem Licht, unsagbar vielen Menschen und dem ganzen Touristenrummel war der ganze Zauber verschwunden, dann war Venedig eine interessante, verfallende, schmuddelige Ansammlung von notdürftig erhaltenen Ruinen. Das ist schade, wir waren den nächsten Tag ernüchtert. Abends gings dann auf unser Schiff, die Citta di Siracusa, einem kleinen Frachtdampfer für 24 Gäste. Unsere Kabine lag auf dem Oberdeck, hatte mit dem Nachbar ein gemeinsames Klo und eine Dusche. Sie war winzig, aber warm und unser ,zu Hause'. Am nächsten Tag machten wir kurz Halt in Ancona, mittags gings weiter bis Bari. Dort erwartete uns das Telegramm von Jörg, aber ich glaube, unsere Stimmung war nicht lange gedämpft, wir sind nachher ganz vergnügt durch die sehr interessante Altstadt von Bari gewandert. Die andern Mitreisenden machten einen Landausflug, wir drückten uns darum, wir wollten lieber eigene Entdeckungen machen, oder ein Sonnenbad auf Deck nehmen. Am nächsten Tag, einem Sonntag, fuhren wir um den Stiefel herum, es war kalt und ziemlich stürmisch. Hans lag auf einem Liegestuhl auf Deck und kämpfte mannhaft gegen die Seekrankheit. Beim Mittagessen waren nur wenige da. Ich aß mit Vergnügen mein Brathähnchen. Der nette Stewart brachte Hans einen Tee und ein trockenes Brötchen. Er meinte, es sei besser ein wenig zu essen. Am Montag kamen wir nach Catania, fuhren mit einem Bus auf den Ätna. Oben war ein fürchterlicher Schneesturm, -17 Grad, und wir flüchteten in das Gasthaus, weil wir kaum stehen konnten. Dort tranken wir schweren schwarzen Ätnawein. Bald fuhren wir wieder zurück, der Schnee blieb hinter uns, und in Catania sahen wir, wie Orangen geerntet wurden. Das war ein überraschender Gegensatz. In der Nacht gings nach Malta. Dort hatten wir nicht viel Zeit, wir konnten nur einen ganz allgemeinen Eindruck von Land und Leuten mitnehmen. Die Bevölkerung fiel uns nur auf, weil sie recht klein, sehr freundlich und bescheiden war. In Bari hatten wir uns über die Bettelei und eine gewisse Aufdringlichkeit gewundert. Wir haben uns die Straßen von La Valetta angesehen. Sie enden häufig in Treppen. Der Hafen ist riesig, die Häuser mit ihren originellen Balkonen am steil abfallenden Felsen über dem Hafen. (Es ist schade, daß Hans nicht all das Schöne und Interessante, das wir bei unserm zweiten Besuch von Malta sahen, gesehen hat. Wir hatten auf der zweiten Reise fünf Tage Zwangsaufenthalt in Malta, weil die Schauerleute gestreikt haben. So konnten wir in aller Ruhe ganz Malta durchstreifen und sahen sehr schönes uraltes Kulturgut.)

Von Malta gings am Abend zurück nach Messina. Von Messina fuhren wir nach Taormina. Unsere Mutter war in ihrer Jugend mit ihrer Mutter und Schwester dort gewesen, und nun interessierte mich der Ort. Ich war enttäuscht, nicht über seine Schönheit, sondern über seine absolute Ungeeignetheit als Kur- oder Badeort. Nach unsern Begriffen muß ein Badeort mit Strand und Meer wirklich anders aussehen. Taormina liegt hoch oben auf steilen Felsen, das Meer und der Strand sind nur mit einer Kletterpartie zu erreichen. Aber damals müssen die Damen mit ihren langen Kleidern kaum einmal an den Strand gekommen sein. Das wirkte auf mich direkt absurd, eine so weite Reise zu machen, um das Meer von oben zu betrachten. Wunderbar war die Pflanzenwelt, Geranien blühten im März wild und mannshohe blühende Agaven. Das war sehr schön. Wir kletterten in dem alten Amphitheater herum, sicher ist Mutter auch da gewesen, bloß bei uns fielen einige überraschende Schneeflocken. Das Wetter war überhaupt unfreundlich. als wir wieder an Bord kamen, verkündete der Kapitän, übrigens ein bildschöner Südtiroler mit grauen Schläfen, daß wir nicht abfahren könnten, denn es wäre Sturm gemeldet. Aber am nächsten Tag gegen Abend gings dann doch nördlich um Sizilien herum nach Palermo. Die Einfahrt nach Palermo war wunderbar. Der große Hafen, der riesige aus dem Meer aufsteigende Monte Pellegrino, das war eindrucksvoll. Hans und ich wanderten durch Palermo, fuhren dann mit dem Bus nach Monreale und

So etwa sahen wir während der Italienreise aus

waren in dieser verzauberten Welt der Mosaiken fast allein. Wir waren wie
im Traum von dieser Pracht und Schönheit. Monreale war wohl der tiefste
Eindruck der ganzen Reise. Nach dem Essen wanderten wir dann noch
weiter durch Palermo, sahen einen farbenprächtigen Fischereihafen, sahen
kleine, bunt bemalte Eselskarren, beladen mit fremdem Gemüsen und sahen
einen Zug Bersaglieri mit wehenden Federbüschen, die mit schriller Musik
anmarschierten. Plötzlich verstummte die Musik, der Zug stellte sich auf, und
aus einer Tür im ersten Stock eines kleinen Palastes trat ein lilagekleideter
Priester auf einen winzigen Balkon und grüßte und segnete die Soldaten. Es
war in seiner Fremdartigkeit sehr eindrucksvoll. Leider waren wir zu weit ab,
um es zu fotografieren, und Hans wagte sich nicht näher heran. Am Abend
ging es dann nach Neapel. Das war eine glatte Enttäuschung. Wir fanden
Neapel dreckig, stinkig und unappetitlich. Der berühmte Fischmarkt empörte
uns, denn da hingen an Schnüren aufgereiht tote Singvögel zum Verkauf. Wir
flohen auf unser Schiff und legten uns lieber in die Sonne. Am nächsten Tag,
es war Sonntag, waren wir die ganze Zeit unterwegs nach Genua. Es war ein
herrlicher Frühlingstag. Alles lag, leicht bekleidet auf Deck und sonnte sich
und wurde urlaubsbraun. Am Montag waren wir in Genua, durchwanderten
es nach allen Richtungen. Vor allem eine bunte, lebendige Ladenstraße
machte uns Spaß. Das war südliches Leben und Temperament. Überall wurde
gefeilscht und gebrüllt. Glücklicherweise sahen wir da keine toten Vögel. Die

337

Reise war zu Ende. Wir haben unserm schwimmenden Hotel wehmütig Ade gesagt. Wir fanden es zu nett, mit allen Sachen von Ort zu Ort gebrachte zu werden, nachts behaglich geschaukelt, und am nächsten Tag in einer neuen Stadt anzukommen. Am nächsten Tag ging es dann über den St. Gotthardt heim, von den Kindern erwartet in einem blanken Haus.

24.1.72

Nun ist wieder eine fast einjährige Pause entstanden, bevor ich zum Weiterschreiben gekommen bin. Das ist ja eine verrückte Sache mit meiner Zeit. Ich dachte, wenn Ihr meine Kinder fort seid, würde ich vor lauter Langeweile nicht wissen, wie ich die Zeit verbringe. Dabei hab ich genau so viel vor wie früher. Gewiß, ich muß mich nicht mehr hetzen, muß nicht mehr so schwere Arbeit machen, der Tag fängt später an. Ich stehe im Winter nie vor 7 Uhr 30 auf, aber ich habe tausend Pläne und die Zeit wird dadurch knapp.

1971 sah so aus: Im März kam Suse nach einer schweren Operation zu mir, erholte sich etwas und fuhr Anfang April nach Lübeck zurück, noch nicht ganz genesen, aber doch so, daß sie Werner nicht allein lassen wollte über Ostern. Dann kam Wulf mit Ingela. Wir schafften im Garten, schnitten die Bäume und pflanzten die Kirschenspindeln. Außerdem leerten wir das Staudenbeet an der Hecke entlang, um den Garten etwas zu vereinfachen. Ende April kam dann Goetz mit seiner Familie auf der Durchreise nach Jugoslawien zu uns. Sie wollten dort Urlaub machen. Leider ging ihnen der ein bißchen schief, weil die Kinder krank wurden und immer einer bei ihnen zu Hause bleiben mußte. Sie kamen Ende Mai etwas enttäuscht zurück. Im Juni reiste ich dann zu Hanna und nach Lübeck zu Utes Hochzeit. Dabei besuchte ich auch Dr. Schulz (Eiserner Gustav) in Hannover. Auf dem Rückweg fuhr ich über ein Wochenende zu Wulf, dabei machten wir eine hübsche Fahrt an den Edersee etc., dann fuhr ich weiter nach Kelsterbach zu Jörgs, dort holte ich Knut und Jutta ab, die über den Umzug bei mir bleiben sollten, d.h. Jörg brachte uns alle mit dem Auto nach Stuttgart, fuhr gleich wieder zurück. Die Kinder blieben bis zum 6. Juli bei uns, dann brachte ich sie per Flugzeug heim, das war aber schon Henstedt-Rhen, mit dem Einfamilienhäuschen. Jörg war nämlich nach Hamburg versetzt worden. Das Haus gefällt mir sehr, und vor allem scheint die Nachbarschaft freundlich und menschlich zu sein, sodaß Hanni endlich den Druck, den unfreundliche Nachbarn oder Hausbesitzer ausüben, los wurde. Ich flog schon am nächsten Tag zurück, denn Jörgs wollten an die Ostsee, wo schon der Urlaub und das aufgestellte Zelt auf sie wartete.

Ende Juli kam Wulf und Ingela auf der Durchreise nach Ibizza. Ingela hatte den Flug dorthin gewonnen. Gleichzeitig kamen Hanna und Hans Karl und die beiden Kinder. Sie wollten einen Teil des Urlaubs bei mir verbringen, dann ohne die Kinder ein wenig in der Gegend rumfahren, solange hüteten Friedel und ich Ulrike und Andreas. Als Hans Karl und Hanna heimkamen, fuhr Friedel zu Frenz, ihrem alten Freund, und wir blieben selb fünf noch eine Weile beieinander. Am 30. August fuhren sie nach Lüneburg zurück, ich hatte zwei Tage, um aufzuräumen, dann kamen Fritz und Hiltraut aus der DDR und Friedel aus dem Norden. 14 Tage waren wir sehr gemütlich beieinander, dann bekam Friedel eine Gallenkolik, mußte ganz kurzfristig ins Marienhospital und wurde operiert. Als sie rauskam waren Fritz und Hiltraut schon wieder fort. Friedel hat die Operation gut überstanden. Sie war noch ein wenig schwach, aber mit viel Ruhe, einer vernünftigen Diät und einem behaglichen zu Hause erholte sie sich schnell, sodaß sie an Weihnachten schon wieder alles essen konnte. Ende Oktober kam Goetz mit seiner Familie noch ein paar freie Urlaubstage zu uns. Wir machten miteinander den Garten winterfertig, Goetz schnitt die Hecke etwas nach, wo Fritz und Hiltraut etwas genial gewesen waren. Denn Fritz hatte sich nicht nehmen lassen, mir den Herbstschnitt zu machen, obwohl er es mit seinem fehlenden Daumen nicht ganz leicht hatte. Am 7. November aßen wir zu Friedels Geburtstag noch ein Festessen und dann fuhren Goetz, Muschi und die Kinder wieder ab. Dann kamen die Weihnachtsvorbereitungen, jedes der Kinder erwartete zum ersten Advent sein Schnitzbrot und zum Fest die gewohnten schwäbischen Gutsle. Da mußten wir tüchtig backen. Dann kamen die vielen Weihnachtspakete für drüben an die Reihe, es waren zum Schluß etwa 13-15 Stück. Hinterher die für unsere Leutchen hier alle. Da die Feiertage so ungünstig lagen (Freitag Heilig Abend), lohnte es sich für keinen zwischen den Feiertagen zu verreisen. Bernd mit Irmgard und Kristin waren einmal da. Sylvester und Neujahr war dasselbe. Aber in Grunde ist das garnicht so traurig, denn wir haben uns überall per Telefon lange unterhalten, und so war ich überall dabei, und es war trotzdem nicht unruhig und anstrengend. Denn nach dem turbulenten Jahr fand ich es ganz schön, einmal nichts tun zu müssen.

Norwegenreise

Von 1958 an ging es uns geldlich etwas besser. Wir mußten zwar noch sehr sparen, denn Goetz und Jörg brauchten für ihr Studium einiges, und Hanna war ja auch schon in der Ausbildung, aber dadurch, daß alle Kinder zu Hause wohnen konnten, handelte es sich um erschwingliche Summen. Meist arbeiteten die Kinder auch etwas in den Ferien, um ihr Taschengeld, was recht bescheiden war, etwas zu verlängern. Wir hatten auf dem Haus, dank Hans' Finanzkunst, keine hohen Schulden mehr, außerdem war Hans 1958 ordentlicher Professor geworden, das bedeutete außer der Ehre auch noch ein bißchen mehr Gehalt. Hans hielt viel Vorträge, schrieb Artikel, sprach im Rundfunk. Jede Nacht saß er bis 1 oder 2 Uhr an seinem Schreibtisch. Er holte zwar den versäumten Schlaf am Sonntag wieder nach, aber das genügte nicht. Hans war nervös und sah oft erschreckend schlecht aus. Nach dem Herzinfarkt 1954 ging er regelmäßig zu Dr. Kraiss zur Kontrolle, aber ich machte mir viel Sorgen um seine Gesundheit. Einmal gingen wir noch zur Kur nach Ditzenbach. Es war zu zweit ganz nett. Hans hatte das Auto mitgenommen (wieder einen VW, aber einen besseren), und so konnten wir Ausflüge und von dort Wanderungen machen. 1964 blieben wir ganz brav zu Haus, denn da bauten wir die offene Veranda um, und ich bekam einen hübschen Wintergarten. Da Hans dabei im Garten allerhand umbauen wollte, benutzte er dazu seinen Urlaub. Es war eine gemütliche Zeit. Jörg kümmerte sich sehr eifrig um den Umbau, machte daneben seine Diplomarbeit. Goetz half Vater im Garten und paukte daneben noch seine Physik, um sie im Herbst zu bestehen, und ich kochte für alle etwas Gutes. Und das Jahr darauf hatten wir uns dann eine schöne Reise verdient. Hans kannte von seiner OEEC-Zeit den netten Herrn Berggreen aus Norwegen. Er hatte uns schon lange eingeladen, ihn in Norwegen zu besuchen. Er wollte uns sein elterliches Haus dafür zur Verfügung stellen. Das Haus lag in der Nähe von Lillehammer. Im August 1965 war es dann so weit, wir wollten zu viert nach Norwegen. Wulf kam aus Gießen, und dann fuhren wir zu dritt mit dem VW los. Die erste Etappe ging bis Lüneburg, wo wir bei Hanna übernachteten, dann gings nach Hamburg, dort holten wir Goetz ab, der sich kurz vorher mit Ingrid Wahl verlobt hatte und nach der Norwegenreise heiraten wollte.

Dann fuhren wir ohne großen Aufenthalt nach Frederikshaven. Dort hatten wir für die Nachtfähre nach Larvik schon lange vor der Reise gebucht. Die Überfahrt war harmlos. Leider sah ich nur wenig von meiner geliebten Ostsee, denn wir waren furchtbar müde, gingen bald schlafen und am nächsten Morgen waren wir schon bald in Larvik. Von dort gings nach einem guten Frühstück, westlich von Oslo auf kleineren Straßen nach Lillehammer, d.h. wir blieben westlich von Lillehammer, fuhren bis Föborg und von dort in westlicher Richtung nach Lonstadt, unserm Ziel. Es war garnicht so einfach, es zu finden, denn die Norweger verstanden uns nicht, und wir konnten natürlich kein Norwegisch. Aber wir kamen glücklich hin und wurden von Berggreen herzlich empfangen. Wir waren 14 Tage dort, hatten herrliches Wetter (die einzigen schönen Tage in diesem kalten Sommer) und haben es sehr genossen. Wir fuhren durchs Land, machten herrliche Spaziergänge,

Goetz und Wulf versuchten sich mit Angeln, aber sie haben keinen einzigen Fisch gefangen. Norwegen ist ein herrliches Land, die wunderbaren Berge, die schönen breiten Täler, aber wie gesagt, es war ein so kalter Sommer, daß man nicht baden konnte, das Wasser war zu eisig. Hans fand nebenbei die schönste Beschäftigung: Herr Berggreen hatte unterhalb seines Hauses eine Baumschule angelegt. Sie war noch ganz im Anfangsstadium, d.h. die Pflänzchen waren so winzig, daß sie vom Unkraut überwuchert waren und unweigerlich erstickt worden wären. Das ließ unsern Vater natürlich nicht ruhen, und so machte er sich jeden Tag ein paar Stunden daran, die Pflanzung zu säubern. Zum Schluß haben wir alle noch geholfen, und so hinterließen wir unserm Gastgeber eine wohlgepflegte und sicherlich gerettete Baumschule. Es hat uns riesigen Spaß gemacht, mir war nur etwas unheimlich zu Mute, denn Hans war sehr still und etwas matt. Er vertrug wohl das Klima nicht. Norwegen hat ein ausgesprochen hochalpines Klima, und das bekam Hans nicht. Er nahm auch einmal sein Alarmmittel Nitroglyn, das er immer bei sich trug. Er beteuerte mir zwar, es ginge ihm gut, aber ich glaube, er wollte mir keine Angst machen. Hätten wir es offen besprochen, hätten wir uns vielleicht die Katastrophe ersparen können. Wenn Hans und ich von Oslo aus heimgeflogen wären, wäre vielleicht alles besser ausgegangen. So fuhren wir die lange weite Fahrt im Auto zurück, besuchten Berggreens in Oslo, dann die Nacht durch nach Frederikshaven. Den nächsten Morgen, nach kurzer Nacht, denn wir blieben lange auf, um die herrliche Fahrt über den Skagerag zu geniessen, gings dann nach Lübeck, wo wir Honolds besuchten. Am nächsten Tag brachten wir Goetz zurück nach Hamburg, fuhren nach Gelsenkirchen, um Jörg und Hanni zu besuchen. Dann gings am nächsten Tag zurück nach Stuttgart. Es war Regenwetter und windig, schlecht zu fahren, und ich merkte, wie Hans sich immer mehr verkrampfte und immer nervöser wurde. Ich war heilfroh, als wir endlich unbeschadet in Birkach ankamen. Hans ging gleich daran, seine mitgebrachten Pflanzen zu versorgen, ich kümmerte mich um Haus und Essen, Wulf fuhr und holte Mohrle wieder von Tante Friedel nach Hause. Plötzlich hörte ich Hans rufen. Ich kam ins Wohnzimmer, da lag Hans auf der Couch und flüsterte: „Ich hab einen Herzanfall, ruf Dr. Kraiss". Das war das Ende unsrer schönen Reise. Hans erholte sich einigermaßen, aber ich beruhigte mich nicht; er wirkte so matt und erschöpft.

Am 17. September heirateten Goetz und Ingrid Wahl. Hans fühlte sich zu elend, um mit mir zu fahren. Ich wollte Goetz nicht im Stich lassen. Wulf war von Gießen gekommen, so war Hans wenigstens nicht allein. Ich fuhr an 16. nach Hamburg, feierte mit Wahls einen sehr lebhaften Polterabend, der überhaupt nicht in meine bedrückte Stimmung paßte. Es war ziemlich qualvoll, die andern nicht merken zu lassen, wie besorgt und traurig ich war. Am Hochzeitstag war dann Hanna und Hans Karl dabei, sodaß ich mich mit denen wenigstens ein bißchen ablenken konnte. Zu nett war, wie Hans Karl unentwegt mit mir Krokett spielte, damit ich an etwas anderes dachte. Ich hatte auch gute Nachricht, Hans ging es gut, er sprach mit mir sehr vergnügt am Telefon. So konnte ich mich auch mitfreuen. Abends um 10 Uhr fuhr ich schleunigst wieder nach Stuttgart, heim zu meinem Sorgenkind.

Angina pectoris

Ende Oktober weckte Hans mich mit schrecklicher Atemnot. Ich wollte runter ans Telefon und Kraiss anrufen, aber er ließ mich nicht fort. So saß ich hilflos an seinem Bett, sah, wie er sich quälte und konnte ihm nicht helfen. Als ich gegen Morgen hörte, daß Frau Ludwig die Läden aufmachte, rief ich ihr zu, sie möchte schnellstens Dr. Kraiss anrufen und ihn bitten, sofort zu kommen. Kraiss stellte dann fest: Angina pectoris. Ich ließ am nächsten Tag sofort einen Telefonanschluß nach oben legen.

In diesem schrecklichen Winter haben Dr. Kraiss und ich noch oft an Hans' Bett gesessen, haben auf seinen Atem gelauscht und den Tod vor Augen gesehen. Im März schickte Dr. Kraiss Hans nach Orb zur Kur. Hans meinte, ich solle die Zeit benutzen, und eine Rundreise zu den Kindern machen, denn alle warteten auf mich. Kraiss meinte, es wäre für mich richtig, mal auszuspannen, ich wäre am Ende und für Hans wäre es gut, einmal allein zu sein. Es war wohl eine psychologische Entscheidung, die er da traf, vor allem wohl in meinem Interesse. Meine Reise begann mit Gelsenkirchen bei Jörg und Hanni. Hanni erwartete Knut und konnte auch einmal eine einspringende Großmutter gebrauchen. Es war eine nette Reise, vor allem, weil von Hans gute Nachrichten kamen. Dann gings zu Hanna. Als ich von Lüneburg in Orb anrief, sagte mir Hans, es ginge ihm garnicht gut, der freundliche Dr. Freund hatte sämtliche sorgfältig ausprobierten Medikamente umgeschmissen und ihm andere verordnet. Ich habe Hans gesagt, er solle sich das nicht gefallen lassen. Ich war außer mir. Ich bot Hans an, zu ihm nach Orb zu kommen, um ihm zu helfen, denn er konnte kaum mehr laufen. Am nächsten Tag aber rief er mich an, der Arzt hätte alles wieder zurückgenommen, die alten Medikamente erlaubt und es ginge ihm wieder besser. Ich hatte ihm inzwischen das Buch: ‚Die wunderbare Reise des kleinen Nils Holgerson‘ in der Originalfassung geschickt. Damit hatte es folgende Bewandtnis: Hans hatte das Buch sehr geliebt in seiner Jugend. Dann hatte er nie mehr das vollständige Buch gefunden, sondern immer nur gekürzte Ausgaben. Ich wußte, daß er das so gerne mal wieder lesen wollte. Hanna hatte mir zum Geburtstag ein Buch geschenkt, das ich schon hatte. Sie tauschte es um, und nun als ich bei ihr war, sollte ich mir ein neues Buch wünschen. Da entdeckte ich das Buch von der Lagerlöf und wünschte mir das, ließ es gleich verpacken und schickte es nach Orb. Schon am nächsten Tag rief Hans an, ich solle ruhig bei Hanna bleiben, er sei so entzückt von der Lagerlöf, die ich ihm geschickt hätte, daß er jetzt ganz munter und vergnügt sei. Danach erholte er sich in Orb sehr gut, er bekam keine Anfälle mehr.

Enkelkinder

Ich blieb also zuerst bei Hanna, Ulrike war unterwegs, und Hanna war ganz froh, mal nicht im täglichen Trott laufen zu müssen, sondern sich etwas zu entspannen. Dann reiste ich zu Goetz nach Hamburg, wo Muschi auf ihr Kindchen wartete. Als ich kam, holte Goetz mich am Bahnhof ab, sagte mir, Muschi hätte schon Wehen, aber im Krankenhaus hätte man sie trotzdem noch einmal nach Hause geschickt. Als ich kam, machte Muschi aber schon einen reichlich wehen Eindruck. Wir tranken noch Kaffee, und dann drängte ich Goetz, seine Frau weg zu bringen. Sie konnte kaum mehr gehen, mir schien es schon recht eilig. Das war so etwa um 18 Uhr. Wahls waren abends eingeladen. Goetz, Peter und ich saßen zusammen und spielten Skat. Goetz war sehr nervös. Da rief er um 20 Uhr in der Klinik an. Ich hörte: „Ich werd verrückt!“ Ich flüsterte zu Peter: „Das Baby ist schon da“. Dann wieder Goetz: „Das ist ja ne Wucht!“ Da sagte ich: „Nun ist es auch noch ein Junge.“ Und siehe da, Frank war auf der Welt, am 19. März abends um etwa 20 Uhr. Goetz rief dann noch gleich bei seinen Schwiegereltern an, verlangte am Telefon die Großmutter Wahl, und bei der Veranstaltung, bei der Wahls gerade waren, begann ein spezielles Fest zu Goswins neuer Großvaterwürde, auf die er zuerst garnicht so besonders stolz war. Goetz, Peter und ich feierten noch mit viel Übermut und guter Laune, zum Schluß fuhren meine beiden leicht beschwippsten Herren in die Stadt und holten drei halbe Hähnchen, denn Kinderkriegen machte uns hungrig. Sie sind aber heil wieder heimgekommen.

Hanna bekam ihre Ulrike allein. Ich konnte Hans unmöglich allein lassen. Wer hätte für ihn kochen sollen, er war ja in allen Dingen des Haushalts völlig ungewandt und sehr verwöhnt. Ich glaube, ich hab vor der Geburt mehr Angst gehabt als Hanna. Und dann ging alles ganz glatt. Die drollige Verplanung habe ich ja schon beschrieben.

Oh! beinahe hätte ich unser kleines Dickerchen vergessen! Am 29.4.1966, also an Goetz' Geburtstag, kam Knut, Jörgs und Hannis zweiter Sohn auf die Welt, ein gemütliches, kleines Kerlchen, der mit Leidenschaft aß, dementsprechend rund war und seiner Mutter nicht viel Mühe machte. Hanni mußte ihn später rigoros auf halbe Kost setzen. Inzwischen ist er ein stämmiger, nicht fetter Junge, der sehr lieb spielen kann, und den ich genieße, weil er so gemütlich ist.

Dekan, aber nicht Rektor

Hans hatte sich in Orb sehr gut erholt. Er konnte wieder seinen vollen Dienst tun, war Dekan der landwirtschaftlichen Fakultät und hatte eine sehr gute Zusammenarbeit mit dem Rektor Franz. Hans war sehr angesehen an der Hochschule, weil er mit seinen gutdurchdachten Vorschlägen und seinem unbestechlichen Urteil imponierte und Zustimmung fand. Es war ja wirklich bewundernswert, daß er trotz seiner labilen Gesundheit am Leben und der Entwicklung der Hochschule so aktiv teilnahm. Gesündere als er drückten sich und begründeten das dann auch noch sehr fadenscheinig mit Arbeitsüberlastung. Nur Rektor wollte Hans unter keinen Umständen werden. Er wußte, das ihn dieses Amt überfordern würde, und alles was Repräsentation hieß, war ihm eine Qual. Einmal sagte er zu mir: „Weißt Du, eigentlich ist es nicht recht von mir, daß ich mich drücke, Rektor zu werden. Dir hätte das bestimmt viel Spaß gemacht. Ich habe Dir ja sowieso alle Geselligkeit vermasselt mit meiner Scheu davor. Aber ich kann es einfach nicht. Es strengt mich zu sehr an." Als man mich darauf ansprach, daß Hans sich doch zur Rektorwahl stellen solle, sagte ich aber auch, ich würde Hans nicht zureden, denn mir sei ein lebendiger Professor lieber, als ein toter Rektor. Röhm wurde dann der Jubiläumsrektor, und er und seine kluge, liebenswürdige und so bescheidene Frau haben das dann auch sehr gut gemacht. Da Röhm vorher Dekan war und nun Buchloh zum Dekan gewählt wurde, blieb Hans weiterhin Prodekan. Ich hätte selbst garnicht so genau gewußt, ob ich mich zur ‚Magnifika' geeignet hätte. Ich bin immer sehr spontan und gerade heraus gewesen. Als wir 1966 unter unserm Apfelbaum bei einem fröhlichen Kaffeeklatsch unsern Bridgekreis gründeten, und ich die Organisation und das Lehren übernahm, ahnte ich nicht, was für friedliche und harmonische Kräfte in mir steckten. Ich habe erst viel später gemerkt, daß unter meinem Einfluß ein sehr, sehr herzlicher Freundinnenkreis entstanden ist, der miteinander durch Freud und Leid zusammenhielt und der uns allen das Leben bereichert hat. Schön, so etwas zu erkennen! Übrigens muß ich gestehen, daß ich mir den Bridgekreis bei Hans ertrotzen mußte. Er war eifersüchtig und wollte mich den einen Abend in der Woche nicht entbehren. Jedes Mal, wenn ich zum Bridge ging, sagte er ganz vorwurfsvoll zu Mohrle: „Nicht wahr, wir beiden bleiben dann eben allein zu Haus."

Im Herbst 1967 weckte mich Hans morgens voller Schreck. Er hatte das Gefühl, seine Beine seien gelähmt und meinte gleich, das wäre ein Schlaganfall. Nach langen Untersuchungen stellte sich dann heraus, daß tatsächlich eine Ader im Rückgrat ausgefallen war. Die Beine, sowie der Darm und die Blase waren teilweise gelähmt. Hans konnte zwar laufen, aber unsicher und nur kurze Strecken. Wieder hat ihn Dr. Kraiss durch seine hervorragende Diagnose und Therapie gesund bekommen, aber Hans war doch eine Weile zu Hause. Ganz unnötig war, daß ich auch krank wurde. Ich fühlte mich schon eine ganze Weile elend, hatte etwas Husten, der sich nicht lösen wollte. Da ich kein Fieber hatte, wollte ich die Sache so überwinden. Aber eines Tages klappte ich völlig zusammen. Hans rief Dr. Kraiss an, der kam und jagte mich ins Bett, denn eine Grippe mit Untertemperatur ist eine böse Sache. So lag ich dann im Wohnzimmer auf der Couch, Hans mußte fürs Essen sorgen. Einkäufe machten uns die Leutchen aus dem Institut oder die Nachbarn. Frau Baumhauer brachte auch mal ein Mittagessen, sonst lebten wir von Spiegeleiern, die Hans zubereiten konnte. Morgens machte ich dann den Kaffee. Da stand ich dann, auf meinen Herd aufgestützt, weil die Knie so weich waren und brühte den Kaffee. Wir haben über die ‚kranke Familie' viel gelacht. Und eines Tages waren wir dann ja auch wieder gesund.

Friedel zieht nach Birkach und Hans wird 65

Im Dezember 1967 kam dann Friedel zu uns. Sie war hier bei einer Familie Winkler als Wirtschafterin tätig. Sie hatte immer ein junges Mädchen zur Hilfe, denn es war ein sehr gepflegter und anspruchsvoller Haushalt. Dann machte Herr Winkler mit einem Teil seiner Kinos Pleite, und Friedel mußte allein zurechtkommen. Das war ihr einfach zu viel. Noch einmal die Stelle wechseln, wollte sie nicht, sondern sich mit 60 Jahren zur Ruhe setzen. Da erfuhr sie zu ihrem Entsetzen, daß sie nur eine Rente von 200 DM zu erwarten hätte. Davon konnte sie nicht leben. Hans tröstete sie damit, daß sie dann einfach bei uns wohnen könne, und wenn wir verreisen oder ich allein zu den Kindern wollte, könne sie einspringen. Hans und ich hatten gedacht, daß Friedel sich noch irgend einen unverbindlichen Wirkungskreis suchen würde, damit sie etwas beschäftigt wäre und eben nur gelegentlich auf Abruf für uns da wäre.

Am 17. Januar 1968 feierten wir Hans' Geburtstag. Er wurde 65 Jahre alt. Hans hatte alle seine Mitarbeiter und Doktoranden und was sonst noch mit dem Institut zu tun hatte, ins Institut eingeladen. Friedel, Hanna und ich hatten die schönsten Torten und Platten zurecht gemacht, Frau Neumann, meine gute, alte Hilfe hütete Ulrike. Wir tranken festlich Kaffee, danach gabs Wein und kalte Platten. Es war ein gemütliches Zusammensein. Wir verabschiedeten uns gegen Abend, denn Hans brauchte doch bald seine Ruhe und saßen dann noch abends bei einer guten Flasche Wein beisammen. Ein paar Tage später hatten wir die älteren Kollegen mit ihren Frauen eingeladen zu einem festlichen Essen in der Traube. Franzs, Röhms, Pflugfelders, Rademachers, Plates, Preuschen und Friedel. Ein kleiner Kreis. Aber es war ein sehr nettes Zusammensein. Dadurch, daß Hans so wenig Zeit und Kraft für Geselligkeit hatte, hatten wir am gesellschaftlichen Zusammenleben der Kollegen nie teilgenommen, nun wollten wir das einmal nachholen. In der Traube war das sehr hübsch und mit ausgezeichnetem Essen zu machen. Wir waren alle sehr zufrieden mit dem gelungenen Abend.

Das gesamte Institut hatte durch Erna Hruschkas Initiative und Einfühlungs-vermögen einen wunderschönen Teppich für unser Wohnzimmer geschenkt, die Hochschule hatte ihm die blaue Vase und Wein geschenkt. Das mit der blauen Vase war eine lustige Geschichte: Hans und ich suchten für Preuschen zu seinem 60. Geburtstag ein Geschenk. Dabei entdeckte Hans bei Tritschler die herrliche blaue Bodenvase. Er hätte sie zu gern gekauft, aber sie war uns zu teuer. Eines Tages vor Hans' Geburtstag rief mich Frau Hruschka an und erzählte mir, Rektor Röhm hätte sie gefragt, was die

Hochschule wohl Hans schenken könne, sie habe versprochen, mich zu fragen. Da sagte ich ihr, wenn sie an der und der Stelle bei Tritschler suche, fände sie eine blaue Bodenvase zu dem und dem Preis. In die hätte sich Hans verliebt, und das wäre für Hans sicher eine riesige Überraschung und Freude, wenn er die bekäme. Und so stand bei der Feier in der Hochschule die Vase da, und Hans war hocherfreut und sehr überrascht.

Grüne Woche in Berlin

Da Friedel das Haus und Mohrle hüten konnte, konnte ich im Januar 1968 mit Hans nach Berlin fliegen. Hans war alle zwei Jahre vor der ‚Grünen Woche' in Berlin bei einem internationalen Agrarfilmwettbewerb als Jury eingeladen. Es war eine sehr interessante Sache. Viele Bekannte und einflußreiche Leute trafen sich dort, viel wichtige Themen über Belehrung, Beratung und Fortentwicklung des Bauern in der ganzen Welt wurden da diskutiert, und Hans reiste da sehr gern hin. 1968 war er froh, daß ich mit ihm fuhr, denn er fühlte sich nicht mehr so sicher. Die Querschnittlähmung hatte ihn ängstlich gemacht. So kam ich zu meinem ersten Flug, zu einer wunderschönen Reise nach Berlin, zu eleganten Empfängen und es tat mir wohl, zu sehen, wie Hans überall geehrt und anerkannt wurde. Ich, seine simple Frau, hab von seinem Glanz etwas abbekommen. Das hat mir Spaß gemacht. Wenn Hans beschäftigt war, bin ich in Berlin herumgestrolcht, habe unser altes Haus in Friedenau besucht, bin in Lankwitz und Mariendorf beim alten Haus der Großtanten Richter gewesen, hab mich amüsiert, daß das alte Krankenhaus von Urgroßmutter Richter einen neuen Anbau bekommen hat. Das war alles zu nett. Ich fuhr die Bundesallee hinunter, kam an den Bundesplatz und sagte sehr erstaunt zu dem gemütlichen Omnibusschaffner: „Sagen Sie, daß ist doch der Kaiserplatz und die Kaiserallee?" „Na", meinte der, "da sind Sie aber lange nicht mehr hier gewesen." „Nein, ich habe hier als Kind gewohnt." Hans und ich wohnten in einem feudalen Hotel, dem Hotel Berlin, einem der vornehmsten damals, und ich mag so was so gern und habe es nie genießen können, weil das Geld immer knapp war.

Nachfolge im Institut

Hans wollte zu Ende des Wintersemesters seine Emeritierung beantragen. Durch die Wirtschaftskrise im Jahr 1966, war es etwas unsicher geworden, ob das Institut weiterbestehen würde, wenn ein neuer Mann dafür gesucht werden müßte. Dann sollte es weitergeführt werden, aber es sollte ein Volkswirt geholt werden, der nur am Rande etwas von Beratung und Kommunikation verstand. Da der hiesige Volkswirt eine Niete war, war zu erwarten, daß der neue Mann so stark in die Volkswirtschaft einsteigen würde, daß landwirtschaftliche Kommunikation und Beratung nicht mehr weitergelehrt würde. Auf der Berufungsliste stand zwar Dr. Albrecht als Erster, dann kam, von Hans ungeschickterweise selber genannt, der Volkswirt und als dritte Erna Hruschka. Hans hatte nicht gewagt, Erna als Erste zu nennen, denn bei der ganzen Unsicherheit des Weiterbestehens des Instituts, wäre eine Frau an erster Stelle noch ein weiterer Anlaß, die Berufung zu komplizieren, gewesen. Denn in Hohenheim gab es noch genügend törichte Männer, die eine Frau nicht für vollwertig hielten. Hans hatte schon lange vor seinem bevorstehenden Ausscheiden dafür gesorgt, daß die Forschungsgebiete des Instituts erweitert wurden. Damals bekam es auch den Namen: ‚Institut für Kommunikationsforschung und landwirtschaftliches Beratungswesen.‘ Hätte Hans im Frühjahr 1968 das Institut verlassen, dann wäre es mit größter Wahrscheinlichkeit verplant worden. Weinschenk, den Hans selbst mit nach Hohenheim geholt hatte, wollte mit allen Mitteln durchsetzen, daß an das Institut ein Volkswirt käme. Eingeweihte meinten damals, daß Wöhrmann aus Göttingen hinter der ganzen Sache stünde, ein Mann mit viel Einfluß, intrigant und wohl auch eifersüchtig, daß das einzige Institut speziell für Beratung in Hohenheim war.

Hans nahm sich die Sache furchtbar zu Herzen. Er fürchtete, daß seine ganze Arbeit vergessen würde. Seine Arbeit, die im Ausland mit größter Hochachtung betrachtet wurde und nur hier im Land ziemlich unbeachtet blieb, weil Hans kein Schmeichler und kein Diplomat war. Er war auch in keiner Partei. Schließlich war er einmal durch die blödsinnige Mühle der Entnazifizierung gedreht worden. Wir wollten von keiner Partei etwas hören. Die damals einflußreichste Partei lehnten wir sowieso ab, wegen ihres ‚christlich‘ in ihrem Namen. Wir wußten sehr bald, daß das nicht ‚christlich‘ sondern ‚katholisch‘ hieß. Jedenfalls blieb Hans noch im Amt, obwohl er sehr müde, niedergeschlagen und mutlos war.

Der einzige Auftrieb in dieser Zeit war die Mitfeier des 125-jährigen Jubiläums der Landwirtschaftlichen Hochschule, die seit Neuestem sogar Universität Hohenheim hieß. Hans und ich haben an dem Jubiläum richtig Spaß gehabt. Bei der Feierlichkeit sollten einige bewährte in- und ausländische Professoren die Ehrendoktorwürde verliehen bekommen. Einer davon war von Hans vorgeschlagen worden: Professor Hoffste aus Wageningen. Hoffste kam mit seiner ganzen Familie, Frau und drei Kindern, so zwischen 16 und 20 Jahren. Hans hatte es übernommen, die Familie zu betreuen, stellte ihnen für die ganze Zeit den Institutswagen mit Fahrer zur Verfügung und lud sie auch einmal zu einem Abendbrot zu uns ein. Es war ein lustiges Zusammensein. Preuschen kam noch dazu, und so war natürlich für lebhafte Stimmung gesorgt. Alle futterten massenweise Laugenbrezeln mit Butter, tranken unseren guten Wein und wollten am liebsten garnicht gehen. Aber abends war Empfang in Hohenheim. Wir trafen dort viele Bekannte, Schiller, der Nationalökonom in Hohenheim gewesen war, Dr. Ernst, unseren früheren Nachbar in Schloß Hohenheim, mit dem Hans immer in loser Verbindung geblieben war. Meinhold war auch da, sehr stolz, denn er war damals Präsident der Forschungsanstalt in Völkenrode, eine gewichtige Persönlichkeit! Er erzählte, daß er nachmittags mit Weinschenk gearbeitet habe. Ich konnte mein loses Maul nicht halten und fragte ihn: „Was habt Ihr denn gemacht? Habt Ihr meines Mannes Institut verkunkelt?“ Er wußte ja aus alten Imbshäuser Tagen, was kunkeln bedeutet und ich habe es ihm übel genommen, daß er nicht seinen Einfluß auf Weinschenk benutzt hatte, um die Intrige gegen Hans' Nachfolger zu stoppen. Nun weiß ich garnicht, wie weit Meinholds Einfluß auf Weinschenk ging, und ich vermutete ja sowieso, daß Weinschenk nur die vorgeschobene Person war. Meinhold antwortete geistesgegenwärtig, sie hätten wirklich gearbeitet, und Hans mußte lachen über meine sehr deutliche Bemerkung.

Sehr nett war auch noch bei dem Jubiläum, daß wir eine festliche Aufführung im Staatstheater miterlebten: ‚Nußknackerballett‘ in Starbesetzung, und wir hatten so schöne Plätze in der vierten Reihe. Hans war genau so entzückt wie ich. Die guten Plätze verdankten wir einem Beamten der Hochschule, der Hans sagte: "Sie bekommen die besten Plätze, weil Sie immer gleich freundlich und verständnisvoll sind." Dann ein festlicher Empfang im neuen Schloß vom Kultusminister, wo Hans wieder viele Bekannte traf. Unter anderen den Landwirtschaftsminister Schwarz, mit dem wir in Berlin bei der ‚Grünen Woche‘ so lang gesprochen hatten, und der sich freute, mich mit seiner Frau bekannt zu machen. Irgendwie hatten er und ich damals sofort einen besonders guten Kontakt gefunden.

Ganz kurz vor dem Jubiläum erkrankte Professor Buchloh, und Hans mußte als Prorektor für ihn einspringen bei der Verleihung der Ehrendoktorwürde an Professor Hoffste und Professor Roger, die beide von der landwirtschaftlichen Fakultät vorgeschlagen worden waren. Ich entsinne mich, daß Hans in furchtbarem Zeitdruck war. Er mußte die Festrede halten, mußte sie mit den andern abstimmen, und er war ziemlich aufgeregt. Trotzdem glaube ich, daß es ihn etwas von seiner Bekümmernis über das Schicksal seines Instituts ablenkte. Es war für mich eine beklemmende Zeit. Ich merkte sehr, wie Hans sich quälte, daß er schlecht schlief, und daß er sich seiner Natur nach immer mehr in einen Komplex des Gescheitertseins verbohrte. Am 6. Juni, vor dem Jubiläum, hatte der internationale Arbeitskreis landwirtschaftlicher Berater, den Hans mitbegründet hatte, und dessen Ehrenmitglied er geworden war, nachdem er den Vorsitz abgegeben hatte, in Göttingen eine Tagung, bei der eine besondere Ehrung für Hans geplant war. Prof. Röhm sollte die Laudatio sprechen und viele Gäste waren geladen. Die Laudatio folgt hier im Wortlaut:

Laudatio für Hans Rheinwald   Göttingen, 5. Juni 68

Sehr verehrter Herr Kollege Rheinwald! Hochansehnliche Versammlung!

Sie mögen sich vielleicht wundern, daß gerade ich dazu ausersehen wurde, einen Kollegen zu ehren, der fast sein ganzes Berufsleben dem landwirtschaftlichen Versuchs- und Beratungswesen gewidmet hat, einem Gebiet, in dem ich selbst nie tätig war. Die Tatsache, daß ich im gleichen Institut, in dem Herr Rheinwald seine wissenschaftliche Ausbildung erhielt, als Werkstudent einmal etwas Geld zu verdienen suchte, dürfte als Legitimation für die mir heute übertragene Aufgabe kaum ausreichen. Trotzdem verbinden mich mit Herrn Rheinwald seit Jahren insofern gleiche Interessen – erlauben Sie mir diese Vorbemerkung, die im Hinblick auf das, was ich nachher zu sagen habe, nicht ganz unwichtig ist; es verbinden uns mindestens in zwei Bereichen seit langem insofern gleiche Interessen, als wir beide – jeder von seinem Fachgebiet her – ich möchte fast sagen – leidenschaftlich immer wieder die Frage untersucht und diskutiert haben, wie man die bäuerliche Landwirtschaft auf die Aufgaben der Zukunft vorbereiten und ihr das Rüstzeug vermitteln kann, das zur Bewältigung dieser Aufgabe notwendig ist. Außerdem haben wir uns aber – auch gemeinsam und oft nicht minder leidenschaftlich – für die Entwicklung und das Ansehen unserer Landwirtschaftlichen Hochschule, der jetzigen Universität Hohenheim eingesetzt, aus der wir beide hervorgegangen sind. In diesem Bereich der Hochschulpolitik bin ich mehrfach in die Fußstapfen von Herrn Rheinwald getreten, und manches, was Hohenheim heute erreicht hat, wurde durch ihn vorbereitet. Von daher gesehen ist meine Mitbeteiligung an der heutigen Veranstaltung also sicher nicht nur berechtigt, sondern eigentlich eine Pflicht.

Es war dann allerdings noch ein dritter Grund, der mich dazu bewogen hat, die Laudatio für Hans Rheinwald bei der heutigen Veranstaltung zu übernehmen. Das war die Überlegung, daß solche Laudatio ja nicht nur den Wissenschaftler, sondern auch den Menschen charakterisieren soll. Und dies beides in der richtigen Weise zu verbinden, das vermag im vorliegenden Falle – so war jedenfalls meine Überlegung – eigentlich nur jemand, der genau so tief im Schwäbischen verwurzelt ist, wie dies bei Hans Rheinwald der Fall ist.

Als Schwabe, verehrter Herr Kollege Rheinwald, kann ich Ihnen zunächst einmal nachfühlen, daß es Ihnen außerordentlich unangenehm sein muß, hier und überhaupt öffentlich gelobt zu werden. Das ist für einen Schwaben immer peinlich. Trotzdem möchte ich Sie von vornherein bitten, daß Sie das, was über Sie zu sagen sein wird, nun eben einmal über sich ergehen lassen, zumal sicher niemand von den hier Anwesenden auf den Gedanken kommt, diese Laudatio für Sie sei vorbereitet worden, weil Sie noch etwas werden wollten. Ganz ausgeschlossen ist es in unserm Lande zwar nicht, daß auch Emiriti noch Abgeordnete oder Minister werden. Wenn ich Sie richtig kenne, ist aber Ihr Ziel – und das wäre wieder typisch schwäbisch – nach der Emeritierung, der Sie entgegensehen, endlich in Ruhe gelassen zu werden und nur noch den Beschäftigungen nachzugehen, die Ihnen Spaß machen. Wenn dies zutreffen sollte, können Sie heute unbesorgt die Laudatio auf Ihre Person anhören, als eine Ehrung und als Dank zugleich für das, was Sie der Agrarwissenschaft, Ihren Kollegen im In- und Ausland und allen, die durch Ihre Schule gelaufen sind, gegeben haben.

Hans Rheinwald wurde als Sohn eines Arztes am 17. Januar 1903 in Stuttgart geboren. Dort verlebte er auch seine Schulzeit, und als er sich zum Studium der Landwirtschaft entschloß, bot sich die Landwirtschaftliche Hochschule Hohenheim selbstverständlich als naheliegender Studienort an. Ein Semester studierte er in Berlin. Nach dem Diplomexamen 1925 promovierte Hans Rheinwald im Institut für Pflanzenernährung bei der berühmten Frau von Wrangel, die damals – als erste ordentliche Professorin in Deutschland – in Hohenheim lehrte. Bei ihr wurde er dann auch Assistent. Nach einer wissenschaftlichen Zwischentätigkeit in Leipzig im Jahr 1930 war er mehrere Jahre im Hohenheimer Institut für Pflanzenernährung tätig.

Im April 1933 ging Hans Rheinwald als wissenschaftlicher Mitarbeiter an die Landwirtschaftlichen Versuchs- und Forschungsanstalten in Landsberg an der Warthe, wo er zunächst vorwiegend auf agrikulturchemischem Gebiet arbeitete. Schon bald richtete sich nun aber sein Interesse auch auf das Problem der möglichst schnellen Nutzbarmachung wissenschaftlicher Erkenntnisse für die praktische Landwirtschaft, was zu dem Vorschlag führte, auf den Ergebnissen der Bodenuntersuchungen, die in Landsberg durchgeführt wurden, eine Düngerberatung aufzubauen. Dieser Gedanke wurde in der Praxis freudig aufgenommen und führte zu der Gründung der ‚Nährstoff-Kontrolle Landsberg / Warthe‘, deren Leiter Hans Rheinwald im Jahr 1936 wurde. Im gleichen Jahr übernahm er auch die Geschäftsführung der ‚Gemeinschaft zur Förderung der ostmärkischen Landwirtschaft e.V.‘, einer aus der Initiative der dortigen Landwirte hervorgegangenen Selbsthilfeorganisation. Damit kam Hans Rheinwald schon zu Beginn seines beruflichen Wirkens auf einen Weg, der ihm von seinem Spezialfach, der ‚Agrikulturchemie‘, her keineswegs vorgezeichnet gewesen war. Vielleicht aber war ihm dieser Weg vorbestimmt. Rückschauend betrachtet hat er sich nämlich mit einer Sicherheit und Konsequenz auf ihm vorwärtsbewegt, die auf eine besondere Veranlagung in dieser Richtung schließen läßt. Analytisches, logisches Denkvermögen, verbunden mit einem leidenschaftlichen inneren Engagement und stetem Interesse für die Entwicklung und Förderung der praktischen Landwirtschaft haben ihn von Anfang an und bis heute besonders ausgezeichnet.

Nach fünfjähriger Tätigkeit im ostdeutschen Raum übernahm Hans Rheinwald im April 1938 die Leitung des Landwirtschaftlichen Untersuchungsamtes und der Versuchsanstalt Kassel-Harleshausen. Von dort aus bereitete er auch seine Habilitation vor, die er im Dezember 1939 gerade noch abschließen konnte, ehe er zur Wehrmacht eingezogen wurde, und der Krieg seine wissenschaftliche Arbeit für mehrere Jahre unterbrach. Nach dem Krieg erfolgte, wie bei den meisten Männern seines Alters, ein neuer Anfang. Hans Rheinwald hatte damals allerdings das Glück, schon sehr bald wieder mit der Agrarforschung in Berührung zu kommen, und zwar in dem von seinem Freund Gerhard Preuschen gegründeten Institut für landwirtschaftliche Arbeitswissenschaft und Landtechnik in Imbshausen. Den Gedanken, die Landwirtschaft durch schnell und einfach verfügbar gemachte wissenschaftliche Erkenntnisse zu fördern, hat er hier wieder aufgegriffen. Mit Preuschen und Glasow zusammen hat er in jenen Jahren den ‚Wirtschaftsrahmen‘ erarbeitet, ein Planungsverfahren zur Ermittlung der zweckmäßigsten Organisationsformen für landwirtschaftliche Betriebe.

Bei diesen vorwiegend betriebswirtschaftlichen Untersuchungen ging es für Hans Rheinwald abermals und vor allem um die Frage, komplexe betriebswirtschaftliche

Erkenntnisse so aufzubereiten, daß sie für die landwirtschaftlichen Berater in der Arbeit verwendbar wurden, d.h.: Um Berater und Bauern zu überzeugen, mußte diese Methode möglichst einfach und zeitsparend zu handhaben sein und darin lag wohl auch die besondere Bedeutung. Der ‚Wirtschaftsrahmen' kann als der erste Versuch einer auf den Berater zugeschnittenen Betriebsplanungsmethode betrachtet werden. Zufrieden gegeben hat sich Hans Rheinwald mit diesem ersten Arbeitsergebnis des eben genannten Teams noch nicht. Das Problem der Transformierung neuester betriebswirtschaftlicher Erkenntnisse und Methoden in ein praktikables Instrumentarium für den Berater hat ihn so fasziniert, daß er später zusammen mit Meinhold, Albrecht und deren Mitarbeitern ein zweites Verfahren der Betriebsplanung ausarbeitete. Vorher war er an der Entwicklung der als ‚Methode Babo-Rheinwald-Storz' bekannt gewordenen Betriebsplanungsmethode beteiligt. Diese Arbeiten fielen schon in seine (zweite) Hohenheimer Arbeitsperiode.

1948 folgte Hans Rheinwald einem Ruf nach Hohenheim, wo er in den Jahren 1948-1950, schon in enger Verbindung mit der Landwirtschaftlichen Hochschule, zunächst den ‚Landwirtschaftlichen Zentraldienst für Aufklärung und Fortschritt' in Württemberg aufbaute und leitete. Mit dieser Aufgabe konnte er sich erstmals ganz dem Problem der Beratung zuwenden, die ihn seit seiner Tätigkeit in Landsberg und Kassel ununterbrochen beschäftigt und interessiert hatte. Er hat damals alles daran gesetzt, um in Gestalt dieses teilweise von der amerikanischen Besatzungsmacht angeregten und finanzierten ‚Landwirtschaftlichen Zentraldienstes' eine moderne Beratungsinstitution zu schaffen. Sie sollte den Bedürfnissen moderner, unternehmerisch eingestellter landwirtschaftlicher Betriebsleiter entgegenkommen, diese aktiv am Betriebsaufbau und am Aufbau der Beratungsorganisation beteiligen und es ihnen so ermöglichen, konstruktiv an der Gestaltung ihrer eigenen Zukunft mitzuwirken. Wenn diesem Zentraldienst und den Bemühungen um eine eigenständige Beratungsorganisation schließlich aus politischen Gründen trotzdem kein Erfolg beschieden war, waren die damals unternommenen Initiativen doch interessant genug, um hier erwähnt zu werden, zumal Hans Rheinwald auf diesen Erfahrungen weiterbaute.

Im Jahr 1950 schuf nämlich die Landwirtschaftliche Hochschule Hohenheim einen Lehrstuhl und ein Institut für landwirtschaftliches Beratungswesen, als dessen Direktor Hans Rheinwald berufen wurde. Dieses Institut war das erste und einzige Institut dieser Art an einer deutschen Universität und ist es bis heute geblieben. Für andere europäische Länder wurde dagegen das von Hans Rheinwald aufgebaute Beratungsinstitut zum Vorbild.

In diesem Institut begann ein neuer, entscheidender Abschnitt seiner Arbeit. Galt es doch zunächst, das weitgespannte Gebiet der geistigen Förderung der Landwirte zu analysieren, die Grenzen und den Wesenskern dieser geistigen Förderung herauszuarbeiten, um daraus Methoden mit spezifischer Wirksamkeit für die einzelnen Arten der geistigen Förderung zu entwickeln.

Hans Rheinwald sieht, – dies sei vorweggenommen, – den Kern jeder landwirtschaftlichen Beratung, die nach seiner Meinung in einer entwickelten Landwirtschaft neben einer gründlichen Fachausbildung und einer zuverlässigen, umfassenden Information notwendig ist, darin, daß die Beratung dem Leiter des landwirtschaftlichen Betriebes bei der Lösung seiner Betriebsprobleme hilft. In dieser Beziehung geht Rheinwald davon aus, daß die sich wandelnde und immer komplizierter werdende Umwelt in einer arbeitsteiligen Wirtschaft vom Landwirt ein hohes Maß vielfältigen und hochqualifizierten Fachwissens, gleichzeitig aber auch die Bereitschaft verlangt, schwerwiegende und wohlabgewogene Entscheidungen zu treffen. Gerade dadurch ist der Landwirt aber oft überfordert. Der Berater muß ihn also entlasten, wobei es für den Berater unerläßlich ist, daß er sich mit seinen Vorschlägen zur Lösung der Betriebsprobleme ausschließlich am Wohl seines Klienten orientiert. Sein Nutzen und sein Wohl müssen nach Rheinwalds Ansicht für den Berater die Leitlinien sein, wenn er versucht, die Probleme des Landwirts zu analysieren, wenn er mit ihm zusammen nach Lösungen sucht und ihm Hilfestellung gewährt.

Die Arbeit des Landwirts betrachtet Rheinwald also – dies ergibt sich aus diesen Forderungen, die er an die Berater stellt, ebenfalls – in erster Linie als eine Aufgabe, die Verstand und Nachdenken erfordert. Im einzelnen hat er dazu in seiner Schrift ,Landwirtschaft als geistige Aufgabe' Stellung genommen.

In dieser Schrift sind in prägnanter Form die Erkenntnisse und die reichen praktischen Erfahrungen zusammengefaßt, die Hans Rheinwald teils in der Großbetriebslandwirtschaft Ostdeutschlands, teils in den Kleinbauernbetrieben Südwestdeutschlands gesammelt hat. Der Wirkungsgrad der landwirtschaftlichen Beratung ist danach nicht allein von der Bereitstellung sach- und problemadäquaten Wissens für die Betriebsleiter durch fachlich bestens qualifizierte Berater abhängig. Er wird genau so stark von der Initiative und Aktivität des Landwirts selbst beeinflußt, und dessen Initiative und Aktivität hängt wiederum von Fähigkeiten, Kenntnissen, Einstellungen und Vorurteilen ab, also auch von der Haltung der Menschen, die nicht immer rational, sondern manchmal ausgesprochen emotional ist.

Der Prozeß, der sich beim Beratungsvorgang zwischen Klient und Berater abspielt, wurde von Rheinwald dementsprechend als ein Interaktionsprozeß definiert, in

Hans 1960 in Wien

dem wirtschaftliche, soziologische und psychologische Beziehungen oder sogar Gesetzmäßigkeiten wirksam werden. Auf der wissenschaftlichen Ebene ist dem Berater deshalb die nicht ganz einfache Aufgabe gestellt, neben den Erkenntnissen aus dem Bereich der Agrarwissenschaft stets auch die Erkenntnisse einiger in den Bereich der Geisteswissenschaften fallenden Disziplinen – wie der Soziolgie, der Psychologie und der Pädagogik – zu berücksichtigen.

Um die gedankliche Integration dieser Erkenntnisse hat sich Hans Rheinwald einerseits in seinen Vorlesungen, in seiner Schrift ‚Landwirtschaft als geistige Aufgabe' und in einem zusammen mit Gerhard Preuschen herausgegebenen ‚Lehrbuch der landwirtschaftlichen Beratung' bemüht, in dem die künftigen Berater gerade auch mit den Fragen des menschlichen Verhaltens und der dabei wirksamen Kräfte vertraut gemacht werden. Dasselbe Ziel verfolgte er in zahlreichen Vorträgen vor Beratern und vor wissenschaftlichen Gremien und in seinen ebenso zahlreichen Veröffentlichungen. Insgesamt hat er seit dem Jahr 1949 hunderte von Vorträgen im In- und Ausland gehalten und über hundert kleinere und größere Arbeiten publiziert. Vor allem kam aber diese seine Auffassung von den Aufgaben der Beratung in der Forschungsrichtung seines Instituts zum Ausdruck, das sich im Laufe der Jahre mehr und mehr auf empirische Untersuchungen über die Einstellung, die Fähigkeiten und die Verhaltensweisen der Landwirte konzentrierte.

In einer der erst vor wenigen Monaten verfaßten Stellungnahme zu den in dieser Hinsicht weiterhin anstehenden Aufgaben hat Hans Rheinwald mit Nachdruck darauf hingewiesen, (vgl. 'Universität Hohenheim 1818-1968' Festschrift zum 150 jährigen Jubiläum 1969), daß ein gründliches Wissen um die hier zusammenwirkenden Kräfte vor allem auch für Prognosen aller Art und für die systematische Planung bestimmter Maßnahmen unerläßlich ist. Die Beratungswissenschaft – so meint er – müsse sich deshalb um „eine vertiefte Einsicht in die Gesetzmäßigkeit von

Motivations- und Lernprozessen bemühen". Um die hier erforderlichen Einsichten gewinnen zu können, hält er es für nötig, „theoretische Arbeiten mit empirisch-verifizierenden Untersuchungen zu kombinieren, in denen für konkrete, exakt umschriebene soziale und wirtschaftliche Gegebenheiten die Wirkungsweise und Stärke der verschiedenen Einflußfaktoren zu ermitteln wäre". Sein Institut hat sich aber auch mit der Entwicklung, der Auswahl und dem Einsatz verschiedener Formen der geistigen Förderung intensiv beschäftigt. Hans Rheinwald ist der Auffassung, daß bei der wissenschaftlichen Durchdringung dieses Fragenkomplexes zunächst „aus der Einsicht in die Gesetzmäßigkeiten menschlichen Verhaltens und aus der Kenntnis der Lern-, Motivations- und Sozialisierungsprozesse fruchtbare Arbeitshypothesen in Bezug auf spezifische Interaktionstypen entwickelt werden müssen. Damit werde es möglich sein, die Unterschiede der verschiedenen Formen geistiger Förderung exakt zu formulieren und den unterschiedlichen Modus der Interaktionen – z.B. bei Beratungsvorgängen, bei der Erwachsenenbildung usw. – mit ihren spezifischen Merkmalen zu beschreiben, so daß für jeden konkreten Fall die der jeweiligen sozialen, wirtschaftlichen, geistigen und psychologischen Situation adäquaten Form der geistigen Förderung ausgewählt werden kann".

Bei den verschiedenen Formen geistiger Förderung erfahren aber auch die ihnen zugrundeliegenden psychodynamischen Prozesse eine jeweils spezifische Ausprägung. Dies erfordert nach Rheinwalds Meinung zusätzliche Förderung. So mache etwa die Frage der Gestaltung von Informationsmitteln eine besondere Berücksichtigung der Gesetze menschlicher Wahrnehmung notwendig, während im Bereich der Beratung der Prozeß der Problemlösung und der Verhaltensänderung und bei der Erwachsenenbildung der Lernprozeß im Vordergrund stehe.

Nicht zuletzt hat Hans Rheinwald auch herausgestellt, daß die Forschung auf die bei den verschiedenen Formen geistiger Förderung unterschiedlichen Problemstellungen abgestellt werden müssen. Im Bereich der Informaton müsse z.B. „die Forschungsarbeit sowohl auf die Urheber der Informationen – die Kommunikatoren –, auf die Informationen selbst – die Aussagen –, auf die Instrumente für ihre Verbreitung – die Medien – und auf die zu Informierenden – die Rezipienten – sowie auf ihr Verhalten gegenüber den Informationen und den Medien ausgerichtet werden". Im Bereich der Erwachsenenbildung, der angesichts der raschen Wissenszunahme eine stetig wachsende Bedeutung zukommt, müssen nach seiner Meinung „die Gestaltung und Organisation einer systematischen Fortbildung in diesem Bereich, die Ausrichtung von Lehrplänen und Didaktik auf die fachlichen Aufgaben in der Landwirtschaft zu allen Problemen der Bildung und Ausbildung vordringlich erforscht werden." Im Bereich der Beratung bezeichnet er schließlich als besonders vordringliche Forschungsprobleme: „Das

Beziehungsgefüge Klient – Berater, die Voraussetzung echter Gruppenberatung, die Planung der Beratungsarbeit, die Gestaltung von Beratungshilfsmitteln für produktionstechnische und betriebswirtschaftliche Beratung sowie die Zielsetzung und Organisation der Beratung."

All diese in die Zukunft weisenden Anregungen entspringen bei Hans Rheinwald einer schöpferischen Unruhe, einem ständig fragenden, selbstkritischen und sachkritischen Nachdenken und einem, die nächtliche Klausur einschließenden unermüdlichen Einsatz, der mit zunehmendem Lebensalter bei ihm nicht nachließ, sondern trotz mancher Belastungen der Gesundheit eher noch zunahm. Er ist ein Forscher aus Passion. Ziel seines Forschens und sein Hauptanliegen ist es, eine befriedigende und sinnvolle Art der Eingliederung in die Wirtschaft und Gesellschaft der Zukunft zu finden.

Daß ein Wissenschaftler dieser Aktivität und dieses Formats über den Bereich seines Institutes und seiner Hochschule hinaus Wirkungen erzielte, weit bekannt und vielfach geehrt wurde, ist naheliegend. Zahlreiche Fachgremien des Inlandes – so das KTL, die ALB und der AID – haben ihn zur Mitarbeit herangezogen und immer wieder seinen Rat erbeten, obwohl dieser keineswegs immer bequem ist. Die Deutsche Landwirtschafts-Gesellschaft hat Hans Rheinwald, den langjährigen Vorsitzenden ihres Ausschusses für Wirtschaftsberatung, im Oktober 1966 durch Verleihung der Max-Eyth-Gedenkmünze in Silber geehrt. Auch im Ausland ist sein Name in den Fachkreisen weit bekannt und seine Auffassung hoch geachtet. Dies ist insbesondere auf seine Tätigkeit im Bereich der OECD zurückzuführen, für die er längere Zeit gewirkt hat. Bei dieser Gelegenheit lernte er die Beratungsdienste vieler europäischer und außereuropäischer Länder kennen und stellte seine reichen Erfahrungen in ihren Dienst. Gleichzeitig ermöglichte ihm diese Tätigkeit, seine eigene wissenschaftliche Arbeit im internationalen Gedanken- und Erfahrungsaustausch abzuklären und weiterzuentwickeln. Dies kam wiederum seinen Schülern zugute, denen er nicht nur umfassende und vielseitige Informationen vermittelte. Es lag und liegt ihm vor allem daran, sie zu offenem kritischem Denken zu erziehen und sie zu lehren, ohne vorgefaßte Meinung alle Phänomene ihres Fachs zu vergleichen und Vorteile bzw. Nachteile sorgfältig abzuwägen. Seine Schüler sind ihm gerade dafür sehr dankbar. Zu dieser Seite seiner Tätigkeit werden seine Schüler, soweit sie hier anwesend sind, aber sicher selbst noch einiges zu sagen haben.

Von mir gesehen, bedarf das Bild, das ich vom Wirken Hans Rheinwalds zu zeichnen habe, nun nur noch einer weiteren Ergänzung, die ich eingangs schon angedeutet habe. Da ich u.a. auch als Rektor der Universität Hohenheim hier spreche, wäre

Hans 1960 in Bonn

es unverzeihlich, wenn ich nicht in Kürze auch noch die Verdienste hervorheben würde, die sich Hans Rheinwald um diese seine Hochschule erworben hat. Ich will dabei nicht bis auf die Geschichte seines ersten Wirkens in Hohenheim zurückgreifen, wenngleich es darüber manches Amüsante zu berichten gäbe. Herr Rheinwald hat damals z.B. zum Typ der in der Hochschule ausgebeuteten Assistenten gehört, weil seine Chefin, die resolute Frau von Wrangel, ihn ohne Bedenken auch als Privat-Chauffeur eingesetzt hat. Vielleicht hat ihm dies später aber auch genützt; denn er wurde nicht nur zu einem Forscher aus Leidenschaft, sondern – wie ich selbst des öfteren beobachten konnte – auch zu einem leidenschaftlichen Autofahrer. Davon will ich aber hier nicht reden, sondern von der uneigennützigen Aufbauarbeit, die Herr Rheinwald in den vergangenen zehn Jahren geleistet hat.

Soweit Sie sich im deutschen Universitätswesen auskennen, werden Sie wissen, daß die Zahl derjenigen Kollegen, welche sich für die Gesamtinteressen ihrer Hochschule nicht nur mit Worten, sondern mit Taten einsetzen, selten sehr groß ist. Herr Rheinwald war in dieser Hinsicht eine geradezu vorbildliche Ausnahme. Jahrelang hat er mit Umsicht den Hohenheimer Studienausschuß geleitet, und zwar in einer Zeit, in der die Studienreformmaßnahmen diese Aufgabe ebenso arbeitsaufwendig wie schwierig machten. Anschließend wurde er, als der Vorsitz im Fakultätstag für Land- und Gartenbau auf Hohenheim fiel, – ich möchte fast sagen: selbstverständlich – für ein Jahr zum Vorsitzenden dieses Fakultätstages gewählt. Als im Jahr 1964 Hohenheim eine zweite Fakultät bekam, wurde Hans Rheinwald – ebenso selbstverständlich – der erste Dekan unserer Agrarwissenschaftlichen Fakultät und hat diese mit großem Geschick zwei Jahre lang geleitet. Später hat ihn unsere wirtschafts- und sozialwissenschaftliche Abteilung zu ihrem Federführenden erwählt. Diese Ämter fielen ihm aber nicht zu, weil er sich dazu gedrängt hätte. Sie fielen ihm zu, weil er das Vertrauen seiner Kollegen hatte, die bei ihm besonderen

Sachverstand sowohl als letzten Einsatz auch in allen Studienfragen und in der Hochschulpolitik voraussetzen konnten. Herr Rheinwald hat diese ehrenamtlichen Aufgaben, wenn er sie übernahm, so ernst genommen wie seine Wissenschaft, sich sorgfältig auf sie vorbereitet und sich deshalb durch eventuelle unsachliche Einwände nie erschüttern lassen. Noch mehr schätzen aber alle, die ihn kennen, an ihm seine Unbestechlichkeit und seine notfalls rücksichtslose Offenheit, die – wenn es die Sache erfordert – vor keinen auch noch so peinlich gehüteten Tabus halt macht. In dieser Eigenschaft zeigt sich bei Herrn Rheinwald einmal mehr der echte Schwabe und diese Haltung hat ihm sicher auch manche Feinde eingebracht. Lassen Sie sich diese Tatsache aber nicht anfechten, lieber Herr Kollege Rheinwald, denn die Zahl der Menschen, die Sie gerade wegen dieser unbestechlichen Offenheit schätzen, ist mit Sicherheit größer als die Zahl Ihrer Kritiker. Ich persönlich war – das darf ich Ihnen gestehen –, nachdem ich Rektor wurde und auch schon vorher, manchmal geradezu erleichtert in dem Gedanken, in Ihnen bei der Behandlung heikler Probleme notfalls einen mutigen Bundesgenossen zu finden. Dafür, aber auch für Ihre sonstige Hilfsbereitschaft und für viele gute Ratschläge darf ich Ihnen persönlich sehr herzlich danken. Der Dank der Universität Hohenheim, in deren Dienst Sie so lang gestanden sind und deren neues Gesicht Sie mitgeformt haben, ist Ihnen ebenfalls gewiß.

Im Namen aller hier Versammelten und Ihrer vielen Freunde innerhalb und außerhalb Deutschlands, glaube ich zu sprechen, wenn ich Ihnen nun aber auch noch unsre guten Wünsche für einen geruhsamen und ersprießlichen Ruhestand mit auf den Weg gebe. Ihre Gattin hat mir einmal wörtlich gesagt, Sie hätten für diese Zeit der Emeritierung noch unheimlich viel vor, und daran habe ich mitnichten gezweifelt. Trotzdem möchte ich Ihnen auf gut schwäbisch wenigstens raten: „Dent Se gstäd!" (Ins Schriftdeutsche übersetzt heißt dies: treten Sie langsam.) Ihnen den Rat mit auf den Weg zu geben, nun der Ruhe zu pflegen und sich über nichts mehr aufzuregen, hätte ja wahrscheinlich doch keinen Wert. Wer so wie Sie ein ganzes Arbeitsleben lang mit wachem kritischem Geist und mit vollem Engagement seiner ganzen Persönlichkeit an den Problemen seiner Zeit und der Gesellschaft teilgenommen hat, der wird sich das nicht von heute auf morgen abgewöhnen können. Tun Sie also, was Ihnen Freude macht! Bleiben Sie gesund! und seien Sie noch einmal versichert, daß Sie viele Freunde haben, deren beste Wünsche Sie begleiten.

Damit endet die Laudatio. Ich danke Herrn Prof. Röhm dafür, daß er mir diesen Text für die Chronik zur Verfügung stellte.

Frau Hruschka und ich meinten, daß es richtig wäre, wenn ich zu dieser Tagung mitführe, um ihr auch von Hans' Seite einen festlichen Rahmen zu geben und aus Höflichkeit gegen die Veranstalter. Hans lehnte das glatt ab. Ich habe sogar, obwohl ich so etwas sonst nie tat, noch einmal davon angefangen, weil ich glaubte, es wäre richtig, er nähme mich mit, und ich erlitt eine endgültige Abfuhr. Hans wollte mich nicht dabei haben, weil er dieser Ehrung von seiner Seite kein so großes Gewicht geben wollte. Ich verstand ihn schon. Ich kannte ja seine zwiespältige Natur: neben Ehrgeiz und dem heißen Wunsch nach Anerkennung eine fast krankhafte Bescheidenheit. Ich sehe ihn noch vor mir, als er mit seinen Mitarbeitern im Auto abfuhr, ein Blick voll Unbehagen und schlechtem Gewissen traf mich. Am Tag nach der Feier rief mich Frau Röhm an. Sie machte mir Vorwürfe, daß ich nicht zu der Tagung gekommen war. Ich fragte sie, ob sie das wohl auch Hans gesagt hätte, und was er dann geantwortet hätte. Seine Antwort sei gewesen, daß meine Schwester an dem selben Tag in Urlaub gefahren sei, und man den Hund nicht allein lassen konnte. Da habe ich Frau Röhm gesagt, ich sei ganz außer mir, denn Friedel sei erst gefahren, als Hans entschieden hatte, daß er mich nicht mitnehmen wolle. Ich erzählte ihr, daß ich ihn sogar gebeten hätte. Ich sei ganz ihrer Meinung, daß ich dort dazu gehört hätte. Obwohl ich wußte, daß Hans mich damit nicht treffen wollte, habe ich bitterlich geweint, denn ich kam mir von ihm im Stich gelassen vor. Hans kam mit furchtbar schlechtem Gewissen heim, bat mich um Verständnis, ich merkte aber eben bloß, wie unglücklich und verkrampft er über das Ende seiner Amtszeit war, und wie schrecklich er litt unter dem Tauziehen um sein Institut. Er identifizierte sich eben vollständig mit dem Schicksal seines Institutes. Da ich ihm einmal gesagt hatte, er dürfe seine Enttäuschung über die Wahl seines Nachfolgers nicht zeigen (er hatte mir nämlich selbst gesagt, daß es falsch sei, wenn die Gehenden ihren Nachfolger selbst bestimmen wollten, wie es verschiedentlich vorgekommen ist), verbarg er jetzt seinen Kummer vor mir, und es gab in unsrer so harmonischen Gemeinschaft eine Spannung und eine gewisse Entfremdung, die mich sehr bedrückte (und die mich heute am 22. Juni 1989 noch quält). Ich hatte ihm das eigentlich nur gesagt, weil wir uns über den Molkerei-Schwarz, der so wenig Haltung gezeigt hatte, als er nicht den Nachfolger bekam, den er wollte, lustig gemacht hatten. Ach, es war keine glückliche Zeit. Wie schön, daß die Jubiläumstage dann so harmonisch waren und Hans etwas lösten.

Ausklang

Eigentlich hatten wir immer mit viel Humor und Spaß zusammen gelebt. Wenn ich daran denke, daß wir alle mit viel Vergnügen die ‚Perry Rodan Hefte' lasen, wieviel darüber geflaxt wurde, wie wir die Roßphantasie der Autoren gemeinsam überboten und unsern Spaß daran hatten. Wenn die Jungs von irgend einem Freund solch 50-Pfennig-Heftchen brachten, las Hans es zuerst, amüsierte sich über den Unsinn. Er las überhaupt gern zu seiner Entspannung leichte Bücher: Georgette Heyer, die Kriminalromane von der Sayers oder Margery Sharp oder Gallico. Auf seinem Nachtisch stapelten sich solche Bücher, und dann griff er nach irgend einem. Eines abends, ich hatte schon das Licht ausgeknipst, Hans las noch, da langte ich zu ihm hinüber und streichelte seinen Arm. Er rief. „Moment, Moment! Ich habe jetzt keine Zeit! Der Kaktus fällt gleich runter!" Da wußte ich, daß er ‚Lord Peters Hochzeitsfahrt' las. Nach einer Weile klappte er dann das Buch zu, legte die Brille fort, knipste das Licht aus, und dann beugte er sich zu mir hinüber und bebbte mir im Dunkeln einen Kuß auf jedes Auge und den Mund. Das machte er in derselben Zeremonie jeden Abend. Und ich fragte ihn deshalb einmal eines abends: „Jetzt sage mir bloß, wie findest Du mich eigentlich?" „Nett!" sagte er. Ich finde das ganz passend, an diese Stelle einige lustige Anekdoten einzufügen, die zeitlich allerdings weit auseinander liegen. Nach dem Krieg, also in Imbshausen, gewöhnte Hans sich daran, mich ‚Alte' zu nennen. Da ich ja wirklich aus dem ‚Schneider' war, reagierte ich empfindlich darauf und sagte ihm eines Tages, er möge mich nicht ‚Alte' nennen. Hans antwortete mir: „Aber gern, Baby, wenn du das nicht magst, laß ich es eben". Da hab ich so lachen müssen, daß ich ihn bat, mich dann doch lieber ‚Alte' zu nennen. Dann hatten wir noch einen so schönen Spaß. Gisela Heinzemann kam, auch noch in Imbshäuser Tagen, lachend zu uns und erzählte, ein Kommilitone hätte auf dem Göttinger Bahnhof mitangehört, wie sich die Frau eines sehr berühmten Gynäkologen von ihrem Mann mit den Worten verabschiedet hatte: „Sei bedeutend, Johannes!" Es war bekannt, daß die Frau sehr ehrgeizig war, und es ging die Sage, daß er nie ein entspannendes Buch lesen durfte, sondern sofort ein Fachblatt in die Hand gedrückt bekam, wenn er mal ausruhen wollte. Das war natürlich etwas für uns. Wir griffen das auf, und wenn Hans zu einem Vortrag oder auch nur zur Vorlesung fortging, verabschiedete ich ihn mit den Worten: "Sei bedeutend, Hans!". Das ging so weit, daß wenn Freunde dabei waren, ich sagen mußte: „S.b., Hans!" Hatte er mehrere Vorlesungen an einem Tag, dann verabschiedete Hans sich damit, daß er zwei oder drei Finger hob, dann mußte ich zwei oder dreimal sagen: „Sei bedeutend, Hans!" Wir haben das bis zum Schluß von Hans' Tätigkeit durchgeführt.

Noch solch drollige Gewohnheiten. Hans mochte kein Geschwätz im Radio. Fing einer an zu sprechen im Radio, kam sofort Hans' Ruf: „Dreh ab!" Daraus wurde bald das gekürzte Wort: ‚Drapp!' Einmal vergaß ich rechtzeitig abzudrehen, da hörte ich den Sprecher einen Witz erzählen und mußte laut lachen. „Was lachst Du?" fragte Hans. Ich erzählte: „Der Sprecher hat gerade gesagt: „Ein Pfarrer wird gefragt, ob Tanzen an sich eine Sünde sei. Der Pfarrer antwortet: Tanzen an sich ist keine Sünde, aber wer tanzt schon an sich?" Hans hat das gleich aufgeschrieben und am nächsten Tag im Institut erzählt. Wenn wir abends zusammen saßen, fragte Hans mich: „Alte, bist Du wirsch?" „Ja, ich bin selten unwirsch!" – Noch so eine lustige Geschichte: Hans konnte sehr ungehalten werden, wenn etwas zerbrochen wurde. Ganz am Anfang unserer Ehe wollte er auch den gestrengen Herrn spielen, wenn ich etwas kaputt machte. Da hab ich ihn nur gefragt: „Wieviel Reagenzgläser hast Du heute im Labor kaputt gemacht?" Da hat er mich nie mehr gerügt, wenn ich Pech hatte. Nur den Kindern gegenüber war Hans nicht duldsam. Eines Tages, Hans stand auf einer Leiter und schnitt seinen Knöterich und verlor seine Schere. Die fiel genau auf die Hauslampe und die zerklirrte. „Guck au!" sagte unser Vater, und wir grinsten natürlich. Wenn von da ab etwas kaputt ging, sagten die Kinder auch nur noch :"Guck au!" dann grinste Hans mit.

Der Tod von Klara Rheinwald

Mutter Klara Rheinwald war, seit sie im Altersheim war, immer weniger unternehmend geworden. Im Juli merkten wir, daß es mit ihr rasend bergab ging. Hans fuhr fast täglich zu ihr. Ich konnte so schlecht weg, weil Friedel in Ratzeburg war, und ich Jörgs Jutta, die am 9. April 1968 dazugekommen war, bei mir hatte. Einmal nahmen wir Hund und Baby mit nach Cannstatt, weil Hans so ungern allein hinfuhr. Helfen konnten wir ihr sowieso nicht. Wir wollten nur nicht vor Gertrud Zahn, Großmutters leiblicher Nichte, die sehr kühl und entsetzlich rechtschaffen war, lieblos dastehen. Anfang August rief uns der Arzt an und fragte Hans, was er machen solle, das Herz beginne zu versagen. Hans war unsicher und wußte nicht recht, was antworten. Ich hörte das Gespräch und sagte: „Wenn es meine Mutter wäre, würde ich sagen: „Laßt die arme Frau in Frieden sterben und quält sie nicht unnütz länger." Hans gab das an den Arzt weiter, und der sagte, das sei sicher besser, aber er müsse diese Frage an die Angehörigen tun. Am 6.8.1968 fuhren Hans und ich zu ihr, merkten, daß es mit Mutter zu Ende ging. Ich habe dann der Schwester noch zwei Stunden die Pflege abgenommen, saß bei ihr und fächelte ihr Luft zu, weil sie offenbar Atemnot hatte und deckte sie immer wieder zu, weil sie die Decke fortschob. Dann kam die Schwester zurück und sagte uns, wir sollten heimfahren, es käme ein gewaltiges Gewitter, wir sollten vorher zu Hause sein. Wir sagten Mutter das, und sie drückte uns beiden noch einmal sehr schwach die Hand. Es war ein sanfter Abschied. Am Abend bekamen wir die Nachricht, daß sie gestorben war. Hans erledigte mit Gertrud Zahn alle Formalitäten. Die Trauerfeier war auf dem Friedhof in Münster. Ein paar Tage danach waren Suse, Gertrud Zahn, Hans und ich bei der Beisetzung der Urne in Münster. Dort oben auf dem schönen Friedhof von Münster traf sich die Familie mit Hans zum letzten Mal. Es war eine merkwürdig heitere Gesellschaft. Wir wußten, daß Mutter am Leben schon lange keine Freude mehr hatte, so trauerten wir nicht um sie, sondern freuten uns, daß sie nun Frieden und Ruhe gefunden hatte. Aber für Hans war es eine zusätzliche Belastung in diesem sowieso anstrengenden Sommer.

Die letzten Tage mit Hans

Im August fuhren wir dann zu Wulfs Verlobung nach Kassel. Obwohl Hans garnicht wohl war, wollte er Wulf nicht enttäuschen. Ich fuhr von Kassel aus mit Hanna, Hans Karl und Ulrike nach Lüneburg, denn wir wollten zusammen in Dänemark Urlaub machen. Die Reise war schon im Frühjahr geplant worden, Hans freute sich für mich, daß ich auf diese Weise meine geliebte Ostsee wiedersehen konnte. Er selbst hatte keine Lust, an die See zu fahren. Er fand das sehr schön, mit Friedel in Birkach bleiben zu können, und ich trotzdem zu meiner Seereise kommen konnte. Ich hatte Hans noch angeboten, daß ich die Reise mit Hanna schießen lassen wollte, wenn er sich nicht wohl fühlte. Aber er versicherte mir, daß er mir zu lieb in der Zeit nicht krank würde, und ich sorglos reisen könnte. Es war eine reizende Zeit in Ebeltoft. Hanna und ich teilten uns die Hausarbeit. In dem hübschen Bungalow machte das Spaß. Wir badeten zusammen, machten schöne Ausflüge und waren sehr vergnügt. Das Wetter war recht gut, während es in Birkach dauernd regnete und überhaupt ein völlig verregneter Sommer war. Hans schrieb vergnügte Briefe. Das Zusammenleben mit Friedel klappte gut: Mohrle beschäftigte beide mit Läufigsein.

Am 24. September kam ich wieder heim. Hanna, die in anderen Umständen war, hatte beim Heimfahren leichte Blutungen bekommen, die aber wieder vergingen. Ich war auch nicht zu halten. Ich mußte zu Hans zurück. Da rief Hanna an, die Blutungen waren stärker geworden, sie müsse wahrscheinlich ins Krankenhaus. Ich war in schwerem Konflikt. Friedel löste ihn, indem sie kurz entschlossen nach Lüneburg fuhr und aushalf.

Hans und ich ließen nun das Wohnzimmer frisch tapezieren. Hans ließ noch einige Stringregale anbringen, um seine wissenschaftlichen Bücher unterzubringen. Die alten Stringregale haben wir dann in Gemeinschaftsarbeit selbst anmontiert. Ich stand auf der Leiter, und Hans spielte mit viel Humor den Handlanger, denn so geschickt er im Garten war, so ungeschickt war er mit Hammer und Schraubenzieher. Dann haben wir gemeinsam alle Bücher eingeordnet. Dabei merkten wir, daß wir auch in Ruhestand mit der Zeit ganz gut miteinander zurecht kommen würden.

Am 1. Oktober nahm er Abschied vom Institut. Dr. Hruschka übernahm die Vertretung. Hier muß ich rückblickend kurz von Erna Hruschkas Schicksal erzählen. Auch hier weiß ich nicht ganz genau, ob es sich so zugetragen hat, aber im Wesentlichen wird es stimmen: So ungefähr um 1952 entstand der Plan, daß Erna Hruschka Psychologie studieren könne. Hans hat sie sehr bestärkt bei ihrem Plan, denn ihm fehlte gerade jemand, der die Psychologie des Bauern erforschen könne. Sie begann also kurz entschlossen in Tübingen zu studieren, zunächst von Hohenheim aus, später zog sie nach Tübingen. Sie machte ein glänzendes Examen und promovierte 1959. Man war auch dort auf ihre außerordentliche Begabung aufmerksam geworden und machte ihr gute berufliche Angebote. Wie froh war Hans, als sie ihm die Treue hielt und wieder zu ihm zurückkehrte. Ich glaube, daß ich das viel deutlicher gemerkt habe als Erna, denn Hans hatte ja immer Schwierigkeiten, seine Gefühle zu zeigen. Sie war sein Zuspruch und seine engste Mitarbeiterin. Damit sie nach seinem Weggang unabhängig war, überredete Hans sie noch, sich zu habilitieren. Sie hat über diese Arbeit oft geseufzt, denn mit Hans' fortschreitenden Erkrankungen wurde ihr immer mehr aufgeladen an Arbeit und Verantwortung. Aber die Habilitation wurde fertig, ganz außerordentlich gut beurteilt und ihre Antrittsvorlesung in

Hohenheim wurde ein Ereignis. Das war 1968. Auch mir wurde sie in Hans' Krankheitstagen eine große Hilfe. Ich hab eine Freundin gefunden, mit der ich alle meine Nöte besprechen konnte, und die ich sehr liebe, obwohl ich in einigen Fällen mich über sie gewundert habe. Daß ein so kluger Mensch so wenig selbstkritisch sein kann, ist erstaunlich.

Eigentlich wäre es nun an der Zeit gewesen, eine lange und erholsame Urlaubsfahrt zu machen. Aber Hans konnte sich nicht entschließen, fortzugehen, ehe das Schicksal des Instituts entschieden war. Er ordnete seine Bücher, dann setzte er sich an seinen Schreibtisch und sagte: „So, nun könnte ich mit meinem neuen Buch anfangen." Ich lachte und meinte, nun solle er erst mal ausruhen und das tun, was ihm Spaß macht. Mir fiel auf, daß Hans oft nach dem Frühstück an seinem Schreibtisch saß, den Kopf vornübergebeugt und schlief. Ich glaube, daß er nachts aufwachte, vor Kummer nicht schlafen konnte und dann Valium nahm, das dann erst richtig am Tage wirkte. Ich wußte, daß er nachts oft wach war. Durch seine lange Krankheit schlief ich selbst nur ganz leicht, um sofort für ihn wach zu sein, wenn er mich brauchte. Natürlich hörte ich dann auch, wenn er nachts unruhig war und Medikamente nahm. Als ich bei solcher Gelegenheit fragte, ob was sei, ob ich ihm helfen sollte, bruttelte er, ich solle ihn in Ruhe lassen, er stünde nicht unter Kuratel und könne ja auch mal was tun, was mich nichts angeht. Ich habe mich daraufhin immer schlafend gestellt, aber gemerkt habe ich doch, wenn er was hatte.

Vielleicht hätte ich da einmal den Mut haben sollen, ihm zum Reden zu bringen. Vielleicht hätte er sich dann alles vom Herzen gesprochen und sich damit etwas entkrampft. Ich weiß nicht, ob es etwas genützt hätte, jedenfalls habe ich es nicht fertig gebracht. Die Tage vergingen, Hans machte kleine Besuche im Institut, kam immer ganz vergnügt heim, ich hoffte, daß er sich allmählich etwas löst. Am 19. Oktober, einem Samstag fuhren wir abends zu Gmelins. Es war ein reizender Abend, wir kramten in alten Erinnerungen und waren richtig freundschaftlich zusammen. Nur einmal, als Gmelin davon sprach, daß Herr Röhrig, ein früherer Mitarbeiter von ihm, mit dem sich Hans gut gestanden hatte, ganz kurz nach seiner Pensionierung gestorben sei, sah ich in Hans' Augen ein plötzliches Erschrecken. Ich merkte, daß er das auf sich bezog.

Am Montag den 21. schlug Hans vor, daß wir doch eigentlich eine Herbstfahrt auf die Alb machen könnten. Es war ein herrlicher Tag, und wir fuhren los, wanderten kurze Strecken, fuhren dann wieder ein Stück, wanderten nach Krebsstein, wo wir uns einmal ein Bauernhaus als Wochenendhaus kaufen wollten, genossen den herrlichen Ausblick auf die bunten Wälder und Täler und fuhren dann ganz gemütlich über Kirchheim zurück. Hans sagte, es sei doch zu nett, daß wir so etwas machen könnten, wann wir wollten. Es war alles so friedlich und harmonisch.

Abschied von Hans

Am 23. Oktober 1968 fuhr Hans nach Hohenheim zu einer Fakultätssitzung, bei der die Entscheidung fallen sollte, ob Albrecht oder der Volkswirt berufen werden sollte. Hans verabschiedete sich lachend von mir und meinte noch, es könne spät werden, wir sollten mit dem Abendbrot nicht auf ihn warten, aber wir sollten nicht alle Maultaschen aufessen, er freue sich schon auf sie. Ein liebevoller Kuß und er fuhr ab.

Gegen 20 Uhr rief mich Erna Hruschka an, sie brauche die Adresse von Dr. Kraiss, Hans hätte einen Herzanfall bekommen und Kraiss müsse schnellstens kommen. Ich sollte auch so schnell, wie möglich kommen. Meine Frage, ob er noch lebe, beantwortete sie mit einem vagen, sie glaube, ja. Ich legte den Hörer auf und sagte zu Friedel: „Nun sehe ich Hans nicht mehr lebend wieder". Kraiss holte mich ab, denn er wußte ja nicht, wohin. Erna nahm mich in Empfang und führte mich zum Institut für Maschinenbau, wo die Sitzung gewesen war. Hans lag in einem Krankenauto und wurde künstlich beatmet. Kraiss ging zu ihm und stellte den Tod fest. Nach dem Bericht aller Anwesenden war einstimmig beschlossen worden, daß Albrecht der Nachfolger wird. Dabei sei noch im Aufbrechen eine alberne Angelegenheit zur Sprache gekommen. Hans hätte noch einen faulen Witz dazu gemacht, dann hätte er sich nach einem kurzen Aufstöhnen wieder hingesetzt, den Kopf auf den Tisch gelegt und sei tot gewesen. Nach den Randbemerkungen, die er am Rande des Programmes gemacht hatte, war er bis zum Schluß voll bei der Sache gewesen, offenbar hat ihn der Tod getroffen, ohne daß er etwas davon gespürt hat. Mein scheuer, verschlossener Hans, der vor der Öffentlichkeit richtig etwas Furcht hatte, mußte so dramatisch in der Öffentlichkeit sterben! Alle Kollegen, die bei der Sitzung dabei waren, standen herum und waren ratlos, und ich konnte nicht einmal richtig von ihm Abschied nehmen, zu viele Augen sahen zu. Plötzlich wurde mir klar, was für einen herrlichen Tod

366

Hans gehabt hat. Ich glaube, die Freude über die Entscheidung der Kollegen, die plötzliche Lösung seiner Kümmernisse, die riesige Entspannung hat das Herz nicht ausgehalten. Er hat sich immer solch einen Tod gewünscht. Ich glaube, das Schicksal hat es sehr, sehr gut mit ihm gemeint. Das hat mir auch geholfen, die qualvolle Einsamkeit nach seinem Fortsein etwas leichter zu tragen. *(Es sind nun über 20 Jahre, daß er mich verließ, aber ich habe immer noch Sehnsucht nach ihm).*

Am Montag den 28.10.68 haben wir im Krematorium von ihm Abschied genommen. Die Kinder sind alle gekommen, Friedel blieb bei den Enkeln. Als Fremde waren nur Herr Röhm als Rektor, Erna Hruschka und der Fahrer des Hochschulwagens dabei. Kein Mensch sprach ein Wort, die Orgel spielte leise. Das war alles. So hatte er es gewünscht. Auf dem Hohenheimer Friedhof fanden wir ein stilles, für ihn passendes Eckchen, eingerahmt von Hecken, abseits von denen, die laut gelebt haben. Als wir die Urne beisetzten, war außer Bernd und Hanna keine Kinder mehr da. Ich hatte das Institut eingeladen, ohne Zeremoniell dabei zu sein, Röhm legte den Kranz der Hochschule mit ein paar liebevollen Worten auf das Grab. Wir bedeckten die Urne mit sandiger Erde, die Hans noch so liebevoll gemischt hatte, für seine geplante Lilienecke, und pflanzten dort auf seine Urne ein paar seiner Lilien.

Es war mir solch ein Trost, daß Professor Röhm der Rektor bei Hans' Tod war. Ich wußte, daß er Hans gemocht und geschätzt hatte. Ich wußte, was er sagte, kam aus vollem Herzen.

Hans hatte mir einen Brief hinterlassen, in dem er mir sagte, wie er sich wünsche, daß wir uns verhalten bei seinem Tod. Er wollte nicht, daß wir Trauer tragen, er wollte keine große Beerdigung. Das habe ich alles so gemacht, wie er es wünschte. Da am Ende seines Briefes stand, dies seien nur Vorschläge, ich könne es auch anders machen, änderte ich etwas. Ich gab Professor Röhm meine Zustimmung, für Hans eine akademische Trauerfeier zu machen. Wir fanden alle, daß er das verdient hatte. So war am 5.2.1969 im Balkonsaal die Feier zur Erinnerung an Hans. Obwohl es nicht üblich war, emeritierte Professoren so zu feiern, hatte Röhm es vorgeschlagen und es war auch sofort von allen Kollegen zugestimmt worden. Außer den Kollegen, den Freunden von Nah und Fern, waren auch Susanne und Werner Honold aus Lübeck gekommen, dann war Ulrich Rheinwald und Dr. Kraiss da. Nach der Feier hatten wir noch mit den engsten Freunden und Mitarbeitern einen kleinen

Imbiß bei uns. Preuschen sprach eine kleine Gedenkrede, sehr warm, sehr freundschaftlich. Als alle gegangen waren, blieben Meinhold und ich noch kurz allein. Ich dankte ihm sehr für die Gedenkrede, die er gehalten hatte, und die sehr gründlich und eindringlich von Hans' Arbeit und seinem Wirken berichtet hatte. Röhm hatte vor allem von Hans' selbstlosen Einsatz für die gesamte Hochschule gesprochen.

Nun sind inzwischen über drei Jahre vergangen. Der große Schmerz ist verklungen, die kaum erträgliche Sehnsucht nach ihm ist stiller geworden. Ihr, meine Kinder habt mir viel dabei geholfen. Mein Leben, das ich mit Hans zusammen noch leben wollte, ist nichts geworden. So lebe ich jetzt für Euch. Nun kann ich wieder an unsern Vater denken, wie wir zusammen gelebt haben mit Humor und mit Lächeln. In meinen Träumen, zu denen ich ja immer ein besonderes Talent hatte, ist er jetzt wieder mein Freund und tröstlicher Lebenskamerad, so wie es ihm auch am Liebsten wäre.

Weihnachten 1971 ist mir eine kleine, liebenswerte Geschichte passiert. Ich will sie erzählen, weil sie so typisch für unser Verhältnis ist: Hans und ich hatten immer einen kleinen Veilchenkrieg miteinander. Ich mochte sie so gern und sie wucherten in unserm Garten ziemlich unverschämt. Hans wollte nicht so viele haben, und so grub er sie aus, wo sie ihn störten und setzte sie woanders hin, damit ich nicht traurig war, wenn sie auf dem Kompost landeten. Ich habe Hans' Grab so bepflanzt, wie ich dachte, daß es ihm Freude macht. Ich habe seine liebsten Steingartenpflanzen gepflanzt, habe schöne Steine nach Hohenheim gebracht. Im Frühjahr 71 merkte ich zu meinem Erstaunen, daß sich da ein Veilchen miteingeschlichen hatte. Ich ließ es stehen. Im Herbst war es eine nette kleine Staude, die blühte. Und am heiligen Abend, als Friedel und ich einen Strauß mit Tannenzweigen und Judenkirschen aufs Grab stellten, blühte ein einziges kleines Veilchen und duftete sogar. Ich pflückte es und sagte: „Danke schön, mein lieber Schatz!" Das kleine Veilchen stand dann auf dem Schreibtisch bis es vertrocknet war. Sentimental? Nein, so war unser Leben, Freude am Kleinen, ich war sehr glücklich mit ihm und Euch.

Ende

Winter 1972

NACHWORTE

Edit Rheinwald:

Inzwischen sind 19 Jahre vergangen. Goetz hat mich dazu überredet, Computerschreiben zu lernen, hat mir sehr hilfreich alles beigebracht und da hab ich dann als Erstes Hans' Tagebuch aus Amerika entziffert und abgeschrieben, habe die Chronik ergänzt mit Eurer Weiterentwicklung und kann nun vielleicht noch ein wenig von uns erzählen. Es ist nicht viel. Hans fehlt einfach als Mittelpunkt meiner Gedanken und eigentlich ist ja ‚Die Chronik der Familie Hans Rheinwald' mit seinem Tod zu Ende. Durch Hans' finanzielles ‚Genie', das mich zu viel Sparsamkeit zwang, lebe ich jetzt ein geldlich sorgloses Leben. Ich benutze das reichliche Gehalt, um allen zu helfen, die es nicht so gut haben. Es macht mir unheimlich viel Freude, die Familien in der DDR mit Notwendigem zu unterstützen. Sparen will ich nicht mehr. Leider kann ich keine schönen Reisen mehr machen. Mein linkes Bein streikt bei Anstrengung. Ich habe mit Friedel und Lieselotte Berg-Hasse, mit der ich in Berlin eingeschult worden bin und mit der ich heute noch befreundet bin, noch einmal die wunderbare Reise ‚Rund um Italien' gemacht, habe einmal mit Friedel eine herrliche Reise mit einem norwegischen Postschiff an der Küste entlang bis zum Nordkap gemacht, aber jetzt sind Friedel und ich in einem Hafen gelandet, an dem wir wohl unser Leben beenden werden. Ich habe das liebe Haus in Birkach verkauft, weil die Arbeit im Garten zu viel wurde, und weil das Haus so wertvoll geworden war, daß ich es nicht richtig fand, meinen Kindern, die sich mit uns drum einschränken mußten in ihrer Jugend, das Erbe so lange vorzuenthalten. Außerdem hatte Goetz vorgeschlagen, daß Friedel und ich in das kleine Häuschen neben ihrem neuen Haus ziehen, damit wir, wenn nötig, jemanden haben, der für uns sorgen kann. Wir wissen, daß jedes Altersheim seine Mängel hat, sei es Snobismus der Mitbewohner, sei es Tyrannei der Heimleitung. Also treten wir hier lieber ins dritte Glied und passen uns an. Für mich ist es manchmal sehr kompliziert, denn ich war so selbständig und bin wohl von Natur nicht gerade fügsam. Ich habe das Haus verkauft und jedem meiner Kinder Hans' Anteil und einen Teil von meinem Erbe ausgezahlt. Sie haben alle etwas Vernünftiges damit anfangen können, solange sie noch Freude dran haben. Was mir fehlt, sind meine Bridgefreundinnen, ich finde die Abende oft entsetzlich geistlos mit dem immer schlechter werdenden Fernsehprogramm, seiner widerwärtigen

Mutter und Tante Friedel 1988

Politik, den schlecht gefärbten Nachrichten und der Tendenz, uns endlos mit Schuld zu beladen. Kein Wunder, daß es jetzt immer mehr Menschen gibt, die sich gegen die Verleumdungen wehren.

Alles in Allem, obwohl wir so viel Aufregungen und Entbehrungen hatten, war unser Leben doch lebenswert und insgesamt doch schön! Ich finde, wir haben uns wacker gehalten und aus unserm Leben etwas gemacht.

Mutter hat die folgende Würdigung nach dem Tod ihrer Schwester geschrieben

„Mein Andenken an Friedel

Am 13.3.1994 ist meine liebe Friedel ganz sanft eingeschlafen. Ich muß so viel an sie denken und will dies jetzt niederschreiben: Es gibt wohl selten einen Menschen, der so hilfsbereit und selbstlos war wie sie. Dabei war sie immer unser ‚Unglücksräbele'. Sie fiel von der Schaukel, sie stieß sich den Kopf an der Tischkante, sie bekam die schweren Krankheiten, sie hatte es schwer in der Schule; als sie nach Diphtherie in der Schule nicht recht mitkam, nahmen die Eltern sie einfach aus der Schule, und so hatte sie nicht einmal das Einjährige. Sie ging dann als Haustochter zu Freunden, lernte dort zwar den Haushalt, aber nichts anderes. Ein Freund riet ihr dann, sie solle Musikunterricht nehmen. Sie war musikalisch, lernte zwar Akkordeon und Gitarre, aber beides bei ihrer Schüchternheit nicht, um damit Karriere zu machen, sondern um damit Unterricht zu geben, und das langweilte sie. Damals hätte sie Schneidern lernen sollen und von dort Kunstgewerbe. Da hätte sie wirklich was Außergewöhnliches erreicht, denn dort lagen ihre tatsächlich besonderen Talente. Aber Schneiderin schien meinen Eltern nicht standesgemäß. So blind war man damals! Wenn ich daran denke, was für wundervolle Handarbeiten sie jetzt hinterläßt !!

Hiltraut und ich heirateten, bekamen Kinder. Wer kam und half? – selbstverständlich Friedel. Ihren eigenen Beruf unterbrach sie, er war ja nicht so wichtig! Hiltrauts Zwillinge brauchten große Pflege, Friedel sprang ein. Der Weltkrieg brach aus – Walter wurde Soldat, fiel bald, Elsbeth, seine Frau, wurde nicht allein fertig mit Mattheshöhe und Friedel wurde ihr Buchhalter. Vater war alt und wollte nicht helfen, obwohl er ja Mathematiker und sehr gewissenhaft gewesen wäre. So blieb Friedel bei Elsbeth, ging 1945 mit uns allen auf die Flucht vor den Russen, half aus, wo es nötig war und war meine ganz große Hilfe während der Flucht: ich hatte den kranken Wulf zu pflegen und den Weg zu suchen. Herr Mülling, der lenkte, für die Pferde sorgen mußte und der unermüdliche Fahrer war, und ich hätten uns niemals durchgesetzt, so schnell wie möglich nach Westen zu kommen, wenn Friedel uns nicht geholfen hätte. Hiltraut und Elsbeth haben beide eine andere Meinung gehabt und hätten am Liebsten kehrt gemacht aus Gründen, die grundverkehrt waren. Friedels Hilfe hat uns alle gerettet. Unermüdlich hat sie die Wagen umkreist, daß keine Panne passiert. Sie hat nebenbei auch in den kritischen Tagen ein Tagebuch geführt, das ich sehr bewundert und später auch benutzt habe. Sie war es, die nach der Flucht nach Mattheshöhe fuhr, um zu sehen, ob die Familien wieder zurückkehren können, hat dann dort geholfen, das kümmerliche Leben zu bewältigen. Erst dann dachte sie auch einmal an sich und ging nach Hannover, um dort Freunden zu helfen. Als alles in Deutschland sich so weit beruhigt hatte nach Kriegsende, blieb ihr nichts anderes übrig, als als Wirtschafterin in verschiedenen Haushalten zu arbeiten. 1965 kam sie zu Hans und mir, weil ihre Rente nicht zum Leben und Sterben gereicht hätte. Nach Hans' Tod blieben wir zusammen, haben regelmäßig für die Familien in der DDR gesorgt – Friedel, in dem sie unentwegt Pakete für drüben gepackt hat. Wieder war Friedel der sorgende „Engel". Als sie altersbedingt sehr abbaute, mußten wir uns trennen. Friedel kam in ein Pflegeheim und wir hatten Glück, denn Friedel kam in wunderbare, liebevolle Pflege. Dort haben wir sie regelmäßig besucht und am 10. März zum letzten Mal. Sie hat es wohl garnicht mehr gemerkt, und wir nahmen fast Abschied von ihr. Sie ist dann ganz sanft gestorben. Eigentlich ist der Abschied jetzt fast tröstlich. Aber ich will es sagen: obwohl Friedel ihr Leben lang am Katzentisch des Lebens saß, ist sie ein wunderbarer Mensch gewesen.

Keiner sollte sie vergessen!"

(Tante Friedel hat von 1986 bis 1992 in St. Katharinen gelebt und ist in Bad Honnef-Aegidienberg gestorben)

Goetz Rheinwald:

Edit Rheinwald lebte von 1986 bis Sommer 1994 in St. Katharinen-Ginsterhahn. Im Frühjahr 1994 stürzte sie vor dem Haus und brach sich den rechten Oberschenkelhals. Sie wurde im Linzer Krankenhaus operiert. Die Narkose hat Schäden hinterlassen, so dass sie mich in den ersten Tagen nicht erkannte. Zudem war sie sehr unsicher auf den Beinen. Infolge der Durchblutungsstörungen in den Beinen hatte sie mehrere Nekrosen an beiden Beinen, die aber medikamentös gut eingestellt und geschlossen waren.

Mutter 1988 bei ihrer Lieblings-beschäftigung

Zur Rehabilitation brachte ich sie in einer neu eröffneten Einrichtung in Wiesbaden unter, die auf geriatrische Rehabilitation spezialisiert war. Ich händigte der aufnehmenden Schwester die Medikamentenliste aus, die vom Linzer Krankenhaus erstellt war. Als ich Mutter eine Woche später besuchte, waren beide Beine verbunden, so dass ich mich von ihrem Zustand nicht überzeugen konnte. Sie klagte aber über Schmerzen. Ihre Fähigkeiten, mit Gehhilfen zu laufen, waren kaum besser geworden.

Nach einer weiteren Woche wurde ich vom Krankenhaus Linz angerufen: Wiesbaden verlege meine Mutter zurück nach Linz, weil sich ihr Zustand dramatisch verschlechtert habe. Ich war im Krankenhaus, als Mutter mit dem Krankenwagen ankam; sie war nicht bei Bewußtsein. Der leitende Chirurg, Dr. Finger, ließ mich in die Notaufnahme kommen und zeigte mir ihre Beine: an vielen Stellen hatte sich die Nekrosen tief ins Fleisch gefressen; an beiden Beinen lagen die Achillessehnen frei. Dr. Finger machte mir klar, dass Mutter nur überleben könne, wenn ihr beide Beine am Knie amputiert würden.

Nun hatte ich von Mutter eine schriftliche Verfügung, dass ich alle notwendigen Entscheidungen für sie treffen soll. Es lag also bei mir, dieser Amputation zuzustimmen oder nicht. Ich habe mich mit meinen Geschwistern und meinem Hausarzt besprochen. Das Ergebnis war eindeutig: wenn nicht amputiert

372

wird, stirbt sie in kurzer Zeit an einer Blutvergiftung, weil die Wunden an ihren Beinen so ausgedehnt sind, dass der Körper das nicht mehr ausheilen kann. Dr. Finger sagte mir, dass die vorher erprobte Medikation gut angesprochen habe, so dass die Nekrosen zum Stillstand gekommen sind. Aber die Amputation beider Unterschenkel war unausweichlich.

Nach der Amputation war an ein Zurückkehren in mein Haus nicht zu denken, denn ich hätte sie nicht pflegen können. Wir

Das letzte Bild von Mutter 1996 mit Urenkel Florin – im Hintergrund Bernd und seine Tochter Kristin

fanden im nahen Linz-Kretzhaus gleich ein Pflegeheim, wo Mutter ihre letzten Jahre verbrachte. Ich habe sie täglich besucht, sie oft im Rollstuhl spazieren gefahren, nahezu jedes Wochenende nach Hause geholt. Einmal war Bernd mit seiner Familie dort, damit Mutter ihren ersten Großenkel Florin kennenlernen konnte.

Als ich sie einmal fragte, wie sie ihre jetzige Situation empfände, antwortete sie: „Es geht mir gut." Ich mochte das nicht glauben, da ich täglich ihre erbärmliche Lage miterlebte.

Sie starb an Karfreitag, den 28. März 1997 morgens um drei Uhr an Nierenversagen, weil ihre langjährige Arteriosklerose schließlich die Nieren erreicht hatte. Ich hatte sie am Nachmittag davor nach Dienstschluß besucht und ihr von Dreharbeiten vom WDR mit mir als Hauptperson erzählt. Sie reagierte mit einem verstehenden Lächeln – gesprochen hat sie nicht mehr.

Bernd ist am 17.12.2006 während einer Operation im Feuerbacher Krankenhaus gestorben. Seit seinem Ruhestand hatte er sich mit großem Elan an den Familienstammbaum gemacht und etliche Lücken gefüllt. Ferner hat er die Briefe seines Vaters abgeschrieben, die dieser während des 2. Weltkriegs an seine Frau schrieb. Einmal dabei, hat er auch die Feldpostbriefe seines Großvaters Max Rheinwald entziffert. Die sehr wertvolle Kartensammlung, Mitte des 18. Jahrhundert von J.B. Schondorff zusammengetragen, wurde in zwei Atlanten von Generation zu Generation gereicht. Mutter hatte sie restaurieren lassen und jede Karte für sich in Hüllen staubdicht verwahrt. Diese Sammlung hat Bernd geerbt. Er hat zusammengetragen, was über die Entstehung der Sammlung zu erfahren war. Er trat einem Verein aus Kartographen bei und nahm Kontakt zu den großen Kartensammlungen in Deutschland auf. Als Ergebnis ist eine genaue Aufstellung entstanden, in der die Charakteristika und der Wert jeder einzelnen Karte verzeichnet ist. Als ich mit ihm am Tag vor der Operation nochmals sprach, sagte er sinngemäß: „Weißt Du, ich habe jetzt alles abgeschlossen, was mir vorgenommen hatte. Wenn ich jetzt sterben sollte, könnte ich das mit gutem Gewissen tun." Seine Frau Irmgard starb am 17.2. 2012

Von Jörgs Tod hat Mutter geschrieben. Zu ihm hatte sie eine besonders innige Beziehung, so dass sein Tod sie sehr getroffen hat. In ihrer Chronik hat sie nicht berichtet, dass Knut, der Zweitgeborene von Jörg, sich in einem Schub seiner Depression das Leben genommen hat.

ANHANG

Zur Frage, ‚wer war Hans Rheinwald?‘, gibt es wenig Informationen in dieser Chronik; natürlich hat Mutter an vielen Stellen versucht, sein Wesen zu schildern, und zweifellos konnte sie das auch besser, als jeder andere. Aber die folgenden Texte aus dem Jahr 1945, geben einen besseren, weil unmittelbaren Eindruck.

Vaters Aufzeichnungen

(Ich fand die Texte im Schreibtisch, hoffte aus dem Anfang, dass Hans seine Jugend aufgezeichnet hatte, wie ich es mir so sehr gewünscht hätte. Beim Entziffern merkte ich aber, dass er über die Anfänge nicht hinausgekommen ist (als wir am Horizont auftauchten, hat er anderes geschrieben). Aber ich finde, es ist auch so aufbewahrungswert; und wenn man Hans kannte und die Zeilen aufmerksam liest, findet man seinen Charakter sehr deutlich darin gespiegelt.

Edit Rheinwald)

Hans Rheinwald ca. 1908

Ich bin geboren und habe meine erste Jugendzeit verlebt in jener schon heute sagenhaften Friedenszeit, von der wir nunmehr durch zwei tiefe Einschnitte getrennt sind – die so fern liegt, daß man zu ihr zurückschaut wie auf ein fernes, fernes Land, nicht gerade märchenhaft, aber so sehr in sich beruhend und Frieden atmend, daß man wünschen möchte, nur einmal noch einen Tag darin verbringen zu dürfen.

Ich war elf Jahre alt, als 1914 der Weltkrieg ausbrach, und diese Zeiten sind für mich also auch noch vom Schein der Kindheitstage verklärt, aber auch mit wesentlich älteren Menschen konnte man von diesen Zeiten nicht reden, ohne daß sie von ihnen wie von einem entschwundenen Paradies sprachen. Ich habe dann als Junge noch den Weltkrieg miterlebt und ihn gesehen aus der Hungerperspektive eine halbstädtischen Haushalts, während der Vater im Feld stand, den Untergang des Bismarckreiches, Not, Inflation, trügerischen Frieden zwischen den Völkern, schwindenden Aufstieg, als reifer Mann den Zweiten Weltkrieg und schließlich den trostlosen Zusammenbruch. Wie in all diesen brausenden Wirbeln der Weltgeschichte ein kleines bürgerliches Privatschicksal lief, als ein Stückchen Treibholz, das in den Strudeln des Talsperrenbruchs kreiselt – noch steht dahin, ob es unversehrt wieder im ruhigen Ziehen des Stromes einem fernen Ziel zustreben kann, oder ob es hilflos in einen toten Winkel angetrieben wird, ob es einst jemand lesen wird, ob es Späteren von Interesse sein wird – das ist ungewiß. Für mich ist's im Augenblick der Zeitvertreib für müßige Stunden, vielleicht wird es darüber hinaus eine gesunde Selbstprüfung über die ewig alte Frage, ob ich aus meinem Leben das gemacht habe, was Gott und die Welt nach meinen Anlagen mit Fug und Recht von mir erwarten konnten.

Abstammung

Wenn ich selbst Biographien lese, so überschlage ich meist dieses obligate Anfangskapitel. Aber dazu gehören tut es, denn man versteht das Produkt doch vielleicht besser, wenn man die Faktoren kennt, aus denen es entstand und in diesem Falle, wo ich nicht für die Öffentlichkeit, sondern für mich und vielleicht für meine Kinder schreibe, mag es besonders am Platze sein. Zwei Tatsachen sind bei meiner Abstammung bemerkenswert: Alle meine Ahnen sind, soweit man die Herkunft meines Stammes verfolgen kann, Württemberger gewesen und keiner von ihnen war Bauer. Das erste ist für die zurückliegenden Jahrhunderte mit der Abgeschlossenheit der einzelnen Landschaften gegeneinander wenig erstaunlich, um so mehr aber der Umstand, daß eine Familie im bürgerlichen Milieu auch ohne Zustrom aus dem bäuerlichen Lebenskreis aushielt, denn im Allgemeinen sagt man bürgerlichen Familien ja keine große Langlebigkeit nach, ob mit Recht oder Unrecht lasse ich dahingestellt – ich habe es nicht nachgeprüft. Wenn ich ehrlich sein soll, so sind aber gewisse Ermüdungserscheinungen in den von mir überschaubaren Generationen doch schon festzustellen. Mein Vater, eine so kraftvolle und in sich geschlossene Persönlichkeit er war, so mußte man doch an ihm eine Verschlossenheit gegenüber den Dingen des praktischen Lebens beobachten, die ihn z.B. zur Sicherung seiner Existenz in einer primitiven Umgebung unfähig gemacht haben würde. Nun kann man ihm allerdings zu gute halten, daß er in einer Zeit aufwuchs, in der man nie nur auf den Gedanken gekommen wäre, daß man sich einmal in eine solche Notwendigkeit versetzt sehen würde. Aber dasselbe muß ich noch in verstärktem Maße an mir selbst feststellen, obwohl unserer Generation ja von Jugend an die Möglichkeit vor Augen stand, sich eventuell sein täglich Brot in irgendeiner Form mit Hand- und Knochenarbeit verdienen zu müssen. Bei mir und meinem Bruder sind diese Ermüdungserscheinungen sicher noch durch den Einfluß der mütterlichen Erbmasse verstärkt, denn die Familie Hähnle – die meiner Großmutter mütterlicherseits – zeigt zweifellos Degenerationserscheinungen. Und so manche Stunde der Lebensangst, der Feigheit und der Scheu vor der handfesten Auseinandersetzung mit der widerstreitenden Wirklichkeit, die in meinem Leben zu verzeichnen ist, und vor allem meine Unfähigkeit, mich in meinem Beruf im letzten durchzusetzen, glaube ich dem Erbgut zuschreiben zu müssen. Und ich fürchte fast, auch in meinem ältesten Sohn Bernd dieses Erbe der Weichheit und Schwäche feststellen zu müssen. Da auch ich wieder eine Frau aus bürgerlicher Familie geheiratet habe, möchte ich mir wünschen, daß meine Kinder endlich bäuerliches Blut in den alten Rheinwaldstamm bringen.

Um also mit den Rheinwalds zu beginnen, so ist bereits der erste, von dem ich Sicheres weiß, ein evangelischer Pfarrer Mitte des 16. Jahrhunderts (Daten kann ich natürlich nicht angeben, ich habe so wenig Gedächtnis dafür, daß ich nicht einmal die Geburtstagsdaten meiner Kinder behalten kann). Es gibt ein Bild von ihm; ich glaube mein Onkel Ernst in Calw hat es selbst oder eine Kopie davon, auf dem besonders seine typisch dinarische Nase auffällt. Spätere Rheinwaldvorfahren waren Bürgermeister in Stuttgart, und zwar in zwei aufeinander folgenden Generation; dann waren sie einige Generationen lang stark an der blühenden Leinwandmanufaktur in Urach und Laichingen beteiligt. In Laichingen soll noch in meiner Jugend eine letzte unverheiratete Rheinwald gehaust haben. Schließlich kamen wieder zwei evangelische Pfarrer, und zwar mein Urgroßvater Gustav und mein Großvater Adolf Rheinwald. Von den Familien, aus denen die Frauen dieser Rheinwalds stammten, kann ich aus dem Gedächtnis nichts sagen; ich erinnere mich nur, daß dazu auch die Familie Griesinger gehörte; die Bilder eines Griesinger Ehepaares sind auf mich von meinem Vater überkommen – ob sie noch existieren, weiß ich zur Stunde nicht zu sagen. Es war also ein ganz und gar bürgerlicher Lebenskreis, in dem sich diese 400 Jahre Rheinwaldscher Familiengeschichte abspielten – in vielem sicher eng, wie das ganze Ländchen ehe es aus den Fesseln seiner Eigenstaatlichkeit gelöst wurde, aber an ihrem Werten darum doch nicht arm, wie es das Interesse an allen geistigen Werten bei den Nachkommen erkennen läßt und auch aus manchen uns überlieferten Zeugnissen zu ersehen ist.

Hier ist auch kurz zu erwähnen das Wappen der Rheinwald. Wir kannten zwei Ausführungen davon: eines mit einem Mann, der eine brennende Granate über dem Kopf hält und eines, bei dem der Mann auf einer Art Stange drei brennende Granaten auf dem Kopf trägt. Mein Schwiegervater hat mit großer Wahrscheinlichkeit dargelegt, daß das erstere als das echtere zu betrachten ist. Nach einer alten Familienüberlieferung soll es einem Vorfahren während der Belagerung von Wien durch die Türken verliehen worden sein.

Viel ist es nicht, was ich hier aus dem Gedächtnis über meine Vorfahren väterlicherseits sagen konnte, obwohl ich eigentlich immer Interesse für Ahnenforschung gehabt habe und schon als Gymnasiast unseren Stammbaum einmal säuberlich gezeichnet habe und auch später, vor allem in Korrespondenz mit meinem Onkel Ernst Rheinwald in Calw, mich an der weiteren Erforschung unserer Familiengeschichte beteiligt habe, soweit es meine Berufsarbeit zuließ.

Noch weniger weiß ich über meine mütterlichen Vorfahren zu sagen. Von den Rieberschen Vorfahren, also derjenigen meines Großvaters mütterlicherseits, ist mir überhaupt nichts im Gedächtnis geblieben. Die Vorfahren der Großmutter, geborene Hähnle, stammen aus Giengen an der Brenz, sind dorthin als Weber von der Alb gekommen. Einer erheiratete sind die Klingenmühle, auf der sich die Sippe generationenlang hielt. Der Vater meiner Großmutter war, wenn ich mich richtig erinnere, Salineninspektor in Schwäbisch Hall und an anderen württembergischen Salinen. Die Familie Hähnle spielte in unserem Jugendleben eine große Rolle. Die Schwester meiner Großmutter, Lina Hähnle, hatte nämlich einen Vetter, Hans Hähnle geheiratet, der durch Aufbau der Giengener Filzfabriken sich ein großes Vermögen erworben hat. Ihn selbst habe ich nicht kennen gelernt, aber die Tante Lina, die Kommerzienrätin, mit ihrer ungeheuren Lebenskraft übte nicht nur auf uns Kinder, sondern auf ihren ganzen großen Verwandten- und Bekanntenkreis einen so außerordentlichen Einfluß aus, dass ich ihrer noch besonders werde zu gedenken haben. In der ganzen Familie Hähnle wirkt sich jedoch die generationenlange Inzucht der kleinen Brenz-Landschaft deutlich aus, und auch wir haben von diesem Erbe etwas abbekommen.

Die Großeltern Rheinwald

Da ich das Glück hatte, wenigstens mit dem Bewußtsein des Knaben meine beiden Großelternpaare noch kennen zu lernen, so kann ich über sie ausführlicher berichten und vor allem hoffen, ein farbiges Bild zu zeichnen. Mein Großvater Adolf Rheinwald war evangelischer Pfarrer. Zur Zeit der Geburt meines Vaters hatte er die Pfarre in Metterzimmern bei Bietigheim. Später, es muß etwa 1890-95 gewesen sein, wurde er nach Wangen bei Stuttgart versetzt und blieb dort bis zu seiner Pensionierung, die, soviel ich mich erinnere, im Jahr 1911 erfolgte. Danach bezogen die Großeltern in einem hübschen Gartenhaus am Karlsplatz in Cannstatt eine nette Etage, wo sie bis zum Tod des Großvaters im Jahr 1915 wohnten. Großvater Rheinwald ist auf dem Uff-Friedhof in Cannstatt begraben; Großmutter wohnte dann bis zu ihrem Tode 1922 in der Teckstraße in Cannstatt.

Soweit die äußeren Lebensumstände, wie ich sie aus dem Gedächtnis und aus eigenen Erinnerungen schildern kann. In meiner Erinnerung war der Großvater eine gemütliche Erscheinung, vor der man aber immer viel Respekt hatte, sodaß man sich hütete, ihm zu nahe zu treten. So richtig warm wurde man nicht mit ihm, wenn er auch gern kleine Späßchen machte und uns Kinder bei unseren Besuchen mit Maß verwöhnte. So weiß ich, daß mein Bruder Werner, damals ein ganz kleiner Bub, beim Abendbrot eine Vorliebe für Schinken hatte, den ihm deshalb der Großvater immer extra auflegte und ihn "Schinkenpeterle" nannte. Großvater hatte eine mächtige Glatze, trug einen nicht zu spitz gestutzten Vollbart und eine goldgeränderte Brille. Er war in höherem Alter etwas korpulent und, soviel ich weiß, zuckerkrank.

Über seinen Charakter kann ich, da ich ihn nur als Kind gekannt habe, aus eigenem nichts beisteuern, wohl aber aus Erzählungen und Bemerkungen meiner Eltern, Tanten und Onkel schließen, daß er ein ziemlicher Haustyrann gewesen sein muß. Seine Ansichten sollen Richtschnur auch für seine Familie sein, und wenn ich auch glauben möchte, daß die Großmutter darunter kaum gelitten hat, da ihrer Zeit noch die Pflicht der Frau selbstverständlich war, wenn auch nicht Dienerin des Mannes zu sein, so doch sich seiner Art und seinen Wünschen anzupassen – so hat doch z.B. mein Vater sich manchmal über die Unfähigkeit seines Vaters beklagt, sich in andere hineinzudenken und den veränderten Ansichten der jüngeren Generation gerecht zu werden, ein Charakterzug, den übrigens mein Vater selbst treulich als Erbe übernommen hat. Auch erinnere ich mich, daß Großvater oft über das Verhalten und die Kleidung meiner Mutter gemäkelt haben soll, obwohl sie zweifellos nur für Mann, Kinder und Haus lebte – nur weil sie eben anders war, als das in seiner Generation üblich war. Bezeichnend für ihn war auch, daß er zahlreiche Reisen, z.B. nach Italien und in die Alpen unternahm, ohne daran zu denken, seine Frau mitzunehmen, was damals wohl allerdings auch noch nicht üblich war. Daß er sich selbst solche Reisen leisten konnte, verdankte er dem Umstand, daß er nicht unvermögend war, sodaß auch die sonstige Lebensführung einen behaglichen bürgerlichen Wohlstand verriet. Man genoß eine gute, wenn auch keineswegs luxuriöse Küche, man konnte es sich leisten, Verwandte und Bekannte zu besuchen, man hatte keine Sorgen, sich stets ordentlich kleiden zu können. Großvater trank jeden Tag einen kleinen Krug Wein, zu Weihnachten wurde ausgiebig gebacken, und die Großeltern hielten sich bis zuletzt ein Dienstmädchen. In all dem war nichts, was über die allgemein anerkannten Bedürfnisse hinausging, man trieb in keiner Weise Luxus, als solchen hätte man schon angesehen, zweiter Klasse zu fahren oder eine Droschke zu nehmen. Aber Essen und Kleidung und Wohnung waren ausreichend, gut und solid, und man konnte sich überhaupt nicht vorstellen, daß das anders sein könnte. [1])

Eine besondere Note gab dem Leben der Großeltern ihre große Gastfreundlichkeit. Die wirkte sich, entsprechend dem so ganz anderen Milieu, nicht in so breitem Raume aus, wie wir es z.B. aus den Schilderungen des baltischen Landlebens kennen. Aber insbesondere während der Wangener Jahre verging wohl kein Sonntag, an dem nicht, ohne angesagt oder eingeladen zu sein, ein Kreis von Bekannten und Verwandten sich um den Nachmittagskaffeetisch bei den

---

[1]) Zwischen diesem und dem nächsten Absatz stand folgender Satz:

"Paul Pleyer: Man soll die Kinder ohne Verantwortlichkeitskomplex in den Kampf hineingebähren, heldisch bis in die Bettstatt. Ob wir Pessimisten sein müssen oder Optimisten sein können, das liegt an uns. Das Möglichste tun, das ist die einzige Losung, unter der es sich ohne Selbstmordgedanken leben lässt.

Großeltern versammelte, und wohl auch noch zu Laugenbrezeln und Butter und einem Glase Wein dablieb. Dieser Verwandten- und Bekanntenkreis war nicht klein; er hatte einen besonderen Zusammenhalt dadurch, daß sie fast alle, wenigstens die Männer, 'Roigel' waren, d.h. während ihre Tübinger Studiums der Verbindung 'Tübinger Königsgesellschaft' angehört hatten – und etwas anderes als Akademiker kam ja als Verkehr kaum in Frage, und irgendwo anders studieren als in Tübingen kam auch kaum in Frage. Dann waren aber auch die Frauen Töchter oder Schwestern von 'Roigeln' oder sie waren auf Stiftungsfesten oder Altherrengesellschaften der Roigel gewesen. Wie oft sagten mir, wenn ich meinen Namen nannte, wildfremde Leute: "Ach wie schön waren die Sonntagsnachmittage bei Ihren Großeltern in Wangen!" Auch ich kann mich noch gut an das Wangener Pfarrhaus erinnern, denn ich bin da als kleiner Junge mit meinen Eltern häufig von Münster aus herübergekommen. Aber ich kann mich an einzelne Besuche natürlich nicht mehr erinnern, dazu war ich doch noch zu klein; wohl aber spüre ich heute noch den merkwürdigen Duft in dem großen Flur des Pfarrhauses und erinnere mich an den mauerumgebenen Pfarrgarten und an die Stufen hinauf zum Pfarrhaus. Pfarrhaus und Kirche lagen ja außerhalb des Dorfes auf halber Berghöhe in den Weinbergen, durch eine Mauer zu einer Einheit verbunden, ein entzückendes und bekanntes Stück schwäbischer Landschaft, ein bescheidenes Gegenstück etwa zu der Bergheimer Neckarfront. Wangen war damals noch nicht Vorort von Stuttgart, sondern ein Weingärtner- und Bauerndorf, das einen großen Teil des Gemüses für Stuttgart lieferte und, ungeachtet aller Klagen über die böse neue Zeit, waren die Verhältnisse und im besonderen die Verhältnisse der Gemeide zu ihrem Pfarrer von heute gesehen recht patriarchalisch. In Wangen wohnte noch ein guter Freund der Großeltern und Eltern: Dr. Lörcher, der etwa gleichaltrig mit meinen Eltern war und ein hübsches Haus im Ort hatte. Von ihm und seiner Familie werde ich später noch mehr zu sagen haben.

Ein viel innigeres Verhältnis hatten wir Kinder zur Großmutter. Sie war eine geborene Engel, stammte aus einem Pfarrhaus und brachte von ihrem Elternhaus viel Freude und Poesie mit. Ihr Bruder Theodor Engel war ebenfalls Pfarrer; seine Leidenschaft war jedoch die Geologie und besonders die Petrefaktenkunde, besonders des schwäbischen Jura. Er hatte sich auf diesem Gebiet einen wirklichen Namen gemacht, auch Schriften und Bücher darüber herausgegeben. Er erreichte ein hohes Alter und beschäftigte sich in

Klein-Eislingen, wenn auch in den letzten Jahren völlig erblindet, bis in seine letzten Tage mit seinen geliebten Ammonshörnern und Belemniten. Ich habe ihn dort einmal besucht und den Blinden auf einem Spaziergang begleitet, wobei er mir mehrmals sagen konnte: "Wenn Du dort an dem Feldrain oder dort an dem Steinbruch suchst, mußt Du die und die Versteinerung finden."

Aber ich wollte ja von der Großmutter schreiben. Wie schwer ist es, das Bild, das man von solchen Menschen in der Seele trägt, so in Worte zu fassen, daß es für andere plastisch und fertig wirkt.

(Hier brechen die Jugenderinnerungen von Vater ab.

Laut Chronik hat Mutter am 22. Mai mit den Fahrrad Vater im Lazarett in Mölln besucht. Folglich wurden alle Anmerkungen niedergeschrieben, nachdem Mutter ihn besuchte.)

27. Mai 1945

Ob es eigentlich richtig ist, nun so Tag für Tag zu grübeln über das, war wir verloren, darüber wie wir es verloren und vor allem über das, was uns erwartet? Was wir in den letzten Wochen und Monaten erlebten, ist gewiß für jeden, dem 'Deutsch' mehr als ein Wort und ein Phrase ist, niederschmetternd, traurig, zum Verzagen und das Schicksal des Ganzen und des Einzelnen so dunkel und ungewiß, oder vielmehr, das völlige Zugrundegehen scheint fast sicher vorher zu sehen. Aber ist es nicht dennoch richtig, nun das zu tun, was man allein tun kann, mit wachen und offenen Augen und Ohren dieses wahrhafte Massendrama zu beobachten und zu erleben? Also: dem allem die interessante Seite vor der traurigen abzugewinnen versuchen? Denn ändern kann man ja, besonders als Kriegsgefangener, so gar nichts, nichts, nichts! Freilich nagend ist immer noch die Ungewißheit, wie Edit, die mit den Kindern in einem Flüchtlingslager bei Ratzeburg sitzt, herauskommt. Wäre sie westlich der Elbe, wäre ich ruhiger. – Was ich in den Frühjahrmonaten im Lazarett aufgeschrieben hatte, habe ich vernichtet; es war nicht viel – Lazarettreflexionen in der Hauptsache. – Ich schreibe jetzt, da man ja nicht immer lesen kann, etwas ganz Neutrales, meine Jugenderinnerungen, jetzt da ich weiß, daß die Kinder wenigstens vorläufig gerettet sind, mit mehr Freude als vordem. Dazu haben wir jetzt begonnen, Vorträge über Landwirtschaft zu halten; da habe ich nun auch zu tun.

28. Mai 1945

Heute haben wir gehört, daß zunächst von einer Entlassung von Offizieren noch keine Rede sein kann, auch wenn sie über 56 Jahre als oder a.v. sind. Darob allgemeine Betrübnis. Aber die Vögel singen trotzdem so fröhlich wie sonst. Manchmal tröstet einen die Unberührtheit der Natur von all unsern Leiden und Kümmernissen, manchmal findet man es aber direkt grausam und höhnisch.

"Wer eines Tages begreift, daß er zu falschen Göttern gebetet hat, dem bleibt vielleicht noch die Erinnerung an die Andacht. Uns blieb nichts mehr als lange Finsternis." So schreibt Friedrich Sieburg in "Gott in Frankreich" in Bezug auf den Ausgang des Ersten Weltkrieges. Was wollen die da heute sagen! Ist die Situation von heute der von damals so ähnlich und nur in ihren Ausmaßen so viel riesenhafter? Auch ein anderer Satz aus dem gleichen Buch scheint so sehr auf heute geprägt zu sein: "Es gilt nun, sich verantwortlich zu fühlen. Kein [unleserlich] sei geduldet, die ihrem Erfinder erlaubt, sich aus dem deutschen Schicksal hinaus zu listen. Jeder soll den Mut haben zu sagen "J'assure ma part de tes torts." Das ist vor allem geistig gemeint, materiell wird uns das täglich von den Rundfunksendungen der Westalliierten eingehämmert. Zu der im Zusammenhang damit vertretenen These, nunmehr in Deutschland strafen und richtend wirken zu dürfen, ja zu müssen, ist ein von Bismarck im September 1870 inspirierter Artikel interessant: "...Allerdings ist die öffentliche Meinung nur zu sehr geneigt, politische Verhältnisse und Ereignisse in der Weise von privatrechtlichen und privaten überhaupt aufzufassen und unter anderem zu verlangen, daß bei Konflikten zwischen Staaten der Sieger sich mit dem Moralkodex in der Hand über den Besiegten zu Gericht setze und ihn für das, was er gegen ihn – womöglich auch für das, was er gegen andere – begangen hat, zur Strafe ziehe. Ein solches Verlangen ist aber völlig ungerechtfertigt; es zu stellen, heißt die Natur politischer Dinge, unter welche die Begriffe Strafe, Lohn oder Rache nicht gehören, gänzlich misszuverstehen; ihm zu entsprechen, hieße das Wesen der Politik zu fälschen.[2]) Die Politik hat die Bestrafung etwaiger Versündigungen von

---

[2]) Mutters Satz lautet so: "Ein solches Verlangen ist aber völlig ungerechtfertigt; es stellen, heißt der Natur politischer Dinge, unter welchen die Begriffe Strafe, Lohn, Rache nicht gehören, gänzlich missverstehen, ihm entsprechen, hieße das Wesen der Politik fälschen". Hatte sie Schwierigkeiten beim Entziffern von Vaters Schrift?

Fürsten und Völkern gegen das Moralgesetz der göttlichen Vorsehung, dem Lenker der Schlachten zu überlassen. Sie hat weder die Befugnis noch die Pflicht, das Richteramt zu üben, sie hat sich unter allen Umständen einzig und allein zu fragen: was ist hierbei der Vorteil meines Landes, wie nehme ich diesen Vorteil am besten und fruchtbarsten wahr; gemütliche Regungen haben auf dem Gebiet der politischen Berechnung so wenig Bürgerrecht als auf dem des Handels. Die Politik hat nicht zu rächen, was geschehen ist, sondern zu sorgen, daß es nicht wieder geschehe." An sich ist diese nüchterne Auffassung sehr sympathisch, der letzte Satz aber bedeutet, daß für den Besiegten ein Trost aus dieser Philosophie nicht gegeben werden kann, denn es wird für uns praktisch bedeutungslos sein, ob wir in den nächsten Jahren vollends zu Grunde gehen als Strafe für die Sünden der Vergangenheit oder nur zu dem Zweck, daß wir solche Sünden nie mehr begehen können.

6. Juni

Überhaupt, wo man sich auch bewegt und was man auch lesen mag, überall findet man die Beziehungen auf das Heute und rätselt daran herum, ob das auch für uns oder gerade für uns Geltung habe. So las ich jetzt das Buch 'Führung und Geleit' in Carossas streng gebändigter Sprache. Was findet man da, wo doch eigentlich unter der Oberfläche alltäglicher Geschehnisse nur eminent innere Entwicklungen geschildert oder vielmehr angedeutet sind: "Wenn ich jetzt an den Krieg dachte, geschah es mit Herbstgefühl. Die Schlauen wissen sich zu bewahren: sie kehren zurück und erzeugen ein schwingenschwaches Geschlecht. Die Starken, die Kühnen sind in den Tod hineingeflogen wie Zugvögel in ein fremdes Land, und nur als Geister binden sie sich an uns." Ein Trost – das Leben, das sich die Schlauen bewahrt haben, wird diesmal nicht besonders lebenswert sein. Aber wie wahr! Hier habe ich noch keinen Starken, Kühnen getroffen, nur Schlaue! Wie schön ist auch gesagt (1914): "Die Tatsache, daß große Völker in verhältnismäßig kurzer Zeit von der Erde verschwunden sind, wußte er einem auf eine Weise vor Augen zu rücken, daß man plötzlich um das Los des Eigenen zu zittern begann. Ja, zum ersten Mal erkannte ich das Vaterland als etwas in seinem Bestand angreifbares, auf die Treue seiner Kinder angewiesenes. Denn, obwohl ich aus der Weltgeschichte wissen konnte, daß mächtige Staaten sich innerhalb weniger Jahrzehnte aufgelöst haben, so wäre es doch meiner allzu sorglosen Natur nie in den

Sinn gekommen, auch das Reich der Deutschen für ein sterbliches Gebilde zu halten. Heimat hatte ich für etwas Gottgegebenes empfunden, das mir so wenig fehlen werde, wie das tägliche Brot, und nicht geahnt, wie nah die Zeit war, wo gerade dieses nur noch in schmalen, unschmackhaften Bissen zugeteilt werden konnte." Ein Gespräch mit einem netten jungen Oberleutnant, der mir im Anschluß an ein Gespräch über die allgemeine Lage ziemlich unvermittelt sagte, daß ihm der religiöse Glaube über vieles hinweghelfe, wurde mir deutlich, samt den widerstreitenden Empfindungen, die es in mir ausgelöst hatte, als ich folgendes bei Carossa las: "Dichtung, Sage, Reich des Geistes! Man muß als begehrlich schwärmerisches Wesen in klösterlicher Enge erzogen worden sein, um es recht zu würdigen, wie viel Erhebung eine Seele jener weltlichen Auslegung des ewigen Lichtes verdanken kann. An der Schule hatten wir priesterliche Lehrer, die der Meinung waren, wer den wahren Glauben in sich trüge, wer die Süßigkeit des Gebetes kenne, der brauche keine irdischen Phantasien und Gesänge. Für sie selber mochte das gelten, wie für alle die Frommen, der Erde Abgewandten, die schon hier zur unmittelbaren Anschauung Gottes zu gelangen suchen. Sie haben das Wissen aller Wesen im Sinn; sie dürfen klar und innig Du zu ihm sagen; das ist ihnen genug. Wir anderen aber, leidenschaftliche Mitspieler in dem großen Drama, das Leben heißt, wir tief in unsere Rolle Eingebauten, dem Ganzen Verpflichteten, denen der sinnliche Dämon der Nacht nicht minder ehrwürdig sein muß als der Bote des Himmels, der Narr nicht minder wichtig als der Weise – uns wird höchstens in den kurzen Pausen zwischen den einzelnen Szenen die Gnade eines flehentlichen Stoßgebetes zuteil. Wir brauchen, um das Spiel nicht aufzuhalten, Organe des Göttlichen, die sich unserer unbändigsten Triebe bemächtigen, aber nicht um sie zu lähmen oder zu verdrängen, sondern um sie zu verwandeln, sie schön erklingen zu lassen." Ich habe selten eine schönere Definition des Unterschiedes zwischen Welt- und Gotteskindern gehört, selten eine, die beiden so gerecht geworden wäre.

12. Juni

F. Th. Vischer: Auch Einer: " Unrecht, ungerechter Druck erzeugt den Schrei nach Freiheit, und Freiheit wird alsbald Willkür. Sie wird niedergeschlagen von der Gewalt, und dann fängt das Lied von vorne an, indem die Gewalt das Unrecht (mit schnödem Vorrecht) herstellt. Wer das Geheimnis finden könnte, die Strenge, die Zucht, die der Mensch bedarf, nur in reine Hände zu legen! Arme ratlose Menschheit!" Ich glaube, das war eben das Verhängnis, daß bei all dem Vielen der letzten Jahre zu viel unreine Hände im Spiel waren. Und wir sollen es jetzt büßen. Wahrlich: arme ratlose Menschheit!

17. Juni

Seit bald 14 Tagen schwebte ich in Hangen und Bangen wegen meiner Entlassung. Das kam so: Edit bekam die Möglichkeit, mit dem Treck aus dem Lager Carlow, Krs. Schönberg, abzuziehen, und sie kamen nun alle am 31. Mai hier an. Übernachtung war an einem idyllischen Fleckchen hier in der Nähe, da standen die beiden planenbedeckten Wagen am Waldrand, in einer kleinen Sandgrube wurde am offenen Feuer gekocht, die Pferde daneben wurden am Wasser getränkt, wo sich auch die Kinder tummelten, alle dreizehn, es fehlte nur noch der Igel, der am Feuer gebraten wurde, und das Zigeunerlager wäre fertig gewesen. Am nächsten Morgen ergab sich, daß sie mit ihrem Passierschein die Brücke über den Elb-Trave-Kanal, die zeitweise gesperrt ist, passieren konnten; und da immer noch zu befürchten war, die Besatzungszone der Russen könnte bis an diesen Kanal ausgedehnt werden, fuhren sie gleich rüber. Dann aber ging Edit frech und gottesfürchtig zum englischen Stadtkommandanten, um zu erwirken, daß ich mit dem Treck mitziehen könne. Tatsächlich forderte er auch ein Zeugnis des Lazarettarztes an, daß ich entlassungsfähig sei. Das konnte ich jedoch am gleichen Tag nicht mehr bekommen, dann kam ein Feiertag (der Geburtstag des englischen Königs!), dann ein Sonntag. Am Montag erhielt sie tatsächlich eine Bescheinigung, daß ich mit dem Treck mitziehen könne! Überglücklich packten wir schleunigst alles zusammen, waren gerade im Begriff abzuhauen, als der (deutsche) Arzt dazwischen kam und erklärte, das ginge nicht, ich müsse erst die Erlaubnis des englischen Verbindungsoffiziers zum Lazarett haben. Damit wurde nun das offizielle Entlassungsverfahren eingeleitet, mit Ausfüllung eines sechsseitigen ärztlichen Gutachtens, Prüfung durch die Ärztekommission usw.; ich war auch selbst mal mit dem Chefarzt bei dem englischen Captain, der recht loyal war, aber selbst erst wieder die Weisungen seiner vorgesetzten Stellen einholen mußte, da die Entlassung von Wehrdienstunfähigen erst in Gang kommen sollte. so dauerte es bis zum 14. Juni, bis ich endlich mein Entlassungsschreiben in der Hand hatte. Nun machte ich aber schnell: Wehrsold, Entlassungsgeld und Seife geholt, Klamotten gepackt, Abschied genommen;

der Stabsarzt besorgte mir noch ein Auto bis zur Kanalbrücke in Mölln, und um halbsieben fuhr ich los. An der Kanalbrücke stand ein Lastzug, mit dem ich gleich bis hinter Schwarzenbek fahren konnte. Dort blieb ich in einem Bauernhof zur Nacht, Quartierschein beim Bürgermeister, in der Scheune auf Stroh. Dort schon einige Partien von Flüchtlingen, Familien aus dem Rheinland, entlasse Soldaten, alle sehr anständig in der Gesinnung und furchtbar freundlich, gaben sofort was zu essen ab, beschwerten sich dabei über den Bauern, dessen Familie sehr betulich zu den dort im Quartier liegenden Engländern sei. Ich bekam allerdings beim Bauern ohne weiteres Milch und am nächste Morgen Frühstück, wobei mir die Bauernfrau sagte, daß sie über die englische Einquartierung deswegen sehr froh sei, weil sie dadurch vor Beraubungen durch die Polen sicher seinen. Diese überall in der Gegend in Lagern untergebrachten Polen sind der Schrecken der Gegend. Am anderen Morgen zog ich früh los und lief die 10 km nach Geesthacht, wo mir Edit Nachricht beim Bürgermeister hinterlassen wollte. Unterwegs wurde ich nochmals zum Essen eingeladen, wofür ich mir allerdings dummes Geschwätz über Politik und Bibel anhören mußte. Auf dem Bürgermeisteramt erwischte ich schnell Edits Brief und erfuhr dadurch, daß sie in einem Lager in Geesthacht liegen. Auch hier wurde mir gleich wieder eine Stulle und eine Zigarette angeboten. Unterwegs zum Lager traf ich gleich Elsbeth und dann war natürlich freudiges Wiedersehen.

Hier sind wir in einer früheren Postschutzschule recht gut untergebracht. Es gibt recht anständige Verpflegung, und wir hausen in einem größeren Raum für uns allein. Gleich am Nachmittag fuhr ich mit dem Rad nach Bergedorf. Dort erfuhr ich, daß man ab Montag (18.6.) wieder Anträge auf Passierscheine stellen könne, daß aber die Genehmigung unsicher und langwierig sei. Ich ließ mir gleich auf der Kreisbauernschaft eine Bescheinigung geben über meine landwirtschaftliche Tätigkeit, und nun werde ich morgen wieder hinfahren, um die Anträge zu stellen. Nun muß das Lager morgen auch geräumt werden, da Kanadier reinkommen. So werde ich gleich morgen versuchen, durch die Kreisbauernschaft eine Unterkunft für uns zu finden, wo wir nun arbeiten können. Wenn man so sieht, wie viel Menschen immer noch nutzlos rumhocken und wie langsam es geht, bis alles wieder in Gang kommt, dann möchte man wenigstens selbst alles tun, um mitzuarbeiten. Es liegt allerdings nur in den seltensten Fällen an den Einzelnen, wenn sie nicht zum Einsatz kommen, sondern offenbar daran, daß eine richtige Direktion von oben fehlt.

16. Dezember 1945

Mehr als ein halbes Jahr ist seit der letzten Eintragung vergangen, eine Zeitspanne, in der ich anderes zu tun hatte, als Tagebuch zu führen und Reflexionen anzustellen; alles in allem ein Glück, denn die Reflexionen können nur trauriger Art sein. In diese Spanne von einem halben Jahr fällt die Rückkehr nach Kassel, die ziemlich schnell und glatt vonstatten ging, sodaß wir schon am ersten Juli in Karlshafen waren. Dann kam der schwere Schlag, daß mir sofort bei der Rückkehr die fristlose Kündigung überreicht wurde. Die Wohnung in Harleshausen konnte ich nicht mehr beziehen, die war für alles Mögliche vorgesehen, so daß ich mit meiner Großfamilie von zwanzig Personen auf der Straße saß. Glücklicherweise gelang es, auf dem Haselhof bei Helmarshausen für 14 Tage ein Unterkommen in einer Deputantenwohung zu finden, so hatte ich eine kleine Spanne, um nach etwas Dauerndem zu suchen. Ich war mir gleich darüber klar, daß es zwecklos sei, in der Stadt zu suchen, weil da weder Platz noch die Möglichkeit war, für alle genügend Verdienst und Nahrung zu schaffen. Ich suchte also von vornherein nach einer Landarbeiterstelle, wobei ja die Aussicht bestand, eine Deputantenwohung zu bekommen, während ja alle anderen Wohnungen auf dem Land von Flüchtlingen, Evakuierten und Ausgebombten besetzt waren, ganz zu schweigen von amerikanischer Einquartierung. Erschwert war die Sache für mich dadurch, daß ich so wenig Leute kannte, denn ich war ja erst 1938 nach Harleshausen und schon 1940 zum Kommiss gekommen und hatte erst in der Versuchsanstalt so viel zu tun, sodaß ich verhältnismäßig wenig zum Außendienst kam. – Bei einigen Großbetrieben im Kreis Hofgeismar fragte ich vergeblich an, dann wollte ich in Melsungen meinen alten Studienfreund Stahl um Rat fragen, der mir aber auch nicht viel sagen konnte. Schließlich wurde ich von zwei Frauen, die in einer Gastwirtschaft vesperten, auf Helmshausen aufmerksam gemacht, wo sicher ein Platz zu finden sei. Und siehe da, es klappte; auf dem Betrieb von Karl Sinning wurden noch Arbeitskräfte gebraucht. Die Frau des abwesenden Besitzers ließ sich rühren, uns zu nehmen (natürlich wären ihr ein paar ledige Landser lieber gewesen), und vor allem es war eine verhältnismäßig gute und geräumige Wohnung: drei Zimmer, Kammer und Wohnküche vorhanden. Ich zog erleichtert zum Haselhof, aber nur um dort die Unglücksnachricht zu vernehmen, daß Edit mit den Kindern wegen Paratyphus in das Krankenhaus in Karlshafen eingeliefert worden sei. Sie hatte mehrere Tage lang, ebenso wie ein Teil der Kinder, außerordentlich hohes Fieber gehabt und lag damit in der leeren Wohnung auf ihrer Strohschütte, von 1000 Fliegen umschwärmt, elend genug. Insofern war ich erleichtert, sie in dem bildschönen, sauberen Krankenhaus gut untergebracht zu wissen, andrerseits was es scheußlich, nun wegzuziehen und sie da liegen zu lassen, ohne die Möglichkeit, über ihr Ergehen regelmäßig Nachricht zu bekommen, denn Post und Telefon gab es nicht. Bei drei Kindern hatte der Krankenhausarzt festgestellt, sie seien gar nicht krank; die kriegte ich mit vieler Mühe, indem ich erst per Rad eine Bescheinigung vom Kreisarzt in Hofgeismar holte, losgeeist und reiste mit der Bahn dem am Vortage schon abgezogenen Treck bis Kassel nach. So kamen wir dann an einem Sonntag Mitte Juli in Helmshausen an, nicht ohne mit unserem Treckwagen und den vielen Kindern erhebliches Aufsehen in dem kleinen Dorf zu erregen. Gleich am nächsten Tag war ich in Melsungen auf dem Arbeitsamt, um die Zuweisungskarte zu holen, und am nächsten Tag war ich schon beim Forstamt, um Holz für uns zu kaufen. Am Mittwoch war ich schon mit Elsbeth und Hiltraut auf Arbeit, denn die Roggenernte hatte schon begonnen, und die Arbeit drängte.

Seitdem ist nun viel geschehen, Getreideernte und Hackfruchternte sind eingebracht, die Herbstbestellung ist gemacht, und bei allem waren wir mit unserer Arbeit nicht unwesentlich beteiligt, und manche Abend haben wir unser Kreuz und unsre Knochen übel gespürt. Edit kam nach fünf Wochen mit Goetz und Hanna. Im September kam Fritz Fehlhaber, der Totgeglaubte, aus russischer Gefangenschaft, im Oktober kam Rüdeger Fehlhaber, der 14-Jährige, nach langer Irrfahrt ebenfalls zu uns. – Wegen Kohlenmangels hat die Kampagne der Zuckerfabrik sehr spät begonnen, so daß wir jetzt in der zweiten Septemberhälfte noch längst nicht fertig sind mit unserer Rübenlieferung. Mehrere Tage in der Woche fahre ich also mit dem Traktor Rüben zur Fabrik nach Wabern.

23. Dezember 1945

Nach all dem, was wir nun in den letzten 35 Jahren erlebt haben, müßten wir eigentlich gegenüber der modernen Technik und ihrer Grundlage, der exakten Naturwissenschaft, mehr als skeptisch sein. Sie hat zuerst ungeheure soziale Umwälzungen gebracht, in denen Millionen Menschen an den Bettelstab kamen und ungezählte selbständige Existenzen zu Fabrikarbeitern wurden. Dann hat sie zwei furchtbaren Kriegen Waffen geliefert, deren Furchtbarkeit kaum mehr zu überbieten schien, bis jetzt am Schluß des zweiten dieser Kriege in der Atomenergie noch eine, man möchte hoffen, unüberbietbare Steigerung dieser Schrecken erschienen ist. Was ist aus dem stolzen Bewußtsein der Menschen, sich die Luft erobert zu haben, an Segen geflossen? Einige Bevorzugte haben die Möglichkeit, schnell und exklusiv zu reisen oder in London frische Erdbeeren aus Kalifornien zu essen. Dafür hat es aber die Entwicklung der Luftwaffe erst möglich gemacht, Großstädte mit all ihren Kulturwerten in wenigen Minuten zu vernichten. Und was uns das Radio für Segen gebracht? Tanzmusik und Lügenpropaganda! Also ... Aber es ist schwer, aus dieser Erkenntnis eine Schlußfolgerung zu ziehen. Praktisch gibt es eigentlich gar keine, denn Krieg wird es wohl immer wieder geben; dann werden sie aber auch die neuesten Errungenschaften der Technik dazu benützen – und das Rad der Entwicklung zurückdrehen und die Erkenntnisse der letzten 100 einfach vergessen, das können wir nicht. Aber welch schöner Kampfruf wäre dieser: "Kampf gegen Naturwissenschaft und Technik" für die Kirche, die doch früher immer ihre Macht von der Naturwissenschaft bedroht fühlte! Aber sie betrachtet ja die Atombomben als ihre Verbündeten! Das mag bitter und ironisch klingen, aber wie kann man dem entgehen, wenn man bedenkt, was mit den heutigen Mitteln der Technik zum Segen der Menschheit gemacht werden könnte, wenn man das richtig in die Hand nehmen würde. Butter statt Kanonen! Aber du bringst für den Bau von Jauchegruben nicht so viele Pfennige zusammen, wie Millionen für Festungsbauten. Wie viele Jahrzehnte wird jetzt die friedliche Aufrüstung des Dorfes wieder warten müssen! – So hat die böse Praxis unsere Anschauung über Technik geändert. Nach 1827 schrieb Pückler-Muskau in seinen Englandbriefen eine begeisterte Schilderung der übermenschlichen Leistungen und Eigenschaften der Dampfmaschine, damals die neueste Errungenschaft.

26. Dezember 1945

Ich wollte jetzt eigentlich eine höchst poetische Schilderung eines Arbeitstages niederschreiben, wie er morgens in dunkler Dämmerung beginnt, wie ich im Morgengrauen das liebliche Tal langsam mit einem Lastzug voll Rüben hinab fahre, um dann im breiten Eder-Schwalm-Tal langsam der hellerleuchteten Fabrik mich zu nähern, während in den Dörfern Ründa und Harle erst langsam das Leben erwacht; und wie ich dann abends, wenn es schon wieder dunkel ist, bei hellem Mondschein oder nieselndem Regen wieder den Berg hinauf donnere. Aber schon ein solcher Tag ist nicht allein Idylle und Poesie, stundenlanges Warten in der Fabrik, ehe man mit seinem Wagen unter den Abspritzrüssel fahren kann, sind bei kaltem Schlackerwetter nicht die höchste Annehmlichkeit; andere Tage können von früh bis spät unlustige Langweile bieten, etwa beim Holzhacken in der Scheune oder beim Mistladen. Immer gleich in seiner Lieblichkeit ist nur die Landschaft hier: das in eine sanfte Mulde geschmiegte Dörfchen Helmshausen, eigentlich nur ein Weiler, die entzückend gelegene Blatschmühle, der Blick über Wälder und Felder und Tal und Hügel, so sanft und abwechslungsreich, die herrlichen Ausblicke auf Eder und Schwalmtal und die dahinter liegenden Waldberge, eine Landschaft, so echte deutsche Romantik, wie man sie sich nur denken und wünschen kann. Aber ich bin doch mehr Landwirt als Schöngeist, und so werde ich mich auch lieber mit fachlichen Dingen beschäftigen, und die wirtschaftlichen Schwierigkeiten, denen wir überall gegenüber stehen, zwingen auch das Denken immer wieder in diese Bahnen.

Vorher will ich aber noch schnell schildern, wie wir dieses Jahr Weihnachten gefeiert haben. Vernünftige Geschenke zu kaufen war natürlich unmöglich, denn es gibt absolut nichts als höchsten gräßlichen Schund, den geschäftstüchtige Leute entweder irgendwo noch ausgegraben haben oder in kleinem Maßstab neu herstellen, wie z.B. gemalte Sprüche auf Wandbrettchen. Ich konnte zufällig eine hölzerne Fußabstreifmatte zu zwei Mark, einen Quirl und einen Stampfer zu einer Mark bzw. 50 Pfennig für Edit erstehen, alles ganz roh gearbeitet. Die Frauen haben den Kindern aus Resten allerhand Nützliches genäht, Büchertaschen für die Schule, Schürzchen, Puppenkleider; Bernd und Rüdeger haben aus Spielzeugtrümmern usw. den Jungs nette Traktoren und Anhänger gebastelt. Einen netten Baum holten wir aus dem Wald, Christbaumschmuck hatten wir noch, etwas Backwerk gab es auch, so war alles, wenn auch in bescheidenen Ausmaßen vorhanden, um mit den Kindern ein fröhliches Fest zu feiern. Am Sonnabend hatte ich beim Rübenfahren zwei Autos angeschleppt und dafür ein paar Zigaretten und Zigarillos bekommen, außerdem hatte Edit auf meine Raucherkarten acht Zigarren gekauft und mir für die Feiertage aufgehoben; so hatte ich für die Feiertage außer meinem "Tabak" aus getrockneten und von den Kindern in der Kaffeemühle gemahlenen Tabakstengeln (die wir uns zusammengeschnorrt haben) auch noch etwas ordentliches zu rauchen. Der Trubel war natürlich erheblich, als alle Kinder ihre Traktoren mit den dazu gehörenden Tönen in Bewegung setzten. Mir waren Ruhe und leibliche Genüsse durch Zahnschmerzen etwas vergällt. Die meiste Zeit saß ich an diesen Tagen an meinem Schreibtisch, d.h. der weißen Wickelkommode, an der eine halb herausgezogene Schublade mit einer Sperrholzplatte bedeckt einen bequemen Schreibplatz gibt.

Da ich sehe, daß ich noch nirgends auseinander gesetzt habe, wer in unseren vier Wänden haust, nachstehend eine kurze Übersicht, aus der man den Familienzusammenhang am schnellsten übersehen kann:

Großeltern: Hans Bieneck oo Hanna Wegscheider

Eltern: Walter Bieneck	Hiltraut Bieneck	Friedel Bieneck	Edit Bieneck
oo Elsbeth Koschnick	oo Fritz Fehlhaber		oo Hans Rheinwal

Kinder Gunter geb.1935	Rüdeger geb. 1931	Bernd geb. 1932
Harm " 1937	Herdegen " 1935	Goetz " 1936
Wolfgang "1939	Hildburg " 1935	Jörg " 1937
Hannelore "1941	Heidrun " 1937	Hanna " 1940
	Dietmar " 1939	Wulf " 1943

Außerdem ist noch ein 14-jähriges Pflichtjahrmädchen da; dafür ist Friedel seit einigen Wochen bei Bekannten, da es mit ihr zu viel Reibungen gab. Alles spielt sich in folgenden Räumen ab. Es ist an sich eine recht geräumige Landarbeiterwohnung, aber für zwanzig Personen natürlich sehr eng, so daß die meisten zweistöckig schlafen.

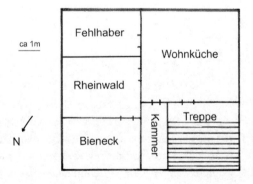

31.Dezember 1945

Altjahrabendbilanz ziehen nicht schwer: Womöglich nie mehr ein solches Jahr erleben müssen! Aber ob das nächste besser werden wird? Das ist bis jetzt noch äußerst fraglich. Das Durcheinander ist zu groß. Einig sind die, welche jetzt an der Spitze sind, eigentlich nur in ihrem Haß auf den "Nazismus" und in ihren Maßnahmen gegen die früheren Nazis. Mit solche negativem Programm läßt sich aber eine so restlos zerstörte Volkswirtschaft wie die unsere nicht aufbauen. Und die Uneinigkeit, die man zwischen den Zeilen aller Zeitungen lesen kann: zwischen den hohen Alliierten selbst und – natürlich – zwischen den deutschen Parteien (Sozialdemokraten, Kommunisten, Christlich Demokratischer Union und Liberaldemokraten) läßt das Schlimmste befürchten. Aber besser, man läßt sich über Politisches nicht schriftlich aus. – Wenn man sich in ruhigen Zeiten vorgestellt hätte, daß man all das durchmachen müsse und könne, hätte man es für unmöglich gehalten, und ähnlich werden spätere Generationen denken, die in ruhig bürgerlichem Behagen aufgewachsen sind (auch das wird es wieder geben, wenn es uns auch heute unwahrscheinlich vorkommt). Wenn man es aber selbst mitmacht, ist es längst nicht so schlimm, und wenn ich mir manchmal den Abstand zwischen meiner früheren Daseinsform als Direktor der Versuchsstation und meiner jetzigen als Landarbeiter vorstelle, so wundere ich mich selbst, mit welcher Gelassenheit ich mich drin finde. Nur die schwere körperliche Arbeit macht mir Kummer. Und dann meine ich immer, ich müßte die langen Feierabende, die man jetzt im Winter hat, zu produktiver Arbeit, möglichst geistiger Art ausnützen. Aber ich komme mir so steril vor, tue dann nichts als lesen.

Die Situation der Landwirtschaft in der ganzen jetzigen Umwälzung und Destruktion ist zumindest merkwürdig, und die Zukunftsaussichten sind sehr schwer zu beurteilen. Während in den letzten Jahrzehnten durchweg die Industrie und der gesamte städtische Sektor aufs Beste ausgerüstet und aufs Modernste eingerichtet war, konnte die Landwirtschaft stets nur mühsam hinter der Entwicklung herhinken, nicht weil es ihr an Fähigkeit und gutem Willen fehlte, sondern weil stets die Preisschere zwischen Produkten- und Produktionsmittelpreisen ein gute und moderne Ausrüstung unmöglich machte und vor allem Abschreibungen und damit stete Modernerhaltung der Betriebe verbot. Dieses ungünstige Verhältnis blieb auch während der Krisenjahre 1930-33 bestehen. Auch in den zwölf Jahren von 1933-45 änderte sich daran nichts. Zwar besserte sich die materielle Lage der Landwirtschaft erheblich, zunächst durch das Festpreissystem an sich, dann vor allem durch verschiedene Preisverbesserungen, z.B. für Milch und Kartoffeln und durch Preisrestriktionen bei landwirtschaftlichen Produktionsmitteln. Als sich diese Umstände aber richtig auszuwirken begannen, war es wegen Materialknappheit schon nicht mehr möglich, sie zur Aufrüstung der Betriebe richtig auszunützen. Daran änderte sich auch durch die starke moralische Unterstützung durch propagandistische Maßnahmen nichts. Vor allem konnte sie die durch die Industrieausweitung dieser Jahre ungeheuer anschwellende Landflucht nicht verhindern, die vielfach den beabsichtigten Intensivierungsplänen eine Grenze setzte. Demgegenüber ist in dieser Zeit ein vorwiegend mit Staatssubventionen in Gang gebrachter, nachher aus den großen Gewinnen selbstfinanzierter Auf- und Ausbau der Industrie erfolgt, der beispiellos ist und den Abstand zwischen Industrie und Landwirtschaft erheblich erweiterte. Ich hatte einmal Gelegenheit – 1939 oder 1940 – ein solch neues, aus dem Boden gestampftes Werk zu sehen, diese hellen, einzeln zwischen Bäumen liegenden Werkhallen, die technischen und sozialen Einrichtungen mit allen Finessen durchgeführt, alles so weit, licht und großzügig, daß einem als Landwirt nur der Neid packen konnte. – Und nun? Auch die Landwirtschaft hat durch den Krieg gelitten, vor allem ist das jahrelange Wirtschaften auf Kosten der Substanz bei den Pflanzennährstoffen höchst bedenklich und die dringend notwendige Erneuerung und Ergänzung des Geräte- und Maschinenparks nicht mehr lange ohne Schaden hinauszuschieben. Aber im Großen und Ganzen ist doch die Landwirtschaft in ihrem Bestand erhalten geblieben und konnte – alles das gilt natürlich nur für die von den Westmächten besetzten Gebiete – ihre Arbeit fast ununterbrochen weiterführen. Sie erhielt lediglich im Mai einen heftigen Schock durch den plötzlichen Abzug der ausländischen Arbeitskräfte, auf die sie sich in den letzten Jahren hauptsächlich hatte stützen müssen. Demgegenüber ist die Industrie so weitgehend zerstört, wie man das nie für möglich gehalten hätte.

Auch heute ein Dreivierteljahr nach Beendigung der Feindseligkeiten, arbeiten höchstens 30 % der Industrie. Zahlreiche Werke werden überhaupt nie mehr zum Arbeiten kommen, weil sie zum Zwecke der Reparationsleistungen abmontiert werden. Andere sind zu reinen Kriegsindustrien erklärt worden und dürfen aus ..⁀m Grund nicht mehr in Gang gebracht werden. Aber auch das, was an und für sich arbeiten könnte, liegt lahm wegen Kohlenmangels, denn angeblich kann wegen Transportschwierigkeiten keine Kohle herangeschafft werden. Wir sind also im Augenblick de facto ein Agrarland mit der Bevölkerungsstruktur eines Industrielandes, obwohl das flache Land mit Evakuierten und Flüchtlingen aller Art vollgestopft ist. Das sind aber vorwiegend Frauen und Kinder, und was an Männern da ist, arbeitet überall, nur nicht in der Landwirtschaft, wie man z.B. hier eindeutig beobachten kann. Die Bauern wissen aber auch gar nicht, den Menschen die Landwirtschaft etwas schmackhaft zu machen, so hat z.b. auf dem Nachbarhof eine Flüchtlingsfamilie den ganzen Herbst über gearbeitet, ohne außer Mittag- und Abendessen und Wohnung auch nur einen Pfennig zu bekommen. Erfolg: der Mann hat jetzt in der Stadt Arbeit gefunden, und die Familie kann aus der Wohnung nicht herausgesetzt werden, so daß auch kein Platz für andere Arbeitskräfte ist.

Daß somit die Landwirtschaft plötzlich wieder den ersten Platz in der Volkswirtschaft einnimmt, bringt ihr gar keine Vorteile. Zwar werden die Erzeugnisse noch auf lange Zeit hinaus Mangelware bleiben – vielleicht wenigstens, wenn nicht bei guten Ernten irgendwo in der Welt plötzlich Deutschland für würdig befunden wird, mit Brot und Futtergetreide beliefert zu werden. Das jetzt bestehende Monopol von Mangelware – nämlich aller Lebensmittel – nützt der Landwirtschaft deswegen nur wenig, weil sie ja zu Festpreisen abliefern muß und auch diese nicht überhöhten Einnahmen nicht zu Investitionen verwendet werden können, ja nicht einmal zum normalen Ersatz, weil es einfach nichts zu kaufen gibt. Es ist also nur möglich, Schulden zu tilgen, wozu jetzt niemand Lust hat, da es ja durchaus möglich ist, daß sie sich infolge von Währungsbewegungen selber tilgen, oder Meliorationen vorzunehmen, die kein Material erfordern. Dazu gehört aber mehr Initiative als man sie heute im Allgemeinen findet, denn fast jeder wurstelt eben gerade so fort, und die Verhältnisse sind ja auch so, daß fast jeder irgendein Damoklesschwert über sich und seinem Besitz hängen glaubt. Es müßte also erst Klarheit geschaffen werden über die Zukunft des Grundbesitzes, auch bezüglich der Zwangsbelastungen usw. Dazu würde gehören, daß man den Kreis derjenigen, die man enteignen will, genau kennzeichnet, falls solche Absichten bestehen und daß man sich baldigst über den Umfang und die Form der Bodenreform einig wird.

Beides ist wohl kaum schnell zu erwarten. Zwangsbelastungen werden sich kaum vermeiden lassen, da ja fast der gesamte städtische und industrielle

Grundbesitz nicht mehr belastungsfähig ist. Jede Verbesserung des Betriebes würde im großen Ganzen auch eine Erhöhung der späteren Belastung bedeuten und deshalb ist der Anreiz dazu nicht sehr groß. Deshalb könnte man, wenn man die Initiative anfachen wollte, wenigstens jetzt schon versichern, daß alle seit 1945 vorgenommenen Verbesserung bei etwaigen Zwangsbelastungen nicht berücksichtigt werden. Fraglich nur, ob es jemand glaubt. Solange die Ernährungsschwierigkeiten bestehen, wird man allerdings mit solchen Zwangsbelastungen vorsichtig sein müssen, um die Produktionskraft der Betriebe nicht zu erschüttern. – Da aber natürlich die Ausführung der Meliorationen durch den Materialmangel begrenzt ist, wird weiterhin Unsicherheit in Kapitalbesitz- und Währungsfragen die Initiative der Landwirtschaft beeinträchtigen. Schleunige Ordnung dieser Fragen ist daher Voraussetzung für die Behebung der unheilvollen Lähmung, die man überall antrifft; aber das gilt ja auch für die ganze übrige Volkswirtschaft. Denn wie soll jemand Initiative entwickeln, wenn eines Tages alles Erworbene wahrscheinlich auf irgend eine Art und Weise wertlos wird?

In reinen Erzeugungsfragen sieht es auch nicht gerade erfreulich aus, denn wenn man auch die Landwirtschaft im Allgemeinen als intakt bezeichnen kann, so wirkt sich doch zweifellos das Fehlen zahlreicher Produktionsmittel allmählich ertragssenkend aus. Vor allem muß natürlich das fast völlige Fehlen von Handelsdünger in nicht zu ferner Zeit zu katastrophalen Ertragsdepressionen führen. Schon seit sechs Jahren ist die Phosphorsäurezuteilung aufs äußerste beschränkt, sie mag zwischen 20 und 50% des Vorkriegsverbrauchs geschwankt haben. In diesem Jahr wird es erheblich weniger gewesen sein. Die Kalizuteilung war während des ganzen Krieges noch einigermaßen zureichend, auch wird aber in diesem Jahr die Zuteilung ganz gering sein. Bei der im Durchschnitt guten Düngergabe mit diesen Nährstoffen vor dem Krieg und der langen Nachwirkung vor allem bei Phosphorsäure, ...

(Edit: Damit ist diese Betrachtung zu Ende. Es lagen noch folgende zwei Blätter in dem Buch:)

1. Blatt:

Ein Philosoph spricht leichthin das Urteil aus: Die deutsche Geschichte ist zu Ende, jetzt beginnt die Ära Washington–Moskau. Eine so groß und sehnsüchtig angelegte Geschichte wie die deutsche sagt nicht einfach Ja und Amen zu solch akademischem Beschluß. Sie flammt auf, sie stürzt sich in tief erregtem Wehren und Angriff, in wildem Tumult von Glauben und Haß in ihr Ende.

Die deutsche Geschichte lehnt sich auf gegen jene prophezeite und in der Tat aufkommende Tendenz, die Welt nur auf zwei Pole hin zu simplifizieren. Die deutsche Geschichte zog sich gegen diese Welttendenz zu einer isolierten, eigenwilligen, gigantischen Anstrengung zusammen, doch noch zu ihrem eigenen nationalen Ziel zu kommen.

(Eine Autorenangabe fehlt; ist dies eine Aussage von Hans Rheinwald?)

2. Blatt

Monologe sind laut gewordene Gedankenreihen. Es gibt aber Zeiten, in denen man die Gedanken besser in ihrem Aggregatzustand läßt.

... "besiegt sind wir; ob wir nun zugleich auch verachtet und mit Recht verachtet sein wollen, ob wir zu allen anderen Verlusten auch noch die Ehre verlieren wollen – das wird noch immer von uns abhängen. Der Kampf mit den Waffen ist beschlossen; es erhebt sich, so wir wollen, der neue Kampf der Grundsätze, der Sitten, des Charakters." (Fichte: Reden an die deutsche Nation)

"Unser Handeln wirkt nach mehreren Richtungen, und die ersichtlichste ist oft die gleichgültigste." (Emil Strauß, Kreuzungen)

„ .....

allen Sonnenschein und alle Bäume,
alles Meergestand und alle Träume
in sein Herz zu fassen miteinander ..." (Goethe)